LUIS ZUECO (Borja, Zaragoza, 1979) es director de los Castillos de Grisel y de Bulbuente, dos fortalezas restauradas y habilitadas como alojamientos con encanto y como sede de eventos. Además, es ingeniero industrial, licenciado en Historia y máster en Investigación Artística e Histórica, miembro de la Asociación Española de Amigos de los Castillos y colaborador, como experto en patrimonio y cultura, en diversos medios de comunicación. Ha logrado el éxito internacional de crítica y público con su fascinante Trilogía Medieval: *El castillo*, *La ciudad* y *El monasterio*, tres novelas que nos llevan a través de adictivas tramas de intriga ambientadas en los escenarios arquitectónicos más importantes de la época. Sus novelas posteriores, *El mercader de libros* (2020), *El cirujano de almas* (2021) y *El tablero de la reina* (2023), lo han consagrado como uno de los escritores de novela histórica más leídos y reputados de nuestro país.

Papel certificado por el Forest Stewardship Council®

Penguin
Random House
Grupo Editorial

Octubre de 2024
De este título se han hecho un total de 31 ediciones

© 2020, Luis Zueco
Los derechos de esta obra han sido cedidos a través de Bookbank Agencia Literaria
© 2020, 2021, 2023, 2024, Penguin Random House Grupo Editorial, S. A. U.
Travessera de Gràcia, 47-49. 08021 Barcelona
Diseño de la cubierta: José Luis Paniagua
Imagen de la cubierta: Composición digital a partir de Alamy / Shutterstock

Printed in Spain – Impreso en España

ISBN: 978-84-1314-856-4
Depósito legal: B-12.782-2024

Impreso en Liberdúplex
Sant Llorenç d'Hortons (Barcelona)

BB 4 8 5 6 4

El mercader de libros

LUIS ZUECO

*Hoy los libros se hallan rodeados de poderosos enemigos,
que buscan arrinconarlos y, a la vez, extraer de ellos toda su alma;
pero ignoran su inmensa capacidad de resiliencia.
Ha llegado el momento de alzarse, de rebelarse.
Y no hay mejor defensa de los libros que su lectura.
¡Lean, lean! ¡Sean unos rebeldes!*

A Pedro Luis, Ángela y Manolo

Prefacio

Hubo un tiempo donde los libros cambiaron el curso de la historia; una época en la que se descubrían nuevos mundos, donde se formaban inmensos imperios y la razón se abría paso frente a los dogmas más sagrados.

Muchos entonces temían a las palabras, pensaban que los libros eran peligrosos, podían cambiar la mente de las personas, provocar la caída de religiones y reinos.

Si los libros han cambiado la historia una vez, ¿por qué no van a ser capaces de hacerlo de nuevo?

Existe un desacuerdo extendido sobre qué hito concreto supuso el final de la Edad Media. Para algunos fue el descubrimiento de América por Cristóbal Colón el 12 de octubre de 1492. Hay otros que creen que fue la toma de Constantinopla por los turcos en 1453, fecha esta última que tiene una singularidad que muchos olvidan: coincidir con la invención de la imprenta por Gutenberg.

Tendemos a delimitar las etapas históricas por conflictos militares y políticos. Pero la realidad es que al Medievo le sigue el Renacimiento, y si hay algo que caracteriza este periodo es el resurgir de la cultura, de las ideas, la tecnología, los descubrimientos y el humanismo. Y todo ello fue solo posible con la imprenta.

Esta novela se ambienta en los inicios del siglo XVI, cuando la imprenta ha cambiado para siempre el mundo y ha hecho, por fin, los libros accesibles para una gran parte de la población.

Los libros ya no se ocultan en oscuros monasterios, sino que se comercia con ellos en los centros de las ciudades. Los nobles y burgueses construyen sus propias bibliotecas. Se vuelven a publicar obras clásicas y se pone en marcha un mundo editorial mucho más parecido al actual de lo que podemos imaginar.

Hay auténticos best sellers, géneros de moda como los libros de caballerías, publicaciones por entregas; y aparece por primera vez el periodismo con las relaciones de sucesos.

El acceso a los libros y la difusión de su contenido cambian el mundo, y provocan unas nuevas mentalidades que llevarán al descubrimiento de América, al surgimiento de movimientos dentro de la Iglesia cristiana, a la aparición de algunos de los más célebres artistas de la historia y al logro de hazañas inigualables, como la vuelta al mundo.

Es una época tan maravillosa, tan plagada de personalidades y logros que algunos de ellos aún permanecen olvidados para el gran público. Como que en los primeros años del siglo XVI muchos de los viajes a América en realidad buscaban la mejor manera de llegar hasta las Islas de las Especias en Indonesia. O que las finanzas y los banqueros tenían tanta o más influencia política que hoy en día. O que surge el concepto de biblioteca moderna y que se construye la biblioteca más grande que el mundo hubiera visto jamás, en España, la cual pretendía almacenar todos los libros y panfletos que se imprimían en Europa.

En el siglo XVI, Sevilla era la ciudad más próspera de Occidente, a su puerto llegaban las riquezas de América y en sus calles se dirimía el futuro de Europa. Entre sus murallas se creó la primera biblioteca moderna, el primer centro de saber occidental, y lo hizo bajo el mando del hijo del descubridor de América, Hernando Colón, quien reunió durante su vida esta biblioteca de casi 20.000 títulos. Una cuarta parte de ellos se encuentran ahora depositados en la Biblioteca Colombina de Sevilla, a los pies de la Giralda, pero muchos otros se han perdido o se han dispersado por todo el mundo. Esta biblioteca fue el primer intento de reunir todo el saber universal, clasificarlo y hacerlo accesible para utilizarlo a la hora de gobernar un imperio.

La Edad Media no concluyó con el asedio de un castillo, ni con una carga de caballería, ni viajando a los confines del mundo. El Medievo terminó el día que un hombre humilde, un comerciante o un artesano, pudo ir a una librería de su ciudad y volver a su casa, sentarse junto al fuego y leer en su propia lengua un libro como la *Ilíada* de Homero.

PARTE I

EL SACRO IMPERIO ROMANO

1

El laurel

*Los libros tienen su orgullo,
cuando se prestan, no regresan nunca.*

THEODOR FONTANE

Junio de 1516, Augsburgo

El mundo ha renacido de las cenizas. Estamos saliendo de una época oscura, de mil años de penumbra, ignorancia y sumisión. La nueva era recuperará la grandeza olvidada. Los hombres volverán a ser héroes, a decidir su propio destino.

Úrsula había oído estas palabras cuando era niña; le fascinaban, aunque tardaría en comprender su significado. Su madre había insistido en que debía aprender a leer; que, a pesar de que había quien creía que solo era cosa de hombres, una mujer debía estar instruida. Su madre le había explicado que cuando ella era pequeña no había libros, pues los libros impresos apenas tenían unas decenas de años. A Úrsula le costaba imaginar un mundo sin libros.

Antes se copiaban a mano en el interior de los monasterios. Antes los libros eran tan caros que solo los reyes y grandes nobles podían pagarlos. Por eso llamaban a aquellos tiempos antiguos la época oscura, porque no tenían como ahora la luz de los libros.

Su madre era una mujer hermosa, todavía joven, de cabellos lisos y rojizos y un cuello fino que estilizaba su figura. Se llamaba Eleonor y no era alemana sino francesa. Úrsula sabía que el reino de Francia era uno de los más grandes y poderosos de Europa; le agradaba ser medio francesa.

Eleonor insistía en que uno no es de donde nace, sino de allí donde le quieren. Y ella era feliz en Augsburgo, donde había conocido a su esposo, Federico Müller, un ricohombre con negocios en minas y ganado, y donde había formado una familia, un hogar, en una casa cerca de la catedral. Úrsula era su única hija y la quería moldear a su gusto. A los trece años le había regalado un anillo de oro, un regalo que emocionó a la pequeña Úrsula, tanto que no se lo quitaba jamás. Su madre le había explicado que una dama debía lucir sus joyas: ella ya era toda una mujer y merecía comenzar a tener sus propias alhajas.

Aquella tarde, ambas acudieron a ver a una tía del padre, que estaba enferma. Al volver de la visita encontraron un inesperado revuelo en la plaza, y eso que no era día de mercado.

—¡No puedo creerlo! —Su madre puso esa cara que tan bien conocía Úrsula y que no presagiaba nada bueno.

—¿Qué sucede, madre?

—Es otra vez ese condenado juego. —Y suspiró.

Desde hacía unos años se había vuelto popular un juego de pelota por equipos, sobre todo entre los más jóvenes, pero también en los hombres adultos, que lo aprovechaban para realizar apuestas de toda índole. Aun así, no era habitual ver tanta gente congregada para un partido. Había una buena razón: los contrincantes. Se enfrentaban los equipos de los hijos de las dos familias más ricas de Augsburgo: los Fugger y los Welser.

El equipo Welser lo capitaneaba Bartolomé, el hijo mayor, llamado como su padre y conocido por su ambición, y de quien todos esperaban que continuara y ampliara los negocios de su familia. Bartolomé era de los muchachos más altos y corpulentos de la ciudad. Junto a él estaban sus hermanos pequeños, Lucas y Uldarico.

Los Welser se decían descendientes del general bizantino Belisario, uno de los más afamados militares de la historia, que recuperó buena parte del Imperio Romano de Occidente de las garras de los invasores bárbaros.

Sus rivales, en todos los aspectos, eran los Fugger. Con ellos competían por ser la familia más rica no solo de Augsburgo, sino de todo el Sacro Imperio Romano Germánico.

En el último año, nadie había conseguido derrotar a los hermanos Welser. El juego gozaba de mucha popularidad, a pesar de que hacía una década que un príncipe, Felipe de Habsburgo, esposo de Juana de Castilla, había muerto tras participar en un partido.

Los contrincantes tomaron posiciones. Úrsula observó impresionada la corpulencia de Bartolomé Welser. Comenzaron sacando los Fugger; el primer punto fue muy disputado, como si fuera el final de partido en vez del inicio. Finalmente, Antón Fugger golpeó con todas sus fuerzas para adelantarse en el marcador, ante el asombro de los presentes.

Solo fue un espejismo, pues los siguientes puntos fueron para Bartolomé Welser, que imponía su físico y dotaba de una potencia imparable a sus tiradas. Los Welser obtenían un punto tras otro sin apenas competencia, pues los dos hermanos Fugger, aunque eran rápidos y lograban devolver muchas pelotas, no lanzaban buenos golpes.

Fue entonces cuando el tercero de los jugadores del equipo Fugger atizó la pelota con su mano izquierda, sorprendiendo a todos y marcando un tanto. Los siguientes tres puntos cayeron también del lado Fugger, todos ellos por lanzamientos del mismo joven, menos contundentes que los de Bartolomé Welser pero provistos de gran destreza.

—Madre, ¿quién es ese muchacho que juega tan bien?

—No lo sé, pero no es un Fugger, eso te lo puedo asegurar.

—¡Es el hijo del cocinero de los Fugger! —gritaron desde el público.

—¿Habéis oído, madre?

—Sí, hija, hoy en día permiten a cualquiera mezclarse con nosotros; ¡qué vergüenza!

Úrsula no quitaba ojo a los movimientos del muchacho.

Se llamaba Thomas Babel y era zurdo. Por mucho que sus padres le hubieran obligado a utilizar su mano derecha, él tenía el instinto de desenvolverse con la izquierda. Usaba la derecha para todo, escribir, comer y golpear la pelota, pero seguía conservando la destreza de su nacimiento y en aquel juego no podía evitar utilizarla. Quizá por eso era un jugador tan valioso, podía golpear con ambas manos aquel balón de cuero.

El partido se igualó, en buena medida porque también los hermanos Fugger contribuyeron. Aunque menudos, eran tenaces y no daban un punto por perdido; salvaban bolas para que Thomas se encargara de marcar la mayoría de los puntos. En el otro bando,

Bartolomé estaba secundado por sus hermanos, que golpeaban con una violencia inusitada, aunque eran menos hábiles y precisos que él, y maldecían una y otra vez cuando los Fugger devolvían sus proyectiles.

La partida llegó igualada a su desenlace; en el punto decisivo, el más joven de los Fugger, Antón, resbaló, y cuando la pelota iba a perderse, su hermano Raimundo llegó de forma milagrosa, rodó por el suelo y la devolvió en un alarde de destreza. Bartolomé Welser se vio sorprendido por esta reacción y, a duras penas, pudo golpear la bola. Thomas aprovechó la situación y asestó el golpe definitivo que hizo erigirse campeón al equipo de los Fugger.

El griterío fue ensordecedor, pues no solo presenciaban el partido los jóvenes de Augsburgo; gentes de toda condición y edad se habían ido reuniendo en el campo de pelota atraídos por la competición, por la emoción del juego, incluidos los ilustres padres de los contrincantes.

El equipo de los Fugger recibió como premio a su victoria una corona de laurel dorada, a modo del trofeo que se entregaba a los vencedores en la antigua Grecia. Los hermanos Fugger hablaron entre sí y decidieron obsequiársela a su compañero, Thomas, por haber sido el principal artífice de la victoria.

El público aplaudió el gesto; lo que nadie esperaba es que Thomas se dirigiera hacia el gentío, se abriera paso hasta llegar a una joven y le ofreciera la corona de laurel.

Úrsula la aceptó ruborizada ante el estupor de su madre, que la cogió del brazo y la sacó del público.

—¡Dame ahora mismo eso! ¿Qué se ha creído ese descarado?

—No, madre. Es un regalo... —Y la escondió tras su espalda.

—¡He dicho que me la des! No lo repetiré más.

La joven suspiró resignada, pero antes de entregársela, arrancó una hoja de laurel y se la guardó.

2

La cena

Thomas Babel perdió a su madre cuando solo tenía seis años, en un parto prematuro. Ni ella ni la niña que trajo al mundo sobrevivieron. El solo recuerdo que conservaba de su madre era una medalla de la virgen que ella siempre llevaba consigo. Sus abuelos y tíos habían muerto mucho antes de que él naciera, a consecuencia de una epidemia de peste que sufrió la zona, así que su padre era su única familia.

Desde muy niño, su padre le había leído cuentos todas las noches. En una liturgia íntima, sentado al borde de la cama, pasaba las páginas de ejemplares que pedía prestados. El tiempo parecía pasar más lento y las historias que le contaban lo hacían viajar a otros reinos, a otras épocas.

Marcus Babel era oriundo de Augsburgo y muy querido en la ciudad; trabajaba como cocinero para la influyente familia Fugger, acaudalados banqueros con negocios en toda la Cristiandad. Jacobo Fugger era el cabeza de la familia; se rumoreaba que prestaba dinero a príncipes y reyes y que tenía más que ver en la elección del papa que los propios cardenales de Roma.

La amistad de Marcus con Jacobo Fugger le proporcionó a Thomas un regalo inesperado. El cocinero hizo valer su buena relación para pedir al banquero que Thomas fuera educado con sus dos sobrinos, Raimundo y Antón Fugger. Jacobo no tenía hijos y sus hermanos habían fallecido, así que estaba a cargo de ellos, a la postre los únicos herederos de la familia. El primero era tres años mayor que Thomas, y el segundo, un año más pequeño. Siempre habían jugado los tres en los jardines de la enorme residencia que poseían los Fugger, así que para los jóvenes fue una alegría poder recibir clases también juntos.

Solo con el paso de los años, Thomas llegaría a comprender lo importante que serían esas lecciones diarias a las que su padre lo obligaba a asistir. Así descubrió el latín, idioma que pronto dominó; no era en cambio tan hábil con las matemáticas, y eso que se esforzaba todo lo posible.

Tenían por maestro a Klopp, un monje de cabello escaso y blanquecino que contrastaba con una frondosa y alargada barba. Era un hombre esbelto, de notable estatura, aunque los años le pesaban tanto que andaba encorvado, como si llevara una roca sobre la espalda. Sin embargo, cuando se alzaba sobre su bastón sacaba a relucir un porte imponente.

—¡Thomas! Te he dicho mil veces que prestes más atención. La lectura exige concentración, no basta con repetir las palabras escritas en voz alta.

—Lo intento, pero las palabras se escapan de mi cabeza, no consigo que se queden dentro.

—¡Santo Dios! Qué paciencia me ha dado el Señor contigo. Tienes que comprender lo que lees, ¿es que no lo entiendes? —decía mientras los hermanos Fugger no paraban de reír.

—Leo perfectamente, maestro.

—Pero no captas el significado de las frases —le regañaba Klopp con toda la indulgencia de la que era capaz—. Corres demasiado, así no te puedes enterar de lo que lees.

—Sí que lo hago.

—Eso es imposible, nadie puede leer y entender lo que lee tan rápido. ¿De qué te sirve correr tanto?

—No puedo evitarlo —se defendió Thomas.

—En las bibliotecas de los monasterios tienen a monjes copiando manuscritos sin parar, muchas veces no saben ni leer, lo prefieren para no perder el tiempo intentando comprender lo que solo deben copiar. ¡Eso es justamente lo contrario a lo que tienes que hacer tú!

En el siguiente texto, Thomas hizo lo mismo; lo leyó tan rápido que le dio tiempo de mirar de reojo a los Fugger. Los hermanos eran casi iguales, solo se diferenciaban en los cuatro dedos más alto que era el mayor, Raimundo. Vestían de forma similar, con el cabello largo y peinado hacia los lados. Tenían los ojos oscuros y eran menudos, como su tío Jacobo Fugger. De los dos, Antón era el más espabilado, y destacaba en todo lo que Thomas fallaba, especialmente en los números y las cuentas. De todas las enseñanzas del hermano Klopp, a Thomas lo que más le fascinaba eran las anécdotas sobre la historia de Roma y Grecia que les contaba en las clases de latín y griego.

Para presentar el proyecto de creación de una serie de asilos en la ciudad, una noche de septiembre se organizó un espléndido banquete en el palacio de los Fugger, al cual asistió la flor y nata de Augsburgo: el gobernador, ricos comerciantes, nobles, artistas y parte del cabildo de la ciudad. Las influencias de los Fugger llegaban hasta el mismísimo emperador Maximiliano I. Además eran mecenas del arte y, actualmente, acogían en su casa a un conocido pintor, Alberto Durero, de cuyos cuadros hablaban maravillas.

Fue Jacobo Fugger el Viejo quien sentó las bases de los negocios de la familia. Su sucesor, Jacobo el Joven, había sabido impulsarlos y diversificarlos, convirtiéndose en pocos años en el banquero y comerciante más rico y conocido del Sacro Imperio, logrando el monopolio del mercado del cobre en Europa. Entre sus clientes bancarios se encontraban la alta nobleza, las casas reales europeas y la Iglesia católica. Jacobo Fugger sufragaba guerras y coronaciones de reyes, logrando así que sus negocios crecieran rápido y ejerciendo, mediante la financiación, una influencia política notable.

Thomas había estado ayudando a su padre con el menú de la celebración. La residencia Fugger estaba totalmente rodeada por una muralla con dos garitas, desde las que unas piezas de artillería apuntaban hacia el acceso principal. En cierta ocasión, Antón Fugger le había contado a Thomas que el edificio se construyó en tiempos de Carlomagno, cuando toda la Cristiandad era una sola. De las paredes del palacio colgaban tapices y obras de arte de gran formato que mostraban escenas de la antigüedad, con dioses, ninfas y héroes, que tenían cautivado a Thomas. Aquellas imágenes contrastaban con las que veía en la iglesia; eran más vivas y sugerentes. Los personajes representados dejaban la mayor parte de sus cuerpos al descubierto. Había sangrientas batallas, terribles animales, extraños seres... Era como si pertenecieran a otro mundo, más apasionante que el que él conocía.

En celebraciones como aquella, a Thomas le agradaba observar la llegada de los asistentes desde una salita acristalada que había justo tras el vestíbulo y en la que nadie solía reparar. Los jóvenes Fugger se la habían enseñado hacía tiempo. Durante la recepción a los invitados aprovechaban para lanzarle miradas y hacer gestos burlones para que Thomas se echara a reír.

Y entonces la vio llegar.

Se llamaba Úrsula y él le había dedicado su victoria en el campo de juego. Pensó que solo una joven tan hermosa como ella merecía su corona de laurel dorado. Thomas la conocía de siempre, de cuando solo era una niña graciosa e inquieta que trepaba a los árboles, algo que horrorizaba a su madre. Ahora, a sus quince años, Úrsula se había convertido en toda una belleza. Ya no corría; ahora se movía con delicadeza y seguridad, como suspendida sobre sus pequeños pies.

Desde su escondite vio, para su sorpresa, que Antón Fugger caminaba hacia ella. A Thomas le hirvió la sangre. Lo consideraba su amigo, pero no pudo sentir sino unos incontrolables celos, y más aún porque él no podía salir de la salita para hablar con ella. Cuando se hallaba a punto de perder los nervios, vio que Antón Fugger la acompañaba hacia donde él estaba. De forma disimulada, su amigo le dijo algo al oído a la joven. Para total sorpresa de Thomas, Úrsula se encaminó sola hacia la salita acristalada.

La joven giró con suavidad la manecilla de la puerta, dejándola levemente abierta. Se dio la vuelta, mirando a la recepción de la fiesta, pero apoyada en el quicio, sin entrar, pues no podía desaparecer de la vista de sus padres.

—¿Estás ahí? —preguntó.

Thomas vio como Antón Fugger le hacía gestos a lo lejos mientras Úrsula aguardaba una respuesta.

—Antón me ha dicho que tenías algo importante que decirme —insistió Úrsula.

La situación era extraña, separados por una puerta entreabierta, hablando de espaldas.

—¿Por qué me diste la corona de laurel a mí?

—Porque el laurel solo merece llevarlo una mujer tan hermosa y especial como tú —dijo con decisión.

Úrsula se sonrojó.

—Una vez leí sobre los dioses griegos —continuó Thomas—. ¿Sabes que tenían un dios para el amor, el dios Eros?

—Eso no es muy cristiano.

—Aun así, deja que te lo cuente. Eros se molestó con otro dios, Apolo, por su arrogancia, e ideó vengarse de él. Para ello le disparó una flecha de oro, que causaba un amor inmediato a quien hiriere.

—Sigue, te escucho.

—Entonces hirió a la ninfa Dafne con una flecha de plomo, que causaba lo contrario, el rechazo amoroso. Así que, cuando Apolo vio a Dafne, se sintió enamorado. Pero Dafne, que sufría el efecto opuesto, huyó de él hasta que, agotada, pidió ayuda a su diosa protectora, Ártemis, que convirtió a Dafne en un árbol de laurel.

—Vaya, qué dramáticos esos dioses griegos. —Úrsula sonrió—. ¿Qué sucedió después?

—Apolo alcanzó a Dafne justo cuando comenzó su transformación: su cuerpo se cubrió de dura corteza, sus pies fueron raíces que se hincaban en el suelo y su cabello se llenó de hojas.

—Qué triste...

Ella nunca había oído a nadie hablar de esa forma. Se quedó prendada por aquella historia, por lo que estaba haciéndole sentir.

—De hecho —Thomas continuó—, Apolo se abrazó al árbol y se echó a llorar. Y dijo: «Puesto que no puedes ser mi mujer, serás mi árbol predilecto y tus hojas, siempre verdes, coronarán las cabezas de las gentes en señal de victoria...».

Los jóvenes quedaron unos segundos en silencio, pensando en la historia.

—¡Úrsula! —Su madre llegó de pronto, a hurtadillas, y la cogió del brazo, mientras le susurraba—: ¿Qué haces aquí sola? ¿Qué va a pensar la gente? Vamos, niña, esta fiesta es tu gran oportunidad. Todos los hijos casaderos de las familias ricas de Augsburgo están aquí esta noche, así que aprovecha esa cara tan bonita que te he dado, que lo de dentro de la cabeza es culpa de tu padre.

—Tenéis razón, madre, puede que mi futuro marido esté muy próximo —dijo en voz alta.

—¡Claro, hija! Ojalá pudieras interesarle a alguno.

—Creo que sí, y está más cerca de lo que podéis imaginar.

—¡Ojalá, por Dios santo! Que así sea. —Eleonor iba empujando a su hija hacia el centro de la sala, arreglándole el cabello y los lazos del vestido—. No sabes cuánto he rezado para que encuentres un buen partido, hija. Que te vean bien, que eres preciosa.

Thomas la observaba a través de la cristalera; entonces ella volvió la cabeza y lo miró, se llevó la mano al cuello y le enseñó con disimulo una cadena de oro. De ella colgaba una hoja, la hoja de laurel dorado que había arrancado de la corona que Thomas le regaló. El corazón de Thomas suspiró, herido de amor y de alegría por las flechas de Eros, mientras volvía a la cocina.

El ajetreo allí era extraordinario; la persona que más trabajó aquel día fue el padre de Thomas, que preparó un auténtico festín. Marcus Babel quería agasajar a los invitados con sus mejores platos, así que recurrió a varios ayudantes que se encargaron de postres y otros guisos; incluso Thomas echó una mano. De esta manera, el cocinero podría tener tiempo para preparar los platos principales, las carnes de caza, con su ingrediente secreto, una de las más caras y lejanas especias con la que los Fugger comerciaban, la nuez moscada.

La guardaba en un cofre de bronce, cerrado con llave. Desde niño, Thomas estaba fascinado con la exótica especia.

—Debes de ser precavido, hijo. La nuez moscada vale su peso en oro. Solo se produce en un paraje del mundo y está muy lejos de nuestra tierra.

Marcus utilizaba una pequeña balanza para medir con precisión cada onza de nuez moscada.

—¿Dónde, padre?

—En las Islas de las Especias, un remoto lugar donde también crece el clavo de olor y otras especias valiosas. Pero la nuez moscada solo la hallarás allí.

Cuando Thomas escuchaba aquellas historias dejaba volar su imaginación y soñaba con viajar hasta las islas y encontrar él mismo esos productos tan extraordinarios.

—Tiene una envoltura que se denomina «macis» y es también una especia como la propia semilla; una vez secada se separa del resto del fruto. Así que la nuez moscada es el único fruto que da dos especias diferentes. Incluso los aceites que se extraen de su tronco se usan en la cocina.

Thomas se quedaba ensimismado con todo aquel universo.

—¿Y dónde están esas Islas de las Especias?

—Demasiado lejos, Thomas, al otro lado del mundo. Hay que atravesar Francia y España y llegar al reino de Portugal. Embarcar hacia el sur, hasta Guinea, bordear África y seguir hasta la India; después continuar navegando hacia el este, siempre hacia el este, dejando atrás la gran China, hasta Cipango, desde donde hay que bajar y bajar hasta el último lugar del océano. Ahí están las Islas de las Especias. El lugar más fragante y delicioso del mundo.

—¿Y quiénes traen las especias desde tan lejos?

—Los portugueses, las especias son su tesoro. Los Fugger se las compran para comerciarlas y ganan mucho dinero con ellas. Hijo mío, las especias tienen el poder de transformar el simple hecho de comer en el mayor de los placeres, de transformar algo tan rutinario como la comida en un lujo al alcance de unos pocos.

—¿Habéis estado allí, padre?

—Ojalá...

—¿Y conocéis a alguien que haya viajado hasta las Islas de las Especias? —insistió Thomas.

—No creo que ningún alemán haya estado en esas tierras.

—¡Yo seré el primero!

—Seguro que sí. —Removió el espeso pelo del chico con los dedos de la mano—. También podrás viajar al Nuevo Mundo, Thomas, porque dentro de poco tendremos nuevas especias de allí.

—El Nuevo Mundo... ¿Y eso dónde está?

—Lo han descubierto los españoles, hacia poniente, y don Jacobo Fugger me ha comentado que tiene interés en él y que ha conseguido un permiso para abrir un puesto comercial y así comerciar con nuevas especias.

Mientras hablaba con Thomas, Marcus iba controlando la cocina, y observó que uno de los ayudantes contratados para el banquete manoseaba una estupenda carne de vaca que él mismo había preparado.

—¿Qué haces? Ese plato está ya preparado, ¡vas a estropearlo!

—Perdonad —dijo cabizbajo el ayudante, un hombre menudo pero corpulento—. Me dijeron que repasara la carne...

—¿Quién te dio semejante orden? —Marcus seguía irritado—. En esta cocina solo yo doy las órdenes; lo que se prepara aquí, absolutamente todo, es responsabilidad mía, ¿entendido?

—Yo... Lo siento, no volverá a suceder... —se excusó el tipo.

—Vete de mi vista, limpia aquellas ollas y no vuelvas a tocar mi comida.

—Por supuesto, lo que ordenéis —asintió obediente.

—Esto es lo peor de preparar un banquete así, hay que traer muchos ayudantes y les falta experiencia... —se lamentó Marcus mientras revisaba el resto de las carnes.

Cuando empezaron con los postres, Thomas abandonó la cocina, aún ensimismado con la historia de las Islas de las Especias.

Él quería viajar allí, quería conocer el último rincón del mundo, aquel en el que crecían los más maravillosos productos que Dios había creado. Llevaría a Úrsula a las islas, y juntos vivirían de aquellas especias. Sería el paraíso.

En el banquete, las deliciosas viandas de Marcus se iban sucediendo con gran alborozo por parte de los comensales. Los Fugger aprovecharon para anunciar una nueva que cogió a todos por sorpresa. El papa León X les había encargado la venta de indulgencias para financiar la finalización de la basílica de San Pedro en Roma; en ella estaban trabajando los más grandes maestros, entre ellos el célebre Leonardo da Vinci.

La revelación provocó un prolongado murmullo. Úrsula entendió que era una buena noticia, aunque también se escuchaba algún comentario negativo, relativo a la monstruosidad de esa construcción y a cómo se había destruido el templo primitivo original sin ningún miramiento.

Hubo quien incluso criticó al papa por comercializar con indulgencias, asegurando que no traerían nada bueno, y, si no, al tiempo.

Otros comentaban que con ese negocio de las indulgencias, los Fugger obtendrían tantos fondos que podrían seguir comprando bienes y rentas en Augsburgo y que, más pronto que tarde, toda la ciudad sería suya.

Sirvieron los postres, de variedad y gusto sublimes, que deleitaron a los invitados. La música sonó con más fuerza y las risas también aumentaron de volumen, regadas con buen vino de Sajonia.

Para entonces, Thomas estaba paseando por el jardín; le habría gustado unirse a la comida, pero eso era imposible, pues solo era el hijo del cocinero. El joven lo aceptaba. Estaba orgulloso de su padre. Y convencido de que las especias convertían la comida en un placer.

En eso se hizo un silencio total en el banquete. Thomas agradeció la tranquilidad; a veces aquellas cenas se transformaban en fiestas demasiado ruidosas y a Thomas no le gustaba el bullicio. El estruendo de los mercados y las calles de la ciudad le producía dolor de cabeza. Sin embargo, tanto silencio no era normal, y Thomas se alarmó. Así que entró de nuevo en la cocina, y la halló vacía, lo cual era todavía más extraño.

Se dirigió hacia la salita de la cristalera y entonces presenció algo que cambiaría su vida para siempre.

La fiesta se había detenido. La mayoría de los invitados estaban de pie, había algunos llorando y otros mostraban un gesto de enfado e indignación. Unos señalaban a un extremo del salón. Comenzó a formarse un gran alboroto mientras que por la puerta principal llegaban con prisa varios hombres armados.

En el suelo, sujetado por varios hombres, ahí estaba su padre.

Los soldados agarraron a Marcus por los brazos y lo alzaron de malas maneras. Thomas no sabía qué hacer, mientras observaba con estupor y angustia cómo arrastraban a su padre hacia la salida.

El joven volvió a la cocina y salió de nuevo al jardín para dar la vuelta al edificio y apostarse tras una esquina desde donde ver la entrada principal. Justo entonces arrojaron a su padre al suelo de tierra, ante la mirada de los Fugger, los Welser, el gobernador de la ciudad y media docena más de ricoshombres.

Jacobo Fugger intentaba aplacar a Bartolomé Welser hijo, y a sus hermanos Lucas y Uldarico, que proferían insultos y amenazas hacia él y hacia su cocinero.

Thomas intentó imaginar qué había podido ocurrir desde que dejó la cocina y a su padre, tan ocupado con los platos del banquete y lidiando con los torpes ayudantes, hasta este instante, pero no lograba concebirlo.

Justo entonces comenzó a llover.

Escuchó un crujido tras él y apretó los puños mientras se volvía.

—Thomas —dijo una voz conocida—, gracias a Dios que eres tú.

—¡Úrsula!

—Ssshhh, que no nos descubran...

—¿Qué está sucediendo? ¿Por qué está ahí mi padre? ¿Qué ha...?

—Ssshhh. —Le tapó la boca con ambas manos—. Cállate y escucha, ¿de acuerdo?

Thomas asintió con la cabeza.

—Estás en peligro, tu padre ha sido acusado de intentar asesinar a los Welser.

Thomas no daba crédito a lo que estaba escuchando.

—El patriarca de los Welser ha caído indispuesto al final del banquete, y un médico que se encontraba entre los invitados ha dictaminado que por los síntomas había tenido que ser envenenado —dijo Úrsula antes de apartar sus manos.

—Pero eso no es posible... ¿Acusan a mi padre?

—Le han dado la carne del plato de Welser a un perro y nada más probarla ha tenido los mismos síntomas. Han ido directos a la cocina y un ayudante les ha dicho que tu padre tenía un cofre con veneno, y que solo él condimentaba las carnes.

—¡No! Son especias, no son venenos. ¿Por qué va a envenenar mi padre al señor Welser? ¿Con qué motivo? ¡Mi padre es inocente!

—Ya lo sé, seguro que es una trampa. Pero una vez que lo han acusado, poco puedes hacer. No tienes ni idea del poder que tienen los Welser al igual que los Fugger, podrían elegir al próximo emperador, o al papa de Roma, así que imagina lo que le harán a un simple cocinero...

En ese momento se oyó un grito, y ambos miraron al tumulto. Uno de los invitados llevaba una larga cuerda en la mano, tomó a Marcus del pelo y alzó la soga para que todos la vieran. Dos de los hombres armados cogieron entonces a su padre de los brazos, mientras el primer tipo hacía pasar la cuerda por la rama de un árbol de la entrada al palacio.

Iban a ahorcar a su padre. Lo alzaron entre los dos soldados. Lo sostuvieron unos instantes.

Bartolomé Welser hijo dio la orden.

—¡Soltadle, que cuelgue! ¡Que muera!

—Nooo... —Thomas no pudo decir nada más; Úrsula le tapó de nuevo la boca y juntos cayeron rodando al suelo.

Por más que el chico intentó zafarse, Úrsula se lo impidió.

3

El anillo

Úrsula había sido educada desde niña por su madre para ser una perfecta esposa cristiana. Su madre le insistía en que debía luchar contra la idea que los hombres tenían de las mujeres, que las veían como volubles, débiles, charlatanas, de lengua suelta, vanidosas y de dudosas apetencias.

—Debes ser un ejemplo de integridad, hija; jamás deben verte con un hombre a solas, jamás debes mirar a un hombre directamente a los ojos.

—Sí, madre.

—Úrsula, escúchame lo que te digo, tienes que ser obediente, recatada, callada y piadosa. Y, sobre todo, casta, eso es esencial.

—¿E inteligente?

—No, más bien vivaz e instruida. Los hombres huyen de las mujeres inteligentes. Pero tampoco seas tonta, no deben pensar que pueden engañarte; si no, lo harán, créeme —le advirtió su madre.

Úrsula estaba incumpliendo casi todos los consejos de su madre en una misma noche. Hacía mucho tiempo que era consciente de que no podría satisfacer las expectativas de su progenitora; tarde o temprano la defraudaría, y mucho.

Al entrar al palacio, cuando Antón Fugger le dijo que Thomas la estaba mirando desde la cristalera, no lo dudó. No había dejado de pensar en él desde el día del juego de pelota. Aquel joven de pelo oscuro y espeso, que miraba fijamente sin decir nada, pensativo y misterioso, la tenía cautivada. Estaba deseando volver a ver sus ojos verdosos.

Y aún se sentía emocionada por la breve conversación que ha-

bían tenido esa noche a través de la puerta. Por eso, cuando gritaron el nombre del cocinero, salió corriendo en busca de Thomas. Si
lo cogían también a él, quién sabe lo que podrían hacerle.

—Yo estuve ayudando a mi padre en la cocina, sé que no hizo
nada —se reafirmaba Thomas.

—¿No lo entiendes? Si estuviste con él en la cocina también te
colgarán a ti.

—¿Cómo dices? No, no, Úrsula, mi padre es inocente, y por
supuesto yo también... ¿Es que se han vuelto locos?

—¡Eso da igual! ¡Vuestra inocencia no importa! Creo que solo
sois unos peones de un plan mayor. En esta fiesta, en el banquete,
no todos estaban contentos con los progresos de los Fugger, tienen
enemigos y hay mucha envidia en la ciudad.

—¿Tú cómo sabes eso, Úrsula?

—Hace tiempo que he aprendido a escuchar; es una de las pocas
cosas buenas que me ha enseñado mi madre... Ella dice que hay que
dejar que la gente hable, que tarde o temprano terminan contando
más de lo que deben.

—Han usado a mi padre para preparar una trampa contra los
Fugger, contra su reputación, atacando a los Welser, ¿es eso?

—Eso creo, sí. —Úrsula puso ambas manos sobre los hombros
del muchacho—. Thomas, estás en peligro, ¡debes marcharte!

—Solo si tú vienes conmigo.

—Ir contigo, ¿adónde? —Úrsula no esperaba aquella oferta.

—Lejos, a otra ciudad, a otro reino, adonde sea.

—Pero... ¿cómo voy a irme? Mi familia está aquí, y yo...

Entonces Thomas le cogió la mano con dulzura.

—Sabes lo que siento por ti; si vienes conmigo, prometo prote-
gerte y hacerte feliz.

Úrsula llevaba mucho tiempo soñando con que alguien la sacara de Augsburgo, de las garras de la rutina y del corsé de la hipocresía. Y si se lo pedían aquellos ojos tan expresivos, apenas tuvo que
pensarlo dos veces. Asintió y sonrió.

—Ahora tenemos que decidir cómo escapar sin que nadie nos
vea —murmuró Thomas.

—Yo creo que sé la manera —afirmó Úrsula para su sorpresa—.
Junto al río hay una taberna. He oído hablar de ella a mi padre.
Dicen que la frecuentan viajeros y forasteros.

—¿Y de qué nos sirve?

—Podemos pagar a un viajero extranjero para que nos saque de la ciudad y nos lleve con él lejos de aquí.

—¿Cómo vamos a pagarle?

—Con esto. —Y se sacó muy despacio el anillo del meñique, el anillo que le había regalado su madre.

—No, Úrsula, eso no.

—Es de oro, nos puede ayudar a escapar. No significa nada para mí —mintió.

—No sé...

—Toma, cógelo, sí; pero necesitaré otras ropas, estas son demasiado ostentosas. —Úrsula parecía tener las ideas bien claras.

—Ya sé. —Thomas pareció contagiarse de la actitud resuelta de la joven—. El servicio se cambia para dar el banquete, sus ropas estarán en una sala que hay en la parte de atrás, y desde ahí podemos salir por el jardín. Llegaríamos enseguida al río.

—Entonces vamos, antes de que nos encuentren.

Ya en la sala de la cocina, Thomas cogió las ropas más pequeñas que encontró, pero aun así eran demasiado anchas para Úrsula. A ella no le importó, agarró una capa con capucha y se ocultó bajo ella. Nadie podría saber quién era, ni siquiera si era mujer u hombre. Lograron salir y llegar al río como habían planeado, pero la taberna fue más complicada de encontrar debido a la incesante lluvia y a la casi completa oscuridad. Un ligero ruido les hizo situarse.

Se oían voces apagadas. La puerta del local estaba cerrada, pero se veía luz en el interior y a esas horas solo podía tratarse de una tasca. Thomas llamó dos veces y se abrió el portón. Apareció una señora morena, con el pelo negro y suelto y muy ligera de ropa. Él nunca había visto a ninguna mujer con aquel aspecto y se quedó algo embobado. Úrsula le propinó un pisotón que lo hizo reaccionar, le dio un ligero empujón y entraron al establecimiento.

Era un espacio reducido, sombrío, con gente sentada alrededor de mesas rectangulares, tomando jarras de cerveza, jugando a las cartas y a los dados.

—Y ahora, ¿qué? —murmuró Thomas.

—Ve a la barra y pregunta si hay alguien que esté de paso y pueda llevar a dos pasajeros.

Úrsula lo siguió, esforzándose en no despertar la atención de nadie. Thomas habló con el dueño, a quien no parecieron gustarle las preguntas.

—Aquí se viene a comer y, sobre todo, a beber, muchacho —dijo mientras masticaba algo que hacía sus palabras algo confusas.

—Entonces denos una jarra de vino.

—¿Tienes con que pagarla? —preguntó el dueño mirándolo receloso—. Aquí no fiamos a nadie.

Entonces Úrsula dejó una moneda sobre la barra.

—Eso está mejor. —Y les trajo la bebida.

—Y de lo otro, ¿qué podéis decirnos? —continuó Thomas.

—Aquel. —Señaló con la cabeza a un pelirrojo de cabello largo y alborotado, que estaba comiendo una pierna de cordero—. No sé cómo se llama.

—¿Crees que es buena idea? —inquirió Thomas a Úrsula.

—Mantén la calma, dile solo que queremos ir al sur, a Venecia o Milán.

—¿Y eso por qué?

—Hazme caso y recuerda que solo tenemos el anillo.

Se acercaron a la mesa; el pelirrojo le estaba dando un enorme mordisco a la carne. Al verlos alzó la mirada, pero luego la bajó sin prestarles la menor atención.

—Señor, queremos hablar con vos —dijo Thomas de la manera más firme que fue capaz.

Pero el pelirrojo siguió comiendo. Thomas y Úrsula se miraron, y ella le hizo señales para que insistiera.

—Disculpad, ¿podríamos sentarnos y hablar sobre un asunto importante?

Entonces el hombre tragó la comida, buscó la jarra para darle un buen trago y lanzó un sonoro eructo, para después darse un fuerte golpe en el pecho y volver a eructar, esta vez de forma menos brusca pero más pronunciada.

—Una carne buenísima, lástima que unos impertinentes no me dejen disfrutarla en paz.

—Nos han dicho que podríais llevar dos viajeros al sur —intervino Úrsula, intentando alterar su voz.

—Es posible.

—¿Hasta Venecia o Milán?

—Posible, pero caro.

—Esta misma noche —continuó Thomas.

—Difícil y muy caro.

—¿Cuánto?

—Verás... —Los observó de arriba abajo—. Al menos seis monedas.

—Eso es una fortuna —espetó Thomas.

—Pues dejadme cenar en paz e id a buscar a otro, ¡suerte! —Y volvió a coger la pierna de cordero y darle un mordisco.

—Un momento, un momento, seguro que podemos llegar a un acuerdo... ¿Cómo puedo llamaros, señor? —retomó la negociación Úrsula.

El pelirrojo dejó la pierna, se limpió la boca con la mano y luego estampó esta contra la mesa.

—Ya habéis oído el precio, ahora o lo aceptáis, o me dejáis comer tranquilo, o vamos a tener un problema, ¡elegid!

—Tenemos esto, mirad. —Thomas sacó el anillo.

El forastero lo miró fijamente.

—Eso no es suficiente.

—¿Cómo que no? —Úrsula perdió los nervios y habló con su voz habitual—. Es más que suficiente —le reprochó.

En un instante, el pelirrojo sacó una daga de debajo de la mesa y se la puso cerca del cuello. Úrsula contuvo los nervios y lo miró desafiante.

—Tú eres una mujer, vaya, vaya. Ahora lo entiendo. —Soltó una carcajada—. Vaya pareja de imbéciles.

Úrsula había observado la forma de expresarse de aquel hombre y creía saber cómo camelárselo.

—Bajad la daga —pidió—. ¿No tendréis miedo de una mujer? ¿O sí?

—Tu novia tiene más agallas que tú, mequetrefe. —Bajó el arma—. Llámame Conrad, niña.

—Déjanos, Thomas.

—Pero...

—Por favor. —Le guiñó un ojo—. Sé lo que me hago.

Thomas aceptó a regañadientes, se levantó y se dirigió hacia una zona llena de barricas de vino. Desde allí observó cómo Úrsula hablaba con el forastero y cómo el gesto de este cambiaba por completo y se tornaba más interesado. Luego intercambiaron varias frases, hasta que Úrsula volvió a decir unas palabras que parecieron alterar la reacción de Conrad, que asintió con la cabeza.

Úrsula se levantó, fue directa hacia Thomas y le hizo una señal para que la siguiera; juntos salieron de la taberna. Ella continuó caminando, bordeando el lugar por completo hasta la parte trasera, donde estaba el río.

—¿Qué ha sucedido?

—Ha aceptado —respondió ella.

—¿Cómo lo has logrado?

—Eso ahora da igual. Escúchame bien: es esencial huir lo más rápido posible, el tipo dice que ya ha oído hablar de que buscan a un muchacho y que ofrecen una recompensa.

—¡Maldita sea!

Entonces se oyó un relincho, y un carromato negro tirado por dos caballos apareció en la esquina más cercana. Conrad chasqueó los dedos para que subieran.

—Vamos. —Úrsula no vaciló y fue rápido hasta el carro—. Yo iré detrás. Si nos paran, una mujer es fácil de identificar. Me esconderé entre la carga, soy más menuda y puedo ocultarme bien. Thomas, ve delante con él, pero no respondas a ninguna pregunta, eres extranjero, ¡recuérdalo!

—¿Y el pago?

—Dale el anillo solo cuando estemos lo suficientemente lejos, ¡nunca antes!, ¿entendido?

—Alto y claro.

—Vámonos entonces. —Úrsula fue hacia la parte trasera mientras Thomas se acomodaba delante con el pelirrojo, que apestaba a vino.

El carro se movía con dificultad entre las calles estrechas de Augsburgo. Llegaron a la puerta de la ciudad; estaba cerrada y dos guardias la custodiaban. Thomas temió lo peor, pero el carro siguió avanzando. Conrad sacó algo del interior de sus ropas y se lo entregó a uno de los guardias. Este asintió y levantó el brazo; la puerta comenzó a abrirse y pudieron salir de Augsburgo.

—Todo tiene un precio, unos pueden pagarlo y otros no —murmuró Conrad.

—Yo no; yo no lo tengo.

—Eso es porque todavía nadie ha querido comprarte —respondió el pelirrojo mientras dejaban atrás la ciudad de Augsburgo.

4

El lago de Como

El amanecer los sorprendió saliendo del bosque, junto al camino a Baviera, embarrado por las lluvias. Los caballos se encontraban cansados de haber cabalgado toda la noche.

—Tienes que pagarme, chico; ya estamos lo suficientemente lejos.

—Mejor dejad que salga Úrsula primero.

—Ella está bien ahí detrás, ya nos hemos alejado lo suficiente. —Le señaló el paisaje—. Págame.

—¿Hacia dónde vamos?

—A Milán, tengo un amigo allí que podrá ayudarte —contestó Conrad.

—¿Cómo sé que no nos traicionaréis cuando os entregue el anillo?

—No seas idiota, si quisiera robarte ya lo habría hecho —dijo con una risa sarcástica.

—Prefiero esperar a que paremos y a que Úrsula esté presente.

—No voy a detenerme, es peligroso. Debemos continuar, pero si no me das el anillo te juro que te tiro ahora mismo del carro y te paso por encima con las ruedas.

Thomas apretó los puños, resopló e intentó pensar con calma. Metió la mano entre sus ropas y sacó el anillo de Úrsula. Luego se lo entregó al tipo.

—Una preciosidad —dijo mirando el anillo de Úrsula cuando ya lo tenía entre sus manos—. No te mereces a esa mujer, te aseguro que no.

Siguieron el camino. Thomas tenía ganas de ver a Úrsula; la pobre tenía que estar cansada de ir oculta en la parte trasera, pero era cierto que resultaría peligroso que saliera de su escondite, alguien podría descubrirlos.

Al mediodía llegaron a un riachuelo donde podrían dar de beber a las monturas y descansar un poco. Thomas saltó de inmediato y se dirigió hacia la parte trasera.

—Úrsula, ya puedes salir.

—Muchacho, hay algo que debes saber. —Conrad se plantó frente a él.

—¿Qué ocurre? —dijo Thomas, revolviendo la tela que cubría la carga.

—Ella insistió, ya te he dicho antes que no te la mereces.

—¿De qué estáis hablando?

—Sé que teníais mucha prisa por huir, así que debéis haber hecho algo gordo, al menos tú. Se lo expliqué y ella lo entendió. —Se rascó la nuca—. Me suplicó que te sacara de la ciudad.

—¡Yo no he hecho nada! Úrsula, ya puedes salir, estamos a salvo, ¡Úrsula! —dijo Thomas, removiendo desesperado la carga del carruaje.

—Ella no subió al carro, lo siento, chico.

—¡Qué! —Thomas fue directo hacia él, furioso.

El pelirrojo sacó una daga para detenerlo.

—Cuidado, está afilada.

—¿Dónde está Úrsula? ¿Qué habéis hecho con ella?

—Supongo que estará en su casa, intentando convencer a sus padres de que la secuestraste y le robaste su anillo; al menos es lo que haría yo. Si logra hacerles creer que te la llevaste a la fuerza, podrá seguir con su vida sin problemas.

—No entiendo nada.

—¡Vaya mollera tienes! Yo no iba a cargar con vosotros dos, era demasiado arriesgado. Pero solo contigo, bueno, por qué no. Me prometió el anillo si te llevaba a Venecia o Milán.

—¡Debo volver a por ella!

—Me advirtió que dirías eso; si lo haces te prenderán y la pondrás en una situación complicada. Sois dos críos, ¿adónde creíais que podíais llegar? Tu novia hizo lo mejor para los dos: te salvó, y volvió con su familia. Así te recordará el resto de su vida como un gran amor que no pudo ser; es mucho más de lo que tiene la mayoría de la gente, créeme.

—Voy a volver a Augsburgo, ya lo creo que sí.

—Te lo repito, si regresas serás el estúpido más grande que he conocido nunca y ella te odiará para siempre. Eres joven, ya encontrarás a otra mujer. Ahora quiero dormir un poco, tú haz lo que quieras.

Thomas se quedó tan entristecido que se dio la vuelta y se adentró en el bosque sin mirar adónde iba. Llegó a otro recodo del río, tomó la primera piedra que encontró y la lanzó con furia contra el agua. A continuación cogió una enorme rama seca y la aventó con todas sus fuerzas, descargando su ira, hasta que cayó al suelo del esfuerzo y la rabia.

Después se echó a llorar.

El pelirrojo Conrad ya casi ni se acordaba de su nombre, lo había perdido de no usarlo. Referirse a él por el color de su cabello era lo que todos hacían de forma habitual, y como no tenía una casa propia, nadie llegaba nunca a conocerlo lo suficiente como para tener interés en preguntárselo. Conrad comerciaba principalmente con paños, aunque no le hacía ascos al vino, a los libros o a las velas. Hacía poco había llevado un cargamento muy rentable de aceite. Y también había transportado cargas peligrosas, como las reliquias de un santo.

El problema es que se iba haciendo viejo y cuando se emborrachaba, que era demasiado a menudo, no recordaba nada al día siguiente. Y con los años cada vez tenía menos fuerzas y se sentía más solo. Hasta hacía poco no había tenido problemas con la soledad; es más, la buscaba. Sin embargo, cuando te das cuenta de que te has comido ya casi toda la tarta de la vida, las cosas cambian. También por eso lo había impresionado la niña Úrsula, qué carácter y qué belleza.

Llevaba tiempo pensando en retirarse, dejar de viajar y establecerse en una pequeña ciudad, cerca del mar o de un lago, y pasar sus últimos años allí. No quería estar más tiempo solo, de aquí para allá. Quería una cama, su cama. Y una mujer, ¿por qué no? Alguna viuda podría querer compañía. Aunque para eso necesitaba más dinero y eso siempre era un problema.

Ató de nuevo los caballos y se montó en el carromato. Cuando se disponía a arrancar lo vio aparecer, todo tristón; sin mediar palabra, Thomas subió de un salto y se sentó a su lado.

El pelirrojo azuzó a los caballos; el carromato reanudó la marcha.

El viaje fue tranquilo hasta la noche. Pararon cerca de una ermita, comieron algo de pan que portaban y durmieron junto a un fuego. Al alba prosiguieron hacia el sur. No era un camino sencillo; avanzaron por valles verdes, entre montes de pinos y hayas, alejándose de las aldeas y los caseríos donde corrían el riesgo de encontrarse con cualquiera que pudiera delatarlos.

Thomas no dijo ni una palabra y a su compañero no pareció molestarle.

El pelirrojo Conrad se mostraba seguro y resuelto; se le adivinaba habituado a cabalgar de manera anónima, erguido con aplomo y viveza.

Era la primera vez que Thomas salía de Augsburgo; había soñado muchas veces con ello y, sin embargo, las circunstancias habían provocado que fuera un momento de pena y dolor. Cuando pensaba en la injusticia cometida con su padre le hervía la sangre y tenía que apretar fuerte los puños para no echarse a llorar.

Aun así, no podía evitar cierta emoción al recorrer aquellos desconocidos parajes. Esa sensación se desvanecía como una bruma en cuanto recordaba a Úrsula. La había abandonado y, al mismo tiempo, ella lo había salvado. Sentía una inmensa tristeza, ¿qué sería de Úrsula en Augsburgo?

No podía dejarla allí; Úrsula se había sacrificado y él debía rescatarla. Pero si lo intentaba ahora, ¿qué podía lograr? Por el momento estaba condenado a huir.

¿Y su padre? A él también lo había abandonado...

La realidad se abría paso. Esos últimos momentos, los gritos de Welser, la soga en el cuello de su padre... Thomas sabía que, si volvía a Augsburgo, lo colgarían como a él. Por su padre, tenía que vivir.

—Deja de pensar en esa muchacha, te va a explotar la cabeza —carraspeó el pelirrojo.

—Y vos qué sabréis...

—¡Si sabes hablar! Había perdido la esperanza.

—No os hagáis ilusiones.

—Zagal, no te pases ni un pelo —le advirtió el pelirrojo—. Ahora mismo podría tirarte del carro, así que ojito.

Hicieron noche en un abrigo del bosque y en cuanto amaneció continuaron. Conrad había cogido unas pocas provisiones, que les permitieron no tener que parar excepto para dar follaje y agua a los caballos.

—Nos acercamos a los Alpes, deberemos bordearlos por Venecia y luego girar hacia el Milanesado.

—¿No sería mejor atravesar las montañas? —inquirió Thomas.

—¡De ningún modo! Podrían asaltarnos en cualquier lado. En cambio, viajar por territorio veneciano es seguro; se cuidan mucho de tener buenas relaciones con todos los reinos y religiones.

—¿Y eso por qué? ¿Tienen miedo de una guerra?

—La guerra es para que ganen los ricos y mueran los pobres, por eso les gustan tanto a los reyes. Métetelo en la mollera —afirmó—. El comercio es la mayor fuente de riqueza, permite que un simple hombre pueda llegar a medrar en la vida. Pero las mayores fortunas se hacen corriendo riesgos; viajando lejos, cruzando el mar o siguiendo la Ruta de la Seda.

—O en las Islas de las Especias.

—¿Es que acaso sabes dónde está ese lugar?

—Sí, en el fin del mundo. Es la tierra más maravillosa que existe, el único lugar donde crecen plantas extraordinarias.

—¿Es ahí donde pretendes ir?

—Yo solo quiero salvar a Úrsula —dijo con resignación.

—Qué pardillo eres... Yo no creo en muchas cosas. No creo en el destino, que nuestro futuro esté escrito, pero sí en las señales —dijo aquel hombre con sinceridad.

—¿Qué queréis decir con eso?

—Hay señales que nos indican por dónde debemos seguir. Por ejemplo, cuando entrasteis en la taberna y os sentasteis frente a mí, eso era una señal.

—Pero... ¡no salvasteis a Úrsula!

—Una cosa es seguir las señales, y otra, perder la cabeza. Ya te he dicho que no podía sacaros a los dos de Augsburgo sin riesgo, nos habrían descubierto. Y si a tu padre lo colgaron, a ti te esperaba el mismo destino.

—¿Por qué decís eso? No sé si llegaron a ajusticiarlo, a lo mejor no llegaron a colgarlo... ¿Qué sabéis de mi padre?

—Me gustaría saber qué vio en ti semejante hermosura... —resopló Conrad, moviendo la cabeza—. A tu padre lo mataron aquella misma noche. Tu novia no te lo dijo para que no te echaras a llorar como una cría, para que pudieras moverte y salir de allí. Ya está, ahora lo sabes y podemos dejar de hablar. Me duele la cabeza de escuchar tus lamentos. Sé un hombre y tira para adelante.

No volvieron a hablar en mucho tiempo. A Thomas se le quedó en la cabeza la imagen de su padre con la soga al cuello y en la tripa un dolor punzante por la incertidumbre sobre la suerte de Úrsula.

El paisaje no cambió hasta el tercer día, cuando las gigantescas montañas de los Alpes se divisaron en toda su monumentalidad. No las atravesaron, las bordearon tal y como Conrad había dicho. Cruzaron por una calzada que los condujo a una tierra más calurosa y salvaron varios ríos, hasta llegar a una loma desde la cual divisaron una poblada plaza.

—Las ciudades como esa son peligrosas, ahí dentro está lo peor de los hombres: bandidos, asesinos, chivatos... Todos en busca de víctimas nuevas como nosotros.

—No vamos a entrar...

—Ni loco —dijo tajante el pelirrojo—. Los hombres no deberían vivir hacinados en lugares así, dejan de comportarse como tales y vuelven a ser animales.

Continuaron.

Thomas se dio cuenta de que cada jornada que pasaba el recuerdo de su padre se iba difuminando. Hace pocos días estaba junto a él en la cocina y ahora su cuerpo inerte estaría aún colgado de aquel árbol de la entrada, para escarmiento público. Había asumido su muerte con demasiada facilidad y eso lo inquietó. Qué mal hijo era que no lloraba por la pérdida de su padre, que era capaz de olvidarlo con tal prontitud.

¿Qué le estaba pasando? ¿Cómo podía ser así?

Úrsula ocupaba casi todos sus pensamientos; como le había dicho Conrad, su padre muerto estaba, y nada podía hacer por él. Úrsula sí era su responsabilidad y, ante dicha responsabilidad, estaba huyendo como un cobarde.

Continuaron tres días más, durmiendo en los bosques, lejos de las ciudades. El viaje fue haciéndose más monótono y anodino. Cruzaron un serpenteante desfiladero y prosiguieron por una calzada empedrada, desde la cual Thomas vio numerosas columnas de humo, todas protegidas por una alargada muralla. Avanzaron entre un abundante trasiego de viajeros y comerciantes; esa ciudad estaba fuertemente fortificada, y los hombres de armas podían verse por doquier, junto a cañones de un calibre tan grande que asustaba.

—Eso es Milán. Nosotros vamos más al este, a una villa amurallada. Se halla a media jornada. Se acerca el invierno, allí estaremos bien cubiertos.

El pelirrojo desvió a su caballo por un camino menor, poco transitado, que discurría paralelo a un río de aguas tranquilas.

Thomas seguía absorto en sus tribulaciones, sin reparar apenas en la ruta que tomaban. No prestó atención al enorme molino junto al que pasaron. Una fantástica obra con una altura de diez o doce hombres y una noria todavía más alta que se movía por el empuje del cauce desviado del río. Siguieron por una calzada bien empedrada, entre unas hiladas de olmos.

—¿Ves esa torre? Vigila una salida de la villa, es de un descendiente de normandos.

Thomas salió de su apatía y miró al horizonte; habían llegado hasta una población amurallada sobre lo alto de una ladera, rodeada de campos de viñas y olivos.

—¿Es este nuestro destino?

—En efecto, esto es la villa de Bellagio —respondió Conrad de forma escueta.

Thomas se fijó en la parte inferior de la torre, un macizo defensivo, bien cerrado con mampostería. Sus esquinas estaban rematadas con cubos cilíndricos y su parte superior era de madera y ladrillo, con una zona saledizaque sostenía sus salientes sobre el muro a base de unos vistosos modillones.

Desde lo alto de la torre, un vigilante les lanzó el alto.

—¿Quién va?

—Dile a tu señor que soy el hombre que le salvó la vida en la batalla de Montecassino.

Enseguida se abrió un portón y apareció tras él un voluminoso individuo de aspecto bonachón.

—¡Virgen María! ¡No vas a morirte nunca!

—En ello estoy —disimuló con una sonrisa el pelirrojo—, pero mala hierba nunca muere. Traigo la carga y algo más. Acércate, muchacho —indicó a Thomas que diera un paso al frente.

—Un poco joven, no sé yo...

—Ambrosio, será útil, te lo aseguro.

—Debemos andarnos con ojo, las cosas están revueltas por aquí. No sé si es de eso de lo que huyes...

—¿A qué te refieres, Ambrosio?

—En Milán ya suenan las armas, los reyes de España y Francia se la disputan de nuevo. Ya sabes que ambos pretenden el trono imperial y están dispuestos a llevar la lucha a donde haga falta. Y Milán es una plaza estratégica.

—Pensaba que el francés tenía sus miras puestas en el Reino de Nápoles.

—Y las tiene, pues está ocupado por los españoles. El rey de España también ambiciona el Milanesado y parte de Borgoña.

—Ambos ahora bajo dominio francés; cada vez es más difícil moverse por la Cristiandad —recalcó el pelirrojo.

Pasaron al interior de la torre. Era austera y primitiva; recordaba a tiempos pasados. Ambrosio era afable, de trato más agradable que Conrad. No parecía tener esposa, pero sí dos sirvientas jóvenes, y contaba con varios hombres de armas y unos mozuelos para el servicio.

A Thomas no le gustaba cómo le miraba el señor de la torre, parecía que estuviera poniendo precio a su cabeza.

Durmió aquella noche en una alcoba pequeña y húmeda; al día siguiente esperó a estar a solas con Conrad para hablarle.

—Creo que debería irme, ¿qué voy a hacer aquí?

—¿Y adónde vas a ir? ¿No pensarás volver a Augsburgo después de lo que esa muchacha se sacrificó por ti?

Thomas no contestó.

—Yo debía traerte a un lugar seguro... Lo que hagas a partir de ahora ya es cosa tuya. Si eres tan imbécil como para deshacer el camino, allá tú —dijo el pelirrojo—. Mira, por qué no esperas a que pase el invierno; le diré a Ambrosio que te dé trabajo en la torre y en marzo decides qué hacer.

—¿Marzo?

—La muchacha no va a irse a ningún lado y a ti te conviene que se calmen los ánimos en Augsburgo.

Thomas lo pensó bien, ¿qué opción mejor iba a encontrar?

Aceptó y comenzó a trabajar en la torre con los tres mozuelos; juntos hacían todo tipo de tareas, desde cargar leña a limpiar los caballos. Él no sabía italiano, pero fue aprendiendo palabras sueltas y, con ayuda de su latín, daba sentido a lo que escuchaba.

Apenas salió por la villa aquellas semanas. Bellagio parecía más una plaza fuerte de frontera que un enclave cercano a una ciudad poderosa como Milán. El pelirrojo le explicó que era porque aquella zona de Italia era el campo de batalla preferido de españoles y franceses, y se oían tambores de guerra, como habían comentado con Ambrosio.

El lugar era tan diferente a Augsburgo que el chico todavía extrañaba más su ciudad natal y a Úrsula, porque en su padre intentaba no pensar; el recuerdo de su triste final era demasiado doloroso.

¿Quién pudo envenenar a Bartolomé Welser? Solo unas pocas personas tenían acceso a los alimentos en un banquete como aquel, su padre lo vigilaba todo con mano de hierro.

Pronto sobrevino un temporal de frío y nieve que cubrió la ciudad y el cercano lago de Como. En su alcoba, Thomas tiritaba por la baja temperatura, y la humedad se le metía hasta los huesos, así que una noche decidió ir a buscar el calor de la planta noble de la torre. Las ascuas de la chimenea todavía ardían, prefería dormir allí en el suelo que en el jergón de su alcoba. Lo que no esperaba es que Ambrosio y Conrad continuaran despiertos y bebiendo en la sala, parecían ya muy borrachos. Seguían hablando de sus historias y proyectos; Thomas decidió no molestarlos, y ya se retiraba cuando escuchó algo inquietante.

—¿Cuánto más vamos a tener que alimentar a ese alemán?

—Ya queda poco, hay que sembrar para luego poder recoger —respondía el pelirrojo, que no paraba de beber.

—Más te vale que tengas razón con él.

—Hazme caso, además está deseando regresar a su ciudad. Así que no te preocupes de eso y echa otro tronco, que hace un frío de narices.

5

El vino

Llegó el año 1517 del Señor. El invierno fue largo y lento en Bellagio; a medida que iba templando el clima comenzaron a llegar por el lago de Como pescadores y comerciantes. La plaza fue recobrando algo de vida; aún hacía frío, pero ya había quedado atrás lo más duro del año. Se notaba que la gente tenía ganas de cambiar de estación.

A primeros de marzo se celebró una feria a la que acudió mucha gente de los alrededores. Ambrosio dejó a uno de sus hombres de centinela en la torre y acudió a la taberna con Conrad, Thomas y el resto de su gente. La tasca se situaba en un edificio con empaque, dotado de numerosos ventanales en el piso superior, tantos como alcobas poseía. En la planta baja dominaba un salón alargado repleto de mesas en las que corrían el vino y espirituosos más fuertes, carne en abundancia, juegos de cartas y dados y otros que Thomas no conocía.

Ambrosio y Conrad se sentaron junto a la chimenea central y los hombres de armas y los sirvientes, entre ellos Thomas, lo hicieron a un lado. Como recompensa por su esfuerzo, Ambrosio pidió una jarra de vino de la Toscana para cada uno de ellos. Era un caldo excelente, afrutado y ligero. Ambrosio terminó pronto la jarra y se despachó con otra; desde donde estaba sentado, Thomas escuchaba atento como el pelirrojo y él no dejaban de contar viejas historias de sus batallas y aventuras. Recordaba que Úrsula le había dicho lo importante que era saber siempre escuchar, y él estaba aplicando el consejo. Pero no estaba habituado al vino; la primera jarra se la bebió con cierta dificultad, en cambio la siguiente le entró como si fuera agua.

Mientras bebía, dejaba desviar su vista por el resto de la taberna. Le pareció un lugar fascinante, más animada y colorida que la taberna de Augsburgo en la que Úrsula y él conocieron a Conrad.

En un momento dado, Thomas fue notando que cada vez había menos personal, a pesar de ser aún temprano. Los clientes iban abandonando la taberna de manera escalonada, hasta que casi ya no quedaba nadie.

—¿Qué demonios ocurre? —inquirió Ambrosio.

—Es el descubridor, ha montado su espectáculo en la plaza; yo no me lo pierdo —respondió un hombre bajito y con voz de gallo levantándose de su asiento, no sin antes apurar su jarra de vino.

—¿Qué es eso del descubridor, Ambrosio? —dijo Conrad.

—Me puedo hacer una idea, salgamos a comprobarlo.

Thomas fue con ellos. Casi todo el pueblo de Bellagio se había concentrado en torno a una explanada junto al río.

Un hombre moreno, fuerte, que llevaba una espada al cinto y vestía camisa larga blanca, tenía al público embelesado hablando de las maravillas de unas tierras que llamaba el Nuevo Mundo. Citaba animales asombrosos, manjares para los sentidos, extrañas plantas e increíbles aventuras, que según decía conocía de primera mano, pues él mismo había viajado a ese nuevo paraíso.

Por primera vez, Thomas salió de su apatía; a decir verdad, el vino también colaboró en animarlo un poco.

Muchos habitantes de Bellagio habían bajado de la ciudad. También había campesinos de las huertas situados junto al río y curiosos y viajeros a los que el acontecimiento había sorprendido por los alrededores.

En el centro de la explanada, sobre unas cajas de madera, aquel misterioso hombre estaba ahora en silencio, esperando que los asistentes terminaran de colocarse.

—Buenas noches, queridos amigos —comenzó con voz grave—, permitan que me presente. Massimiliano Lamberti, humilde marino e incansable viajero, recién llegado hasta estas espléndidas tierras de Milán.

Hablaba un italiano algo tosco, alguno de los presentes dijo que ese acento era de Nápoles, pero se podía entender bien lo que decía. Además, se ayudaba de numerosos gestos, era muy expresivo. De su vestimenta llamaban la atención unos vistosos zapatos acuchillados, con unos cortes que dejaban a la vista las medias.

—Lo que les voy a enseñar hoy aquí no lo habrán visto nunca antes, se lo aseguro. Y no lo volverán a ver jamás. Son las maravillas de un Nuevo Mundo, más allá del mar océano.

Aquel charlatán con aspecto de forajido relató que un genovés apellidado Colón había llegado por primera vez al Nuevo Mundo con tres naves españolas hacía casi veinte años. Que hizo tres viajes más y que murió pensando que había descubierto una nueva ruta hacia la India y China, sin tener que bordear toda África. Pero se equivocó: lo que había descubierto eran unas tierras nuevas, de gentes extrañas, de frutas y plantas exóticas, de animales mitológicos.

—Colón murió sin saber de su gran descubrimiento —declamó el napolitano con voz dramática.

—¡Vaya espabilado! —gritaron unos.

—¡Cuéntanos más! —dijeron otros.

—Mirad —siguió Massimiliano—, aquí está su carta relatando a los Reyes de España lo que había descubierto —y sacó un documento impreso—. Yo la compré en Roma y os puedo asegurar que todo lo que dice es cierto. El propio santo padre así lo ha asegurado.

Se hizo un murmullo.

—Y lo mejor es que en las tierras del Nuevo Mundo no solo hay hombres salvajes, increíbles animales, tierras fértiles. En el Nuevo Mundo hay oro, mucho oro.

Fue entonces cuando los presentes se callaron del todo y le prestaron atención.

—¿Es verdad lo del oro? —preguntó un viejo.

—Ya lo creo, caballero; montañas de oro que los nativos ni siquiera valoran, pues caminan desnudos por las calles, tienen extraños dioses y no conocen ni la pólvora ni el hierro ni los caballos.

—¡Por Dios! ¿Qué lugar es ese? —gritó otro asistente.

—El Nuevo Mundo, y yo os traigo sus maravillas.

—¿Tienes oro? ¡Muéstranos el oro!

—No, yo no tengo oro; ya quisiera.

—¿Y entonces para qué vienes? ¿Qué nos vas a enseñar? —le insistió aquel viejo.

—Plantas, dibujos y una hierba que queman los nativos para aspirar el humo por la boca y sanar sus males. —Se dio la vuelta, comenzó a buscar y abrió unas cajas que había colocado cerca—.

Disculpadme, no tengo ayudante, pero si me dais unos segundos os la enseñaré...

—¡Qué barbaridad es esa! ¿Cómo vamos a echar humo por la boca? —Algunos comenzaron a darle la espalda.

—¡Señores, señores! Esperen un momento, déjenme que les hable de las maravillas del Nuevo Mundo. —Massimiliano intentaba retener al público, moviendo las manos aquí y allá, mostrando briznas de plantas o cuartillas con dibujos—. ¡Quedarán fascinados! ¡Esperen!

—El oro, eso es lo que nos tienes que enseñar, si no será mejor que te calles y te vuelvas a tu Nuevo Mundo —musitó un hombre armado.

Los espectadores dieron la espalda al feriante y regresaron a sus quehaceres; alguno le propinó insultos y otros le tiraron alguna piedra. El hombre se calló y agachó los hombros; entristecido, comenzó a recoger sus enseres para abandonar la plaza.

Ambrosio y Conrad retornaron a la taberna y siguieron bebiendo; pidieron una nueva jarra. Thomas estaba ya mareado, el vino le estaba provocando un terrible dolor de cabeza.

—¿Qué te pasa, muchacho? ¿No te gusta el vino? —Ambrosio se echó a reír.

—Es que no me encuentro bien —dijo, entre arcadas.

—Anda... Sal a tomar el aire, ¡y espabila! —Los dos se rieron sin disimulo.

Thomas se incorporó con serios problemas para mantener el equilibrio, tropezando un par de veces. Logró salir al exterior, el aire fresco le sentó bien. Vio a lo lejos al charlatán, que todavía estaba ordenando cajas en su carro, y decidió acercarse hasta él.

—No ha sido una buena noche. —Thomas le echó una mano con un bulto pesado que intentaba cargar en su carromato.

—Lo sé, es que... No debería haber venido a este lugar. Pero los caminos están llenos de soldados y prefiero dormir en plazas amuralladas, aunque no pueda hacer representaciones. Yo necesito más espacio, aire libre y un ayudante.

—¿Y por qué no tenéis uno?

—Él último se largó con las ganancias... —contestó—. ¡Maldito rufián! Como vuelva a verlo... —Miró a Thomas—. Vuestro acento... No sois de por aquí.

—No... —Se dio cuenta que no era buena idea confesar su verdadera procedencia a un desconocido—. Soy de Frankfurt, estamos de viaje comercial.

—¿Aquí?

—No, camino de... —Thomas dudó demasiado—. Venecia.

—Pero las rutas a Frankfurt y Venecia no pasan por esta zona.

—Cierto. —La embriaguez le hacía estar torpe—. Queríamos ir a Milán para un asunto, aunque también nos han alertado de la guerra entre España y Francia.

—Habéis hecho bien en quedaros, el lago de Como es más seguro.

—Pero vos os marcháis.

—No tengo otro remedio, así es mi trabajo; además, en peores lugares he estado, me he recorrido casi medio mundo.

—Eso no me lo creo. —Thomas no podía controlar todo lo que decía.

—Apostaros lo que queráis.

—¿Conocéis las Islas de las Especias? —preguntó Thomas.

—Por supuesto, ¡benditas sean!

—¿Las habéis visitado? —insistió el joven.

—No estaría aquí en tal caso, os lo aseguro. Para llegar a las Islas de las Especias hay que circunvalar África y adentrarse en el mar de la India, son muchos meses de viajes, mucho sufrimiento y peligros —contestó—. Yo viajé con Colón en su cuarto viaje, un auténtico desastre..., y juré nunca más embarcarme.

—¿Tan terrible fue?

—Terminamos perdiendo nuestras cuatro naves y naufragando en la isla de Santiago. Nos rescató una carabela enviada desde la isla de La Española. Y acabamos regresando a España en un barco mercante. —Aquel hombre lo observó bien—. Me llamo Massimiliano. —Le tendió la mano.

—Thomas. —Tropezó al acercarse para saludar y cayó al suelo.

—Habéis bebido demasiado vino. —Massimiliano lo ayudó a levantarse—. Tengo algo que os ayudará a despejaros, aunque tarda en hacer efecto.

—No necesito vuestros ungüentos, y además no tengo dinero.

—Tomadlo o no vais a llegar vivo a vuestra casa. —Y sacó un brebaje.

Thomas lo olisqueó y echó un trago.

—¡Basta, muchacho! Solo un trago es suficiente. Si me disculpáis debo recoger todo esto. Mañana al alba salgo hacia el norte; me he cansado de esta tierra, espero correr más suerte en otros lares.

—Seguro que así será. —Se despidieron y Thomas regresó a la taberna.

Para entonces, Conrad ya estaba borracho por completo, mientras que Ambrosio iba en camino. Este insistió al joven en que se bebiera otro trago de vino, pero Thomas se zafó como pudo. El milanés siguió insistiendo hasta resultar impertinente. Sus hombres de armas y sus sirvientes no estaban por ahí. Por su parte, el estado del pelirrojo era tan lamentable que Thomas tuvo que cargar con él hasta la torre, mientras Ambrosio lo animaba para que siguiera bebiendo y cantando. Thomas llevó a Conrad hasta la alcoba del pelirrojo y lo tiró en el camastro.

—Eres un buen muchacho —balbuceó Conrad—, siento que todo vaya a terminar. Quiero una cama, eso es lo único que quiero, una cama que sea mía.

—¿Qué estáis diciendo?

El pelirrojo cayó desmayado, desparramado en el jergón. La estancia apestaba a vino barato. Thomas también se notaba cargado de alcohol, la cabeza le daba vueltas y le costaba razonar con claridad. Pero pensó en aprovechar la oportunidad: no se fiaba de Conrad, y era la primera vez que lo tenía a su merced.

Estaban solos y nadie los observaba; no era lo más correcto, pero Thomas comenzó a registrar al comerciante pelirrojo. Dentro de sus ropas halló una bolsa con monedas, una daga oculta y, para su sorpresa, unas cartas.

La curiosidad le hizo abrirlas para leerlas. Se quedó helado: las cartas las habían enviado los Welser desde Augsburgo. En ellas se aceptaba la recompensa y se establecían las condiciones para... la entrega de Thomas Babel.

El pelirrojo lo había vendido.

Thomas oyó unos crujidos; dejó la bolsa, la daga y las cartas en su sitio, se levantó con mucho cuidado y caminó hasta la puerta; puso la oreja sobre la madera.

Escuchó varias voces, oyó pasos acercándose, y de nuevo voces. Quizá fueran los hombres de Ambrosio; no podía perder tiempo.

El pelirrojo seguía tumbado sobre su espalda y roncando. Thomas desvió su vista hacia la ventana y, con sigilo, se acercó a ella. Aunque era un ventanuco estrecho, el chico no lo dudó; metió primero los brazos, y luego, con mucho esfuerzo, logró pasar los hombros. Con medio cuerpo fuera y por culpa del vino ingerido perdió el equilibrio y cayó desde lo alto contra el suelo. Se levantó con el brazo derecho dolorido, apenas podía moverlo.

Con suerte no habrían oído el ruido. Thomas comenzó a estar más espabilado, quizá el brebaje del napolitano estuviera haciendo efecto. Corrió al establo y ensilló uno de los caballos, pero cualquier movimiento le resultaba insoportable. Aun así, consiguió montar y huir de allí, justo cuando empezó a advertir gritos de alarma. Galopó como si no hubiera un mañana por las estrechas calles de Bellagio hasta llegar a la puerta de la ciudad, pero la encontró cerrada y custodiada por dos hombres con picas. Miró a lo alto justo cuando otro centinela encendía la mecha de un arcabuz. Hizo girar al caballo sobre sus patas traseras y cabalgó en dirección perpendicular, huyendo hacia el centro de la villa. Sabía que no llegaría a ningún sitio por allí, así que en el mercado giró hacia el muelle.

Una vez frente al lago se dio cuenta de que solo tenía una opción. Bajó del caballo y lo golpeó fuerte en el lomo para que saliera galopando hacia el otro extremo de la población. Dirigió su mirada a las barcas; Thomas no había usado nunca una, pero pensó que no podía ser tan difícil. Vio amarrada una más pequeña que el resto, que creyó la mejor solución. La soltó y saltó dentro, tomó los remos e, intentando hacer el menor ruido posible, comenzó a adentrarse en el lago de Como, muy poco a poco, remando con más fuerza con el brazo izquierdo, pero sin poder evitar sentir punzadas de dolor en el otro.

Era una huida desesperada, pero ¿qué más podía hacer?

6

El animal

No dejó de remar hasta el alba, lentamente, para no forzar el brazo. Con las primeras luces intentó dilucidar adónde había arribado. Se hallaba cerca de una orilla; echó un último arresto y llegó hasta ella. Entre el esfuerzo, la resaca y la caída apenas podía moverse, así que no pudo esconder el bote; optó por empujarlo de vuelta al lago, como había hecho con el caballo.

Avanzó por una zona boscosa hasta que se encontró con una calzada empedrada. Enseguida vio acercarse un carromato. Se escondió entre unos matorrales. La cabeza le dolía como si le clavaran agujas en los sesos; ¿qué diablos le había dado aquel charlatán? El carro se fue acercando, pero al mismo tiempo comenzó a ver una polvareda por el lado de poniente. Era tarde para regresar al lago y, además, dudaba que sirviese de algo. Tanto el carro como los jinetes a caballo se acercaban cada vez más hacia él desde direcciones opuestas.

El carromato llegó ante sus ojos en primer lugar; estaba tirado por un único caballo y era bastante voluminoso, así que desde donde Thomas estaba oculto el conductor no podía verlo. Justo cuando pasó por delante, el chico salió de su escondite y saltó dentro, golpeándose de nuevo el brazo derecho contra un bulto.

Se quedó muy quieto, aguantando el punzante dolor y esperando que el conductor no se hubiera dado cuenta de su intromisión. Dentro del carro olía extremadamente mal y hacía mucho calor. En eso, el carro se detuvo. Thomas oyó relinchos de caballos. El grupo que venía en la otra dirección los había alcanzado.

—Buscamos a un delincuente —dijo alguien.

—Yo vengo de Bellagio, viajo solo. —A Thomas le sonó mucho

la voz del conductor del carro... Era el feriante de anoche. El «descubridor».

—¿No has visto a un joven salir del lago? —insistió el guardia.

—Lo lamento, pero no. No he visto a nadie.

—¿Qué transportas?

—Material del Nuevo Mundo —contestó con orgullo.

—Tú eres el cantamañanas que estaba anoche en la plaza... —dijo el otro con desgana—. Registradlo, a ver.

—Cuidado, transporto material valioso aquí dentro.

Dos hombres abrieron la parte de atrás. Thomas pensó que era su fin; se acurrucó todo lo que pudo tras unas cajas, y entonces notó un movimiento repentino a su lado. Un animal saltó desde el interior del carro, sobresaltando a los guardias y dándole a Thomas un susto de muerte.

—¿Qué demonios es eso? —El hombre al mando desenvainó su espada.

—¡Alto, alto! Es una llama, un animal del Nuevo Mundo —intervino con premura Massimiliano.

—¡Por Dios santo! Qué cosa más fea, es como una oveja y, a la vez, un burro.

—La pobre es vieja, está casi ciega y le ponen nerviosa los extraños, tened cuidado, os lo suplico. ¡Es un animal único! —rogó Massimiliano.

—¿Que tengamos cuidado? Deberíamos matar a semejante engendro ahora mismo.

—¡No! Os lo ruego, por lo que más queráis. Si lo hacéis no tendré con que ganarme el pan... Es inofensiva.

—¡Señor! ¡Han visto el bote en el lago! —gritó otro hombre.

—¡Maldita sea! Has tenido suerte; aparta esa cosa de mi vista y no vuelvas por aquí. —Azuzó a su caballo hacia el lago; el resto de sus hombres lo siguieron.

Massimiliano se bajó del pescante y se acercó al extraño animal. Le pasó la mano por la cabeza y la llama la ladeó levemente.

—Tranquila, ya se han ido. —La ayudó a entrar, cerró atrás y volvió a subirse al carro.

Cuando retomaron la marcha, Thomas respiró aliviado. Entonces comenzó a sentir algo húmedo en el rostro: una lengua alargada le estaba lamiendo la nariz. No supo qué hacer, necesitaba seguir escondido, así que intentó zafarse de los lametones del animal.

El viaje fue largo, no se detuvieron durante varias horas. Thomas esperaba el momento adecuado para saltar y huir. La llama se arrimaba cada vez más a él. Lo olisqueaba y acercaba su hocico al cabello de Thomas, que anhelaba encontrar el momento de escapar de allí.

Cuando por fin el carro se detuvo, Thomas fue a incorporarse, pero no pudo; el dolor de su brazo era insoportable. Lo intentó haciendo fuerza solo con el izquierdo y, con mucho sacrificio, lo consiguió. Fue a salir; le costó saltar en esas condiciones y al hacerlo volvió a caerse y no pudo evitar gritar de dolor.

—¿Qué estás haciendo ahí, malandrín? —dijo Massimiliano al descubrirlo—. Pretendías robarme. ¡A mí! ¿Me has tomado por un tragasantos que no se iba a dar cuenta?

Sacó una daga del cinto.

—No, no. —Thomas apenas podía ya moverse.

—Te conozco, ¿verdad? Tú eres...

—Nos conocimos en la explanada de Bellagio, recuerdo que te llamas Massimiliano. Yo estaba borracho y me diste un remedio.

—Sí, pero... Eres el alemán, el hombre a quien buscaban los jinetes, ¿verdad?

—Puedo explicarlo —murmuró Thomas, rogándole con la mano buena que no lo delatara—. Me habían engañado, por eso huí de la ciudad.

—Algo habrías hecho.

—No, no; yo no he hecho nada malo. —Thomas no supo qué hacer, si contarle lo sucedido, si contar otra mentira o si intentar distraerlo y quitarle la daga.

—¿Por qué no pruebas a contarme la verdad?

Thomas decidió confiar en el charlatán. No tenía otro remedio.

—Acusaron a mi padre de intentar matar a un hombre, pero mi padre era inocente. Lo capturaron y lo ahorcaron; logré huir de mi patria con ayuda de uno de los dos hombres con los que fui anoche a verle, el pelirrojo. Pero me engañó, creo que pretendía entregarme a cambio de una recompensa pagada por los que mataron a mi padre. Y además allí se quedó la mujer que amo. Mis únicos crímenes son haberlos fallado a los dos, a mi padre y a ella.

—Eso no suena convincente, muchacho.

—Pues es la verdad.

—Es posible, pero a veces con la verdad no basta —recalcó Massimiliano.

—¿Qué puedo hacer para que me creas?

Entonces la llama saltó del carro, rodeó a Massimiliano y fue hacia Thomas. Le dio un par de golpes con la cabeza como intentando que se incorporara.

—¿Qué quiere esta oveja tan grande? —dijo Thomas intentando zafarse de ella.

—Ayudarte, muchacho. —Massimiliano le acarició el lomo—. ¿Estás segura, Luna? —le preguntó al animal.

Thomas observó perplejo como Luna se quedaba mirándolo.

—Siempre que te hago caso termino metido en líos. —Aquel hombre parecía hablar con la llama, que soltó un relincho.

—Está bien, más vale que no te equivoques, Luna. Me sorprende que esta te haya dejado ir detrás, chico, es muy señorita y no le gustan los extraños. —Massimiliano soltó un prolongado suspiro—. Vamos, estás malherido y esos que te buscan no tardarán en aparecer por aquí. —Lo miró de arriba abajo—. ¿Qué sabes hacer?

—Mi padre era cocinero. Yo lo ayudaba.

—Algo es algo...

—Sé leer bien y rápido, escribir en latín, alemán y francés.

—No sé de qué puede servirte eso ahora. ¿Alguna cosa más?

—Me temo que no —dudó Thomas.

—De acuerdo, esto haremos: yo necesito un ayudante; viajo hacia el norte, atravesando ciudades de diferentes reyes y señores, me vendrá bien tu ayuda —afirmó Massimiliano—. No te pagaré, solo te daré comida y unas ropas que tengo.

—Me parece un trato justo.

—Antes debo ver ese brazo, no quiero cargar con un tullido.

—Estoy bien.

—Eso ya lo veremos. —Se acercó—. Quítate la camisa.

Thomas obedeció y descubrió un hombro azulado y ennegrecido.

—No me duele tanto como pueda parecer. Al final el brebaje que me diste me ayudó a despejarme, puedo decir que me salvó la vida, aunque tardó en hacerme efecto...

—Sí, era elixir de corteza de sauce, el efecto es algo lento. Ven, te inmovilizaré el brazo y te aplicaré un ungüento para bajar la inflamación. Viajarás detrás con Luna, y no es una oveja ni un burro. Es una llama, y viene del Nuevo Mundo. —Thomas miró a la llama, fascinado—. Vamos, no es buena idea estar mucho tiempo parados; aún podrían venir a buscarte.

—Gracias.

—No me las des a mí, sino a ella. —Señaló a Luna.

Le ató el brazo derecho al cuerpo con unas cuerdas y puso un trozo de madera para protegerlo mejor.

—Procura no moverlo, no me sirve de nada un ayudante lisiado.

7

Luna

Reemprendieron el trayecto. Thomas se acurrucó entre los bultos del carromato, con la llama a sus pies. El viaje se le hizo eterno; a la noche le subió una fiebre alta que le duró un par de días. Al tercero empezó a remitir, justo cuando entraron en territorio de Saboya, en el valle de Aosta, una región montañosa y con pocas poblaciones. Hacía frío y no parecía llover mucho por allí. Los enormes picos que rodeaban el valle debían de formar una barrera natural que lo aislaba de las lluvias. Primero atravesaron campos cultivados en los valles; luego, a medida que ascendían, comenzaron los amplios pastos, las florestas, los glaciares, los lagos alpinos y las simas de roca.

Se detuvieron junto a un pequeño lago; Massimiliano bajó a la llama del carromato y la llevó atada durante un rato.

—No me gusta que la vean por los caminos, es peligroso. La gente desconfía de lo que no conoce, pero le conviene el ejercicio.

—¿Es de verdad un animal de allende los mares?

—Ya lo creo. La conseguí en Sevilla, me la vendió un comerciante genovés.

—No sé dónde está Sevilla —confesó Thomas.

—Pues deberías; dentro de poco será la ciudad más poblada y rica, si ya no lo es, de toda la Cristiandad. De ella salen y llegan todos los barcos del Nuevo Mundo.

—¿Y eso a qué se debe?

—Solo los españoles pueden viajar a esas tierras lejanas, y únicamente la llamada Casa de Contratación, en Sevilla, da los permisos para embarcar.

—¿Solo los españoles? —Thomas se quedó sorprendido—. Tú dices que estuviste allí y no eres español.

—Soy napolitano. Fui en el último viaje de Colón, no había todavía esas restricciones. —Suspiró—. El pobre aún pensaba que estaba viajando a las Indias... El Almirante se murió sin ser consciente de la grandeza de lo que había descubierto.

Massimiliano era un hombre de carácter ameno, siempre estaba de buen humor y no paraba de contar anécdotas. Era tal como se había mostrado durante su espectáculo; gesticulaba mucho con las manos, tenía el don de la palabra y también un buen físico. Alto, de rostro simétrico, era ágil y le gustaba silbar. Canturreaba cancioncillas y melodías.

También soltó al caballo que tiraba del carro y le dio de comer, pero lejos de la llama.

—No se llevan demasiado bien —explicó—. Este se llama Lancero; era un caballo de guerra, pero cuando se hizo viejo se quisieron deshacer de él y me lo vendió un maestre en Mantua. Es un animal formidable, mira qué porte.

—Está lleno de cicatrices.

—Marcas de guerra, ya te lo he dicho. Lancero me ha llevado por todos los caminos sin fallarme nunca. Si volviera al Nuevo Mundo, me lo llevaría conmigo. También a Luna.

—¿Has estado en las Islas de las Especias? —le preguntó Thomas—. Me han dicho que hay especias, animales y plantas maravillosos, que todo es riqueza y abundancia.

—No, ya te dije que no, en Bellagio; si hubiera estado ya habría hecho negocios con las especias y no estaría recorriendo los caminos, baldado y polvoriento. Pero he oído muchas historias sobre ellas, los españoles también las quieren conquistar.

Era el final del invierno, pero aquel año estaba siendo menos frío de lo habitual, así que los pasos de los Alpes ya no tenían mucha nieve y eran practicables. No obstante, debían andar con cuidado de no encontrar alguna zona sombría con hielo. Con el brazo derecho mucho mejor, Thomas fue de inestimable ayuda para empujar el carro por las pendientes más pronunciadas. Buscaron refugio en abrigos que Massimiliano ya conocía. A la luz del fuego, el hombre relataba más historias del Nuevo Mundo, a cual más increíble y fascinante, que despertaban la curiosidad y el interés de Thomas.

—He estado con marineros que se encontraron con tribus de caníbales, ¿lo sabías?

—¿Caníbales? ¿Come hombres?

—Oh, sí, antropófagos. Eso no lo cuento en los pueblos porque no quiero que se me asuste el público. Pero no temas, Thomas; tú hazme caso y encuentra la manera de viajar al Nuevo Mundo. Hay montañas de oro esperándote, mujeres hermosas, los cultivos crecen sin esfuerzo, hay frutas que saben a gloria y animales increíbles.

—¿Y tú por qué volviste si es tan maravilloso?

—No logré permiso para establecerme allí; si no, lo habría hecho.

—Pero puedes regresar —insistió Thomas.

—Ya no, recuerda que te dije que ahora solo los españoles pueden embarcarse hacia el Nuevo Mundo. Se han dado cuenta de las riquezas que atesoran y no quieren compartirlas con ningún otro reino.

Massimiliano suspiró y arengó a Lancero, al que le costaba avanzar. La ascensión era dura, a pesar de ser la cara sur de la montaña y por tanto tener menos probabilidad de encontrar todavía planchas de hielo. Sobre el paso hallaron un hospital de una congregación de canónigos regulares, de la obra de Bernardo de Menthon. Fueron bien recibidos, pues los monjes tenían como fin recobrar, asistir y proteger a los numerosos viajeros que pasaban por su morada.

Al llegar al hospital aparecieron dos enormes perros que asustaron a Lancero y a Luna, a pesar de sus caras de bonachones.

—Tranquilo, Thomas, son perros buenos y útiles porque ayudan al rescate de los viajeros perdidos. Les han puesto el nombre de este lugar, son perros San Bernardo.

—Jamás había visto perros como estos, qué grandotes... —Thomas empezó a acariciar el cogote de uno de los San Bernardo, que se dejaba hacer, complacido.

—¿Cómo va el brazo, muchacho?

—Mejor, ya sin problemas.

—Bien. Cuando lleguemos a Martigny necesitamos ganar dinero, los suizos de esta zona suelen ser generosos.

—¿Habías pasado antes por estas tierras?

—Sí, suelo viajar de Génova o Milán hasta Flandes, recorriendo un camino que solo practicamos los comerciantes. Atravesando Borgoña, Lorena, Luxemburgo, el Obispado de Lieja y Flandes hasta llegar a Bruselas. Esta vez no iremos por Borgoña sino por los cantones suizos, pues me temo que habrá movimientos de tropas francesas en esa zona. Por la confederación helvética es un trayecto más duro, pero también más seguro.

—¿Y qué vendes en los pueblos?

—Ya lo has visto. Palabras, historias y relatos del Nuevo Mundo.

—¿Eso se puede vender?

—Siempre que haya alguien dispuesto a pagar, todo se puede vender —respondió Massimiliano—. Y los hombres siempre hemos escuchado cuentos a la luz de una hoguera. Las palabras son solo aire susurrado, pero son poderosas. Los hombres tardamos demasiados años en guardarlas, en fijarlas a una superficie, pergamino, papiro o ahora papel. Antes, todas las historias pasaban de boca en boca. Eso está cambiando, pero yo no sé escribir un libro, así que sigo susurrando palabras.

—En el lago de Como no te fue muy bien —recalcó Thomas.

—No tuve tiempo ni de montar mi parada. Esta vida es así, nunca sabes cómo va a tratarte el público. Por eso no hay que desistir. A una noche mala, por axioma le sigue una menos mala.

Reanudaron el viaje. El descenso fue más sencillo, Martigny se encontraba situada en un codo del Ródano; era una ciudad con un imponente castillo y edificios de excelente factura. Massimiliano le quitó el cabestrillo del hombro a Thomas, pues ya tenía buen aspecto.

Montaron un escueto escenario y un biombo, donde Massimiliano fue colgando una serie de litografías y estampas de plantas y animales a cuál más extraño. Thomas no veía nada claro todo aquello, pero ayudaba sin quejarse.

Llegó la hora y las gentes de Martigny se acercaron para ver qué les contaba aquella pareja de viajeros. La aparición de Massimiliano siempre resultaba impactante, por su altura y su aspecto de bucanero: espada al cinto, camisa larga blanca y zapatos acuchillados.

—Quisiera presentarme: soy Massimiliano Lamberti, he sido navegante durante muchos años y he surcado las aguas de todo el mundo. He visto cosas que no creeríais. Mujeres de tal belleza que te hipnotizaban como sirenas. He conocido ciudades tan grandes que no tenían fin. He visto a monstruos marinos masticar un galeón entre sus fauces. Pero nada de eso es comparable a lo que contemplé cuando viajé con el genovés Cristóbal Colón en el cuarto y último de sus viajes al Nuevo Mundo.

—¿Has estado allí? —preguntaron desde el público.

—Sí, y volví vivo de milagro. —Se levantó entonces la camisa, dejando ver una enorme cicatriz que le daba la vuelta al pecho—. Esto no lo hace ningún animal que hayáis visto aquí, ¡mirad la longitud!

La gente se llevó las manos a la boca y comenzaron los murmullos.

—Voy a relataros las maravillas del Nuevo Mundo, la fertilidad de esas tierras descubiertas por Cristóbal Colón, su verdor permanente y su clima benigno, apto para el buen desarrollo de la vida humana, animal y vegetal, con especies nunca vistas que embriagan los sentidos.

Entonces le hizo una señal a Thomas y este acercó el biombo con los espléndidos grabados de plantas y flores.

—Quiero que conozcáis los girasoles, las flores de papa y los tomates. Alimentos prodigiosos, grandes como una cabeza de cordero, jugosos como el primer amor. Los colores del paraíso, el exotismo, la belleza y la abundancia. Hay tantas maravillas en el Nuevo Mundo que empezaré por una de las más excitantes.

Se adelantó entonces Thomas con un tubo humeante entre las manos; le había pedido que lo prendiera, lo colocara en el hueco de un pequeño cilindro y se lo diera sin más explicación. No se imaginaba que Massimiliano lo tomaría y se lo llevaría a la boca, aspiraría fuerte y esperaría unos instantes antes de exhalarlo en una nube alargada de fragante humo blanco.

Aquello causó verdadera estupefacción entre los asistentes. Al verlo sacar humo por la boca pensaron que el mismo demonio se había apoderado de él.

—Tranquilos, es inofensivo. —Volvió a aspirar el humo—. Los indios queman las hojas de esta planta, que denominan cohíbas, enrolladas para cogerlas con los dedos. —Mostró la que llevaba en su mano—. Y aspiran el humo a través de cañas o canutos.

—¡Eso es obra del diablo! —gritó uno de los asistentes.

—No, os equivocáis; los indios buscan en el humo del tabaco un remedio contra casi cualquier enfermedad o mal.

—¿Insinuáis que aspirar ese humo cura? —preguntó otro.

—Ya lo creo, son muchos los beneficios del tabaco: alivia la pesadez de cabeza, cura heridas, males de pecho, del estómago y hasta de las muelas. Es hierba que crece y viene en grandeza, echa un tallo desde la raíz que sube todo derecho, sin inclinarse.

La fascinación que mostraban las caras de los presentes era inmensa; la gente murmuraba todo tipo de comentarios, a favor y en contra, detractores o entusiastas, pero entregados por igual al espectáculo.

—¡Amigos! No solo el tabaco ha venido de allende los mares; también os he traído esta planta, la flor del sol, otros la llaman el sol de las Indias o la corona de Júpiter. Es hermosa, y su corola gira siguiendo al sol; todos los reyes la quieren para decorar sus jardines. —Les señaló una de las estampas.

En esta ocasión todo fueron alabanzas a la extraña planta girasol, de pétalos amarillos, a modo de corona, en torno a un círculo más oscuro.

—¿Qué más traéis?

—Paciencia, amigo, paciencia. Lo que vais a ver ahora es increíble. Todos habéis escuchado fantásticas historias sobre los habitantes del Nuevo Mundo.

—¿Cómo son las mujeres? —gritaron.

—¡Y los hombres! —intervino una señora—. Porque si resultan ser tan holgazanes y sucios como estos prefiero quedarme aquí. —Gran parte del público se echó a reír.

—Poco a poco, damas y caballeros —les pidió calma con ambas manos—. Se preguntarán cuáles de esas historias que se cuentan son verdad o mentira, yo les voy a mostrar ahora uno de esos habitantes, que llegó a la Cristiandad tras un largo viaje, salvando océanos y tormentas. ¡Que pase!

Los espectadores enmudecieron; durante unos instantes solo se escuchó el silencio, hasta que Thomas salió con una correa, a cuyo extremo apareció el más extraño ser jamás visto por las gentes de Martigny.

El monstruo tenía cabeza y orejas grandes como una mula; el cuello y cuerpo como un camello, patas de ciervo y cola de caballo. Para otros se parecía más a un burro, aunque que con patas de vaca y pellejo grueso de cordero, y también hubo quien lo describió como un asno con pescuezo de camello o una oveja amorfa con el cuello estirado. Sus ojos miraban a la masa con indiferencia, tras sus párpados caídos.

—Os dije que veríais cosas increíbles. Este animal es una llama. Habita a miles de pies de altura y lo usan como animal de carga. No os asustéis, no es violento —les tranquilizó Massimiliano.

—¡Es horrible! ¿Qué monstruosidad es esa? —dijo a gritos una mujer.

—Aunque ahora os extrañe, llegará un día en que serán tan habituales entre nosotros como los caballos, y entonces recordaréis el primer día en que la visteis. Diréis: «Yo vi la primera llama, recién llegada del Nuevo Mundo». ¡Aquí la tenéis, habitantes de Martigny!

La gente estaba entusiasmada, el animal los había cautivado. Massimiliano se frotaba las manos. Entonces guiñó el ojo a Thomas.

—El Nuevo Mundo es el paraíso terrenal, tierra de clima benigno y belleza plena, de exorbitante abundancia. En él, Adán y Eva tenían asegurado el sustento, la comida estaba al alcance de la mano, encarnada en frutas sabrosas que embriagaban los sentidos. Al pecar, nuestros antepasados debieron comenzar a ganarse el alimento con el sudor de su frente. Pero ahora hemos reencontrado el paraíso perdido, y pronto se acabará el hambre en los años de malas cosechas.

—¿Cómo? ¡Eso no es posible!

—Colón postuló que la tierra no es redonda, sino que tiene forma de pera, y en el pezón de esa figura se encuentra el paraíso terrenal —continuó ante un público entregado—. Y ahora, aquellos que queráis disfrutar de forma anticipada de ese paraíso podréis inhalar el humo de los indios, previo pago de veinte reales. ¡Para alivio de dolores y olvido de las penas!

De manera rápida se formó una larga cola de gentes ansiosas, entusiasmadas por todo lo que habían visto y oído. Thomas tuvo que preparar más de esa misteriosa planta, pues los hombres la consumían rápido y comentaban la deliciosa sensación que producía ese humo sanador.

Durante más de una hora estuvo Massimiliano sacando beneficios a sus historias, su tabaco y sus dibujos. Cuando el antiguo marino se quedó por fin solo, abrió una botella de licor y le dio un buen trago. Thomas, tras recoger el biombo y las cajas del material y dar de comer a Luna y a Lancero, aprovechó para acercarse a él.

—¿Cuántas monedas has conseguido?

—Ha ido bien, has sido una valiosa ayuda, muchacho, justo lo que necesito. Un ayudante rápido y que no se equivoca. Ahora en marcha, llega el verano y vamos a ir de pueblo en pueblo; este va a ser un año fabuloso, Thomas, ya verás.

8

El tabaco

En las siguientes poblaciones, Massimiliano repitió el espectáculo. Pasaron por Monthey y Aigle, donde disfrutaron de una estupenda acogida. Con la llegada del buen tiempo recorrieron un sinfín de villas y pueblos. Los compañeros fueron perfeccionando tanto su compenetración en escena como las apariciones de Luna. En septiembre obtuvieron un rotundo éxito en Friburgo, de tal manera que permanecieron allí hasta finales de octubre. Entonces partieron para Lausanne. Evitaron la ciudad de Ginebra porque les alertaron de que se habían formado tumultos a raíz de la reciente publicación de una tesis contra las indulgencias de Roma. Llegaron a territorio borgoñés, una tierra ya más parecida al Augsburgo natal de Thomas. Volvieron a detenerse para actuar en Port-sur-Saône, donde buscaron la plaza del mercado, dieron voces y lograron convocar a un buen número de curiosos al caer la noche.

Massimiliano tenía una lengua embaucadora y sabía cómo alimentar el interés de la gente. Resaltaba con habilidad las maravillas del Nuevo Mundo, justo lo que todos deseaban oír. La llama volvió a levantar pánico y entusiasmo a partes iguales, y el tabaco proporcionó gran placer a la multitud, así que lograron sacar buenas monedas con las que pagar la cena y dormir bajo techo.

Con la llegada del frío se resguardaron en Annecy, en la única posada del pueblo. Por suerte era un edificio nuevo, bien construido y que regentaba un matrimonio joven. Ella se llamaba Geraldine, era muy alegre. A menudo se la oía cantar en la cocina. Y conociendo a Massimiliano, este no dudaba en acompañarla, y juntos improvisaban tonadas para alegría de los clientes de la posada. Incluso el marido, Antoine, se animaba en ocasiones y tocaba una flauta pequeña con un sonido muy melódico.

En aquellos meses en que no podían trabajar ni viajar, Massimiliano le contó a Thomas detalles más concretos sobre las tierras recién descubiertas. Así el chico supo que los españoles habían buscado pimienta por todo el Nuevo Mundo, pues era la más preciada de las especias de Oriente. Y al final encontraron una especia similar, una pimienta de las Indias, que allí llamaban «chile». También habían traído algo parecido a la pimienta en vaina, que Colón llamó pimiento, que tenía también sabor picante pero que no servía como especia. Le contó el navegante que habían descubierto una canela de las Indias, producida por un árbol de hoja perenne, como el laurel, y con el mismo sabor y fragancia que la canela que traen de la India los portugueses.

A Thomas le encantaba escuchar de nuevo a alguien hablar sobre especias, ello le recordaba a su padre, que, en cuanto Thomas supo decir dos palabras, le empezó a contar historias de las Islas de las Especias. Dicen que las primeras impresiones que recibe un niño ya no se borran en toda su vida y, en su caso, así parecía ser.

Para combatir el frío, el napolitano le obsequió con un abrigo viejo, pero muy cálido; a Thomas le venía pequeño y le hacía tener un aspecto curioso. A ello ayudaba que había dejado crecer mucho su espeso pelo, que ahora le caía por los hombros.

Una tarde, Massimiliano le habló de la vainilla, una exótica orquídea de fruto capsular que parecía una legumbre. Había sido bautizada como vainilla por los españoles por la semejanza de su fruto con una vaina. Y le mostró de cerca uno de los grabados que llevaba en el carro. A Thomas le parecían fantásticos; en ellos se veían todo tipo de plantas y árboles, y estaban todos firmados por unas iniciales, «J. M.». Ese J. M. tenía mucho talento; Thomas no entendía mucho de arte, pero eso lo tenía claro.

No había día en que no conversaran de algo nuevo; a Thomas le gustaba aprender, y Massimiliano encontró en él un oyente inteligente, algo extraño entre su público. El napolitano era un hombre curioso en todo, su aspecto era pintoresco, usaba ropas tintadas, por tanto, caras, y que parecían viejas o reutilizadas. Pero con su buen porte las lucía con dignidad. Además calzaba unas botas acuchilladas que cubrían la pierna hasta la altura de la rodilla y tenían arrugas en el empeine. Thomas no se las había visto usar antes a nadie.

—Son borceguís.

Thomas se encogió de hombros.

—¡Será posible! Es un calzado que se usa desde hace siglos. Es de piel finísima, para poder adaptarse bien a las piernas.

—Parecen unas calzas.

—¡Qué barbaridad! Los borceguís son un calzado de hombres de armas —dijo Massimiliano alzando la voz.

—¿Y esas arrugas?

—Son así, el borceguí nunca queda totalmente estirado. —Massimiliano suspiró—. Cuánto te falta por aprender, muchacho.

El invierno fue frío y largo, y poco a poco fueron consumiendo las ganancias obtenidas con las representaciones. Thomas se percató de que Massimiliano no había planeado estar tanto tiempo en Annecy. Quizá por ese motivo comenzó a estar menos hablador que de costumbre y cada vez canturreaba menos, incluso dejó de cantar con Geraldine. Hasta que un día de abril llegó un mercader del norte, de Luxemburgo. Era un hombre bajito y corpulento que comerciaba con vino de Lyon, el Beaujolais. Les contó que era un vino que fermentaba solo durante unas pocas semanas y se ponía a la venta a finales de noviembre. En poco tiempo se estropeaba, así que él se quedaba con los excedentes del invierno y lo comercializaba barato el resto de año en tabernas y posadas que lo mezclaban con otros vinos de más poso.

Les explicó que, a pesar de lo que se había alargado el invierno, las gentes del norte ya habían salido de sus casas ansiosas de abandonar la tristeza invernal y los mercados estaban llenos. Era la noticia que necesitaba oír Massimiliano; el napolitano se animó de inmediato a dejar la protección de Annecy y viajar al norte.

Se despidieron de Antoine y la jovial Geraldine y partieron con Luna y Lancero, con tan mala fortuna que un temporal de lluvias los dejó encallados cerca de Nancy, lo que acabó con casi todos sus víveres. Llegaron a Metz, donde tuvieron poco éxito, pero en Luxemburgo lograron buenas ganancias, sobre todo con la venta de tabaco. Massimiliano no había perdido ni un ápice de su elocuencia; todo lo contrario, se mostraba más embaucador si cabe.

Thomas estaba asombrado con aquellas hierbas, una curiosidad que compartía con todos los que las veían por primera vez. Una noche de mayo, mientras se calentaban al fuego de una hoguera en un claro del bosque, Massimiliano, como solía hacer a veces, enrolló uno de esos cilindros rellenos de tabaco, lo prendió por un extremo, y cuando la brasa se volvió anaranjada se llevó a la boca el otro extremo para inspirar por ella.

Aguardó unos segundos y expulsó una bocanada de humo blanco. A continuación, su rostro se llenó de satisfacción, de mejilla a mejilla.

Thomas también sonrió.

Massimiliano miró al joven.

—¿Quieres probarlo? Vamos, muchacho. No puedes vender algo que ni siquiera has probado.

—No, no... —Pero no se apartó—. No sé. ¿Qué tengo que hacer?

—Nada, solo inspirar el humo y tragártelo.

—¡Tragármelo!

—Sí, llena tu pecho con él. —Massimiliano lo señaló—. Pero luego debes echarlo todo fuera de nuevo, poco a poco.

—¿Cómo?

—Es fácil, solo hazlo. —Le acercó las hierbas encendidas.

Thomas lo tomó; de la punta encendida salía un fino hilo de humo.

—¡Venga! No te lo pienses tanto, que el tabaco se consume.

Se lo llevó a los labios, tragó saliva, cerró los ojos e inspiró. No sintió nada, hizo como si se tragase la comida y volvió a abrir la boca. Entonces no supo cómo volver a sacar el humo de sus pulmones, y comenzó a atragantarse hasta que tosió como si se estuviera ahogando.

Massimiliano soltó una carcajada que se oyó en toda la noche, mientras Thomas no paraba de toser. Hasta Luna se alteró con los ruidos y asomó la cabeza para ver qué sucedía.

—Muchacho, no te apures. Eso nos ha pasado a todos la primera vez.

Thomas seguía tosiendo. Massimiliano recuperó el rollo de tabaco y ahora fue él quien inspiró, echando luego el humo con facilidad.

—Es solo práctica, como casi todo en la vida.

—Casi me ahogo —por fin pudo hablar.

Thomas comenzó a sentirse mareado, la garganta le picaba y se le revolvía la tripa, todo al mismo tiempo.

—¿Quieres probar otra vez?

—¡No! ¡Es asqueroso!

Massimiliano se rio de nuevo, y se acostaron poco después. Thomas se sentía extraño, de repente muy relajado tras el primer mareo del tabaco. Esa noche durmió plácidamente.

El día amaneció con una bruma más propia de otras fechas; la pareja continuó siguiendo el camino que tenía Massimiliano trazado en la cabeza. Fue un viaje largo; mientras Lancero tiraba de manera incansable el carromato, Luna iba como una reina en la parte de atrás, el napolitano silbaba y canturreaba canciones de su tierra y Thomas dejaba volar su imaginación hacia las lejanas Islas de las Especias.

Tras una veintena de paradas, arribaron a Namur a finales de aquel verano.

—Esto es Flandes, muchacho. Una tierra rica y compleja.

—¿Compleja por qué?

—Hace unos veinte años murió su señor, Felipe el Hermoso, que se había casado con una princesa española, Juana, que terminó siendo reina. Por desgracia, ella enloqueció, y Felipe falleció días más tarde.

—De pena...

—No, no, jugando a la pelota.

—¿Cómo dices? Yo jugaba a la pelota en mi ciudad.

—Pues ten cuidado, el príncipe murió justo después de un partido —le advirtió Massimiliano—. Estas tierras pasaron a manos del hijo de ambos, Carlos, el actual rey de España, aunque franceses y otros nobles ponen su legitimidad en entredicho. Cualquier día estallará una guerra también aquí en Flandes.

—¿Tan difícil es mantener la paz?

—A decir verdad, sí. La guerra es más sencilla, coges una espada y te matas con otros. Para la paz hay que sentarse, dialogar, pensar, ceder y llegar a acuerdos. Y eso cuesta mucho a las personas, y más a los que mandan. Lo dicho, la guerra es más rápida; para matarnos unos a otros no hay que pensar mucho.

—Una vez me dijeron que la guerra es cosa de reyes, que son los únicos que ganan, pierda quien pierda.

—La guerra es cosa de hombres, chico, y los reyes tendrán una corona reluciente, pero siguen siendo hombres. Y una cosa más: ¿cómo crees que ellos o sus antepasados lograron ponérsela en la cabeza? Todas las coronas están manchadas de sangre de infelices como tú y como yo.

Thomas se quedó pensativo.

—Haremos noche aquí en Namur, seguro que vendemos tabaco en la taberna.

Massimiliano encontró una casa donde dormir; era de una viuda, llamada Clara, con cuatro hijos varones a su cargo. El marido había muerto de unas fiebres hacía un par de meses y la mujer necesitaba dinero para criar a su prole hasta que sus hijos mayores pudieran comenzar a trabajar.

La casa no era espaciosa; la viuda dormía con todos sus hijos en una alcoba y preparó la otra para ellos dos. Compensó la escasez de espacio con una fabulosa comida. Además, Clara preparó unos dulces deliciosos que entusiasmaron los estómagos de Massimiliano y Thomas.

La viuda les contó que a finales de septiembre tenía lugar una destacada feria agrícola, un evento idóneo para su negocio. Así que decidieron permanecer en Namur hasta entonces.

Namur era una ciudad próspera, con un espectacular castillo sobre un espolón rocoso que dominaba la orilla norte del río Mosa. La orilla sur era propiedad del obispo de Lieja. Massimiliano no era un simple viajero, a él le gustaba conocer los lugares que visitaban e intentaba inculcar esa curiosidad a Thomas. Juntos recorrieron las calles de Namur visitando sus iglesias y principales comercios. Thomas no mostraba demasiado entusiasmo, hasta que llegaron a una librería. En el exterior tenía un puesto formado por varias mesas y en ellas se exhibían libros. Massimiliano no fue ajeno al interés que reflejaron los ojos verdosos de Thomas.

—¿Te interesan los libros?

—Mi padre me leía siempre antes de dormir, y en mi ciudad natal leía muchos en clase, leo bastante rápido —contestó.

—Interesante, los libros están de moda. Desde que se ha inventado la imprenta todo ha cambiado, y más que cambiará. En la Antigüedad había pocas copias de cada libro y en cualquier momento el último ejemplar de un libro podía quemarse, o mojarse y perderse para siempre. ¡Ahora ya no!

—¿Por qué? —Massimiliano había captado la atención de Thomas.

—Por la imprenta, muchacho. El mayor invento de la historia.

—¿Lo decís de verdad? —inquirió Thomas incrédulo.

—La historia de los hombres se repite, volverán a llegar tiempos oscuros, los hombres se volverán necios, la ignorancia se apoderará de sus vidas y olvidarán su pasado. Pero entonces los libros nos salvarán. De hecho, los libros ya nos han salvado muchas veces.

—Eso sí que no lo entiendo.

—Los libros han cambiado el mundo en más ocasiones de las que imaginamos. Sin los libros, cada generación estaría condenada a repetir los mismos errores que sus antepasados, solo los libros nos separan de la barbarie. El día que no haya libros, tampoco habrá hombres. Pero ahora eso ya no podrá suceder, porque la imprenta los crea a miles; ¡nunca más se perderá un libro!

—No había pensado nunca en eso... —Thomas estaba ensimismado.

—La carta de Colón que tengo fue impresa a los pocos meses de llegar el almirante a Barcelona y distribuida por las principales ciudades de la Cristiandad. ¿Qué habría pasado si Colón hubiera llegado al Nuevo Mundo antes de la invención de la imprenta? La noticia habría tardado mucho más en conocerse, pero que mucho más...

—Supongo que sí. —Thomas seguía distraído con los libros de la librería.

—Ven, entremos.

—¿A una librería? Pero... —Antes de terminar, el napolitano ya estaba dentro haciéndole señales para que lo acompañara.

Era un local amplio, entraba mucha luz por unos grandes ventanales. El espacio estaba cubierto por completo de unas estanterías donde se exhibían libros de todos los tamaños posibles. Pero lo que más le fascinó a Thomas era el olor, nunca había olido un aroma como aquel.

—Buenos días. ¿Qué se les place, caballeros? —les dijo el librero, que llevaba unas lentes sujetas sobre la nariz.

Thomas había visto antes anteojos en Augsburgo, pero no había tenido unos tan cerca. Le costaba imaginar que quienes las usaban vieran mejor a través de ellas que solo con sus propios ojos.

—Queremos comprar un libro y me han dicho que esta es la mejor librería de Namur.

—Y no se equivocaban —dijo sonriente y complacido.

—Veo que tiene libros con lujosas encuadernaciones, auténticas joyas. —Massimiliano asintió con la cabeza—. Yo soy mercader, comercio con material del Nuevo Mundo.

—¡Qué me dice! Eso es fascinante.

—Sí, desde luego. Si le pudiera contar lo que transportamos, se asombraría, pero no puedo, ya que es secreto. Usted es un hombre culto y ya sabrá que están llegando auténticas maravillas desde allí.

—Algo he oído, sí.

—Como viajamos mucho necesitamos un libro resistente. Que no tenga estas encuadernaciones tan... esmeradas. Algo más fuerte, ya me entiende.

—Creo que sí, pero en esta librería todos nuestros libros son de la mejor calidad. Las encuadernaciones son costosas, tenemos ejemplares muy valiosos aquí.

—No lo dudo. Mire, mi hijo... —Señaló a Thomas, que lo miró estupefacto—. Este va a ser su primer libro. Creo que es usted consciente de lo que ello implica. ¿Por qué no le muestra esos libros que tiene a bien seguro guardados en el taller porque son ediciones más baratas que estas?

—¿Cómo se atreve?

—No se apure, no le diremos a nadie que lo hemos comprado aquí. De esta manera usted también puede vender ese género que se le amontona, ¿verdad?

—No me gusta la gente como usted —carraspeó el librero—. Qué insolentes. Pero esperen un momento, ahora mismo regreso.

Massimiliano miró a Thomas y se encogió de hombros.

—¿Cómo sabías que tenía libros baratos escondidos?

—Todos los mercaderes son iguales, da igual si venden libros, judías o armas. Siempre hay algo reservado en el trastero, la alacena o el patio.

—¿Y de repente soy hijo tuyo?

—Ssshhh, eso no importa ahora, Thomas.

—Esto es lo que pudo ofrecerles. —El librero dejó una caja

sobre una mesa—. Pero deprisa, no vaya a entrar alguien importante —afirmó mirándolos con desprecio.

Thomas hizo ademán de ir a decirle algo, pero Massimiliano lo cogió del brazo y lo hizo ir hasta la caja.

—Elige uno, seguro que hay alguno de tu agrado.

—Yo no puedo pagarlo...

—He dicho que cojas uno, no que tengas que abonarlo tú. —El napolitano se dio la vuelta y dio un par de pasos hacia el otro lado de la librería.

—Parecen muy frágiles —advirtió Massimiliano mientras se movía por la librería.

—Los libros son delicados —saltó el librero—, pero peor era antes. Cuando se usaban papiros. En Egipto funcionaban bien, pero aquí la humedad los destruía con rapidez.

—Y entonces inventaron el papel.

—¡No! Ojalá hubiera sido tan rápido. Lo que ocurrió es que en la Antigüedad Egipto ostentaba el monopolio del papiro, que se forma con juncos del río Nilo. Así que, en cierto reinado, decidieron dejar de suministrar a una ciudad griega, Pérgamo, que estaba construyendo una biblioteca mayor que la de Alejandría.

—Lo sé, era la más grande que jamás ha existido, pero fue pasto de las llamas —intervino Thomas.

—Vaya sorpresa. —El librero miró con otros ojos al muchacho—. Es cierto. Pero como les decía, Pérgamo se quedó sin papel, así que sus sabios tuvieron que buscar una solución. Y perfeccionaron una vieja técnica, la del pergamino. Y así comenzó a popularizarse la escritura sobre pieles de animal convenientemente tratadas.

—Y supongo que para hacer un libro de pergamino había que matar a todo un rebaño de corderos —dijo Massimiliano.

—Me temo que sí, y cuanto más jóvenes mejor.

Mientras los dos hombres hablaban, a Thomas le temblaban las manos. Nunca había tenido un libro en propiedad, solo había leído los que le dejaban en las clases con los Fugger. Abrió el primer ejemplar, era un texto religioso y lo dejó de inmediato. Los siguientes eran libros piadosos, solo al quinto encontró uno ajeno a la religión, pero era un tratado de lingüística. En verdad eran libros usados, viejos, estropeados y de temas poco interesantes. A Thomas le dio pena que su primer libro fuera a ser tan poco gratificante.

Y entonces tomó un texto con las guardas rasgadas y alguna hoja doblada; llevaba por título *Las cartas de Abelardo a Eloísa*.

—¿Ese? ¿Estás seguro? —inquirió Massimiliano—. Piénsatelo bien.

Thomas no sabía qué tenía entre las manos, pero un pálpito le decía que ese era su libro.

—Es un clásico —intervino el librero—, la mayor historia de amor jamás contada.

—Por eso la tenías escondida. Toma, te doy esto. —Massimiliano mostró un par de monedas.

—Imposible. —El librero agitó ambas manos—. ¡De ninguna manera!

—Mire... —Se acercó a él—. Ese libro está medio roto, acepte lo que le doy, sea inteligente.

—Pero... esa obra tiene mucha demanda.

—Le daré una moneda más. —La sacó de la bolsa que guardaba en el cinto—. Es mi última oferta.

—Está bien, pero no le digan a nadie que yo se lo he vendido a ese precio. Tengo una reputación que mantener; si mis clientes descubren que acepto este tipo de tratos, estoy perdido.

—No se preocupe. —Massimiliano le dio una palmada en la espalda—. Vamos, Thomas, que tenemos mucho que trabajar hoy.

Y salieron juntos de la librería.

—Es bueno saber que hay algo que te gusta; ahora, guarda bien ese libro.

Thomas asintió, con una sonrisa de oreja a oreja.

—Gracias, Massimiliano, ¡gracias!

Una noche de abundante calor, sentados frente a la casa de la viuda, mientras Massimiliano silbaba sacó un poco de tabaco. Hizo un rollo con un papel fino, a la manera de un mosquetón, con el tabaco dentro. Encendió un lado y aspiró el humo que echaba el otro. Thomas no terminaba de acostumbrarse a ese olor.

—¿Quieres, muchacho?

—¿Yo? ¡De ninguna manera! Casi me muero cuando lo probé —respondió Thomas con el gesto agrio.

—La primera vez siempre es así. —El napolitano le acercó el

rollo—. La segunda es diferente. Ya te dije que tienes que conocer lo que vendemos.

—No pienso aspirar de nuevo ese veneno del demonio.

—¿Seguro? —Massimiliano volvió a exhalar el humo—. Yo conocí al primero que trajo el tabaco. Su nombre se me ha ido de la cabeza, pero se apellidaba de Jerez, y fue uno de los marinos que navegaron en el primer viaje de Colón. Cuando volvió a España no dudó en presentar el descubrimiento en su pueblo. De eso sí me acuerdo, que se llamaba Ayamonte. Pero fue encarcelado, ya que dijeron que solo el diablo podía dar a un hombre el poder de sacar humo por la boca.

—Y tenían razón.

—¿De verdad no vas a volver a probarlo, ni siquiera un poco? No te matará. —Massimiliano cerró los ojos mientras llenaba su cuerpo con el humo.

—No es por mi cuerpo por lo que temo, sino por mi alma.

—Por ahora estamos vivos, así que debemos preocuparnos por nuestro cuerpo. Y para eso no hay nada mejor que ganar dinero.

—¿Viajando de lugar en lugar y fumando ese humo?

—No. —Sonrió con la punta del rollo de tabaco en la boca—. Te he contado muchas cosas del Nuevo Mundo, pero hay una que aún no conoces y que podría hacernos ricos.

—Eso me suena un poco a cuento.

—No, nada de eso. —Exhaló el humo—. Hay un producto que puede hacer desaparecer el hambre. Me lo dijo un portugués; la planta se acomoda a todos los climas y a toda suerte de terrenos, donde se multiplica por medio de sus tubérculos, tallos, hojas y semillas. Su fruto, que consiste especialmente en la raíz, no teme los estragos del granizo. Abandonada bajo tierra, resiste al hielo, y a la primera tibieza de la primavera rebrota con mayor vigor. La llaman «papa».

—¿Y dónde está esa milagrosa planta?

—En el Nuevo Mundo, hay que ir allí a buscarla.

—¿Es que piensas viajar otra vez al Nuevo Mundo? Si me dijiste que no lo harías.

—Nunca digas de esta agua no beberé, nunca. —Se terminó el tabaco con una última inspiración—. Es hora de dormir. Descansa, muchacho, y hazme caso; juntos podemos hacer grandes cosas, ya verás.

Llegó la feria agrícola de septiembre. Massimiliano mandó al chico a ir dando voces por todo Namur, tanto en alemán como en francés. Thomas se percató de que también usaban el valón e hizo esfuerzos para aprender algunas palabras que sabía que le podían ser beneficiosas. Para ello no dudó en jugar con los hijos de Clara, que le resultaron muy útiles.

La plaza de Namur estaba llena cuando comenzaron el espectáculo. Massimiliano tenía facilidad para hacerse entender; conocía algunas palabras en la lengua de cada país que visitaba, para él eran más que suficientes. Y Thomas estaba para auxiliarlo en todo momento.

Así el navegante charlatán relató que cuando Cristóbal Colón llegó por primera vez al Nuevo Mundo, quedó sorprendido por las costumbres de las gentes que lo habitaban. Después de explicar las más variopintas, como su escasa vestimenta, o sus herramientas y útiles de caza, habló del tabaco. Los indígenas lo fumaban en ciertas ceremonias, pues para ellos el uso del tabaco poseía poderes mágicos y agradaba a los dioses.

Aquellas historias impresionaron a los habitantes de Namur; el mismo Thomas se quedaba fascinado con ellas por muchas veces que las oyera. Massimiliano tenía el don de la palabra. Continuó afirmando que el tabaco era el mejor remedio contra todo tipo de males: fiebres, convulsiones, trastornos intestinales, mordeduras de animales y problemas respiratorios.

Cuando apareció Luna, los asistentes enmudecieron, y a partir de ahí creyeron todo lo que dijo Massimiliano. Tras la representación se agolparon para comprar tabaco y los cilindros para fumarlo. Hubo también algún enfermo, como una joven con una afección bucal, para la que Massimiliano recomendó aplicar un extracto de hojas de tabaco en las mejillas durante diez días, y que su padre gustosamente pagó, convencido del remedio.

El éxito fue clamoroso, y Massimiliano no dudó en celebrarlo por todo lo alto en la taberna cercana, donde pidió el mejor vino. Ni aun así logró convencer a Thomas para que lo catara.

—¿De verdad no vas a beber?

—En mi última noche en Bellagio casi me cuesta la vida.

—No será para tanto. —Massimiliano le dio una palmada en la espalda.

—El vino hace perder a los hombres la poca cabeza que tienen.

—Jamás había conocido a nadie que rehusara tomar vino, es algo inaudito. —Massimiliano se encogía de hombros y fruncía el ceño.

—Y yo jamás había visto a alguien que echara humo por la boca, y ya ves...

—¡Eso es verdad! —El napolitano soltó una carcajada y volvió a servirse de la jarra—. Yo beberé por los dos.

—Esta noche has embaucado a todos los asistentes, parece magia lo tuyo...

—No, joven amigo, son solo palabras.

—¿Qué quieres decir?

—Las palabras son mágicas —afirmó Massimiliano—, pero no en el sentido en que pensaban los magos de la antigüedad. El poder de las palabras estriba en la influencia que tienen sobre las mentes de quienes las escuchan.

—¿Y eso qué rayos significa?

—Las palabras pueden transformar la voluntad de los hombres. Con las espadas o las picas puedes doblegarla, pero nunca cambiarla.

—No lo entiendo, ¿cómo?

—Conociéndolas, y conociendo al que escucha; hay palabras especiales que influyen de manera peculiar, según tu público. Y no es solo la palabra en sí; también es cómo la pronuncias, la entonación, los gestos que haces mientras hablas y la mirada. ¡Qué importante es hablarle a un hombre a los ojos!

—Todo eso que dices... —Thomas resopló—. Parece interesante, pero ¿cómo se hace?

—Te digo lo de siempre: practicando, como todo en la vida. La primera vez no conseguirás nada, la segunda puede que te corran a garrotazos. Pero poco a poco irás viendo como los hombres somos todos iguales: si convences a un campesino en Nápoles puedes convencer a un caballero de Londres. ¡Práctica, muchacho!, ¡la práctica te hará un experto!

Fue lo último que dijo con sentido, pues la embriaguez ascendió hasta nublarle la mente. Además, aquella noche Massimiliano no dudó en hacer buen uso de su ganada popularidad y, por qué no decirlo, también de algo del dinero recaudado. Así que logró dormir no en casa de Clara, sino entre los brazos de una morena de grandes pechos que lo acogió gustosamente.

Thomas, en cambio, no aprovechó el disponer de todo el jergón para él solo y apenas pegó ojo. No podía quitarse de la cabeza las últimas frases del napolitano. En verdad que Massimiliano era un personaje pintoresco, pero a la vez astuto. Sin embargo, Thomas no sabía cuándo hablaba en serio o cuándo exageraba.

Tomó la medalla de su madre entre los dedos y pensó en Úrsula. ¿Qué habría sido de ella? ¿Dónde estaría ahora?

Habían pasado ya más de dos años desde que huyó de Augsburgo, y para él era como si solo hubieran transcurrido unos días.

No era justo; Úrsula se había sacrificado por él, y en todo ese tiempo no había intentado siquiera saber de ella. Quizá había llegado el momento de ir a rescatarla, pero para ello necesitaba dinero. Esa misma noche tomó una decisión: al día siguiente hablaría con Massimiliano, debían cambiar los términos de su acuerdo. Merecía obtener un porcentaje de las ganancias.

Para intentar conciliar el sueño tomó el libro que le había regalado su mentor, *Las cartas de Abelardo y Eloísa*. Recordó cómo su padre le leía de niño, sentado al borde de la cama. Leyendo con placer, se quedó dormido.

9

Amberes

Al día siguiente, Massimiliano estaba exultante; no tenía resaca. Thomas pensó que por fuerza había tenido que usar de nuevo el brebaje que le dio en Bellagio. Además, el napolitano llegaba con buenas nuevas. Dejaban la casa de Clara y se marchaban hacia el norte, a Amberes. Y no lo hacían solos, los acompañaba Clementine, la mujer con la que había pasado la noche. Clementine era bajita, con caderas, pechos y cara redondeados y voz chillona. Su pelo, oscuro y áspero, formaba gruesos rizos que le caían sobre los hombros.

Thomas tardó en reaccionar. «¿Qué habrá pasado esta noche?», se preguntaba. Pero nada pudo oponer, pues al fin y al cabo Massimiliano lo había ayudado cuando más lo necesitaba. Le había salvado la vida al permitirlo viajar con él y no denunciarlo cuando estaban en Milán. Pero justo ahora que pretendía negociar unas mejores condiciones de su colaboración aparecía este inesperado inconveniente. Y, además, él no se fiaba de aquella mujer, que se reía a cada instante y que había logrado embaucar al napolitano en una sola noche.

Clara y sus hijos se entristecieron con la noticia. Aunque sabían que solo estaban de paso, en cierto modo se habían ilusionado con la presencia de la pareja de forasteros y quizá tuvieron en algún momento la esperanza de que se quedaran con ellos. En aquellos días, Thomas había cogido cariño a los niños y también a Clara, que era mucho más hermosa y dulce que Clementine. Su casa era muy agradable y cocinaba como los mismísimos ángeles. Thomas no entendió por qué Massimiliano no la había cortejado a ella en vez de caer en los brazos de Clementine. Los niños se despidieron llorando de Luna, con la que se habían acostumbrado a jugar y a darle de comer. Y Thomas les regaló el viejo abrigo que le dio el napolitano, ya le venía demasiado pequeño y a ellos les haría más falta.

El trío recién formado viajó hasta Gembloux; ahora era Clementine quien ocupaba el pescante junto a Massimiliano, y Thomas se vio relegado a la parte trasera del carro, junto a Luna. El napolitano comenzó con sus canturreos y Clementine a reírse sin recato, para desgracia de Thomas.

En Gembloux se alojaron en una posada. Fue la primera vez que Thomas durmió separado del napolitano, compartiendo cuarto con otros viajeros, mientras que Massimiliano y Clementine disfrutaban de una alcoba para ellos solos. Y desde luego que la disfrutaron; los gemidos y gritos de ambos tuvieron en vilo a los huéspedes durante toda la noche. Thomas escuchó todo tipo de barbaridades y comentarios sobre las dotes amatorias de la pareja. Y al día siguiente, Massimiliano y Clementine aparecieron felices y con la apariencia de tener diez años menos.

La llegada de Clementine también disparó los gastos, no solo en comida y alojamiento, que también, sino sobre todo en ropa, perfume y otros caprichos, por lo que ahora tenían que obtener más ganancias en las representaciones.

Mientras la pareja dejaba volar su efusividad, Thomas se entretenía cuidando a Luna, que cada vez estaba más vieja y débil, y practicando la lengua de las gentes de aquella zona de Flandes.

Clementine no le hablaba mucho; Thomas estaba convencido de que no era de su agrado. Ella lo dejaba claro quejándose de su aspecto, en especial de su largo cabello y de su desgastada ropa. A Thomas le daba igual, ya quisiera él vestir con telas mejores, pero eso solo era culpa de Massimiliano, que apenas le pagaba.

Una vez agotado Gembloux, pararon en un par de pueblos, con buen éxito de ventas, y llegaron a Amberes, uno de los centros comerciales más prestigiosos del norte de Europa. No había más que ver cómo vestían sus gentes para entender que era una ciudad rica. En las calles de Amberes había mucho ruido, algo que nunca le había gustado a Thomas. La gente gritaba en cada esquina, en el mercado, en las tiendas, en el puerto. Él prefería el silencio, sobre todo para poder leer concentrado sobre la historia de Abelardo y Eloísa.

Lo primero que hizo Massimiliano fue buscar una casa; preguntó en el mercado hasta que dio con un hombre de aspecto siniestro que aseguraba ofrecer el mayor número de alquileres de todo Amberes. En un principio, Massimiliano se entendió bien con él; en cierto modo se parecían, hablaban mucho y gesticulaban aún más. Las buenas caras y las risas cesaron cuando entraron en negociaciones por los precios de la renta.

—¡Eso es un dineral! Ni que fuera la sede de la corte —espetó el napolitano.

—Esto es Amberes, todos quieren venir aquí a vivir y a enriquecerse. Hay trabajo, comercio con toda Europa, el puerto con más actividad, las mejores imprentas... —enumeró—, y como llegáis tantos extranjeros los alquileres suben y suben.

—Eso son exageraciones.

—Hoy te he dicho diez, quizá mañana valga doce y pasado mañana catorce. —El hombre se encogió de hombros—. Tú mismo. No encontrarás nada más económico.

—¿Sucede algo, cariño? —preguntó Clementine cogiéndolo del brazo.

—No, nada —refunfuñó Massimiliano.

Pero Thomas observó cómo su compañero apretaba los puños y se le tensaban las venas de la frente.

—¿Y quién es este señor tan elegante? —Clementine, en cambio, parecía ajena a todo.

—Pieter Tillemans, preciosa dama.

—Dama ha dicho... Qué gentil. Massimiliano, me gusta tu amigo, se ve que es todo un caballero —dijo con una risita insoportable.

—Le estaba comentando a vuestro marido...

—¿Mi marido? No, no, aún no estamos casados.

—¡No sé a qué espera! Una mujer como vos no se encuentra todos los días.

—Qué cosas decís...

—¡Basta ya! —intervino Massimiliano.

—Disculpadme, señora; le decía a vuestro... acompañante que tengo la casa perfecta para una dama como vos.

—Bueno, estamos negociando —advirtió Massimiliano.

—¿Cómo es esa casa? Contadme, señor Tillemans.

—Por favor, llamadme Pieter. Es una casa ubicada en el centro de Amberes, tiene solo una alcoba, pero muy aireada. La cocina es amplia y dispone de un taller en la planta baja.

—Es perfecta —añadió ella.

—Y Thomas... ¿Dónde dormirá?

—En el taller; querido, eres demasiado condescendiente con ese joven. Le das comida y techo, ya quisieran muchos tener esa suerte.

—Pero ¡si no le pago nada!

—Y bien que haces —afirmó Clementine.

—Perdonad, ¿queréis quedaros la casa o no? —interrumpió Tillemans—. No puedo estar aquí todo el día, tengo otros clientes interesados.

—De acuerdo —claudicó Massimiliano—, pero tienes que hacerme un mejor precio.

—Eso es imposible.

—Te pagaré por adelantado si nos rebajas una cuarta parte.

—¿Por adelantado? Hecho. —Le estrechó la mano.

Thomas asistió atónito a la escena. ¿Qué había sido de las dotes de embaucador de Massimiliano? Se había portado como un corderito con aquel hombre, no era para nada propio de él. Se avecinaban tiempos difíciles con Clementine nublando la mente del otrora espabilado descubridor. Thomas no tuvo más remedio que adaptarse a la nueva situación; al menos tenía dónde dormir.

Massimiliano conocía bien Amberes; el chico lo pudo comprobar mientras lo acompañaba a los muelles. Allí negoció con un español, Rodrigo Sanmartín. Un hombre mal encarado que miraba como si te perdonase la vida y tenía los brazos llenos de cicatrices.

—Ese me proporciona el tabaco —le susurró Massimiliano con secretismo—. Lo traen de España oculto entre la lana.

—¿Por qué lo esconden?

—Su venta no está bien vista por las autoridades religiosas, pero tengo un amigo en Sevilla que me lo consigue, de ahí lo envía al norte de España y en alguno de los fardos de lana me traen una partida que Sanmartín me guarda hasta que yo venga a buscarla a Amberes.

—¿Y si te descubren?

—Pero... qué cosas tienes, ¿no te das cuenta que aquí nadie sabe lo que es el tabaco? Si lo encuentran pensarán que son hierbas secas —afirmó—, es completamente seguro.

Una vez instalados en la ciudad, Massimiliano pasaba mucho tiempo con Clementine, entre arrumacos y susurros. Thomas no soportaba aquella situación; se distraía leyendo el libro o salía a menudo a pasear por las calles de Amberes. Enseguida se percató de que eso último no era mala idea, pues podía contemplar y conocer cosas que jamás había visto ni en Augsburgo ni recorriendo los caminos con Massimiliano. Poco a poco fue sobrellevando el mundanal ruido. Abundaban negocios de todo tipo, el comercio era la actividad más prolífica y los gremios se agrupaban en calles, eso a Thomas le pareció una idea práctica y brillante.

Se detuvo junto a una tienda donde vendían especias en pequeños tarros. Había especias de todo tipo, muchas de ellas no las conocía.

—¿Deseáis alguna cosa? —inquirió el dependiente, que salió al verle curiosear.

—No, bueno, ¿tiene nuez moscada?

—Sí, por supuesto. Pero es la más cara de las especias.

Cuando le dijo el precio de una onza, a Thomas le cambió el rostro.

—No puedo pagarlo —confesó Thomas.

—Una lástima. ¿Os dedicáis a la lana?

—No, ¿por qué lo decís?

—Sois extranjero, y entre todos los negocios que proliferan en Amberes, los más numerosos son los dedicados al comercio de la lana. —Al darse cuenta de que no iba a venderle nada, el tipo volvió al interior del negocio.

Thomas se quedó pensativo y dirigió sus pasos hacia el puerto. En efecto, le fue fácil comprobar que el comercio de lana monopolizaba la actividad de la ciudad de Amberes. Deambuló entre los muelles, donde abundaban los extranjeros. Escuchó hablar francés a una pareja de marineros y se dirigió hacia ellos.

—Buenas tardes —dijo en su idioma—. ¿Sois comerciantes de lana?

—Lo somos —respondió el más viejo de los dos.

Era un hombre enorme, que le sacaba dos cabezas y tenía unos brazos que parecían piernas. No estaba para nada gordo, era todo fuerza. Llevaba un sombrero peculiar en la cabeza, de color rojizo.

—He oído que es lo que más se comercia en esta ciudad.

—Eso es cierto.

—¿Tendríais trabajo para mí? —preguntó Thomas.

—¿De dónde eres?

—Soy alemán.

—¿Has navegado alguna vez?

—Ojalá, pero no —contestó.

—Entonces búscate otro trabajo, este año el precio de la lana ha bajado. Sobra gente, te dirán lo mismo todos los demás.

—Entiendo... —Bajó la cabeza—. Una pregunta: ¿por qué razón la lana es tan importante aquí?

—La lana se utiliza para la elaboración de paños finos. El reinado de Carlos de España ha unido a las zonas de producción en Castilla con las de transformación en Flandes. El Oro Blanco lo llaman. Barcos enteros salen de Castilla a través del puerto de Bilbao, cargados de lana metida en sacas que llegan desde una ciudad llamada Burgos.

—Pero vosotros sois franceses.

—De ninguna manera, somos vascos. Hemos estado en muchos puertos, sobre todo de Francia, por eso conocemos esa lengua.

Los vascos le contaron que Amberes era el principal puerto receptor de lana y que habían creado una institución llamada Bolsa, a la que acudía gente desde todos los extremos de la Cristiandad a vender sus productos, sobre todo los mercaderes castellanos de la lana.

Thomas nunca había mostrado ningún interés por la lana y le sorprendía su importancia. El marinero vasco también le explicó que, con el nacimiento de la industria del hilado, Amberes se había transformado en un inmenso y próspero almacén de lana. Se celebraban en la ciudad cuatro grandes ferias al año, y era el referente de todo el comercio europeo. En Amberes vivían y trabajaban representantes ingleses, germanos, portugueses, italianos, castellanos... Se agrupaban en naciones, cada una de las cuales tenía su casa consular, sus almacenes y sus zonas asignadas para la descarga de los barcos.

La calle más céntrica y concurrida de Amberes era la de la Lana, en la esquina con la calle Waag. Allí se encontraba la casa de los vascos, cerca del edificio de la Bolsa, próximo a las de la liga hanseática, de ciudades del norte de Alemania y la casa inglesa.

Inicialmente, los mercaderes no vivían en la villa; iban de paso, a cerrar negocios. Pero Amberes se había expandido, mientras que en otras villas cercanas había disminuido la actividad comercial, como en Bergas, que había seguido siendo solo una feria, significativa, pero de paso. O en Brujas, que había perdido su poderío al cegarse el cauce del río Zwin, lo que produjo la desconexión con el mar. O en Damme, el antiguo puerto de Brujas, en donde antaño, antes de que la arena cegara la costa, atracaban los grandes barcos de ultramar. Ahora pacían vacas allí donde antes desembarcaban los fardos de lana. Por ello, Amberes tomó el relevo y consiguió centralizar el comercio de la lana.

La llegada del 1 de enero del año 1519 la celebró Thomas cenando con Massimiliano y Clementine. La mujer se mostró sorprendentemente amable y contenta, nunca la había visto tan cortés con él. Tal fue el cambio que le dio mala espina.

Al poco llegó la noticia de que tras el fallecimiento de Maximiliano I de Habsburgo, emperador del Sacro Imperio Romano Germánico, su nieto, Carlos I de España, había sido elegido como sucesor y nuevo emperador. También vino una ola de tiempo gélido y el comercio por el mar se cerró hasta la primavera. Clementine había aumentado de forma considerable los gastos, así que Massimiliano tuvo que buscar una nueva forma de obtener ingresos.

Una tarde de abril en que nevaba como si estuvieran en los Alpes, Thomas lo acompañó al muelle; para su sorpresa entraron en un pasadizo sombrío y estrecho, que olía a una mezcla tan nauseabunda de orines y pescado podrido que le provocó una terrible arcada.

—Vamos, que pareces aún un crío. —Massimiliano sacó un pañuelo y le limpió la cara de vómito—. No voy a estar siempre a tu lado para cuidarte, ya es hora de que espabiles, Thomas.

Se guardó el pañuelo y siguieron hasta una puerta destartalada; al otro lado parecía haber un corral. Thomas escrutó el lugar; no entendía qué hacían allí, por fuerza Massimiliano se había confundido.

Entonces la puerta se abrió y del otro lado apareció Rodrigo Sanmartín, que les hizo una señal para que entraran y acto seguido cerró de nuevo y bloqueó la puerta con un tablón de madera.

—Aquí estamos, ¿lo tienes? —inquirió Massimiliano frotándose las manos.

—Sí. —Rodrigo Sanmartín sacó una bolsa, la abrió y extrajo su contenido.

Era tabaco; Thomas ya lo identificaba tanto por el olor como el aspecto; venía perfectamente separado, empaquetado en cantidades similares.

—Vamos a medias. —Rodrigo Sanmartín alzó su dedo índice.

—De eso nada, dos partes a una. Yo tengo que colocarlo, dar la cara, convencer a los comerciantes.

—Sin mí no hay negocio, yo lo tengo que traer en los barcos junto a la lana —replicó Rodrigo Sanmartín.

—Puedo encontrar a otro que me lo suministre, pero solo yo puedo hacer que lo prueben y venderlo, y lo sabes. —Esta vez fue Massimiliano quien le señaló.

—Maldito canalla... Algún día esa lengua tuya no te valdrá de nada.

—Tú lo has dicho, algún día. —Sonrió y guiñó un ojo a Thomas antes de quitar el tablón y salir de nuevo al nauseabundo callejón.

Thomas aguantó la respiración hasta llegar al muelle, donde el aire con olor a pescado fresco le pareció una bendición.

—¿Vas a vender tanta cantidad de tabaco? ¿Por qué?

—De algo tengo que ganarme la vida; si voy a permanecer en Amberes necesito ingresos estables, mis actuaciones ya no tienen sentido. No en una misma ciudad, la gente se cansa de oír siempre lo mismo.

—¡Pues vayámonos! Montemos de nuevo el carromato y partamos con Lancero y Luna hacia Francia, o al norte.

—No, Thomas, eso ya no puede ser —respondió el napolitano con la voz pausada.

—¿Por qué? No lo entiendo.

—Pero lo entenderás; llegará un día en que te acordarás de lo que te estoy diciendo, en que querrás pertenecer a un lugar, en echar raíces como un árbol y que dé frutos.

Era la primera vez que Thomas escuchaba al napolitano hablar así, parecía otra persona.

Thomas seguía con la lectura de su libro, jamás habría imaginado que le fuera a entusiasmar tanto. Su protagonista era Abelardo, un joven de origen noble que consagraba su vida a los estudios de filosofía y teología. Es elegido por un canónigo para dar clases a su sobrina en París. Pero la muchacha es de una belleza tal que el casto Abelardo intercambia más besos que ideas sabias con ella. Y sus manos se dirigen más a sus senos que a los libros. Y, finalmente, Eloísa queda embarazada. Los enamorados huyen juntos y se esconden en Bretaña, donde nace el hijo de ambos, que sin embargo fallece poco después.

Tuvo que detener su lectura en ese momento, con lágrimas en los ojos por la muerte de la criatura.

Lancero y Luna estaban nerviosos al permanecer tanto tiempo sin poder moverse con libertad, limitados al corral donde los retenían. Thomas acudía cada día a darles de comer y limpiarlos, pero era evidente que ellos no eran felices allí.

Tampoco Thomas.

Massimiliano desaparecía durante la mayor parte del tiempo, inmerso en sus nuevos negocios. Y cuando volvía pasaba lo que quedaba del día con Clementine.

A últimos de septiembre, Thomas estaba cepillando a Lancero por la mañana cuando el napolitano apareció de pronto.

—Hemos tenido una idea, Thomas, acompáñame.

No le gustó el tono al chico, y menos el hecho de que Clementine hubiera participado en algo que lo involucrara a él. Siguió a Massimiliano hasta una de las zonas más ricas de Amberes, la de los impresores. La imprenta era otra industria lucrativa en esos tiempos, a tenor de lo que se decía por las calles, aunque no tanto como la de la lana.

La demanda de libros iba en aumento, se publicaban numerosas cantidades y la competencia entre los distintos talleres era despiadada. Avanzaron hasta mitad de la calle y entonces Massimiliano se detuvo frente a una de las imprentas, que disponía de un escaparate donde se exhibían algunos de sus trabajos, para que los habitantes de Amberes los admirasen y decidieran entrar a comprarlos.

Thomas pensó que igual iba a comprarle otro libro para compensarle por como se estaba comportando últimamente. Solo de pensarlo se le dibujó una sonrisa en el rostro.

Al entrar en el establecimiento a Thomas le sorprendió el olor;

no sabía definirlo, pero era diferente y particular. No olía como en la librería, aquí había un perfume inusual. Se preguntó si provendría de los libros recién impresos, de las tintas o del propio papel. De detrás de una puerta surgió un hombre alto, con unos anteojos en la nariz y un minúsculo sombrero sobre su pelo grisáceo.

—Señores, ¿en qué puedo ayudarles?

—¿Sois Jan Thys?

—En efecto, para servirles a Dios y a ustedes —respondió de forma servicial.

—He oído que buscan a un ayudante para el taller.

—Es cierto. —Entonces el hombre repasó a sus dos visitantes—. Pero somos exigentes, el trabajo que aquí se realiza es de extrema dificultad.

—Soy consciente de ello, por eso os traigo a Thomas. —Lo empujó levemente para que diera un paso al frente.

—¿Tiene experiencia?

Thomas quedó confundido.

—Habla varios idiomas: alemán, italiano, francés, y algo de valón, y está aprendiendo flamenco —respondió Massimiliano con la mejor de sus sonrisas—, y trabaja duro. Puedo dar fe de ello, lo he tenido a mi servicio durante largo tiempo y además lee rápido y mucho. Dile qué estás leyendo ahora.

Thomas tardó en reaccionar.

—Las cartas de Abelardo a Eloísa —dijo con un fino hilo de voz.

—¡Vaya, cuidado con leer sobre amores!

—No se separa de ese libro, se lo aseguro. Y sabe escuchar, lo ve ahí callado, pero retiene todo lo que oye, ¡es inaudito! Créame cuando se lo digo.

—Y si es tan bueno, ¿por qué queréis que trabaje en la imprenta?

—Me duele desprenderme de él. Veréis, voy a casarme. —Thomas lo miró sin atreverse a decir nada—. Empezaré a trabajar en los negocios de la familia de mi mujer, ya no lo necesito. El muchacho me da pena, yo soy así, y no quiero dejarlo solo y sin sustento.

—Sois un buen hombre. —Miró de nuevo al muchacho—. Pero...

—Aprende rápido, os lo aseguro.

—No sé... —Se rascó la barbilla—. Chico, te haré una pregunta.

Piensa bien la respuesta, porque de ella dependerá que te contrate o no.

Thomas miró a Massimiliano con enfado. Y luego asintió, interesado, a Thys.

—Muy bien. —El dueño del taller se acercó—. Dime tu mayor defecto y una cualidad destacable, y sé sincero, o sabré que mientes.

A Thomas le sorprendió la cuestión. Nunca se había preguntado a sí mismo algo así.

—¿No tienes ningún defecto? —insistió Jan Thys ante la tardanza.

—Sí. Mi mayor defecto son los números y las cuentas, no soy hábil con ellas.

—¿Y tu virtud? Alguna tendrás, y no me digas trabajar duro, eso lo hacemos todos y ya lo ha dicho quien te trae.

—Es una pregunta difícil.

—Si no puedes responderla, no vale la pena que te contrate —le advirtió con tono firme.

—¡Las palabras! —respondió finalmente.

—¿Cómo dices? —Jan Thys se quedó confundido.

—Soy bueno con las palabras.

—Thomas, ¿qué estás diciendo? —Massimiliano intervino de forma airada—. No le hagáis caso... Es solo que...

—Un momento, dejadle hablar. —Echó al napolitano a un lado con su brazo—. ¿Qué quieres decir exactamente?

—Recibí formación de niño, latín y textos antiguos. Me eduqué con los hijos de un rico banquero, leo muy rápido. Y creo en el poder de las palabras.

Se hizo un silencio denso y pesado. El impresor miró boquiabierto al muchacho, mientras Massimiliano apretaba los puños, convencido de que había perdido una inmejorable oportunidad de colocar a Thomas y sacar rédito de ello.

—Las palabras son poderosas, son capaces de expresar ideas opuestas, engañarnos, o convencernos de hacer algo que no queremos; pueden ser bonitas o tristes, pueden llegarnos al alma o ser burlonas y desapacibles —expuso el joven con un tono apasionado—. Qué mejor para una imprenta que un aprendiz cuyo don son las palabras.

Massimiliano se quedó sorprendido de que Thomas utilizara sus propios argumentos: había aprendido a su lado, había sido un buen aprendiz. Lástima que no fueran a seguir viajando juntos.

El impresor Thys miraba con interés al muchacho, asintiendo con la cabeza.

—Entonces, ¿lo contratáis? —preguntó rápido Massimiliano.

—Quiero hacerle una última pregunta. Piensa bien la respuesta, hijo. —El impresor se recolocó su pequeño sombrero—. Aquí vendemos libros. ¿Qué le dirías a alguien que entrara por esa puerta ahora mismo? ¿Cómo lo convencerías de que comprara uno?

—Señor, le diría que todo gran viaje comienza en los libros.

Maximiliano se quedó boquiabierto y acto seguido escrutó la mirada impasible del impresor. Pero Thys seguía mudo; temió lo peor y sintió un sudor frío por la espalda. Le había prometido a Clementine que Thomas no regresaría más con ellos; por mucho que le doliera, no podía perder esta oportunidad.

Tras un largo y tenso silencio, el impresor Thys asintió con la cabeza, para tranquilidad de Massimiliano y el asombro de Thomas.

—Puede empezar ahora mismo, tenemos cuantioso trabajo acumulado. —Ofreció la mano al napolitano para cerrar el trato y este la estrechó con efusividad.

—¡Magnífico! Simplemente magnífico. —El napolitano fue hacia Thomas para abrazarle.

—No me toques —el chico le separó de su lado.

—¿Qué te ocurre?

—No me habías dicho nada de tu boda, ni de todo esto. Es idea de Clementine, por eso estaba ella tan condescendiente conmigo en el cambio de año, ¿verdad?

—Era una sorpresa, este es uno de los mejores talleres de Amberes, ¿te enteras? —le susurró—. Me he dejado la piel para encontrarte un trabajo. ¿Prefieres que te abandone?, ¿que te tire a la calle? ¿Es eso? ¡Dime!

—Podías haberme dicho la verdad.

—Eres un desagradecido; yo te salvé de la prisión, o de la muerte, en el lago de Como. ¿Ya no te acuerdas? Y te he mantenido todos estos meses.

—Creo que ya te lo he pagado con creces trabajando para ti.

—Y te gustan los libros, ¡tendrías que agradecerme que te haya traído!

—¿Algún problema? —interrumpió Thys.

—No, para nada, puede empezar hoy mismo. —Negó con un movimiento de sus manos.

—Dormirá en un pajar en el patio, junto a otros dos ayudantes.

—¿Ni siquiera puedo volver a por mis cosas?

—Te las traerán, es mejor —dijo con la voz entrecortada Massimiliano—. Aquí te va a ir muy bien, créeme. Luna y yo te vamos a extrañar, pero la vida es así, debe fluir. Mucha suerte, hijo.

Se volvió hacia la puerta y salió sin mirar atrás.

PARTE II

AMBERES

10

Erasmo

*El libro que no soporta dos lecturas
no merece ninguna.*

JOSÉ LUIS MARTÍN DESCALZO

Octubre de 1519

En el taller de Jan Thys abundaban tinteros, escribanías, resmas de
papel con marca de agua, mazos de plumas entrefinas, plumas azules, cañones finos, tinajas y tarros con tinta, morteros de piedra,
goma arábiga y agallas para hacer tinta. Allí trabajaban una decena
de hombres, y Thys dirigía todo el taller con mano dura. Por el
trato que recibía de sus subordinados, se notaba que todos ellos lo
respetaban.

Contaba con dos oficiales de confianza; ambos eran hombres
maduros, de aspecto similar: canosos, delgados y con anteojos. Callados y disciplinados, parecían hacer su trabajo de memoria. A unas
pocas indicaciones de Thys respondían de manera automática, sin
rechistar. Después había un aprendiz más joven, de nombre Carlos.
Fuerte, con cabello rubio y abundante barba. Tenía más aspecto de
herrero o de marino que de impresor.

Carlos era el más hablador de todos, se movía con seguridad, se
le intuía ambicioso y seguro de sí mismo.

Además, allí trabajaban dos ayudantes con los que Thomas
compartía dormitorio en el pajar. Mayores que él, ambos eran con-
trapuestos, uno alto y otro escaso de estatura; moreno y rubio. Los
materiales y los repartos los hacían tres zagales más jóvenes que

Thomas, muy vivaces, que iban y venían según las necesidades del taller.

Lo primero que le exigió el señor Thys fue que se cortara el pelo, no iba a permitir que ninguno de sus empleados pareciera un delincuente. Así que tuvo que acceder; el barbero maldijo la espesura de su cabello. Esta vez a Thomas no le importó, en el fondo era como despojarse de su antigua vida.

La imprenta ocupaba un espacio dividido en dos, uno ante la calle, a modo de tienda y muestrario, donde se exponían los mejores encargos. Libros perfectos, lujosas encuadernaciones con tipos distintos de letra. En ellos impresionaba la calidad de los trabajos y la perfección de la escritura. Al segundo espacio se llegaba a través de una escueta puerta en ángulo que daba a un enorme taller con largas mesas, donde se preparaba el papel y se formaban los tipos. Las joyas del taller eran dos enormes máquinas de impresión. El olor a tinta se sentía fuerte y el ritmo de trabajo era incesante.

En el segundo piso del edificio vivía la señora Thys con su hija y dos criadas. Las mujeres se dejaban ver poco por el taller, aunque al habitar encima era inevitable verlas salir y entrar de la casa. La señora Thys era voluminosa y con el pelo rizado, siempre vestida de negro, y se la intuía una mujer de carácter. En cambio, su hija parecía más tímida. Quedaba eclipsada por el tamaño y el porte autoritario de la madre. Las criadas eran dos jovenzuelas que caminaban con la mirada baja y mucha prisa, como queriendo evitar a toda costa que nadie las detuviera.

Era la primera vez que Thomas conocía un ambiente de trabajo tan planificado y complejo. Por mucho que su difunto padre tuviera la cocina organizada y los banquetes exigieran un riguroso orden, la imprenta era otro mundo.

Por suerte no tenía excesivos problemas para comunicarse con la gente de allí. Gracias al francés que le había enseñado su madre y a lo que había aprendido de la lengua local, Thomas podía entender lo que decían el dueño y los trabajadores del taller de imprenta.

—No damos abasto, es una locura —se lamentaba Thys un día ante un cliente—. Nos entran pedidos por doquier, voy a tener que comprar otro edificio para abrir un nuevo taller.

—Eso son buenas noticias —respondió el cliente.

—No creáis, las prensas son carísimas, no puedo permitirme ni una más.

—Os quejáis demasiado, Thys. Ya me gustaría tener a mí un negocio como este, los libros están de moda. Este artilugio de la imprenta lo ha cambiado todo, os vais a hacer de oro, amigo.

—Ya quisiera yo, si son todo gastos...

—¿Y qué no lo es? Por eso trabajamos, para pagarlos, si no... Dicen que en la tierra que han descubierto los españoles no hay que trabajar.

—¿Y lo creéis?

—Yo a mis años no me creo ni la edad que tengo, pero a saber...

—Nosotros no vamos a conocer esa tierra, así que no nos queda más remedio que seguir trabajando —sentenció Thys—. Vuestro encargo está preparado, pero está impreso sin especificar el taller, no quiero arriesgarme —explicó con tono serio—. Ya sabe, la censura del obispado tiene mucho poder.

—Cuánta hipocresía... ¿Qué será lo siguiente?

—No lo sé, señor; dicen que la guerra entre Francia y España puede estallar en cualquier momento.

—¿Y qué tiene eso de nuevo? Siempre estamos a punto de entrar en guerra.

—También es verdad...

—Nosotros somos comerciantes, no nos incumben los asuntos de los reyes —musitó el cliente.

—Pero nos afectan, y mucho —advirtió Thys levantando su dedo índice, y ambos asintieron.

—Cierto, aunque sabremos adaptarnos. Siempre se puede sacar beneficio de los cambios, solo hay que encontrar la manera.

—Yo prefiero quedarme como estoy —murmuró Thys.

—Lo que yo os decía, os quejáis demasiado. Hasta la próxima. —El cliente abandonó el taller.

Thys se quedó mirando cómo salía de la tienda.

—Una tierra donde no hay que trabajar —murmuró para sí mismo mientras se rascaba la nuca—. Lo que hay que oír...

En sus primeros días en el taller, a Thomas le fue más difícil de lo que pensaba entender el funcionamiento de la maquinaria de la imprenta. Los dos oficiales apenas conversaban con el resto de los trabajadores; solo daban órdenes, que debían cumplirse a rajatabla y de forma inmediata. Por otra parte, los compañeros de Thomas, los otros dos ayudantes, tenían excesiva carga, por lo que cada uno iba a lo suyo y era imposible hablar con ellos. Era el aprendiz, Carlos, la única persona que dialogaba con unos y con otros, y además aportaba temas de conversación que no tenían que ver con la imprenta. Se lo veía un hombre amigable, con buen humor. Trabajador y, a la vez, capaz de hacer un lapsus y comentar las últimas noticias que se oían por Amberes. Él fue el único que se interesó por Thomas.

—¿De dónde vienes exactamente? —preguntó el extrovertido aprendiz.

—Sajonia —mintió.

—Nunca he conocido a nadie de allí, ¿de qué ciudad? —insistió con una sonrisa en el rostro.

—Un pueblo muy pequeño, no creo que hayas oído hablar de él —escapó Thomas.

—¿Y cómo has terminado en Amberes?

Thomas recordó la frase del pelirrojo Conrad...

—Por alguna retorcida señal de mi destino, supongo —dijo, sonriendo.

—Aquí se curra duro... —Carlos movió la cabeza de un lado a otro.

—Por cosas peores he pasado.

—Tú aprende y esfuérzate, porque este negocio va a más, ya oíste a Thys. Siempre se queja, pero los encargos no paran. ¡Se está haciendo de oro!

—¿Tú crees?

—Sí, aunque le falta ambición. Solo aquellos que se atreven a llegar lejos pueden descubrir lo lejos que pueden llegar —sentenció Carlos—. Algún día yo tendré mi propio taller y será el mejor de Flandes.

—¿Y cómo piensas lograr algo así? Estas máquinas valen una fortuna.

—Tengo un plan, pero no puedo decírtelo —sonrió.

—Yo no aspiro a tanto.

—Una lástima. —Carlos miró de reojo a los oficiales—. Esos dos llevan toda su vida aquí. Yo a su edad seré mi propio jefe, no te quepa duda. Si no, prefiero estar muerto.

Jan Thys había heredado el taller de su padre y este del suyo; los conocimientos del arte de la impresión de libros se adquirían, como en todos los demás oficios, por tradición familiar, o mediante la firma de un contrato con un maestro impresor que se comprometía a la enseñanza del oficio al aprendiz, y también la manutención, alojamiento y un sueldo durante los años de aprendizaje.

Pero una cosa eran los conocimientos y otra la propiedad, así que Carlos tenía difícil llegar algún día a ser dueño de una imprenta como aquella.

—A Thys su padre le dejó el taller hasta arriba de deudas —le contó Carlos mientras preparaban unos tipos.

—¿Y logró pagarlas?

—Sí, sí. Aunque tuvo que hacer algunos cambios para que esto fuera rentable —le explicó, señalando el taller—. Pasó a editar obras cuyo mercado estuviese, más o menos, asegurado. Y a evitar, como era natural, ediciones fraudulentas, no originales. Hizo también hincapié en cumplir los contratos de edición.

—Parece un hombre serio y profesional.

—Sí, es muy respetado en el gremio, pero lo que te he dicho antes, le falta ambición. Si esto fuera mío... ibas a ver como lo ponía ya a ganar dinero.

Parte de ese respeto procedía del hecho de que Thys se preocupaba mucho de la calidad de las impresiones, de que la edición fuese acorde con el original y carente de posibles errores.

Además, él solo vendía libros. Otros libreros de Amberes no solo comerciaban con libros; también alquilaban bestias de carga, o vendían espadas, dagas, guarniciones y talabartes.

Thomas comparaba todas aquellas maravillosas publicaciones con su único libro, el que leía cada noche. Le daba igual que fuera modesto, que estuviera algo dañado; lo importante de los libros no eran ni su portada ni su encuadernación, sino sus historias. Y la de Abelardo y Eloísa era trágica. Porque con el paso del tiempo, los enviados del tío de la joven los encuentran. Este se venga de Abelardo haciendo que uno de sus esbirros lo castre. Thomas imaginó tal brutalidad y no durmió en toda la noche.

Retomó la historia al día siguiente; los amantes se separan tras aquel acto terrible. Eloísa se retira a un convento, del que llega a convertirse en abadesa. Y Abelardo se dedica el resto de su vida a la enseñanza. Pero la pareja empieza a enviarse cartas, de ahí el título del libro. A través de esas cartas reaniman la llama de una pasión que nunca llegó a extinguirse, una pasión en la que las palabras escritas sustituyen a los encuentros carnales.

Thomas pensó entonces en Úrsula. ¿Y si le enviaba una carta? Hasta ahora no se le había ocurrido. Pero si Abelardo y Eloísa pudieron amarse con palabras, ¿por qué no ellos también?

Descartó la idea. Si le enviaba una carta a Úrsula, aun sin mencionar donde vivía, si alguien la leía colocaría a la joven en una situación peligrosa.

Pasaron los primeros días; Thomas fue adaptándose. Aunque le doliera confesarlo, echaba de menos a Massimiliano. Hasta extrañaba oírle silbar, ¡o incluso oler el humo del tabaco! ¿Quién lo iba a decir?

Lo había traicionado, pero la culpable era Clementine. Desde que ella apareció, su relación se torció. Aunque, pensándolo bien, su amigo era Massimiliano: era él quien debería haberlo defendido ante las presiones de la mujer. La responsabilidad última era del napolitano. La mujer intentaba medrar como podía, como todo el mundo, en realidad.

Al mes y medio, el muchacho comenzó a encontrarse más cómodo. El trabajo era duro pero reconfortante; aprendía rápido y trabajaba con precisión. Thomas quedó fascinado con las máquinas que imprimían los libros. Los distintos tipos de letras que iban utilizando se tallaban sobre un bloque de metal, se colocaban después sobre una placa de cobre y se golpeaban. Sobre la hendidura del metal se vertía plomo fundido que al enfriarse adoptaba la forma de la letra. Aquella era la parte más costosa del proceso.

Una vez disponían de las letras, debían formar cada página del libro: era la labor del cajista que hacía uno de los oficiales. Sobre unos soportes, que llamaban galera, colocaban las líneas y columnas en que estaría organizado el texto del libro. Pero debían hacerlo al revés, así que usaban un espejo para ver el reflejo, que luego se pasaría al papel en la forma correcta.

Una vez la placa estaba formada, se intentaba y se usaba una prensa parecida a las que hacían vino para pasar la tinta al papel. La prensa tenía un gran tornillo que había que girar con fuerza mediante una palanca para que presionara el papel.

Cada dos o tres días llegaba el encargo de un nuevo libro, así que en cuanto tenía alguno a mano, aprovechaba para leer sus páginas cuando nadie se percataba y sin perder demasiado tiempo.

No podía evitarlo.

Thomas deseaba poder leer todos esos libros que imprimían, y no solo algunos fragmentos.

También llegaban al taller otras publicaciones más sencillas que solían ser de índole religiosa o de actualidad.

En Thomas se comenzó a despertar un gran interés por la lectura y el conocimiento, ¡había tanto donde elegir en el taller! Él no tenía ni idea de que se publicara semejante cantidad de libros, ni que la gente los comprara para bibliotecas que tenían en sus viviendas. Y no solo eran nobles los clientes de la imprenta; al taller de Jan Thys acudían todo tipo de personas: artesanos, comerciantes, alguaciles... Y mujeres, muchas mujeres. Thys las aconsejaba, les informaba de las novedades, conocía sus gustos y les recomendaba qué libros adquirir.

Pero lo que verdaderamente cambió la concepción que tenía el joven ayudante novato sobre los libros fue la llegada a la imprenta de encargos para imprimir textos clásicos griegos.

Fue entonces cuando se animó a pedir al señor Thys permiso para leerlos; este, reticente al inicio, terminó accediendo, pero con la condición de que solo podría leer una vez completadas sus labores y siempre en el taller. No podía salir ningún libro de allí, lo cual limitaba mucho el tiempo disponible.

La alegría de Thomas fue indescriptible, le costó conciliar el sueño imaginándose todo lo que iba a poder leer a partir de ahora.

Aquellas historias mitológicas y legendarias lo entusiasmaron desde el inicio. Las aventuras de dioses, cíclopes y héroes pasaron a ser sus favoritas. Descubrió un mundo fabuloso de leyendas, y aprendió de filósofos y sabios que habían escrito sobre temas que su mente ni siquiera había llegado a imaginar. Thomas se impresionó especialmente cuando comenzó a leer la *Eneida* de Virgilio.

Esas lecturas tuvieron un curioso efecto secundario, Thomas comenzó a soñar con los textos que leía. Así, se le aparecían todo tipo de seres mitológicos, le hablaban Aristóteles o Euclides. Eran sueños complejos, que algunas noches lo alteraban especialmente, pues lo que había imaginado era tan real y a la vez tan complicado que no podía concebir cómo se le habían colado esas ideas en la cabeza.

Para no estar continuamente en la imprenta, cuando tenía un poco de tiempo libre Thomas solía bajar al puerto, menos ruidoso que las calles aledañas al mercado. Cerca de la calle de los vascos le gustaba contemplar el trajín de las mercancías. Aunque en invierno las llegadas eran escasas, tenía la esperanza de ver algún día los fantásticos productos del Nuevo Mundo, aquellos que aparecían tantas veces en los grabados o en las historias de Massimiliano.

En ocasiones veía al napolitano, a lo lejos; tenía miedo de acercarse y que Clementine lo descubriese. No podía evitar imaginarse escuchando de nuevo sus historias sobre viajes, islas remotas y seres increíbles. Trabajar en la imprenta era lo más opuesto que podía haber a viajar con Massimiliano de pueblo en pueblo.

Se preguntaba cómo le iría al napolitano con sus negocios con el tabaco, le costaba imaginárselo tanto tiempo en la misma ciudad. Y echaba de menos jugar con Luna y cepillar a Lancero.

Ahora se sentía solo y eso, de manera irremediable, le hacía acordarse más de Úrsula. Los libros griegos y latinos que se imprimían en el taller de Thys menguaban su soledad. En la *Eneida* de Virgilio leyó sobre la guerra librada en una ciudad llamada Troya, de la que había huido Eneas, llegando a Cartago, donde reinaba una mujer, Dido. Thomas se sintió identificado con Eneas. Igual que él, tuvo que escapar sin nada a tierra extranjera. Sin embargo, en Cartago el héroe encontró una reina, fuerte y poderosa, de la que se enamoró.

Él solo tenía una reina, su Úrsula. Abandonada, a ratos olvidada, pero su reina, su amada.

No podía imaginar qué habría sido de ella, temía que le hubiera ocurrido alguna desgracia. Mientras tanto, se sentía culpable, pues no hacía nada por saber de ella, o por buscarla y, a veces, se angustiaba por estar perdiendo el tiempo en aquella ciudad y no regresar a rescatarla. Pero entonces se detenía: sabía que no podía volver a Augsburgo. Ese dilema le rompía el corazón.

Cuando volvía a la calle de las imprentas lo hacía dando un rodeo, y así podía pasar cerca del río, que le recordaba al de su ciudad natal.

Un día se quedó mirando cómo unos carpinteros cambiaban las tablas de la cubierta de uno de los barcos. Era difícil visualizar aquellas mismas embarcaciones en el Nuevo Mundo o en sus queridas Islas de las Especias. Imaginaba cómo sería ir hasta alguno de esos lejanos lugares y poder contar historias como las de Massimiliano. Sentía un cosquilleo en la tripa cada vez que soñaba con navegar; él, que nunca había subido en un barco, a excepción de la pequeña barca con la que huyó en el lago de Como, un bote insignificante comparado con los galeones y las naos que cruzaban mares y océanos hasta las ricas tierras de las Indias.

Pensó que leer y navegar eran acciones bastantes similares.

Llegó de su paseo más temprano de lo habitual a la casa de los Thys. Su esposa salía en ese momento, la acompañaban su hija y las dos sirvientas, que cargaban con unas bolsas que parecían pesadas.

—¿Qué haces ahí, chico? ¿Cómo no estás trabajando? —la señora Thys era así de directa.

—Ahora la imprenta se halla parada, señora; hasta dentro de una hora no reanudamos el trabajo.

—Vaya pandilla de holgazanes, no sé cómo mi marido os aguanta a todos. Si fuera yo la jefa... —amenazó—. Os ibais a enterar de lo que es deslomarse... De lo bueno que es con vosotros cuando fallezca lo harán santo, a ese esposo mío.

Thomas sabía de lo distante y severa que era la señora Thys por los comentarios que se oían en el taller y por la propia actitud que mostraba, pero hasta entonces no lo había sufrido en sus propias carnes. Lo peor de aquellas palabras era que sonaban como si pudieran hacerse realidad algún día no muy lejano.

—No es cuestión de trabajar mucho, sino de hacerlo bien.

La réplica de Thomas dejó enmudecidas a las criadas, pero la hija soltó una risa que tuvo que esforzarse en contener. El rostro de la señora Thys comenzó a hincharse y a adquirir un color rojizo. Thomas no supo muy bien por qué dijo aquello, le salió de manera instintiva.

—¿Qué has dicho? ¿Cómo te atreves?

—Es la verdad, señora, con todo mi respeto. —Thomas se sintió aliviado, como si se quitara un enorme peso de encima al expresar sus ideas—. Seguro que estaréis de acuerdo en que no hay mayor pérdida de tiempo que arreglar lo que mal se ha hecho; eso es lo que intento evitar.

—Cuida esa lengua, jovenzuelo —le advirtió señalándole con el dedo índice—. Como me entere de que un día te equivocas en algo en tu trabajo, prepárate, pues te echaré yo misma del taller a patadas.

—No tenéis que preocuparos, eso no pasará.

—¡Santo Dios! Qué insolente... ¡Vamos, que llegamos tarde!

La señora Thys se dio la vuelta, desairada, y las criadas la siguieron cabizbajas; en cambio, la hija se quedó un instante mirando a Thomas.

—Nadie la contradice nunca —murmuró la joven—, ten cuidado.

Thomas se sorprendió de que le hablara directamente y sin formalismos.

—Lo siento, no quería molestar a tu madre.

—Una pena.

—¿Una pena? —Thomas no entendió aquella respuesta.

—Sí, porque yo estaba deseando que alguien lo hiciese desde hace mucho tiempo. —Y se volvió rápido antes de que su madre se diera cuenta.

Thomas se quedó confundido mientras la hija de los Thys se alejaba. Era la primera vez que la oía hablar y no terminaba de entender las intenciones de sus palabras.

Lo que sí comprendió pronto fue que su insolencia con la dueña de la casa tendría consecuencias. Thomas recibió una buena reprimenda de parte del señor Thys. Aunque por alguna extraña razón, sintió que las advertencias que le lanzó su jefe no eran del todo sinceras. Y es que Thomas se compadeció del impresor, estar casado con aquella mujer no debía de ser nada sencillo.

Aquel episodio con la señora Thys pronto quedó atrás. Thomas se descubrió como un excelente formador de tipos, rápido y sin fallos, algo valorado en el taller. Conforme fue aprendiendo el oficio comenzó a ser visto con buenos ojos por el señor Thys, que sabía reconocer el trabajo bien hecho.

—Aprendes rápido —le dijo el señor Thys una tarde mientras Thomas ordenaba con cuidado las páginas del último libro—. Antes de la imprenta, los libros eran escasos, frágiles y muy caros. Copiaban cada ejemplar letra a letra, ¿te imaginas?

—Les costaría semanas copiar un libro.

—Más bien meses, los libros siempre han sido criaturas débiles e indefensas —murmuró el señor Thys—. He visto que lees prácticamente todo lo que publicamos.

—Sí, señor.

—Eso está bien. ¿Sabes por qué a la gente le gusta tanto leer? ¿Por qué pagan tanto dinero por nuestros libros?

—Supongo que porque les permite soñar y viajar sin moverse de sus casas.

—Te equivocas, Thomas. Lo hacen porque los libros son la única arma que tenemos contra el olvido, ¿y acaso hay algo que tememos más los hombres que el olvido?

—No lo había pensado así...

—Ya imagino. —El señor Thys le dio una palmada en la espalda—. Sigue trabajando de esa manera.

Al inicio del nuevo año recibieron muchos encargos en la imprenta, pues un rico comerciante de la ciudad les pagó por la impresión de un libro de Erasmo de Rotterdam, que llevaba por título *Elogio de la locura*. Thomas se sorprendió de que encargaran la impresión de tantos ejemplares de un libro con un título tan peculiar. Además, el señor Thys prohibió leerlo, so pena de ser reprendido y castigado sin sueldo.

Para la primavera, Thomas ya había hecho buenas migas con Carlos, el aprendiz de la imprenta, y eso hizo más llevaderos los largos turnos de trabajo para satisfacer la creciente demanda de libros impresos.

—Las cosas están cambiando, Thomas —le dijo mientras colocaban los tipos para un relato de sucesos.

—No veo en qué, Carlos.

—¿Has leído lo que estamos imprimiendo? Nuestro señor, el nuevo emperador Carlos V, ha acordado con Francisco I de Francia un tratado de paz. Pero sobre todo recuerda a los Estados Generales, reunidos en Gante, que desde el año pasado el gobierno en su ausencia está a cargo de un Consejo Privado presidido por su tía, la archiduquesa Margarita de Austria.

—¿Y eso es bueno?

—Claro que no, la gente detesta a la archiduquesa... Pensábamos que con el rey de España las cosas cambiarían a mejor y mira ahora, estamos ya casi a mediados del año 1520 y seguimos igual —murmuraba Carlos como si alguien pudiera escucharles.

—Yo creía que sí, que iba todo bien; no paran de llegar barcos cargados de lana de Castilla.

—Sí, pero la gente no se conforma con eso. No les gusta que los utilicen como moneda de cambio. El pueblo está despertando.

—¿De verdad lo crees? —Thomas no sabía de política, pero le agradaba aprender de Carlos.

—Las ideas de Erasmo están calando, ¿por qué crees que hemos impreso tantos ejemplares de ese libro suyo?

—Te lo iba a preguntar, Carlos.

—No seas tonto, léelo.

—¡Nos lo ha prohibido! —Thomas se escandalizó.

—Coge uno a escondidas y devuélvelo después. Yo es lo que hago cuando los prohíben. A ver si espabilas, muchacho —le recriminó el aprendiz—. Veo que aún no te has dado cuenta de cómo funcionan las cosas en el taller: imprimimos libros de toda clase, pero hay algunos muy especiales. Por eso la imprenta tiene tanto trabajo, el señor Thys acepta los encargos que no se atreve a asumir la competencia. Libros comprometidos, de autores extranjeros, ya sabes...

—Por eso muchos libros no los exponemos en la tienda.

—¡Correcto, Thomas! Los libros que pueden traernos, digamos, problemas se imprimen sin indicar que se han producido en este taller, es la manera que tiene el jefe de curarse en salud —le explicó con el mismo tono bajo de voz—. Cógete un ejemplar esta noche y mañana lo devuelves, nadie se dará cuenta.

—No quiero meterme en problemas.

—Y dices eso después de llevarle la contraria a la señora Thys... —Le dio una palmada cariñosa en la espalda —. Déjate de historias, chico, y lee el libro de Erasmo.

11

El muelle

A primeros de junio de aquel año 1520 dejó de llegar lana castellana al puerto de Amberes; se corrió pronto la voz de que en Castilla se había producido un levantamiento contra el emperador Carlos V. Ciudades como Toledo, Salamanca o Valladolid se negaban a que sus rentas se gastasen fuera de las fronteras del reino de Castilla. La repercusión en el comercio de la lana fue drástica y eso provocó grave preocupación en Amberes.

Thomas ignoraba los problemas de la lejana Castilla, pero le sorprendía que el emperador sufriera sublevaciones en el corazón de sus dominios. De todos modos, él andaba enfrascado en otros debates. Aquella misma tarde, cuando terminó sus tareas, metió un ejemplar del libro de Erasmo entre unos paños, tomó un par de velas de las que Thys guardaba en un armario y se llevó todo al pajar. La pareja de ayudantes con los que dormía no iban a ser un problema. Uno de ellos aprovechaba cada noche para salir a escondidas para ir a jugar y apostar en una taberna. Y el otro se traía la mitad de las noches a una de las criadas de los Thys, que todo lo que tenía de callada y recatada de día en presencia de los dueños de la imprenta lo perdía de noche, para desgracia del sueño de Thomas.

Así que los ayudantes tenían mucho más que callar que él mismo.

Pasó toda la noche en vela, enganchado a una lectura nueva para él en muchos sentidos. Al inicio le escandalizó lo que leía, pues siempre le habían enseñado que Dios era el centro y razón de todas las cosas. Sin embargo, en los textos de Erasmo, aunque Dios no perdía su papel predominante, se situaba en un plano diferente y ya no era la respuesta a cualquier problema.

El hombre tenía mucho que ver en su destino y su inteligencia era considerada un valor superior. Y por ello, aquellas páginas hacían hincapié en la fama como una virtud, en el esfuerzo, en la superación y en el conocimiento. Aquel texto confiaba plenamente en la razón de los hombres y su capacidad de conseguir a través del cultivo de las letras clásicas la sabiduría necesaria para entender el mundo.

¿De verdad era el hombre tan importante? ¿Era capaz de lograr tanto con su inteligencia? Esas y otras preguntas se repitió toda la noche.

La Biblia ya no era el único libro con todas las respuestas, no todo se explicaba con la fe. Había libros escritos por los hombres que enseñaban cualquier tipo de materia y Thomas quería leerlos todos.

Las lecturas que tanto le gustaba leer sobre mitología griega habían dado paso ahora a cuestiones de fe, de la razón y de las capacidades de los hombres.

El día siguiente se le hizo largo al muchacho; la falta de sueño le provocó estar más torpe que nunca y se confundió en varias ocasiones, llevándose las consiguientes reprimendas de los dos oficiales del taller. Thomas estaba convencido de que tenían que ser hermanos, se movían de igual manera, hablaban igual, incluso iban a aliviar de vientre a la vez. Carlos era el que más se burlaba de ellos e insistía en que eran la misma persona duplicada.

Llegó el final del día y por fin Thomas iba a poder reponerse del sueño perdido. Esperó a que no hubiera nadie en el taller para devolver el libro de Erasmo, pero entonces escuchó unas pisadas. A esas horas, él no podía estar en aquel lugar; se asustó y rezó para que se tratara de Carlos, pero no fue así.

—¿Qué hacías? La jornada de trabajo ha terminado. —Era la hija de los Thys.

—Estaba comprobando unas cosas.

—¿Tú solo? ¿Qué cosas? —insistió.

—Yo... —Thomas se puso nervioso; si lo descubrían lo echarían de la imprenta.

—Sé que mi padre no os deja entrar cuando el taller cierra, y menos a ti, que eres el nuevo. Así que es mejor que me digas la verdad y ya veré si aviso a mis padres o no.

—No es lo que tú crees...

—Si no me lo dices, no sabré qué creer —afirmó ella.

—Ayer cogí un libro, lo he leído y lo acabo de retornar.

—¿Por qué no se lo pediste a mi padre?

—No le gusta que los libros estén usados, dice que el cliente lo nota —contestó Thomas con miedo en la voz.

Si la hija de los Thys era solo la mitad de estricta que su madre, estaba condenado.

—Entiendo; o sea, que has estropeado la mercancía.

—¡No! He tenido mucho cuidado, te lo juro —dijo casi rogando la absolución.

Ella soltó una risa idéntica a la que contuvo cuando Thomas contradijo a su madre.

—No será que habías cogido el libro que os ha prohibido leer.

—Yo no sé de qué hablas.

—¿Seguro? Mi padre dice que eres alemán y que te trajo un napolitano que se dedicaba a engatusar a la gente con cuentos del Nuevo Mundo y ahora vende un humo para que lo respire. Dice que te dejó aquí porque quería desprenderse de ti.

—Puede que tenga razón —asintió Thomas.

—También cuenta que eres bueno en el trabajo, que lees todos los libros que publicamos —le confesó la muchacha— y que podrías tener futuro en el taller.

—No sabía que pensaba eso de mí; el señor Thys es un gran hombre.

—Mi padre solo sabe trabajar. Él no ha salido nunca de Amberes, ni siquiera ha estado en Bruselas o Lovaina —sentenció la hija con cierto desprecio—. Yo quiero viajar, no pienso quedarme aquí como él.

—¿Viajar adónde?

—Me da igual, lejos.

—A mí me gustaría ir a las Islas de las Especias.

—¿Las Islas de las Especias? ¿Qué es eso? —Había captado la atención de la joven.

—Es el lugar más lejano que existe y el único donde crecen especias como la nuez moscada y el clavo de olor.

Thomas se percató de que, mientras hablaba, a la joven le brillaban sus ojos de largas pestañas. Eran grandes, de un verde intenso, tan verdes como los espesos bosques de los Alpes que había visto viajando con Massimiliano. Hasta ahora no se había fijado en ella, su madre la tenía muy vigilada, muy protegida. La señora Thys era como una muralla que evitaba que su hija pudiera ser vista por los demás.

Ahora podía contemplarla bien; era más joven que él, poseía un rostro redondeado y le gustaba la forma discreta de su nariz, que parecía hábilmente perfilada por un escultor. Tenía la piel blanca y lisa y la mirada serena. Era delgada, lo contrario que su madre, sus pechos apenas se intuían y sus caderas eran bien redondeadas. Sus ojos eran como dos faros verdemar que te hipnotizaban en medio de la noche, como las sirenas sobre las que tanto leía Thomas en los libros griegos.

—¡Edith! —gritaron por la escalera.

—Es mi madre; corre, que no te vea.

—¿Adónde?

—Por el taller, ¡pero date prisa!

—Gracias, Edith —Thomas se quedó mirándola, era la primera vez que pronunciaba su nombre.

—¡Vamos, Thomas! —Le devolvió la mirada; ambos sonrieron—. Si te descubre te arrepentirás, te la tiene jurada.

Aquella noche, Thomas se durmió pensando en la hija de los Thys. Parecía completamente distinta a sus padres. ¿Puede un hijo ser tan diferente a sus progenitores? Un padre tan aburrido y previsible; una madre controladora y antipática...

Y volvió a pensar en Eneas llegando a Cartago después de la guerra de Troya y en cómo conoció a la reina Dido. Concilió el sueño rápido, cansado por el insomnio de la noche anterior y con el ruido de los gemidos de la criada y su compañero a escasos pasos. En sus sueños, la reina Dido tenía los ojos esmeralda de Edith y el cabello rojizo de Úrsula.

Al día siguiente ya no cometió errores y sacó más trabajo que ninguno, hasta superó al propio Carlos, al que no le gustaba que nadie le ganara en el taller. Incluso la pareja de oficiales se sorprendió, y ambos lo felicitaron por primera vez.

—Ten cuidado, nuevo —le dijo Carlos al terminar la jornada.

—Solo he hecho mi trabajo —respondió sin dejarse amedrentar.

—Tranquilo. —El aprendiz sonrió—. Ya era hora de tener algo de competencia aquí dentro. No hay nada más aburrido que ver cómo trabajan estos lentos.

—Carlos, por cierto, quería conversar contigo sobre el libro de Erasmo.

—Ssshhh. —Le tapó la boca—. No conviene hablar tan alegremente de él. Están llegando rumores.

—¿De qué tipo? —inquirió Thomas con cierta sorpresa.

—Debes tener siempre en cuenta que no todo el mundo está de acuerdo con los cambios; eso lo entiendes, ¿verdad?

—Sí, claro.

—Sígueme. —Y lo llevó hasta la parte trasera del taller.

Allí le explicó que había grupos de gente que se reunían para hablar de ese y otros libros especiales. Y le preguntó si querría ir con él. Thomas no lo dudó un instante y aceptó.

Esa misma noche acudieron cerca del muelle, a una calle oscura con varias tabernas y un fuerte olor a pescado procedente de un almacén donde los pescadores guardaban las capturas.

—¿Estás seguro de que es una buena ida?

—Thomas, no vamos a matar a nadie. —Carlos avanzó hasta detenerse en el portal de una casa de tres alturas y llamó con dos golpes.

No tardó en abrirse la puerta, y del otro lado surgió una mujer. Ambos se miraron desconcertados.

—¿Qué queréis vosotros dos? —les preguntó con una voz ronca.

—Nosotros... —Por primera vez Carlos mostraba dudas—. ¿Es aquí donde se reúnen para hablar de... ya sabe... de las nuevas ideas?

—¡Imbécil! ¿Tengo yo cara de conocer a esa gentuza?

—No, no. —Carlos se retractó de inmediato—. Nos habremos equivocado.

—¿Para qué buscáis vosotros a esos herejes?

—Para nada... —No supo cómo continuar.

—Me estáis mintiendo; voy a avisar a las autoridades, seguro que quieren charlar con vosotros.

—Disculpadnos, señora; trabajamos en una imprenta y queríamos comprobar si nuestros libros se usan en estas reuniones —intervino Thomas, ante la cara de estupor de Carlos.

—¿Trabajáis en una imprenta? ¿Es eso cierto?

—Sí, así es... —contestó con temor Thomas.

—No le hagáis caso, no sabe lo que dice. —Carlos le dirigió una mirada asesina.

—Así que es cierto, vaya infelices que estáis hechos. ¿En cuál? —inquirió con un tono claramente amenazante.

—En ninguna, mi amigo solo hablaba por hablar.

—Decidme el nombre de la imprenta u os denuncio. —Sonó tan amenazante que a ambos les temblaron las piernas.

—En la imprenta Thys —confesó Thomas.

Carlos le dio un fuerte pisotón que casi le hace gritar de dolor.

—¿Qué has hecho? —le murmuró—. ¿Estás loco?

—Interesante. —La vieja miró a Carlos—. A ti más te valdría dejar de mentir. Si venís a la reunión podéis pasar, va a empezar ya.

Thomas no entendió nada; miró a Carlos, que se encogió de hombros y fue el primero en entrar. Siguieron un alargado pasillo hasta otra puerta, la anciana sacó una llave y la abrió. Al otro lado, el ambiente era por completo diferente, con techumbre policromada, suelos nuevos y bodegones colgando de las paredes.

Llegaron a un amplio salón, en el que una veintena de hombres con ropas oscuras dialogaban en pequeños grupos. La anciana cerró la puerta tras Carlos y Thomas. Nadie los miró y eso les llamó la atención. Ninguno de los dos se atrevió a decir nada, avanzaron hacia una de las esquinas e intentaron pasar desapercibidos mientras pensaban qué hacer a continuación.

—Señores —uno de los presentes alzó entonces la voz, acallando las conversaciones paralelas—, ha llegado el momento. Se acabaron las horas oscuras y el tiempo de los bárbaros. La luz ha vuelto a iluminar a la Cristiandad, que se hallaba en penumbra desde la caída de Roma. Pero esta luz no debe cegarnos, debemos seguir abriendo ventanas para que la claridad alcance todos los rincones de nuestra vida.

—Erasmo lo explica claramente, debemos tener fe en el hombre. Hay que luchar y esforzarse, pelear por la fama y la gloria en este mundo —intervino otro de ellos—, incitar a realizar grandes hazañas y emular las del pasado clásico de Roma y Grecia.

Los asistentes asentían con la cabeza y murmuraban en voz baja, mientras Carlos y Thomas se miraban dubitativos.

—Tenéis razón, el hombre es importante; su inteligencia, el valor superior, y está al servicio de la fe que lo une con el Creador —añadió otro de los allí presentes.

—Dios no solucionará todos nuestros problemas, no podemos rezarle cada vez que le necesitemos —afirmó otro con convicción, ante los aplausos del resto—. Somos nosotros, con nuestro trabajo y nuestras capacidades, quienes debemos sacar nuestra vida adelante.

Thomas asistía a aquel intercambio de ideas con los ojos bien abiertos, nunca se había encontrado en una situación igual. Se razonaban y se argumentaban ideas que otros rebatían, sin una autoridad suprema que dictaminase qué era o no lo correcto. Fluían ideales de libertad, del poder supremo de la razón, de la convicción de que el hombre era capaz de cosas increíbles y que además debía intentar llevarlas a cabo.

Ese fue el concepto que más le sedujo, ese ánimo de hacer proezas, de lograr la fama, el éxito. No lo habían educado con esos valores de superación y de búsqueda de la grandeza. Siempre había sentido que Dios premiaba la humildad, la sumisión, la resignación, aceptar el lugar que te corresponde por nacimiento. En cambio, allí discutían sobre lo contrario: el hombre debe aspirar a grandes éxitos, que por supuesto serán bien vistos por el Creador.

Lejos de quedarse en esas ideas, los diálogos iban variando, haciéndose después hincapié en la necesidad de leer directamente las Sagradas Escrituras, algo hasta hacía bien poco impensable.

—Eso no le va a gustar a la Iglesia —murmuró Carlos—. Están hablando de traducir la Biblia a las lenguas del pueblo.

—¿Y por qué no? Si es la palabra de Cristo, ¿por qué no podemos leerla en la lengua que hablamos? —le rebatió Thomas.

—Eso solo lo hacen los curas, siempre ha sido así.

—Tú mismo dijiste que las cosas están cambiando —replicó Thomas—. ¿Qué tiene de malo leer la palabra del Señor?

—No todo el mundo está formado para leer ciertas ideas, puede ser peligroso.

—Escúchenme bien, señores: esto he aprendido de Erasmo —interrumpió otro de los presentes.

A Thomas aquella voz le resultó muy familiar.

—Nadie debe ser menos por nacer humilde, tienen que ser nuestros méritos y nuestro uso de la razón los que nos definan. La única obligación de un hombre es intentar hacer realidad sus sueños —continuó.

La sala rompió en un fuerte aplauso y el asistente que la había pronunciado dio un paso al frente. Thomas casi no daba crédito al ver la figura a la que todos admiraban en ese momento. Era Massimiliano.

Thomas decidió no decirle nada, por ahora. Carlos y él se marcharon en discreto silencio, pensando en todas esas ideas nuevas y emocionantes.

12

La Edad Media

El trabajo en la imprenta le resultaba cada vez más agradable a Thomas, que ascendió en el escalafón y se mostró como un excelente tirador, que era el encargado de colocar el papel en la prensa. Aquella mañana, uno de los oficiales eligió los tipos necesarios para formar las palabras y los puso línea a línea en un instrumento de sujeción. Entre palabras colocó una pieza como separador, y entre renglón y renglón dispuso tiras de metal a modo de interlíneas. Luego organizó las líneas en el componedor y, a continuación, armó la tirada. Carlos se ayudó de cuñas para sujetar todo el conjunto y evitar que se moviera de su sitio.

Asegurada la tirada, llegó el proceso más complejo. Thomas alisó el papel en la platina, con mucho cuidado de no estirarlo demasiado y que se rompiera. El oficial entintó con una almohadilla de cuero los tipos, y el otro oficial colocó con rigurosa exactitud cada hoja de papel sobre ellos. Ahí intervino Carlos, que hizo girar el tornillo de la prensa, haciendo presión e iniciando así las copias.

Cada jornada se cumplía con los encargos que ordenaba el señor Thys. Grandes tiradas de libros de todo tipo se intercalaban con impresiones baratas de noticias y acontecimientos, que tenían mucho éxito entre la ciudadanía.

En una publicación que llegó de Baviera, Thomas pudo leer, con emoción contenida, información acerca de los Fugger y los Welser. Al parecer, su riqueza no había parado de aumentar desde su marcha. Habían sido unos de los grandes financiadores del reciente ascenso al trono imperial del rey de España Carlos V.

Pensó en su padre y en la fatal injusticia que sufrió. Algún día esperaba verse ante los Welser para hacerles entender que el fiel cocinero Marcus Babel no envenenó la carne. Pero necesitaría alguna prueba, ¿y dónde iba a encontrarla?

Además de trabajar en la imprenta, Thomas también ordenaba y quitaba el polvo de los libros que se exponían en la tienda. El señor Thys insistía en que debían estar relucientes en todo momento.

Lo hacía a última hora, cuando el trabajo en el taller flojeaba. Una de esas tardes, mientras Thomas limpiaba y el señor Thys decidía la ubicación de las nuevas impresiones ante el escaparate, la puerta de la calle se abrió y entró un hombre de porte distinguido, con la nariz algo pronunciada y el pelo negro, corto y ondulado. Tendría no más de treinta años y parecía extranjero.

—¿Sois el señor Thys? —dijo en francés.

—Así es, ¿puedo ayudaros, vuestra merced?

—Quisiera comprar alguna de vuestras publicaciones.

—Por supuesto. ¡Thomas! Coloca en la mesa nuestras más recientes impresiones, las de los últimos dos años.

Thomas se afanó por cumplir la orden, de manera que pudieran leerse bien los títulos y los autores, colocados por tema o por idioma. Luego se quedó parado a un lado, observando al extranjero.

—Disponéis de variados textos clásicos, parecen buenas traducciones —comentó el visitante, revisando los libros.

—Lo son, lo son —asintió Thys.

—Me interesan estos tres. —Los señaló.

—¿Alguno más?

—La verdad es que los compraría todos, ese es el problema. La imprenta ha supuesto una revolución increíble, ¿verdad? Vuestro trabajo es más relevante de lo que imagináis.

—Gracias, ojalá no solo vuestra merced pensara así.

—Algún día todos lo harán, los cambios no son sencillos. La luz de los libros nos ha sacado de las tinieblas, maestro Thys. Sé muy bien lo que digo —afirmó el comprador.

—Certeras palabras, eso es lo que veo yo exactamente en los libros: luz.

—La pena es no poder cargar más de vuestros volúmenes, me encantaría tener todos los libros del mundo.

—Un sueño imposible, pero muy digno —Thys suspiró.

—¿Por qué decís que es imposible?

—Cuentan que hace dos mil años, un poderoso faraón de Egipto intentó reunir todos los libros de su tiempo en Alejandría. En esa época se mataba, robaba y engañaba para lograr los más preciados libros —puntualizó el señor Thys—. En Alejandría se registraban todos los barcos que llegaban a su puerto y se confiscaba cualquier texto que portaran. Y ni aun así lograron tener todos los libros en la biblioteca de Alejandría.

—Pero entonces no existía la imprenta... —dijo el forastero.

—Bien cierto —sonrió el señor Thys—, pero imaginaos el coste de comprar todos los libros que existen, los valiosos códices de los monasterios...

—A mí solo me interesan los libros impresos, esta nueva época que vivimos requiere libros también nuevos. No viejos papiros hechos con juncos del Nilo, ni pergaminos con pieles de animales. No me agradan los manuscritos, están llenos de errores.

—¿Qué queréis decir? —preguntó el impresor.

—Toda copia, por bueno que sea el copista, genera errores en el texto. Si vuelve a copiarse, se reproducen esos errores y se añaden nuevos. Y así sucesivamente, imagínese hasta dónde puede alterarse ese libro.

—Necesitaríais un edificio entero para albergar todos los libros impresos, ¡un palacio! Y, lo que no es menos baladí, clasificarlos.

—¿Cómo decís? ¿Clasificarlos? —El forastero arqueó las cejas.

—Conozco a muchos coleccionistas de libros que los almacenan sin ningún orden. Luego pierden mucho tiempo en encontrar uno en concreto. Además, aunque los lean, pasados unos años olvidan su contenido, y tienen que volver a leerlos, o no recuerdan en qué libro aparecía tal frase o tal idea. La clasificación de los libros, al menos de su contenido o del tema principal, es vital cuando se tienen en grandes cantidades.

—Sí, tenéis razón, no había pensado en ello; buen consejo —respondió mientras ojeaba los textos que Thomas había ido depositando sobre la mesa—. Me llevo también estos dos, no puedo cargar con más.

—Sois muy amable, no todos los días entra por la puerta un verdadero amante de los libros, todo un entendido...

—La verdad es que el libro que realmente me gustaría tener está perdido...

—¿Cuál? Decidme, quizá pueda obtenerlo. —Thys no dejaba escapar ni una sola oportunidad de venta.

—Lo veo difícil, creedme. Es un libro que perteneció a mi padre —respondió—, él lo vendió antes de morir.

—Entiendo, pero aquí imprimimos libros nuevos...

—Lo sé, quizá les llegué algún día, es un libro fácil de identificar —insistió el visitante.

—Podría ser... —El señor Thys no parecía muy convencido—. ¿De qué libro se trata?

—Es una obra de Erasmo de Rotterdam, este ejemplar en concreto es especial porque está dedicado.

—¿Por el propio Erasmo?

—Sí, mi padre sentía admiración por Erasmo y le pidió que en la primera página le dedicara ese ejemplar a él y se lo firmara.

—¡Qué curioso! Nunca había oído tal cosa, imaginaos que todos los lectores quisieran que los escritores les firmaran los libros, sería una locura.

—Bueno, mi padre era un visionario, es posible que en algún momento eso sea lo habitual.

—Ojalá tengáis razón, ello significaría que los libros han alcanzado gran popularidad entre nobleza y vulgo. —El señor Thys sonrió—. Y para poder identificar el libro que buscáis, ¿cómo se llamaba vuestro padre?

—Cristóbal Colón.

—¿Cómo habéis dicho? —preguntó confundido el señor Thys.

—El almirante Cristóbal Colón, el descubridor de las Indias —especificó el forastero—. Yo soy su hijo Hernando, he venido con la comitiva del nuevo emperador, el rey Carlos V, que viaja camino de Aquisgrán para ser coronado. Aprovecho para visitar las ciudades donde se imprimen libros y adquirir ejemplares para mi biblioteca de Sevilla, en España.

—¡Dios santo! —El señor Thys estaba impactado.

Thomas le acercó a don Hernando los libros que había adquirido, todavía boquiabierto por lo que acababa de oír.

—Gracias. —Pagó—. Y no os olvidéis del libro de mi padre, si por casualidad llega a vuestras manos. Os ruego que contactéis conmigo, seré generoso.

—Por supuesto, aunque parece casi imposible que aparezca por aquí.

—Lo sé, también era imposible descubrir las Indias —dijo Colón, sonriendo.

El hijo de Cristóbal Colón abandonó la imprenta dejando una atmósfera singular tras de sí, como de sueño efímero. El señor Thys se quedó pensativo, con un rostro de evidente satisfacción por la compra, mientras que Thomas volvía a notar la excitación de la posibilidad de un Nuevo Mundo... El hijo de Colón...

Los martes y los jueves, al caer la noche, Carlos y Thomas asistían a las reuniones del muelle. Y no eran los únicos, cada vez había más público, así que convenía llegar pronto o se quedaban sin sitio y la anciana de la puerta no los dejaba entrar.

A cada sesión venían personalidades más notables; en aquella había tomado la voz un sacerdote que impartía clases de teología en la universidad.

—Las fuentes, señores; hay que ir a las fuentes —insistía—. Debemos leer directamente los clásicos: Virgilio, Sócrates, Aristóteles.

—¿Por qué razón? —Un hombre con una capa granate en el centro de la sala había tomado la voz—. El humanismo, ¿qué es? No entiendo lo qué pretende ni qué representa.

—Frente al canon eclesiástico en prosa, que imita el latín tardío de los santos padres y que emplea el simple vocabulario y sintaxis de los textos bíblicos traducidos —respondió uno de los asistentes más conocidos—, el Humanismo propugna una formación íntegra del hombre en todos los aspectos, fundada en las fuentes clásicas, muchas de ellas perdidas y descubiertas recientemente en los monasterios.

—¿Es una cuestión lingüística? —musitó el hombre de la capa granate.

—No, pero los humanistas quieren acceder a un latín más puro, brillante y genuino, y al redescubrimiento del griego gracias al forzado exilio a Europa de los sabios bizantinos tras caer Constantinopla y el Imperio de Oriente, ahora en poder de los turcos otomanos.

—Entonces las lenguas clásicas que pretenden recuperar son en realidad un simple medio.

—¡Por supuesto! Un medio para restaurar todas las disciplinas que ayudarán a un mejor conocimiento y comprensión de los autores de la Antigüedad Clásica, un modelo de conocimiento más puro que el debilitado en la Edad Media.

—¿Habéis dicho Edad Media? ¿A qué os referís con eso? —Fue de las primeras veces que Carlos alzó la voz.

—Me refiero al oscuro periodo entre la caída de Roma, y con ella el abandono de la cultura clásica, y nuestros días, en los que vivimos un renacimiento de todo ese saber olvidado durante mil años.

—Ya no solo vamos a leer historias de santos. Al acceder a las fuentes clásicas descubrimos biografías de héroes y fabulosos personajes históricos de esa época —añadió el sacerdote—, que testimonian el interés por lo humano frente a la vida de santos, y la mitología, que representa un rico repertorio de la conducta humana.

Thomas recordó que hace poco había leído en el taller la historia de Perseo, el hijo de Zeus que derrotó a Medusa cortándole la cabeza. Perseo le había parecido un buen ejemplo de conducta humana.

—Los griegos usaban su mitología para explicar todos nuestros comportamientos —seguía rebatiendo uno de los presentes—, y no solo los piadosos como hacen los santos, ahí radica su importancia. Para combatirlas, debemos conocer las bajezas humanas, sus envidias, sus pasiones, sus debilidades. Si conoces las historias griegas, puedes comprender a las personas, a todas.

—¿Y esto ha sido posible gracias al humanismo? —El hombre de la capa granate no dejaba de enfrentarse a ellos.

—Sí, pero sobre todo gracias a la imprenta —afirmó una nueva voz, que no era otra que la de Massimiliano—; ha cambiado el mundo más que ningún otro ingenio del hombre. Ha posibilitado el abaratamiento del coste, la difusión masiva de las ideas humanistas y la aparición del sentido crítico.

—¿Y cómo vamos a leer en griego? —le increpó uno de los asistentes.

—Hagámoslo en nuestra lengua, financiemos nosotros mismos esas traducciones. No podemos leer a los clásicos a través de traducciones anónimas que provengan de otros reinos y de la época de... ¿cómo habéis dicho antes? De la Edad Media, ¿cierto? Olvidemos para siempre ese periodo oscuro y vivamos el renacimiento de lo clásico.

—Tiene razón —se oyó al fondo.

—¿Y cuánto pueden costar esas traducciones? —intervino otro.

—Thomas —le susurró Carlos—, ¿y si ofrecemos la imprenta?

—¡Estás loco! El señor Thys nos matará.

—No, a él le encanta publicar libros complejos, textos polémicos.

—¿Estás seguro? —Thomas no parecía convencido.

—Ya hemos publicado libros muy especiales, acuérdate que te lo dije.

—No sé, Carlos, ¿tú estás convencido de estas nuevas ideas?

—Claro que no, pero eso da igual. Lo importante es si la gente lo está o no, y yo creo que sí. Necesitamos gente que compre libros y estos los comprarán, estoy convencido de ello.

—Tú los imprimirías, ¿cierto?

—Sin dudarlo.

—¿Y las Tesis de Lutero? —Se oyó preguntar desde el fondo de la sala.

Los presentes enmudecieron, Thomas no sabía el porqué, pero era obvio que aquellas tesis levantaban expectación.

—En junio del presente año 1520, el papa León X ha emitido la bula *Exsurge Domine*, exigiendo que Lutero se retracte de cuarenta y una de las noventa y cinco tesis en las que criticaba las prácticas y costumbres de la Iglesia —contestó uno de los más ancianos—. Hay que tener mucho cuidado con ellas.

—Deberíamos leerlas —afirmó otro.

—No hay copias en Amberes.

—¡Pues deberíamos traerlas! —gritó uno más al fondo de la sala.

—Ya debatiremos sobre Lutero cuando podamos leerle, ahora centrémonos en los clásicos, que son la base, la referencia, para todas estas nuevas ideas —insistió el más mayor de todos ellos.

Al día siguiente, su compañero esperó hasta la tarde para hablar con el señor Thys sobre imprimir traducciones de los clásicos latinos y griegos. Thomas observó la conversación desde el fondo del taller: el gesto serio y desconfiado que tomó el impresor, y la efusividad de la explicación de Carlos. Se hizo un lapsus y Carlos lo miró desde la lejanía, como queriendo decirle que la cosa no iba bien. Pero poco después su rostro cambió y el señor Thys le estrechó con fuerza la mano.

Carlos lo había conseguido.

A Thomas también le parecía una fantástica idea; al final del día buscó a Carlos para hablar con él sobre la próxima reunión del muelle, pero no lo halló. Así que aprovechó para revisar todos los puestos de trabajo, las máquinas, los montones de papel y las últimas publicaciones. Le gustaba husmear cuando nadie lo veía, entender el funcionamiento de la prensa, examinar los detalles de los puestos de trabajo que menos frecuentaba.

—¿Por qué será que siempre te encuentro solo, deambulando por aquí? —inquirió Edith, que lo sorprendió junto al rincón donde se guardaban ejemplares que no habían logrado venderse.

—Solo estaba comprobando que todo estuviera bien recogido y limpio.

—Ya, tú nunca estás haciendo nada malo, ¿verdad?

—Eso es.

La joven se quedó callada unos instantes, y dio unos pasos hacia Thomas, acariciando las máquinas. El chico la miraba fascinado. De repente, ella le habló de nuevo.

—Dime, ¿qué le ocurre a mi padre? ¿Por qué parece tan nervioso estos días?

—Que yo sepa, el señor Thys está estupendamente —contestó Thomas.

—No es cierto, le tiembla la voz y suda, suda más de lo normal. Sé que eso le sucede cuando le oculta algo a mi madre, y tiene que ser algo referente al taller, así que... dime qué le sucede, en qué estáis trabajando que le ponga tan nervioso...

—Te juro que... —Thomas pensó en qué haría Massimiliano si estuviera en su lugar—. Si quieres que te lo diga, tendrás que darme algo a cambio.

—¿Qué? De eso nada, estás en mi casa.

—Entonces me iré, como bien dices, estoy en tu casa...

—¡Un momento! —Edith dibujó la resignación en su mirada—. ¿Qué quieres?

—Que me respondas a una pregunta.

—¿Qué pregunta? —dijo desconfiada.

—Una muy sencilla, eres la hija de un impresor. Seguro que has leído muchos libros desde niña.

—Sí, ¿y?

—¿Cuál es tu libro favorito?

Edith se quedó totalmente sorprendida, y tardó en responder.

—¿Esa es tu pregunta? —musitó con su media sonrisa, pero cuando se dio cuenta de que Thomas mantenía su semblante serio, reculó—. Bueno, no sé, no es una pregunta tan sencilla como dices...

—Quiero que seas sincera, de todos los libros que has leído, ¿cuál es el que más te ha gustado?

—*La Ciudad de las Damas*, de la poetisa Christine de Pizan —afirmó, muy seria, tras unos instantes.

—¿Qué libro es ese? No lo conozco. —Esta vez fue Thomas el que contuvo una sonrisa.

Edith se molestó, dio un paso al frente y habló muy decidida.

—«Me preguntaba cuáles podrían ser las razones que llevan a tantos hombres, clérigos y laicos, a vituperar a las mujeres, criticándolas bien de palabra, bien en escritos y tratados. No es que sea cosa de un hombre o dos, sino que no hay texto que esté exento de misoginia. Al contrario, filósofos, poetas, moralistas, todos, y la lista sería demasiado larga, parecen hablar con la misma voz. Si creemos a esos autores, la mujer sería una vasija que contiene el poso de todos los vicios y males.»

—Supongo que es un pasaje de *La Ciudad de las Damas*.

—Te aseguro que otra habría sido la historia de las mujeres si no hubiésemos sido educadas por hombres.

—Puede que tengas razón.

—Yo también quiero saber cuál es tu libro favorito. ¿Cuál te ha gustado más de todos los que has leído?

—Me temo que no es un libro que tengáis en la imprenta o en la tienda —contestó Thomas—; son *Las cartas de Abelardo a Eloísa*.

—No lo conozco.

—Tendrás que leerlo. Te lo recomiendo, es una trágica historia de amor, de la que se puede aprender mucho.

—Gracias por la recomendación —espetó Edith, con cierta ironía—. Ahora cuéntame qué le sucede a mi padre para estar tan nervioso

—Vamos a publicar traducciones de textos clásicos, algo polémicos por sus ideas.

—Mi madre siempre dice que a mi padre le pierden ese tipo de libros clandestinos —confesó ella—. Que o lo llevarán a la ruina o lo harán rico. ¿Tú qué crees?

—Que no debería prohibirse ningún libro.

—Tienes razón. —Edith se acercó más a él—. Nada debería estar prohibido. —Se aproximó un poco más, y dijo muy despacio, acercando su mejilla perfumada a la de Thomas—: Absolutamente... nada...

—¡Edith! —gritó su madre desde la escalera.

—Ya voy, madre. —Volvió sobre sus pasos y se despidió del joven con una sonrisa encantadora.

En la siguiente reunión de humanistas del muelle, el mismísimo señor Thys acudió con Thomas y Carlos al encuentro. Tomaron la palabra y presentaron su idea de imprimir los clásicos en el taller. La idea fue recibida con entusiasmo.

No fue la única sorpresa de la noche.

—Thomas, veo que no te va nada mal. —Massimiliano se acercó por fin a hablarle cuando concluyó la reunión—. No sabes cómo me alegro.

—Trabajo duro —respondió de forma seca.

—Sabía que la imprenta era un buen lugar para ti, te lo dije.

—Yo lo que recuerdo perfectamente es el día en que me abandonaste.

—No me guardes rencor. —Intentó acercarse, pero Thomas se separó—. Quiero que sepas que voy a ser padre muy pronto, Clementine está embarazada.

—Felicidades —respondió sin mucho entusiasmo.

—Sé que todavía no estás preparado para perdonarme, pero algún día entenderás que lo primero siempre es la familia —le susurró cogiéndole del brazo—. Mira, quiero que sepas que puedes recurrir a mí si estás en apuros, recuérdalo.

—Yo sé cuidarme solo.

—Eso no lo dudo; no obstante todos necesitamos amigos. Y yo siempre lo seré, te lo prometo.

—Está bien, Massimiliano.

—Una cosa más... —Su tono de voz cambió y también el cariz de su rostro—: Quiero que sepas que Luna, la pobrecilla, murió hace unos días.

—¿Cómo? —A Thomas le dio un latigazo en el pecho.

—Cayó enferma, y ya sabes lo vieja que era, estaba débil. Creí que debías saberlo.

—Gracias, Massimiliano, lo siento mucho. Luna era un animal especial.

—Ya lo creo. —Extendió la mano y esta vez Thomas la estrechó—. Hasta pronto, chico.

Carlos y el señor Thys se acercaron muy alegres hasta él, y el napolitano desapareció.

—¡Está hecho! —dijo con entusiasmo Carlos.

—Debemos ser precavidos —advirtió el impresor—. Tenemos que vigilar de qué manera es aceptada la primera traducción y entonces veremos cómo seguimos. Confío en vosotros dos. Ahora he de irme, mi mujer estará preocupada. ¡Ni una palabra a ella de todo esto!

El señor Thys se marchó, no sin antes recibir el agradecimiento de muchos otros asistentes.

—¿Quién era ese con el que estabas hablando? —preguntó Carlos, que no perdía detalle de nada—. Suele tomar la palabra aquí, pero nunca te había visto hablar con él. Parecía que os conocíais de antes.

—No es nadie, solo un antiguo... conocido.

—Cuando habla lo hace de forma brillante.

—Sí, tiene un don para las palabras —respondió Thomas con el gesto torcido.

La noticia de la muerte de Luna le revolvió el estómago y también sus sentimientos. Echaba de menos a su amigo Massimiliano.

13

La ciudad de las mujeres

Las siguientes semanas transcurrieron de manera más rutinaria. Pronto llegaría ese primer encargo de impresión de traducciones de los clásicos. El señor Thys apreciaba cada vez más a Thomas; le dio nuevos cometidos, más sustanciales. Lo mismo sucedió con Carlos, que, si ya era valorado como aprendiz, ahora se había convertido en la auténtica mano derecha del señor Thys, despertando visibles reservas en los dos oficiales. Thomas siguió leyendo todo lo que se imprimía en el taller y así fue aumentando sus conocimientos, y aunque su predilección eran los textos griegos antiguos, ampliaba más sus fuentes.

Además, cada vez más clientes entraban a la tienda demandando libros de Erasmo o de otros humanistas actuales.

Una mañana llegó una publicación sobre el Nuevo Mundo; estaba impresa en Sevilla, España. En ella Thomas leyó que se había creado el obispado de Cuba; se hacía hincapié en que solo los españoles podían viajar a las Indias, que era como ellos denominaban aquellas tierras, y que todo el tráfico hacia ellas se organizaba desde la Casa de Contratación en la ciudad de Sevilla, tal como le había explicado Massimiliano.

El texto relataba el crecimiento vertiginoso de la población de Sevilla, su impresionante catedral, la más grande que existía en la Cristiandad, y el férreo control de todas las mercancías que entraban y salían hacia el Nuevo Mundo. En su mente, Thomas se imaginó cómo sería Sevilla, la magnitud de sus construcciones, las riquezas de su comercio, los galeones llegando de las Indias repletos de nuevos animales, de gentes exóticas, de tesoros...

Thomas pensó entonces en todo lo que había aprendido con

Massimiliano y lo poco que sabían en Amberes sobre el Nuevo Mundo. No escuchaba a la gente hablar de ello en las calles, ni venían apenas a buscar libros sobre el tema a la librería de la imprenta. Cuando recorría todas aquellas ciudades y pueblos con Massimiliano, las gentes se quedaban asombradas con los detalles que el napolitano les contaba, pues apenas habían oído hablar del descubrimiento de Colón. Era como si los españoles quisieran mantener en secreto las riquezas y maravillas de esas tierras, y puede que fuera esa la intención; por qué si no prohibir viajar al resto de cristianos...

Ni siquiera en las reuniones del muelle se mencionaba el Nuevo Mundo, allí solo se discutía sobre las nuevas ideas humanistas y sobre libros, nuevos, antiguos, olvidados. Cada cierto tiempo alguien alzaba la voz sobre uno distinto y aseguraba que era imprescindible, y se contagiaban las ganas de leerlo. Se extendió el término «humanistas» para referirse a aquellos hombres con ansias de conocimiento, fieles seguidores de las ideas de Erasmo. Todos hablaban de cambiar el mundo, de una nueva era de conocimiento, de realizar grandes hazañas.

¿Y por qué no soñar con hacer algo realmente memorable?, se preguntaba Thomas mientras leía las historias sobre héroes de la antigua Grecia. Él había crecido escuchando las vidas de los santos; su padre lo había educado en la obediencia y la humildad cristiana. Pero ahora que había leído la *Eneida* de Virgilio, ¿por qué no romper las cadenas y recorrer el mundo como aquellos hombres que crearon reinos e imperios a lo largo del mar Mediterráneo? ¿Por qué no hacer lo mismo en el Nuevo Mundo?

Empezó el nuevo año de 1521; continuaron las reuniones en el muelle y los debates sobre las doctrinas de Erasmo y otros humanistas, en las que Carlos y Thomas participaban con entusiasmo.

El señor Thys andaba intranquilo; había problemas en el encargo de impresión de un libro del gremio de pescadores, así que tuvo que salir a media mañana acompañado de uno de los oficiales y de Carlos. El día se complicó aún más al no llegar el envío mensual de papel, así que el otro oficial tuvo que acompañar a la señora Thys en persona a visitar al proveedor, un comerciante veneciano que estaba enfermo. El taller necesitaba suministro de papel de manera inminente o deberían dejar de imprimir.

Así que se quedaron solos Thomas y los dos ayudantes con los que dormía en el pajar. Él debía repasar todos los tipos para dos impresiones que debían llevar a cabo a la jornada siguiente, cuando estuviera el papel disponible.

En pocas ocasiones se había encontrado al mando del taller. Se organizó y se esmeró para realizar su trabajo mejor aún que si estuviera vigilado. Los dos ayudantes se marcharon en cuanto terminaron su faena y, después de pensarlo bien, Thomas aprovechó la anómala situación para dejar el taller y husmear por la tienda, en la que solo entraba a limpiar el polvo. En ella se disponían los libros terminados, los mejores ejemplares que el propio señor Thys encuadernaba. Pasó su mano por los lomos de cuero, le gustaba mucho ver tanto trabajo expuesto.

Al repasar las estanterías encontró algo que lo sorprendió, que nunca había visto cuando le tocaba adecentar la tienda: en una de ellas no había libros impresos sino manuscritos en pergamino. El tacto era completamente diferente al del papel, y también el olor, que a Thomas le resultó demasiado fuerte. También variaban la tipografía y la manera en que la tinta impregnaba la superficie. Eran libros, sí, pero tan distintos a los actuales que al joven le costó imaginar cómo era el mundo antes de la llegada de la imprenta.

—¿Ves algo que te interese? —preguntó una voz femenina a su espalda.

Se asustó el joven, y el manuscrito casi se le cae de las manos; tuvo que agarrarlo con fuerza y dejarlo sobre la estantería. Angustiado, alzó la vista. Y se encontró con los ojos verdes de la hija de los Thys. Edith vestía una saya blanca decorada con ribetes dorados y llevaba el pelo recogido en un moño alto.

—¿No vas a responderme? Que si te interesan esos manuscritos —insistió ella.

—Sí, aunque son distintos a los libros que hacemos ahora.

—Cierto. —Comenzó a moverse en torno a él.

—Parece mentira que antes todos los libros fueran escritos a mano.

—Y así era; además, preparar el pergamino requería un proceso muy delicado —dijo Edith mientras se acercaba a Thomas y ponía su mano sobre el pergamino.

—No imagino cómo lo llevaban a cabo...

—La piel recién cortada la lavaban primero para eliminar la

sangre y la suciedad; para los mejores libros se usaba la piel de terneros nonatos, que arrancaban del vientre de sus madres antes de nacer, así la piel era más suave.

—Eso suena terrible...

—Para cada libro se debía sacrificar a un rebaño entero. Por suerte ahora utilizamos papel. —La hija de Thys siguió pasando suavemente los dedos por la superficie del pergamino—. Luego esa piel se empapaba en una solución para eliminar los pelos del animal. Después de mantenerla así durante más de una semana, se adhería a un marco de madera y se estiraba como un tambor para que se secara.

Thomas escuchaba atentamente las palabras de la hija de Thys.

—Y se le daba un último repaso con un cuchillo afilado —continuó explicando, y miró a los ojos del joven—. En ese momento, un simple descuido con el filo podía causar una rasgadura en el pergamino y echarlo todo a perder.

—¿Cómo sabes todo eso?

—Llevo oyendo hablar de libros desde que nací. —Edith se alejó de él y caminó hacia otra estantería.

—Este taller siempre ha sido de tu familia.

—Sí, lo fundó mi abuelo. A mí me gustan estos viejos libros. ¿Sabes que cuando se rasgaba el pergamino lo reparaban mediante costuras? A veces con bordados y con sedas de colores. Qué bonito sería.

—No tenía ni la menor idea. —Thomas no podía dejar de mirar la manera en que ella pasaba los dedos por los lomos de algunos de los otros manuscritos, con gracia, pero con seguridad. Thomas notaba en su propia piel esa caricia, como si lo estuviera tocando a él.

—Lo curioso es que con ello conseguían convertir un defecto en arte. Es como reparar una taza rota con resina de oro y transformarla en algo hermoso.

Thomas sonrió. La hija de Thys no solo era cautivadora y hermosa sino muy inteligente; la imagen callada y tímida que proyectaba cuando estaba ante sus padres contrastaba con la agudeza y la seguridad que irradiaba al estar sola, sin ellos.

—A veces lo que es un defecto para algunos, es un gran atractivo para otros —afirmó Thomas intentando impresionarla.

La muchacha se quedó callada y dio un par de pasos al frente con las manos unidas a su espalda.

—Quizá es que, a veces, la única manera de que nos vean es siendo diferentes.

Volvió a quedarse impresionado por la elocuencia de Edith.

—¿Tú crees que a los escribas que copiaban estos pergaminos les importaban esos agujeros, esas roturas o rasguños, que nombras? Al contrario, seguro que los apreciaban todavía más, por su delicadeza...

—De hecho, muchas veces escribían alrededor de los defectos, o, si veían tres agujeros seguidos, los transformaban en una cara risueña. —Sonrió y cambió de repente de tema—: ¿Qué libro cogiste el otro día del taller?

—Un texto de Erasmo de Rotterdam. —Thomas prefirió decir la verdad.

—Hablan mucho de sus enseñanzas, mi padre dice que están cambiando el mundo. Que hasta a la Iglesia en Roma no le ha quedado más remedio que abrirse a ellas. Pero mi madre no piensa lo mismo.

—Erasmo es un hombre fascinante, una mente privilegiada.

—Mi padre también dice que es muy peligroso —musitó ella—; que va a provocar una revolución y que, cuando eso sucede, siempre hay alguien que lo aprovecha en su propio beneficio.

—No creo que Erasmo se deje utilizar, es demasiado sabio —advirtió Thomas con más confianza—. Su objetivo es mejorar la Cristiandad.

—Y tú, ¿por qué estás aquí? Dime la verdad.

—A veces la verdad no basta —respondió parafraseando a Massimiliano.

—A veces no basta, tienes razón —dijo Edith, asintiendo con la cabeza—. Eres muy interesante, Thomas. Todo un descubrimiento.

Se oyó un ruido en la puerta; la joven se asomó por el escaparate y su rostro se tornó preocupado.

—¡Es mi madre! No le gusta que haya nadie aquí cuando no está mi padre.

—¿Tú tampoco, Edith? —le preguntó Thomas.

—Yo la que menos, ¡vamos! —exclamó inquieta.

Fue directa hacia la puerta que daba a la escalera para subir a su casa, pero se detuvo antes de cruzarla, se volvió y lo miró con esos ojos verdes tan penetrantes.

—Adiós, Thomas.

—Espera, un momento. ¿Por qué tu madre no quiere que frecuentes el taller de imprenta?

—Yo de niña bajaba mucho. —Edith se acercó a él, y le susurró para que no les oyera nadie—: Mi padre me enseñaba cómo poner los tipos o cómo funcionaba la imprenta. Pero un día mi madre se enfadó, dijo que las mujeres no pueden imprimir libros, ni tampoco escribirlos.

—Eso no es cierto.

—Thomas, ¿conoces una sola mujer que sea escritora? Te hablé de *La Ciudad de las Damas*, de Christine de Pizan, una veneciana, ¿recuerdas? ¿Tú habías oído hablar de ese libro? Es más, ¿has leído algún libro escrito por mujeres?

—No, no conozco ninguno.

—Las mujeres han escrito libros, pero nadie los conoce; apenas se imprimen. Si así fuera, todo habría sido diferente, el mundo sería mejor. Ojalá yo pueda, algún día, escribir un libro explicando la vida de las mujeres.

Edith salió entonces por la puerta que daba a su casa.

Él se quedó impresionado por la vehemencia de la joven; permaneció al lado de la escalera, escuchando lo que pasaba en el piso de arriba. Por las voces, Edith había aparecido justo cuando llegaba su madre con las criadas y uno de los oficiales del taller.

—Vaya mañana llevamos, aunque no hay mal que por bien no venga —escuchó Thomas decir a la señora Thys nada más entrar y ver a su hija—. ¿Qué te ocurre? Estás pálida. ¿Y qué haces ahí parada en la escalera?

—Nada, había bajado a ver si estaba padre en el taller.

—Sabes que no me gusta que andes por ahí —le riñó—. ¡Ah! Tienes que saber las buenas noticias.

—¿Habéis conseguido las resmas de papel?

—¿Qué? Ah, sí, he conseguido papel. Eso es lo de menos; ese condenado veneciano suministra a todas las imprentas de Amberes, así que no éramos el único taller sin material. Estaban también los impresores de la catedral. Los he conocido, muy elegantes. ¿Y sabes qué? Tienen un hijo —dijo la señora Thys con el rostro lleno de alegría mientras se sacaba los guantes.

—No entiendo, madre.

—Que tienen un hijo, niña. Mira que eres tonta, hemos estado hablando y casi lo tenemos ya acordado.

—¿El qué? —Edith se percató de que las criadas no se atrevían a mirarla.

—¡Tu boda! Te casarás con su hijo y uniremos los dos talleres, tendremos la imprenta más prestigiosa de todo Flandes, ¿te imaginas?

—Pero... ¿Y padre? ¿Está él de acuerdo?

—Tu padre hará lo que yo diga; a mi hija la caso yo, que para eso la he parido —sentenció la señora Thys—. Vamos, que una trae buenas noticias y se lo agradecen así. ¡Qué ingrata eres, Edith!

—Madre, yo... No conozco al hijo de los impresores de la catedral, no sé cómo es.

—Yo tampoco, eso da igual —musitó—. Hazme caso a mí.

—Pero... ¿cómo voy a saber si lo quiero?

—Lo que tiene una que oír... ¿Te crees que a tu padre lo elegí por amor? ¿Lo has visto? Venga, que hay mucho que preparar. ¡Las dos imprentas! ¿Te haces una idea de lo que eso significa?

—Que tenemos muchas cosas en común...

—¡Claro! Podremos negociar con los proveedores desde una posición de fuerza, se va a enterar ese veneciano... —A la señora Thys le brillaron los ojos.

Thomas no pudo, o no quiso, evitar escuchar toda la conversación. Aquella noche los ojos verdes de Edith lo visitaron en sus sueños.

Y al día siguiente aguardó para verla volver a la casa al mediodía. Dejó un momento sus labores en el taller. Tomó un objeto que tenía preparado y oculto con una tela y fue rápido a su encuentro en la escalera que subía a la segunda planta.

—Toma. —Se lo entregó con disimulo.

—¿Qué es esto?

—Ya lo verás, vuelvo al taller —se excusó—. Guárdalo bien, por favor.

Edith subió a su alcoba a toda prisa. Se cercioró de que su madre no estaba cerca y quitó la tela, ocultaba un libro. Eran las cartas de Abelardo y Eloísa.

14

Worms

El año anterior, el papa León X había emitido una bula exigiendo que Lutero se retractara de gran parte de sus tesis, pero con la llegada del nuevo año de 1521 lo excomulgó. La noticia creó tremenda expectación en Amberes y, por supuesto, en las asambleas humanistas. La tensión se acrecentó cuando supieron que Martín Lutero había sido convocado en Worms, a orillas del Rin, por el emperador, para que compareciera ante la Dieta Imperial. El príncipe Federico III, elector de Sajonia, había interferido, logrando también una concesión mediante la cual a Lutero le sería concedido un salvoconducto para acudir y regresar a la reunión.

El señor Thys andaba preocupado, pues todo aquel ambiente de incertidumbre le hacía temer que otros textos polémicos, como las traducciones que estaban imprimiendo, pudieran correr igual suerte. Así que el trabajo en el taller se aceleró ante lo que pudiera suceder en la asamblea que iba a realizarse en Worms.

Durante un par de días, Thomas no volvió a ver a Edith. Regresó con Carlos a las reuniones del muelle, que con las noticias sobre Lutero no habían sino aumentado en asistentes. Algunos de los nuevos eran fervientes defensores del hombre que se había atrevido a criticar a la jerarquía de la iglesia en Roma.

Thomas se sentía importante; vivía el inicio de una era. Y la imprenta era el rápido y potente vehículo de transmisión de todas esas ideas.

Al mismo tiempo, Thomas demostraba cada vez más interés por cualquier noticia del Nuevo Mundo. Una tarde recordó cuando acompañó a Massimiliano a visitar a su proveedor de tabaco, Rodrigo Sanmartín. Pensó que aquel hombre podría saber más sobre aquellas tierras que el propio Massimiliano, y en varias ocasiones fue a indagar sobre él a los muelles, que mostraban poca actividad, pues las revueltas en Castilla continuaban. Por lo que le contaron, los rebeldes se hacían llamar comuneros y el enfrentamiento con el emperador estaba siendo feroz.

Buscó en el mismo callejón de la vez anterior, pero no encontró nadie al otro lado de la destartalada puerta. Rodrigo Sanmartín parecía haberse esfumado y por nada del mundo iba a recurrir al propio napolitano, que ya habría sido padre y del que no quería volver a saber nada más.

Uno de esos días, regresando al taller, vio a lo lejos una figura salir de la parte trasera de la imprenta, envuelta en una capa y con una capucha cubriéndole la cabeza. Por la forma en que se movía intuyó que escondía algo y, alarmado porque pudiera haber robado uno de los libros, la siguió a escondidas. Aquel individuo se movía de manera peculiar, ligero y con pasos cortos. Decidió adelantarlo por una callejuela para llegar antes a la plaza del mercado.

Desde una esquina, y ante su sorpresa, se dio cuenta de que quien se ocultaba bajo aquella capucha tenía los ojos verdes. Era Edith Thys. Costaba imaginarla deambulando sola, y con aquellas ropas, fuera de la casa sin la compañía de su madre. Edith caminó hacia una de las puertas de la ciudad; Thomas la espió a la suficiente distancia para no ser descubierto. La joven remontó una estrecha calle y se detuvo frente a un edificio con una austera fachada de piedra sillar, ventanas apuntadas y un alero de madera decorado con figuras y animales.

Thomas había oído hablar de aquel lugar; era un hospital, uno de los más grandes de Amberes; él nunca había estado en su interior. Edith se acercó al edificio, aunque no fue hacia la entrada principal, sino que siguió un alargado muro de mampostería y llegó hasta una estrecha portezuela lateral.

Thomas quedó pensativo.

¿Qué hacía Edith sola? ¿Y entrando a un convento por un acceso secundario?

Evaluó la situación y dio un paso al frente, siguió hasta llegar al mismo lugar y llamó igual que había hecho ella. La puerta se entreabrió.

—¿Quién eres? —dijo la voz desgastada de una mujer desde el otro lado del umbral.

—Conozco a Edith, me dijo que viniera a verla a esta hora.

—¿A Edith? Pero si acaba de llegar. —Por la forma de hablar, era una mujer de edad avanzada.

—Ya sabe cómo son sus padres, este es el único lugar donde puedo verla. —Thomas decidió arriesgarse y jugar la carta romántica.

—Entiendo... Yo también he sido joven y no siempre fui monja —murmuró—. Pasa; va, pasa antes de que nadie te vea.

La mujer vestía hábito de clausura y de su pecho colgaba una cruz de madera que le recordó a la de su madre. Tenía penetrantes arrugas en el rostro y las cuencas de los ojos hundidas, sus pupilas eran grisáceas y apagadas, y en su mano portaba las cuentas de un rosario.

Aquel acceso daba a un jardín frondoso, con altos árboles y numerosas flores de los más variados colores. Parecía mentira que por el mero hecho de cruzar una puerta pudiera cambiar tanto el paisaje.

—Edith está en la biblioteca con sus alumnas, sígueme.

Thomas creyó entenderla mal. ¿Con sus alumnas? Siguió a la anciana hasta otra puerta que daba a una sala llena de camas con enfermos. Los había de todas las edades y estados de salud, desde los que lucían prácticamente sanos hasta los que estaba claro que podrían morir en cualquier momento.

—Tenemos todo el trabajo del mundo y somos pocas manos para atender a los enfermos. —Se detuvo ante un hombre mayor con el rostro lleno de protuberancias oscuras—. ¿Necesita algo, hermano?

—¡Morirme! Eso es lo que necesito, ¡morirme de una maldita vez!

—Eso solo está en manos de Dios.

—Dejadme un cuchillo y veréis en qué manos está mi muerte. —Intentó levantarse de la cama—. ¡Soltadme, brujas!

El enfermo estaba atado por las muñecas a las patas de la cama.

—El pobre desea unirse con Dios demasiado pronto.

—Parece que sufre mucho —comentó Thomas, muy afectado.

—Pruebas que nos pone el Señor. ¿Quiénes somos nosotros para cuestionar su voluntad? Quitarse la vida uno mismo... ¿puede haber blasfemia mayor?

A Thomas le habría gustado contarle la historia de una tribu de valientes guerreros que lucharon contra Roma. Cuando llegaban a ancianos y ya no podían empuñar su espada, cogían una barca, se adentraban en el río y ellos mismos se clavaban el arma en el pecho.

—Es que no concibo cómo alguien puede quitarse la vida, me alegro de que a los suicidas no se los entierre en los cementerios, ¡y mucho! —La monja parecía inmune al sufrimiento de aquel pobre desgraciado—. Sígueme.

Salieron de la sala de enfermos, justo enfrente había una puerta de madera labrada, con un ventanuco con una rejilla. Al abrirla, Thomas vio a Edith delante de un grupo de seis novicias, que se asustaron al verlo entrar.

—¿Thomas? —Edith tuvo que contener la risa—. ¿Qué haces tú aquí?

—Me dijo que sabías que él venía —advirtió la monja—. ¿Está todo bien?

—Sí, sí. —Edith suspiró—. Es solo que no esperaba que llegara tan pronto. Thomas quiere ayudarnos en el hospital, es por eso por lo que ha venido, ¿verdad?

—Sí, desde luego.

—Pareces un buen hombre, ojalá tuviéramos más brazos fuertes como los tuyos aquí dentro —dijo la anciana.

—Tengo que terminar la clase, espérame fuera.

—Claro. —Thomas volvió a salir.

—Te dejo. —La monja le señaló un banco de madera—. Yo tengo trabajo que hacer.

—Por supuesto; muchas gracias, hermana.

—No hay de qué. —Se santiguó antes de volver a la sala de los enfermos.

Thomas quedó allí solo. Edith no parecía haberse enfadado al verlo. Le tenía totalmente cautivado; era una mujer sorprendente. Quién iba a imaginar que daba clases en un hospital. ¿Qué más secretos ocultaba?

Desde aquel banco escuchaba los lamentos y las quejas de los convalecientes, y también los rezos de las monjas. Presidiendo aquel pasillo había un cuadro al óleo, una Inmaculada bellamente pintada. Le recordó por un momento a las pinturas que colgaban de la residencia de los Fugger en Augsburgo. Había pasado tan poco tiempo y, en cambio, parecía ya tan lejana su niñez.

La puerta de la biblioteca se abrió y fueron saliendo una a una y de manera precipitada las novicias. Al fin salió la última, y Edith no aparecía. Thomas se puso nervioso, decidió no aguardar más y entró. Al fondo de la sala estaba Edith, con varios libros sobre la mesa.

—Veo que ahora te dedicas a seguirme —afirmó sin ni siquiera mirarlo.

—No es así; te vi salir sola de tu casa, y sentí curiosidad.

—Qué casualidad. ¿Cómo supiste que era yo?

—No lo supe, ha sido el destino.

—¿Pretendes que me lo crea? —Edith lo miró con ojos airados.

—Si no crees en el destino, al menos haz caso a las señales.

—¿Señales? —Arqueó las cejas.

—¿Y qué haces aquí, Edith? ¿Por qué vienes a escondidas a este hospital?

—Les enseño a leer y a escribir —respondió ella de forma tajante—. ¿Hay algo malo en eso?

—No... Claro que no.

—Tú eres un hombre, no tienes ni idea de lo que supone ser una mujer. Se examina todo lo que hacemos, no tenemos libertad, dependemos de nuestro padre y luego de nuestro marido, ¡no podemos ni siquiera comprar libros! ¡Está prohibido!

—Vaya... Lo siento, no había reparado en eso.

—Ese es tu problema, que no piensas...

—Aunque no me creas, yo te entiendo. Sé lo que es no poder hacer lo que deseas.

—¿Sabes una cosa? Nadie ama más los libros que yo, mi primer juguete fue un libro de cuentos. Mi madre me leía cada noche un libro distinto, mi abuelo me contaba historias sobre el mundo de los libros. En cambio, ahora... —Su rostro se entristeció.

Thomas recordó también como su padre le leía cada noche, tenía más en común con Edith Thys de lo que creía.

—El otro día me contaste detalles que no sabía... y me gustó. A veces me cuesta imaginar cómo era un libro antes de que se inventara la imprenta.

—En esos tiempos, un manuscrito valía una fortuna. —Edith señaló uno de los libros que tenía delante—. Llevaba hasta dos años de trabajo y con el equivalente a su valor, uno se podía comprar una casa en la mejor ciudad de Amberes. Poca gente tenía acceso a los libros: reyes, príncipes, altos burgueses y apenas nadie más.

—Por suerte eso ha cambiado.

—Y en la Antigüedad era aún peor, no existía el alfabeto. Para ser lector había que estudiar durante años para dominar las combinaciones de miles de extraños signos. Los lectores eran una minoría privilegiada que mantenía sus conocimientos en secreto.

—Y eso cambió con el alfabeto —añadió Thomas.

—Sí, fueron un antiguo pueblo, los fenicios. Ellos cambiaron la historia, es emocionante, ¿verdad?

—Cierto. ¿Y nunca te has preguntado quién fue el primer hombre que creó la escritura?

—El primero de todos... Supongo que eso nunca lo sabremos. Han cambiado tantas cosas en el mundo de los libros.

—¿Como qué? —inquirió Thomas.

—Pues no sé... Por ejemplo, leer en papiro implicaba ir desenrollándolo con la mano derecha. —Edith hizo el gesto—. Era un movimiento complejo, que ellos convertirían en cotidiano. Pero al terminar el papiro, quedaba enrollado al revés, así que debían desenrollarlo de nuevo para dejarlo en la posición correcta para el siguiente lector.

—Nunca había pensado en eso.

—¡Y antes se leía siempre en voz alta! —añadió Edith dejándose llevar por la emoción—. Los libros eran como partituras y los lectores eran en realidad oyentes. Las lecturas en público eran habituales.

—Parece muy raro, leer en voz alta, sin poder detenerte, sin volver a leer un párrafo que no has entendido, sin libertad... ¿Cómo cambió?

—Dicen que fue un obispo de Milán, y que Agustín de Hipona lo vio y se quedó tan sorprendido al verle pasar páginas sin pronunciar las palabras escritas, tan concentrado, casi rezando, que propuso que todo el mundo leyera en silencio —narró Edith con entusiasmo—. ¡La historia de los libros es increíble!

—Creo que ni Gutenberg ni sus dos socios se imaginaban el alcance de lo que estaban inventando cuando crearon la imprenta.

—¡Gutenberg era un estafador! —Edith se enervó—. Lo que pretendía era copiar libros manuscritos, solo eso. Al principio era imposible distinguir un manuscrito original de una copia. Gutenberg fue sometido a un juicio, ¿sabes?

—No, ¿qué sucedió?

—Pues que en ese momento el poder se encontró en una disyuntiva —explicó Edith—. Se dieron cuenta de que ese artefacto era mucho más que una máquina para falsificar manuscritos. Ante sí tenían el futuro, una verdadera bisagra para el progreso de la humanidad. ¿Qué crees que es un libro?

—¿Qué tipo de pregunta es esa? —inquirió Thomas molesto.

—Una muy seria, hay muchos que sostienen que el libro debe ser manuscrito, como estos. —Edith señaló los que le rodeaban—. Que el impreso no es un libro, es otra cosa. Es más, aseguran que la posibilidad de que cualquiera tenga acceso a los libros es temible. Dicen que si la gente lee mucho, enloquecerá. Que los hombres y las mujeres comunes no pueden meter tantas palabras ni ideas dentro de su cabeza.

—¿Quiénes piensan esa locura?

—Más de los que tú crees —respondió la joven con tristeza en la voz—. Temen que los libros propaguen ideas equivocadas.

—Me encanta el espíritu con el que defiendes tus ideas. —Thomas se la quedó mirando con una sonrisa dibujada en su rostro, era obvio que la admiraba cada vez más—. Sabes mucho de libros, tanto impresos como antiguos.

—Soy la hija de un impresor y un librero. ¿A que no adivinas qué idearon los escribanos de los monasterios para liberarse del castigo cuando erraban en los textos que copiaban? —le desafió Edith.

—¡Sorpréndeme!

—Echaban la culpa de sus fallos a Titivillus.

—¿A quién dices? —Thomas casi se rio.

—Titivillus es un demonio al que se le adjudican los errores ortográficos en los libros y las equivocaciones que podían hacer sin darse cuenta en las oraciones, a fin de ganar almas para Lucifer.

—Me estás tomando el pelo...

—No, las intenciones de Titivillus eran perversas —afirmó la joven en voz baja—. Hacía caer en el error y esto llevaba a los lectores al pecado y, por tanto, al infierno.

—Podríamos resucitar a ese demonio para cuando cometamos errores en el taller.

—No te burles de Titivillus —le advirtió Edith, sonriendo—. Entre sus fechorías está la famosa Biblia maldita.

—Eso sí que no me lo creo... ¿Una Biblia maldita? —Thomas hizo un gesto de negación con su mano.

—No te miento. —Se encogió de hombros.

—Pero Edith... —Suspiró—. Está bien, cuéntame sobre esa Biblia maldita. ¿Qué hacía? ¿Invocar a los demonios?

—Para empezar, le costó la vida a su editor, pero sobre todo la llamaban así porque Titivillus provocó un error al copiarla, de tal modo que cuando leían en ella las Sagradas Escrituras las personas cometían un pecado mortal, uno de esos con los que quedas condenado al infierno para siempre.

—Claro... Un error en la Biblia puede ser terrible, nunca había reparado en ello. También puede pasar cuando se traduce de una lengua a otra... como en los clásicos griegos —recalcó Thomas—. ¡Eso es muy interesante! ¿Qué equivocación tenía la Biblia maldita?

—Veo que lo vas entendiendo. —A Edith se le escapó una sonrisa burlona—. Cuando la edición estuvo lista, los ejemplares se vendieron con facilidad; lo que no sabían los editores, los compradores y el mismísimo rey, que también adquirió una, era que el sexto mandamiento tenía un grave error. Decía: «Cometerás adulterio».

—Alguno pensaría que, si lo dice la Biblia...

—Así actúa Titivillus. —Edith posó sus manos sobre uno de los libros que allí había—. Las consecuencias de esta errata fueron bastante graves, no solo por el pecado que conminó a cometer sino por el castigo al que fueron sometidos los editores.

—¿Dónde has aprendido esa historia?

—Ya te lo he dicho antes, tú llevas unos meses en la imprenta, yo toda la vida —respondió la joven, que no podía estarse quieta y se movía de manera constante, de la mesa a la ventana—. Antes me dejaban estar en el taller todo el tiempo que quería, crecí entre tipos, papel y tinta. Y conocía todos los libros que imprimíamos y muchos otros que no.

—Sin embargo, ahora ya no bajas nunca. —Thomas no dejaba de seguirla con la mirada.

—¿Por qué me miras así?

—No puedo evitarlo. No solo eres la mujer más bella de Amberes; además eres vivaz e incisiva, y hablas con pasión contagiosa.

—Nadie me había dicho nunca algo así.

—Me alegro... Quiero decir que me alegro de ser el primero que te lo diga.

Edith soltó una carcajada.

—No te rías de mí.

—¿Por qué no? ¿Qué tiene de malo? En mi casa no me dejan que me ría, dicen que una mujer no debe reírse.

—Edith, ¿qué sucedió para que te prohibieran bajar al taller?

—Que crecí y mi madre decidió que no era lugar para una mujer decente. No quería que me manchara de tinta, que leyera libros, que aprendiera un oficio y, sobre todo, que estuviera con hombres.

—¿Y por eso vienes a este hospital?

—Enseño a leer a las novicias. Esta biblioteca es mi sitio preferido, y mi madre no pudo oponerse. Una mujer debe ser caritativa, lo dice ese libro tan famoso, *La educación de la mujer cristiana*. Solo me pidió que nadie lo supiese, por eso vengo con la capa y la capucha.

—Tú eres inteligente, no van a lograr imponerte lo que debes hacer.

—Pero no soy libre, mis cadenas no se ven, y sin embargo son tan pesadas y tan cortas como las de cualquier calabozo.

—No eres la única que las lleva, créeme... —dijo Thomas, pensativo.

—Inteligente no es un adjetivo que se utilice a menudo con las mujeres; somos hermosas, lozanas, elegantes, bondadosas, devotas... Pero no inteligentes.

—Pues tú lo eres. Y hay que decirlo.

—Pero con tanto halago, ¿no será que tú quieres algo de mí? —advirtió desafiante.

—¿Y qué voy a querer de ti, Edith? —Le mantuvo la mirada.

—Si te lo tengo que decir, entonces es mejor que me vaya. —Avanzó hacia la puerta.

—Espera. —Thomas le cortó el paso—. Un beso, eso es lo que quiero.

—Ni lo sueñes. —Edith intentó apartarlo.

—¿Por qué no? ¿Acaso yo no soy suficiente para ti? ¿Es mejor que yo el hijo de los impresores con el que te van a prometer?

—No, pero un beso no se da sin motivo; ¿cómo piensas conseguirlo? —Edith otorgaba una fuerza inusitada a sus frases.

—Ni de todo lo que he viajado y vivido, ni de tanto que he aprendido, ni de las veces que me he equivocado; solo me siento orgulloso de haberte conocido.

Edith se quedó callada, el brillo verde de sus ojos se acentuó y sus mejillas se sonrojaron.

—¿Dónde has escuchado eso?

—En ningún sitio, es lo que siento al verte.

—No es suficiente, cualquiera puede decir cumplidos. —Volvió la cara con un gesto indiferente.

—«Como dos serpientes entrelazadas, mirándose a los ojos, las bestias se enroscaron en una espiral de dolor, sin más sentido que morir juntas» —recitó Thomas.

Y se hizo un extraño e incómodo silencio.

—¿Qué es eso? —Lo miró entornando los ojos.

—Homero, la *Ilíada* —respondió Thomas—. «La sangre comenzó a brotar de sus mandíbulas, y el agua se tornó tan roja como el vino. No sintieron cómo caían abrazadas ni cómo se les iba la vida en ello» —recitó el joven con pasión contenida.

Edith se aproximó a él y le dio un suave beso, como una caricia en los labios, delicado, breve y dulce. Él se quedó mirándola mientras ella se daba media vuelta y abandonaba corriendo la biblioteca del hospital.

Cuando decidió ir tras Edith, encontró que la puerta estaba cerrada con llave.

Thomas no podía creerlo.

Zarandeó la puerta, sin éxito. Tuvo que esperar hasta que una de las monjas escuchó los ruidos y lo liberó. Preguntó por Edith y le informaron de que había marchado con premura. Aquella mujer estaba jugando con él, y eso a él lo excitaba, y mucho.

Escuchó las campanadas del reloj de la catedral; era tarde y había quedado con Carlos para ir a la reunión humanista de aquel día. Tuvo que echar a correr. La anciana portera le abroncó por su demora y le avisó de que se anduviera con ojo, Thomas no entendió aquella advertencia. Carlos le echó una mirada de reproche al verlo entrar, pero le había guardado un sitio.

—¡Las indulgencias! —estaba diciendo un hombre llamado Matías, recién llegado de Lovaina—. ¿Qué falsedad es esa?

Thomas sabía que una indulgencia era una remisión del castigo correspondiente a los pecados cometidos. Cualquiera podía comprarlas para sí mismo o para los parientes fallecidos que permanecieran en el purgatorio.

—Las indulgencias son un abuso de poder, sin base en las Escrituras —insistió Matías con determinación y alzando la voz ante la atenta mirada de los demás—. Confunden a la gente y la llevan a confiar la absolución de los pecados en las indulgencias, dejando de lado el sacramento de la confesión y el arrepentimiento verdadero.

Los asistentes se miraron contrariados, algunos asentían y otros mostraban sorpresa y dudas.

—Martín Lutero clavó el 31 de octubre del año 1517 sus noventa y cinco tesis en la puerta de la iglesia del Palacio de Wittenberg, en Alemania —prosiguió con todo el público atento—, como una invitación abierta a debatirlas. Estas tesis condenan la avaricia y el paganismo en la Iglesia como un abuso, y piden una disputa teológica sobre las indulgencias. Casi cuatro años después, el papa lo ha excomulgado, pero el emperador lo ha convidado a una reunión para que pueda defenderlas.

—¿Y qué más dicen las tesis de ese Lutero? —inquirieron desde una de las esquinas más alejadas.

—Si queréis, vos mismos podréis leerlas. El original está en latín, pero para facilitar su difusión se han traducido rápidamente al alemán, al francés y al valón, y enseguida han sido copiadas e impresas por los ducados y territorios del sacro imperio romano germánico. Ya están llegando a todos los rincones de la Cristiandad; también a Amberes, yo las traigo aquí. —Alzó unas páginas que llevaba en la mano—. Mirad, solo necesito una imprenta para producir muchos más ejemplares.

Entonces las miradas se volvieron hacia ellos, los empleados de Thys; a Carlos se le dibujó una sonrisa tan amplia que le llenaba toda la cara.

—Thomas, no podemos dejar pasar esta oportunidad.

—¿Estás seguro? —murmuró—. ¿Sabes dónde nos estamos metiendo si aceptamos imprimir esos textos?

—Sí, claro que sí.

Matías fue directo hacia ellos con las tesis de Martín Lutero en las manos.

—Señores, el destino los ha elegido, cumplan con su labor.

Thomas entendió que el curso de los acontecimientos en la imprenta Thys había cambiado para siempre.

15

Las tesis

Thomas y Carlos acompañaron a Matías hasta el taller. Con una elocuencia que le recordaba a la de Massimiliano, Matías le aclaró todos los detalles al señor Thys; le explicó que tenía lugar una reunión en Worms en la que debía comparecer en breve Martín Lutero para defender sus ideas. Y le entregó las tesis de Lutero al impresor, quien pidió un tiempo para leerlas y tomar una decisión.

El hombre se encerró en la tienda y allí permaneció toda la mañana. Algo tan inusual, pensó Thomas, que no podía significar nada bueno.

Antes de comer, el jefe salió de nuevo al taller con el rostro desencajado.

—Las imprimiremos, ¡ya lo creo que lo haremos! —afirmó rotundo.

El taller trabajó a destajo día sí y día también para dar abasto a la incipiente demanda; mucha gente quería copias de las tesis luteranas, y no solo en Amberes o en Flandes: recibían peticiones del reino de Francia y del ducado de Luxemburgo.

A primeros de marzo, el señor Thys tuvo que contratar más trabajadores. Se incorporaron cinco ayudantes y un oficial de imprenta procedente de Gante. Carlos ascendió a oficial primero y Thomas pasó a ser aprendiz. Jamás habría imaginado que le fueran a ir tan bien las cosas en Amberes.

Con la pujanza del taller de imprenta, los Thys consiguieron fama en toda la ciudad y comenzaron a frecuentar a la nobleza, llegaron a ser incluso invitados a una celebración de la gobernadora de Flandes en Bruselas, Margarita de Austria, hija del archiduque Massimiliano. La señora Thys estaba exultante.

Thomas dejó de dormir en el pajar; los Thys compraron la casa contigua, la comunicaron con el taller y acomodaron en ella a sus trabajadores. Los ayudantes en la planta baja y los aprendices y oficiales, cada uno con una alcoba, en la superior. Así Thomas tenía más intimidad para proseguir con sus lecturas. Cada vez le gustaba más leer a la luz de una vela, imaginarse sobre el Egeo, en la isla de Tinos, frente a Míconos. O mucho más allá, en el Nuevo Mundo, o en las Islas de las Especias.

El joven dormía cada vez menos, porque ahora podía pagarse las velas para leer hasta bien avanzada la noche. Además, gracias a su nuevo sueldo también estaba en disposición de adquirir libros en otros talleres de la ciudad. El señor Thys no se oponía a ello, tan solo le pedía poder examinarlos para así conocer mejor cómo trabajaba la competencia. Thomas ya no tenía que esconderse de nadie, disfrutaba de la soledad de su habitación y del silencio de sus lecturas preferidas, los textos griegos sobre mitología, viajes y filosofía.

Entre otros, leyó *El Banquete*, de Platón, donde se contaba la leyenda de que, al principio de los tiempos, los hombres tenían dos cabezas, cuatro brazos y cuatro piernas. Lograron ser tan poderosos que el dios Zeus, por miedo a ser derrocado, decidió dividirlos por la mitad, condenándolos así a pasar toda la vida buscando «su otra mitad».

Pero, a la vez, Platón planteaba una crueldad, pues para él somos duales: somos almas, pero almas encerradas dentro de un cuerpo material. Nuestras almas ansían esa belleza del amor, pero nunca podrán alcanzarla, porque no es material.

Thomas maldijo a Platón, pues de aquello se deducía que el amor era imposible de conseguir.

El silencio de sus lecturas se quebró una noche de abril, cuando oyó unos chirridos cerca de la puerta. Al principio no les dio importancia, pero cuando la golpearon se alarmó.

Se levantó de inmediato, buscó en la habitación con qué defenderse y solo halló el soporte de un candelabro, lo cual no era demasiado amenazante. Lo agarró con ambas manos y se situó tras la puerta. Cuando esta se abrió, contuvo la respiración, alzó los brazos y...

—Thomas, ¿estás ahí? Soy yo —murmuró una voz familiar.

En ese mismo momento, el joven lanzó sus brazos con todas

sus fuerzas, pero por suerte pudo reaccionar y detenerse antes de golpear a la muchacha.

—¡Edith!

—No grites, ¿estás loco? ¿Pretendes matarme?

—Pensaba que eras... —Dejó el candelabro en el suelo—. No sé... ¿Qué haces aquí? ¡Podía haberte hecho daño!

—Ya lo veo, vaya recibimiento. —Cerró la puerta y se quitó la capucha que le cubría la cabeza.

Estaba triste, como si un manto invisible de melancolía le cubriera el rostro. Sin embargo, ni siquiera ese detalle le restaba ni un ápice de belleza; es más, Thomas pensó que nunca la había visto tan hermosa.

Ella se sentó sobre el jergón de la cama y Thomas se situó despacio a su lado.

—Mis padres, ahora que somos unos impresores famosos..., han roto mi compromiso con el hijo del taller de imprenta de la catedral.

Thomas no pudo contener su alegría.

—Edith. —Le cogió la mano—. Querida Edith, yo...

Quería decirle muchas cosas, pero su corazón fue más rápido que su mente y la besó. Fue un beso prolongado; el joven cerró los ojos y fue como entrar dentro de los de ella. Pasó su mano derecha por la espalda de Edith, y la izquierda por su nuca, entrelazando los dedos con su pelo. Abrió entonces los ojos y ahí estaban los suyos, más verdes que nunca.

Sus labios se separaron e inspiró el mismo aire que salía de su boca. No dejó de mirarla un instante, y se cogieron de las manos.

—Thomas, no lo entiendes.

Edith tenía la tristeza agarrada a la piel.

—¿Qué ocurre? Perdona, si me he precipitado a besarte... Pero lo que siento por ti...

—No, no es eso. Ahora mis padres me quieren prometer con el hijo de un noble de Bruselas.

—Quieres decir que sigues prometida...

—Sí. Somos la mayor imprenta de Amberes y, posiblemente, de Flandes. Esas tesis luteranas... No paran de pedirlas; hoy mi padre hablaba de contratar de nuevo más personal, está enloquecido.

—Lo sé. —Thomas bajó la mirada.

—El hombre que las trajo, Matías... ¡es un inconsciente! Tiene totalmente engatusado a mi padre, le ha prometido de todo con tal de que no pare las prensas. Le ha contado que Martín Lutero está ya en Worms, y que durante la segunda semana de abril defenderá sus tesis. Thomas, tengo miedo... ¡Abrázame fuerte!

Thomas se quedó sin voz, le temblaron las piernas y las manos y sintió un sudor frío recorriéndole todo el cuerpo. Percibió la fuerza de una atracción nueva, de una pasión incontrolable por esta mujer, diferente a su adoración por Úrsula, en la que no podía evitar pensar, aun en estos momentos...

—¿Vas a casarte con un noble?

—Eso es lo que pretenden mis padres; al parecer procede de una familia arruinada, pero con un apellido de lo más notable, relacionado con los Habsburgo —le explicó—. Para mi madre eso sería como emparentar con la casa real. No para de hablar de ello, creo que ya se ve asistiendo a las recepciones del emperador.

—Puedo imaginarme las ensoñaciones de tu madre...

—Thomas, no quiero casarme con ese hombre, por muy noble que sea. —Le acarició la mejilla—. Sálvame, te lo ruego.

—Edith, yo sería el hombre más feliz del mundo si tú aceptaras casarte conmigo. Me tienes fascinado, cuando estoy contigo me veo capaz de todo. Sé que te amo.

Ahora fue ella la que acercó su rostro al del joven y lo besó apasionadamente. Al acabar, suspiró y le tomó de la mano.

—Y yo no podría ser más feliz que siendo tu esposa...

—Pero ¿cómo vamos a hacerlo? Si tus padres han dado su palabra, poco podemos hacer...

—Tiene que haber una solución. —Edith apretó los puños ante la atenta mirada de Thomas—. Mi padre te tiene en alta estima, confía en ti.

—Más razón para que me mate si se entera, y no olvides que tu madre me odia.

—Ella es así con todo el mundo, no te lo tomes como algo personal —murmuró Edith.

—¿Cómo va a dejar que nos casemos, si ya te ha conseguido un pretendiente de la nobleza?

—Alguna manera habrá; si lograras... No sé. —Edith dudó—. Si tuvieras un negocio, algo que diera mucho dinero. Quizá así podrías heredar el taller de mi padre, alguien tendrá que ocuparse del negocio cuando él ya no pueda, y a mí no me permitirían llevarlo sola por ser mujer, ¡qué injusticia!

—Edith, eso que dices... es complicado, lo veo muy difícil...

—Sí, ¡claro que los es! Pero algo podrás hacer para ayudarme, para que podamos estar juntos...

—Ojalá... —Thomas se llevó las manos a la nuca.

—O no me va a quedar más remedio que casarme con un hombre al que ni siquiera conozco. ¿Es eso lo que quieres? Me has dicho que me amabas...

—¡Y yo te quiero! ¡Claro que te quiero! ¿Cómo puedes dudarlo? Te prometo que no lo permitiré, no permitiré ese matrimonio forzoso... —Thomas la cogió del brazo.

—¿Y cómo vas a conseguirlo? —inquirió Edith con firmeza en la voz.

—Fuguémonos, huyamos de aquí.

—Thomas, ¿adónde vamos a ir?

—A cualquier sitio, pero juntos —le dijo con sus expresivos ojos más brillantes que nunca.

El rostro de Edith fue una mezcla de confusión y sorpresa.

—Sé que tu familia es rica, y que si te marchas renunciarás a una vida de lujos y comodidades. Pero seríamos libres, podrías leer todos los libros que quisieras, ¡incluso escribir! Podrías ser escritora...

—Esto no me lo esperaba. Yo... No sé qué decir.

—Entonces no digas nada, solo siente. —Thomas la besó.

Esta vez ninguno de ellos se detuvo. Él la abrazó con fuerza mientras seguían besándose. Ella respondía de manera cada vez más pasional.

—Espera. —Edith se separó levemente y buscó con sus dedos los cierres de su vestido para liberarse de él.

A la vez que la tela resbalaba por su cuerpo, el corazón de Thomas latía más y más fuerte. Edith lo observaba, examinando sus reacciones y aumentando la sensualidad de sus movimientos. La joven estiró los brazos para quitarse muy despacio la prenda interior.

Ante él, Edith se mostró en una desnudez cautivadora.

Thomas jamás había visto tanta belleza; se quedó absorto en su contemplación. Tuvo que ser ella quien le cogiera las manos y las posara en sus pechos, pequeños y blanquecinos, con venas azuladas como el cielo.

A su tacto, un deseo casi animal despertó en su interior, y volvió a besarla con más fuerza mientras sus manos bajaban hasta los glúteos de Edith, agarrándolos con fuerza.

El joven se desnudó entonces, de manera torpe y precipitada; Edith no pudo evitar reírse y él ruborizarse, hasta que finalmente ambos reían juntos, de emoción y alegría. Ahora fue ella quien posó sus largos dedos en las caderas del joven, y los desplazó con ternura, examinando el cuerpo masculino. La excitación de Thomas llegó a tal intensidad que Edith tuvo que detenerse; luego se dirigió hasta una mesa, se tumbó e indicó a su amante que se acercara a ella.

Se unieron por primera vez. Sus cuerpos reaccionaron como si supieran lo que tenían que hacer, aunque sus mentes estuvieran obnubiladas. No pudieron ocultar los gemidos de su pasión, perdieron la noción de donde estaban. Ni siquiera cuando terminaron de hacer el amor se percataron de que podría haberlos visto o escuchado cualquiera de los otros trabajadores que dormían en la casa.

Nada de eso importaba: la felicidad y el frenesí en el que flotaban les hacían creerse por encima del bien y del mal.

Se despidieron con un beso prolongado, de esos que solo se dan cuando se está enamorado.

Edith se marchó ilusionada, dejando atrás la tristeza con la que había empezado la noche. Thomas no pudo dormir, embriagado de amor. Tirado en el suelo quedaba el libro de Platón. Después de todo, quizá los griegos no tuvieran razón en todo, o al menos no en el amor. El amor era posible.

Ahora debía encontrar la forma de impedir el enlace de Edith.

Al día siguiente a Thomas le costaba concentrarse en el trabajo; la impresión de las tesis de Lutero los tenía absorbidos y muchos otros trabajos se iban acumulando. Además, la llegada de los nuevos trabajadores del taller implicaba también tener que enseñarles e integrarlos en la dinámica del negocio. Ahora él tenía más responsabilidades y no podía permitirse estar despistado, y sin embargo lo estaba, de manera inevitable.

Con el paso de los días no llegó la calma, sino todo lo contrario. Thomas se veía por las noches con Edith en su alcoba, pero después de cada apasionado encuentro amoroso ella le preguntaba por el plan para poder estar juntos y Thomas no podía concretarlo, pues no se le ocurría nada preciso para llevarlo a cabo. Esquivaba las preguntas con evasivas, pero con el paso del tiempo notó que Edith se iba impacientando. Así que a mitad de aquella semana, cuando Thomas terminó sus tareas en el taller, escapó hacia el muelle. Necesitaba alejarse de todo para aclarar sus ideas. Y aquel lugar le transmitía la paz necesaria para reflexionar.

Compró una botella de vino a unos portugueses que habían descargado un cargamento y se sentó en unos pertrechos para dar cuenta del brebaje. Echaba de menos ver llegar los grandes barcos cargados de la lana de Castilla con los que se tejían los finos paños que luego se vendían a todas las ciudades de la Cristiandad. Ningún reino confeccionaba paños mejores que los flamencos, pero necesitaban la lana de Castilla, que había dejado de llegar desde que estalló la rebelión de los comuneros.

Bebió de la botella y se recordó de niño en Augsburgo; no había pasado tanto tiempo, aunque ahora parecía toda una eternidad. Se sacó la medalla de su madre y la apretó en su puño.

¿Dónde estaría Úrsula? ¿Qué le diría ella ahora si lo viese?

Porque la verdad era que desde que habló por primera vez con Edith, había dejado de pensar en un futuro con Úrsula, y eso lo entristecía. Pero Úrsula estaba lejos; era probable que ya se hubiera casado y rehecho su vida. Ahora su destino era Edith o, al menos, todas las señales así lo indicaban. Las señales del destino, de nuevo, en las que Conrad creía...

—Pensaba que no bebías vino —dijo una voz a su espalda.

—Y no lo hago. —Al volverse se encontró con la cara de Massimiliano, vestido mucho más elegante de lo que Thomas le recordaba—. Me estoy emborrachando, que es muy distinto.

—Yo juraría que es lo mismo.

—No disfruto bebiendo; lo que quiero es perder el conocimiento de una maldita vez y no pensar.

—Alto. —Le quitó la botella antes que pudiera volver a darle un trago y lo olió—. Si sigues bebiendo de esta porquería mañana no te acordarás ni de cómo te llamas.

—Eso es problema mío. —Thomas intentó recuperar la botella, pero no la alcanzó.

—Hacía mucho que no hablábamos. El negocio del tabaco marcha bien, aunque creo que el futuro está en las papas. Los españoles no han sabido sacarles partido, pero ya verás; si logro que se cultiven me haré de oro.

—Me alegro por ti.

—También he sido padre, de dos niñas, gemelas. —Sonrió—. ¿Te lo imaginas?

—Felicidades, y ahora devuélveme el vino.

—Ser padre te cambia la vida —dijo mirando al horizonte—, eso no lo sabes hasta que te sucede. —Bajó la vista hacia Thomas—. ¿A qué se debe esta torpe manera de emborracharte? ¿De qué estás huyendo?

—Del destino.

—De eso no puedes escapar; por mucho que corras te atrapará. Deja de hacer el idiota, ¿qué te sucede? Tenéis el taller a reventar, sé que te han ascendido, y confían en ti; deberías estar celebrándolo con tu jefe y tus compañeros, y no aquí solo compadeciéndote de ti mismo.

—Tú qué sabrás, vete con tus hijas y con tu Clementine. ¡Vete a fumar ese humo blanco de los indios!

—Ahora mismo lo haré, no te quepa duda. —Massimiliano tiró la botella al mar—. Solo hay una explicación para tu estupidez, y tiene que llevar faldas. ¿Quién es?

—No te importa.

—Pero me resulta curioso; tiene que ser muy hermosa para causar este desconsuelo en alguien tan íntegro como tú. Y bien, ¿de quién se trata? Cuéntamelo.

Thomas suspiró profundamente.

—Es la hija del impresor...

—¡De tu jefe! Muchacho, me parece que apuntas demasiado alto. Por mucho que te estimen, la de los Thys es una de las imprentas más pujantes de Flandes, bien lo sabes.

—Iban a prometerla al hijo de otro impresor.

—Lógico, hay que expandir el negocio —musitó Massimiliano.

—Se han echado atrás.

—¿Y entonces cuál es el problema?

—Les ha llegado una propuesta de matrimonio de un noble de Bruselas.

—Entonces date por perdido, no hay nada que les guste más a los comerciantes ricos que poder emparentar con la nobleza, contra eso no puedes competir. Los matrimonios los deciden los padres según les beneficie económica o socialmente —aseguró Massimiliano—, siento decírtelo.

—Ya lo sé, por eso voy a fugarme con ella —afirmó Thomas mirándolo a los ojos.

—¿De qué estás hablando, chico? ¡Ni se te ocurra! —Miró alrededor para asegurarse que nadie les estaba escuchando—. Es la única hija de los Thys, jamás lo permitirían; os perseguirán allá donde vayáis. No tenéis ninguna posibilidad.

—Me da igual.

—¿Quieres dejar de actuar como un completo imbécil? Usa la cabeza. ¿Adónde vais a ir? Os encontrarán. Te lo digo yo, que he viajado más de lo que tú lo harás nunca... ¿Cómo vais a manteneros? Es la mayor estupidez que he oído jamás.

—Massimiliano. —Lo cogió del brazo—. ¿Aún somos amigos? Pues ayúdame. ¡Por lo que más quieras!

—¡Qué! De ninguna manera, si quieres arruinar tu vida y la de esa mujer es asunto tuyo.

—Me lo debes, me dejaste tirado.

—No es verdad. —Se arregló la manga que le había arrugado con el tirón—. Te busqué un trabajo, mira adonde has llegado: eres aprendiz del mejor taller de imprenta de Flandes.

—Te lo pido como amigo, ayúdame.

Massimiliano suspiró, echó una mirada a Thomas y resopló de nuevo.

—La amistad es como el amor; no sabemos por qué, pero cuando la tenemos delante la reconocemos. No vale la pena intentar entenderla, ¿para qué? —El napolitano sonrió—. Déjame pensar... Tendrías que marcharte muy lejos, a un reino extenso, donde no pudieran encontrarte.

—Con los vascos... Me llevarían al reino de Castilla, en España. Pero ahora no hay comercio de lana, no hay movimiento...

—Oficialmente no. —Massimiliano quedó pensativo—. Pero siguen llegando remesas, en secreto van y vienen algunos navíos...

—España está lo suficientemente lejos, ¿verdad? Los Thys no nos buscarían allí, ¿no crees?

—Es posible. —El napolitano se rascó la barbilla con el gesto contrariado—. ¿Tienes dinero ahorrado?

—No lo suficiente; Thys paga bien, aunque no tanto. —Se pasó ambas manos por el rostro.

—Ahora España es el centro del mundo... Pero, una vez allí, ¿cómo vas a sobrevivir?

—También habrá imprentas —respondió Thomas—. Puedo ganarme la vida en una imprenta, al llegar.

—Difícil, piensa que te pedirían referencias y no podrías mencionar nada sobre la imprenta Thys, para que no os localizara la familia de tu prometida.

—Encontraré otro trabajo, entonces.

—¿Y vas a renunciar a lo que has conseguido por esa mujer?

—Es todo cuanto deseo —sentenció Thomas.

—Maldito sea el amor, nos hace querer lo imposible.

—Platón estaría de acuerdo con eso.

—Aun así necesitarás dinero para embarcar. Yo no puedo prestártelo, mi esposa sabe hasta el último botón que tengo. ¿No puedes, digamos, tomarlo prestado, a los Thys?

—Imposible, lo guardan bajo cuatro llaves.

—Su hija; ella seguro que tiene acceso.

—No quiero que Edith robe a sus propios padres, eso no estaría bien. Una cosa es fugarse por amor, otra robar —puntualizó Thomas—. Yo no soy un ladrón.

—Tienes razón, aunque estoy pensando que quizá hay algo que podáis tomar, y que para los Thys no sea demasiado sustancial.

—¿De qué demonios estás hablando?

—Dices de irte a España con los vascos; ellos se llevan de Amberes los paños; sin embargo, tú tienes acceso a algo que allí sería valiosísimo. —Los ojos de Massimiliano brillaron. Thomas sabía lo que significaba ese destello travieso: el napolitano tenía una idea.

—¿En qué estás pensando? —Se incorporó de inmediato—. ¡Dime!

—¡Las tesis de Lutero, Thomas! En España han sido prohibidas, si lográis introducirlas... y encontráis al comprador adecuado... Os pagarían muchísimo dinero. Sería vuestro salvoconducto para sobrevivir en esas tierras.

—¿Y si me descubren con ellas?

—Te llevarían ante el tribunal de la Santa Inquisición.

—No sé qué es eso, ¿qué es ese tribunal? —Thomas estaba cada vez más afectado por los efluvios del vino.

—Es un tribunal eclesiástico, poderoso y cruel con sus enemigos, con los herejes. Por tu bien, Thomas, mejor que no llegues nunca a conocerlo, utilizan atroces medios de tortura para lograr que sus presos confiesen lo que desean y siempre lo consiguen.

Sufrirías un tormento tan terrible que dirías o harías cualquier cosa, que desearías ni siquiera haber nacido.

—¿Y quieres que me arriesgue a llevar a España las tesis de Lutero? ¿Con el riesgo de que me encuentren esos demonios? Massimiliano, ¿te das cuenta de lo que me estás diciendo que haga?

—Tendrás que ser más listo que ellos... Para que no descubran las tesis, consigue una capa gruesa e introdúcelas en su forro —le aconsejó Massimiliano, entusiasmado con su idea—. Durante el viaje no te separes de ella, y una vez en España, no te apresures; espera a encontrar al comprador adecuado.

—¿A quién? —Thomas no podía evitar mover constantemente las manos—. Allí me descubrirán, no puedo hacerlo...

—La mejor opción sería algún teólogo, algún lector de los libros de Erasmo, ellos tienen la mente más abierta, pero ve con calma. Ya te lo he dicho, si te descubren con ellas... ¡Mejor ni pensarlo!

—De acuerdo. ¡Eso haré!

—Pero sigues teniendo el problema de sus padres. —Massimiliano se pasó la mano por la nuca—. ¿Sabes con qué noble pretenden casarla?

—Solo sé que la familia tiene problemas económicos.

—Ya... Bueno, eso déjamelo a mí.

—¿Qué quieres decir? —inquirió Thomas, ya bastante embriagado por el vinarro que se había bebido antes de que su amigo hubiera tirado la botella al mar.

—Nada, tú preocúpate de buscar un barco en el que podáis embarcar.

—¿Por qué me ayudas ahora?

—Ya te dije que siempre podrías contar conmigo. —Se fundieron en un prolongado abrazo—. Me tendrás que hacer un favor: si alguna vez descubres algo sobre el Nuevo Mundo, mándame una carta, cuéntamelo todo.

—Así lo haré.

—Suerte, Thomas.

—Lo mismo digo, cuida de tus hijas. Y gracias, amigo.

De regreso a la imprenta, el joven fue hasta la parte trasera de la casa de los Thys. Cogió unos guijarros y los lanzó contra la ventana de la alcoba de Edith. No parecieron surtir ningún efecto, así que lo intentó de nuevo, con mucho cuidado de no despertar a nadie más. Quizá la joven no estuviera en su alcoba o no quisiera salir.

Tomó una última piedra y, cuando se disponía a lanzarla, Edith abrió la ventana, asustada.

Le hizo gestos diciéndole que estaba loco, y él le lanzó una última piedra envuelta en una carta donde le explicaba todos los pormenores de su plan. Edith la agarró, le insistió con más gestos que se marchara de ahí y cerró la ventana.

Según lo que le había escrito en la carta, si Edith estaba de acuerdo con su plan, a medianoche debía dejar una vela encendida en su ventana.

Thomas aguardó oculto entre unos arbustos cercanos. Una intensa niebla cubrió las calles de Amberes; al frío se sumó el miedo a no alcanzar a ver la luz de la vela de su amada. A pesar de todo, la ilusión podía más que el desaliento, y aguardó paciente, aunque por el momento nada sucedía. Así que, tras varias horas, Thomas dio su brazo a torcer, bajó la mirada y aceptó la derrota. En el fondo era un plan desesperado, ¿qué más podía hacer? Se dio la vuelta y se retiró abatido, echando un último vistazo a la silueta de la casa de los Thys, y entonces vislumbró un tenue resplandor. Se acercó un poco más, y sí, ¡era la luz de una vela!

Edith aceptaba, huirían juntos de Amberes. Ahora tenía que poner el plan en marcha.

16

La huida

Pidió la mañana libre en el taller por unas supuestas dolencias en las tripas y se acercó al muelle para negociar con los vascos. El primer barco que abordó no fue nada receptivo, el patrón era un marinero mal hablado que no quería saber nada de transportar viajeros. Con el siguiente tuvo un poco más de suerte, pudo explicar sus intenciones, aunque le pidieron un precio tan alto que Thomas desistió. Lo intentó con dos embarcaciones más, con idénticos resultados. Así que algo desalentado se fue a una taberna a tomar un caldo caliente, pues la niebla que se había formado la noche anterior no levantaba, y el frío se le había metido hasta los huesos. Tenía el estómago cerrado y se dejó la mitad del guiso, a pesar de que estaba bien sabroso.

—¿No te lo vas a comer? —preguntó en francés, con terrible acento, un hombre sentado a su lado.

Thomas se volvió y descubrió al vasco grandote al que conoció en el puerto al poco de llegar, el que le había informado sobre el comercio de lana en la ciudad

—No, si lo queréis, tomadlo...

—Hoy es mi día de suerte. —El hombretón tomó el cuenco y lo sorbió como si fuera agua, luego tomó una rebanada de pan y rebañó todo el recipiente.

El vasco llevaba el mismo sombrero rojizo que la primera vez que lo vio. Lucía una barba larga, espesa y oscura, y sus manos eran las más enormes que había visto nunca.

—Estáis de nuevo en Amberes.

—Eres muy observador —musitó mientras comía—, nos vamos pronto.

—¿Y adónde, si puede saberse?

—A casa, en esa nao, la *San Juan*. —La señaló; desde las ventanas de la tasca se veía un navío reluciente, bien cuidado—. Es espectacular, ¿verdad? No encontrarás barco mejor para navegar por el océano Atlántico. Con ella he viajado hasta las aguas más allá de Escocia —se congratuló en explicar el vasco—. Ahora volvemos a puerto con paños finos, un cargamento espléndido.

—Creía que había revueltas en Castilla.

—Sí, los comuneros... Nos han dicho que el día de San Jorge se ha producido una batalla y sus cabecillas han sido ejecutados. Así que el comercio de la lana vuelve a abrirse y queremos ser los primeros en regresar.

—¿A qué puerto de España os dirigís?

—A Bilbao, ya tengo ganas de llegar. —Se le iluminaron los ojos.

—¿Cuándo zarpáis?

—Mañana al amanecer.

—¿Puedo haceros otra pregunta? —probó Thomas con precaución.

—Después de haberme dado de comer, ¡faltaría más! Dime, muchacho.

—¿Vuestro capitán aceptaría pasajeros? —Thomas aprovechó la ocasión—. Seríamos mi esposa y yo.

—Sí, los aceptaría, creo. No será barato, y el viaje por el canal es peligroso. Nunca se sabe qué vientos van a soplar en esta época del año, y los ingleses... No nos podemos fiar de ellos.

—Soy consciente de los peligros; a pesar de ello nos apremia llegar a España.

—¿Y eso por qué? ¿Tienes negocios allí? —El marinero vasco se lo quedó mirando en silencio, como esperando una respuesta convincente.

—Así es; he oído que están llegando nuevas especies de las tierras que descubrió Colón —dijo Thomas, en un tono más efusivo para ganar credibilidad—, por eso quiero ir. Me interesa el comercio de nuevos productos.

—Yo no entiendo mucho de especias... —El vasco se pasó la mano por la barba—. Pero si quieres navegar con nosotros te presentaré al capitán.

—No sabéis cuánto os lo agradezco.

—Y no me tratéis con tanta formalidad, ¡por Dios! Mi nombre es Gorka, todos me llaman el Gigante.

—Soy Thomas, y yo os llamaré Gorka.

Aquello pareció agradar al vasco, que lo acompañó hasta la nao *San Juan*. El capitán fue más incisivo en las preguntas, aunque el tema de las especias pareció convencerlo. Thomas aprovechó todo lo aprendido con Massimiliano sobre el Nuevo Mundo y las Islas de las Especias para engatusarlos como si estuvieran en uno de los espectáculos del napolitano. Y a buena fe que lo hizo, hasta Gorka se quedó asombrado por las maravillas de ultramar que les relató. Los pasajes costaban más que todos sus ahorros, pero creyó tener la solución para conseguir lo que le faltaba.

Regresó al taller y trabajó hasta tarde para recuperar las horas, y también porque quería quedarse el último. Así pudo sustraer una copia de las tesis de Lutero sin ser visto. Después pasó la noche introduciendo las páginas en el forro de una capa que había comprado ese mismo día.

Fue a ver de nuevo a Massimiliano, y le pidió ayuda económica. Thomas insistió, a pesar de las reticencias de su amigo, que acabó cediendo.

—Está bien, te ayudaré. Ahora tendré que esperar a ver qué sucede cuando se entere Clementine.

—Igual no lo hace.

—Lo hará, lo hará... —Massimiliano suspiró resignado—. Toma, guárdate esto también. —Le entregó una pequeña bolsa atada con varias cuerdas.

—¿Qué es?

—Un regalo; es algo mejor que el dinero, que hace amistades y, lo más primordial, que abre puertas. Sabrás usarlo, amigo mío. —Le dio un abrazo—. Cuídate, Thomas. Mucha suerte.

—Tú también, Massimiliano.

En aquel preciso momento le vino a la mente al joven todo lo que habían vivido juntos. Le debía la vida a aquel truhán y, a pesar de que habían estado varios meses sin hablarse, sabía que era un buen hombre. Ambos habían cambiado mucho desde aquellos días en el carromato dando tumbos de pueblo en pueblo, durante los cuales tanto aprendió Thomas, pero ellos sabían lo que significaban el uno para el otro.

Thomas guardó la bolsa y prosiguió su camino; fue al mercado e hizo acopio de toda la comida que pudo permitirse. Antes del amanecer estaba enfrente de la casa de los Thys con un candil en la mano. Edith debía ser puntual, tenían que llegar al muelle a tiempo, el capitán fue explícito. No los esperarían.

La niebla persistía y Thomas temió que ello fuera un mal presagio. Entonces vio que se acercaba una figura, una capa con capucha negra le cubría la cabeza, como cuando la vio camino del hospital. Ella llegó a su altura y se descubrió. Thomas nunca olvidaría aquella mirada esmeralda, la más hermosa que jamás había visto. Él no tenía ninguna duda: amaba a esa mujer e iba a empezar una nueva vida con ella, lejos de allí.

Fue hacia ella para abrazarla, pero Edith se quedó quieta como una estatua, y entonces salió de la noche un hombre, Carlos.

Thomas se extrañó mucho, ¿qué hacía su compañero al lado de Edith?

Todavía se preocupó más cuando, tras Carlos, surgieron el señor Thys y un par de los nuevos aprendices de la imprenta.

Edith seguía inmóvil, y bajó la mirada. Solo entonces Thomas comprendió lo que estaba sucediendo. Los hombres de Thys lo cogieron por detrás, y él no opuso resistencia.

—Quitadle la capa —ordenó el impresor— y dádmela de inmediato.

Sacó una daga y la rajó, dejando que las páginas con las tesis de Lutero se desperdigaran por el suelo.

—Muchacho, te lo di todo y así me lo agradeces...

—Señor Thys, yo amo a su hija.

—¡Cállate, sinvergüenza!

—¡Es la verdad! Y ella también me ama, preguntadle, ¡hacedlo! No podéis obligarla a que se case con alguien al que ni siquiera conoce.

Edith permanecía en silencio, sin mirar a Thomas, apretando los dientes, a punto de llorar.

—Eres un malnacido —dijo Thys—, la has engatusado prometiéndole lo imposible, y no solo eso. Carlos me ha contado que por las noches os veías en tu alcoba... Suerte que no la has dejado preñada, si no aquí mismo ¡te arrancaba las tripas!

—¡Carlos! ¿Cómo has podido?

—Yo trabajo para el señor Thys y él sabe recompensar mi lealtad —dijo encogiéndose de hombros su compañero—. Ya te dije que tenía un plan.

—Todo tiene un precio, ¿verdad? —murmuró Thomas recordando al pelirrojo Conrad.

—Nadie mejor que Carlos para que la imprenta siga funcionando —afirmó Thys—. Vamos a emparentar con la nobleza, muy finos y elegantes, pero son todos unos vagos y unos ineptos.

Thomas debía haberlo visto venir; Carlos siempre había sido ambicioso y pragmático. Quería la imprenta y nunca le importaron los medios.

—No voy a dejar que mi negocio se pierda —continuó el señor Thys—. Carlos se encargará de todo hasta que nazca mi futuro nieto.

—¡No podéis casar a Edith con un hombre al que no ama!

—Claro que puedo, soy su padre, ¿verdad, hija? —La miró—. ¿Verdad que harás lo que yo diga? ¡Edith, no te oigo!

No había ni rastro del afable impresor que lo había acogido, se había transformado en un hombre agresivo y despiadado. Ni rastro tampoco de la mujer valiente a la que amaba; ahora se mostraba temerosa, subyugada.

—Sí, padre —respondió Edith, cabizbaja.

Aquello hizo crujir el corazón de Thomas, que, abatido, no tenía fuerzas ni para mantenerse en pie; suerte que lo tenían bien cogido los dos aprendices.

—Edith... —pronunció, con todo el dolor de su corazón.

Ella ni lo miraba. Había perdido su vibrante personalidad en aquellos momentos, solo era una hija sumisa. Le volvió a recordar a la muchacha del principio, la que iba detrás de su madre, callada y sin levantar la cabeza. Y Thomas se preguntó entonces: ¿cuál era la verdadera Edith? ¿Esta o la que le había enamorado? Igual él solo había visto lo mejor de Edith.

Al final Platón tenía razón, el amor es imposible.

Cuando la miró una última vez, los ojos verdes de Edith estaban más apagados que nunca y sus labios sellados, incapaces de decir una sola palabra.

—Hay que saber ocupar el lugar que nos asigna Dios —siguió diciendo su padre—, no debemos codiciar lo que no nos pertenece. Eras un buen aprendiz de impresor, tenías un gran futuro. ¿Por qué lo has tenido que estropear todo, muchacho?

—Porque quiero a su hija. —Thomas miró a Edith, y se dirigió a ella, haciendo un último esfuerzo—. Edith, te amo; mírame, aún tenemos un futuro juntos, si tú quieres, ¡mírame, amor mío!

—Y esto... —Su padre sacó el libro de Abelardo y Eloísa—.

¿Cómo se te ocurre darle un libro así a mi hija? Muchacho, la vida es no siempre como se cuenta en los libros.

—La historia de Abelardo y Eloísa es cierta —afirmó Thomas.

—Unos amantes que deciden fugarse juntos, sin obedecer a su familia y sin contraer siquiera matrimonio... ¡Es una locura!

—El amor es una locura.

—Mira como terminaron ellos, separados, ella en un convento y él castrado. ¿De verdad es eso lo que quieres? ¿Que te castremos? —dijo Thys, sacando una daga del cinto.

Thomas comenzó a temblar, intentó zafarse, pero lo tenían bien sujeto. La respiración se le desbocó, no tenía aire, el pecho le palpitaba como queriendo romperse.

Edith se adelantó, unos pasos, por primera vez, y tocó el brazo de su padre, para aplacar su furia.

—Padre, no lo hagáis. Tened piedad de él —dijo Edith entre sollozos—. Dejad que se vaya, prohibidle volver. Pero no le desgraciéis de esa forma, ¡no es cristiano!

—Vete, hija —dijo el señor Thys—. Apártate; es mejor que no veas esto.

—¡No! Es demasiado cruel, prometedme que no lo castraréis...

—¡Basta ya de tonterías! He dicho que te vayas, suficiente has hecho ya acostándote con él... Si alguien se entera, ¿con quién voy a casarte ahora?

—¡No lo castréis, padre! Y juro que me casaré con quien queráis, sin protestas ni resistencia. Haré cuanto me pidáis.

Thys miró a su hija y asintió con la cabeza. Edith se dio la vuelta y se dirigió precipitadamente hacia su casa.

—Vosotros, dadle un buen escarmiento, pero que siga siendo un hombre —ordenó el señor Thys a sus hombres—. Pero que le duela, que no se le olvide; luego metedle en ese barco en el que quería llevarse a mi hija. —Y, dirigiéndose a Thomas, le amenazó—: Si vuelves a Amberes no seré tan indulgente. Yo mismo te mataré. Hasta nunca, alemán.

PARTE III

ZARAGOZA

17

Gorka

Un libro es como un espejo.
Si un tonto se mira en él,
no puedes esperar que refleje un genio.

J. K. Rowling

Mayo del año 1521

Cuando Thomas se había imaginado navegando en barco, era sobre un mar plácido y cristalino, con la nave surcando lentamente las olas. Así que aquel viaje le rompió los esquemas, por ello le costó tanto adaptarse al fuerte oleaje. Los dos primeros días los pasó en la cubierta de la nao *San Juan*: vomitó hasta la bilis, y tuvo que optar por beber solo agua porque todo lo demás lo expulsaba al instante. Gorka temió que fuera a enfermar por no comer, y hasta algún marino sugirió que lo lógico sería llevarlo a tierra con un bote. Inglaterra no estaba lejos, si lo dejaban con corriente favorable el mar lo arrastraría hasta allí. Sin embargo, el capitán se negó en redondo: no estaba dispuesto a manchar su honor abandonándolo a su suerte.

El joven no se encontraba tan mal solo por las peripecias del viaje; su dolor también era emocional, sus heridas eran profundas. Había sido un ingenuo al pensar que podría escapar con Edith sin que su padre se enterara, sin que hiciera nada por impedirlo. Carlos lo había traicionado, y Edith... Ya no sabía qué pensar de Edith.

Ella tenía que haberse enfrentado a su padre, tenía que haberse rebelado. Igual no hubiera servido, pero debería haber reaccionado, haber saltado como una leona, gritado y pataleado, si realmente lo quería. ¿Y qué había sido de sus deseos de viajar? ¿De salir de Amberes? ¿De su ambición de ser escritora de libros?... ¿Y de su amor por él?

Thomas sentía que su vida no valía nada. Mirando las olas del mar, más de una vez sintió la tentación de lanzarse a ellas y librarse así de su desesperación.

—¿Mejor ya, chico? —inquirió Gorka.

—La verdad, no. Aunque los mareos son lo de menos —contestó Thomas—. Habladme en castellano, Gorka, por favor, así aprendo palabras.

—Muy bien, muchacho, haces bien. Lo vas a necesitar en España. Y no me refería a tus mareos —musitó el marino—, se ve a una legua que lo tuyo es otro menester, más del corazón que del estómago, que de ambos yo sé bastante...

—¿Tenéis esposa?

—La tenía, y también dos hijas, preciosas —dijo Gorka con pena en la voz—. Murieron.

—Lo siento.

—Fue hace mucho.

—¿Por eso os echasteis a la mar?

—No, siempre he sido marino —respondió el Gigante con su característica voz ronca—. Yo estaba en el mar del Norte cuando sucedió. Un incendio en la casa, por lo que me contaron se propagó tan rápido que no les dio tiempo a salir. Era de noche y estaban durmiendo.

—Es terrible...

—Sí, lo es —asintió Gorka.

—¿Y de dónde sacáis las fuerzas para seguir adelante?

—Pues de su recuerdo —musitó—. Mientras yo las recuerde, ellas seguirán vivas, así que pretendo vivir muchos años, ¿entiendes? Pienso en ellas todo el tiempo, no quiero que se me borre ninguno de sus rasgos, eso es lo único que temo.

—¿El qué?

—Olvidarme de sus rostros... —Gorka suspiró—. Tú, en cambio, deberías olvidar la razón de tus penas.

—Le había entregado todo a una mujer, mi futuro y mi corazón. Ella estaba dispuesta a huir conmigo, pero todo ha salido mal.

—¿Era de buena familia? ¿Tenía dinero?

—Sí, era la única hija de uno de los mejores impresores de Amberes.

—¿Y te creías que se iría contigo con una mano delante y otra detrás? —preguntó Gorka.

—Ella siempre hablaba de viajar, de salir de Amberes, de no ser como su madre; hablaba del amor, de la libertad; de elegir con quién casarse... —iba enumerando Thomas todo lo que pasaba por su mente.

—Peor me lo pones; una cosa son tus miedos, tus sueños, tus temores... y otra la realidad. Lo siento, pero existe la posibilidad de que ella nunca quisiera huir contigo. Quizá solo quería desearlo; proyectó en ti sus sueños, no sus realidades. Y eso son cosas muy distintas —sentenció con contundencia—. Mira atrás, ¿qué ves?

—Nada, el mar.

—Pues eso, Amberes está ya muy lejos. Lo que quiera que se quedara en sus calles, allí está. Es como el pasado, no lo puedes cambiar, así que es mejor mirar al frente.

—Es fácil de decir.

—Eres joven, ya te darás cuenta que se aprende más de los estacazos que de las palmadas en la espalda.

—¿Y eso por qué?

—Las palmadas se olvidan pronto, en cambio cuando te dan una buena hostia no la olvidas nunca, y no te apetece volver a recibirla, ¿a que no?

Gorka se dio la vuelta y continuó hacia el palo mayor.

Aquella noche, Thomas durmió mejor; su cuerpo fue adaptándose al baile de las olas, y los consejos de Gorka le mejoraron el ánimo. Para el cuarto día ya consiguió comer sólido y moverse por cubierta sin tener que sacar la cabeza por la borda a cada cuatro pasos. Además, fue conociendo a los marineros de la nao. Todos eran vascos; eran los que traían la lana de Castilla hasta los puertos de Flandes, donde se utilizaba para confeccionar finos y caros paños. No era un viaje sencillo, franceses e ingleses rodeaban el paso y nunca se sabía qué podían traerse entre manos.

Gorka el Gigante era uno de los marinos más respetados, a su corpulencia unía una extraña serenidad. Siempre en calma, era como si su enorme envergadura lo ayudara a mantenerse inalterado ante cualquier contratiempo. Cargaba los barriles de agua, alzaba las velas, tensaba las sogas más difíciles. Nunca tenía una mala palabra o reproche. Es verdad que era callado, pero todo lo que salía por su boca tenía un enorme sentido.

El capitán de la nao *San Juan* se llamaba Martín de Urtubia. Era un marino experto, de al menos cincuenta años. Tampoco hablaba mucho, no le hacía falta; los hombres a su mando respondían a sus escuetas órdenes sin rechistar. A veces le bastaba una mirada o un gesto para hacerse entender. Era como si no quisiera malgastar palabras. Martín de Urtubia cojeaba al andar, era una cojera pronunciada. Gorka le explicó a Thomas que se debía a un disparo de arcabuz en una batalla contra los turcos en el Mediterráneo, cerca de Malta. Sin embargo, otro marino le relató que fue en estas mismas aguas que navegaban cuando fue atacado por unos franceses. No acababan ahí las versiones, pues hubo otro que le contó que el capitán había estado en las Indias, que acompañó a Cristóbal Colón en uno de sus viajes, pero que por alguna razón no le gustaba hablar de ello; algo horrible le había pasado en aquellas lejanas tierras y la cojera se lo recordaba cada día que pasaba desde entonces.

A Thomas le fascinó la posibilidad de que el capitán hubiera viajado al Nuevo Mundo. Y comenzó a recordar las historias de Massimiliano, su tabaco y la vieja llama. E imaginó qué sucedería si este barco no se detuviera en España, si navegara hacia Poniente, sin detenerse hasta pisar tierra indiana.

—Gorka, ¿creéis que el capitán pudo navegar con Colón? —le preguntó Thomas mientras el vasco alzaba un tonel de agua.

—Sí, yo lo creo.

—¿Nunca os ha dicho nada al respecto?

—No, que yo sepa; sí sé que varios vascos iban en el primer viaje, porque el armador y el maestre de una de las naos eran vascos. —Hizo un receso en su trabajo para coger aire—. La mayoría de los tripulantes del primer viaje de Colón eran del sur, pero nosotros tenemos inclinación por la aventura y somos los mejores marineros, así que hubo unos cuantos vascuences. Ahora, todos los barcos salen siempre de Sevilla.

—¿Este barco no podría viajar al Nuevo Mundo?

—¡Por supuesto que podría! ¿No lo ves? Es una maravilla de embarcación. —Gorka alzó la voz, con orgullo—. Aunque la Casa de Contratación está en Sevilla, prefieren los barcos de los astilleros del Cantábrico, por su solidez y sus buenas condiciones marineras, para las flotas de Indias.

—Pero tengo entendido que Sevilla es el único puerto de donde pueden salir barcos hacia las Indias.

—Estás en lo cierto, todos deben zarpar desde el Guadalquivir.

—¿Creéis que podría preguntar al capitán si viajó realmente con Colón?

—Verás, Thomas, no te lo aconsejo. —Y fue la primera vez que vio a Gorka con un mal gesto—. No todo lo que se cuenta del Nuevo Mundo es bonito.

—¿A qué os referís?

—Yo no me sé toda la historia. —Dejó los toneles y comprobó que nadie más los escuchaba—. Cuando Colón llegó al Nuevo Mundo, la nao *Santa María* encalló. Aunque en las capitulaciones que había firmado con los reyes para emprender el viaje no estaba la construcción de una colonia, el Almirante buscó un lugar para crear un asentamiento. Y eligió la isla de La Española, que era la más grande que encontró.

—La primera ciudad del Nuevo Mundo —intervino Thomas.

—Sí. Colón envió a un grupo de hombres para hablar con el cacique de la isla, y estos regresaron con regalos, entre ellos oro, y comentaron que les habían hablado de un tal Cibao, que les sonó a Cipango.

—¡Y por eso Colón creyó que se encontraba en Asia!

—Ssshhh —le mandó callar.

—Perdón.

—Cibao era en realidad una región de la misma isla, controlada por otro líder indígena enemigo del cacique. Colón vio en él un aliado valioso para sostener su futura colonia en la región y le explicó que, cuando volviera dentro de un año, los Reyes Católicos mandarían hacer presos a sus enemigos y los destruirían. Con los restos de la nao decidió construir un fuerte; se llamó Navidad porque se levantó el día de Navidad de 1492. Colón dejó a un grupo de hombres al cargo y regresó a España —dijo Gorka antes de volver a tomar uno de los toneles de agua.

—¿Y qué más? ¿Qué pasó después?

—No debería contarte todo esto.

—Gorka, por favor —insistió Thomas.

—Júrame que no lo hablarás con nadie. —El joven asintió con premura—. Colón volvió en noviembre del año siguiente con más de mil quinientos hombres, pero jamás imaginó lo que encontraría al llegar al fuerte de La Navidad.

—¿Estaban muertos? —soltó Thomas

—Peor aún: al llegar encontraron cadáveres irreconocibles y crucificados, no encontraron a ninguno vivo. Los enemigos del cacique eran caníbales...

—¡Santo Dios! —Thomas corrió a santiguarse.

—Esa fue la primera Navidad en el Nuevo Mundo de unos cristianos y mira cómo terminó...

—¿Y qué tiene que ver con el capitán? —preguntó Thomas en voz baja.

—Hace un par de años teníamos un viejo marinero a bordo, murió ya. Antes de morir me contó que un conocido suyo había reconocido al capitán, que le confesó que era uno de los hombres que Colón dejó en el fuerte de La Navidad.

—Pero si habéis dicho que murieron todos... —interrumpió.

—Esas historias nunca cuentan toda la verdad... No os puedo decir nada más.

Unos marineros se les acercaban; Gorka quedó en silencio, se encogió de hombros y volvió a alzar uno de los toneles para llevarlo a la bodega mientras Thomas se quedaba pensativo. La historia de La Navidad lo había impresionado; pero al menos ya se había aclimatado el balanceo del barco, y eso que la mar era distinta cada hora, casi cada minuto.

Toda la vida de la nao *San Juan* se desarrollaba en cubierta; los marineros debían estar siempre dispuestos para izar o plegar las distintas velas en función del cambio de los vientos. Por el día, la cubierta era un hervidero de hombres en movimiento; por la noche se reunían allí formando grupos al calor de un brasero y una botella de vino. Contaban antiguas leyendas marinas, bebían y reían hasta que el sueño los vencía.

Thomas procuraba tomar poco vino, pues si se excedía pronto le entraba la melancolía y el recuerdo de Edith se aparecía con toda su crudeza. Había abandonado su abstinencia para disfrutar más de las aventuras que narraban los camaradas, que le venían bien para su estado de ánimo. Cierta noche, uno de los marineros más veteranos habló del Nuevo Mundo, de una ocasión en la que Cristóbal Colón se quedó con escasos hombres, y la mayoría enfermos, en la isla de La Española. Ante su precaria situación y el temor de un ataque de los indios, pensó que debía adelantarse a ellos. Colón conocía las estrellas y había leído en un libro que iba a producirse un eclipse de luna un 29 de febrero de aquel año.

—¿Cómo va a saber un libro que va a producirse un eclipse? —inquirió de malas maneras uno de los más jóvenes.

—Lo sabía.

—No me lo creo —insistió el mismo chico.

—Thomas —Gorka lo sacó de su anonimato—, tú sabes de libros: ¿es verdad eso?

—Bueno... —Se encontró con todas las miradas expectantes, rudos marineros, medio borrachos—. Sí es posible. Los cosmólogos pueden vaticinar los eclipses, ya se hacía en la antigüedad.

—¡Ahí lo tenéis! Si lo pone en un libro... ¡por algo será! —enarboló el narrador de la historia—. Con esa información, Colón ideó un plan. Ese día en concreto invitó a los jefes indígenas a un banquete y durante la cena predijo el eclipse. Ni siquiera los hombres de Colón conocían sus planes y se asombraron ante aquella aseveración, tan arriesgada, que parecía tan improbable.

—¿Y qué sucedió? —Thomas estaba muy interesado.

—Por supuesto los indios no dieron crédito, pero cuando el sol se fue ocultando, ¡imaginaros lo que pasó por sus cabezas! Colón había dicho que el sol, ¡el mismísimo sol!, iba a volverse negro y así fue. En ese momento lo tomaron por un dios, por un ser superior del que ya hablaban sus antepasados, que además debía aparecer sobre un imponente animal de cuatro patas y con un traje metálico. Y os recuerdo que en las Indias ni hay caballos ni saben fundir el hierro...

—Colón era un genio —apostilló otro de los marineros.

—¡Y un peligro! —apareció el capitán De Urtubia, con su inseparable cojera—. No tenía ni idea de adónde se dirigía, murió creyendo que estaba en Asia y todavía no se ha encontrado un paso hacia ella por el oeste. Se intentó apropiar de tierras y honores que solo pertenecen a los reyes de España, así que basta ya de hablar de ese malnacido.

Nadie osó contradecirle.

—Y dejad de beber, que mañana el día será duro y no quiero a una cuadrilla de borrachos izando las velas.

Apagaron las brasas y todos se retiraron a dormir, Thomas también. Aquella noche quedó convencido de que el capitán había viajado al Nuevo Mundo.

El día empezó temprano, pues una tormenta alarmó a todos los tripulantes. Thomas se refugió en la bodega, mientras los marineros se apresuraban para maniobrar y salvar la adversidad. No lo consiguieron; el temporal arremetió contra la embarcación en la entrada del golfo de Vizcaya y los lanzó contra las costas de Aquitania. Thomas jamás había imaginado un mar así de enfurecido, las olas parecían montañas que se formaban ante sus ojos y luego se derrumbaban, lentas y demoledoras. El sacudir del mar convirtió la nave en el lugar más angustioso del mundo. Rezó todo lo que pudo, convencido de que aquel sería su último día. El temporal no cesó durante varias horas. Cuando finalmente amainó, casi de repente, no podían creerlo. Thomas salió a la cubierta, los marinos estaban exhaustos por la batalla, pero el sol brillaba y la mar estaba tranquila.

Aquel día, Thomas aprendió que no hay nada más cambiante que el mar y todavía admiró más a los hombres que se lanzaron hacia poniente en busca de un paso a las Indias.

Gorka le informó de que a la mañana siguiente llegarían al puerto de Bilbao, que por fin estarían de nuevo en tierra firme. Quizá por eso, el capitán mandó llamar a Thomas a su camarote. Martín de Urtubia lo recibió sentado, con su pierna mala recostada en una silla; se lo veía cansado. Thomas echó un ojo a la estancia, no tenía nada de particular. En un lateral había un lecho cuyos montantes estaban clavados a las tablas del suelo; al otro lado, una palangana y una toalla. Lo que más destacaba era una pequeña mesa sobre la cual se veían varios planos extendidos y el diario de a bordo.

—Tomad asiento. —Le señaló un taburete bajo la mesita—. Espero que no os haya asustado la tormenta.

—Un poco sí, la verdad, no estoy acostumbrado.

—Lo puedo imaginar. —Se pensó las siguientes palabras—: Gorka me contó lo que sucedió en el muelle, lamento que esa mujer os traicionara... Pero es algo que no me debería incumbir y menos a mi barco.

—No os entiendo, capitán.

—Cuando acepté traeros pensé que no daríais problemas —musitó.

—Y así ha sido, he intentado no molestaros en nada, mi capitán.

—Sin embargo habéis ido preguntando a mis hombres por las Indias, por España, por todo...

—Simple curiosidad —intentó defenderse Thomas, preocupado por las acusaciones—. Los días son largos en el barco y es normal algo de conversación.

—¿Adónde os dirigís? España es grande y compleja, no sé si lo sabéis.

—Mi intención es ganarme la vida de la mejor manera posible.

—O sea: que no tenéis ni idea de qué vais a hacer allí —insinuó el capitán, mirándolo fijamente.

—Yo soy trabajador y aprendo rápido.

—¿A qué os dedicabais antes de embarcar? Pagasteis una buena suma por vuestros pasajes, ¿de dónde salió tanto dinero?

—Trabajaba en un taller de imprenta en Amberes que iba muy bien, así que tenía algunos ahorros. Los libros se venden cada vez más y España es el centro del mundo, seguro que hay imprentas donde pueda hacer valer mis conocimientos.

—Está claro que no conocéis España. Veréis... —Bajó su pierna mala—. Yo soy marino y me apasiona la mar, también las costas, los ríos, las montañas. La geografía marca y mucho a los habitantes de un territorio.

—¿Cómo es eso?

—Somos los hijos del paisaje donde nacemos.

—¿A qué os referís exactamente?

—Imaginad el océano Atlántico, el Mediterráneo y los Pirineos. Esos son los límites de España, le proporcionan un carácter excéntrico y relativamente aislado en relación con el resto de la Cristiandad. Pensad que durante siglos estuvimos invadidos por los musulmanes.

—Eso es muy cierto.

—Por un lado, disfruta de una amplia costa marítima, expuesta a las influencias externas; una vez la cruzas, lo siguiente que te encuentras son obstáculos: sierras, grandes mesetas y un clima riguroso —relató el capitán—. En su interior apenas hay ríos navegables, en comparación con otros reinos como Francia.

—Lo que queréis decirme es que las comunicaciones son difíciles. Y la corte, ¿dónde se asienta?

—Es itinerante, va de ciudad en ciudad —respondió—. El corazón de España es Castilla, una inmensa fortaleza natural, elevada, rodeada de montañas y fácil de defender. En cambio, las zonas marítimas, especialmente las desembocaduras de los ríos Ebro y Guadalquivir, se hallan más expuestas.

—En ese último está Sevilla, la ciudad más rica del mundo.

—Veo que eso sí lo sabéis. —Sonrió—. El centro necesita a la costa para no aislarse, pero la costa no siente atracción por el interior. Y el futuro es el mar, el comercio, las Indias, Flandes, el Mediterráneo... La capital de un reino que basa su poder en el mar no puede ser una ciudad sin puerto.

—¿Y cuál debería ser a su juicio la capital de España? —Thomas intentaba seguir la conversación, le interesaba mucho aprender sobre su país de destino.

—No lo sé, pero mirad a Portugal o a Inglaterra, sus capitales están en la desembocadura de sus mayores ríos.

—Sí, ¿y qué me decís de París? —La pregunta sorprendió tanto al capitán que Thomas dudó si había cometido un error.

—Francia no se juega su futuro en el mar. Si todo el comercio con las Indias está centralizado en el puerto de Sevilla, por algo será...

—¿Insinuáis que Sevilla debería ser la futura capital?

—Es la ciudad más rica y poblada, lo dicho, por algo será —respondió—. Si queréis labraros un futuro, os recomiendo que os instaléis en Sevilla. Solo quería estar seguro de que sabéis adónde vais; sois buena gente y me aflige lo que os ha sucedido, pero no sigáis indagando en asuntos que no os incumben. Llegaremos pronto a Bilbao. Preparaos y os deseo suerte, la necesitaréis.

Thomas abandonó el camarote con una sensación de desasosiego; no entendía qué había pretendido el capitán con aquella conversación, pero le agradecía el consejo. No tuvo mucho tiempo para divagar sobre ello, porque dieron la voz de que había tierra a la vista.

18

Gaztelugatxe

La costa era agreste, era evidente que el mar la había trabajado sin descanso, erosionando la roca y tallándola a su capricho. Cuanto más se acercaban, más virulento era el oleaje. Ante Thomas apareció un paisaje casi irreal. Un largo puente que unía un islote con tierra firme y, en lo más alto, una ermita que lo coronaba.

—Estáis en mi tierra, eso que veis es Gaztelugatxe —le indicó Gorka.

—¿Y decís que se llama Ga...?

—Gaztelugatxe; en nuestra lengua vasca, *gaztelu* significa «castillo» y *gaitz*, «difícil».

—Qué extraño lugar... Parece sacado de un libro.

Thomas decía lo que sentía, el paraje era propio de la *Ilíada* de Homero; en cualquier momento se imaginaba que podrían surgir seres fantásticos de las aguas, o dragones sobrevolando la ermita, transformada en una espeluznante fortaleza.

—El acceso es espectacular, consiste en un estrecho camino que parte de tierra firme y cruza sobre las rocas por un puente de piedra, y permite llegar hasta la zona superior del islote después de ascender doscientos cuarenta y un escalones, ni uno más ni uno menos.

—Es difícil creer que puede existir un lugar como este.

—Mis ancestros cuentan que san Juan Bautista desembarcó en Bermeo, y de tres grandes zancadas se plantó en la ermita. En su día fue una fortaleza que defendió el Señorío de Vizcaya. Dicen que durante más de un mes resistió contra el ejército del monarca castellano, que terminó retirándose del lugar, humillado y vencido.

—Erasmo tiene razón, los hombres somos capaces de cosas increíbles.

—Los barcos de pesca realizan varios giros a babor y estribor para que el santo les dé suerte cuando pasan por aquí —continuó relatando Gorka—. Las mujeres acuden en la creencia de que el santo las ayudará a quedarse embarazadas. Y a los huecos de las escaleras, identificados como las huellas de san Juan, se les otorgan diferentes poderes curativos.

Desembarcaron en Bilbao en junio. Thomas se despidió de Gorka con cierta pena. Lo había ayudado mucho, pero debía seguir su camino. Antes de despedirse, el vasco le dio un par de monedas.

—Para que puedas darte una buena comida caliente, guárdalas bien.

—No puedo aceptarlo, demasiado habéis hecho ya por mí.

—Ssshhh. —Y le cerró la mano con fuerza—. Suerte, muchacho, allá donde vayas.

Al poco de abandonar el muelle se cruzó con media docena de hombres armados. Al mando estaba uno de poca estatura, calvo y con la cabeza redonda.

—Tú, forastero, ¿quién eres y adónde vas? —preguntó desafiante.

—Mi nombre es Thomas.

—Ese acento... ¿De dónde eres? ¿Francés?

—¡Por Dios que no! Alemán, de Frankfurt. —Pensó que la ciudad era lo de menos, aquel hombre no habría estado jamás en Alemania.

—Muy lejos está eso, ¿qué demonios habéis venido a hacer aquí?

—Soy mercader. —Thomas se defendía con el castellano que había aprendido a bordo.

—¿Con qué tratáis? ¿No será con libros? —Al guardia no pareció hacerle mucha gracia—. ¿No traéis ninguno de Flandes?

—Comercio con especias del Nuevo Mundo y me temo que no llevo más equipaje que el que ven vuestras mercedes. —Levantó los brazos.

—Nos han dicho que pretendían introducir libros de herejes por este puerto.

—Yo ni llevo libros, ni mucho menos de herejes —recalcó Thomas.

—¿Y no has oído nada al respecto?

—No, lo siento —carecía de la soltura suficiente en el idioma para explicarse mucho más.

—Pues deberías saber que el emperador del Sacro Imperio Romano Germánico, nuestro rey Carlos, y el nuncio papal acaban de promulgar un edicto según el cual se prohíbe la lectura y posesión de escritos de un tal Lutero. Y los enemigos del emperador están intentando introducir en España las heréticas ideas luteranas. Por eso preguntamos a los extranjeros por los libros. No queremos que España se contamine.

Thomas entendió que la reunión de Worms no había terminado de manera satisfactoria.

—Como os he dicho, desconozco todo eso.

—El reino más poderoso cuenta con los más terribles enemigos. Pretenden que se levanten nuevos opositores al rey, debilitarlo...

—Recemos para que eso no suceda nunca.

—Sí, recemos. —El guardia bajito volvió a mirarlo de arriba abajo—. Está bien, puedes seguir.

Thomas intuyó que debía andarse con mucho ojo, al ser extranjero iba a despertar desconfianza a cada paso. La cuestión era hacia dónde ir, y como no tenía predilección alguna, tomó el primer camino que encontró.

Pronto, el verdor del paisaje del norte fue dando paso a una tierra llana, áspera, de olivos y almendros, de extensiones interminables y un sol de justicia y recordó las explicaciones del capitán sobre la geografía de España.

Hacía noche donde hallaba abrigo y comía lo que encontraba, que no era demasiado. En las proximidades de un cerro tuvo suerte porque descubrió una paridera para el ganado, y cerca, un campo de viñedos, con los frutos maduros.

Se despertó con unos ladridos y al abrir los ojos se encontró rodeado de borregos.

—A las ovejas no les gusta que les quiten su cama —afirmó una voz.

—Lo siento. —Se levantó de inmediato, pero no había entendido toda la frase.

—Tranquilo, yo también he dormido donde he podido muchas noches. —El que le hablaba era un pastor alto y delgado como un palo—. ¿Vas hacia el sur?

—Iba... Ahora ya no lo sé.

—Ten cuidado, un hombre sin rumbo es peligroso; para los demás, pero sobre todo para sí mismo. Siempre hay que saber adónde se va, ya habrá tiempo de perderse por el camino.

El perro a sus pies seguía ladrándole, como si supiera que era una amenaza; en cambio, el pastor parecía confiado, apoyado en su vara. Thomas miró el rebaño, parecía numeroso. Al fondo se veían un par de perros más y un burro peludo.

—¿Cuántas cabezas lleváis? —preguntó ayudándose de signos.

—Casi doscientas —dijo mientras mascaba algo en la boca.

—¿No es mucho solo para vos? —le dijo medio en francés.

—Tengo a estos cuatro —dijo refiriéndose a los perros—, y también a Perezoso, el mejor burro del mundo. Ya veo que eres de fuera, hablas poco y mal.

Thomas asintió.

—Aquí los tiempos son duros, no ha sido gratis pagar la corona de emperador. —Frunció el ceño—. Pusieron un impuesto a la lana que nos ha dejado tiritando, antes sí llevaba a un mozuelo conmigo, pero ahora no puedo permitírmelo. ¿Entiendes lo que te digo?

—Creo que sí, yo podría ayudaros. ¿Me aceptaríais como ayudante?

—Si te acabo de decir que no puedo pagar nada.

—Me conformo con que me deis comida y me enseñéis a hablar y comprender mejor el castellano —insistió Thomas.

—No me vendría mal en verano —dijo rascándose la nuca—; está bien, te daré de comer y también conversación, de acuerdo.

—Perfecto.

—Nunca había visto a nadie ponerse tan contento por pastorear... La que te espera, muchacho.

El pastor se llamaba Lorenzo, que era el nombre de un santo de una ciudad que se llamaba Huesca, diácono de Roma al que martirizaron quemándolo vivo en una parrilla. Lorenzo resultó ser muy hablador, tanto que a Thomas le costaba seguir sus palabras, pero al mismo tiempo le era útil para mejorar su comprensión del idioma. Trabajaba de sol a sol con las ovejas, y como en verano los días eran tan largos, las jornadas se hacían interminables.

Dormían en la paridera, cerca de un río, y madrugaban para llevar a los animales a unos montes cercanos a pastar. Recorrían un buen tramo a la hora de comer para buscar refugio en un abrigo, y allí pasaban la tarde charlando. Y cuando el sol bajaba, volvían a sacar las ovejas para descender de nuevo al llano.

—¿Sabéis que antes los textos de los libros se escribían en pergaminos hechos con pieles de corderos? —le preguntó cierto día Thomas.

—Sí, algo escuché sobre eso a mi abuelo.

—Suena tan primitivo, tan salvaje, ¿verdad?

—No sé; si lo pagan bien, el pastor estaría contento. Yo he escuchado que hay quienes se escriben palabras en su propia piel.

—¿Es eso cierto? —preguntó Thomas con interés.

—No sé dónde lo oí, pero sí.

Thomas dejó volar su imaginación, nunca había pensado en escribir en su propia piel. Le sonó tan extraño y tan fascinante al mismo tiempo que siguió dándole vueltas mientras pastoreaban.

Así estuvieron todo el verano y parte del otoño. Aquellas ovejas le recordaban un poco a Luna. Intentó contarle a Lorenzo cómo era aquel animal llegado desde el Nuevo Mundo, pero el pastor no podía creerle y terminaban discutiendo. Lorenzo no estaba de acuerdo con el comercio de lana, pues la enviaban a Flandes para que allí la trabajaran los flamencos e hicieran carísimos paños que luego compraban los burgueses y nobles españoles.

—¿Y no sería mejor hacerlo todo aquí, digo yo?

—Quizá aquí no hay aún artesanos que sepan elaborar esos paños con la mejor calidad —decía Thomas.

—Tonterías, es todo política. Por lo que sea, al emperador o alguno de los que manda les interesa que sea así, por sus negocios en Flandes, y nosotros a bajar la cabeza y a seguir; los pobres siempre seremos pobres, por mucho que trabajemos.

—Dicen que el mundo está cambiando, Lorenzo.

—¿Quién dice eso?

—La gente, los libros...

—Nada... No me lo creo. —El pastor era bastante tajante y testarudo—. Thomas, no te lo tomes a mal, pero tú no vales para ser pastor.

—¿Por qué me decís eso? ¿He hecho algo mal?

—No, al contrario; tienes buena intención, eres trabajador, y honrado, y te esfuerzas, pero..., seamos serios. Tú tienes otras cosas en la cabeza, ¿verdad?

—Yo he intentado hacerlo lo mejor posible.

—No lo dudo, pero deberías marcharte, buscar tu destino en otro lugar. —Y señaló al frente con su vara—. Mira, el río te llevará a una ciudad donde vive mucha gente. Seguro que allí un hombre joven y fuerte como tú encuentra una manera de ganarse la vida más acorde con sus virtudes.

—Perdonad que insista, preferiría seguir aquí.

—Ser pastor es difícil, no todos valen. —Y escupió—. Eso se ve enseguida. Tú eres de ciudad, de una ciudad grande. No sirves para el campo.

—¿Cómo podéis saber eso?

—Igual que sé qué oveja está enferma. —Hizo una pausa—. Los años, esos lo enseñan todo. Y si no aprendes es que no los cumples. Sencillo y claro. Me has sido útil este tiempo, pero es mejor que lo dejemos así. Además, ya se te entiende al hablar, que cuando llegaste... ¡eras un desastre!

—Ahora llega el invierno, dejadme al menos permanecer a vuestro lado hasta que pasen los hielos.

—Hum... No sé. —Se quedó pensativo—. Está bien, pero para la Semana Santa te marchas.

—Os lo agradezco, Lorenzo. Eso y todo lo que habéis hecho por mí..

El pastor le dio algo de beber y un trozo de queso con pan, que a Thomas le supo a gloria.

El invierno fue duro, tanto que hubo días en los que Thomas se arrepintió de haberse quedado; en verdad Lorenzo tenía razón, y él no estaba hecho para la dura vida de pastor. Le gustaban las ovejas y los perros, pero con el burro no se llevaba nada bien. Más de una vez el animal le intentó quitar la comida, y en una ocasión le llegó a morder el brazo cuando se llevaba una manzana a la boca.

Thomas extrañaba Amberes, el puerto, la imprenta y, sobre

todo, los libros. Hacía tanto que no tenía uno entre las manos que había comenzado a desesperarse. Por la noche intentaba rememorar frases e historias de alguno de los que había leído y de esa manera conseguía apartar a un lado los recuerdos de Edith. Era como si hubiera retrocedido en el tiempo, a la época donde no existían los libros.

Al fin llegó la primavera; una mañana, pastor y zagal se despidieron con un simple apretón de manos. Thomas miró por última vez el rebaño. En el fondo, él había sido una oveja más, y Lorenzo lo había protegido.

Con cierta tristeza siguió su camino. Marchó hacia el río y halló unas ruinas de lo que parecía una ermita; entre sus muros pasó la siguiente noche. Y allí, por sorprendente que pareciera, volvió a su mente el recuerdo de Úrsula.

Después de tanto tiempo, se preguntó qué sería de ella.

¿Seguiría viviendo en Augsburgo?

Seguro que ya tenía hijos.

Y, al imaginarla, la recordó más hermosa que nunca. Con su cabello rojo como el sol del amanecer y sus ojos azules como el cielo más puro. El amor de Úrsula sí que había sido auténtico; ella se sacrificó para que él salvara su vida. Pensó en escribirle esa carta que tanto deseaba, como Abelardo y Eloísa. Pero había pasado demasiado tiempo; seguro que ya ni se acordaba de él.

También sacó la medalla de su madre, era el único recuerdo de su familia. Un auténtico tesoro para él, su única pertenencia.

El día amaneció fresco y envuelto en una espesa niebla. Mientras caminaba, Thomas escuchaba el agua brincar las piedras, los reclamos de los pájaros y los chillidos de las alimañas de la orilla.

No se cruzó con nadie; la niebla comenzó a levantar y lo primero que vio fue varias carpas moviéndose entre las aguas, luego unas aves: una abubilla y dos grajos. Los rayos del sol atravesaron el manto y comenzó a dominar el cielo azul. Siguió el camino, que iba paralelo a un frondoso río. Prosiguió un buen trecho, hasta que divisó una venta junto a un robledal.

Tenía hambre, las tripas le rugían. Lo único que llevaba para pagar eran las dos monedas que le entregó Gorka tiempo atrás. Confió en que fuera uno de esos sitios donde nadie hacía preguntas y todos pasaban desapercibidos. La venta era más extensa de lo que parecía a simple vista. Había bastante gente y mucho silencio, algo inusual en un lugar así.

Le sirvieron un caldo con carne rancia y un vino aguado que calentaba la tripa. No tenía la menor intención de llamar la atención ni hablar con nadie, pero...

—¿Sois comerciante? —le preguntó un hombre moreno, de orejas grandes y abiertas, que se detuvo a su altura.

—No, solo un viajero.

—Yo soy mercader de paños, ¿os importa si me siento a vuestro lado? Se hace aburrido cabalgar todo el día solo y por aquí son parcos en palabras, seguro que tenéis mejor conversación.

—Yo tampoco hablo mucho, estoy cansado.

—A mí me vais a contar. ¿Adónde os dirigís? —insistió.

—Al sur.

—El sur es muy grande.

—Y vos hacéis muchas preguntas —advirtió Thomas.

Entonces se abrió la puerta y entró un grupo de hombres armados. Los recién llegados pidieron vino y se acomodaron en un par de mesas que quedaron de inmediato libres al verlos llegar.

Se creó entonces un ambiente tenso; los nuevos clientes agarraban con ganas las jarras de vino y balbuceaban en alto, mientras que el resto de parroquianos evitaban mirarlos y hablaban en susurros.

—Es mejor ser discreto —murmuró el mercader de paños—, estos nunca se sabe por dónde pueden salir.

—¿Quiénes son? —inquirió Thomas en voz baja.

—Parecen un grupo armado de la Inquisición, de los que cazan herejes por los pueblos. Quién sabe... Si Dios está en todas partes, sus enemigos también, ¿no crees?

—Puede que tengáis razón. La locura es el origen de las hazañas de los dioses —afirmó Thomas sin pensar lo que estaba diciendo.

—¿Cómo habéis dicho? —El mercader lo miró sorprendido.

—Nada. —Se percató de su error—. Algo que leí.

—¿Leísteis? ¿Es que acaso sabéis leer?

—Sí, ¿por qué? —Thomas no sabía si había obrado bien diciéndolo.

—¿Sabéis quién es el autor de la frase que acabáis de pronunciar?

—No lo recuerdo... —mintió.

—Tenéis que tener más cuidado y aprender a mentir mejor, muchacho. Contadme de quién es la frase y no diré nada a esos guardias.

—¿Nada de qué?

—Venga, ¿quién es el autor de la frase? No os daré otra oportunidad, y aquellos soldados están deseando pillar algún extranjero con pinta de hereje con el que desfogarse.

—Es de Erasmo, Erasmo de Rotterdam —dijo Thomas con miedo.

A aquel hombre se le desencajó el rostro, miró al fondo de la taberna a los recién llegados y luego cogió del brazo a Thomas.

—¿Quién eres tú y de dónde vienes? —Cambió su tono y su forma de referirse a él—. A mí no me engañes, no todo el mundo lee a Erasmo.

A Thomas comenzó a palpitarle el corazón con rapidez.

—Vengo de Flandes, pero no entiendo por qué tanta alarma por una frase.

—Me parece que no sabes que las ideas de Erasmo no son bienvenidas en España, la Inquisición no está demasiado contenta con ellas. Si se lo cuento a esos hombres de armas, te llevarán ante el tribunal del Santo Oficio y te torturarán hasta que digas lo que ellos quieran. Y te aseguro que te dolerá tanto que estarás deseando confesar cualquier pecado por terrible que sea para que paren.

—¿Qué quieres de mí? Yo no he hecho nada.

—Necesito que alguien me ayude —respondió el comerciante.

—Ayudarte, ¿a qué?

—Algo muy sencillo: afuera hay dos hombres con un perro grande de color blanco —respondió susurrando—. Debes acercarte a ellos y darles esto. Lo están esperando.

Por debajo de la mesa notó que le acercaba un bulto. Thomas metió las manos y lo cogió.

—¿Qué es? Parece un libro.

—Si tanto te interesa saberlo, sí; es un libro, sobre nigromancia, sobre artes paganas; y si no lo entregas diré que era tuyo, ya está en tus manos. Anda, sal fuera y entrégaselo a esos tipos. A mí me conocen, necesito a un forastero —respondió—. ¿O prefieres que hable con los guardias?

—Está bien, pero no lo haré gratis. Deberás pagarme.

—Veo que eres espabilado. Toma. —Le dio una moneda por debajo de la mesa.

—No es suficiente, quiero otra.

—Me vas a salir caro... —refunfuñó el mercader, pero terminó dándole otra moneda.

Thomas se sintió satisfecho. Se levantó en silencio y caminó hacia la puerta; debía pasar cerca de los hombres de armas, que reían a carcajadas mientras llenaban sus buches de vino aguado. No le temblaron las piernas, salió al exterior con seguridad, sin llamar la atención. Localizó a la pareja con el perro, observó que estaban solos y fue hacia ellos. Los dos hombres se percataron de su presencia y lo miraron con cautela; hasta el perro lo observaba, dispuesto a ladrarle en cualquier momento.

Llegó a su altura, estiró la mano y les entregó el pequeño paquete.

—¿Puedo irme? —preguntó.

—Claro que sí, ¡vamos! Lárgate —dijo el más joven de los dos tipos.

Thomas se alejó con precaución. Esperaba que nadie lo hubiera visto participar en ese intercambio clandestino; sabía que la nigromancia estaba perseguida por la Iglesia por fomentar las supersticiones paganas. Cada vez se daba más cuenta del poder de la Inquisición española. Pero la inquietud le duró poco. Con las ganancias dormiría caliente y comería carne en la próxima posada. Quizá su suerte estuviera comenzando a cambiar.

A mediados de mayo del año 1522, Thomas llegó a una ciudad amurallada que parecía importante. Tenía por nombre Vitoria, y a la vista de sus baluartes era una plaza bien defendida. Una vez en el interior preguntó por un taller de imprenta y le dijeron que no había ninguno en la ciudad. Así que solo pasó la noche y continuó hacia el sur. Se cruzó con un trasiego de hombres de armas, un auténtico ejército que le hizo ser precavido. Buscó un techo donde dormir en un pequeño pueblo, allí estuvo un par de semanas ayudando a un labrador a cambio de sustento. Reanudó el viaje con mucha precaución de no cruzarse con más soldados.

La siguiente villa era Pamplona, también estaba bien defendida y era de mayor tamaño que las anteriores que había visitado. Le recordaba a las ciudades que jalonaban el camino que seguía Massimiliano para ir desde Milán hasta Flandes, por una zona militarizada y fuertemente fortificada.

En Pamplona tuvo más suerte, pues le dijeron que sí que había un taller de imprenta. Estaba en el barrio alto; le costó encontrarlo porque no ocupaba los bajos de un edificio, sino que estaba en un corral junto a una iglesia.

Se accedía por una puerta doble algo desgastada. El interior no era mucho mejor, aunque el olor a tinta y papel era inconfundible, y eso lo alegró tanto que esbozó una gran sonrisa.

—¿Tú qué quieres? —le preguntó un hombre de poca estatura, con el pelo rizado, que se estaba limpiando las manos de tinta con un trapo.

—Hola, buenas tardes. Mi nombre es Thomas y busco trabajo; soy impresor, tengo amplia experiencia, he trabajado casi dos años en un taller.

—Por mí como si has trabajado quince, ¿es que no ves cómo está esto?

—Bueno... —Observó los libros apilados por el suelo, las cajas enmohecidas y las herramientas tiradas por el suelo—. Por eso mismo, necesitáis ayuda.

—Y un milagro también, a ver, ¿en qué taller has trabajado antes?

—Ya os he dicho que en el extranjero.

—Veo que no eres de aquí, pero eso no me vale, ¿cómo sé que no mientes? —le recriminó el impresor navarro.

—He sido aprendiz en la imprenta Thys —terminó diciéndolo.

—¿Dónde está eso? No me suena de nada.

—Es el taller más importante de Amberes.

—¡Cómo! ¡De Flandes! Tú estás mal de la cabeza, ¿pretendes que te dé trabajo? ¡Sería mi ruina! La Santa Inquisición vendría de cabeza a revisar mis libros y me interrogarían, ¡vete ahora mismo de aquí!

—Pero yo no soy un hereje.

—Ssshhh. Lo que me faltaba... No vuelvas a decir esa palabra ni en tus sueños más profundos. Ningún impresor te va a contratar con esos antecedentes, el Santo Oficio recela de todos los libros que vengan del otro lado de los Pirineos, y de los escritores, impresores y cualquier otro gremio que tenga que ver con ellos. Y aún más de los de Flandes.

—No puedo creerlo; entonces ¡no habéis leído a Erasmo!

—Me vas a buscar la ruina... Claro que sí, ¡imbécil!, ¡incauto! —El impresor resopló—. Mira, solo porque me das pena voy a ayudarte. Olvídate de trabajar de impresor, pero hay gente que se encarga de traer libros desde el extranjero, ya sabes, de contrabando.

—Os escucho. —Thomas prestó atención.

—Este consejo no es gratis, ¿puedes pagarme?

—Tengo esto. —Sacó una de las monedas que le quedaban.

—Menos es nada; solo voy a decirte lo que sé. Cruzan los Pirineos por el Camino de Santiago, así que tienen que pasar por Logroño. Yo que tú iría allí e intentaría dar con ellos.

—¿Y luego qué pasa?

—Quizá tengan trabajo para ti, no puedo ayudarte más. Eso sí, cuídate mucho de decir que vienes de Flandes y que eres impresor.

—Lo tendré en cuenta, gracias.

Dejó el taller y abandonó Pamplona hacia su nuevo destino, mientras que el hombre lo miraba, suspirando con impaciencia.

Al viajar solo tenía mucho tiempo para pensar, y eso no le hacía ningún bien a Thomas. Sino hubiera sido por Edith ahora llevaría una vida plácida en Amberes, trabajando en el taller, con un buen futuro y aprendiendo nuevas ideas en las reuniones del muelle. Seguro que podría quedar con Massimiliano a escondidas de Clementine; a lo mejor habría llegado a llevarse bien con ella, con el tiempo, y por su amigo. Habría conocido a otra mujer, se habría casado y tendría hijos. ¿Por qué tuvo que enamorarse de Edith? ¿Por qué?

Logroño no estaba lejos; haciendo varias escalas en el camino, llegó una mañana del mes de septiembre. Presidía la ciudad una gran iglesia en obras; allí preguntó dónde vendían libros y le remitieron a un librero que tenía una tienda cerca del río Ebro. El hombre era cojo y tenía el pelo moreno, pero la barba blanquísima, como la misma nieve.

—Señor, ¿sabéis si pasan por aquí comerciantes de libros extranjeros?

—Por aquí pasa mucha gente, estamos en el Camino de Santiago —respondió el librero.

—Eso ya lo sé, pero tenéis una librería; seguro que alguno de esos peregrinos os ha ofrecido un libro que quería vender, ¿a que sí?

—Yo no compro ningún libro pecaminoso o inmoral.

—¡Por supuesto! Pero, decidme, ¿sabéis de algún comerciante que utilice el camino para traerlos?

—Eso que preguntáis es peligroso, si te escuchara la Santa Inquisición...

—No busco esos libros, solo al que los transporta desde el extranjero.

—Mirad, yo lo único que sé es que hay una venta a las afueras, cerca del río, donde paran a veces viajeros. No puedo deciros nada más.

—Ha sido de estimable ayuda, muchas gracias. —Thomas se marchó.

Hizo caso a las palabras del librero y encontró el lugar; era un espacio muy amplio, y el edificio parecía de reciente construcción, con unos establos considerables y una zona arbolada a la entrada.

Decidió ser cauto, y fue a comer algo a la posada. Al entrar sintió como varios ojos se clavaban en él. Pidió el puchero y se acomodó en una mesa esquinada desde donde podía contemplar todo el panorama.

Con Massimiliano había frecuentado a menudo ventas tan grandes y populares como esa, y sabía que uno podía encontrarse de todo, de lo bueno y de lo malo de la humanidad. Los mercaderes hacían largos viajes para transportar sus mercancías, y necesitaban sitios así para descansar y también para seguir haciendo negocios.

Thomas empezó a pensar en su padre; él sabía mucho de comercio y de mercaderes... Le había explicado que las Islas de las Especias estaban en el fin del mundo; allí se recolectaban los más exóticos productos, que luego los mercaderes transportaban en barco hasta China, que era un reino inmenso, con la muralla más larga del mundo, que rodeaba todo el territorio. Luego tenían que atravesar toda una ruta por montañas tan altas que en sus picos podías tocar el cielo con la punta de las manos, aunque nadie las había logrado coronar nunca, porque no se podía respirar en sus cumbres. Desiertos tan secos que hacían enloquecer a los hombres. Ruinas de antiguos imperios que se perdieron en el olvido de los tiempos, custodiadas por trampas mortales, y mil peligros más.

No vio a nadie que pareciera llevar libros en el zurrón, así que se marchó desilusionado y buscó refugio en un abrigo del bosque, cerca de la posada.

Allí se durmió, pensando en Edith.

Volvió al día siguiente y también al otro, así durante veintidós días más. El otoño comenzó a endurecerse antes de lo previsto y con el frío echó de menos aquel abrigo viejo y corto que le dio Massimiliano y que tan bien lo había abrigado hasta que se lo regaló a los hijos de Clara, en Namur.

Por las noches, la soledad lo visitaba y él recordaba las historias griegas, como la de Penélope, que esperó veinte años a que su esposo Ulises regresara de la guerra de Troya. Y que, en su viaje de vuelta, Ulises fue tentado por una diosa, Calipso, que era más hermosa que Penélope, y además era inmortal. Pero Ulises prefería morir cruzando el mar, intentando regresar con Penélope, antes que permanecer más tiempo lejos de su amada, aunque fuera junto a la seductora Calipso.

Thomas se percató de que en esta venta de las afueras de Logroño los viajeros nunca se quedaban más de una noche; muchos solamente llenaban el estómago, dejaban reposar a las caballerizas unas horas y continuaban el viaje. Observando aquel trajín de hombres y mercancías, Thomas se daba cuenta de lo trascendental que era el comercio, de lo que suponía para las ciudades y los reinos. La riqueza y las oportunidades que generaba... Más importante que tener minas, o buenas cosechas, era saber comerciar con ellas; ahí residía la clave del éxito.

Era ya noviembre cuando una mañana, poco después de sentarse Thomas para tomar algo de sopa y un cuscurro de pan, entraron dos guardias armados y repasaron con detenimiento a todos los presentes. Thomas se puso nervioso, aunque no tenía nada que ocultar; temía que la tomaran con él por ser extranjero.

Los soldados fueron preguntando a varios de los comerciantes sobre su actividad. Uno comerciaba con vino de los alrededores; otro, de mediana edad, con lana de Burgos. Una pareja les llamó la atención, porque eran altos como árboles y con las cabezas grandes y cuadradas. Apenas hablaban castellano y les costó entenderse con los guardias. Estos también interrogaron a un vendedor de zapatos, que les ofreció mercancía a buen precio.

Los guardias les dejaron finalmente en paz y pidieron vino y comida en abundancia, mostrando modales poco delicados, hablando muy alto. Así que Thomas pensó que lo mejor era salir antes de verse en algún tipo de malentendido con ellos.

Marchó a dormir a su escondrijo y, como cada día, regresó al amanecer, momento que aprovechaba para revisar las carretas de los mercaderes que hacían noche, buscando alguna que le llamara la atención, alguna que llevara libros, manuscritos, publicaciones de algún tipo...

Aquella mañana fue hacia el pajar, y observó un último carromato junto al abrevadero y, para su sorpresa, a un hombre moviéndose alrededor de él. Le pudo la curiosidad, con sigilo caminó hacia allá. Todavía no había demasiada luz, pero lo reconoció, era el mismo tipo que había dicho que comerciaba con lana de Burgos y le hizo entregar el libro de nigromancia, pero en el carromato llevaba toneles, algo sin mucho sentido.

Decidió acercarse más; el mercader estaba ordenando el contenido de los toneles, sacando y metiendo objetos que parecían ser... ¡libros!

Thomas se aproximó todo lo que pudo para comprobar lo que había visto. En efecto, dentro de los toneles había libros.

No quería ser descubierto, así que permaneció inmóvil. Observó todo el proceso, hasta que aquel hombre volvió a ocultar su carga bajo una manta y la ató fuerte con varias cuerdas. Acto seguido, montó y arreó a las caballerías para dejar la venta en plena noche.

19

Alonso

Thomas decidió en un instante seguir a los libros; anduvo toda la noche tras el carromato del supuesto mercader de lanas, no le fue fácil. Estaba cansado y le costaba orientarse en la oscuridad, pero el relincho de los caballos y que estos tampoco marcharan con excesiva ligereza lo hizo posible.

Al alba, el carromato se desvió de la ruta y tomó una senda secundaria que lo llevó a una zona boscosa. Oculto en unos matorrales, Thomas observó cómo el mercader soltaba a los caballos y los ataba a un árbol. Después agarró unas ramas y fue borrando las huellas que habían dejado desde el camino principal.

Thomas evaluó la situación, debía de pensar bien su siguiente movimiento. Necesitaba descansar, supuso que igual que el hombre al que seguía. Decidió esperar un rato. A media mañana, se despertó: había caído dormido. De inmediato se levantó, temiendo que el carromato se hubiera marchado, pero por suerte seguía allí, oculto. Así que tuvo claro que era hora de actuar, y se fue acercando con sigilo. El mercader dormía sobre una manta; Thomas tomó una vara del suelo y se abalanzó rápido sobre él, colocando la improvisada arma en su cuello, inmovilizándolo.

El mercader intentó revolverse, pero Thomas le tenía bien cogido.

—Ssshhh, no te esfuerces —le dijo.

—¿Qué quieres? —logró pronunciar a duras penas.

—¿Por qué transportas libros ocultos en esos barriles?

—No sé de qué me hablas.

Thomas apretó más la garganta.

—¡Dímelo!

—Los traigo de Francia —confesó, ahogándose.

—¿Son libros heréticos? ¿Tienen que ver con Lutero? ¡Habla! —Thomas aflojó un poco la presión sobre el tipo para que pudiera hablar un poco mejor.

—No estoy tan loco. No son heréticos, y mucho menos las tesis de Lutero; si me cogen con eso me mato yo mismo antes que dejarme torturar.

—Entonces, ¿qué transportas? —Lo zarandeó de nuevo.

—Son solo libros polémicos, de humanistas. Dependiendo de quién los lea acabarán prohibiéndolos. Lo que es seguro es que la Inquisición pondría muchos problemas para imprimirlos en España, así que me los encargan, y yo los traigo del extranjero.

—¿Y quién te los encarga?

—Eso no puedo decirlo, les comprometería.

—No estás en situación de elegir, ¡dímelo! —Thomas apretó más la vara contra la piel.

—Le tengo más miedo a la Inquisición que a ti, no pienso revelarte mis clientes.

—Lo único que quiero es trabajar, y con libros. Soy extranjero. —Thomas moderó su tono—. En Flandes me dedicaba a la impresión de libros, pero aquí nadie quiere darme trabajo.

—¿Y qué esperas? Nadie en su sano juicio se va arriesgar a contratar a un luterano.

—¡No soy luterano! —exclamó con enojo Thomas.

—Con que haya la mínima excusa para que crean que lo eres ya basta, los talleres son inspeccionados constantemente.

—Dime para quién traes esos libros, quién te los encarga...

—Grandes nobles, o ricos prohombres. Para sus bibliotecas privadas, son coleccionistas de libros raros, cuanto más raros y únicos, mejor. No salen de sus palacios, solo ellos los leen. Son libros para coleccionistas; no son libros prohibidos, es solo que en cualquier momento los podría censurar la Inquisición —insistió el mercader.

—Si mientes, te mato.

—Te lo aseguro, por favor, no me hagas nada... ¡Es la verdad!

—A veces con la verdad no basta. —Thomas liberó la presión sobre su cuello y el mercader comenzó a toser, dolorido.

—Casi me ahogas... —Escupió y siguió tosiendo. Consiguió sentarse y respirar mejor.

—Si te denuncio deberías responder a muchas preguntas —dijo Thomas, amenazante.

—No puedes hacerme eso... Yo no hago nada ilegal. Soy un buen hombre, reparto conocimiento, ¿es acaso eso un pecado? ¿Eres agente de la Inquisición?

—Qué va. Yo no soy sacerdote, ni cazador de herejes; no sé si lo que haces es pecado o no. Pero quizá podamos llegar a un acuerdo.

—¿Acuerdo? —El mercader se quedó pensativo—. ¿Qué acuerdo? —preguntó mientras se levantaba.

—Traficas con libros.

—No, no trafico; comercio con ellos, que es diferente. Soy mercader de libros —puntualizó, todavía dolorido por el estrangulamiento.

—Como te plazca, yo entiendo de libros. He trabajado en una imprenta y he leído cientos.

—¿No son muchos?

—¿Prefieres que coja la vara y lo discutimos?

—Seguro que no has leído cientos, ¡sino miles! —sonrió el tipo, muy ufano.

—Tampoco exageres —le advirtió Thomas—. Soy nuevo en España y necesito un trabajo; si no lo voy a lograr como impresor, podría ayudarte a ti; ya te he dicho que entiendo de libros.

—De ninguna manera, estos libros no dan para tanto. Este negocio es jodido. Los libros impresos aquí están controlados y traerlos de fuera es una tarea que no puede hacerse a la ligera.

—Has dicho que los nobles recurren a ti para que les consigas libros, ¿por qué no puedo ayudarte?

—No solo ellos, a veces también obispos o altos cargos de la Iglesia —respondió—. Tienen curiosidad por leer los libros que ellos mismos llegarán a prohibir. Los libros están cambiando el mundo.

—¿Qué quieres decir con eso?

—Pues lo que oyes. Cada vez hay más imprentas, cada vez se publican más libros. Antes era fácil controlar las nuevas publicaciones, ahora es casi imposible. Hay más libros que gente que pueda leerlos.

—Es una exageración...

—Dices que trabajabas en una imprenta, sabes de las posibilidades del invento. Cuando se extienda por todas las ciudades... ¡cuántos libros se imprimirán!

—Aún falta para eso... —advirtió Thomas pensativo—. La imprenta es maravillosa, está devolviendo a la vida cientos de espléndidos libros olvidados y permite que las ideas nuevas viajen rápido y lleguen hasta cualquiera que desee leerlas.

—No todo lo que se publica es bueno. —El mercader de libros seguía terco—. Ahora están de moda los libros de caballerías, por ejemplo, que son una majadería. Solo sirven para llenar la mollera con tonterías, a más de uno se le va a ir la cabeza con tanto caballero andante y tanta doncella.

—Pero ¿qué quieres entonces? ¿Leer sobre santos?

—¡Dios me salve, María! —Y se santiguó de manera exagerada, cómica.

Quedaron ambos en silencio, tanteándose, sin evitar ninguno una sonrisa.

—Dame trabajo, necesito ganarme la vida. Hemos empezado mal. Me presento. Yo soy Thomas Babel, nací en Augsburgo y he trabajado en Amberes en un taller de imprenta. Acabo de llegar a España y estoy seguro de que puedo ayudarte.

—Pues yo me llamo Alonso García y soy mercader de libros: raros, antiguos, perdidos y, algunas veces, sí, prohibidos. Trabajo solo —afirmó tajante—, y no voy a cambiar de opinión.

—¿Y si te muestro algo que seguro que no has visto jamás?

—Eso me suena a trampa.

—Poseo algo que te nublará la razón y te hará sentir una paz inmensa —insistió Thomas.

—No me vas a engatusar.

—Entonces, hagamos un trato: si miento, olvídate de mí. Pero si digo la verdad seré tu ayudante.

—Esto es una pérdida de tiempo —carraspeó Alonso antes de claudicar—. Aunque solo sea para perderte de vista, a ver, ¿qué me vas a mostrar que es tan maravilloso?

—¿Puedes encender un fuego?

—Quieres una hoguera ahora..., para que nos vean a leguas.

—No, solo una brasa, pequeña. —Thomas escarbó en el interior de su zurrón. Extrajo la bolsa que le había entregado Massimiliano antes de despedirse...

Alonso tomó unas piedras y algunos hierbajos, los colocó en el orificio de una tablilla que portaba siempre consigo y al segundo intento logró que una chispa prendiera. Para entonces, Thomas había fabricado un cilindro con las hierbas secas que portaba, prendió la punta y aspiró por el otro extremo.

—¡Por la Virgen María! ¡Qué barbaridad!

Thomas inspiró fuerte, esperó unos instantes y echó una bocanada de humo por la boca.

—¡Maldita sea! ¿Qué diantres estás haciendo?

—Ahora tú.

—¿Cómo? —Alonso dio un paso atrás.

—Debes aspirar el humo de estas hierbas, son medicinales. Ahora pocos las conocen, pero os aseguro que llegarán a ser el remedio más conocido del mundo.

—¿De dónde las has sacado?

—Me temo que eso es un secreto. Vamos, se están consumiendo —le arengó Thomas.

Alonso dudó, observó el cilindro humeante y suspiró ante lo que iba a hacer. Se lo llevó a los labios y llenó su pecho de humo. Lo mantuvo unos instantes dentro, hasta que empezó a toser y el humo salió a borbotones por su boca.

Tosió y tosió, casi tanto como Thomas la primera vez que lo probó.

—¡Maldito seáis! Me has envenenado.

—Respira con calma, tranquilízate —le sugirió haciéndole gestos con las manos.

Pero, pasados unos segundos, el rostro de Alonso se tornó confuso y lo miró con asombro.

—¡Por todos los santos de la Iglesia! Es cierto, es una sensación como... ¡mística! Me siento como flotando. Me siento ascender.

—Te lo dije —asintió Thomas—. Aspira de nuevo el humo y verás.

El mercader de libros no lo dudó esta vez, lo hizo con más calma y, aunque se llenó bien el pecho, en esta ocasión no tosió. El humo blanco salió suavemente de su boca.

—¿Me darás trabajo, pues?

Alonso le echó una mirada desafiante, guiñando los ojos, y asintió.

—Te doy trabajo, Thomas de Augsburgo. Solo como ayudante, y para tareas simples; tendrás que demostrarme que me eres útil en otras responsabilidades. Y me darás más de esas hierbas mágicas, siempre que me entren ganas de levitar como un monje ascético. Pero te advierto que soy muy exigente con mi profesión; a la mínima que me falles te echo a patadas de España.

20

Luis de Coloma

Alonso García era un hombre muy viajado; había nacido en Barcelona hacía cuarenta y cinco años. Su padre era comerciante de aceite y desde niño lo llevó en sus viajes por el Mediterráneo, especialmente a Cerdeña, Sicilia y Nápoles, posesiones que pertenecían a la Corona de Aragón. El comercio con todos esos puertos del Mediterráneo estaba arraigado en Barcelona, punto de partida y llegada de la vía comercial principal, y que era ajena por ahora al comercio con las Indias, centralizado en el puerto de Sevilla.

Sin embargo, el joven Alonso descubrió a edad temprana un interés inusitado por los libros. Su padre le fue comprando lecturas más o menos conocidas y variadas, hasta que, en un viaje a Siracusa, decidió adquirir una obra que cambiaría para siempre la vida de su hijo: la *Ilíada* de Homero. Alonso García se involucró tanto en su lectura que su propio padre temió por su cordura. Nada más lejos de la realidad; Alonso se transformó con la lectura de los versos de Homero, como si cada pasaje modificara su alma y le dotara de una nueva perspectiva, más madura, de la vida.

Habían pasado muchos años desde entonces. Alonso podía haber elegido ser un hombre de letras, tener una librería, ser comerciante de aceites, como su padre. Pero eligió otro tipo de vida, más emocionante, más peligrosa: la vida de mercader de libros.

La recién formada pareja de viajeros siguió su camino hacia el sur; paraban a comer de día en una venta y al caer la noche preferían buscar refugio en alguna zona rocosa, con buena visibilidad y alejada de los caminos y ciudades. Fueron varios días de viaje hasta llegar a la ribera de un caudaloso río, el mayor que había visto Thomas desde su llegada a España. Su cauce los llevó hasta la ciudad de Tudela y allí hicieron parada.

—Ya estamos cerca de nuestro destino —comentó Alonso.

—¿Y cuál es, si puede saberse?

—Zaragoza. La mercancía que llevamos es para un noble de esa ciudad, un coleccionista de libros. Ahora hay más coleccionistas que nunca; adquieren libros como si fueran joyas. Es cuanto tienes que saber por el momento. —Alonso se quedó pensativo—. Hablas cada día mejor el castellano, pero aún te falta soltura para no llamar la atención.

—Tengo cierta facilidad para los idiomas. He vivido cerca de Milán y en Amberes. Y estudié latín, eso me ayuda con el castellano también.

—Mucho cambio para alguien tan joven, pero la vida es así, es esfuerzo. Todo se conquista con dificultad, con el sudor de nuestra frente. Como Ulises en la *Ilíada*, el principal peligro de todo hombre estriba en olvidar su objetivo —afirmó el mercader de libros—, desprenderse de sí mismo, dejar de perseguir el sentido de su vida. No lo olvides nunca.

—Lo intentaré.

—¿Has leído a Homero?

—La *Ilíada* y la *Odisea*... —Thomas sonrió—. Solo fragmentos. Pero conozco bien la *Eneida* de Virgilio y he leído muchos textos griegos.

—No vale la pena seguir hablando, sino has leído a Homero, no has leído nada. Debería ser obligatorio leer la *Ilíada* y la *Odisea*, en ellas aprenderás más sobre los hombres que en ninguna otra parte.

—En eso puedo estar de acuerdo, aunque son historias escritas hace dos mil años.

—¿Y qué?

—Pues que los hombres hemos cambiado mucho desde entonces, el mundo entero lo ha hecho —respondió Thomas.

—Si crees que hemos cambiado es porque no las has leído. Y porque eres joven.

—Sé que la *Ilíada* es el relato de la guerra de Troya, mientras que la *Odisea* narra el regreso de Ulises a su reino de Ítaca. El primero describe la guerra y el segundo la restauración del orden.

—«Vayamos, dando gritos, con el corazón revestido de audacia, atacó a los troyanos Ulises; mató al Otrintida, al valiente Ifi-tión, el primero» —declamó Alonso de memoria—. Dicen que los griegos civilizaron el mundo, y es cierto; en el mundo, el desorden nunca ha construido nada válido. —El mercader de libros lo observó bien—. ¿Qué haces tú en España? Siempre pareces perdido, como un náufrago al que la corriente hubiera traído hasta estas tierras. Como un hombre sin destino. ¿Cuál es tu rumbo, niño?

—Quiero viajar, quizá a las Islas de las Especias.

—¿Quizá? Eso no suena demasiado convincente. Hay que tener determinación, saber lo que se quiere. Tenlo en cuenta la próxima vez que alguien te pregunte. Debes encontrar la respuesta, en el fondo de tu alma seguro que sabes lo que quieres. Y esas islas están al otro lado del mundo, no es realista pensar en ir allí. —Alonso lo miró atónito.

—Sí, lo sé.

—Así que viniste a España sin un plan, sin saber nada de aquí...

—Cuando trabajaba en la imprenta de Amberes, un día vino un español a comprar libros; afirmó ser el hijo de Colón, Hernando. No sé si era cierto, pero me impactó mucho, el hijo del descubridor del Nuevo Mundo. Parecía un hombre inteligente, quizá pueda pedirle trabajo a él. Vive en Sevilla.

—El hijo de Colón... Alto apuntas. —Se quedó pensativo—. Una pregunta: ¿qué hacía él en una imprenta de Amberes? ¿Buscaba libros?

—Sí, mostró interés en uno en particular —respondió Thomas.

—¿Y recuerdas de qué libro se trataba?

—Solo que era de Erasmo y que perteneció a su padre, Cristóbal Colón, y que el propio Erasmo, de su puño y letra, le escribió algo al inicio.

—Interesante... ¿Sabes por qué lo buscaba?

—Por razones sentimentales, supongo, e insistió en que pagaría bien si alguien lo encontraba —añadió Thomas.

—Es que Cristóbal Colón fue mercader de libros antes que almirante.

—Eso no es posible, ¿mercader? ¿Como nosotros?

—Como yo, muchacho, como yo. A ti aún te queda mucho por andar, y por leer. Y Colón trabajaba con libros, ya te digo yo que sí; algunos dicen que precisamente fue en un libro donde halló la información para llegar al Nuevo Mundo. Otros dicen que eso no es cierto, y que para disimular su suerte, tras llegar allí compró una ingente cantidad de manuscritos antiguos sobre mapas y navegación para así poder justificar que razonó su hallazgo y que no fue gracias al azar.

—El libro de Erasmo tiene que ser posterior al descubrimiento —dedujo Thomas.

—¡Cierto! Colón murió en Valladolid, el libro podría estar en esa ciudad. Sería el primer lugar donde debería haber buscado su hijo.

—¿Tú podrías encontrar ese libro perdido?

—Es posible. —Alonso pareció no poner mucho interés—. Los libros son caprichosos.

—¿Eso qué significa?

—Que muchas veces son ellos los que nos encuentran a nosotros.

Continuaron varias jornadas paralelos al río y sin entrar en las ciudades. Montado en aquel carromato, Thomas recordó a su padre. Le vino a la mente cómo solía jugar con él al ajedrez de pequeño; nunca le ganaba. Era algo que lo enojaba, hasta que su padre le dio un consejo: debía acostumbrarse a imaginar lo imposible, así siempre iría un paso por delante del resto. Le explicó que los hombres eran sencillos, repetitivos. Utilizaban las mismas palabras, hacían los mismos gestos. Eran previsibles, solo hacía falta ser buen observador. Y usar eso para ir más allá.

Pensó en todas las veces en que le insistió en usar la cabeza; esa era la mejor arma, ni espadas, ni arcabuces, ni picas, sino la razón. Le decía que ya en la antigüedad los hombres buscaban las explicaciones de todo lo que los rodeaba, se hacían preguntas. Esa era la naturaleza humana.

Tiempo después, había relacionado esos consejos de su padre con las reuniones de los humanistas en Amberes. Extrañaba aquellas discusiones y aquellas ideas. Recordaba cómo los presentes alzaban la voz insistiendo en no menospreciar la inteligencia, pues ella une a los hombres con el Creador. Para eso se nos otorgó. O cuando oyó que no solo debíamos tener fe en Dios, también en nosotros mismos. Por eso había que pelear por realizar grandes hazañas, fijarse en el pasado, emular a los héroes, aprender de los errores. Alejandro Magno extendió sus dominios hasta China; los griegos derrotaron al mayor ejército jamás visto; y el Imperio Romano conquistó todo el mundo conocido.

A su padre también le habría gustado viajar hasta España, aunque lo que él realmente hubiera deseado visitar eran aquellas islas de donde venían las extraordinarias especias que, como él solía decir, convertían el comer en un placer.

Un viento inmisericorde barría todo a su paso en aquella inmensa planicie. El carromato de Alonso avanzaba a trompicones, zarandeándose de un lado a otro del camino. Las copas de los almendros y los olivos se inclinaban tanto que los troncos que las sustentaban parecían que iban a resquebrajarse; el polvo impedía a los dos hombres ver lo que tenían delante. Llegaron a los alrededores de una poblada urbe. Desde lejos, a Thomas le sorprendieron sus innumerables torres, en especial una que sobresalía por encima de todas. El río dibujaba unos meandros antes de rodear la villa, como abrazándola. Estaban en Zaragoza y era enero del año 1523.

Entraron por una de sus puertas y penetraron en el laberíntico entramado de callejuelas; jamás había estado en una ciudad tan compleja. No entendía porqué los edificios estaban tan juntos. Por algunas calles casi no podían pasar dos hombres a la vez. Además, los edificios no tenían ventanas. Esa barriada parecía agobiante, irreal. Siguieron hasta llegar a unas murallas, construidas con imponentes sillares de piedra perfectamente escuadrados y tallados. Parecían antiguas; la ciudad había crecido y, en esa zona, los edificios se apelotonaban sobre la muralla. En algunos tramos, los lienzos habían desaparecido y se levantaban señoriales palacios, uno detrás de otro. Esa parte de Zaragoza no tenía nada que ver con la que había dejado atrás.

Se observaban edificios de todos los estilos; algunos arcos y detalles le resultaron sorprendentes a Thomas, nunca vistos. Alcanzaron un ruidoso mercado, donde había de todo: frutas, lana, calzado, vino, aceite, empanadas, herramientas, hasta un herrero vendiendo dagas y espadas.

Los feriantes se empujaban unos contra otros y cantaban los precios en voz alta para atraer clientes. Hombres, mujeres y niños se agolpaban en los puestos.

Luis de Coloma miraba el reloj de la Torre Nueva; eran cerca de las cinco. Le gustaba aquella torre, recordaba cuándo se había construido, hacía unas décadas. Gran parte de la ciudad se opuso, especialmente el arzobispo, ya que no veía con buenos ojos que el campanario más alto de la ciudad no perteneciera a ninguna iglesia. Pero el rey Fernando, al que llamaban el Católico, insistió en su construcción, y nadie se atrevía a oponerse al monarca. Fue un acierto; desde que se inauguró el reloj que la coronaba marcaba las horas de todos los habitantes de Zaragoza, que ya no tenían excusa alguna para llegar con retraso.

Lo que no le gustaba a Luis de Coloma era el viento que soplaba con frecuencia en Zaragoza. Pero era parte de su personalidad, como el hecho de que la fundaran las legiones romanas en honor a Augusto y que los musulmanes la convirtieran en la capital de un reino rico y próspero. Tampoco le entusiasmaban las visitas de extraños; por eso cuando su mayordomo le avisó de que alguien preguntaba por él, se incomodó, y deseó que, al menos, fuera una visita interesante.

Thomas y Alonso aguardaban a los pies de una escalinata de mármol blanco, bajo una cúpula con un precioso artesonado de madera con figuras geométricas.

—Recuerda, es un coleccionista muy especial. Aquí hablo yo —le advirtió Alonso—, tú, ni una palabra.

—¿Y si me pregunta?

—No lo hará. Tú, chitón.

Se oyeron unas pisadas, Thomas alzó la vista y vio descender a un hombre espigado, con el mentón cuadrado y los ojos hundidos. Tendría una edad similar a la del mercader de libros, pero había algo de viejo en su figura, como si los años hubieran pasado más rápido de lo normal en su cuerpo.

—Alonso García, ¡qué alegría!

—Don Luis, qué gusto veros.

—Qué sorpresa, me habéis asustado, pensaba que sería una inoportuna visita —carraspeó Luis de Coloma—. ¿Habéis traído los barriles?

—Por supuesto, don Luis. —Alonso le hablaba de manera condescendiente—. Llenos hasta arriba de vino francés.

—Es lo único que hacen bien. —Entonces miró a Thomas—. ¿Y vuestro acompañante?

—Es impresor, de uno de los talleres más prósperos de Amberes, y ahora es mi nuevo ayudante.

—¿Seguro que es de fiar? Parece muy joven.

—Lo es, os doy mi palabra.

—Bien, subamos. Mis criados servirán el vino.

Alonso miró de reojo a Thomas, como advirtiéndole que siguiera guardando un discreto silencio. Ascendieron la exuberante escalinata y continuaron por un alargado pasillo en cuyas paredes colgaban tapices de escenas de caza. Caminaron hasta una sala que daba a un patio interior por el que entraba abundante luz. Luis de Coloma los guio por varios pasillos más, hasta un salón con decoración en tonos verdes, que atravesaron, y llegaron a otro salón dorado y luego hasta otro granate.

En un extremo de esa estancia colgaba un cuadro de la Anunciación presidiendo el espacio, y en el otro había una puerta doble. Don Luis de Coloma extrajo una llave de sus ropas y liberó la cerradura, empujó las hojas y los invitó a pasar a un gabinete en el que lucían dos espléndidos retratos al óleo. Thomas imaginó que eran antepasados de la familia.

Sin embargo, lo que llamaba poderosamente la atención en esa sala era la biblioteca. Altas estanterías labradas con dibujos alegóricos, llenas de libros; los pasos de los visitantes quedaban amortiguados por una mullida alfombra de motivos florales, bajo un bellísimo techo adornado con filas de casetones. Thomas estaba impresionado. Esto era un templo dedicado al saber.

—Las bibliotecas son «lugares de cuidado del alma». Al menos eso decía un rótulo de la primera biblioteca que se creó hace miles de años, en el templo del faraón Ramsés, en el antiguo Egipto.

En el centro de la pieza vieron una mesa alargada; los criados de don Luis aparecieron con los barriles del mercader barcelonés, los dejaron allí encima y abrieron las tapas con ayuda de unos punzones planos. Después abandonaron la biblioteca.

—Veamos qué tenemos aquí, Alonso.

—Todo lo que me habéis pedido, ya sabéis que uno siempre cumple su palabra.

Luis de Coloma tomó el primer ejemplar con mano experta. Sus dedos exploraron rápidamente el estado, textura y consistencia del libro. Mostrando una sonrisa de satisfacción, Luis de Coloma buscó la página de edición e inspeccionó con esmero todos los datos de impresión y publicación. Thomas y Alonso lo observaban en silencio, como si esperasen permiso para volver a respirar.

—No es la edición que os pedí.

—¿Qué me estáis diciendo? —Alonso se indignó—. Eso no es posible, ¿estáis seguro?

—Esa pregunta sobra, ¿por quién me tomáis?

—Pues no sé qué ha podido suceder, yo los revisé personalmente. Ya sabéis vuestra merced que siempre lo hago y...

—Dejémoslo estar, Alonso —le detuvo—, veamos el resto.

El proceso de verificación se repitió con cada uno de los ejemplares, una ardua tarea en la que Alonso sudaba como si estuviese al sol de agosto. Aguantaba la respiración durante la revisión de don Luis de Coloma, y suspiraba con cada aprobación. Thomas temió que el mercader de libros fuera a desmayarse. Estaba claro que Alonso hacía todo lo posible para contentar a su cliente.

Todos los libros fueron examinados con detalle.

—Está bien, alguno que otro podía hallarse en mejor estado, pero en general habéis cumplido.

—Gracias, don Luis.

—Pero por el primero os pagaré la mitad.

—Lo que estiméis oportuno; me parece justo.

—Y no quiero que se vuelva a repetir. Nunca más —le dijo con un tono tan frío que hasta Thomas se sintió amenazado.

—Alto y claro.

—Ahora venid, tenemos algo más de lo que hablar.

Alonso volvió a indicarle a su acompañante que permaneciera en silencio.

—Como ya sabéis, mi familia fue clave en el descubrimiento de las Indias; mi abuelo fue secretario de los Reyes Católicos, él firmó las capitulaciones con Cristóbal Colón.

—Una familia fabulosa la de vuestra merced, un ejemplo para la Corona.

—Yo prefiero otros asuntos. —Luis de Coloma pasó sus manos por algunos de los lomos de los libros de su biblioteca—. Las Indias están muy lejos, ¿no creéis?

—Gran verdad, desde luego.

—Esta biblioteca es ahora mi orgullo. Y quiero que sea mi legado.

—Loable labor, no hay duda.

—En mi colección hay libros de todas las disciplinas, de todas las épocas: tratados de leyes, libros piadosos, de historia o música, manuscritos antiguos con tipografías arcaicas —describió el noble—. ¡Auténticas joyas! Son mi tesoro.

—Me consta.

Fue al estante central de la librería y tomó uno de los libros.

—Este es el almanaque perpetuo de Abraham Zacuto, que permite el cálculo de latitudes. ¿Lo conocéis?

—Válgame que sí, fue uno de los científicos más influyentes al inicio del siglo, mejoró el astrolabio y publicó este almanaque, de gran utilidad para los navegantes.

—Facilitó los resultados de sus investigaciones a Cristóbal Colón y le prestó ayuda personal para organizar su primer viaje. Ese viaje recibió el apoyo del rey Fernando de Aragón y su círculo de confianza, ese hecho fue clave para que se llevara a cabo.

—Disculpad nuestra ignorancia.

—Colón no logró convencer a los reyes cuando se entrevistó con ellos, especialmente a Isabel de Castilla, que por aquella época estaba en otros menesteres, como la conquista de Granada. Así que Colón decidió intentarlo en el reino de Francia, como antes lo había probado en Portugal e Inglaterra, no se vayan vuestras mercedes a pensar que fuimos la primera opción del genovés.

—Esos detalles no se saben.

—Sí, se saben, pero no se cuentan —puntualizó Luis de Coloma—, que es muy diferente, ya me entendéis. Mi abuelo firmó las capitulaciones de Santa Fe y me explicó muchas cosas que no se saben, mejor dicho, que es mejor que no se sepan.

—Nosotros no estamos aquí para hacer preguntas, mi señor.

—Sois prudente, Alonso. Por eso quiero haceros un encargo muy especial. —Luis de Coloma hizo una inusual pausa y buscó asiento en un sillón tapizado en dorado—. Ya os he comentado que poseo libros de todo tipo; eso es lo que quiero, libros diferentes, cuanto más especiales o raros más me interesan.

—Buscarlos es mi trabajo —interrumpió Alonso.

—Cierto, por eso quiero que encontréis un libro muy particular.

—¿Un libro prohibido? ¿Acaso un texto herético, don Luis? Podéis confiar en mí para cualquier encargo...

—No, no —Luis de Coloma sonrió—, nada de eso; se trata de un libro perdido.

—Un libro perdido.

—Sí, he oído hablar de él a varios libreros. Lleva por título

Amores imposibles y lo escribió un tal Jaime Moncín, un escritor sevillano.

—Nunca había oído hablar de ese tal Moncín.

—Lo imagino, no obtuvo ningún éxito. Por lo que he podido averiguar el libro se imprimió en Sevilla, a principios de este siglo, pero desconozco el taller concreto —explicó Luis de Coloma.

—¿Y qué tiene de particular ese libro?

—Me han asegurado que el tratamiento del tema, amoroso, es novedoso, muy moderno y, sobre todo, que cuenta con unos grabados espléndidos, muy sensuales.

—¿Qué queréis decir con eso? ¿Moderno, sensual?

—Ya me entendéis. Al parecer, el escritor también realizó los grabados, y son sublimes, muestran a su amada en todo su esplendor. Podríamos decir que son revolucionarios en mostrar el placer de la mujer. Aún hoy resultarían escandalosos. Además, en el texto la trama amorosa está tratada también con transparencia, con mucha libertad; la mujer tiene mucho protagonismo. Es una historia de amor única. ¿Conocéis algún libro de amor que os haya impresionado, Alonso?

—La verdad es que no, don Luis.

—El amor suele ser cosa de ingenuos, de tontos. Este libro ofrece una historia de amor para personas inteligentes, tanto para hombres y para mujeres. ¡Imaginad!

—Coincido en todo lo que decís, parece un libro extraordinario, singular.

—Ya os lo he dicho antes, quiero libros raros y este lo es, y mucho. Para facilitar vuestra búsqueda, sé que está escrito en prosa y dividido en capítulos, lo que también es inusual. En Zaragoza no he encontrado ni un solo ejemplar y todos mis intentos para obtenerlo en otras partes han sido infructuosos.

—Vaya... —Alonso se rascó la nuca—. No parece que vaya a ser fácil.

—Por eso os lo pido. Alonso, quiero ese libro.

—Por lo que contáis... Será una búsqueda costosa, deberé ir a Sevilla, de donde era el autor, Moncín, decís.

—Sin duda. Por eso y por lo peculiar de la misión, os pagaré cincuenta ducados.

—¡Cincuenta! —Alonso apretó los puños para disimular su sorpresa.

—Pero solo si tenéis éxito y me traéis el Moncín, claro está.

—Veréis, don Luis, tendré unos gastos. Necesitaría la mitad por adelantado.

—No. —A pesar de que el tono de voz de Luis de Coloma era plácido, se mostró tajante—. Os daré solo diez ducados por adelantado. El resto cuando me lo entreguéis.

—De acuerdo.

—Otra cosa más, quiero discreción absoluta. Nadie debe saber que estoy buscando un libro sobre los placeres del amor. Tengo que mantener mi reputación de coleccionista serio y buen cristiano.

¡A Sevilla!, pensó Thomas. ¡Por fin visitaré Sevilla, la capital del Viejo Mundo, pero más cerca que nunca del Nuevo!

PARTE IV

SEVILLA

21

El Guadalquivir

De los diversos instrumentos inventados por el hombre,
el más asombroso es el libro;
todos los demás son extensiones de su cuerpo...
Solo el libro es una extensión de la imaginación y la memoria.

BORGES

Mayo del año 1523

Al llegar a Sevilla, Thomas quedó impresionado con la espectacular vista que se alzaba ante sus ojos. Los galeones remontaban el río, que algunos llamaban *Betis*, como en época romana, y otros *Guad al-Quivir* en recuerdo de su pasado musulmán. Formaban un paisaje deslumbrante aquellos imponentes barcos, sus velas al viento, su carga de hombres y riquezas. Jamás hubiera imaginado él un puerto así, ni el gentío, ni el ruido, ni los gritos, ni el movimiento constante de todo tipo de personas, animales y mercancías. Él, que prefería el silencio, se quedó impactado con todo ese trajín. Amberes era tranquilo y sosegado, un remanso de paz, comparado con la efervescencia de Sevilla.

El alto campanario de la catedral se divisaba desde la lejanía; una muralla rodeaba toda la ciudad, con un arenal que la separaba del río. Al otro lado, un arrabal tan grande como Annecy o Bellagio, y al fondo, una torre defensiva, casi sobre el cauce, parecía proteger el puerto.

Siguieron hacia una de las puertas. Thomas intentaba fijarse en todo lo que veía, pero era tal la magnificencia que a duras penas podía captar los mil detalles.

Las carpinterías y los gremios en general estaban haciendo acopio de materiales, mientras tabernas y burdeles se preparaban para recibir a unos marineros tan sedientos de alcohol y de mujeres como repletos de monedas.

—Cierra la boca. Disimula, chico; si no, te tomarán por un tragasantos —renegó Alonso—. Ya sé que impresiona la primera vez, pero que no se te note tanto en la cara que pones.

—Esta es una ciudad increíble.

—Sé discreto, ¡por Dios santo! Que se te van a salir los ojos de las cuencas.

—Perdóname —dijo Thomas intentando corregir su actitud.

—Esta es la ciudad más rica del mundo —afirmó Alonso—, me apostaría una mano a que esos barcos van cargados de oro y plata. En Sevilla hay que tener mucho cuidado, es fácil perder la cabeza.

—¿Por el oro?

—Por todo, Thomas. Olvídate de cualquier otro lugar en el que hayas estado, aquí hay otras reglas, y todos los pecados juntos y al alcance de la mano.

Recorrieron la muralla hasta el Arenal, una enorme explanada entre la muralla y el río. Varios barcos estaban descargando una gran variedad de productos: plantas, esclavos, tesoros, alimentos, armas, en una amalgama infinita de colores. Se mezclaban unas lenguas con otras: portugués, árabe, flamenco, castellano... Y todas se entendían como si formaran una sola.

—Sevilla es inmensa, dicen que pronto llegará a los cien mil habitantes, que solo Roma, Nápoles y Venecia la superan.

—Eso no creo que sea posible.

—¿Y qué sabrás tú? Tampoco parecía posible descubrir las Indias... y mira ahora lo que viene de allí —dijo Alonso señalando a un animal que parecía una mezcla de burro y oveja.

—Es una llama. —Thomas sonrió al pensar en Luna.

—¿Cómo sabes tú eso?

—Sé muchas cosas sobre el Nuevo Mundo, tuve un buen maestro.

El mercader de libros lo miró sorprendido, pero a la vez satisfecho de haber elegido bien a su ayudante.

Entre el río y las murallas de Sevilla, el Arenal estaba repleto de gentes y embarcaciones más pequeñas que llegaban por el río. El puerto estaba más abajo, pero allí solo fondeaban las grandes naos y galeones. Comparó Sevilla con Amberes y no había por donde encontrar similitudes, por mucho que fueran los dos puertos más grandes de la Cristiandad.

Muchas de las embarcaciones que llegaban al Arenal avituallaban a las naos del puerto; otras eran de pescadores, de comerciantes o de trabajadores del otro lado del río, pues Sevilla solo tenía un puente y era de barcas. Frente a la muralla de la ciudad había una multitud de cabañas y un montículo a cuyos pies se ubicaba lo que a todas luces era un bullicioso mercado. En la otra orilla se vislumbraba un amplio arrabal, del que sobresalía la figura de un grandioso castillo oscuro, jalonado por diez torres, y altos muros.

—Ahora hay que centrarse, Thomas. Sevilla puede engullirte si no andas con cuidado.

—No voy a despistarme.

—Más te vale —afirmó Alonso.

—¿Qué vamos a hacer?

—Las librerías —contestó Alonso—. Debemos visitarlas todas, con suerte en alguna tiene que quedar un ejemplar de *Amores imposibles*, o puede que recuerden al escritor, Moncín.

—¿Y por cuál empezamos?

—Lo primero será localizar la calle en la que se agrupan las librerías. Los gremios son iguales en todas las ciudades, se juntan todos en la misma zona. Así que solo debemos encontrar en qué barrio se venden libros en Sevilla.

Preguntaron a un par de sacerdotes, que les indicaron cerca de la catedral. Hacía mucho calor aquella mañana y Thomas no estaba acostumbrado a esa temperatura. Mientras caminaban por las calles estrechas, la sombra los protegía, pero cuando llegaban a una de las plazas, un sol implacable caía sobre ellos.

—Te veo colorado, Thomas —reía Alonso—. Es que a los del norte os pasa esto, un poquito de sol y no valéis nada.

—Un poquito... ¿Esto es siempre así?

—Claro que no, hoy hace bueno. —Alonso se rio estentóreamente.

Thomas tenía tanto calor que apenas podía respirar, y no podía ni acarrear su bolsa. Si no fuera porque sus únicas pertenencias estaban ahí la habría dejado en cualquier rincón.

Llegaron a una librería con buen aspecto, un toldo la protegía del sol en el exterior y dentro se estaba extrañamente fresco. Mostraba todo tipo de libros en las estanterías. Thomas analizó la impresión de algunos de los libros: dos columnas, letra cursiva al inicio de cada capítulo, bien; pero el papel no parecía de calidad suficiente. Era algo ocre; en Amberes nadie se hubiera atrevido a usar una pasta tan oscura y áspera.

—Señores, ¿en qué puedo ayudarlos? —inquirió un librero ancho de hombros y con el cabello peinado hacia atrás.

—Venimos de muy lejos, atraídos por la fama de este establecimiento —alardeó Alonso.

—¡Qué me dice! —Al hombre se le iluminó el rostro.

—Lo que oís; unos conocidos os compraron hace unos meses un libro de san Antonio y quedaron fascinados.

—De san Antonio... Ese texto tiene solo unas semanas. Esta ahí mismo. —Señaló una de las estanterías a la vista.

—La cuestión es que nos habían comentado de un escritor sevillano y andábamos con el deseo de comprar una obra suya. Hemos pensado que no había lugar mejor que esta afamada librería.

—Me complace sumamente oíros. ¿De qué escritor se trata?

—De Jaime Moncín.

—Ese apellido no es de por aquí, no me suena nada.

—Nos dijeron que el autor escribía en prosa, que es un texto a modo de historia amorosa, bastante moderno y peculiar, y que cuenta con grabados de gran calidad.

—Lo siento, jamás había oído ese nombre, Jaime Moncín... —El librero se quedó pensativo.

—Qué decepción. —Alonso simuló estar abatido—. Venimos de tan lejos...

—Lo lamento enormemente, pero os juro por las santas Justa y Rufina que desconozco a este autor, Moncín... ¿Y decís que es sevillano?

—Eso me aseguraron; al parecer los grabados del libro son bastante llamativos, ya le he dicho que es un libro de amor.

—Pues me sabe mal sabiendo que vienen de fuera, no entiendo cómo no lo conozco si es de estas tierras.

—No os inquietéis, seguiremos buscando. Muchas gracias.

Salieron de la librería, y Alonso torció el gesto.

—Te fijaste en el libro de san Antonio en cuanto entramos, ¿verdad? —preguntó Thomas— Muy hábil, Alonso.

—Era evidente que era nuevo, sí; el cuero de la cubierta estaba aún muy brillante —respondió el mercader de libros—. No será fácil esta misión; vamos, que tenemos mucho trabajo hoy. —Volvió a recuperar su buen humor—. Sigamos.

Así, una detrás de otra, fueron entrando en cada una de las librerías de Sevilla. En todas hacían las mismas preguntas y en todas obtenían similares respuestas: nadie conocía a Jaime Moncín.

El día se acabó y seguían igual, ningún librero sabía nada. Pero Alonso era un profesional incansable, así que la mañana siguiente tocó el turno de las imprentas. No fue nada agradable para Thomas volver a entrar en un taller. Los recuerdos saltaron como liebres y no pudo controlarlos.

El olor, el ruido de la prensa, los libros recién impresos. Lo echaba de menos. Y Edith, apareciendo de repente a su lado, en la tienda, en el taller o en su habitación; el permanente recuerdo de Edith, a la que no quería echar de menos, a ella no.

Los talleres sevillanos distaban mucho de los flamencos. Thomas se percató de la menor calidad de los trabajos en general. El día fue largo, con varias visitas a las imprentas y nulos resultados; por fin llegaron a la de mayor tamaño, el reputado taller de imprenta Cromberger.

—Este apellido es alemán —se atrevió a comentar Thomas.

—Al final vas a encontrarte con un pariente y todo.

Thomas respiró aliviado al conocer que el dueño de la imprenta, Jacobo Cromberger, era oriundo de Núremberg, y no se encontraba en Sevilla, ya que además de la imprenta tenía otros negocios.

—Y seguro que son más lucrativos que los libros —musitó Alonso—. Ya sabemos, se publican más libros que españoles que sepan leer.

—No exageréis —le advirtió un hombre con el cuello largo y la nariz puntiaguda—, que las cosas están cambiando.

—Tonterías, os digo yo que no hay lector para tanto libro —insistió Alonso—. ¿Qué me decís del escritor que andamos buscando?

—Pues que ese apellido, Moncín...

—No es de por aquí, ya lo sabemos. ¿Y qué más? ¿Es posible que imprimieran una obra suya?

—Ahora mismo no lo sé, el señor Jacobo lo sabría al instante. Menuda memoria tiene, se acuerda de todo lo que ha publicado —dijo con un claro acento extranjero.

—¿Cuánto hace que trabajáis aquí?

—Cinco años, me llamo Juan Pablos.

—Se os ve un hombre resuelto, pero no sois español —recalcó Alonso.

—Tenéis buen ojo.

—Más bien buena oreja, sois italiano.

—Así es, vine para embarcar hacia el Nuevo Mundo, como Cristóbal Colón.

—¡Entonces sois un aventurero! —recalcó Alonso.

—Ojalá. A los extranjeros nos está prohibido viajar a Las Indias, aunque confío en que eso cambie algún día. Entonces seré el primero en embarcar y montar allí una imprenta.

—Libros en el Nuevo Mundo, seguro que hacen falta muchos. —Alonso parecía a gusto hablando con el dependiente de los Cromberger—. Decidme, si sois tan amable: ¿cuándo regresará el dueño?

—No lo sé, don Jacobo se halla ahora revisando unas tierras que ha comprado aguas abajo.

—¿Y no tenéis un registro con todas las publicaciones de la imprenta? —insistió Alonso.

—Sí, claro. Lo que no tengo es tiempo para buscar en él. Estoy muy ocupado, como podréis ver.

—De eso no os preocupéis, mi ayudante Thomas se encargará de ello.

—Deberíais esperar al señor Jacobo.

—Juan, por favor, no quisiera molestar a vuestro jefe con estos pequeños detalles. Si fuerais tan amable de dejarnos echar un vistazo... —Dejó unas monedas sobre la mesa—. Para que vayáis ahorrando para el viaje al Nuevo Mundo.

—Es que me puedo meter en un problema.

—Mirad, Juan, yo no quería decíroslo, pero no me va a quedar otra opción. —Alonso se pasó las manos por la nuca y miró a un lado y a otro, como buscando no ser observado—. Trabajamos para un noble muy influyente, y, si logramos hallar ese libro, él estaría dispuesto a pagar la totalidad de una nueva publicación de la obra. Imaginad los beneficios, vuestro jefe sabría cómo recompensaros por ello, ¿verdad?

—Bueno, eso lo cambia todo. Además, si a mí no me quita tiempo.

—¡Por Dios! ¡Nada de tiempo, todo lo hará mi asistente!

—Entonces os traigo los registros. Pasad a esa sala, mejor que no os vea nadie.

—Muy amable, se nota que esta es una imprenta seria. Eso le decía yo a mi ayudante, también es alemán como el señor Cromberger.

Juan Pablos trajo dos voluminosos ejemplares con anotaciones de todos los libros impresos en el taller en los últimos veinte años; les llevaría un buen tiempo revisarlos. El italiano insistió en que fueran discretos y los dejó mientras él hacía guardia en la puerta.

—Cuando venga el dueño te aseguro que no le va a hacer ninguna gracia —murmuró Alonso—, así que busquemos el apellido de ese escritor; empecemos por los más antiguos.

Así lo hicieron; al ser apuntes manuscritos y por diferentes manos, a Thomas le costaba mucho avanzar con la tarea. Poco a poco fue familiarizándose con las distintas caligrafías. A decir verdad, la imprenta Cromberger realizaba una cantidad ingente de impresiones, muchas más que las de los Thys. No siempre había sido dirigida por un Cromberger, ya que vieron apuntes de la última década del siglo pasado donde se mencionaban dos dueños anteriores: Estanislao Polono y Meinardo Ungut.

Y entonces Thomas encontró el nombre que buscaban.

—¡Lo tengo! Mira, Alonso, aquí, Jaime Moncín.

—¡Oíd, Juan! —le llamó Alonso—. Venid, por favor.

—Ssshhh, sin escándalo. —Juan Pablos llegó de inmediato y revisó las anotaciones—. Impresión de mil ejemplares; son muchos, dejadme ver bien.

Thomas se echó a un lado y Juan Pablos revisó la anotación.

—¿Sabéis cuántos de esos se vendieron? —inquirió Alonso.

—Pocos, aquí aparecen treinta ventas, una auténtica ruina. —Juan Pablos hizo gestos de incomprensión—. No es propio del señor Jacobo errar tanto con una publicación. Aunque... Esperad un momento. El libro se imprimió en una época anterior, cuando Cromberger no era todavía el dueño.

—¿Y quién era?

—El señor Jacobo entró de oficial y se casó con la viuda del primero de los dos socios, Meinardo Ungut, y a los pocos años se quedó como dueño único.

—Muy propicio todo...

—Es impropio de Cromberger equivocarse en una publicación.

—Por casualidad... —Alonso miró más de cerca las anotaciones—. ¿No habréis anotado el nombre de alguno de los clientes que lo compraron?

—Han pasado casi veinte años, pero estáis de suerte, aquí aparece uno: Héctor Sanmartín. —Torció el gesto—. Por desgracia murió hace unos años. Era un destacado coleccionista de libros, sobre todo de caballerías.

—¿Y no sabréis qué fue de su colección?

—Pues, ahora que lo decís... —Juan Pablos se levantó—. Un momento.

Aquel hombre dejó la sala. Alonso y Thomas se miraron, parecía que al fin iban por buen camino. Juan Pablos regresó acompañado de una mujer.

—Ella es María Ortega, se ocupa de corregir textos, es la mejor correctora que conozco.

—No digáis eso, don Juan.

Era una mujer de unos cincuenta años, con la mirada transparente y la espalda muy recta.

—Estos señores quieren información sobre la colección de Héctor Sanmartín.

—Somos familiares —añadió Alonso, ante la sorpresa de Juan Pablos—. ¿Sabríais decirnos qué fue de ella?

—Don Jacobo quería comprarla en su totalidad, pero por desgracia no pudimos. La adquirieron cuando el pobre don Héctor languidecía. Sus hijos no esperaron ni a que dejara este mundo.

—¡Qué barbaridad! —exclamó Alonso.

—La gente es así, no aprecia el fruto de toda una vida. —Juan Pablos negó con la cabeza.

—Así es, don Héctor poseía una de las mejores colecciones de autores sevillanos. —María Ortega suspiró.

—Disculpadme, señora —se adelantó Alonso—. ¿Recordáis quién compró la colección Sanmartín?

—Por supuesto que sí.

—Gran noticia. —Alonso estuvo a punto de abrazarla—. ¿Quién fue?

—Don Hernando Colón.

—¿Quién habéis dicho? —insistió Alonso.

—El hijo del almirante Cristóbal Colón —repitió Juan Pablos—.

Don Hernando es el mayor comprador de libros de la ciudad, posee una colección inmensa.

—¿Y es hijo de Colón?

—Sí, ha construido hace poco un palacio cerca de la Puerta de Goles que le habrá costado una fortuna —puntualizó Juan Pablos.

—¿Y colecciona libros? —preguntó Thomas.

—¡Que si colecciona libros! —Juan Pablos saltó con una carcajada forzada—. ¡Lo compra todo! Libros, panfletos, relaciones de sucesos... Tenemos orden de mandarle información de todo lo que sale del taller. Ese hombre tiene innumerables influencias y poder.

—Pero debéis saber —advirtió María Ortega— que no os venderá ningún ejemplar de su colección.

—Bueno, habrá que intentarlo. —Alonso sonrió—. Torres más altas han caído.

—No sabéis de quién estamos hablando, Hernando Colón nunca venderá un solo libro de su biblioteca —insistió la mujer—. Jamás.

22

El palacio

La pareja buscó acomodo en una posada cerca de la Puerta del Sol, por la calle de las Harinas. Allí hallaron un local austero y tranquilo. El dueño respondía al apodo de «el Jaco». Era un hombre de miembros proporcionados, rostro luengo y cabeza empinada. Les pidió pagar dos días por adelantado y les prohibió entrar con armas.

—Muy señor mío, somos mercaderes de libros —respondió Alonso indignado—, no hallaréis en nosotros más armas que las palabras.

—No me gusta la gente que habla mucho, me da dolor de cabeza.

—Entonces no os preocupéis, que no abriremos la boca.

El Jaco soltó un gruñido a modo de respuesta.

—Un personaje difícil, de todo hay en la villa del Señor —le susurró Alonso a Thomas.

A pesar de la desconfianza que les infundía el Jaco, comieron bien y caliente. Además, el hombre les ofreció un vino dulce con buen sabor y que Thomas, ante el asombro de aquel, rechazó.

—No puede ser bueno eso de beber siempre agua, ¿no tienes miedo a coger una enfermedad? —inquirió Alonso mientras mojaba los labios.

—Que no, que el vino me sienta fatal.

—Di lo que quieras, sabe Dios que no hay nada más sano que el vino. —Alonso echó un buen trago—. ¡Agua! Si te entran fiebres yo no quiero saber nada. Allá tú con beber esa porquería.

—Qué exagerado eres...

—Contigo nunca se sabe, Thomas. Te recuerdo que casi me

ahogas con una vara nada más conocerme —dijo con cierto res- quemor.

—Tenía mis razones. Además, dio resultado, ¿no?

—Pues sí. Aquí estamos. —Alonso bebió.

—Por cierto, recordarás que te conté que conocí a Hernando Colón, que vino un día a la imprenta de Amberes en la que yo tra- bajaba...

—Sí, me acuerdo. El mundo es pequeño, o al menos lo era has- ta que el otro Colón, el padre, descubrió las Indias —carraspeó Alonso—. Quizá nos venga bien ese encuentro tuyo para nuestra visita de mañana, nunca se sabe con estos hombres de alta alcurnia.

—¿Piensas que nos recibirá?

—Depende, si despertamos su interés, su curiosidad, no sé. —Sacó un libro que llevaba entre sus pertenencias—. Con tu per- miso, hoy me toca leer a un buen amigo, Platón. Quién mejor que él para aprender sobre nuestras propias sombras.

—¿Solo lees textos griegos? ¿Siempre Homero, y ahora Platón?

—No me interesan las moderneces de ahora, no van a inventar nada que no inventaran ya los griegos hace mil años. No hay nada nuevo bajo Helios, el sol de Zeus.

—Ahora tenemos el Nuevo Mundo...

—¿Y? Te recuerdo que Platón ya habló de la Atlántida.

—¿Insinúas que es lo mismo? Nadie ha encontrado la Atlánti- da, jamás, Alonso.

—Todavía... O quizá sí.

—El Nuevo Mundo no es la Atlántida —advirtió Thomas.

—Eso es cierto, los indios desconocen cómo fundir metales, o la pólvora, o los caballos. Y Platón dice que en la Atlántida había más saber y progreso que el que tenemos hoy en cualquier ciudad de la Cristiandad.

—¿Y dónde se supone entonces que está la Atlántida?

—Ese tema es largo, quizá te lo diga algún día —murmuró Alonso.

—No sabes dónde está... —Thomas se le quedó mirando.

—Ahora no es el momento. Centrémonos en Moncín, que pre- siento que lo tenemos cerca. Aunque con estas cosas hay que ir paso a paso, como en el amor.

—Del amor no quiero saber nada de nada —suspiró Thomas.

—Vaya, vaya... Veo que no te ha ido bien con las mujeres.

Y entonces se le fueron los ojos tras una muchacha que servía en la mesa de al lado. Thomas disimuló la risa, el buscador de libros se percató e intentó disimular.

—Si yo tuviera tus años, chico... Iría detrás de ella.

Thomas miró a la joven; era hermosa, con ojos grandes y la piel morena y brillante. Pero enseguida bajó la mirada y torció el gesto.

—El amor es un misterio —continuó el mercader de libros—, quizá sea solo una invención. No lo sé, igual ese libro que buscamos tenga la solución, al fin y al cabo trata de un amor algo especial.

—Cierto —asintió Alonso—, pero tú lees a Platón; él dice que el amor, para ser verdadero amor, tiene que ser imposible, si no es otra cosa. Lujuria, posesión, deseo, engaño, traición... Llámalo como quieras.

—Thomas, no te compliques tanto la existencia. Yo me voy a dormir. —Alonso se encaminó a las alcobas y Thomas lo siguió de inmediato.

La habitación que les asignaron se ventilaba mediante goteras, y la ventana era más pequeña que la saetera de un castillo, así que los rayos del sol, por mucho empeño que pusieran, no podían entrar. Aquello se asemejaba más a una prisión que a una posada.

Mientras intentaba conciliar el sueño, Thomas no podía dejar de pensar en Edith y le dolía tanto el corazón, de rabia, de pena y de soledad, que tenía que hacer verdaderos esfuerzos para no llorar.

Al día siguiente, Thomas se despertó de repente debido a los ruidos que estaba haciendo Alonso. Lo peor fue que había estado profundamente dormido y podía recordar lo que estaba soñando. Un sueño muy agradable. El recuerdo fue fugaz, pero logró retener alguna imagen, y le pareció increíble, porque era una historia en el Nuevo Mundo con todo lujo de detalles. Como si de verdad hubiera estado allí, en el sueño aparecían personas de aquellas tierras, animales y plantas.

Se quedó pensativo hasta que Alonso le empezó a hablar y a meterle prisa para que se acicalara. Antes de salir a la calle ya casi no recordaba nada, solo permanecía una sensación nueva, enigmática, de nostalgia combinada con alegría...

Cruzaron medio Sevilla hasta la Puerta de Goles. El palacio de Colón estaba en lo alto de una colina y a Thomas le recordaba a los lujosos edificios de Zaragoza, pero con más elementos decorativos. El arco de entrada se sustentaba sobre pilares con capiteles clásicos, y sobre él destacaba el escudo de Colón, sujeto por delfines. Los amplios ventanales de la fachada se hallaban decorados por bustos y motivos florales.

Conforme se fueron acercando, observaron que el palacio estaba rodeado de una cerca y que en su interior se adivinaban esbeltos árboles y una frondosa vegetación. Alonso localizó el acceso; se trataba de una puerta recia, para carruajes, y de un inusual color anaranjado. No encontraron otra puerta de entrada. El portón estaba cerrado, y eso hizo dudar a Alonso; volvieron a intentar buscar otro acceso, en vano. Regresaron a la puerta naranja.

—No parece haber más alternativas —dictaminó Alonso.

Así que lanzó varios gritos buscando respuesta del otro lado, sin éxito. Alzó la vista hacia las copas de los árboles que sobresalían del jardín y se percató de que no era capaz de identificar a ninguno de ellos.

—Thomas, te juego lo que quieras a que esas especies vienen directamente del Nuevo Mundo.

—Sí, podría ser, si esto es el palacio del hijo de Cristóbal Colón.

Recordando a Massimiliano, pensó que podría haber una plantación de tabaco al otro lado de aquel muro. Nada hacía más feliz al napolitano que fumar, aunque Thomas tenía dudas de que esa planta pudiese cultivarse en España; quizá la traían de manera exclusiva del Nuevo Mundo. O quizá el mismo Massimiliano había conseguido cultivar tabaco, ahora que se ganaba la vida comerciando con él en Amberes.

—Puede que no haya nadie —murmuró Alonso meneando mucho la cabeza—. Vámonos; está cerrado y no responden.

Ambos se alejaron del portón, dispuestos a volver a probar al día siguiente. Thomas se paró, unos metros más allá, de repente.

—Un momento, ¿oyes eso? ¿Oyes esas voces?

Parecía que había alguien charlando al otro lado.

Alonso regresó a la puerta y llamó de nuevo con los nudillos. El gozne crujió y las dos hojas anaranjadas se fueron abriendo con lentitud. Thomas dio un respingo, esperaba ver al hijo de Colón en cualquier momento.

Sin embargo, del portón salió un grupo de hombres jóvenes, bien vestidos, charlando de manera efusiva.

—¡Vamos! No te quedes ahí —dijo Alonso a su compañero. Ambos se colaron rápidamente por la puerta abierta.

—¡Eh, malandrines! ¿Quién demonios sois vosotros? —escucharon nada más llegar al otro lado, mientras Thomas aún resoplaba por el esfuerzo realizado.

Thomas se volvió y vio a un hombre con los brazos en jarras que los miraba amenazante.

—Venimos a ver al señor Colón.

—Nadie me ha avisado de vuestra llegada. —El tipo frunció el entrecejo.

—No he podido anunciarla —afirmó Alonso apenado—. Permitidme que nos presentemos. Yo soy Alonso García y este es mi ayudante, Thomas Babel. Somos mercaderes de libros.

—¿Y qué queréis?

—Somos representantes de una sobresaliente familia, los Coloma, uno de cuyos miembros fue secretario del rey Fernando de Aragón, y conocía bien a don Cristóbal Colón —dijo con firmeza Alonso—. Venimos porque debemos presentar a don Hernando Colón una cuestión bibliográfica que será de su interés; hemos oído que tiene una valiosa colección de libros.

—¿Colección? —El hombre frunció el ceño de nuevo.

—Perdonad, ¿nos han informado mal?

—Desde luego que sí, y además no podéis presentaros de esta manera; dad gracias que no os echo a patadas.

—Lamentamos la impertinencia, pero debo insistir. ¿Sería posible hablar con el señor Colón un momento? Se trata de un tema bibliográfico de primera magnitud.

—¿Por qué no le habéis escrito antes, pidiendo una audiencia? —El guardia no daba su brazo a torcer.

—Es un hecho urgente, hemos viajado desde Zaragoza para esta visita —insistió Alonso—. Os juro por todos los santos que seremos breves, solo precisamos hablar unos instantes con el señor Colón. A él le interesará mucho el tema.

—Venid conmigo; más vale que merezca la pena el asunto que os trae hasta esta casa. El señor Colón es un hombre tremendamente ocupado.

—Por supuesto. ¿Cuál es vuestro nombre?

—Marcos, Marcos Gutiérrez —dijo separando las sílabas.

Los condujo por una senda hasta llegar a un espectacular jardín; como habían intuido desde el exterior, más que un jardín era a la vez una inmensa huerta, muestra de jungla y pequeño bosque. Estaba repleto de plantas y árboles exuberantes desconocidos para Thomas y Alonso. Algunas de las plantas, algunos frutos de llamativos colores, le recordaban a Thomas los grabados de las láminas de Massimiliano. Los aromas que desprendían y los colores brillantes se mezclaban en el ambiente y despertaban los sentidos.

Vieron unos arbustos extraños que daban unos frutos rojos y redondeados. También había coronas doradas como las que una vez nombró Massimiliano, esas flores que se movían girando al sol. Aquel vergel era un pequeño pedazo del Nuevo Mundo.

Un hombre delgado y sudoroso, que transportaba unas ramas recién cortadas, se paró un momento ante ellos.

—¿Todo bien, Víctor? —le preguntó Marcos.

—Sí, estoy podando los del fondo. Creo que les vendrá bien.

—Perfecto. ¿Ayer tarde dónde estabas? Fui a buscarte, tu puerta estaba cerrada y no respondías.

—Duermo profundo —sonrió.

—A mí también me pasa eso —interrumpió Alonso—, o me insisten o no oigo nada. ¿Sois el responsable de esta maravilla de jardín?

—Yo solo lo cuido.

—¿Estas plantas las trajo el propio Colón? —insistió el buscador de libros.

—No, no. Las proporcionan los Enériz.

—¡Basta de cháchara! —intervino Marcos—. Sigamos, ¿o preferís quedaros con el jardinero?

Embrujado por aquel lugar, Thomas cerró los ojos un segundo y volvió a fantasear con cruzar el océano y llegar hasta aquellas lejanas tierras. Notó la emoción de su sueño de la noche anterior, y se vio en las Indias por un instante.

Dejaron atrás al jardinero. Marcos los hizo subir los peldaños de la escalinata que precedía a la entrada del palacio. El edificio era hermoso, de dos plantas, con columnas clásicas. Desde allí arriba la vista era impresionante. Se divisaban los colosales barcos que llegaban por el río cargados con las maravillas del Nuevo Mundo, las torres que flanqueaban el río, el ajetreo de las calles del centro de

Sevilla... Ahora entendía porqué el hijo de Colón había construido su palacio en aquel cerro elevado.

—Entrad —les dijo Marcos.

El interior del edificio era también sorprendente; las paredes estaban cubiertas de azulejos que formaban imágenes de diversos colores y motivos. En el centro vieron un patio, a modo de claustro, con una fuente de la que brotaba agua y cuyo sonido relajaba la mente. A su alrededor, otras plantas exóticas, esculturas y bustos clásicos, que parecían antiguos gobernantes o deidades paganas.

Marcos los guio a través del pasillo que rodeaba el claustro. Llegaron a una escalera que estaba presidida por otra estatua, más frívola que las anteriores, con una máscara grotesca en el rostro.

—Esperad aquí.

El guardia fue hacia una puerta a la derecha y desapareció tras ella. Thomas seguía absorto en la estatua que había junto a la escalera, se preguntó qué simbolizaría.

En eso, Marcos regresó acompañado de un hombre ataviado con una larga túnica. Un pequeño sombrero puntiagudo le coronaba la cabeza, de cabellos negros y rizados. Lucía muy distinguido.

Thomas se lo quedó mirando; había envejecido algo, pero sí, era el mismo hombre que había conocido en Amberes, en la imprenta de Thys.

—¿Quiénes sois vosotros?

—Soy Alonso García y mi ayudante, Thomas Babel. Mercaderes de libros.

—Yo soy Hernando Colón —dijo de manera solemne—. Me ha comentado Marcos que habéis venido por un tema bibliográfico, ¿de qué se trata?

—Buscamos un libro —respondió Alonso—. Fue escrito por un escritor sevillano, Jaime Moncín, hace unos veinte años. Lo imprimió Cromberger y comprasteis un ejemplar, lo hemos comprobado en los archivos de ese taller.

—No recuerdo a ese escritor.

—Solo vendió unas pocas copias de su libro, *Amores imposibles* —añadió Alonso—. Nosotros trabajamos para don Luis de Coloma; su abuelo fue secretario de los Reyes Católicos y conoció a vuestro padre.

—Sé quiénes son los Coloma y también que Luis de Coloma es un respetado coleccionista de libros.

—Don Luis nos ha enviado desde Zaragoza para localizar una de las copias del libro de Moncín.

—¿Y queréis ver mi ejemplar? —preguntó.

—No hemos localizado ningún otro, don Hernando. Está escrito en prosa y con capítulos breves. Luce unos bellos grabados. Trata de una historia de amor. Don Luis de Coloma está dispuesto a pagar una suma importante de dinero por él.

—Así que quieren comprar mi ejemplar... Creo que no comprenden cómo funciona mi biblioteca y para qué se ha concebido.

—Bueno, soy mercader de libros desde hace muchos años. He visto muchas bibliotecas —se jactó Alonso—. He trabajado para los más grandes coleccionistas de libros de España.

—Yo no soy como cualquier coleccionista.

—¿Cómo es eso? Nos han asegurado que coleccionáis libros.

—Eso os han dicho. —Don Hernando miró a Marcos, cuyo rostro permanecía inexpresivo—. Os mostraré algo. Haced el favor de seguirme, por favor.

Don Hernando Colón se dio la vuelta y caminó hasta una puerta de doble hoja, labrada con motivos mitológicos. La abrió y los invitó a entrar. Thomas agachó la mirada y obedeció.

23

La biblioteca

Thomas dio varios pasos, y cuando alzó de nuevo los ojos se encontró con una visión sorprendente. Una enorme biblioteca, una réplica multiplicada hasta lo imposible de la mayor librería que Thomas hubiera visto jamás. Libros y más libros. Y más allá, más libros. Todo eran estanterías, una tras otra, una encima de la otra, y cuando parecía que esta se acababa aparecía otra más. Pasillos que giraban y volvían a girar hasta donde alcanzaba la vista. Todos ellos completamente repletos de libros.

—Bienvenidos a la biblioteca del Nuevo Mundo.

Entre los pasillos se veía una docena de siluetas, personas examinando libros, llevando volúmenes a las mesas. Algunas de ellas se volvieron para mirarlos, sin decir nada. En la parte central de la sala se disponía una estatua de cuerpo entero de un hombre ataviado con una toga y un rollo de papel en la mano, con indudable influencia clásica. Tras la escultura, unas mesas alargadas en las que había más personas trabajando sobre más libros.

Aquel era el gran secreto de Hernando Colón.

—¡Santo Dios! —Alonso no se contuvo—. ¿Qué... es este lugar?

—Ya se lo he dicho, la biblioteca del Nuevo Mundo. Desde aquí luchamos contra la oscuridad y la superstición de la Edad Media.

Era la segunda vez que Thomas escuchaba ese concepto; el hijo de Colón parecía tener mucho en común con los miembros de las reuniones del muelle de Amberes y las ideas humanistas.

—Ya estamos en la era del conocimiento —prosiguió don Hernando Colón, señalando las estanterías más lejanas—. La era de la razón, bajo la luz de los libros.

—Tiene que haber miles de ejemplares... —dijo, casi para sí, Thomas, mirándolo todo con los ojos muy abiertos.

—No solo hemos descubierto las Indias —siguió Colón—. También hemos redescubierto todo el saber clásico. Y debemos ir más allá, debemos recopilar todo el saber que ha permanecido ignorado por el hombre.

—¿Tenéis textos de Platón? —inquirió Alonso con mucho interés.

Hernando Colón lanzó una discreta risotada.

—¿De Platón? Por supuesto. Imprescindible. Y es que no solo los conocimientos que antes permanecían cubiertos por las tinieblas del olvido se han puesto de manifiesto, sino que también se están descubriendo saberes completamente ignorados por los antiguos: nuevos lugares, leyes, costumbres...

Thomas seguía embelesado; allí sí que podrían guardarse todos los libros del mundo.

—Don Hernando..., permitidme que os pregunte: ¿cuántos libros tenéis aquí? —preguntó Alonso.

—Veinte mil, clasificados por un sistema que yo mismo he ideado —respondió orgulloso—, gracias a los consejos de un sabio impresor de Amberes.

Thomas recordaba perfectamente aquella conversación, en la que Jan Thys le habló a Colón sobre la necesidad de clasificar bien los libros para facilitar su consulta y su uso. Le emocionaba haber sido testigo del germen de la magnífica organización de esta biblioteca única en el mundo.

—Por eso esta biblioteca no es comparable a ninguna otra —siguió Colón—. Aquí todo está ordenado por materia, de todo tenemos un sucinto resumen. Se puede buscar y localizar fácilmente toda la información sobre un tema.

—Ahora lo entiendo. —Alonso avanzó hacia las primeras estanterías—. No habéis adquirido todos estos libros para coleccionar por coleccionar, o para copiarlos o venderlos.

—Exacto, mi propósito es otro. Todo el saber concentrado y, lo que es más importante, disponible. Para el progreso de la humanidad. Mi padre descubrió un Nuevo Mundo, yo soy su hijo. Debo estar a su altura.

—Veinte mil libros... —El buscador de libros intentó hacer un cálculo mental del dinero que suponía todo aquello y en su cabeza se dibujaron unas cifras astronómicas.

—Esta biblioteca no debe parar nunca de crecer, espero llegar pronto a los treinta mil ejemplares; y no quiero irme de este mundo sin asegurarme de tener cincuenta mil. Cuando yo muera, el número deberá seguir creciendo, será un lugar de consulta y de compartición de todo el conocimiento.

—Dios santo, es un objetivo abrumador, admirable... —Alonso pasó sus manos por los lomos de algunos de los ejemplares, muy bien conservados.

—Tened en cuenta que adquirimos todo libro, documento o panfleto que se imprime en la Cristiandad —explicó don Hernando Colón.

—Eso no es posible, hay imprentas por muchas ciudades.

—Todo está al alcance de la mano cuando la razón está de tu lado, solo para los necios está prohibido soñar.

—No había oído jamás de un sitio así.

—Así es, aunque como ya os he dicho, lo más significativo no es que tengamos todos los libros del mundo, sino que los tenemos ordenados, clasificados y resumidos. Estos hombres que veis son mis lectores, y ese es su trabajo.

—Don Hernando... —Alonso comenzaba a asimilar la situación—. Insisto en que no es posible tener todos los libros del mundo, la mayoría están todavía en monasterios o en colecciones privadas de grandes nobles y reyes.

—Antes era así; sin embargo, hoy en día se están traduciendo e imprimiendo copias de todos esos textos, tanto antiguos como modernos. La imprenta ha cambiado el mundo para siempre.

—¿De verdad pensáis eso? —Alonso mostró un tono más distante—. Creo que ha sido el descubrimiento de las Indias el hecho que ha cambiado el mundo, literalmente.

—¿Y no os parece curioso que haya sido en esta época ese descubrimiento?

—No entiendo qué insinuáis.

—La imprenta nos ha facilitado un enorme conocimiento que está posibilitando avances técnicos, médicos y científicos y por tanto, también descubrimientos de nuevas tierras.

—¿Queréis decir que el descubrimiento de las Indias ha sido consecuencia directa de la invención de la imprenta?

—Eso os lo habría explicado mejor mi padre. —Por primera vez sonrió ampliamente—. La imprenta ha abierto todo tipo de caminos, sí. Aquí solo hay libros impresos, nada de manuscritos. Pretendo tomar todo lo que todos saben y destilarlo.

—¿Ordenar el conocimiento?

—No solo eso. España es la cabeza de un imperio universal. Mi biblioteca será el cerebro dentro de esa cabeza: albergará toda la información que pueda encontrarse en todo el mundo para que cualquier pregunta que necesite respuesta pueda ser respondida y no se pierda ninguna información, por banal que esta sea.

—Por eso también os interesan los panfletos o relaciones de sucesos, todo documento impreso. —Alonso suspiró, dio un par de pasos al frente y lo miró de nuevo—. Una biblioteca con todo lo que se imprime en cualquier reino. Es una tarea monumental, don Hernando.

—El mundo no solo ha cambiado por la hazaña de vuestro padre, la razón se ha vuelto a colocar en el centro del pensamiento —interrumpió Thomas—. Se ha recuperado el saber antiguo, se investiga, se debate, es un nuevo mundo en el sentido más amplio del concepto.

—Yo no lo hubiera dicho mejor, muchacho. Por cierto, ¿nos hemos visto antes?

—Sí, en Amberes. —Thomas observó la cara de asombro de Alonso ante su atrevimiento—. Trabajé en ese taller de imprenta que habéis mencionado, el de Jan Thys; dijisteis que estabais acompañando a la comitiva de coronación del emperador.

—Cierto, hace ya dos años de eso.

—Buscabais un libro de Erasmo que había pertenecido a vuestro padre, ¿lo encontrasteis?

—Sí, lo hice. —Don Hernando sonrió—. Un libro de Erasmo de Rotterdam dedicado a mi padre, el Almirante Colón. Una joya histórica y también familiar. Os la enseñaré, aguardadme aquí.

El hijo de Colón desapareció entre los laberínticos pasillos de la biblioteca y regresó presto con el libro entre las manos.

—Aquí lo tenéis, dedicado por Erasmo a mi padre. —Les mostró la hoja manuscrita.

—Erasmo y Cristóbal Colón unidos... —murmuró Thomas—. Un encuentro histórico.

—Eso creo yo también —añadió don Hernando—. El verdadero avance de nuestro tiempo son los libros, como os digo; el tener acceso a ellos. Para las personas que aman los libros como yo, cada ejemplar leído es único. —Don Hernando siguió avanzando por el primero de los pasillos—. Cada uno de ellos tiene una historia detrás y, en algunas ocasiones, pueden tener anotaciones del propietario. Cada libro que veis tiene alma. El alma de quien lo escribió y el alma de quienes lo han leído y vivieron y soñaron con él. Cada vez que un libro se lee, su alma crece y se hace más fuerte.

24

Las maldiciones

Se retiraron hacia el centro de la biblioteca. Thomas observó unas placas de madera con frases escritas sobre las estanterías.

—¿Qué son? —Las señaló.

—Desde antaño, los libros se han protegido en lugares especiales para evitar que alguien los robe.

—En los monasterios tomaban medidas contra los hurtos, como encadenar los libros a las estanterías —añadió Alonso.

—O como mostrar estas maldiciones escritas hace varios siglos para desanimar a los posibles ladrones de los libros —continuó don Hernando.

Thomas leyó una de ellas:

Si alguien lo roba: puede morir,
puede ser asado en una sartén,
puede contraer la enfermedad de la caída y la fiebre lo atacará,
y puede ser rotado y ahorcado. Amén.

Y también le llamó la atención otra que estaba más a la derecha y escrita con una caligrafía cursiva que decía:

Quien quiera que se lleve este libro,
no volverá a ser visto por Cristo.
Quien quiera que robe este volumen
que lo maten como a un maldito.
Quien quiera que intente robar este volumen
¡que le quiten sus ojos, que le quiten sus ojos!

—No temáis —les dijo—, aquí los libros están a salvo. Me he esforzado en proteger la biblioteca para que nadie pueda robarlos. Este palacio es una fortaleza, el castillo de los libros, como me gusta llamarlo a mí. Pero quería mantener estas advertencias, nunca se sabe.

—Huelga decir que para este cometido hay que poseer una suma ingente de dinero... —Alonso no paraba de elucubrar—. Muchos medios y una amplísima red de contactos por decenas de países.

—Estáis en lo cierto. Por suerte, mi padre me dejó a cargo de sus bienes en España, mientras que mi hermano Diego heredaba sus títulos y dominios en el Nuevo Mundo. No lo envidié, en absoluto —pronunció don Hernando Colón firme—. Viajé con mi padre en su cuarto viaje.

Thomas dio un respingo; Massimiliano le había contado más de una vez que él también fue en ese último viaje de Cristóbal Colón al Nuevo Mundo y que fue un completo desastre. ¡Qué enorme casualidad!, pensó. Tenía que ser algún tipo de señal.

Y a continuación se imaginó al napolitano, a Colón y a su hijo juntos rumbo a poniente. Ojalá hubiera estado él en esa aventura épica.

—Anoté todo lo que vi, sentí y sufrí —continuó narrando don Hernando—. Con ese viaje tuve suficiente, mi vida son los libros. Y cada uno de ellos es un Nuevo Mundo; no necesito viajar, tan solo leerlos.

—No es lo mismo, con todo mi respeto. —Alonso negó con la cabeza.

—¿De verdad creéis que no? Yo he viajado más de lo que podáis imaginar, os lo aseguro, más con la imaginación que en la vida real. La lectura y viajar son actividades similares, por eso un libro puede ser una magnifica brújula para encontrar nuestro camino.

—Quiero decir, yo he leído mucho y... sí, lo disfruto, pero viajar... —Alonso se quedó pensativo—. No puede ser lo mismo ir al Nuevo Mundo que leer sobre esas tierras.

—A veces la lectura puede ser incluso mejor, todo gran viaje empieza en los libros. —Por primera vez Hernando sonrió de verdad—. ¿Habéis leído a los grandes autores griegos?

—Por supuesto —respondió Alonso, algo ofendido por la duda—. No hay nada que supere a Homero. El gran Alejandro

Magno dormía siempre con su ejemplar de la *Ilíada* debajo de la almohada, y también con una daga...

Sabiendo el entusiasmo que sentía Alonso por los textos griegos, Thomas tuvo que contenerse para no reírse por la pregunta.

—Bien; si hubierais viajado a Grecia, os encontraríais rodeado por los turcos. Del esplendor de aquella civilización solo hallaríais ruinas y despojos.

—Porque han pasado cientos de años... No viajaríamos a la época correcta.

—Exacto. En cambio, con los libros podéis viajar dónde y, sobre todo, cuando queráis —afirmó don Hernando Colón abriendo los brazos para abarcar todo el espacio posible—. ¡Y mirad! ¿Cuántos lugares podéis conocer aquí? ¿A cuántas ciudades viajar? ¿Cuántos secretos descubrir?

Thomas distinguió entre los títulos anotados de forma sorprendente en los lomos palabras en lenguas que reconocía y muchas otras que era incapaz de catalogar. Se imaginó el tiempo que costaría leerlos, los días, las semanas... ¡Los años!

—Perdonadme que insista, pero... —Alonso se alzó sobre las puntas de sus pies—, ¿y el libro que hemos venido a buscar?

—El nombre del escritor era...

—Jaime Moncín.

Don Hernando Colón se dirigió hacia un libro de voluminosas dimensiones, apoyado sobre un atril de madera teñida. Comenzó a consultar sus páginas mientras ellos seguían admirando la biblioteca.

—¿Te imaginas todo lo que valen estos libros?

—Alonso, céntrate, estamos aquí por uno en concreto —recordó Thomas.

—Sí, lo sé —refunfuñó.

—Cierto. —El hijo de Colón regresó—. Tenemos un libro de ese autor. En el resumen que se hizo está calificado como obra en prosa de estructura novedosa, con grabados eróticos y temática amorosa. ¿Grabados eróticos? Qué raro...

—Ese es —afirmó Alonso.

—He anotado la ubicación en esta cuartilla, acompañadme. —Comenzó a caminar por el laberinto de libros con suma facilidad.

Thomas se preguntó cómo se orientaba entre aquella muralla de estanterías y observó unos números en la zona superior de cada fila, y más en las baldas, que Colón iba siguiendo. El libro no estaba cerca, caminaron por un alargado pasillo, entre unas escaleras que utilizaban los lectores para alcanzar los libros más altos. Así llegaron a un rincón algo más oscuro, y don Hernando comenzó a tocar los lomos con su dedo índice, intentando orientarse. Era como si los contara, hasta que se detuvo. Volvió atrás y repitió la operación.

—¿Ocurre algo? —Alonso se acercó más a él.

—Es extraño, parece... Dadme un segundo. —Don Hernando los dejó solos y se marchó por el mismo pasillo por donde habían llegado.

—Esto no puede ser nada bueno —murmuró Alonso.

La espera fue corta; don Hernando regresó rápido acompañado por otro hombre, corpulento, con el pelo muy corto, los ojos grandes y unas cejas pronunciadas.

Se colocaron delante de la misma estantería, revisaron la numeración de la parte superior y luego contaron los lomos de los libros igual que antes. Se miraron sorprendidos. Don Hernando tomó entonces el primero de una fila y fue abriéndolos y dejándolos en el suelo. Quien lo acompañaba hizo lo mismo con la de al lado. Así subieron por una balda y la siguiente, revisando toda la estantería.

—¡No es posible! —exclamó don Hernando.

—¿Qué ocurre? —Alonso se había aguantado demasiado las ganas de preguntar.

—El libro que buscáis, el Moncín, no está.

—¿Cómo? ¿Queréis decir que está perdido?

—¡¿Cómo vamos a perderlo?! —contestó don Hernando Colón—. El sistema de ordenación y clasificación siempre funciona, siempre; pero el libro no está, no lo entiendo...

—Entonces solo hay una explicación —asintió Alonso tras un largo suspiró.

—¿Cuál?

—Don Hernando, me temo que os lo han robado.

25

La oferta

El desconcierto reinaba en la biblioteca del Nuevo Mundo, don Hernando Colón puso a todos sus lectores a buscar el libro. Revisaron cada palmo del pasillo donde debía estar e interrogaron a los lectores que podían haberlo leído. Durante todo el día, la única ocupación fue hallar el escrito de Jaime Moncín, y al final de la tarde la conclusión era unánime, había sido robado.

Don Hernando llamó a Alonso y Thomas a su despacho, donde también estaban Marcos, el guardia de la puerta, y el otro hombre más corpulento que había acudido con él en busca del libro y que parecía el principal vigilante de la biblioteca.

Aquella estancia estaba presidida por un gran retrato de un caballero con cierto parecido con don Hernando. La luz entraba a través de un amplio ventanal y también contaba con una librería y una mesa de estudio con planos, más libros desperdigados y un objeto singular: una esfera sobre cuatro patas, y que tenía dibujados sobre su superficie mapas.

—Esto jamás había sucedido —empezó diciendo el hijo de Colón—. Mucha casualidad es que vengáis buscando un libro que precisamente ha sido robado.

—¿Qué queréis insinuar, don Hernando?

—Cuida ese tono —dijo el hombre corpulento.

—¿Y quién sois para alzarme la voz?

—Me llaman el Guardián —respondió con una voz tajante—. La biblioteca está a mi cargo.

—Así que eres quién ha perdido el libro, ¿no? —mencionó Alonso desafiando el rostro pétreo de aquel hombre.

El Guardián dio un paso hacia el mercader de libros con un

semblante amenazante; Alonso no se amedrentó y le mantuvo la mirada bien firme.

—¡Basta! Ellos acaban de llegar, ¿para qué iban a ponernos en alerta del robo de un libro? —dijo Colón.

—¿Y si lo sustrajeron ellos y lo que pretenden ahora es que nos demos cuenta y paguemos por el libro? —replicó el Guardián.

—No os consiento esas insinuaciones, somos hombres honrados. Nada tenemos que ver en el robo, queremos encontrar ese libro tanto o más que vuestra merced, don Hernando.

—Señor, no os fieis de ellos —insistió Marcos.

—Por favor, hemos venido a Sevilla buscando el libro, ¿qué sentido tendría haberlo robado? —Alonso se llevó las manos a la cabeza.

—Tú eres el Guardián. No te culpo de este robo, pero la biblioteca es tu responsabilidad y es obvio que en ella se ha producido un error o un descuido.

—Asumo mi culpa, don Hernando.

—Luego hablaremos de responsabilidades —advirtió el hijo de Colón—. Quisiera conocer qué sabéis exactamente sobre ese libro.

—Ya os hemos dicho lo que sabíamos —respondió el mercader de libros—. Nos lo encargó don Luis de Coloma, en Zaragoza. Por eso vinimos a Sevilla. En la imprenta Cromberger nos informaron de que habíais comprado un ejemplar, quizá el único que quedaba. Por eso vinimos.

—¿Por qué tanto interés por ese escritor?

—Eso no lo sé, solo tenemos su nombre y apellido, Jaime Moncín, y el título del libro, *Amores imposibles*; sabemos que fue escrito hace unos veinte años y que el texto viene acompañado de unos grabados de gran calidad y temática, digamos, amorosa.

—¿Temática amorosa?

—Nuestro benefactor, don Luis de Coloma, es coleccionista de libros raros, ya lo sabéis. No me dio mucha más información, pero al parecer esos grabados resultan muy sugerentes.

—¿Nada más se conoce del libro? ¿Solo eso?

—Por el momento no —respondió firme Alonso.

Don Hernando Colón se quedó pensativo, hubo un largo silencio. Hasta que fue hacia el Guardián.

—¿Por qué compré ese libro?

—Según los registros formaba parte de una colección, comprados a los herederos de Héctor Sanmartín —respondió el Guardián.

—Eso todavía hace más difícil que nadie supiera que ese libro estaba aquí —murmuró don Hernando Colón.

Thomas se distrajo observando la esfera y al levantar la vista la fijó en el Guardián, un hombre serio, sin atisbo alguno de sentido del humor; sus movimientos lentos y su forma de ser sosegada contrastaban con su enorme corpulencia.

—Nadie puede imaginar lo que supone esto para mí; una angustia, pero también una humillación, y gran inseguridad ¿y si nos han robado más libros?

—Mi señor... —El Guardián intentó tranquilizarlo—. Seguro que hay una explicación.

—Sí, claro que la tiene que haber. —Entonces don Hernando Colón suspiró profundamente, y se dirigió a Alonso y Thomas—: Y la hallaremos. Vosotros dos habéis llegado hasta aquí, y sois mercaderes de libros, así que supongo que sois los más indicados para seguir investigando. Yo también quiero encontrar ese libro.

—Pero, disculpadme... —Alonso buscó la mejor manera de decirlo—: Ya trabajamos para don Luis de Coloma.

—Pues ahora lo hacéis también para mí. Ese libro es mío, encontradlo, y mandaré que hagan una copia y os la podréis llevar para Zaragoza.

—No sé...

—Os pagaré cien ducados de oro —don Hernando Colón alzó la voz.

Thomas vio como a Alonso le temblaba la pierna derecha, de hecho, puso sus dos manos sobre ella para sujetarla.

—Es una fuerte suma, pero...

—Ciento veinte, ni uno más.

—Contad con ello. —Alonso apretó todo lo que pudo los dientes para disimular una enorme sonrisa que quería dibujar su rostro—. Pero recordad que deberéis entregarnos también una copia para satisfacer así al señor Coloma.

—Os doy mi palabra.

—La aceptamos. —Y miró a Thomas, nervioso.

Marcos les abrió la puerta para acompañarlos a la salida, y estrecharon la mano de don Hernando Colón ante la mirada inexpresiva del Guardián. Al salir del despacho respiraron aliviados, el ambiente se había tornado asfixiante en el interior.

Cuando descendían la escalinata se cruzaron con una mujer. Tenía la piel oscura y brillante, con los ojos como dos enormes pozos sin fondo y el pelo negro y rizado. Era delgada y tenía el cuello largo, lo que la hacía parecer todavía más alta.

—Rosalía, ¿qué haces tú por aquí? —inquirió Marcos.

—Voy a limpiar las salas del lado sur, mi señor.

—Ahora mejor no, vuelve luego.

—Como ordenéis —respondió con una dulce voz, y se dio la vuelta con lentitud, con un suave movimiento que dejó embelesados a los tres hombres.

Thomas y Alonso se quedaron hipnotizados; aunque intentaron disimular, no podían evitar mirar a aquella mujer. Ninguno dijo nada y Rosalía siguió, moviéndose como si flotara por la escalera. El joven alemán nunca había visto antes una mujer de color, sabía que existían por los libros que había leído. Pero la que acababa de ver poseía la belleza propia de una diosa griega.

Marcos los acompañó hasta la puerta anaranjada; no era un hombre muy amigable y solo soltó una especie de gruñido cuando los dejó allí.

En cuanto estuvieron a una distancia prudencial, Alonso se detuvo, apoyó la espalda en la pared de una tapia y comenzó a reírse. No podía detenerse, el buscador de libros reía y reía cada vez más.

—Muchacho, ¡nos ha cambiado la vida! Jamás pensé que tendría tanta suerte.

—Pero aún no tenemos el libro.

—Memeces, van a pagarnos ciento veinte ducados más.

—Alonso, no sabemos dónde está —insistió Thomas.

—Creo que es gracias a ti; atraes la buena fortuna, no hay otra explicación. —Alonso continuaba embriagado por el dinero.

—¡Eso son sandeces! ¿Y si no lo encontramos? La única pista que teníamos nos llevaba a esa biblioteca.

—Si han robado el libro... —Comenzó a moverse alrededor de Thomas—. Sé dónde debemos ir; otra vez que estuve en Sevilla me advirtieron de que todos los negocios se hacen en el mismo lugar, las gradas de la catedral. ¡Vamos!

Rosalía decidió observar un rato a los dos visitantes desde la rendija de una de las puertas que daban a la escalera. Ambos eran muy distintos, el que llevaba la voz cantante era mayor, delgado y hablaba con seguridad. El otro era tan solo un muchacho, fuerte, con el pelo negro espeso y revuelto y la mirada triste.

Rosalía no había visto nunca a un hombre tan joven que transpirara tanta melancolía. Sintió curiosidad por él. Manejar los sentimientos de los hombres era su mejor cualidad. Pero esa tristeza... no era nada habitual y representaba un nuevo desafío.

Sabía moverse por el palacio de Colón sin ser vista. Era un edificio laberíntico, con poco servicio. Las únicas mujeres que solían entrar en él eran la cocinera, doña Manuela, y ella. El resto eran todos hombres: el jardinero, Víctor; el Guardián, Marcos, y los lectores que venían cada día a trabajar a la biblioteca, a resumir y clasificar los libros. A veces solían visitar el palacio los más prósperos comerciantes y altos cargos de la ciudad. Nunca mujeres, a excepción de la hija de los impresores Cromberger, los que habían dirigido a Alonso y a Thomas a la biblioteca de Colón.

Hacía años, Rosalía le había pedido permiso a don Hernando para aprender a leer, y él no se negó; la única condición era que tenía que ser dentro de palacio, así que fue el Guardián quien la instruyó. Doña Manuela, la cocinera, le había dicho mil veces que perdía el tiempo, que una esclava no necesita leer, pero Rosalía no pensaba ser una esclava toda su vida.

No era tonta, sabía de las miradas de los lectores y los comerciantes que visitaban a don Hernando. Todos la observaban desde la lejanía, y ella no era ajena a la lujuria que desprendían sus pupilas. Sin embargo, aquellos dos mercaderes de libros eran distintos, ninguno de ellos la miró con deseo. Casi podía decir que era la primera vez que le sucedía y tal insólito hecho la desconcertó e intrigó a partes iguales. La tristeza de ese chico... Su belleza no había podido con él. Al menos, no en esta ocasión...

Cuando vio que se marchaban, corrió por las dependencias interiores, salió al jardín por una pequeña puerta de servicio y se colocó en un lugar oportuno para que se tropezaran con ella antes de cruzar el portón.

Se soltó el pelo y se abrió un poco la camisa. Lanzó un suspiro suave para que se percataran de su presencia. Y cuando el más joven la miró, ella le sostuvo la mirada.

Fue un largo instante. Se mantuvo bien inmóvil, como cuando los pescadores echan el cebo al río. En este caso, sus profundos ojos eran la trampa; sabía que si ese joven caía en ellos ya no se le escaparía.

Los dos hombres abandonaron el palacio. Rosalía se retiró hacia la cocina y se encontró en el camino a Víctor, que llevaba las manos manchadas de tierra húmeda y se la quedó mirando. Rosalía no dijo nada y continuó su camino con la mente puesta en la mirada sostenida de aquel joven visitante.

26

Las lluvias

Cuando salieron del palacio de Colón, el cielo de Sevilla estaba inusualmente oscuro, y comenzó a llover.

—¿Qué te ha parecido, Thomas, la biblioteca del Nuevo Mundo?

—Realmente impresionante. Ha sido fantástico ver de nuevo publicaciones en tan buen estado de conservación, tan cuidadas, y además muchas están impresas en ese papel blanco de Flandes, el más moderno que hay. Don Hernando exige la mejor calidad en sus encargos, me parece.

—Un momento, ¿qué quieres decir?

—Aquí en Sevilla se usa un papel casi marrón; lo vi en las imprentas que visitamos. No es un papel de calidad; en cambio en Flandes se usa uno excelente, completamente blanco —explicó Thomas.

—Vaya...

—La pasta de papel es lo más caro de la fabricación de un libro. En España deben de tener problemas de suministro y usan esa pasta ocre.

—Muy bien visto. —Alonso suspiró—. Mucho me temo que don Hernando debe ser un hombre complejo; ser hijo del descubridor de las Indias supone una gran responsabilidad, creo que por eso ha construido esta biblioteca.

—Para que su padre estuviera orgulloso de él.

—Mejor dicho, para igualarlo. Don Hernando no puede encontrar otro mundo, pero sí poseerlo. Esta idea de crear una biblioteca universal es en el fondo una forma de poseer el mundo, ¿no crees?

—No lo había entendido así —respondió Thomas.

La lluvia no cesaba y Alonso insistió en llegar hasta la catedral.

Thomas por fin se vio ante la Giralda. De cerca era todavía más colosal y fascinante. ¿Cuánto mediría?, se preguntó.

¿Cómo habían sido los hombres capaces de construir esa maravilla?

Imaginó grúas y andamios, y al mismo tiempo midió la elevación necesaria; esos obreros debían de disfrutar de una valentía y una habilidad inauditas. Ahí estaba, frente a sus ojos, la Giralda. Pagaría lo que fuera por subir a lo más alto de aquella colosal torre y contemplar así el esplendor de Sevilla.

Alonso, en cambio, no se mostraba impresionado por el bello edificio, estaba muy concentrado en el encargo de Colón; pasó a sus pies sin levantar la mirada y se dirigió hacia las gradas de la catedral. Preguntó a la poca gente que allí había, hasta que dio con un narigudo muchacho que le dio las indicaciones oportunas. Salieron hacia la zona del arroyo que bordeaba la muralla antes del puerto; había mucho almacén de pescado, y olía de forma pestilente. El agua de la lluvia comenzaba a embarrarlo todo, y con dificultades accedieron a un edificio alargado con tejado a dos aguas, donde los recibió un hombre de pelo rizado y la cabeza poco proporcionada.

—No hace día para estar fuera de casa —les dijo al verlos llegar empapados.

—¿Creéis que arreciará pronto?

—Pues no sabría qué deciros, hace poco ha venido uno y me ha contado que el Cabildo ha cerrado las puertas por si acaso.

—Entonces es serio.

—Con la lluvia toda precaución es poca, que yo he visto entrar el río a la misma catedral.

—¡Virgen santísima! Pues sí que tuvo que llover —exclamó Alonso—. Me han dicho que desde aquí se distribuye el papel a las imprentas de Sevilla, ¿es cierto?

—En parte, que imprentas hay muchas —respondió a la defensiva.

—Pero a las importantes sí, ¿no es verdad?

—Aquí el papel ahora se manda al convento de San Francisco, el monasterio de San Jerónimo de Buenavista y el colegio de la vecina Osuna.

—¿Todas esas instituciones tienen imprenta?

—No, se trata de traslados por un tiempo de una o más prensas con todo el instrumental necesario, pero son propiedad de un maestro impresor con el que han firmado un acuerdo.

—¿Y las imprentas como la de los Cromberger?

—Oh, eso es harina de otro costal —e hizo aspavientos con las manos—. Lo traen de fuera, dicen que de Játiva.

—Veo que hay mucha división en el gremio.

—Es que sencillamente no hay gremio de artesanos del libro.

—Eso me resulta extraño —insistió Alonso.

—Es lo que hay. Los Cromberger tienen mucho poder, son como la realeza de los impresores, el resto son prácticamente súbditos —dijo, encogiéndose de hombros—. En lo único en que se ponen de acuerdo es en ubicar las imprentas en la calle de los genoveses, en la colación de santa María. Toma el nombre de los genoveses que la recibieron, en recompensa por los servicios prestados en la conquista de Sevilla.

—¿Por dónde queda? Aún no conocemos bien la ciudad...

—Va desde un arco del convento de San Francisco hasta la calle de los Alemanes, es la vía a lo largo de la fachada del Patio de los Naranjos y que flanquea la Puerta del Perdón.

—Decidnos una cosa: ¿qué es lo que más se lee en Sevilla?

—Yo solo me dedico al papel...

—Vamos, estoy seguro de que sabéis mucho más. —Alonso dejó un par de monedas en la palma de su mano.

—Los tiempos cambian y los lectores con ellos. Pero quizá lo que más venda ahora sean las impresiones que se hacen en la propia Sevilla. Es una manera socorrida de ganar dinero sin depender de encargos. Son obras de pequeña entidad que contienen acontecimientos referentes a fiestas, recibimientos, batallas, etc., cosas que interesan a la gente.

—Entonces, ¿los pliegos sueltos con noticias tienen más éxito que los libros lujosos? —inquirió Alonso.

—No lo dudéis.

Dejaron la zona de la muralla y corrieron a refugiarse de las lluvias y la posible inundación en la posada de la calle de las Harinas, que por suerte tenía dos alturas. El Jaco andaba colocando tablones en las ventanas de la planta baja. Se echaron a dormir con el incesante golpeo de las gotas de lluvia sobre el tejado. Cuando despertaron al día siguiente, el agua había alcanzado las Puertas de Triana y Arenal. Y aunque estaban ya atrancadas, el Maestro mayor del concejo mandó a cada puerta y usillo carpinteros, calafates, dejándoles estopas, madera y hachas para que no faltase nada, y alguaciles, que acudiesen a lo necesario.

A otro cliente de la posada le oyeron decir que, por si Dios no lo quisiese, se había dispuesto que el trigo del pósito se amasase para los pobres, previniendo las carencias que el tiempo amenazaba. También se había ordenado que de las casas sacasen colchones para lo que se pudiese acontecer.

Alonso se lamentaba de no poder salir de la posada de la calle Harinas, pero las vías se habían convertido en riachuelos y las puertas de las casas y los edificios se habían protegido con tablones.

No obstante, todo parecía controlado hasta que, a las diez de la noche, el agua saltó por encima de los tablones de la Puerta Nueva y comenzaron a repicar las campanas de la torre de la catedral, la Giralda.

—¡Vamos, Thomas! Echemos una mano que esto se pone feo.

No fueron los únicos que salieron a remediar el daño, pero al poco tiempo Alonso consideró la situación de extrema gravedad, así que buscó al diputado responsable de la puerta y le pidió que mandara pedir ayuda, pues la puerta iba a ceder de un momento a otro. Sin pensárselo dos veces, se metió en el agua y, no sin cierta dificultad, Alonso consiguió alcanzar hasta la parte por donde se colaba la riada con fuerza. Thomas le hizo llegar más madera y Alonso puso otro tablón encima de los que tenía; pero no existía canal por el que evacuar el agua, así que gritó a los más de veinte hombres que allí había. Entre todos sacaron la puerta más grande que hallaron y la echaron a plomo sobre la puerta existente, por donde entraba el agua a destajo, cesando así gran parte del daño.

La noche fue larga y todavía comenzó a llover con más fuerza. Alonso temió que la Puerta Nueva cediese, amenazando a todas las calles y casas de aquel barrio. Le pidió a Thomas que hiciera guardia junto a ella, pues no se fiaba de los diputados del concejo.

Sevilla estaba asediada por el agua; o cesaba el diluvio o se la llevaría el río.

Thomas estaba acostumbrado al agua de los canales de Amberes, pero se percató que aquel río era mucho más indomable y que las riadas ponían en serio riesgo la ciudad, que no estaba suficientemente preparada para aquello. Su muralla era la única defensa, no solo la protegía de ataques armados, sino también de las embestidas del río Guadalquivir.

Antes del alba los puntales comenzaron a ceder, y Thomas salió a toda prisa, dando voces, avisando del peligro a los vecinos, que se despertaron atemorizados y confusos viendo cómo un mar de agua entraba en sus casas. En las calles flotaban las camas, y la gente apostaba su suerte en la fuerza de sus brazos, nadando el que sabía, y el que no, en la piedad del que lo sabía hacer.

Crecía el agua, y con ella las lágrimas de las mujeres, niños y viejos, cuyas voces penetraban los más endurecidos corazones. Y entonces un joven cruzó arrastrado por el agua frente a Alonso y Thomas.

—¡Ayudadme! ¡Socorro! —gritó.

Thomas reaccionó al instante y buscó algo que tirarle; solo halló un banco que flotaba. Pesaba demasiado y no lograba levantarlo, hasta que Alonso le echó una mano.

Le hicieron llegar el banco y entre ambos lograron estirar de él hasta que se puso a salvo.

—Gracias —dijo mientras tosía el agua que había tragado.

—¿Estás bien? —Alonso le levantó la cabeza para que respirara mejor.

—Sí, me ha cogido de improviso.

—Tranquilo, ya ha pasado.

—No, la Puerta Nueva, que es por donde primero ha entrado el agua, está cerca de la de la Macarena, y si lanzas una línea desde ella con la Puerta del Arenal, se parte casi por la mitad la ciudad.

—¿Y eso qué quiere decir?

—Que los que huyen del agua que ha entrado por la Puerta del Arenal se van a encontrar con la de la Puerta Nueva y los desagües de Santa Lucía —explicó ya más calmado.

—Entonces la cosa es aún más grave.

—Yo debo irme, gracias de nuevo, no olvidaré que me habéis salvado la vida. —Y se marchó ciudad arriba.

El viento siguió bramando y no cesó de caer agua. Amaneció el domingo con tres partes de la ciudad inundadas, incluida la plaza de san Francisco, quince parroquias, una veintena de conventos de frailes, y once de monjas.

Sevilla parecía Venecia, salvo porque faltaban barcas en la ciudad para circular por las calles inundadas. Por la Puerta de Jerez entraron dos embarcaciones y otro barco lo hizo por la Puerta Real, y con bueyes entraron treinta barcos más que se repartieron por las calles anegadas.

Las autoridades obligaron a todos los panaderos, agricultores y aparceros, a que acudiesen todos los días a las plazas y vendiesen sin postura. Así no hubo escasez de pan, ni de carne ni de otros alimentos. El Cabildo de la santa Iglesia visitó las calles, proveyendo de sustento a muchas personas para que no dejaran sus casas desamparadas, pues ni podían salir a comprar lo necesario. Organizaron además plegarias, juntamente con las campanas, clamando a Dios que aplacase su ira, y procesionando de noche. Rezaban a las santas Justa y Rufina, que habían obrado el milagro de salvar a la torre de la Giralda de caer durante un terremoto, hacía veinte años.

No hubo hombre tan dormido en sus vicios que no despertase, ni pecador tan impenitente que dejase de compungirse. Los que no iban a misa corrieron a confesarse, se celebraron oficios en todas las iglesias y dieron voces los predicadores, amonestando penitencia y enmienda de culpas, ya que Dios mostraba estar tan ofendido.

A las religiosas de santa Clara las llevaron a santa Inés; a las del Orden del Carmen las trasladaron con sus frailes a su convento, poniéndoles clausura en el coro alto con todo recato y decoro, o al menos eso dijeron puertas afuera.

Los vecinos del arrabal de Triana, cercados tanto por el agua del Guadalquivir como la que bajaba por la cuesta de Castilleja y por arroyos que salían del río, viéndose anegados, se refugiaron en la iglesia de Santa Ana. Sin embargo, el agua estaba tan alta que el miedo a la muerte dio a todos alas para procurar escaparse sin escatimar en inconvenientes. Se subieron unos a la torre del campanario, otros a los tejados, descolgándose algunos de las ventanas a los barcos, mientras las mujeres no reparaban en arrojarse en ellos con menos decencia de la que pedía su natural honestidad.

Las horas se hicieron eternas, hasta que el lunes se sacó en procesión a la santa reliquia del *Lignum Crucis*, ante cuya presencia cesaron los furiosos vientos, y se serenó el cielo.

Alonso se lamentó de que al final hubiera que darle incluso gracias al Señor de que hubiera cesado el diluvio, pues si era Él quien lo había detenido también era el responsable de haberlo iniciado.

27

Fango

Al día siguiente, la ciudad estaba devastada, pero los sevillanos parecían acostumbrados a estos lances, pues enseguida comenzaron a reparar destrozos y a achicar agua de las casas, ayudados con baldes, cubos e incluso sus propias manos. El barro lo anegaba todo, algunas puertas aún no podían abrirse, y se habían desplomado abundantes tapias y tejados en mal estado.

—Cuánta prisa —murmuró Thomas.

—Más les vale; como vengan pronto un par de días de calor, con toda esta agua embalsada las enfermedades y plagas correrán como la pólvora.

—¿Tanto?

—Date cuenta de que entre el barro hay animales muertos; las aguas que se queden aisladas se convertirán en ciénagas y el calor hará el resto. —Alonso saltó un charco para no mojarse las botas.

Aquel día retornaron a la posada de la calle de Harinas, y ayudaron a El Jaco con los desperfectos a cambio de no pagar la pernoctación de dos jornadas.

Pasados esos dos días, la ciudad retomó el pulso, las puertas se habilitaron de nuevo y Alonso y Thomas pudieron reanudar su búsqueda del libro de Moncín. La pareja se encaminó por la Puerta del Arenal hacia las afueras de Sevilla.

—Ándate con ojo y no te separes de mí, uno de la posada me ha recomendado un lugar en el que pueden saber algo.

—Pero ¿vas a decirme de una vez adónde vamos...?

—Al mercado del Malbaratillo, no todos los que entran salen, o al menos enteros. Así que venga, pegadito a mí y sin abrir la boca.

Thomas pronto se dio cuenta de que el Malbaratillo no se trataba de un mercado al uso, pues se vendían productos variopintos sin orden ni concierto; aquel lugar debía de ser donde se deshacían de robos, pagos de deudas, herencias raquíticas y demás menesteres.

Había de todo, literalmente.

Incluso libros.

Alonso fue directo hacia el primer puesto donde observó que los vendían. Allí atendía una mujer anciana, menuda y morena, con arrugas en el rostro y el cabello más blanco que Thomas había visto nunca.

—Buenos días, estaba buscando un libro.

—Aquí tenemos muchos, caballero.

—Y muy buenos, por lo que veo. —Alonso intentó sacar a relucir sus mejores artimañas—. He estado en librerías de Roma que no tienen tan fabulosos textos como los vuestros.

—¿Habéis estado en Roma?

—Sí, huelga decir que es un lugar fascinante. Pude conocer al papa en persona, imaginaos...

—¿Y qué libro busca un amigo del papa? —inquirió la menuda anciana.

—Es de un escritor sevillano, Jaime Moncín. Está escrito en prosa y trata sobre una historia de amor.

—¿Amor?

—Sí —asintió Alonso—. Veréis, es que mi mujer lo leyó una vez y está como loca por tenerlo.

—No me suena de nada ni el libro ni ese escritor.

—También tenía grabados un tanto sugerentes...

—Le digo que nada, no conozco ese libro —contestó la anciana.

—¿Estáis segura?

—Por completo —pareció ofenderse por la duda.

—Una lástima. ¿Sabéis quién podría ayudarme? —insistió Alonso.

—Preguntad al Indio, tiene un puesto de cuchillos al final del mercado.

—¿De cuchillos?

—Sí, preguntadle por el libro.

—Está bien. —Alonso parecía contrariado.

—¿De verdad crees que este es el mejor lugar para buscar el libro? ¿Un mercado callejero? —le preguntó Thomas en voz baja.

—Me han dicho que aquí se vende de todo. No vamos a encontrar un libro robado en una librería, te lo aseguro.

El Indio tenía uno de los brazos tatuado con símbolos desconocidos para Thomas, que se acordó entonces de aquella vez que le dijeron que había gente que escribía sobre su propia piel y él no lo creyó. Ahora tenía frente a él un buen ejemplo de su error. El Indio además de los brazos tatuados era alto y fornido. Thomas había pensado que por su mote sería nativo de las Indias. Pero el Indio era sevillano, con una piel de aspecto grueso, no de gordura, sino de resistencia. Saltaba a la vista que en una pelea era un hombre a evitar, que no convenía enfadarlo. Alonso intercambió saludos y fue directo al grano.

—¿*Amores imposibles?* No conozco ese libro.

—Fue publicado hace unos veinte años.

—Eso es mucho tiempo.

—Sí, pero me extraña que no haya alguien que lo tuviera en su casa y lo vendiera.

—Os digo que no sé nada. Y menos de un escritor apellidado Moncín.

—¿Y los grabados...? Son sensuales, muestran a una mujer en todo su esplendor.

—He dicho que no sé nada —pronunció separando las sílabas de cada palabra.

—Bueno, está claro que no es nuestro día de suerte. —Se quedó mirando los cuchillos que vendía.

Entonces se acercó un hombre con sombrero de ala ancha y espada al cinto. Se descubrió la cabeza y preguntó al Indio por el precio de un pasaje a las Indias.

—El precio depende de muchos factores —contestó el Indio—: la época del año, si vas a dormir en la bodega, o si quieres ir en una flota, que es más seguro.

—¿Naufragan muchos de los barcos que van a las Indias? —preguntó con un acento que parecía genovés o veneciano.

—Algunos, hay que cruzar todo el mar océano, es mucho tiempo de navegación, y el mar, ya se sabe —respondió el Indio, con un tono de voz sereno.

—Pongamos que quiero ir en una flota, en la mejor época del año para navegar, pero dispuesto a dormir donde sea —explicó el hombre armado.

—Cien ducados.

—¡Cien! Es una fortuna.

—Dicen que en el Nuevo Mundo el oro crece de los árboles, puedes volver siendo más rico que un conde y eso, muchacho, tiene su precio. —Y dejó de mirarlo, desviando su atención hacia otro lado.

—Y si voy en una flota y en la época del año que se pueda...

—Ochenta ducados.

—Sigue siendo mucho...

—Y de equipaje solo una bolsa...

—Pero tú no eres español —advirtió el Indio—. Sabes que está prohibido que los extranjeros viajen al Nuevo Mundo.

—Soy veneciano, pero eso es cosa mía.

—Tú verás, a mí me parece que es lo más fundamental para ese viaje.

—Está bien, ya volveré. —Volvió a cubrirse con el sombrero y desapareció entre la multitud.

—¿También vendéis pasajes a las Indias? —inquirió Alonso.

—Yo vendo de todo.

—Bueno es saberlo. ¿Quién podría saber algo del libro que buscamos? —insistió de nuevo.

—Lo ignoro. ¿Vais a comprar algún cuchillo u otra cosa?

—Por el momento no, quizá volvamos.

El Indio soltó un gruñido.

Alonso asintió e hizo una señal a Thomas para que le siguiera.

—¿Y ahora qué hacemos?

—Sigamos mirando por los puestos, nunca se sabe.

Recorrieron el variopinto mercado, muy animado a esas horas. Nadie diría que Sevilla había estado a punto de verse sumergida por las aguas hacía algunos días, como esa tierra de la Atlántida que tanto gustaba citar a Alonso.

—Alonso, el Indio, ¿por qué lo llamarán así?

—A saber, viendo en los negocios que está metido y su tamaño, no tengo ganas de averiguarlo. De gente como él conviene alejarse.

—¿Por qué lo dices? No nos ha amenazado ni nada.

—Esas cosas se perciben, no necesito que me hable, ni me mire mal ni me haga un mal gesto. Ese Indio es peligroso, hazme caso.

Alguien gritó en uno de los puestos y todos miraron hacia allí. Al momento se oyó a un tipo maldiciendo en una lengua que Thomas no entendió. La gente comenzó a acercarse a los gritos, y alguien lo empujó por detrás, yendo el joven a chocar contra un hombre con la cabeza hundida, sin apenas cuello y calvo por completo, que le lanzó una mirada como si fuera a rajarlo. Thomas se asustó, intentó disculparse y se volvió para buscar a quien quiera que le hubiera empujado, pero no vio a nadie. Entonces percibió que algo no iba bien, miró a su alrededor, todo eran caras anónimas y, sin embargo, sabía que algunos ojos se habían clavado en él. Fue a echar mano de su bolsa y ya no estaba, habían cortado el cordel y se la habían robado.

Entró en pánico, buscó y rebuscó entre la multitud, pero no tenía ni idea de quién había podido ser.

Tenía que encontrarla, era todo lo que tenía, incluida la medalla de su madre. Miró de un lado a otro. Comenzó a faltarle el aire y el calor de la multitud lo hizo marearse, no se encontraba bien; entonces se tambaleó y finalmente cayó al suelo. Se formó un círculo en torno a él, nadie lo ayudaba, lo miraban con horror, y alguien lo señaló y gritó que estaba enfermo, que tenía la peste.

El pánico se extendió de inmediato por el mercado, comenzaron los gritos de alarma. Los puestos comenzaron a levantarse y todos corrían. Thomas no podía incorporarse, lo empujaban y lo pisoteaban. Se hizo un ovillo y solo rezó para que aquella pesadilla terminara.

28

El mercado

Thomas se arrastró hasta debajo de una mesa y vio como comenzaban a llegar guardias armados para intentar devolver el orden al mercado del Malbaratillo. Entonces se acercó a él una mujer desdentada y lo señaló.

—¡Ese! ¡Ese es el apestado!

—¡Basta! ¡Vete de aquí! —intervino un joven, apartando a la mujer—. A este no le pasa nada.

—¿Quién eres tú? —Thomas sintió cómo lo levantaban.

—Calla. ¿Puedes andar? —Asintió—. Mejor. Vamos, tienes que salir de aquí por tu propio pie. No importa si tienes la peste o no, es más que suficiente con que uno de estos lo crea para que acaben contigo.

—Yo te conozco.

Thomas se apoyó en su hombro y aquel desconocido lo sacó del tumulto. Conforme llegaban a la entrada del mercado, Thomas se sintió mejor y ya no precisó de su ayuda para mantenerse en pie.

—¿Qué te ha pasado? —le dijo el chico con un fuerte acento sevillano, que Thomas ya había aprendido a identificar.

—No estoy enfermo, pero... ¡Me han robado!

—Bueno, eso es bastante normal. ¿Qué te han quitado?

—Mi bolsa.

—¿Llevabas muchas monedas? —insistió.

—¿Yo? Ninguna; un cuscurro de pan, una ristra de chorizo y... poco más, a excepción de una medalla. Me la dio mi madre, es el único recuerdo de ella que conservo. —Thomas se quedó pensativo mirándolo—. Tú eres... ¡A ti te sacamos del agua el otro día!

—Sí, por eso no podía dejar que te señalaran con la peste. La gente se vuelve loca cuando oye esa palabra.

—Gracias, me has salvado de la muchedumbre.

El joven era de su edad, con buena planta, más alto que él, delgado y con el pelo oscuro, igual que la barba, que le crecía desigual. Tenía marcados los pómulos y, al hablar, se le notaba que le faltaba un colmillo.

—De nada. Tú no eres de por aquí; ¿qué haces en Sevilla? ¿También vienes para ir al Nuevo Mundo, como todos?

—Me temo que no, yo solo busco un libro —contestó Thomas; se quedó observando al hombre que lo había ayudado.

—Ten cuidado, en esta ciudad nadie regala nada.

—A buenas horas ya... Soy Thomas y vengo de Augsburgo. ¿Tú cómo te llamas?

—Sebastián, pero todos me llaman Sebas. De Augsburgo, ¿eso dónde está?

—En Baviera, es parte del Sacro Imperio.

—Entonces hablas alemán... Aquí hay gente de todas partes: ingleses, genoveses, franceses; hay esclavos de África y hasta hombres del Nuevo Mundo.

—¿Y cómo son?

—¿Quiénes? ¿Los indios? No muy altos, menos que tú. Yo solo los he visto de lejos, cuando llegan en las naos y desembarcan con ellos.

—¿Sabes si hablan como nosotros?

—No, ¿por qué? —A Sebas le hacían gracia las preguntas de Thomas.

—Por nada, curiosidad.

—Yo me marcho, siento lo de la medalla de tu madre. ¡Suerte con tu libro!

Sebas se dio la vuelta y caminó de regreso al mercado. Thomas se quedó de pie, frustrado por haber perdido su bolsa y, sobre todo, la medalla de su madre.

—¡Santo Dios! ¿Dónde estabas? —Alonso apareció hecho un basilisco.

—Me empujaron, caí al suelo, y me han robado.

—¡Maldita sea! Hay que tener mil ojos, no te puedes fiar de nadie en Sevilla, absolutamente de nadie. ¿Estás bien?

—Sí, ya ha pasado. —Pensó que era mejor no decir nada más.

—Pues vámonos de aquí.

La pareja dejó el mercado y retornaron a la ciudad; los guardias no les pusieron impedimentos para entrar, había tal trasiego de gente que a menos que llamaras mucho la atención difícilmente te iban a registrar. Al llegar a la posada de la calle de las Harinas, el Jaco les dio de comer caliente.

Al día siguiente, Alonso se levantó temprano e insistió a Thomas para que salieran lo antes posible a la calle. Estaba nervioso, ansioso.

—Mientras dormía he estado pensando; creo que debemos enfocar esta búsqueda de otra manera —murmuró Alonso.

—¿Y cómo?

—No buscamos un libro.

—Ahora sí que no entiendo nada... —Thomas se encogió de hombros.

—Recuerda que Luis de Coloma nos explicó que ese libro era moderno, dijo que hasta escandaloso... y que la mujer tiene mucho protagonismo. Y luego está lo de los grabados; si son la mitad de lo que imagino, la Iglesia lo censuraría —argumentó el mercader de libros—. Quien tenga el Moncín no va a decírselo a unos desconocidos.

—Entonces no vamos a indagar más sobre el libro.

—No, vamos a buscar a una persona: Jaime Moncín, que por lo que sabemos era sevillano y escritor.

—Que no es mucho saber...

—No te quejes, Thomas, que en peores me he visto. Debemos visitar las parroquias, bautizado tiene que estar. Hasta pudo casarse o estar ya bajo tierra, cualquiera de estas opciones nos vale. Mira, ahí se ve una iglesia, empecemos por ella.

No fue la primera, ni la segunda.

A todas ellas llegaba el bueno de Alonso, humilde y amable, preguntando por «Jaime Moncín», del que aseguraba ser familia, pues era tío de su madre y esta vivía en el norte, cerca de Santander. No tenía nuevas de él desde niño y ahora que la pobre estaba en cama, a punto de irse con Nuestro Señor, quería saber qué fue de su querido tío. Entre esta historia y una retahíla de agradecimientos y lamentaciones por la enfermedad de su supuesta madre, Alonso lograba que los sacerdotes le abrieran la sacristía y buscaran en los registros al tal Jaime Moncín.

—Pues sí que nos ha mandado un trabajo complicado Coloma, y yo que me las creía muy felices —maldecía Alonso por las calles de Sevilla—. ¿Te has dado cuenta de lo raro que huele aquí?

—Al contrario, yo creo que huele bien.

—Sí, pero a veces los aromas agradables esconden la putrefacción...

—¿A qué te refieres?

—Hay cosas que son naturales; sin embargo, en mi oficio hay que fijarse en las que no lo son, como este olor a rosas. Cuando se intenta ocultar algo, siempre se pone fuera de sitio, y ese es un error fatal. Si quieres que no descubran tu secreto, tienes que dejarlo a la vista, en un lugar que le corresponda. Así lo mantienes oculto, a la vista de todos.

—Entiendo.

—Permíteme que lo dude —dijo Alonso, sonriendo—. Mira ahí, parece un convento —se rascó la nuca—. ¿Cuántas iglesias, conventos y monasterios hay en esta ciudad?

—Cientos; además, ¿y si ese escritor no se bautizó en Sevilla? Pudo hacerlo en un pueblo cercano, o venir aquí ya de niño y haber sido bautizado en otra ciudad.

—Pero ya te he dicho que pudo casarse o fallecer, así que vamos. La Iglesia es una institución formidable, porque lo anota y clasifica absolutamente todo, como hace Colón son sus libros. Probemos aquí.

Visitaron primero el convento de San Pablo. Los frailes les pusieron ciertos reparos, pero triunfó de nuevo la historia de la madre moribunda, pues Alonso tenía un indudable don para la teatralización. El convento era uno de los más importantes de Sevilla y también contaba con un colegio anexo.

En la iglesia había numerosos devotos. Según logró descubrir Alonso, por culpa de los mosquitos de las lagunas y el arroyo la ciudad era un foco de paludismo, y además había brotes de cólera todos los años. Se daban frecuentes casos de fiebres, llamadas en la época tercianas y cuartanas, según los días que duraban. Hasta tal extremo era así que se había extendido la devoción a la Virgen de las Fiebres, precisamente en este convento de san Pablo.

El registro de bautizos, bodas y sepelios dio el mismo resultado que siempre, nada.

—¿Y el colegio? —preguntó Thomas al fraile que les atendía—. Si era escritor, tuvo que aprender a escribir.

—Eso mejor se lo preguntan al hermano Julián, él fue profesor y ahora se encarga del archivo, os acompaño.

El susodicho fraile Julián estaba ya entrado en años, le costaba respirar y miraba con los ojos caídos.

—¿Qué les importan nuestros viejos alumnos a unos forasteros?

La historia esta vez no le funcionó a Alonso.

—Esto es una pérdida de tiempo —insistió fray Julián—, más te valdría estar con tu madre y rezar, rezar mucho.

—Y lo hago padre, rezo. Y le prometí que encontraría a su tío, a una madre no puede negársele su última voluntad en el lecho de muerte.

—Si nos involucra a otros sí, se puede —refunfuñó el hermano—. A ver, ¿cómo se llama ese escritor?

—Jaime, Jaime Moncín. El apellido no es sevillano.

—¿Y cuántos años tendría ahora?

—No sabría decirle...

—¿Tampoco se acuerda de eso tu madre?

—Es que ha perdido la cabeza, está muy mal. —Y Alonso se echó a llorar, ante la mirada atónita de Thomas.

Más tarde le explicó que le llevó tiempo perfeccionar esa técnica y que la usaba cuando estaba en los palacios de las viudas buscando libros. Para llorar como un desconsolado usaba un condimento que se frotaba por los ojos con disimulo, pimienta, con la que enrojecían y lagrimeaban como si se hubiera muerto uno mismo. Pero es que, además, Alonso había sido actor de comedia de joven y hacía gala de sus habilidades a la hora de interpretar el papel de pariente dolorido con el único deseo de cumplir la última voluntad de su madre.

—Yo creo que tendría ahora unos cuarenta o cincuenta, quizá menos.

—Tampoco ayuda mucho eso, aunque bueno. Visto el percal...

Así que el monje, con la vista distando mucho de ser una maravilla, buscó por los archivos el apellido Moncín. Mientras, Thomas observaba una estantería donde había varios libros. Con discreción se acercó a ellos y tomó el primero, era un libro sobre la vida de los santos. El siguiente era de oraciones y el tercero...

—Vaya, vaya... —dijo fray Julián—. Jaime Moncín; pues vais a tener suerte.

Thomas dejó el libro y volvió con Alonso, que ya se frotaba las manos.

—¿Qué hay sobre él? —inquirió el buscador de libros.

—Estudió aquí, aunque no se especifica quiénes eran sus padres, algo extraño. A nuestro colegio solo acuden hijos de respetadas familias cristianas, que hoy en día hay mucho converso y mucho rufián.

—¿En qué año?

—En 1493, es la única anotación.

El año en el que Cristóbal Colón regresó de su primer viaje al Nuevo Mundo, pensó Thomas. Parecía mentira que hasta hacía tan poco no se supiera que existían unas tierras al otro lado del océano.

—Han pasado treinta años... Los niños suelen permanecer aquí hasta la edad de trece, así que es muy posible que ese hombre naciera en 1480 más o menos. —Siguió leyendo—. Vaya, hay una anotación peculiar. Aquí pone «fray Ponce».

—¿Aún está ese fraile en el convento?

—No, falleció hace años.

—¡Maldita sea! —Alonso golpeó la mesa—. Disculpad, padre; quiero decir, hermano.

—No puedo ayudaros más —concluyó fray Julián.

—¿Y no hay ningún fraile que coincidiera con el hermano Ponce y nos pudiera ayudar?

—Ha pasado tiempo..., aunque creo que fray Augusto también daba clases en aquella época.

—¿Y podemos verlo?

—No está aquí —respondió el fraile—. Fue trasladado a un hospital en el monasterio de la Trinidad; el pobre está muy enfermo, ya no sabe lo que dice.

—Gracias por todo.

Salieron de nuevo a las calles de Sevilla. Alonso estaba de nuevo cabizbajo. El entusiasmo de la mañana se había esfumado.

—Míralo de esta manera, sabemos que estudió en el colegio del convento de San Pablo.

—No estás hecho para dar ánimos, Thomas —refunfuñó el buscador de libros—. Si fue a este convento, debía de vivir cerca. ¿Dónde más podrían saber de él?

—No se me ocurre.

—Solo tenemos preguntas. ¿Quién pudo robar el libro de la biblioteca de Colón? Ya has visto que es como un castillo, cualquiera no puede entrar ahí.

—Tuvo que ser alguien de los que trabajan en palacio —insinuó Thomas.

—Supongo que sí, pero huelga decir que no podemos acusarlos nosotros sin pruebas, y don Hernando Colón no mencionó siquiera esa posibilidad. Quizá quiso ser precavido, aunque yo lo veo bastante claro.

—Estamos en Sevilla, muchos embarcan hacia las Indias. ¿Y si nuestro escritor emigró hacia ellas?

—Es una opción, no cabe duda, y en la Casa de Contratación guardan registro de todos los viajeros que embarcan. —Se le quedó mirando—. Buena idea, Thomas. Vas aprendiendo, algún día serás un excelente mercader de libros.

29

La Casa de Contratación

La Casa de Contratación era un edificio palaciego de enormes proporciones. Se situaba dentro del Alcázar Real; a Thomas, la arquitectura de época musulmana que veía en Sevilla le parecía insólita. La puerta principal del Alcázar tenía un león representado sobre ella que lo encantaba. Pero era en los muros cubiertos con yeserías, los arcos y ventanas donde su mirada se perdía.

¿Cómo podían construir los infieles tales maravillas?, se preguntaba mientras avanzaban hacia la Casa de Contratación.

—Era el palacio del rey musulmán del reino de Sevilla; ¡qué maravilla!, ¿verdad? —comentó Alonso, que también observaba boquiabierto los tres arcos de entrada a la zona principal.

—Es... increíble. No sabía que los infieles fueran capaces de realizar obras de tal belleza.

—Huelga decir que el talento no está reñido con la fe, o la bondad, son cosas bien distintas. Por eso hay que ser prudente a la hora de juzgar a un hombre; el más tonto puede ser un habilidoso artista o el más cruel un buen gobernante, así es el ser humano..., contradictorio e incomprensible en su naturaleza.

—Eso no es lo que dice la Biblia.

—La Biblia es la palabra de Dios, y nosotros somos hombres.

—Nos creó a su imagen y semejanza —insistió Thomas.

—Pero ni siquiera Dios es perfecto; si no, nos habría hecho mejores, ¿no crees?

Thomas enmudeció ante las decoraciones árabes; eran mucho más elaboradas, hermosas y fantasiosas que las cristianas. ¿Cuántas más sorpresas iba a descubrir en Sevilla?

La Giralda lo había fascinado desde el primer momento, se veía desde cualquier punto de la ciudad y conforme te acercabas a ella más te maravillaba. El joven estaba obsesionado con poder subir a lo alto de la Giralda. Pero aquel palacio... Era como un sueño hecho realidad.

Para acceder al interior de la Casa de Contratación se hicieron pasar nuevamente por familiares del escritor. Con las argucias y el teatro de Alonso, lograron que uno de los inspectores les dedicara tiempo y paciencia.

—¿Y no sabéis el año?

—Tuvo que ser a partir de 1504.

—Eso es hace diecinueve años —advirtió un sevillano moreno y espigado que les recibió en un despacho.

—Así es, caballero. Todo ese tiempo lleva mi madre sin saber de su hermano, imaginaos lo que ha sufrido, y ahora que le queda tan poco... La ilusión que le haría saber qué fue de él.

—La familia es sagrada.

—Y tanto... —Alonso asentía con la cabeza, mostrando una enorme pena, de una manera totalmente creíble.

El trabajador de la Casa de Contratación repasó con esmero los listados de las embarcaciones a las Indias. Thomas se sorprendió del número, y eso que solo estaban consultando los primeros años.

—¡Aquí está!

—¿Qué me decís? Sois un lince, ¡cuánta habilidad! —Alonso no escatimó en halagos.

—Os lo agradezco —sonrió agradecido el funcionario—. Jaime Moncín embarcó en la nao *San Vicente* en abril de 1504.

—El mismo año que había publicado su libro —murmuró Thomas.

—Tienes toda la razón, y tendría poca más de veinte años según nos han dicho en el colegio. —Alonso quedó pensativo—. ¿Aparece algún dato más?

—Me temo que no, pero esa nao... creo que naufragó.

—¿Cómo? ¿No llegó a las Indias? —insistió Thomas alarmado.

—Estoy seguro de que no, todas las embarcaciones de esa flota se hundieron. Vuestro tío debió morir en el océano, lo lamento.

—Qué desgracia... Cuando se entere mi pobre madre... —Alonso fingió unas lágrimas...

—Créame que lo siento, yo... ¿Puedo hacer algo más por vuestra merced?

—Una cosa más. —Alonso dejó de llorar de forma repentina—: ¿Quién organizó esa expedición?

—Dejadme ver. —Revisó la documentación—. Aquí está, Jacobo Cromberger.

—¿No tendrá que ver con la imprenta?

—Por supuesto, es el dueño y fundador, y si solo fuera eso... —El sevillano resopló.

—¿Qué queréis decir?

—Todos saben que Jacobo Cromberger tiene multitud de negocios: esclavos, tierras, minas... Es de los hombres más ricos de Sevilla. La imprenta es su negocio más conocido, pero posee otros, por eso envía flotas enteras a las Indias.

—Nos habéis sido de gran ayuda para nosotros y para mi madre, la vuestra estará orgullosa de un hijo así. Dadle mi enhorabuena.

—Gracias. —El sevillano se estiró orgulloso.

—A vos, por Dios, a vos.

Una vez fuera del edificio, la noche estaba cayendo ya sobre la ciudad. Anduvieron hasta la catedral sin mediar palabra, Thomas alzó la vista hacia las campanas de la Giralda.

—Los hombres son capaces de cosas extraordinarias —murmuró Thomas—, como la Giralda.

—Sí, y también de terribles atrocidades. Mañana visitaremos de nuevo la imprenta Cromberger.

—Huelga decir que es mucha casualidad que embarcara en una flota suya, ¿verdad?

—Sí que lo es. —Alonso se rascó un ojo—. Qué historia más complicada... En vez de avanzar hacia algún sitio cada vez es más enrevesada. La *Odisea* de Homero es el camino del perdón, de restablecer lo que se había destruido. Es el camino que debe seguir cada hombre que se ha perdido, y por eso está lleno de pruebas. Este Jaime Moncín parece que inició su propia Odisea hace veinte años.

—¿De verdad lo crees así?

—Quizá no llegó a su Ítaca y murió ahogado como nos han sugerido, no todos los hombres logran exculpar sus pecados.

—Alonso, consigues encontrar referencias a Homero en muchas situaciones, ¿tanto te gusta?

—Todo lo que quieras saber sobre los hombres está en la *Ilíada* y la *Odisea*. Si solo puedes elegir dos libros que leer, que sean esos.

—Pero ¿por qué? —Thomas no comprendía aquella insistencia.

—La *Ilíada* es la historia de Aquiles, un hombre al que solo le importa la fama. Tal es así que cuando tiene que elegir entre una vida larga, placentera y tranquila en su reino, o una muerte heroica en Troya, embarca hacia ella.

—Aquiles es valiente y comprometido —recalcó Thomas—, no veo qué tiene de malo.

—Ya veo... En la *Odisea*, Ulises se lanza a las más extrañas e imprevisibles aventuras, algunas son hasta cómicas y lujuriosas. Ulises no quiere morir de manera heroica, quiere disfrutar de la vida, del viaje. Extraña a su familia, pero no duda deleitarse con la vuelta, de experimentar.

—Por eso permanece un tiempo con la diosa Calipso.

—Vas comprendiéndolo —asintió Alonso—. Ya te lo dije una vez: los hombres no hemos cambiado nada en dos mil años y Homero los conocía mejor que nadie cuando las escribió. Los hombres podemos ser como Aquiles: comprometidos, dispuestos a morir por nuestro honor. O como Ulises: aventureros, navegantes, disfrutando de cada instante. ¿Con quién te identificas tú, Thomas?

—Con Aquiles, el héroe.

—Seguro. A menudo son muchos los que se dejan deslumbrar por él, pero Aquiles va en busca de una felicidad irreal; la fama es efímera y cambiante. Ulises es terrenal, sabe disfrutar de los pequeños placeres de nuestro mundo. No lo olvides nunca.

—Los griegos eran sabios —murmuró Thomas—, grandes filósofos y pensadores...

—Muchacho, conservamos mucho más de los griegos de lo que crees, lo que sucede es que a veces no somos conscientes.

—¿Como qué?

Entonces Alonso vio a un crío a lo lejos, gritando y entregando unos panfletos, lo llamó con un silbido y él se acercó presto. El buscador de libros miró los papeles que entregaba, sonrió, le dio una moneda y se lo entregó a Thomas.

—Vamos, aún llegamos a tiempo de ver otra de las invenciones de los griegos.

—¿Qué quieres decir? —Thomas sostenía el panfleto confuso.

—¿Estás sordo? Ahí pone que empieza a las ocho, y solo falta media hora. Si nos damos prisa aún llegamos al inicio.

Tardaron más de lo previsto, pero llegaron a tiempo. Alonso pagó a un hombre que custodiaba el acceso y entraron a un patio donde había mucha gente. En uno de los lados había un escenario y, enfrente, una zona para el público. El teatrillo no disponía de techo, solamente contaba con una especie de toldo para cubrir el escenario y en algunos casos también al público. En medio había un puesto donde se vendía agua, fruta y frutos secos.

—¿A que no habías estado antes en un corral de comedias? —Thomas negó con la cabeza—. Me lo imaginaba, sígueme. Está dividido en diferentes localidades en función del sexo y clase social.

—¿Hay mujeres?

—Sí, allí, en la Cazuela; tienen una entrada distinta, para no ser vistas por los hombres. Pero donde debes fijarte es en el patio, donde se sitúan los mosqueteros, el público más temido por los actores ya que sus aplausos o abucheos determinan el éxito o fracaso de la comedia.

—¿Nosotros vamos ahí?

—No, lo veremos desde las gradas, son los asientos en torno al patio. Detrás de los bancos de iglesia, ocupados por los hombres de mayor edad.

Entonces a Thomas se le fue la vista hacia las alturas, donde se veía gente en balcones y en ventanas con rejas.

—Mira que te gusta apuntar alto —se rio el buscador de libros—: Ahí se sientan la nobleza y los grandes mercaderes. Muchas de esas ventanas también cuentan con celosías, para contemplar la representación sin ser visto.

—¿Y qué vamos a ver?

—*La Celestina*, creo que te gustará.

Thomas no tenía ni idea de qué se trataba, así que, curioso como él era, aguardó expectante el inicio. No tardó en empezar; primero apareció un guitarrista, con una vihuela en mano, que tocó unos aires populares. Inmediatamente lo sucedió un hombre de avanzada edad, elegantemente ataviado, que comenzó a introducir la obra que iban a representar.

—Es el director de la compañía —murmuró Alonso—. Lo bueno empieza ahora.

Y así fue. Cuando el director terminó salieron los actores al tablado. Calisto era un joven de la nobleza que estaba persiguiendo a uno de sus halcones de caza y, por la tensión de la persecución, terminaba entrando, sin darse cuenta, en el jardín de Melibea. Al ver a la joven se enamoraba perdidamente de ella, y empezaba a recitarle las más tiernas palabras de amor. Melibea, sin embargo, lo rechazaba.

Calisto, roto de amor, lloraba ante sus criados, que lo convencían para que recurriera a una especie de hechicera para lograr que Melibea se enamorara de él, a cambio de muchas monedas.

Thomas se percató de la expectación que causaba la representación en los asistentes, pues el silencio era total y las miradas no se levantaban de los actores.

Cuando apareció la Celestina en el escenario, resultó ser una vieja astuta, que acudía a casa de Melibea con unas madejas de hilo, que había hechizado con antelación, con la falsa intención de venderlas. Melibea la recibió con amabilidad, pero, en cuanto le habló de Calisto, se enfureció al ver que sus intenciones eran las propias de una alcahueta.

Thomas estaba ya absorto contemplando la obra de teatro, y Alonso lo miraba de reojo congratulado por haberlo traído.

En el siguiente acto se producía un apasionado diálogo entre las dos mujeres, que concluía con el arrepentimiento de Melibea por haber tratado mal a la pobre vieja; Melibea tocaba la madeja de hilo, caía hechizada y accedía a ver a Calisto esa misma noche, a través de las rendijas de su jardín.

A ese primer encuentro siguió un segundo, en el que Calisto escalaba el muro del jardín de los padres de Melibea. Los dos entraban en la alcoba de la joven y yacían juntos.

Después, cuando los criados de Calisto acudían a la Celestina para repartirse las ganancias, la vieja se negaba. Los dos hombres terminaban matándola.

Thomas no podía evitar sentirse identificado con Calisto, por eso cuando se producía el tercer encuentro con Melibea, el joven ya se temió lo peor. Esa noche, Calisto se quedaba dormido en el regazo de su amada, y a la mañana siguiente huía apresurado para evitar que el padre de la joven lo encontrara, con tan mala fortuna que al saltar el muro del jardín perdía el equilibrio, caía y moría en el acto.

En ese momento, todo el público se lamentaba, quejándose de un final tan amargo. Algunos espectadores incluso lloraban de pena.

Cuando Melibea se enteraba de lo sucedido, decidía terminar también con su vida y, por eso, se lanzaba al vacío desde lo alto de su casa. La obra concluía con sus padres llorando desconsolados ante el cuerpo inerte de su hija.

Entonces estallaron los aplausos de los asistentes, menos de Thomas, que había estado todo el tiempo pensando en Edith.

Ese debía haber sido su final, morir por amor. Rebelarse contra su destino.

Tras la función regresaron a la posada. Subieron al dormitorio y Alonso se le quedó mirando.

—Estoy pensando en una cosa. ¿Podría pedirte algo?

Thomas se sorprendió.

—Sí. ¿De qué se trata?

—Ese humo que me diste a probar, ¿tienes más? —preguntó con cierta prudencia Alonso.

—No me lo habías vuelto a demandar; claro que tengo...

—Dame un poco y así te perdono que quisieras estrangularme. —Se pasó la mano por la garganta.

Thomas sonrió y le preparó el tabaco como Massimiliano le había enseñado. Alonso lo disfrutó en silencio, mientras él lo miraba. En el fondo sabía que había tenido suerte de dar con un compañero de batallas como el buscador de libros.

Ya en el jergón, Alonso tomó un libro de Platón y encendió un candil. Mientras, Thomas seguía pensando en la Celestina, en Edith, en Abelardo y Eloísa y en historias tan trágicas como la de Dafne y Apolo. La Celestina poco tenía que envidiarles. Pero Thomas quería dejar de darle vueltas a todo aquello, así que intentó centrarse en la biblioteca de don Hernando.

¿De verdad conseguiría Colón acoger ahí todos los libros del mundo?

¿Todo el saber del Nuevo Mundo que se había creado con las ideas humanistas y el descubrimiento de Colón?

De lo que estaba seguro era de que don Hernando era como Aquiles.

Se imaginaba leyendo todos aquellos libros; cuántas historias, personajes, secretos y conocimientos albergarían...

Pensando en sus laberínticos pasillos, en sus estanterías y filas de volúmenes, una tras otra, una encima de otra, concilió un sueño tan profundo que ni los ronquidos de Alonso lo pudieron impedir.

Se despertó adormilado, quizá había escuchado algún ruido...
En eso oyó claramente unos crujidos en la madera. Abrió los ojos,
pero la oscuridad era total. Los párpados le pesaban y el sueño lo
vencía de nuevo. Además, ahora el silencio era completo, Alonso
ya no roncaba.

Eso lo alegró, hasta que se dio cuenta de lo inusual de esa calma.
Volvió a abrir los ojos y escuchó más detenidamente. Nada, ni siquiera una respiración.

Se incorporó sobre el jergón, dio un impulso más para levantarse y fue hacia donde dormía su compañero.

—Ssshhh, Alonso —dijo en voz baja—. ¿Estás despierto?

No obtuvo respuesta. Ya se intuía algún rayo de luz por la con-
traventana. La abrió para poder iluminarse con el amanecer y se
encontró con Alonso abrazado al libro de Platón, sobre un charco
de sangre, con la garganta rasgada de lado a lado y los ojos cerrados.

PARTE V

LA BIBLIOTECA

30

Miguel de las Cuevas

—¿*Qué libro te llevarías a una isla desierta?*
—*Un manual para la construcción de lanchas.*

GILBERT KEITH CHESTERTON

Junio del año 1523

El Jaco llamó a las autoridades y comenzó a soltar todo tipo de improperios contra Alonso y Thomas. Llegaron varios alguaciles e hicieron muchas preguntas a Thomas, al posadero y a los otros huéspedes que dormían allí aquella noche. Nadie vio ni oyó nada. Y eso que en Sevilla siempre había ruido, ni siquiera cuando se cerraban las puertas de la muralla la ciudad se quedaba en silencio.

La conclusión fue que a Alonso le habían rebanado el pescuezo con una daga o un cuchillo mientras dormía. Era una práctica habitual entre asesinos a sueldo, y además no les habían robado nada. Todo apuntaba a una muerte por encargo. Así que insistieron en interrogar a Thomas para averiguar por qué estaban en Sevilla.

—Soy Miguel de las Cuevas, el Consejo de los Veinticuatro me designó para la vigilancia de las tabernas de la ciudad.

Quien hablaba era un hombre pausado, de gestos tranquilos. No tendría más de cuarenta años, vestía de negro, con espada al cinto, y en su rostro resaltaba un alargado bigote moreno.

—¿Por qué estabais en Sevilla?

—Somos mercaderes de libros y vinimos para buscar un libro en concreto —respondió Thomas sin dilación.

—¿Desde dónde?

—Desde Zaragoza.

—Un poco lejos, ¿qué libro? —siguió interrogando.

—Uno titulado *Amores imposibles*, de un autor sevillano, Jaime Moncín.

—Ese no es un apellido de aquí.

—Sí, ya lo sé. Teníamos poca información y fuimos preguntando en varios sitios, hasta que descubrimos que el libro había sido robado y que el autor marchó hace casi veinte años al Nuevo Mundo.

—Eso son muchas cosas. —Miguel de las Cuevas se estiró la punta izquierda del bigote—. Vamos a empezar de nuevo y me lo vas a contar todo despacito. Empezando por de dónde veníais.

Thomas así lo hizo, le llevó su tiempo y Miguel de las Cuevas no cesó de interrogarle.

—¿Y crees que alguno de esos hombres a los que visitasteis pudo matar a tu compañero?

—No lo sé. ¿Con qué motivo sería?

—Sí, esa es una buena pregunta. —Miguel de las Cuevas se alisó el bigote por completo—. Mira, Sevilla es una ciudad peligrosa, más si eres forastero. Ir por allí revolviendo el pasado... puede salir caro, ¿me entiendes?

—Solo buscábamos un libro.

—¿Y ha valido la pena? ¿Qué libro tan destacado es ese, que nadie ha oído hablar de él?

—Bueno, es nuestro trabajo, somos mercaderes de libros.

—Pero habéis ido por Sevilla mintiendo con una historia familiar, engañando así a la gente de bien. Sois unos embusteros, y si por mí fuera os colgaría de lo alto de la Torre del Oro. Pero antes debo saber quién mató a tu amigo.

—No tengo ni idea.

—Ya he tenido bastante con un muerto, no quiero que haya más y que cunda el pánico. En esta ciudad, lo fundamental es guardar la calma. A los negocios no les gustan los sobresaltos ni las sorpresas, y yo no deseo tener nada que ver en provocar ninguna de ellas.

—¿Y el asesino de Alonso? ¿Lo encontraréis?

—No lo dudes —respondió Miguel de las Cuevas mientras iba hacia la puerta—. Ahora quiero que vengas con nosotros.

—¿Adónde?

—Esto es un ajuste de cuentas, si no cómo me explicas que entrara alguien aquí y le rajara la garganta, te dejara vivo a ti y no robara nada —relató—. Raro, es raro.

—Supongo, pero ya he dicho lo que sé.

—Voy a serte franco, ahora mismo podría entregarte a la Santa Inquisición...

—¿Con qué motivo?

—Pues porque eres mercader de libros y extranjero, ¿te parece poco? Quién me asegura que no estáis introduciendo herejías o ibais detrás de un libro prohibido. Hay una pragmática de los Reyes Católicos que prohíbe a los libreros, impresores y mercaderes imprimir ningún libro de ninguna facultad o lectura, u obra que sea, pequeña o grande, en latín o en romance, sin que primeramente haya para ello licencia y especial mandato.

—Nosotros buscamos un libro de 1504, no somos impresores.

—El emperador ha ordenado a la Universidad de Lovaina que redacte un catálogo de libros prohibidos, y el inquisidor general, don Fernando de Valdés, le ha añadido una lista suplementaria de libros condenados por la autoridad del Consejo de la Santa y General Inquisición.

—Os aseguro que el libro que buscábamos no está en esa lista —espetó Thomas muy nervioso.

—Yo eso no lo sé. Quizá quieras explicarle eso mismo a la Santa Inquisición.

Entonces Thomas recordó todas las advertencias que había recibido sobre esa institución en Amberes.

—No es necesario, contestaré a las preguntas que me hagáis.

—Bien, pero no puedo dejarte solo por ahí, es por tu propio bien.

Dos de sus hombres lo cogieron por las axilas.

—¿Me estáis deteniendo?

—Es solo por precaución, es lo mejor.

Thomas pataleó y se resistió hasta que el primer golpe le dejó claro que era mejor no hacerlo. Lo subieron en el mismo carromato que el cuerpo de Alonso y cruzaron Sevilla hasta la plaza de San Francisco. Allí lo metieron en un calabozo sin ventanas, con un nauseabundo olor a orines y excrementos.

La celda rezumaba humedad por las cuatro paredes; la luz llegaba de manera indirecta por el ventanuco de la puerta. Junto a él había cuatro detenidos más: una pareja que hablaba en una jerga que no comprendía, un borracho que eructaba y roncaba como un tocino, y al fondo vio a un hombre sobrado de carnes, más mayor que él, con poco pelo en la cabeza, la piel morena y una cara de asesino tal que para nada querría vérselas con él.

No logró apenas dormir, la muerte de Alonso era una losa demasiado pesada y lo sombrío de aquella celda tampoco ayudaba. También tenía miedo de sus compañeros. Por unas razones u otras, al amanecer seguía en vela y agotado.

31

Santiago

Les dieron de comer una sopa en la que flotaban extraños tropezones. Thomas la miró y pensó en el ruido de sus tripas, pero fue incapaz de probarla.

Al borracho se le pasaron los efectos del vino y lo sacaron de allí. Al voluminoso hombre de piel morena se lo llevaron en dos ocasiones fuera de la celda. Así que estuvo casi todo el día con la pareja de extranjeros. Debían de ser muy del este y por su aspecto prefirió no intercambiar muchas palabras. Uno de ellos lo observaba a menudo fijamente sin decir nada, el otro no paraba de hablar en su lengua y canturrear una canción bastante irritante.

La comida de aquel día fue desagradable y el agua estaba turbia, así que no probó nada de nada. Devolvieron al gordinflón a la celda, lo empujaron entre tres y al caer contra el suelo se le desabrochó la camisa, y Thomas pudo ver unas tremendas marcas antiguas de latigazos y quemaduras en la espalda.

Ese hombre había sido torturado hacía tiempo, pues estaban ya cicatrizadas. Thomas pensó en lo horrible que tenía que ser, él no podría resistirlo. Si los alguaciles llegaban a torturarle, prefería morir a sufrir.

El carcelero era un muchacho imberbe, que hablaba lo justo y que mostraba en la mirada casi tanto miedo como él. En cambio, Miguel de las Cuevas era caso aparte, Thomas lo daba por capaz de cualquier cosa. Pero si de verdad creían que él tenía algo que ver con la muerte de Alonso, es que habían perdido la cabeza. Él apreciaba muchísimo a Alonso, lo echaba de menos...

Ahora que habían matado al mercader de libros, se sentía perdido. Alonso le había enseñado tanto en tan poco tiempo que se había imaginado a su lado durante varios años, aprendiendo, madurando y, quién sabe, quizá viajando y descubriendo paisajes y libros apasionantes. Pero estaba claro que la vida era efímera y la de Alonso la habían sesgado de improviso. A Thomas le inquietaba el porqué de que a él lo hubieran dejado con vida.

—Quiero ver al alguacil que me detuvo —reclamó Thomas—. ¿Cuándo me van a sacar de aquí?

—¡A callar!

—Tienen que sacarme, yo no he hecho nada.

—¿Cómo quieres que te lo diga? ¿Prefieres que te muela a palos a ver si así cierras la boca?

Thomas se quedó callado en una esquina, desanimado.

¿Quién habría matado a Alonso y por qué?, se preguntaba una y otra vez.

Por la tarde volvieron a traer algo de comer, un caldo marrón. Thomas no hizo mención de pretender probarlo.

—Es mejor que comas —dijo el grandullón con cara de asesino—. Ya sé que no parece apetecible, pero alimenta, y eso es lo que importa cuando estás en tesituras como la presente.

—Me da igual...

—Te lo digo yo, que he pasado más hambre que un galgo.

—Pues no lo parece. —Thomas le miró la barriga.

—No te dejes engañar, esto es solo fachada. Yo he sido piquero en Lombardía y he luchado desde Milán a Sicilia. Estuve a las órdenes de Gonzalo Fernández de Córdoba, el Gran Capitán. Y conocí en persona al papa Borgia y a su hija, Lucrecia. Mis ojos jamás han visto criatura más bella y delicada.

—Tuvo que ser hace tiempo —musitó Thomas sin mucho interés.

—Pues sí, y gracias a Dios... No conozco nadie que llegue a abuelo con una pica entre las manos.

—Imagino que en eso tienes razón.

—La comida es una delicia que Dios nos ha dado, por qué vamos a despreciarla.

—Mi padre decía lo mismo —añadió Thomas, sorprendido por las palabras de aquel tipo de aspecto poco recomendable.

—Eso era porque sería un buen hombre.

—También porque su oficio era el de cocinero.

—No puedo imaginarme uno mejor, ya me gustaría a mí haberme casado con una cocinera —dijo el preso—. Qué envidia me da que hayas tenido un padre metido en cazuelas. A mí lo que se me da bien es comer.

—Eso no es un oficio.

—No te creas; los emperadores romanos y los faraones egipcios tenían un hombre para probar todo lo que les servían.

—Era por si los envenenaban. De hecho, sucedía, y muchos de ellos morían.

—¡Pardiez! Un pequeño detalle, e importante, sí —puntualizó su compañero de celda—. Además, ahora están llegando nuevas delicias de las Indias...

—¿Piensas en algo más que en comer? —A Thomas le empezaba a hacer gracia la frivolidad de aquel tipo tan duro.

—Por supuesto, soy un hombre muy solicitado —respondió orgulloso—. Come, hazme caso.

Thomas suspiró y terminó por sorber el caldo.

—¡Es asqueroso!

—Yo te he dicho que alimenta, nada más —contestó mientras se limpiaba el calzado de cuero.

—¿Cómo puedes comerlo? —Thomas volvió a sorber y casi vomita.

—Aunque no lo creas, he probado cosas peores. Mientras estuve a las órdenes del Gran Capitán en el sur de Italia me especialicé en operaciones secretas, soy un consumado espía.

—Nunca lo hubiera dicho.

—He ahí que lo soy, siempre hay que pasar desapercibido. Te lo cuento porque se ve a una legua que eres buena persona y la prisión es escenario de confesiones —sonrió.

—Y si tan buen espía eres, ¿cómo es que has terminado aquí?

—Uno tiene dignidad y es buen cristiano. No me gustan los negocios esos que están ahora tan de moda.

—¿A cuáles te refieres? —inquirió Thomas con interés.

—A privar de su libertad a hombres y mujeres, a eso me refiero.

—Que yo sepa, no puede esclavizarse más que a los que no son cristianos...

—Ni eso es bueno; qué necesidad hay de capturar gentes en África para llevarlas a trabajar al Nuevo Mundo.

—La verdad es que no sé de esos negocios —musitó Thomas.

—¡Y bien que haces! —exclamó el recluso.

—¿Entonces es por eso por lo que estás encerrado?

—No exactamente. Me contrataron para descubrir cómo mezcla el vino un boticario de la calle Sierpes para que no se rancie en el trayecto a las Indias.

—¿Espías sobre el vino?

—No te rías; yo soy el mejor en mi oficio, eso debes tenerlo claro, y por esa razón mis enemigos me han metido aquí.

—Un soldado con tantas batallas como tú debería aspirar a algo más que a perseguir los secretos del vino.

—Eso mismo me digo yo, que uno tiene una reputación que mantener. Por eso no volverá a pasar, he decidido poner mis enormes habilidades solo al servicio de causas justas y cristianas. —El recluso se lo quedó mirando—. ¿Y a ti por qué te han encerrado aquí?

—¿Importa acaso?

—Como gustes, pero yo te he contado mi historia...

El preso volvió su cabeza hacia el otro lado, como queriendo mostrar indiferencia.

—Mataron a mi compañero —dijo Thomas— mientras dormíamos en una posada, y parece que me inculpan a mí...

—Mal asunto.

—Lo sé.

—Siempre tienen que encontrar un culpable, así el populacho se queda tranquilo. No importa si es realmente él quien lo ha hecho o no, lo que les interesa es que crean que lo es —explicó aquel hombre.

—Eso no me tranquiliza.

—Y es que no debería tranquilizarte.. —El preso se acurrucó en una esquina y cerró los ojos.

32

La cárcel

Estuvo allí cinco días que le parecieron semanas, tiempo suficiente para hartarse de pensar en lo sucedido en la posada. Le costaba hacerse a la idea de que Alonso hubiera muerto. Sin la ayuda y los consejos de Alonso, a saber dónde estaría él ahora.

El tiempo pasaba muy lento encerrado en aquella sombría celda. Su compañero se distraía dibujando en el yeso de la pared con la ayuda de algún pequeño trozo de metal. Al principio no puso mucha atención en lo que hacía. Pero, con el paso de las horas, alzó la vista y vio que estaba dibujando un barco con bastante habilidad. No era el único que había dispensado su tiempo haciendo incisiones en aquellas paredes. Los muros de toda la celda estaba repletos de rostros, cruces, animales y otras figuras imposibles de identificar. Aunque lo que más había eran palos de contar, seguramente los días que habían pasado encerrados quienes los hicieron. A Thomas le entró el desasosiego al ver uno que iba de un lado a otro de la pared, lo contó. Tenía setenta y cinco muescas.

Aquella noche, sin previo aviso, los guardias entraron en la celda cuando dormía y lo cogieron de los brazos. Thomas se resistió de manera instintiva y entonces lo golpearon con una vara en la espalda; soltó un grito de dolor que retumbó por toda la cárcel y que le quitó las ganas de seguir forcejeando.

Lo llevaron a rastras hasta una habitación más amplia y le ataron las muñecas con unas argollas. Entonces oyó un crujido. Las argollas estaban unidas a unas cadenas y estas a una polea; varios hombres tiraban de ellas por medio de unas cuerdas. De pronto, se vio elevándose, el metal tiró tanto de su piel que sintió que los huesos de la mano iban a romperse.

—¿Por qué me hacéis esto? ¡Basta, por favor!

Nadie le respondía.

Tiraron más aún y el dolor se volvió insoportable, creyó que iba a morir allí mismo. De repente, aflojaron y le lanzaron un cubo de agua helada que lo despejó de nuevo.

—Lo que me obligas a hacer... —El que hablaba era Miguel de las Cuevas, que apareció ante él, como en una pesadilla—. Con lo fácil que serían las cosas si colaboraras.

—Yo no he hecho nada.

—¿Ves? A esto mismo me refiero, todavía no te he preguntado. ¿De verdad crees que esa es la actitud? ¿Qué credibilidad piensas que vas a tener ahora?

—A ti te da igual la verdad.

—Subidlo otra vez —ordenó De las Cuevas.

—¡Nooo! —Y el grito se volvió interminable cuando las cadenas lo elevaron y sus huesos de las muñecas, de los brazos, de los hombros, de todo su cuerpo, comenzaron a crujir.

Volvieron a bajarlo y le lanzaron otro cubo de agua fría, que no mitigó el dolor; al contrario, lo hizo aún más consciente de él.

—Bien, bien. Seguro que ahora has entendido mejor la situación. ¿Qué tienes que decirme sobre la muerte de Alonso García?

—Yo no lo maté. Yo lo apreciaba mucho, ¡era mi mentor!

—¿Y quién lo asesinó? ¿Qué viste tú? Dormías en la misma habitación, algo tuviste que ver u oír.

—No lo sé, no me enteré, yo dormía...

—Sí que tienes el sueño profundo, qué barbaridad.

—Por favor, no me subas otra vez, ten piedad —suplicó Thomas.

—Eso depende de ti, pero parece que aún no lo entiendes. —De las Cuevas alzó la mano.

Sus hombres tiraron de las cuerdas de nuevo, y cuando el cuerpo de Thomas llegó a lo más alto de la polea, se desmayó de dolor.

Al despertar se sintió confuso, mareado, muy dolorido; no sabía ni qué día ni hora eran, ni dónde estaba. Cuando consiguió abrir los ojos vio las húmedas paredes del calabozo de la plaza de San Francisco y al voluminoso soldado y espía, sentado contra la pared.

—Uf... Ay... —gruñó mientras se removía afligido por el dolor.

—Alabado sea el Señor.

—¿Qué ha pasado? ¿Aún estoy aquí?

—¡Pardiez! Te han dado una buena paliza, llevas un día entero durmiendo. Han venido dos veces a curarte las heridas, así que te quieren con vida.

—Eso me deja más tranquilo —dijo Thomas dolorido—, o no...

—¿Qué tal estás? —Lo ayudó a incorporarse.

—No aguantaré otra vez esa tortura...

—Mira, yo he visto a mucha gente morir en el campo de batalla; no es agradable, pero es la vida. Solo sé una cosa: cuanto más tarde, mejor. La muerte es algo terrible —le dijo el viejo soldado.

—Eso ya lo sé, mi madre se murió cuando yo era un crío.

—No lo entiendes, no quiero decir que alguien se muera. Te estoy hablando de la muerte misma.

—¿Qué pretendes decir? —inquirió Thomas aguantando el dolor que recorría todo su cuerpo.

—Yo he visto la muerte, una noche. Vino a buscar a un compañero de armas y se lo llevó.

—No os entiendo.

—La muerte estaba allí, la miré a los ojos y supe a qué venía. Y cuando lo hice, también vi otras cosas. Me vi a mí mismo, la muerte sabe cuándo vendrá a por todos nosotros. Y si le aguantas la mirada, puedes verlo.

—¿Quieres decirme que viste tu propia muerte aquella noche? —Thomas olvidó por un momento sus dolores.

—Sí, eso fue exactamente.

—No puedo creerte, serían delirios.

—Mírame bien, ¿de verdad crees que yo no sé lo que vi? —le advirtió el viejo soldado—. A partir de entonces, cuando la muerte ronda, la presiento.

—¿Sabes el momento en que va a morir una persona, pues?

—¡Pardiez! No soy un brujo. Lo que sé es cuándo la muerte está cerca, no a por quién viene —le dijo mirándolo a los ojos—. Y ahora come algo, chico, que han dejado eso para ti y debes recuperarte. Hay que vivir, que la muerte no nos acecha, por ahora. Te lo digo yo —y le guiñó el ojo, divertido.

Al día siguiente metieron en la celda a una pareja de gallegos que pretendían ir de polizones al Nuevo Mundo, eran jóvenes y poco habladores. Los guardias se ensañaron con ellos y les dieron una somanta de palos.

Mientras tanto, el viejo soldado le contó a Thomas que se llamaba Santiago y que era de Logroño, que embarcó de joven para Nápoles y allí había vivido hasta que se enroló al servicio del Gran Capitán, en unas formaciones especiales de combate compuestas por tres unidades distintas, de arcabuceros, mosqueteros y piqueros como él. Y que habían sido la clave de las victorias frente a la célebre caballería borgoñesa del reino de Francia.

Había terminado de dibujar el barco con muy buena mano; se distinguían perfectamente los tres palos, las velas y la bandera con la cruz de Borgoña.

Thomas no sabía si creerse todas las historias que contaba; algunas parecían fantasiosas, otras le sonaban a muy reales y, al final, no sabía si le decía verdades o imaginaciones. Si todas las aventuras que narraba fueran ciertas, era uno de los hombres más extraordinarios que había conocido nunca. Y es que Santiago poseía cierto aire casquivano o frívolo, todo lo decía con demasiada ligereza, pero él no distinguía si era fachada o no. El joven empezaba a sospechar que Santiago era una persona sólida y que podría fiarse de él... Un día, se decidió.

—Quizá puedas ayudarme —dijo a modo de confidencia Thomas, cuando nadie les escuchaba.

—Nada me placería más, dime.

—Santiago, busco un libro que han robado.

—¿Qué tipo de libro?

—Es de un escritor poco conocido. No vendió muchos ejemplares de su libro, en su momento, hace veinte años.

—Pero has dicho que lo habían robado.

—Sí, porque casualmente localizamos un ejemplar en la biblioteca de un noble y, cuando fuimos a por él, había desaparecido —explicó Thomas en voz baja.

—¿Tiene mucho valor?

—No creas, es más el capricho de un coleccionista.

—Ándate con ojo, la gente con dinero no piensa como nosotros. Si te han encargado localizarlo, desconfía.

—¿Que desconfíe de qué?

—¡De todo, por Dios!

—Ssshhh, baja la voz —le recriminó Thomas.

—Discúlpame, lo que te quiero decir es que es probable que no te hayan contado toda la verdad. ¿Estás aquí por ese libro?

Thomas asintió.

—Peor me lo pones.

Callaron al ver una sombra acercarse; oyeron unas pisadas monótonas y solitarias. Miguel de las Cuevas, para su sorpresa, abrió la puerta de la celda.

—Me da la impresión de que eres un dolor de cabeza —dijo mirando a Thomas.

—Ya te he dicho que no tengo nada que ver con la muerte de Alonso.

—He estado dando una vuelta por los lugares donde estuvisteis los dos días anteriores y todos dicen que hacíais demasiadas preguntas.

—No sé qué significa eso —balbuceó Thomas temeroso.

—A nadie le gusta que unos forasteros vayan indagando por ahí, me da igual el motivo, si buscan un libro o los clavos de Cristo. De una manera u otra van a crearme problemas a mí.

—¿Eso qué quiere decir?

—Que llamabais demasiado la atención y que en Sevilla todo se sabe —afirmó Miguel de las Cuevas—. No me extraña que rajaran al otro, lo que no entiendo es por qué te dejaron a ti con vida.

—Yo tampoco —dijo Thomas.

—Ya veo; además parece que tienes un ángel de la guarda... Otra cosa que aún entiendo menos. —Miguel de las Cuevas lo miró de mala gana—. Puedes irte.

Thomas ni se inmutó.

—¿No me has oído? No lo repetiré. Ya te he dicho que tienes un ángel de la guarda, ¡márchate!

Thomas se incorporó de inmediato; no veía el momento de salir de aquel terrible lugar.

—Espera, no tan rápido; sigo sin saber qué ocurrió esa noche y no quiero más problemas. Bastante tengo con los sinvergüenzas de Triana, la gentuza del Arenal y todos los que vienen a embarcar para las Indias —le advirtió en un tono amenazante—. Esta ciudad no es para ti, estarías mejor lejos.

—Yo no he hecho nada.

—Estar en Sevilla ya es hacer algo, nadie viene aquí sin motivo.

—No puedes obligarme a que me vaya de esta ciudad —afirmó Thomas de pie, pero débil por los días de cautiverio.

—Claro que puedo.

—Mataron a mi amigo, no me marcharé de Sevilla sin saber quién lo hizo.

—Ya te digo yo que sí te irás. —De las Cuevas sonrió de forma amenazadora—. No tiene sentido que te dejaran con vida, a mí no me engañas.

—¿Puedo irme ya?

Miguel de las Cuevas se hizo a un lado y le hizo una falsa reverencia, indicándole que siguiera por el pasillo.

Thomas apretó los puños y avanzó con paso firme hasta la puerta. Se volvió para despedirse de Santiago.

—Adiós, soldado, que tengas suerte.

—Adiós —dijo el hombretón—. Lo mismo te digo; ándate con ojo, muchacho.

Thomas abandonó la prisión. La ciudad bullía de gente. Se miró las ropas: estaban sucias y malolientes, parecía un pordiosero. La luz le hacía daño en los ojos después de tantos días en penumbra. Intramuros, en aquellas calles estrechas, se sentía aún prisionero, necesitaba amplitud para volver a sentirse libre. Pero no tenía adónde volver.

Salió por la Puerta de Jerez y siguió hasta la playa. Las velas de las carabelas y las naos cortaban el horizonte, mientras que el río se cubría de embarcaciones más pequeñas. En verdad Sevilla parecía el centro del mundo, del nuevo y del antiguo.

Miró al río y a los barcos que lo llenaban. Se imaginó viajando en uno de ellos y eso le despertó de la sensación de desánimo que le inundaba tras los días en prisión y la muerte de Alonso.

Ir al Nuevo Mundo; ¿por qué no podía ser ese su destino?

¿Qué mejor lugar para ser libre?

Sin pasado, sin cuentas pendientes.

Es lo que tenía que hacer: embarcar en uno de esos barcos hacia poniente.

Pero ¿cómo? Ese era el gran problema que tenía que resolver.

Continuó por la muralla, que no parecía estar en buen estado: se habían adosado casas, y todo tipo de construcciones, sin mesura ni cuidado, y en algunos puntos se acumulaban montañas de basura. La que antaño sería una formidable estructura defensiva ahora no era más que una cerca ruinosa.

La temperatura bajó; en el Arenal se encendieron varias fogatas y él buscó refugio cerca de una de ellas. Lo sorprendió la gente que por allí rondaba; abundaban los niños y ancianos, gente muy pobre. En el mismo Arenal se levantaban cabañas humildes, pero que al menos proporcionaban un techo bajo el que dormir. Mientras, en el río, se veían las siluetas de elegantes embarcaciones. Un contraste inesperado, no todo era oro en Sevilla.

Junto a uno de los fuegos vio a un hombre muy moreno, con la coronilla despejada al modo de los frailes. A su alrededor estaban sentados una veintena de críos. El presunto fraile les estaba contando una historia al calor de la hoguera. Thomas los observó, pensó que antes de que existieran los libros así se transmitían los conocimientos, los pensamientos, las leyendas. Un grupo de personas en torno a una fogata. La gente memorizaba las historias y pasaban de generación en generación, pero muchas se alterarían y se perderían por el camino. La memoria de numerosos pueblos y civilizaciones sucumbiría al olvido. Por suerte ahora los libros eran los guardianes de esa memoria, los que defendían a los hombres del olvido.

Echaba de menos a Alonso. El buscador de libros se había convertido en un gran amigo; le había enseñado tanto: sus lecturas de Platón y Homero, sus habilidades como actor; nunca olvidaría que fue él quien lo había llevado por primera vez a un corral de comedias.

Pero Alonso ya no estaba y él había vuelto a quedarse solo en el mundo. Su vida era una serie de altibajos inesperados, dando tumbos; pero al menos sabía lo que quería: viajar a las Indias, y de ahí a las Islas de las Especias. Algún día lo conseguiría.

Se alejó del contador de historias y se acurrucó entre unos desechos, estaba tan cansado que no se percató de que lo observaban.

Al alba se despertó con los repiques de las campanas de la catedral, la Giralda se elevaba sobre todos los tejados de Sevilla. A Thomas le recordó por un instante a la torre Nueva de Zaragoza. Pero la Giralda era mucho más alta; los griegos la habrían visto como un desafío a los dioses del monte Olimpo, y estos no habrían dudado en destruirla para que no amenazara su poder. En cambio, a la Giralda la habían salvado de un terremoto las santas Justa y Rufina. Así de diferente era el mundo cristiano del pagano.

La mañana se le hizo larga en el Arenal. No tenía adónde ir, así que se entretuvo pensando en el Nuevo Mundo, recordó a Luna, lo que le gustaba jugar con ella y lo que lamentó su muerte. Cuando llegara al Nuevo Mundo, lo primero que haría sería comprar una llama.

Tenía hambre. Entonces vio pasar a un monje con una Biblia entre las manos. La visión del libro sagrado le hizo pensar de nuevo en su investigación.

Los libros parecían ser los objetos que guiaban su vida, los que iluminaban su camino, despejándolo de las sombras. Los objetos que lo llevarían al Nuevo Mundo, lo tenía claro.

Ese libro era una señal.

Y al pensar en libros se percató de que la única persona que podía ayudarlo en Sevilla era el dueño de su mayor biblioteca: don Hernando Colón.

Debía ir a su palacio y convencerlo de su inocencia, convencerlo de que debía seguir con la búsqueda del Moncín. Así que, muy decidido, salió por el Postigo del Aceite hasta el Arenal y rodeó la muralla hasta la Puerta de Goles, el palacio de Colón la vigilaba desde lo alto. Subió el cerro. Llamó a la puerta anaranjada. Cuando esta se abrió, los ojos de Marcos lo reconocieron al instante.

—¿Tú qué quieres ahora? ¡Santo Dios! ¿De dónde vienes con ese pestilente olor?

—Vengo a ver a don Hernando Colón; ha pasado algo terrible que él debe conocer.

—Has matado a tu compañero, el que tenía pinta de crapuloso, eso ya lo sabemos.

—Mi amigo no era ningún sinvergüenza. Y eso no es cierto, ¿cómo voy yo a matarlo? Tengo que ver a don Hernando... —Y fue a entrar.

—¡Alto ahí! —Marcos sacó una daga y se la puso a la altura del pecho—. Vas a marcharte por donde has venido o irás a hacerle compañía a tu amigo, no te lo repetiré dos veces.

—Está bien. —Alzó las manos—. Tranquilo.

—No se te ocurra volver, o no seré tan indulgente.

Thomas dio varios pasos hacia atrás y fue alejándose del palacio ante la atenta mirada de Marcos. Le maldijo por no dejarlo entrar; lleno de ira, pensó en regresar y golpearlo. Pero no habría sido una buena decisión, por lo que se retiró y salió de nuevo por la Puerta de Goles.

Contrariado y abatido, miró al otro lado del río. Tras los grandes barcos se divisaban el amplio arrabal y el puente de barcas que comunicaba ambas orillas. Habían colocado decenas de embarcaciones formando una larga fila y sobre ellas se habían dispuesto tablones hasta formar un espacio transitable. Mientras lo cruzaba se preguntó si aquella estructura podría resistir una subida del río. Prefirió no estar sobre ella para comprobarlo cuando sucediera.

Cuando volvió a pisar tierra firme respiró aliviado; estaba en un arrabal y lo primero que le sorprendió fue que parecía una ciudad distinta por completo. Allí había más bullicio y más mezcla de razas y de ropajes. La gente vestía de forma diferente que intramuros. Aquí había mucho color, las mujeres llevaban el pelo suelto y vestidos amplios, nada que ver con la ciudad donde todas iban muy tapadas, como si fueran religiosas.

Pero lo que más le llamó la atención fue el perfil oscuro y tenebroso de un castillo que dominaba todo el paisaje de aquella orilla del Guadalquivir.

Por la calle vio muchos hombres bebiendo, aquí y allá; peleas de gallos en una esquina; un charlatán subido en unas cajas, que decía vender un ungüento contra todo tipo de enfermedades, algunas de las cuales el joven ni había oído hablar. Un anciano tocaba palmas mientras una chiquilla bailaba con los brazos en alto. Thomas fue hacia él.

—¿Cómo se llama este lugar?

—Esto es Triana —respondió sin dejar de dar palmas.

—Nadie diría que es Sevilla.

—Bueno, eso es porque Triana es Sevilla, pero Sevilla no es Triana. —Y entonces fue él mismo quien bailó junto a la niña.

Por lo que pudo comprobar, a este lado del río lo que abundaban eran las tabernas y por nada del mundo quería entrar en una de ellas. Comenzó a deambular entre las callejuelas, donde vio numerosos talleres de alfarería, herrerías y carpinterías. Se vendía mucho pescado y corría el vino.

Había un puerto a poca distancia, el de las Muelas. Y, allí mismo, aquel castillo, imponente y oscuro, que parecía sacado de los libros de caballerías. En sus entrañas vislumbró varias mazmorras, penumbrosas y húmedas, donde se imaginó que los condenados sufrían las peores torturas.

Apartó enseguida la vista de sus murallas, temeroso de que lo estuvieran observando desde adentro.

El joven fue al río, se quitó la ropa y la lavó como pudo, frotándola contra las piedras de la orilla. Luego se metió entero en el agua, necesitaba sacarse toda la mugre. Se puso al sol para secarse él y secar las ropas. El agua le sentó bien y le despejó un poco la mente.

Llegó después a una posada, pequeña y sin tabernas cercanas. La regentaba una mujer, la Santa, como ella le dijo que la llamaban. Tenía el pelo abundante, en largos rizos que le caían por la espalda, los ojos grandes y despiertos, y un lunar justo debajo de la nariz. Andaba algo coja.

—Aquí no quiero líos —le advirtió.

—De mi parte no los tendréis, os lo aseguro.

—Los sevillanos vienen aquí cada noche a pasárselo bien y alguno se da demasiada alegría con el vino y después... todo son problemas.

—Yo no bebo.

—¿Seguro?

—Como que me llamo Thomas, y a mí no me gustan los problemas, así que descuidad.

—Eso dicen todos, y luego se traen a la primera que encuentran y tengo que escuchar tales barbaridades que no gano para ir a misa —musitó mientras se colocaba bien los rizos del pelo.

—Yo solo quiero comer caliente, pero no tengo dinero.

—¿No pensarás que esto es un hospital de caridad?

—Quizá podría pagaros de alguna otra forma.

La Santa lo miró de arriba abajo.

—Hay que limpiar las cuadras, te advierto que eso está hecho un berenjenal...

—Yo lo haré.

—Bien, siéntate por ahí. —Le indicó una mesa vacía; al otro lado había media docena de hombres comiendo.

La Santa le trajo un cuenco con un caldo caliente donde flotaban pedazos de carne y un plato de garbanzos con espinacas. Para beber fue a servirle vino, hasta que Thomas la detuvo.

—Pues agua; mejor, más barato. —Y se largó.

El caldo estaba bueno, se notaba el sabor de la carne, aunque prefirió no saber de qué animal era. Lo que realmente le gustó fueron los garbanzos, tanto, que pidió más.

—Pero tendrás que trabajar más —le advirtió.

Cuando estaba disfrutando de la segunda ración escuchó a dos de los hombres, sentados en otra mesa, que discutían sobre el tamaño de la isla de La Española. Thomas había leído tanto sobre el Nuevo Mundo que se sentía capaz de explicarles quién de los dos tenía razón, pero prefirió no meterse en berenjenales. Continuó comiendo los garbanzos, y en eso fue otra conversación la que le llamó la atención. Un individuo joven, moreno y de pelo largo intentaba convencer a otro más mayor acerca de lo que estaba escrito en un papel que sostenía.

—Te juro por mi madre, que en paz esté, que este contrato es de esa casa. —Le pasó la mano por la espalda—. Confía en mí.

—Me parece barato.

—Es lo que hay, ya me gustaría venderlo más caro.

El hombre mayor miraba con dudas el documento.

—Si lo pone ahí, ¿es que no lo lees? —insistía el joven.

Thomas se percató de la cara que ponía el señor mayor e intuyó enseguida lo que estaba sucediendo. Comenzó a ponerse nervioso; se agarró con las manos a la silla, pero seguía escuchando la conversación y eso lo enervaba más.

—¡Basta! Me parece que me estás tomando el pelo. —La conversación cambió de tono.

—¿Por qué dices eso?

—Me has tomado por necio. —El hombre se levantó remangándose las mangas de la camisa—. Y a mí no me engaña nadie.

Le soltó un tremendo puñetazo que el joven esquivó a duras penas. A ese siguió un segundo que el chico también birló tirándose por el suelo. Rastreó como una lombriz para llegar hasta donde estaba Thomas, tomó una silla y se la lanzó al hombre, y a continuación salió corriendo de la posada.

—¡Maldito sea! —La Santa llegó de inmediato con un cuchillo de palmo y medio de hoja en la mano—. Como vuelva ese por aquí le corto lo que le cuelga de las piernas.

Thomas ayudó a arreglar los desperfectos y luego estuvo toda la tarde limpiando las cuadras. Al terminar, la Santa quedó satisfecha y le dio un cuscurro de pan y una ristra de chorizo.

Con la tripa llena se sintió mejor y caminó hasta cerca de la iglesia de Santa Ana. Aquella vista era preciosa, se quedó mirando la ciudad ensimismado.

—Quien no ha visto Sevilla, no ha visto maravilla —dijo alguien a su espalda.

Thomas se revolvió y para su sorpresa halló al mismo joven que lo había ayudado en el mercado del Malbaratillo.

—¿Qué haces tú en Triana? —peguntó Sebas.

33

Triana

Sebas también había llegado un buen día a Sevilla, hacía un par de años, desde Coria del Río, con una mano delante y otra detrás. Pasó gana, y mucha, aquellos primeros meses en el puerto a las Indias, hasta que buscó refugio en Triana y poco a poco, gracias a su ingenio, fue ganándose la vida.

Pero a Sebas se le quedó grabado a fuego todo el hambre que había pasado y se prometió a sí mismo que jamás volvería a sufrir por no comer, eso lo tenía muy claro.

Desde entonces había progresado de manera más que meritoria y había aprendido mucho sobre la ciudad. Por ejemplo, conocía que la salida de las expediciones producía un tremendo ajetreo en Sevilla y creaba trabajo para propios y extraños. La pequeña industria local, la reparación de los barcos, el transporte de las mercancías, la preparación de víveres... La navegación al Nuevo Mundo daba trabajo abundante.

La llegada también causaba enorme expectación; en Sevilla no se sabía nunca la fecha de regreso de las flotas y solo cuando el convoy de ultramar alcanzaba las costas del cabo San Vicente los mercaderes y navegantes respiraban tranquilos. Al tiempo que la flota llegaba a Sevilla, se disparaban salvas desde el montículo del Malbaratillo y tocaban las campanas de la catedral y de Santa Ana, comunicando la buena noticia.

En estos dos años, Sebas había llevado a cabo numerosos contactos, todo el puerto lo conocía. Hablaba con todos y tenía fama de poder conseguir casi cualquier cosa que le pidiesen. Él no lo hacía solo por dinero, esa era su principal baza; en muchas ocasiones podían pagarle con una información, un chivatazo o una confesión. A Sebas le gustaba hablar, pero sobre todo escuchar. Y así se enteraba de todo lo que sucedía a su alrededor; se percató pronto de que, en una ciudad tan grande, era muy difícil saber todo lo que pasaba en cada una de sus callejuelas. Y lo que era un problema para las autoridades y para la gente común, para Sebas era una enorme oportunidad que él podría explotar.

En una ocasión, un comerciante oriental le contó algo que le hizo ver la llegada de los barcos de las Indias de otra forma. Le relató que no solo en Sevilla se alegraban con la llegada de la flota; su cargamento era fundamental en la economía del Viejo Mundo. Una vez, el Gobernador de Damasco le llegó a preguntar a un peregrino sevillano que iba hacia Tierra Santa si había llegado ya la flota a Sevilla, porque se sentía la falta de moneda en Oriente.

Un capitán del ejército retirado aún fue más explícito, pues le contó que de la llegada de los navíos dependían los medios de pago del emperador. Una parte significativa de la plata iba directamente a las arcas de la Corona, y cuando esta no era suficiente, los oficiales reales incautaban la que venía destinada a los particulares.

Hablando con unos y con otros aprendió lo que no se enseñaba en ningún sitio: que el núcleo financiero de Europa, que había estado en Amberes, se había trasladado a Sevilla. Sebas veía llegar a la ciudad banqueros, prestamistas, comerciantes y aventureros castellanos y extranjeros, unos para avecindarse y disfrutar de sus riquezas, otros para embarcarse hacia el Nuevo Mundo, buscando nuevas oportunidades. Las calles de Sevilla eran un continuo ir y venir de viajeros, de todas las clases sociales, y él los vigilaba a todos y de todo extraía información. Porque Sebas sabía que un secreto dejaba de serlo no cuando te lo confesaban a condición de que no se lo dijeras a nadie más, sino antes, en el mismo momento en que una persona aseguraba que tenía uno y no podía decírtelo. Ahí ya empezaba a actuar la mente de Sebas.

El joven de Coria lo sabía todo de los tejemanejes del puerto de Sevilla. Los barcos de la Carrera de Indias tenían que ser españoles. Cuando un juez de la Casa de la Contratación, el general de la Armada y los visitadores de naos las inspeccionaban por vez primera, lo hacían para comprobar, precisamente, la nacionalidad y el estado en que se encontraban.

Las naves preparadas para viajar al Nuevo Mundo podían ser carabelas, galeones, naos, carracas, urcas, bajeles... O más pequeñas como las polacras, jabeques, tartanas y patches...

En el río navegaban otras embarcaciones necesarias para su servicio: galeras, barcas, saetías y fustas surcaban el río entre Sevilla, Sanlúcar y Cádiz o entre barco y barco fondeado. Las galeras servían para proteger y ayudar a los pesados galeones y sortear los pasos difíciles. Un gaditano le había explicado que los puntos negros del cauce se situaban, sobre todo, en los Pilares de Albayla antes de Coria y el Naranjal sobre la barra de Sanlúcar.

También eran útiles para acercar hasta Sevilla los cargamentos que no podían traspasar la barra. Las barcas, barcas de alijo, servían para lo mismo y para el movimiento entre nave y nave. En los momentos que se preparaban las grandes flotas, las barcas iban de un lado a otro llevando vituallas, pertrechos y mercancías.

Ahí había mucho negocio.

Sebas no era un ladrón, ni un confidente; era un informador. Pero él tenía otras aspiraciones, veía a todos aquellos criminales, asesinos, timadores y espías moverse sin orden y concierto por Sevilla. Estorbándose unos a otros, robando lo robado y delatando a la competencia. Veía cómo sacaban del Guadalquivir todas las mañanas a un par de ladrones y algún otro miembro del hampa, y pensaba siempre lo mismo: sería más rentable distribuirse la ciudad, repartírsela, que cada uno actuara en un sitio, que se guardaran unos a otros, pues el enemigo no eran ellos mismos. Debían colaborar.

En una ciudad de la riqueza de Sevilla, el robo y el asesinato no podían paliarse, pero sí regularse.

O al menos eso pensaba él.

Para tener qué comer trabajaba esporádicamente para el Indio, un malcarado que manejaba todo tipo de delitos. A él le hacía encargos menores, pero sabía que tenía varios asesinos a sueldo y por eso todos le tenían miedo. El Indio era astuto, así que para pasar desapercibido y poder hacer sus trapicheos de forma pública, pero discreta, tenía un puesto de cuchillos, muchos de los cuales usaban luego sus secuaces en todo tipo de traperías. También vendía libros, pues decía que lo hacía parecer más respetable, aunque todos eran robados.

Sebas estaba acostumbrado a oír cualquier clase de historia por las calles de Sevilla, por absurda o fantasiosa que pareciera. Sin embargo, cuando Thomas le dijo que había venido buscando un libro, se despertó su curiosidad. Aunque él no lo supiera, era Sebas quien había sobornado a Miguel de las Cuevas para que lo soltara del calabozo. Sebas quería saber por qué habían matado al compañero de Thomas... Tantas molestias por un libro solo podían indicar que en ese caso había más intereses de lo que parecía a primera vista.

Le dijeron que Thomas andaba en la posada de la Santa; cuando lo vio salir, lo abordó cerca del río.

—¿Y tu amigo Alonso? —preguntó Sebas disimulando que estaba más que al corriente de todo lo acontecido.

—Ha muerto —contestó Thomas—. Lo mataron.

—Lo siento, no lo sabía —mintió—. ¿Cómo ocurrió?

—Prefiero no hablar de eso.

—Como quieras. Si puedo hacer algo... Conozco bien Sevilla y me gustaría ayudarte después de que me salvarais la vida cuando las inundaciones.

—Quizá sí. Recordarás que yo buscaba un libro cuando me ayudaste en el mercado. Alonso y yo íbamos preguntando por *Amores imposibles*, de Moncín —le insistió Thomas—. ¿Te suena el tema?

—No, lo lamento. Y creo que sería mejor que te centraras en otra cosa. Igual ese libro no aparece nunca.

—¡Tiene que aparecer! He venido a Sevilla para buscarlo y me iré cuando lo encuentre; mi futuro depende de este encargo —afirmó apretando los puños.

—De acuerdo, entonces debes aprender.

—¿Aprender el qué?

—Cómo es Sevilla. —Sebas sonrió, y señaló hacia el este—. Mira, ¿ves aquella zona? Es el muelle de mulas; allí abundan los matones y asesinos.

—Quizá quien acabó con Alonso esté por ahí. Dicen que fue un matón a sueldo.

—No te diría que no... ¿Aquella casa del tejado empinado? Es donde se reúnen los recaudadores de deudas —explicó Sebas—. Fíjate en el puente de barcas, en toda esa gente: son chivatos y soplones. Las prostitutas están en la mancebía más famosa de la ciudad, el Compás de la Laguna, al otro lado del río, en el Arenal. También se ubica ahí enfrente el Monte del Malbaratillo.

—Parece una gran montaña de porquería.

—Se ha ido formando con las basuras arrojadas por los vecinos desde tiempos remotos; a sus pies está el mercado donde se vende todo lo que se roba en Sevilla y alrededores. Eso tú ya lo sabes.

—Me metí en la boca del lobo... —Thomas suspiró.

—Podría haber sido peor —murmuró Sebas—. Supongo que ya conoces la catedral y la Giralda. ¿Los alcázares?

—Sí, y también la Casa de Contratación. Es todo muy hermoso en esa zona.

—No demasiado lejos están la plaza de San Francisco y la calle Sierpes, que es donde están los negocios; y muy importante... —Se volvió y le señaló la fortificación oscura y tenebrosa que había en este lado del río—: Ese es el castillo de San Jorge, la fortaleza de la Santa Inquisición.

—Tiene un aspecto fantasmagórico.

—Mejor no comprobar cómo es su interior, hazme caso. Si algún día entras, quizá lo mejor que pueda pasarte es que no salgas.

—¿Por qué dices tal cosa?

—Thomas, es mejor morir ahí dentro que soportar que te torture la Inquisición y te deje con vida, porque entonces serás un muerto andante.

—Debe ser terrible caer en sus garras...

—No quieras comprobarlo tú mismo.

—Alguna experiencia en eso tengo; me torturaron en el calabozo, un par de veces, fue horroroso —dijo con pesadumbre en la voz.

Ambos se quedaron en silencio, mirando el río.

—Ahora, Tomasito, estás en Triana. —Sebas cambió a un tono de voz más entusiasta y una gran sonrisa se le dibujó en el rostro—. Que mal sitio no será cuando es a donde vienen los señores y los curas que se escapan de sus palacios e iglesias, y a donde acuden las sirvientas con doble vida y los ricos comerciantes que no saben en qué gastar su plata.

—Ni que fuera el paraíso...

—Todo lo contrario; ninguno de los que estamos en Triana pensamos en ir al Cielo, por eso en Santa Ana está la capilla de las Ánimas Benditas del Purgatorio, que es a lo único que podemos aspirar.

—Así que no iréis al cielo.

—Digamos que yo creo que el verdadero modo de conocer el camino al paraíso es saber el que lleva al infierno, para poder evitarlo.

—¿Y si caéis en el infierno?

—Siempre existe ese riesgo, aunque es mejor actuar y arrepentirse, que no actuar y arrepentirse.

—Bueno, yo prefiero alejarme cuanto más posible del infierno.

—Pues estás demasiado cerca, por lo que santo no debes ser, amigo.

—Así que Triana no es Sevilla...

—Bueno, técnicamente sí. Y tú y yo sabemos que es al otro lado donde deberías buscarte la vida. —Sebas sonrió—. Mira, yo necesito un socio, quizá podrías ser tú.

—No, gracias. —Thomas hizo aspavientos con las manos—. Bastante tengo con lo mío, créeme.

—Espera, que aún no te he dicho de qué va el negocio.

—Da igual, yo ya tengo un asunto que resolver.

—Escucha... El libro que buscas —murmuró Sebas—, sé que habéis estado haciendo muchas preguntas...

—¿Qué significa eso?

—Que tienes que tener más cuidado. A ver, ¿quién crees que te ha sacado de la prisión?

—¿Tú? ¡No puede ser! ¿Cómo?

—Dímelo, ¿acaso conoces tú a alguien más en Sevilla?

—¿Por qué lo has hecho? —Thomas lo miraba desconcertado.

—¿A ti te gusta jugar a las cartas? A mí no, tampoco las apuestas —dijo Sebas, decidido—. Yo prefiero jugarme mi suerte con las personas. Y contigo tengo un pálpito.

—No tengo ni idea de lo que eso significa y no sé si quiero saberlo, pero gracias, Sebastián, por librarme de la celda. Siempre te estaré agradecido...

Thomas abrazó a Sebas con todas sus fuerzas, emocionado. Sebas lo retiró un poco, contento por la efusividad del alemán, pero no del todo cómodo con mostrar sus sentimientos. Así que entró en materia.

—A ver; el libro que buscas, ¿para quién es?

—Es confidencial. No puedo decírtelo, aunque quisiera.

—Dicen que te vieron salir del palacio de Colón. —Sebas se encogió de hombros.

—También me has seguido allí...

—Sigues sin entenderlo, no me hace falta seguir a nadie. En Sevilla hay cuarenta mil pares de ojos; bueno, hay algún tuerto, así que alguno menos. —Sonrió—. Yo solo recojo la información, podemos decir que la filtro. Y de todo me entero.

—¿Y qué quieres de mí?

—Ayudarte, ya te digo; pero necesito también que me pases informaciones.

—¿Informaciones? —preguntó Thomas.

—Todo lo que descubras.

—Yo no sé nada.

—Claro que sí, sabes ya mucho; empieza por decirme quién quiere el libro —insistió Sebas—, es bien sencillo. Mataron a tu amigo, así que sé sincero. Te he sacado de la prisión y te he salvado de Miguel de las Cuevas, ¿te parece poco?

—No es poco, no; y yo te lo agradezco... —resopló.

Se quedó un momento mirando a Sebas, y siguió hablando.

—Está bien... Te cuento: un noble zaragozano, Luis de Coloma, contrató a Alonso, mi fallecido jefe, para que localizara un libro perdido, escrito por Jaime Moncín, como ya te he dicho. Del libro en cuestión solo sabemos su título, *Amores imposibles*, que está escrito en prosa, que su temática es amorosa y algo revolucionaria por tener mucho protagonismo una mujer, y que...

—Continúa.

—Está ilustrado con unos grabados de excelente factura y que deben ser muy sugerentes... Ya me entiendes.

—Interesante. ¿Y el clero aprobó una publicación con grabados lascivos?

—Luis de Coloma solo dijo que eran sugerentes. Pero podrían haberlo publicado sin que el clero lo revisara, eso ha sucedido en ocasiones, y más en un libro de esta temática.

—Te aseguro que el clero habría prohibido un libro así de inmediato —recalcó Sebas—. Un libro sobre amor, sensual...

—Luis de Coloma vino a decir que el amor es cosa de pobres, de ingenuos o de locos. Quizá el autor estaba loco.

—Por lo que yo he podido ver, los ricos se enamoran como los pobres, pero solo se casan entre ricos —apuntilló Sebas—. ¿Y qué hacíais en el palacio de Colón?

—Pensábamos que el libro estaba allí, y efectivamente estuvo un tiempo; pero alguien se lo ha robado a don Hernando Colón.

—Hay algo más que no quieres decirme; ¿qué es?

Thomas se sorprendió por la perspicacia de su nuevo amigo.

—Bueno... El hijo de Colón también nos contrató para encontrar el libro.

—Vaya, muy buen negocio. —Sebas se echó a reír—. Dos por uno. Y seguro que os pagaría bien.

—Eso ya es cosa nuestra. Ese tema lo llevaba Alonso...

—O sea, que sí.

—Pero, además, ya da igual. Colón cree que soy un asesino o que tuve algo que ver con la muerte de Alonso y no quiere recibirme, así que de negocio, nada de nada. —Thomas se pasó ambas manos por el rostro y continuó hacia el puente.

—¡Espera! Yo te ayudaré a hablar de nuevo con Colón. No puedes perder esta oportunidad, de ninguna manera.

—Ya... ¿Cómo lo vas a hacer?

—Si te digo que lo haré, es que así será. Doy pocas veces mi palabra, pero cuando lo hago la llevo hasta las últimas consecuencias.

—¿Y pretendes que te crea? Yo ya he intentado que me dejaran hablar con Colón y ha sido imposible.

—Mira, yo no digo nunca lo que creo, ni creo lo que digo, y si se me escapa alguna verdad de vez en cuando, la escondo entre tantas mentiras que es difícil reconocerla.

—Pero... ¿Cómo me cuentas eso? Ahora sí que no te creo nada de nada. —Thomas no pudo evitar sonreír. Sebas le caía bien, a pesar de sus actividades poco legales.

—Porque quiero ser sincero contigo, Thomas. Quiero ayudarte, ya te he dicho que necesito un socio. Soy un hombre pragmático. No te voy a pedir nada peligroso, solo me interesa la información.

—¿La información?

—Sí, mira esta ciudad; parece una, pero hay muchas Sevillas. Está la Sevilla de la aristocracia, en sus grandes palacios. La de la catedral, o la de los conventos como la Cartuja o los Remedios. Pero también está la Sevilla de los comerciantes, de los productos del Nuevo Mundo, no solo de los que vienen, también de los que van. Está la Sevilla de los delincuentes, de la mancebía. Y lo mejor es que ninguna de esas Sevilla se habla con la otra, ninguna sabe lo que pasa en la otra.

—Pero tú sí.

—Todavía no, estoy en ello. Pero ese es mi objetivo. Controlar toda esa información. Aquí todos se roban unos a otros, se matan por unas palabras. Eso no puede seguir así, hasta los criminales necesitan alguien que los gobierne —sonrió.

—Pues si quieres ayudarme, tengo que ver al hijo de Colón a solas, y tiene que ser a solas porque su guardia me ha amenazado con matarme si vuelvo a aparecer por el palacio. ¿Podrás lograrlo?

—Ahora lo verás, Tomasito, ahora lo verás. ¡Vamos!

34

Don Hernando Colón

Sebas se detuvo en una casa cerca de la iglesia de Santa Ana y salió de ella con un par de fardos. Juntos fueron hacia la Puerta del Arenal; los guardias, que intentaban vigilar a todo el que entraba y salía de la ciudad, no podían dar abasto para discernir quién era peligroso o no. Sobraba con no llamar mucho la atención para acceder sin problemas.

—Ándate con ojo aquí dentro. Las calles de Sevilla son estrechas, y están llenas de viandantes, caballerías, basuras, escombros, tenderetes... Y las plazas están repletas de puestos, tinglados y mostradores —dijo con los ojos avizor—. Terreno fácil para que te roben, te violen o te maten.

—No parece que te apasione en exceso Sevilla.

—Amo Sevilla, pero conozco sus riesgos, y lo que me importa es poder ganarme la vida en ella. —Sacó unas ropas de los fardos—. Hala, ponte esto.

—Pero si es un hábito de novicio...

—Hazme caso, cogí estas ropas una vez que hicieron limpieza en las Trinitarias. Las uso mucho, me cuelo por Sevilla vestido así y es mano de santo para no llamar la atención —le dijo mientras se ponía la túnica—. Ah, y mira por dónde pisas, que con estos hábitos se arrastra mucha porquería.

La gente acostumbraba a arrojar los desperdicios y los desechos a la calle, dejaban restos de materiales de construcción, levantaban hoyos, volcaban aguas sucias... Los bandos del Consejo de los Veinticuatro habían prohibido tirar animales muertos, estiércol y aguas a la calle, sin ningún éxito.

—Ya hemos llegado. —Se detuvieron frente al palacio de Colón.

—Esto es una pérdida de tiempo.

Thomas comenzó a ponerse nervioso. Miró bien a Sebas, que parecía tranquilo; no sabía si eso era bueno o malo. Aguardaron delante del palacio, hasta que llegó un carruaje, y al momento, la puerta anaranjada se empezó abrir y Sebas lo miró sonriente, parecía como si lo tuviera calculado.

—Vamos, déjame hablar a mí. Tú baja la cabeza, que no te vean el rostro, y calladito. —Hizo un gesto con los dedos como si fuera a coser sus labios.

Sebas fue directo hacia el carruaje, pero antes de que lo alcanzara surgió Marcos y le impidió avanzar.

—¿Adónde vais?

—Hermano. —Sebas hizo la señal de la cruz, desconcertándolo—. Quisiéramos ver a don Hernando Colón, es imprescindible que hablemos con él.

—¿Y quién sois?

—¡Alabado sea nuestro Señor! ¡Alabado sea Dios! ¡Por siempre! —empezó a gritar Sebas hacia la puerta, aún entreabierta.

—Pero ¿qué hacéis? —Marcos se quedó pasmado ante los chillidos.

—¡Don Hernando! ¡Don Hernando Colón! ¡Ayudadnos, por caridad! ¡Viva el Almirante! —gritó Sebas tan alto que podían oírlo desde la catedral.

—¿Os queréis callar? —Marcos intentó apaciguarlo, pero Sebas iba de un lado a otro, sin parar de gritar y de llamar la atención. El carruaje se detuvo, una vez pasada la puerta, en los jardines del palacio.

—¿Dónde está el hijo de Colón? ¡Solo él puede ayudarme! ¡Colón! ¡El Nuevo Mundo os necesita!

—Este cura está loco. —Marcos fue a atraparlo, pero Sebas lo sorteó y cayó al suelo.

En eso, Hernando Colón apareció por la puerta, furioso.

—¿Puede saberse qué está sucediendo aquí? Yo soy Hernando Colón, ¿qué acontece para semejante alboroto? ¿Quién me llama?

Sebas, desde el suelo, hizo una señal a Thomas, este fue corriendo hacia Colón y descubrió su rostro.

—¡Tú de nuevo!

Marcos lo reconoció y reaccionó con una rapidez inaudita.

Dejó a Sebas y agarró a Thomas de la muñeca, retorciéndosela con saña.

—¡Soltadme! —Thomas se retorcía de dolor—. Don Hernando, por lo que más queráis, ¡escuchadme!

—¿Cómo te atreves, malandrín? —Marcos parecía disfrutar apretándole aún más fuerte—. Eres un asesino, un sucio traidor.

—Don Hernando, yo no tuve nada que ver con la muerte de Alonso... Él era mi amigo, vos lo sabéis. —Thomas soltó un gemido mientras se ponía de rodillas, vencido por la fuerza de su oponente.

—Hermanos, conozco a este hombre y dice la verdad, por eso lo he acompañado. Dios, en su infinita sabiduría, supo escuchar; ruego que un hombre de vuestra grandeza en ambos mundos se acoja a su ejemplo —dijo Sebas, ya de pie, y con actitud solemne.

Thomas volvió a gemir de dolor.

—Espera. —Don Hernando Colón levantó el brazo y su subordinado se detuvo—. Déjale hablar. Ya que hemos montado todo este espectáculo, al menos que sepamos por qué.

—Pero, mi señor...

—Marcos, detente —le ordenó.

—No le escuchéis, mi señor —protestó Marcos.

Colón se dirigió entonces a Thomas y a Sebas.

—Entrad, contadme lo sucedido y veré cómo hago —afirmó don Hernando Colón—. Y tu compañero, ¿quién es?

—Solo un humilde siervo del Señor. —Y señaló al cielo—. Os dejo, tengo más feligreses a los que asistir. ¡Alabado sea don Colón! ¡En su gloria esté y permanezca!

Sebas guiñó el ojo a Thomas y se marchó de las inmediaciones del palacio. Los demás entraron hasta la escalinata. Thomas no escatimó en detalles, relató todo lo sucedido ante la estupefacción de don Hernando: el asesinato, el calabozo, sus pesquisas sobre Moncín.

—Lamento la muerte de Alonso García, y también el trato que te han dado —afirmó el hijo de Colón—. Confío en tu palabra. No te veo capaz de matar a vuestro amigo.

—Gracias, don Hernando.

—¿Sospechas que el asesinato de Alonso puede estar relacionado con la búsqueda del libro?

—Creo que sí, pero desconozco los motivos.

—Me parece todo tan extraño —dijo don Hernando Colón,

suspirando—, debes tener cuidado. Por cierto, tu aspecto es intolerable. Te quedaras aquí, descansarás y dejaremos pasar unos días. Es mejor que piensen que te has ido de la ciudad.

—No quisiera ser una molestia.

—Mi señor, con todo respeto... —interrumpió Marcos, señalando a Thomas—. No sabemos nada de él, ¿creéis conveniente tenerlo tan cerca de la biblioteca? Podría ser un espía, es extranjero.

—Han matado a su jefe por una investigación que yo les encargué.

—Y la justicia cree que él ha estado implicado —insistió Marcos.

—Yo no he tenido nada que ver.

—Ya lo estás oyendo, Marcos. Además, nos será útil. A ver, Thomas, ¿qué sabes hacer? —inquirió don Hernando Colón.

—En Amberes trabajaba en una imprenta.

—Yo no tengo ningún taller; me dedico a comprar libros, no a imprimirlos —dispuso don Hernando Colón—. Quizá puedas ayudar en palacio mientras estás aquí. —Don Hernando Colón miró fijamente a Thomas en silencio—. Marcos, ¿podemos darle trabajo?

—No sabría de qué, mi señor. Este tiene pinta de catacaldos, muchas cosas sabe hacer pero ninguna bien.

—Algo habrá en lo que pueda echar una mano, para limpiar las cuadras, el jardín...

—La cocina —murmuró Thomas sin darse cuenta.

—¿Qué has dicho? —inquirió don Hernando Colón.

—La cocina —repitió con dudas—. Mi padre era cocinero, y muy bueno. Trabajaba para una rica familia de banqueros y mercaderes. Yo le ayudaba con frecuencia.

—Cocinero... —Don Hernando se volvió hacia su ayudante—. ¿Necesitamos a alguien en cocina?

—Lo ignoro, esos son territorios de la señora Manuela, ya lo sabéis. Ahí manda ella y nadie se mete, por la cuenta que nos trae.

—Cierto. —Don Hernando Colón sonrió—. Está bien. Puedes trabajar en la cocina de mi palacio. Mientras tanto, nosotros mismos buscaremos ese libro por Sevilla. Acompáñame, yo mismo te llevaré con doña Manuela.

35

El Guardián

El Guardián parecía no tener nombre; todos lo llamaban así, incluso don Hernando. Era cordobés; su padre era maestro y por eso recibió una buena educación; prosiguió con la profesión de su progenitor, especializándose en obras clásicas, cuando apenas había libros de ese género. Entonces llegó la imprenta a España y resurgió todo el saber de griegos y romanos. El Guardián era el encargado de revisar el trabajo de los lectores, los que resumían y clasificaban los libros, y de supervisar el buen estado y la seguridad de la biblioteca del Nuevo Mundo.

Se enorgullecía de ser el bibliotecario y siempre que pasaba frente a la escultura que había en el centro de la biblioteca se quedaba mirando la figura. Aquella escultura representaba a Demetrio de Falero, el primer bibliotecario de la legendaria Biblioteca de Alejandría. Elegido para tal puesto por Ptolomeo I, el general de Alejandro Magno que se convirtió en el gobernante de Egipto a su muerte, creando una dinastía que dominó Egipto durante tres siglos.

En cierta medida, el Guardián y don Hernando eran parientes. Su madre era tía segunda de la de don Hernando y había cuidado de ella durante algunos años. De joven dejó Córdoba para trasladarse a Granada, estuvo presente cuando entraron los Reyes Católicos y sirvió en la Alhambra. Inicialmente se dedicó a temas de intendencia, pero el rey Fernando el Católico mostró sumo interés por los libros que había en la Alhambra y él fue el elegido para ordenarlos y clasificarlos. Luego marchó con la corte del difunto príncipe Juan a Barcelona y, cosas de la vida, se reencontró con su joven sobrino Hernando. Fue una enorme alegría para ambos, y desde entonces no se separó de él, era su mano derecha. Él fue quien trajo hasta

Sevilla los restos de Cristóbal Colón, pues el Almirante había muerto en Valladolid y allí fue enterrado inicialmente. Pero sus hijos insistieron en traerlo a Sevilla y lo enviaron con ese menester a la ciudad castellana. No fue tarea sencilla, por eso don Hernando lo recompensó poniéndole al frente del palacio que por entonces estaba construyendo sobre un antiguo muladar de la muralla, y posteriormente al frente de su mayor tesoro, la biblioteca del Nuevo Mundo.

Ahora, el Guardián y Marcos hablaban sobre Thomas, mientras Hernando Colón se lo llevaba a la cocina.

—No me gusta que alguien que no controlamos esté por aquí —dijo el Guardián—, me encargaré de que no dure mucho.

—¿Quieres que averigüe algo más sobre lo que sucedió en esa posada de la calle de las Harinas? —se ofreció Marcos.

—Pero con discreción —recalcó el Guardián—, que en Sevilla todo se sabe.

—Por supuesto.

Thomas acompañó a don Hernando, rodeando el edificio por el lado del jardín, y se quedó boquiabierto. Las variedades de plantas y árboles que allí crecían eran extraordinarias, Thomas pensó que si Massimiliano pudiera verlas quedaría maravillado. Árboles de enormes troncos y con raíces recorriendo la superficie, flores inmensas con pétalos amarillos, frutos de todos los colores, olores que nunca antes había experimentado, demasiados lugares donde mirar, demasiadas sensaciones. También una huerta frondosa y que se intuía larga y espaciosa, un auténtico bosque del Nuevo Mundo intramuros de la vieja Sevilla.

Llegaron a una puerta en recodo que daba a un patio interior de planta cuadrada y suelo empedrado formando círculos concéntricos. Allí había tres puertas más; ellos tomaron la central y llegaron a un almacén con intensos olores. Thomas no logró diferenciarlos todos, identificaba especias que recordaba de cuando ayudaba a su padre, aunque estaban mezcladas con otras nuevas. Media docena de pasos después se abría un amplio espacio, con un acogedor fuego central donde había ollas y recipientes de mil formas y tamaños. En las paredes colgaban muchos utensilios de cocina, aunque lo que más sobresalía era el orden y la limpieza de la estancia. No se parecía a la cocina de su padre en Augsburgo, donde era difícil encontrar nada, aunque él siempre decía saber dónde guardaba cada utensilio o condimento. Esta estaba tan organizada que casi daba miedo tocar nada.

—Doña Manuela, os traigo un ayudante.

—Yo no necesito a nadie —dijo una voz profunda.

Era chata y ancha, y tenía el cabello oculto bajo un pañuelo. El rostro era pálido y redondeado, con unos pequeños ojos negros que resaltaban por su profundidad. Estaba detrás de una mesa de madera cortando unas cebollas. No levantó la mirada, concentrada en su tarea.

—Es mi deseo que le deis ocupación.

—Don Hernando, vos mandáis en vuestros libros. Pero aquí abajo, entre mis cazuelas, la gobernanta soy yo. —Alzó la vista y el alargado cuchillo que estaba usando.

—Me haríais muy feliz si lo aceptarais. —Don Hernando se hizo a un lado—. Este es Thomas.

—¿Y de dónde habéis sacado semejante adefesio? —preguntó mirándolo de arriba abajo—. ¿Era un saldo del Malbaratillo?

—Ha sufrido unos percances y por eso su aspecto no es el idóneo. Viene de Amberes y su padre era cocinero, ¿verdad?

—Así es, era de los mejores.

—¿Y qué saben en Amberes de cocina?

—No, mi padre es de Augsburgo —aclaró.

—Peor me lo pones, no sé dónde está eso. —Doña Manuela dejó el cuchillo y se limpió las manos en un paño que colgaba de su cintura.

—En Alemania, señora.

—Uf, extranjero; los extranjeros no saben nada de cocina andaluza, no me servirás ni para calentar la sopa...

—Vamos, doña Manuela, dadle una oportunidad. Yo me marcho, tratadlo bien.

Doña Manuela siguió con sus quehaceres, sin prestarles más atención.

—Una cosa más querría pedirle, don Hernando —saltó Thomas cuando Colón salía por la puerta.

—Bien, dime, a ver qué puedo hacer.

—Cuando trabajaba en la imprenta de Amberes leía todo lo que se imprimía, cada noche luchaba contra el sueño para terminar un nuevo libro. Echo de menos esas lecturas, aquí tenéis la mayor biblioteca del mundo y me preguntaba si...

—¿Quieres leer mis libros?

—Si no os molesta, claro.

Don Hernando se quedó callado, lo miró fijamente.

—Está bien, pero solo podrás llevarte un libro cada vez, ¿entendido?

—Por supuesto.

—Hablaré con el Guardián, él controla en el registro lo que sale de la biblioteca, y así debe ser. Ahora céntrate en la cocina, que es tu trabajo.

—Mil gracias, don Hernando.

Cuando se fue el noble, se hizo un silencio incómodo. La cocinera seguía sin hacer caso a Thomas. Este dudó qué hacer, así que fue hasta ella y aguardó a su lado.

Tras un buen rato, doña Manuela lo miró y le habló por fin.

—Ahí fuera hay un pozo, lávate bien y tira esas ropas.

—¿Y qué me pongo?

—Qué paciencia, Señor. Si sales por ese pasillo verás un armario viejo con la puerta torcida. Dentro hay ropas de hombre, algo te valdrá. Y da las gracias, que no sabes la suerte que tienes de contar con la ayuda de don Hernando.

—Gracias; es verdad, soy afortunado.

Doña Manuela contestó con un gruñido. Thomas siguió las indicaciones. En efecto, había ropas allí, pero todas demasiado holgadas. Tomó las que parecían menos anchas y salió al pozo. Llenó un cubo y al echárselo por encima casi se le para el corazón, el agua estaba helada. Miró a su alrededor; comprobó que nadie lo miraba, así que se desnudó por completo y volvió a echarse otro cubo de agua por el cuerpo. Se frotó con las manos y siguió echándose agua; las friegas de agua fría le hicieron bien para los golpes y, los rasguños, y para olvidarse de otras cosas.

La ropa le quedaba aún más ancha de lo que esperaba, así que la ató con una cuerda y se remangó para que fuera menos evidente. Con un aspecto mucho más aseado regresó a la cocina.

—Vaya pinta, si es que de donde no hay no se puede sacar. —Doña Manuela suspiró—. ¿Ves aquellas palanganas apiladas ahí en esa esquina, junto a los ajos? —dijo doña Manuela sin levantar la cabeza—. Pues hay que sacarlas todas fuera, a la fuente que hay en la entrada del jardín, limpiarlas, secarlas y traerlas de vuelta.

—¿Todas? —Thomas vio que había al menos treinta.

—Sí. Todas.

—Me llevará todo el día.

—Y parte del de mañana —añadió—. No creo que tengas ningún sitio mejor adonde ir, así que ¡venga! Las quiero limpias como si las acabasen de fundir.

Thomas entendió que era mejor obedecer, cogió las dos primeras y salió al exterior. La fuente estaba lejos y las palanganas eran pesadas, así que el trabajo se eternizó durante horas, bajo el calor asfixiante del verano sevillano. La fuente daba al jardín y la vista se le iba a las plantas y las flores.

Tal como dijo doña Manuela, no pudo terminar la tarea en un solo día. La cocinera no le dedicó más que las palabras justamente necesarias y lo mandó con Marcos cuando se terminó el trabajo.

—Sígueme, que te llevo a donde vas a dormir. —Y le amenazó—: Solo te lo diré una vez. Sé cómo son los de tu calaña y no voy a permitir que hagas sufrir ningún traspié a don Hernando. No le vas a sacar nada, de eso ya me aseguraré yo.

Salieron de palacio y se dirigieron hacia una caseta anexa, de madera y tejado de dos aguas, con ventanas a las huertas de Colón, pero sin comunicación con el recinto del palacio.

—Entra, dormirás aquí.

Era una cabaña pequeña, pero limpia y luminosa, con una cama de verdad, con un colchón que parecía cómodo. También había un amplio escritorio, con un libro, papel, pluma y velas. Los ventanucos daban a una hermosa zona del jardín. Se sentó en el jergón y recordó las palabras que le había dicho doña Manuela; en verdad había tenido suerte.

—Mañana puntual en la cocina, al alba —dijo Marcos antes de cerrar la puerta.

Thomas se acomodó allí adentro y se paró unos minutos a contemplar a través de las ventanas los árboles del Nuevo Mundo que tanto le gustaban. Comprobó que la puerta tenía un cerrojo, que echó de inmediato, y cogió el papel y lo olió. Era blanco, como los de Amberes, y olía de maravilla.

Abrió el libro; era *Los viajes de Marco Polo*. Muy apropiado. Había algo manuscrito en la primera página, se quedó impresionado: «Libro propiedad de Cristóbal Colón». Y dentro había una hoja doblada con una nota que decía: «Que te sirva para soñar, como lo hizo mi padre. Hernando Colón».

Qué amable, pensó.

Emocionado por el giro de los acontecimientos, por todas las vueltas que había dado en la vida, por los malos y los buenos momentos, Thomas se tumbó en el jergón y empezó a leer el libro.

36

Marco Polo

Leyó a Marco Polo hasta entrada la noche; fue pensando en sus propios viajes, en todo lo que le había costado llegar hasta allí, en Amberes, en Massimiliano, en Alonso, en su casa, en Zaragoza... En Úrsula y en Edith... En la cocina de su padre... En Triana y los trapicheos de Sebas. En las Islas de las Especias. En todos los libros del mundo... Y se quedó dormido.

Durmió de un tirón, como hacía tiempo que no le pasaba. A la mañana siguiente despertó animado, como si viajar por la Ruta de la Seda le hubiera servido para recuperar sus ánimos. Marcos le abrió la puerta de palacio sin saludarlo. Thomas se presentó puntual en la cocina.

—¡Venga! Que se te acumula el trabajo, muchacho. —La cocinera tampoco le dio tregua aquel día.

En su ir y venir a la fuente, el chico se fijaba en los mil detalles del exuberante jardín. A pesar de las dimensiones del espacio solo se veía a un jardinero trabajando entre los árboles, el hombre que habían conocido Alonso y él el primer día; costaba creer que él solo pudiera hacerse cargo de todo aquello.

A Thomas le sorprendió tanto secretismo y tanta vigilancia en el palacio, pues había poco personal y todo estaba compartimentado; ni doña Manuela salía de la cocina, ni Marcos abandonaba la puerta, ni Guardián la biblioteca. Rosalía era la única criada, y el jardinero, Víctor, deambulaba en solitario por el jardín podando las plantas. Los lectores entraban y salían cada día custodiados por el Guardián y por Marcos.

Nada que ver con sus recuerdos del palacio de los Fugger, que era una residencia más ostentosa que la de Colón y no contaba con aquellas medidas de seguridad, todo lo contrario. El servicio y los visitantes entraban con facilidad.

Aquí la prioridad era la vigilancia de la biblioteca. Y con tanto control no habían podido evitar que robaran un libro...

Ver trabajar a doña Manuela despertó en Thomas más recuerdos de su infancia; los olores, el hervir de las ollas y, sobre todo, las especias. Así que por mucho que ella lo tratase distante y autoritaria, en cierto modo le recordaba a su padre, y eso lo alegraba.

Además, doña Manuela era un espectáculo en la cocina. Ella sola cocinaba al mismo tiempo unos garbanzos con espinacas, un plato de cordero, sopa de ajo y un guiso de cebollas, lentejas y tocino.

Cuando estaban listos, Rosalía venía a por ellos para servirlos. La muchacha tenía la piel negra como el carbón. Thomas nunca había visto de cerca a nadie con la piel tan oscura. Por las calles de Sevilla había visto otros negros, pero demasiado lejos y sin llegar nunca a hablarles. Aquella mujer no era solo diferente por el color y el brillo de su piel. Llamaba poderosamente la atención, era alta y delgada, y se movía con rapidez; tenía el pelo tan largo, rizado y oscuro que parecía capaz de envolverte con él. Era muy hermosa, pensaba Thomas. Demasiado, quizá. Si fuera un héroe griego creería que era una diosa o una ninfa. Ulises no habría dudado en entablar conversación con ella, pero él era más como Aquiles: no estaba en el palacio de Colón para su gozo, tenía una misión que cumplir.

—¡Eh, tú! Hay que cortar leña —exclamó doña Manuela en una de las ocasiones que lo descubrió contemplándola—, así que arreando. Ven conmigo y deja de mirar a la muchacha, que acabas de llegar y ya estás embobado.

—No, yo no miraba nada.

—Si te veo hablando con ella o espiándola, cojo el cuchillo y soluciono el problema rápido —le advirtió mirándole la entrepierna—. ¡Y vamos! Que no tengo todo el día.

Thomas la siguió por un alargado pasillo hasta otro patio donde había troncos robustos de diferentes tipos de árboles.

—Ahí tienes el hacha, me cortas la madera en tarugos de dos palmos, la apilas y me llamas cuando termines.

—¿Cuánta quiere que corte?

—¿Cómo que cuánta? ¡Córtala toda! En tu país no se trabaja

mucho, ¿verdad? Esto es España y estás en Sevilla, ¡a ver si te enteras!

Aquella noche llegó rotó a la cama, pero aun así siguió leyendo el libro de Marco Polo.

Fue una de las semanas más duras que recordaba, algunos troncos eran tan gruesos que le llevaba casi una hora partirlos. En su vida había trabajado tanto, le salieron callos en las manos y terminaba tan agotado que a la noche caía rendido en cuanto entraba en la cabaña. Pero al mismo tiempo, por las noches era feliz, se evadía porque podía leer.

¡Cuánto lo había echado de menos!

Concluyó el libro de Marco Polo y pidió al Guardián que le facilitara otro. Este le fue entregando un libro cada vez; tras el Marco Polo, uno de Platón; luego otro de Agustín de Nipona, y después de Isidoro de Sevilla. Thomas no podía elegir, tomaba lo que le daba el Guardián y lo leía todo con igual entusiasmo.

Por mucho que los libros apaciguaran su cansancio diario, la tarea con la madera fue una tortura, hasta que por fin logró concluir. Entró orgulloso en la cocina, donde doña Manuela estaba batiendo huevos a un ritmo frenético.

Thomas no entendía de dónde sacaba aquella mujer tanta energía.

—He terminado de cortar y apilar toda la leña, no queda nada.

—Perfecto, y ahora vamos, las gallinas están dando pocos huevos, ve y límpialas.

—Pero... necesito descansar, llevo días trabajando como un animal —se quejó Thomas—. ¿No puedo ayudaros con la cocina, hacer algún plato?

—¿Tú, cocinar? Tú no sabes lo que es trabajar, me parece a mí que por ahí arriba no os gusta mucho lo de sudar, ¿verdad? —Lo miró de malas maneras—. ¡Venga! ¡Que no estoy rodeada más que de vagos!

No le quedó más remedio que obedecer. Cada trabajo que le ordenaba la cocinera era peor que el anterior. Thomas no lograba imaginar porqué lo odiaba tanto; debía de ser porque era extranjero, o porque tampoco se fiaba de sus manejos con el amo Colón, como el temible Marcos.

Después de las gallinas, la cocinera lo puso a entrecavar la huerta de la cocina. Hacía ya un intenso calor en Sevilla y él se pasaba el día bajo un sol abrasador. Su piel no estaba acostumbrada y se enrojeció tanto que Manuela le entregó unos ungüentos que tuvo que aplicarse, y eso retrasó su labor, por lo que doña Manuela, sin compasión alguna, todavía se enfureció más. Él aprendió a tomárselo con resignación y se distraía con las plantas del Nuevo Mundo que había en aquel increíble jardín.

Eso sí, comía bien; doña Manuela era tan tirana como excelente cocinera. Y por encima de todo estaban las huertas; a Thomas le encantaba aquel jardín, aquellos árboles inusuales llamaban poderosamente su atención. Además, desde hacía un par de días había visto crecer unas extrañas plantas que luego supo que se trataba de tomates. Massimiliano le había explicado que en Nueva España los comían estofados, o guisados, y hacían salsas preparadas a base de ellos, tanto rojos como verdes. Por estas tierras solo se usaba como ornamento en jardines como este en el que se hallaba.

El napolitano siempre le decía que la sociedad todavía no se había percatado de la importancia del descubrimiento de Colón. Que cuando se produjo se menospreció, y aunque ahora se empezaba a ver cierta rentabilidad, eso era solo una mínima porción de todo lo que había de valioso en el Nuevo Mundo.

¿Qué sería del bueno de Massimiliano, allá en Amberes? Ojalá estuviera en Sevilla con él, habría encontrado el libro y hecho mil negocios de los suyos. Si Alonso viviera, él y el napolitano habrían sido buenos amigos. A pesar de su abandono, lo echaba mucho de menos; aquellos meses viajando con el charlatán del Nuevo Mundo habían sido de los más felices de su vida.

Seguía sin entrar en el palacio, pero ya conocía el exterior a la perfección. Estaba ubicado en un lugar singular, sobre un muro cuya altura lo defendía de las crecidas del río. Calculó que desde una esquina a otra del palacio había casi doscientos pies, con dos suelos de alto, salas bajas y altas cuadras. Desde allí había una estupenda vista de un monasterio, que le dijo doña Manuela que era de frailes cartujos.

Aquella tarde, don Hernando apareció en la huerta.

—Thomas, ¿qué tal te trata doña Manuela?

—Es dura, la verdad; pero sus guisos son una delicia.

—Así es, muchacho. Has estado trabajado bien estas semanas. Te he estado observando, aunque no te dieras cuenta, también sé que has leído sin descanso. Te habrá sorprendido que te haya hecho trabajar fuerte, ¿verdad?

—Lo cierto es que sí.

—Necesitaba ponerte a prueba —afirmó—, no te lo tomes a mal. Apenas te conozco, tu jefe apareció asesinado, viniste buscando un libro que inexplicablemente me ha sido robado. Con todo esto no es fácil hacerse una idea de tu carácter, Thomas.

—Me hago cargo.

—Leíste el libro de Marco Polo; ¿qué opinas de él?

—Que me hizo sentir deseos de viajar por la ruta de la Seda y llegar a China, señor.

—Eso mismo pensó mi padre, pero por el otro lado. —Don Hernando Colón se quedó pensativo—. He estado ocupado investigando sobre Jaime Moncín y su misteriosa obra. Nadie tiene constancia de sus escritos, no se le recuerda, no existe.

—¿Cómo puede ser?

—Eso mismo me pregunto yo. Antes eso podía ser hasta normal, pero con la invención de la imprenta no podemos permitir que ningún escritor caiga en el olvido. Esa es la lucha más feroz, mi biblioteca es como un castillo de la memoria asediado por las huestes del olvido. Y venceremos, Thomas, venceremos —pronunció apretando los puños—. Siento una pena enorme por él...

—¿Por Jaime Moncín?

—Sí. ¿Sabes cuántos libros de la antigüedad no han llegado hasta nuestros días? Cuánto saber, experiencias, razonamientos hemos perdido...

—Supongo que más de los que imaginamos.

—Eso ya nunca más volverá a suceder, nosotros velaremos por los libros, ya no se perderán, ya no habrá ningún autor olvidado como Jaime Moncín —sentenció don Hernando Colón con mucha emoción en la voz.

—Conseguir eso sería una gran gesta. —Thomas no encontró otra palabra mejor para lo que sentía. El hijo de Colón le parecía tan épico como su insigne padre.

—¿Cuánto tiempo llevabas trabajando con Alonso García?

—Unos meses —se sinceró.

—No es demasiado... —murmuró don Hernando—. Mis contactos han intentado dar con el libro robado, con su escritor o al menos con alguna referencia. Como ya te he dicho, para mi total sorpresa, y como habíais comprobado Alonso García y tú, nadie sabe nada. Lo cual no es normal, yo diría que alguien se ha tomado muchas molestias en que todo rastro de él desapareciera, lo cual todavía lo hace más interesante, ¿verdad?

—Supongo que sí.

—Un libro de amor... El amor es quizá el sentimiento más difícil de explicar, no todos lo vemos igual. El amor se confunde con el deseo, con la obsesión, con el cariño, con la posesión, con el miedo a la soledad... —Don Hernando hablaba con un agradable tono de voz—. Thomas, ¿has estado enamorado alguna vez?

Sintió entonces una punzada en el pecho, tragó saliva e inspiró con dificultad.

—Sí, aunque no salió bien.

—Tengo la percepción que en el amor las cosas nunca salen de la manera que uno quiere, ¿no crees? Es como si deseáramos siempre lo que no podemos poseer, y aun en el improbable caso de que lo logremos, luego nos desilusionamos o simplemente perdemos el interés.

—El amor debe ser algo imposible, como decía Platón.

—Quizá sí —dijo don Hernando con aire de resignación—. Bueno, volviendo a lo que nos atañe: por lo que dijisteis, el Moncín poseía grabados de una estimable calidad y expresividad; me intriga mucho ese libro. Mi biblioteca es mi vida y no puedo permitir que desaparezca uno de mis libros.

—Claro que no. —Thomas no sabía muy bien qué decir—. Luis de Coloma también estaba muy interesado en él.

—Sí, pero Coloma es un coleccionista. Yo no, yo soy un servidor de la Corona, del Imperio Español. Ese libro tiene que aparecer, ¿entiendes? Así que piénsate la respuesta a lo que te voy a preguntar: ¿te crees capacitado para encontrarlo?

—Sí —respondió decidido, casi sin pensarlo—. ¡Por supuesto!

Ni el mismo Thomas sabía cómo había sido capaz de contestar con tal determinación; había sido un acto reflejo, instintivo. Pero estaba seguro de que podía seguir con honor los pasos del mercader de libros barcelonés don Alonso García.

—Bien, eso es lo que deseaba oír. Mi padre me enseñó a confiar en las personas que demuestran determinación; se podrán equivocar, como todos, pero quien sabe cuál es su camino, ya tiene la mitad del camino andado. Hubo un escritor romano que nació aquí cerca, en Córdoba, Séneca. Escribió que cuando no sabes hacia donde navegas ningún viento es favorable.

—Sabias palabras las de ese cordobés.

—Por eso quiero que sigas con la búsqueda, si de verdad te consideras capaz.

—Gracias, señor.

—Mantengo la misma recompensa que ofrecí en su día a Alonso. Si te ocurre algo, cualquier cosa, negaré que te conozco. No quiero verme implicado en nada que me perjudique —advirtió don Hernando—. ¿Queda claro?

—Sí, como el agua.

—No puedes ir con esas ropas viejas y esa barba, no transmites confianza. Le diré a doña Manuela que te haga parecer un hombre de bien. —Se quedó en silencio unos instantes—. Thomas, no me defraudes.

PARTE VI

LA BÚSQUEDA

37

Doña Manuela

Cuando tengo un poco de dinero, me compro libros.
Si sobra algo, me compro ropa y comida.

ERASMO

Septiembre del año 1523

Doña Manuela no era una mujer fácil de engañar. Había nacido en Sevilla, en el barrio de Santa Cruz, en sus laberínticas calles llenas de patios donde antaño estuvo una de las juderías más pobladas de España. Y más concretamente, en la calle de la Pimienta. Quizá esa calle la predestinó a ser cocinera. Pero ella no lo creía; no la convencían esas paparruchas del destino.

Muchos decían que Santa Cruz era un barrio maldito, pues allí tuvo lugar una cruel matanza de judíos. Sevilla sufrió una terrible plaga, y al ver los cristianos que los judíos morían en menor cantidad, algunos los acusaron de ser los causantes de la propagación, o incluso de envenenar a sus hijos. El padre de doña Manuela, que era un hombre honesto, le dijo desde niña que eso no había sido así, que lo que ocurrió en realidad fue que los judíos, al igual que los musulmanes, se lavaban más a menudo para el rezo y que la judería estaba aislada del resto de la ciudad, por lo que era más difícil que penetrara la enfermedad.

Los cristianos no lo vieron de esa manera; eran otros tiempos, y una noche decidieron acabar con los hebreos. Solo unos pocos lograron escapar. La judería quedó desierta y se convirtió en guarida de criminales. Finalmente se decidieron a incentivar la instalación de nuevos pobladores y así llegó al barrio el abuelo de doña Manuela. La casa que eligió su ancestro no pudo ser más desafortunada; la llamaban la de la Susona, y cuando doña Manuela descubrió la razón se juró escapar de allí lo antes posible.

Lo logró a los quince años, cuando se casó con el hijo de un borceguinero que vivía cerca de un corral de comedias, y se fue a vivir a la calle Borceguinería, donde estaban todas las tiendas que vendían aquel tipo de bota.

Doña Manuela enviudó pronto y se quedó con cuatro hijos, todos varones. Para sacarlos adelante tuvo que vender la casa y el taller y buscar trabajo de lo único que sabía hacer: cocinar. Fueron años duros; sacar una familia así adelante supone muchos sacrificios y eso le amargó el carácter. Ahora todos sus hijos se habían embarcado hacia las Indias y la habían dejado sola. Tanto esfuerzo para quedar así, viuda, sin hijos ni nietos.

En donde había estado su casa edificó un palacio una rica familia de comerciantes que había hecho fortuna precisamente con las Indias. Aunque nadie lo sabía, doña Manuela solía pasear por el barrio de Santa Cruz y se sentaba frente a la casa de la Susona a recordar su niñez. Cómo lamentaba ahora haberse marchado de allí.

Thomas fue a buscar a doña Manuela a la cocina. Olía a puerros y a cordero. Antes de que entrara, la cocinera salió a cortarle el paso.

—Así que me dejas sola, ya era hora —afirmó—. Ven, sígueme.

Doña Manuela no daba opción a llevarle la contraria; lo condujo por el jardín hasta una puerta que daba a una salita donde había dispuesto ropa, botas y un sombrero de ala ancha sobre una mesa.

—Le has caído en gracia a don Hernando, qué le vamos a hacer.

—No soy tan malo como creéis, doña Manuela.

—Eso es cierto, posiblemente serás peor. A mí lo mismo me da. —Alzó la mano—. Ahora vienen a afeitarte y cortarte el pelo, a ver si así pareces un hombre de provecho. Yo me voy a mis cosas, que tengo faena: aquí asamos la carne, no como en el norte, que os lo mordéis todo crudo, recién sacado de la trampa. Hay que ver...

Doña Manuela y sus manías, pensó el joven, que ni tuvo tiempo ni agallas para replicar. Examinó la ropa: era de su talla y de buena calidad. Se deshizo rápido de la que llevaba y sintió una enorme alegría al notar el tacto limpio y suave de aquella tela.

Justo en ese momento entró Rosalía con una palangana; dentro llevaba un cuchillo y agua caliente.

—Vengo a afeitarte.

—¿Tú? —Thomas sintió como le temblaban las piernas.

—Tranquilo, lo he hecho muchas veces, se me da bien el cuello de los hombres.

De la manera que lo dijo, Thomas se puso aún más nervioso. Era consciente de que tenía un doble significado.

—Siéntate aquí y echa la cabeza hacia atrás. —Rosalía puso sus manos sobre la nuca para colocarlo en la posición correcta.

Le puso un paño sobre el pecho y tomó en su mano izquierda el cuchillo afilado.

—No eres diestra.

—Hay cosas que se pueden hacer con ambas manos.

Thomas pudo olerla; Rosalía desprendía un aroma dulce, a algún tipo de cítrico. Cuando sintió la hoja rozándole el cuello se puso tenso, pero lo apaciguó la mano de Rosalía sobre su hombro. Le gustó sentirla tras él, percibir el latido de su corazón, respirar el mismo aire que ella respiraba.

Rosalía no dijo nada.

Rasuraba el rostro de Thomas con suma pericia, con su mano derecha sujetándole la cabeza y la izquierda dibujando la silueta de su garganta. Thomas dejó de pensar, relajó todo el cuerpo, cerró los ojos y se dejó llevar.

Ella le echó la cabeza a un lado y pasó con delicadeza el cuchillo; después al otro, y entonces Thomas abrió los ojos y se encontró con los de Rosalía, que estaban centrados en el filo que se movía por la piel rozándola sin llegar a cortarla. Hasta que se miraron y el cuchillo se detuvo.

Permanecieron a cuatro dedos de distancia durante un instante que pareció eterno.

—Ahora debo cortarte el pelo —afirmó.

Dejó el cuchillo, mojó el rostro de Thomas con el agua de la palangana y se lo secó con el paño. Tomó entonces unas tijeras pequeñas y brillantes con la misma mano izquierda, mientras con la derecha seleccionaba los mechones de cabello.

Cortó el primero, después el segundo y así sucesivamente. Se colocó de nuevo tras él, empujó la cabeza de Thomas hacia delante y pasó su mano desde la nuca hasta la coronilla, en un movimiento tan grato que Thomas dio un profundo suspiro que no pudo disimular.

Rosalía tomó entonces un nuevo mechón y le propinó un buen corte; así fue recortando todo su cabello.

La última vez que alguien le había cortado el pelo fue su madre de niño y lo recordaba como algo tedioso. En cambio, con Rosalía estaba experimentando algo excitante, sensual, inmensamente placentero.

Se oyeron unos pasos y Rosalía hizo un movimiento brusco para, a continuación, cortarle de forma más rápida el flequillo.

—¿Ya está? —preguntó doña Manuela

—Sí, tenía mucho pelo —dijo la sirvienta.

—¡Bien! Ya pareces casi un hombre, ahora solo te falta comportarte como tal. Vente conmigo, vamos.

—Gracias —le dijo Thomas a la esclava.

—Un placer —respondió cabizbaja Rosalía.

Se marchó confuso; ni él mismo era consciente de lo que acababa de suceder.

Dejó el palacio de Colón a media mañana. Ahora sí parecía un verdadero mercader de libros, como Alonso. El retorno a la búsqueda del libro le hizo entristecer por la ausencia del fallecido mercader. Su recuerdo seguía aún con él, y también sus últimas pesquisas. Le había prometido a don Hernando que sería capaz de cumplir con el trabajo de encontrar ese libro. Sin embargo, él mismo tenía serias dudas de que fuera más un deseo que una realidad. Indistintamente, lo único que podía hacer era proseguir la investigación justo donde la dejó Alonso. Así decidió caminar extramuros de Sevilla, hasta el monasterio de la Trinidad, que no quedaba lejos

Era un conjunto de considerables dimensiones, en la zona norte. Contaba con un arroyo cercano. Le recibió un monje trinitario, el hermano Antonio, que se mostró amable y dispuesto a ayudarlo.

Le avisó de que fray Augusto estaba mayor y se le iba la cabeza con suma facilidad, esa era la principal razón de que estuviera allí y no en el convento de San Pablo. No obstante, seguía siendo un hombre hablador y, si tenía un buen día, hasta podía razonarse con él.

El fraile estaba en una galería en la solana del hospital, sentado en un ancho sillón. La edad no había sido misericordiosa con él; la vejez le cubría el rostro, el color de su piel era amarillento y su cuerpo parecía hundido, como si los huesos ya no soportasen el peso de su carne.

—Fray Augusto, tiene visita —le dijo su acompañante.

El fraile se volvió hacia Thomas.

—¿Es nuevo en la clase?

—Yo... —Thomas pensó bien qué decir—. No, pero me han dicho que sois un buen profesor.

—Tonterías, uno hace lo que puede.

—Los dejo solos. —El otro religioso se dio la vuelta. Fray Augusto se volvió a dirigir a Thomas.

—¿Cuántos años tienes? Pareces mayor.

—Es que soy alto.

—Sí, sí, ya lo veo —afirmó—. Aquí no vienen ya niños. Antes el colegio estaba lleno y había muchachos muy listos.

—¿Os acordáis de vuestros alumnos?

—Mucho —asintió—. De todos.

—¿Y de un tal Jaime Moncín? ¿Lo recordáis?

—Jaime Moncín...

—Iba al colegio de San Pablo.

—No me acuerdo —suspiró—. Sabes, en los sótanos del convento hay unas galerías donde estuvieron presas las santas Justa y Rufina.

—No lo sabía.

—Sí, sí. Y también hay un pozo cuya agua tiene propiedades curativas, por intercesión de las santas. Les he dicho que me lleven allí, pero no quieren —afirmó con tristeza.

—A mí también me gustaría probar esas aguas.

—No lo dudes, joven, no lo dudes. —Y se quedó con la mirada perdida.

Thomas no supo entonces qué hacer; el tiempo se alargó y fray Augusto ni hablaba ni se movía.

—Disculpad, fray Augusto, ¿os encontráis bien?

—Sí, sí. ¿Quién sois vos?

—He venido a preguntaros por vuestros alumnos.

—Ah, sí, sí. Cómo me acuerdo de ellos...

—Jaime Moncín, ¿también lo recordáis? Era alumno vuestro.

—Claro, claro, Jaime, un buen chico.

Thomas se sentó, nervioso, al lado del fraile.

—¿Recordáis quiénes eran sus padres?

—Sí, buenos cristianos, gente humilde. Jaime tuvo mucha suerte.

—¿En qué sentido?

—Tenía un amigo, Miguel, hijo de los Enériz —tosió—. Ellos insistieron en que Jaime fuera admitido en el colegio.

A Thomas le sonaba ese apellido, Enériz... ¿Dónde lo había escuchado? Se quedó pensando, y contestó al fraile.

—Los Enériz pagaron para que Jaime fuera a clase, pues...

—Dieron un buen donativo para un retablo de la Virgen. Jaime dibujaba muy bien.

—¿Es eso cierto? ¿Era buen dibujante?

—Ya lo creo.

—¿Y escritor? Imagino que leería muchos libros en el colegio.

—No, eso no. Dibujaba como los ángeles, yo lo animaba a hacerlo.

—Pero ¿no escribía? —insistió Thomas.

—Yo vi a las santas sujetando la Giralda.

—¿Cómo decís?

—Durante el terremoto, santa Rufina y santa Justa se aparecieron para evitar que la torre se derrumbara. Toda Sevilla tembló, los muros de las casas se agrietaron, muchos tejados cayeron y las bóvedas de la catedral crujieron como si fueran a hundirse sobre nosotros. Rezamos, rezamos mucho, y las santas salvaron la Giralda.

—Eso fue un terremoto, fray Augusto. Yo os estaba preguntando por un alumno suyo, Jaime Moncín. ¿Recordáis si os dijo que quería ser escritor?

—No lo recuerdo. Miguel Enériz y él siempre estaban juntos, eran muy amigos. Yo siempre pensé que Jaime sería pintor y la familia Enériz lo promocionaría, pero...

—¿Qué? ¿Sucedió algo?

Fray Augusto volvió a quedarse en blanco por un largo tiempo.

—¿Me oye? ¿Se encuentra bien?

No abrió más la boca. Thomas fue a buscar al monje trinitario y cuando llegó seguía igual.

—Ya os he dicho que tiene días mejores y peores. No suele estar mucho tiempo cuerdo; no debéis tomar en consideración todo lo que dice.

—¿Eso creéis?

—Sufre de senilidad, aunque a veces estos enfermos recuerdan mejor lo que sucedió hace treinta años que lo que comieron ayer. Nunca se sabe con ellos —sentenció el religioso.

—Me ha hablado del terremoto y de las santas Rufina y Justa.

—Sí, el terremoto fue terrible. La Giralda estuvo a punto de venirse abajo... ¿Os imagináis la desgracia? Pero las santas obraron el milagro.

—¿Cuándo fue eso?

—Creo que en el año cuarto. Sí, en 1504 —respondió el fraile.

—Es el mismo año en que desapareció Jaime Moncín. —Thomas quedó pensativo—. Muchas gracias, habéis sido muy amable.

—No hay de qué; os acompaño y me marcho, tengo que oficiar misa. En este convento se celebraban muchas misas porque, por privilegio del papa Gregorio XIII, por cada misa que damos se saca a un alma del Purgatorio.

—Vaya, una labor muy loable.

—Así es. Y muy necesaria.

38

La visita

El río estaba revuelto y una brisa húmeda soplaba desde su orilla; a Sebas le gustaba la vista de los galeones remontando el Guadalquivir. Los gremios, y en especial las carpinterías, estaban haciendo acopio de materiales, mientras tabernas y burdeles se preparaban para recibir a unos marineros tan sedientos de alcohol y mujeres como repletos de monedas.

Sebas sentía respeto por todos aquellos hombres que disfrutaban de los placeres de la vida, pero que se habían ganado el dinero con el sudor de su frente. A quienes no soportaba era a los hijos de casa rica, los que no habían hecho otra cosa en su vida que comerse el esfuerzo de sus ancestros. Los creía débiles de mente, enfermizos de corazón y, lo peor, vagos y avariciosos.

Corrió hacia el puesto del Indio, que estaba solo, afilando uno de sus cuchillos con una piedra oscura y pulida.

—Lo he seguido.

—¿Y qué? —preguntó el Indio sin apartar la vista de la hoja.

—Ha estado en el Hospital de los Trinitarios, después ha regresado al palacio del hijo de Colón.

—Entonces no sé qué haces aquí

—Lo están vigilando, no temas.

—No me gusta tu actitud, tan atrevida y soberbia, niño —le renegó el Indio—. El día que te equivoques...

—Ese día no llegará.

—No deberías confiar tanto en ti mismo, cualquiera te podría rajar el cuello —le dijo el Indio—. Y, sobre todo, si te ordeno que hagas algo, no es para que se lo mandes a otro, quiero que lo hagas tú. Así que vete a seguir al extranjero.

—¿De verdad crees que nos va a ser de utilidad?

—Ya estás otra vez... Eso no te incumbe, ¿entendido? —El Indio dejó de afilar la hoja—. Te he dicho mil veces que no me hagas tantas preguntas.

—Está bien.

—¡Mierda! Ya me has hecho parar. —El Indio revisó la hoja que estaba afilando—. Limítate a cumplir lo que te ordeno, no es tan difícil. Si no, se lo mandaré a otro, como tú hay cientos en Sevilla; y tú, al río.

Sebas bajó la cabeza y se marchó cabizbajo. Estaba más que harto de las reprimendas del Indio. No entendía la razón de que le hubiera mandado espiar a los mercaderes de libros. Primero le hizo robar una bolsa a aquel hombre, una bolsa que no contenía nada de valor. Del jaleo que se montó en el mercado casi matan a Thomas, por eso intervino para salvarle, igual que le dio un soplo a Miguel de las Cuevas para que lo soltara de la prisión. Si el Indio se enterara le daría un buen escarmiento. Y también tuvo que sobornar a los alguaciles para que no torturaran demasiado a Thomas y que no lo metieran en la celda de los presos más peligrosos.

Sebas se olía algo en todo esto, y algo tendría que ver el Indio, que no hacía las cosas al azar: demasiado interés tenía en Thomas y en ese libro...

Su jefe estaba tramando algo gordo y él no sabía qué era.

Sebas conocía bien al Indio: nunca daba puntada sin hilo. Aquel desorbitado interés por Thomas tenía que estar más que justificado, por eso había intimado con él. Si lo veía como un amigo quizá le proporcionara la información suficiente para averiguar qué tramaba su jefe. Además, el joven alemán le caía bien, era de su misma edad, le parecía un zagal curioso y ahora trabajaba en el inaccesible palacio de Colón. El chico llegaría lejos. Thomas era una buena inversión, él estaba seguro de ello. Y él no iba a estar siempre a las órdenes del Indio, eso Sebas lo tenía muy claro.

Thomas regresó tarde a Sevilla y fue directo a su cabaña junto al palacio de Colón. Tenía ciertas dudas que no lograba disipar. Leyó el último libro de la biblioteca que le había facilitado el Guardián, la *Ilíada* de Homero. Lo leyó sin dejar de pensar en su amigo Alonso. Recordó cómo le había hablado de ella y cuánto la admiraba, y la verdad era que no mentía. Era una obra maestra. Así que a pesar de tener poco tiempo y llegar cansado, se había propuesto leer un capítulo cada noche antes de dormir.

Al día siguiente, Thomas se despertó con el ruido de la puerta. Alguien la golpeaba en el exterior, hasta que finalmente se abrió y entró doña Manuela.

—¡Arriba! Desayuna rápido y a trabajar. —Se quedó mirándolo—. ¿A qué esperas? Sal de una vez de la cama, no tengas miedo, que no me voy a asustar, he criado a cuatro hijos y un marido, que en paz descanse. —Se santiguó.

Thomas obedeció y doña Manuela dejó ropa nueva sobre sus brazos.

—A vestirse, yo que tú no llegaría tarde...

—¿Tarde adónde?

—Don Hernando quiere verte al inicio de la jornada en la biblioteca.

—¿Y eso cuándo es?

—El horario de los lectores es de ocho de la mañana hasta las once y, por la tarde, de dos a cuatro. No se trabaja los dos primeros días de las pascuas y los domingos, sí los demás días de fiesta por la tarde, ya que este es un ejercicio honesto y da buen ejemplo. Ya lo sabes. ¡Vamos!

Thomas se había dado cuenta de que doña Manuela mandaba mucho más que una cocinera al uso. A pesar de que era dura y malhumorada, también era disciplinada y trabajadora.

El joven entró en palacio. Subió a la biblioteca algo nervioso; nada más cruzar la puerta lo esperaban don Hernando, el Guardián de la biblioteca y una docena de hombres alineados como si fuera una revisión militar.

—Ya estamos todos, empecemos la jornada. —Y dio una palmada—. Thomas, ven conmigo. ¿Qué tal fue ayer?

—Bien, he seguido con las investigaciones y puede que tenga alguna pista.

—Bravo, nunca hay que rendirse.

—No lo haré. —En ese momento decidió decirle lo que llevaba tiempo rumiando—. Don Hernando, creo que también debería sopesar la posibilidad de que alguien de dentro del palacio robara el libro.

—Eso es improbable.

—¿Por qué estáis tan seguro? Aquí trabaja mucha gente y el palacio es enorme, por lo que yo no lo veo tan complicado.

—¿Sabes cómo funciona la biblioteca?

—La verdad es que no —admitió Thomas.

—Muy bien, entonces te lo explicaré para que lo entiendas; sígueme. —Don Hernando Colón fue caminando por la gran sala central de la biblioteca, mostrándole los escritorios—. Cada uno de los lectores se coloca en uno; disponen de dos cuadernos, uno de ellos en blanco, un tintero y varias plumas —relató.

—Ya veo...

—Deben anotar los resúmenes de los libros que lean según estos patrones —le señaló el otro cuaderno—: materias, lugares, origen... Lo tienen todo ahí. Se les paga tres ducados al mes, además de otros veintiséis ducados al año, que es un sueldo generoso comparado con lo que dan por cualquier parte de Sevilla.

Thomas hizo cuentas mentales; en menos de dos años disponían del dinero suficiente para, por ejemplo, pagarse un pasaje para el Nuevo Mundo.

Don Hernando caminó algo más allá y le señaló un voluminoso ejemplar situado de manera aislada en un atril, custodiado por un Cristo y una pequeña imagen de la virgen; era el tomo que Colón había consultado la primera vez que Alonso y él le preguntaron sobre el Moncín.

—Este es el libro más valioso de todos, Thomas, el corazón de la biblioteca. Es el que le da sentido. Es el *Libro de los Epítomes*. Se trata de un extenso compendio de los resúmenes de los libros.

—¿Y si surge alguna característica que no esté en esos patrones?

—Entonces me llaman a mí —respondió tajante—, y yo decido cómo anotarlo. Este es el mapa de uno de los lectores. —Sacó un papel impreso—. Con sus estanterías señaladas.

—¿Y cómo los seleccionáis?

—Buena pregunta. Para poder trabajar en la biblioteca todos realizan un exigente examen en la Universidad de Salamanca, que es la mejor y más importante del mundo. Y quien obtiene la mejor nota pasa luego un año de formación aquí antes de empezar como lector.

—Eso no asegura que no puedan traicionaros.

—¿Por qué iba uno de estos eruditos a robar un libro sin importancia como el de Moncín? Estos hombres son los mejores, se juegan su reputación y creen en la misión de la biblioteca de todos los libros del mundo; aquí dentro no puede haber errores, ni robos, ni descuidos. Thomas, hemos revisado las anotaciones y los libros de registro. Ese libro que nos falta tuvo que ser robado por alguien que entró en la biblioteca con esa intención. —Le cambió el gesto—. No puedo permitir que vuelva a suceder algo así; no solo quiero recuperarlo, sino sobre todo saber quién lo hizo y cómo.

—Por supuesto. Permitidme interrogar a vuestros lectores.

—Ya lo hemos hecho nosotros y no hemos obtenido sospecha alguna de ellos —recalcó don Hernando Colón—. Thomas, no me defraudes, confío plenamente en ti, pero ellos no pudieron ser.

—Si estáis seguro, de acuerdo —afirmó convencido por aquellas palabras del hijo de Colón—. Entonces igual podéis ayudarme por otro lado: ¿Conocéis a la familia Enériz?

—Son una de las más ricas de Sevilla, amigos de mi familia de siempre; acaban de construir un palacio espléndido, por cierto. Diseñado por el mismo arquitecto que ha levantado este.

—¿Y por qué me suena el apellido?

—No sé. Bueno, nos facilitan las especies de árboles que plantamos en las huertas y jardines —respondió don Hernando.

—Claro, eso era...

—¿Qué ocurre con los Enériz? Me tienes intrigado.

—De niño, Jaime Moncín era amigo de uno de los hijos de esa familia, Miguel. Es posible que no tenga nada que ver, pero... nunca se sabe.

—Ve a ver a los Enériz, adelante; diles que vas de mi parte, les envío mis cordiales respetos.

—Gracias, así lo haré.

Thomas abandonó la biblioteca, aceleró el paso, dejó el palacio por la puerta que daba al frondoso jardín y rodeó el edificio pasando cerca del huerto de los tomates. Se detuvo al lado de aquellas plantas del Nuevo Mundo. Iba pensando que, cuando hablara con el amigo de Jaime Moncín, debía de ser cauto, pues presentía que andaba cerca de descubrir lo que estaba buscando.

—Disculpa —le sorprendió una voz femenina.

Thomas se volvió con parsimonia y se encontró cara a cara con una hermosa mujer. Intentó, con poco éxito, adecentar su aspecto, y se aplastó con la mano su pelo negro, siempre tan rebelde.

—¿Me has oído? —insistió ella con una media sonrisa dibujada en su rostro.

La joven tenía un rostro suave y elegante. Llevaba el cabello rubio recogido en un moño. Era bastante alta y el vestido blanco que llevaba parecía hecho a su medida. Lo que más resaltaba de ella eran sus ojos, y no por su color castaño, sino por su tamaño y su brillo. Era una mirada llena de una fuerza contenida, que por un instante le recordó a la de su primer amor, Úrsula.

—Veo que tendré que buscar ayuda en otro sitio. —Se dio la vuelta.

—¡Espera!

—Vaya... —Se detuvo y reculó—. Si sabes hablar. —Levantó una ceja.

—Estaba distraído —se disculpó—. ¿Necesitáis algo?

—Vengo a traer unos libros para don Hernando. Si no está él, suelo dejárselos al Guardián.

—Yo puedo ayudaros; ¿me permitís verlos?

—Supongo que sí.

Él los tomó con dudas y sin saber bien el porqué, los abrió y examinó las primeras páginas.

—Erasmo de Rotterdam. —Thomas la miró fijamente.

—¿Acaso pensáis que no es lectura adecuada para una dama?

—En absoluto. —Thomas le mantuvo la mirada—. Erasmo siempre es adecuado. Pero tenía entendido que en España era un autor... peligroso.

—Por eso lo traigo yo, ¿quién va a sospechar de una mujer? Somos invisibles para los hombres en estos temas. En cambio, en otros... no nos quitan el ojo. —Arqueó las cejas.

—Es un libro extraordinario. —Thomas no quiso entrar en su juego.

—Eso significa que lo has leído —dijo con cierta sorpresa—. No hay muchos libros de Erasmo en España. —Le sostuvo la mirada.

—Lo leí en Amberes.

—Eres extranjero, debí imaginarlo.

—¿Por qué lo decís?

—Cosas mías —dijo sonriendo—. Hay destacadas imprentas en Amberes.

—De hecho, yo trabajaba en una de ellas, en la imprenta Thys.

—¿Seguro? —Y medio sonrió de nuevo.

—Sí, claro.

—Dicen que se coge antes a un mentiroso que a un cojo —sonrió.

—¿Y eso por qué? Os aseguro que he trabajado en esa imprenta y he leído a Erasmo. —Thomas intentó que sonara lo más convincente posible.

—Esa imprenta fue cerrada por orden del emperador hace meses.

—¿Cómo decís? —Thomas se llevó la mano al pecho—. ¡Es imposible! ¿Cómo lo sabéis? Conozco a su dueño y a todos los que trabajan en ella.

—Entonces lamento haberte dado tan mala noticia, pero es cierta. Se lo oí a mi padre y en esos temas está bien informado, no os quepa duda —dijo Sofía con una voz más suave.

En eso, Marcos se acercó a ellos desde el otro lado del patio.

—¡Doña Sofía! —intervino Marcos—. ¿Os está molestando este catacaldos?

—No. —Volvió a mirar a Thomas—. ¿Así os llama?

—Qué remedio... —Se encogió de hombros—. Pero vos podéis llamarme Thomas —dijo, sonriendo.

—Lamento lo de la imprenta de Amberes, y me alegro de haberte conocido.

—Gracias, doña Sofía —le dijo el joven.

—No, llámame Sofía.

A Thomas le impactó la noticia del cierre de la imprenta del señor Thys. ¿Qué habría sucedido? Debía averiguarlo, y también qué había sido de Edith. Distraído, pensando en Edith, no se percató de cómo le miraba la hermosa Sofía.

39

Julia

Thomas aprovechó que Marcos acompañó a la joven a la biblioteca para buscar refugio junto a un frondoso árbol del jardín; allí permaneció en silencio. Amberes parecía tan lejano ya. Como si fuera otra vida, o se tratara de la trama de un libro. Pero no, era su pasado y lo acompañaría para siempre hasta su muerte.

—¿Te encuentras bien? —Apareció el jardinero—. No nos han presentado, me llamo Víctor —dijo, quitándose la gorra.

—Buenos días, señor Víctor; sí, disculpad que haya invadido el jardín. Soy Thomas.

—El mercader de libros —asintió Víctor—. Puedes invadir el jardín siempre que quieras. A veces la mejor compañía es uno mismo. Y este jardín es ideal para la reflexión —asintió con cierta melancolía.

—Pasáis mucho tiempo a solas —dijo Thomas.

—Supongo —respondió encogiéndose de hombros—. Me gusta la compañía de los árboles. Sobre todo de este; es un zapote, que en la lengua de las Indias significa «que induce el sueño». Dicen que incita al sosiego y la tranquilidad. Así que has escogido un buen árbol para meditar.

—Vaya, no había oído nada parecido ni siquiera de Massimiliano.

—¿Quién es Massimiliano?

—Un amigo. —Suspiró—. Un buen amigo; él me enseñó todo lo que sé del Nuevo Mundo. Me mostraba unos hermosísimos grabados con muchas de las plantas que hay en este jardín.

—Unos grabados... —Víctor se quedó pensativo—. ¿Y cómo eran?

—Pues describían las plantas y los árboles del Nuevo Mundo.

—¿Y sabéis de qué libro procedían? —insistió.

—La verdad es que no. Pero os juró que parecían inspirados por este mismo vergel.

Se quedaron unos instantes en silencio, contemplativos.

—Tiene que ser difícil cuidar todas estas plantas, son extranjeras en Sevilla, como yo. Este calor es duro si uno no ha nacido aquí —dijo Thomas.

—Estas huertas requieren muchos cuidados, sí, pues vienen de las Indias; allí el clima es diferente, tienen más agua y menos calor, por lo que crecen solas. En Sevilla necesitan de ayuda, lo más difícil es calcular la cantidad de agua justa que precisan. Yo me he ido dando cuenta con el tiempo. Si les das menos de la necesaria se secan rápido, pero si por el contrario les proporcionas más de la que requieren, el desastre es todavía peor. Se ahogan. Supongo que con las personas es parecido.

—¿Cómo las regáis?

—Hay un sistema de irrigación para las plantas y, sobre todo, estoy atento a no permitir que entren animales.

Thomas observó bien a Víctor; el jardinero iba más limpio que de costumbre y portaba una carpeta entre sus manos.

—¿Vais a la biblioteca?

—Yo no tengo permitido entrar en ella —lamentó Víctor con tristeza—. Esto se lo ha dejado olvidado uno de esos lectores.

—¿Queréis que se lo entregue yo al Guardián?

—No te molestes, gracias. Los lectores suelen dejarse olvidadas cosas por el jardín. Tienen la cabeza llena de palabras. —Suspiró y dibujó media sonrisa de resignación.

—¿Sabéis leer?

—Sí, aunque lo hacía más en mi juventud. Cuando eres joven tienes más tiempo para disfrutar de lo bueno de la vida; a medida que uno se hace mayor, hay que elegir los placeres —dijo con serenidad—. Aquí de poco me sirve leer. Prefiero observar las plantas y los árboles. Ellos nunca mienten. Voy adentro, ¿necesitas algo?

—No, Víctor. Gracias.

Se lo veía un hombre tranquilo, en paz. Como si estuviera en su sitio en aquel jardín. Thomas era lo opuesto: estaba furioso, tenía un monstruo en su interior que no paraba de crecer. Debía encontrar el libro y descubrir quién había matado a Alonso. Pero la noticia de Amberes lo había afectado.

Salió del palacio y preguntó hasta dar con la residencia de los Enériz. Dándole vueltas a su charla con Sofía y a su conversación con Víctor, se convenció de que fue en la primera conversación con Alonso cuando oyó el apellido Enériz... Así que los Enériz eran proveedores de plantas del Nuevo Mundo para el jardín de Colón, como le había confirmado don Hernando.

La residencia Enériz era una construcción nueva y elegante, uno de los mejores edificios de Sevilla. Y recordaba mucho al palacio de Colón. La fortuna de los Enériz debía de ser cuantiosa para poder costearse semejante casona.

Lo hicieron esperar en una entrada con una fuente de la que manaba rítmicamente el agua a través de un caño situado en la boca de un medallón con una figura clásica, un anciano con el cabello enmarañado.

Lo recibió una mujer con un largo vestido azul y dorado y el pelo recogido dejando al descubierto su pálido rostro.

—Mi nombre es Julia Enériz, soy hermana de Miguel. Me han dicho que queríais hablar con él.

Julia Enériz era todo delicadeza, se asemejaba a una taza de porcelana, valiosa, hermosa y frágil.

—Así es, señora; ¿podría verlo, por favor?

—Lo siento, Miguel no se halla en Sevilla, tiene que atender negocios. Ahora está en Cádiz.

—Vaya, era importante que pudiera hacerle unas preguntas —se lamentó Thomas.

—Si puedo ayudaros yo.

—Pues no lo sé. —Thomas agradeció la amabilidad—. Tengo unas preguntas sobre la infancia de vuestro hermano.

—¿Sobre su infancia? ¿Y con qué motivo?

—He estado en el convento de San Pablo, me han confirmado que vuestro hermano estudió allí.

—Así es, y yo también. Ambos fuimos juntos.

—¿De verdad? —exclamó sorprendido.

—Sí, mi madre era estricta con nuestra educación. Y quería que su hija también tuviera una formación amplia. Solo éramos dos hermanos y siempre hemos estado unidos.

—Una gran mujer, su madre.

—Bueno, tenía sus cosas. —Se le agrió el rostro—. Como todas.

—¿Os lleváis muchos años con vuestro hermano Miguel?

—No, apenas trece meses —contestó ella.

—Entonces, quizá os suene el nombre de Jaime Moncín.

El rostro de Julia cambió, como si una sombra lo cubriera. Bajó la mirada unos instantes al suelo antes de pestañear y volver a sonreír.

—¿Por qué preguntáis por Jaime?

—Entonces, ¿lo conocéis?

—Sí, lo conocía. Era íntimo amigo de mi hermano —confirmó Julia—, casi inseparables.

—¿Sabéis qué fue de él?

—Jaime partió al Nuevo Mundo, hace muchos años, y no supimos nada más sobre su persona.

—Por casualidad, ¿está vuestra merced al tanto de si escribió un libro?

—Un libro... —murmuró—. No, que yo sepa.

—Es extraño, porque me han dicho que pintaba, pero nadie recuerda que escribiera un libro. En cambio, sí lo hizo.

—Bueno, es que no lo conocisteis. —A Julia se le iluminó el rostro—. Jaime era un genio.

—¿Cómo un genio? ¿En qué sentido?

—En todos —respondió con firmeza—. Jaime dibujaba edificios, construía artefactos mecánicos, pintaba retratos y, sobre todo, leía.

—Era un gran lector.

—Devoraba los libros a una velocidad increíble —dijo, con repentina pasión—. Entraba a esta casa y lo leía todo, le daba igual que fuera un libro de la vida de un santo, de matemáticas o de historia.

—¿Venía aquí a leer?

—Sí; primero con Miguel, pero luego lo hacía a cualquier hora. A mi padre le gustaba tenerlo por casa, decía que era una buena influencia para mi hermano.

—¿Lo era?

—Claro que sí, Jaime estaba obsesionado con la lectura. Intentaba leer cada vez más rápido, realizaba pruebas. Mi padre y mi hermano lo incitaban a leer unas pocas horas sin parar y luego le hacían preguntas sobre el libro.

—Curioso ritual, qué personaje tan interesante.

Thomas se abstuvo de explicar que él también leía con celeridad.

—Jaime leía libros cada vez más complejos —siguió explicando Julia Enériz—. De hecho, mi padre comenzó a comprar libros italianos únicamente para satisfacer la curiosidad de Jaime.

—Su padre traía libros de Italia... ¡para Jaime!

—Los compraban en una imprenta sevillana, recuerdo que eran libros antiguos que venían de Florencia. Jaime los leía y luego nos contaba historias sobre héroes griegos. Cuando Colón descubrió las Indias, él nos hablaba de antiguos mapas y viajeros que ya habían hecho el mismo viaje según él.

—Pero Jaime era muy joven entonces.

—Ya os he dicho que era un genio, muy precoz, sí —repitió Julia—. No obstante, jamás lo vi escribiendo. ¿Decís que publicó un libro?

—Así es; un libro de amor.

—Qué propio de Jaime... —suspiró.

—¿Por qué decís eso?

—Él era... especial, te conquistaba con la palabra. Recitaba poesías de memoria, sabía el porqué de todas las cosas y tenía un don para el dibujo, era muy cautivador.

—¿Era mujeriego?

—¿Jaime? Por Dios que no, Jaime amaba sobre todo los libros. Resultaba imposible saber qué pasaba por su cabeza... Pero mujeres, no creo. —Suspiró—. Era un placer escucharle, yo nunca había conocido historias como las que él relataba.

—Teníais acceso a los mismos libros, eran de vuestro padre.

—Jaime debía de leer también fuera de mi casa. Y su capacidad de compresión y memoria eran increíbles. Lo recordaba todo, prácticamente era capaz de recitar páginas enteras de libros.

—Eso no es posible —le replicó Thomas.

—Ya os he dicho que no lo conocisteis. —Julia se emocionaba al hablar de él. Daba la impresión de que siempre estaba elucubrando una idea, de que era capaz de hablar contigo y, a la vez, estar pensando en otra cosa distinta.

—Perdonad mi pregunta. —Thomas se mordió la lengua en un primer instante, pero luego la soltó—: ¿Estabais enamorada de él?

—¡Cómo os atrevéis! ¡Yo era solo una niña! ¡La hermana pequeña de su mejor amigo! —respondió.

—Claro, disculpad mi atrevimiento. —Thomas intentó recular.

—¿Por quién me habéis tomado?

—Lo lamento, creedme. —Se hizo un silencio incómodo—. ¿Sabéis cuándo se marchó Jaime al Nuevo Mundo? —preguntó para cambiar de tema.

—Hace mucho, unos veinte años. —Ella misma se sorprendió de sus propias palabras—. ¡Ya ha pasado todo ese tiempo! Yo lo recuerdo como si fuera ayer, como si estuviera ahí mismo donde estáis ahora, leyéndome en voz alta *La Celestina*.

—Los amores de Calisto y Melibea, que por supuesto terminan en tragedia.

—Con el amor ya se sabe...

—¿El qué, señorita Enériz? —insistió Thomas.

—El verdadero amor es imposible.

—Eso mismo decía Platón. —Y ella se rio—. ¿Por qué os reís?

—Esa respuesta habría sido típica de Jaime, me recordáis a él.

Thomas sonrió, intrigado. Podía sentir cierto paralelismo con Moncín, en verdad. Ambos jóvenes, amantes de los libros, con inquietudes amorosas...

—Una última cuestión, señora: los libros que leía Jaime, ¿están todavía aquí?

—Por supuesto —respondió Julia—. Mi hermano dispone de una biblioteca en el piso superior.

—¿Podría verlos?

—No sé. —Julia se extrañó—. ¿Por qué queréis verlos?

—Tengo curiosidad; se puede averiguar cómo piensa una persona por los libros que lee.

—Son las estancias privadas de Miguel —dudó.

—Os prometo que será solo un instante —insistió Thomas—. Os lo agradeceré profundamente.

—De acuerdo, acompañadme.

Subieron por una escalera decorada de abajo arriba con azulejos y coronada por una preciosa cúpula de madera con decoraciones orientales. Desde la galería superior, el patio todavía lucía más hermoso. Entraron en un salón alargado, al final del cual había una biblioteca con unos doscientos ejemplares.

—¿Me permite, por favor? —preguntó Thomas cortésmente.

—Sí, adelante.

Tocó con sus dedos varios lomos, leyendo los títulos. Era una colección ecléctica, sin aparente orden, distinta a la de don Hernando Colón. Había muchas traducciones de obras griegas, libros de caballerías y de diferentes materias.

Se detuvo en un libro en concreto, lo tomó y abrió la primera página. Era de Erasmo de Rotterdam, estaba impreso en Sevilla por el taller de Estanislao Polono. Lo dejó y siguió revisando los volúmenes; le llamó la atención un libro de Petrarca, también publicado por el mismo impresor en Sevilla, y otros que provenían de Florencia, tal y como había dicho Julia, aunque impresos por Polono.

—¿Jaime se los leyó todos?

—Sí, algunos varias veces. Parece mentira que alguien pueda leerse tantos libros.

—Cierto, y tan precoz. —Thomas se intentó imaginar a Jaime veinte años atrás, en aquel mismo lugar, eligiendo qué libro leer.

—Es una buena colección, la adquirió mi padre y ahora es de mi hermano, aunque creo que solo Jaime se ha leído todos los libros. A él le encantaban los grandes héroes como Julio César, Alejandro Magno...

—¿Por eso se marchó al Nuevo Mundo?

—No le entiendo. —Julia se mostró contrariada.

—Para ser también un héroe.

—Jaime podía ser muchas cosas, pero nunca un héroe —concluyó con cierto repentino enojo.

—Siento si he sido brusco... ¿Qué quiere decir con que no era un héroe?

—Tengo quehaceres que me reclaman; si no os importa... —Le señaló la puerta.

—Por supuesto, no era mi intención importunarla —insistió en sus disculpas.

Salieron de la biblioteca y descendieron de nuevo al patio. Uno de los criados acudió para llevar a Thomas a la salida.

—Una última duda que tengo: he creído entender que Jaime era muy atractivo para las mujeres.

Julia miró a su criada antes de responder.

—Sí, lo era.

—Cuando os he preguntado si era mujeriego, lo habéis negado de inmediato. ¿Por qué? ¿No le recordáis un romance con alguna dama? Si era atractivo y un genio, como vos misma habéis dicho...

—Jaime era encantador, pero también provenía de una familia humilde. Además, vivía más tiempo ensimismado en sus sueños que con los pies sobre la tierra —dijo Julia con tono agridulce—. Jaime... solo podría haberse enamorado de una mujer como las que aparecían en los libros.

—¿Y eso qué significa?

—Ya sabe, uno de esos amores trágicos, imposibles, que siempre acaban mal... Debo dejaros, espero haberos ayudado.

40

La locura

Un aire fresco lo recibió en la calle, se comenzaba a notar el otoño de aquel año de 1523. Bajó Thomas hacia la catedral; la imagen de la Giralda era imposible de obviar y obligaba a subir la vista hasta el cielo. Esa misma estampa vería Jaime Moncín al salir del palacio de los Enériz después de haber leído alguno de los libros que él mismo acababa de hojear. Seguro que se plantaba como él ahora frente a la Giralda y pensaba en héroes antiguos, sabios griegos, califas omeyas o caballeros andantes.

Aquella ciudad había visto pasar a gentes de todo tipo, raza y religión. Cuando fue reconquistada por el rey Fernando III el Santo, la mezquita fue consagrada como templo cristiano, la actual catedral. Y como era habitual, se debían de haber añadido campanas al alminar, haber retirado también el *yâmûr* para colocar una cruz y situar bajo ella una veleta. Sin embargo, en este caso, el *yâmûr* permaneció. Fue el terremoto del que tanto hablaba la gente lo que acabó con él.

Por hermosa y rica que fuera Sevilla, Jaime Moncín optó por irse al Nuevo Mundo, y eso hizo reflexionar a Thomas.

Sevilla era una ciudad cuya actividad nunca cesaba y donde el silencio no existía; quizá Jaime Moncín buscaba un lugar más tranquilo para vivir, para leer, para escribir... y por eso se marchó. Thomas lo entendía, a medias: a él le repelía el bullicio, pero había terminado acostumbrándose a la que era la ciudad más viva y vibrante del mundo.

Por lo que había averiguado, Jaime Moncín parecía un hombre inquieto, inteligente, con habilidades intelectuales, aunque de una familia sin recursos. Su amistad con Miguel Enériz le había posibilitado tener acceso a libros y, seguramente, también el poder asistir al colegio del convento de San Pablo. Era una persona preparada, con sueños, y para cumplirlos había cruzado el mismo océano.

En cierto modo, Thomas sí que se sentía identificado con él, y eso le hizo albergar ciertas dudas. Con ellas retornó al palacio Colón, pensativo por la afinidad que sentía por Jaime Moncín y, a la vez, por el misterio de su desaparición y su libro.

—¿Qué tal el paseo? —le preguntó Marcos—. Qué bien viven algunos...

—No lo suficiente, ¿verdad?

—A picar piedra te ponía yo, a ver si te quitaba la tontería y dejabas de ser tan catacaldos.

—Otro día, Marcos, otro día. —Y no le prestó mayor atención.

Al llegar al jardín, la visión de las plantas del Nuevo Mundo solo aumentó sus dudas. Permaneció contemplándolas hasta que vio a don Hernando bajando la escalinata.

Fue directo hacia él.

—Thomas, ¿qué tal? ¿Alguna novedad?

—Todavía no; quería hablar con vos de la investigación, don Hernando.

—Por supuesto. Voy a respirar un poco de aire puro, ¿me acompañas? —Señaló en dirección al jardín.

—Sí, encantado.

Don Hernando Colón caminaba con las manos a la espalda y el cuerpo recto. Thomas había visto gente de muchos países y condiciones, y para él, don Hernando parecía más un marino que un hombre de letras. Era precisamente esa mezcla de ambos lo que mejor expresaba su aspecto. Al observarlo, Thomas se preguntaba a menudo si sería un fiel reflejo de su padre, el almirante.

—¿Qué te preocupa? —Don Hernando cada vez lo trataba con más familiaridad.

—Jaime Moncín está resultando ser un hombre con numerosas habilidades, inteligente y sensible. Tuvo suerte, los Enériz fueron sus mecenas. Sin embargo, un buen día, tras publicar un único libro, lo dejó todo y se embarcó hacia el Nuevo Mundo. No logro entender ese comportamiento; ¿por qué dejaría una ciudad tan maravillosa como Sevilla, donde, además, tenía grandes amigos y ricos mecenas?

—La felicidad no mira dónde nace sino dónde puede llegar, eso ya lo dijo mi amado Séneca. La naturaleza de las personas es compleja —afirmó don Hernando Colón—. Por ejemplo, ¿sabéis por qué creé un jardín en este palacio?

—Imagino que porque pretendíais traer las Indias al viejo mundo.

—Cierto, me gusta pensar que estoy allí cuando paseo entre estos árboles.

—Y lo creo, lo habéis logrado. —Thomas pensó las siguientes palabras—. Habéis viajado al Nuevo Mundo, ¿no lo echáis de menos? ¿No os entra el deseo de volver?

—No, la verdad. He estado con mi padre y con mi hermano, sé lo que hay allí y también que soy más útil aquí, con mi biblioteca.

—¿Más útil para qué?

—Para el mundo, para España, Thomas. Los hombres no debemos ser egoístas, no debemos pensar en nuestro interés. ¿Crees que Julio César pensaba en su futuro cuando cruzó el río Rubicón? ¿O los Reyes Católicos en sí mismos cuando iniciaron la conquista del Reino de Granada? Siempre hay un fin mayor al que nos debemos.

—¿Y no es posible cumplir ese fin en el Nuevo Mundo?

—La verdad es que creo que no.

—Cerca de Milán conocí a un hombre que me dijo que viajó con vuestro padre, posiblemente en el mismo viaje que vos. Me dijo que el Almirante perdió sus cuatro naves y naufragó en una isla, no recuerdo cuál.

—Cierto; el cuarto viaje de mi padre fue accidentado, por decirlo de manera suave. —Se detuvo—. Intuyo que investigando a Jaime Moncín te han entrado deseos de viajar, ¿cierto? Eres extranjero, por lo tanto es imposible que viajes al Nuevo Mundo.

—Lo sé, pero he pensado... y esta es otra de las razones por la que quería hablaros, que quizá podríais intervenir.

—¿Qué quieres decir? —Don Hernando Colón detuvo sus pasos.

—No pretendo que me costeéis el viaje, sino que me ayudéis a embarcar hacia aquellas tierras.

—Vaya, no esperaba esto. —El rostro de don Hernando se tornó más oscuro—. No me podéis pedir algo así. Es ilegal.

—Por supuesto que no. Tenéis razón.

—La ley es la ley, y solo el emperador puede cambiarla —afirmó don Hernando Colón.

—Disculpadme, no tenía ningún derecho a pediros algo así.

—El don de algunos es servir a Dios; el de otros, ser útiles al emperador en los campos de batalla. Hay quienes construyen catedrales que tú y yo jamás seríamos capaces de levantar ni aunque vivamos mil años —reflexionó don Hernando Colón, que seguía con las manos a su espalda—. Distintos dones, mejores o peores, más o menos útiles. Hay quienes se pasan toda su vida buscando su don y no lo saben encontrar, eso es lo más triste que nos puede suceder.

—¿Qué me queréis decir con todo esto?

—Que te centres en encontrar ese libro y al ladrón. Demuestra que ese es tu don, joven mercader de libros. Me aseguraste que podrías encontrar ese libro, ¡cúmplelo!

—Por supuesto, no era mi intención abandonar la búsqueda. Primero encontraré el libro, sé que puedo hacerlo.

—Eso espero; no me gusta perder el tiempo ni equivocarme con las personas.

—Os juro que no sucederá eso conmigo.

—Todos servimos a un bien superior; pertenecemos al mayor imperio del mundo, del viejo y del nuevo. Sus barcos y sus ejércitos son como los brazos y las piernas de un hombre, los usa para moverse y para defenderse. Al igual que nosotros, un imperio necesita un cerebro, una cabeza que lo dirija.

—El emperador.

—No, su alteza Carlos no puede abarcar el mundo; por mucha grandeza que tenga, un solo hombre no es suficiente —explicó Hernando alzando la mano derecha con el dedo índice estirado.

—Entonces no os entiendo.

—El saber, esa debe ser la cabeza del imperio. Si poseemos todos los libros del mundo, si los poseemos, no habrá enemigo que pueda vencernos.

—Libros...

—Sí; ni armas, ni ejércitos, ni flotas, ni castillos, ni tierras —enumeró Hernando Colon—. Los libros son... ¿cómo explicarlo? Los libros nos permiten saber lo que piensan miles de hombres, lo que descifraron los sabios de la antigüedad, lo que descubre un genio en la otra punta del mundo. Los libros nos enseñan la historia, podemos aprenderla para no cometer los mismos errores que nuestros ancestros. Los libros nos muestran la palabra del Señor; ¿qué habría sido de nosotros sin las Sagradas Escrituras? Los libros son una mente inmensa, que abarca el saber de toda la humanidad. Sin ellos... seríamos poco más que animales. Cada generación olvidaría lo aprendido por la anterior y así una y otra vez.

Thomas quedó impresionado ante la pasión de las palabras de don Hernando, tomó aire y tragó saliva.

—Pero... habrá miles de libros en todos los reinos.

—Decenas de miles —le corrigió don Hernando.

—¿De verdad pretendéis poseerlos todos?

—Sí —contesto tajante, con una expresión tan firme que parecía imposible encontrar fisuras en sus argumentos—. Mi biblioteca contendrá todos los libros, en todos los idiomas y en todos los géneros, que se puedan encontrar tanto dentro de la Cristiandad como fuera de ella. Así será.

Thomas encogió los hombros y resopló.

Don Hernando Colón se volvió hacia él y lo miró fijamente.

—Piensas que es una locura, pero lo mismo le dijeron a mi padre cuando presentó su idea de viajar hacia poniente. Luego descubrió el Nuevo Mundo.

41

El impresor

Después de la conversación, don Hernando regresó a la biblioteca, mientras que Thomas se quedó dudando por dónde continuar la investigación. Debía indagar más en la faceta de escritor de Jaime Moncín, algo que al parecer era desconocido por gente que lo conocía, como Julia Enériz. Quizá Jaime tuvo tanto miedo de que el libro no gustara a sus amistades que lo ocultó.

Bajó hacia el jardín y no pudo evitar dirigirse a la zona donde creía haber visto unas plantas que le parecían familiares. Se agachó, tomó una hoja y la olió. En efecto, era tabaco. En ese momento percibió que no estaba solo.

Rosalía surgió a su espalda, con el cabello rizado suelto cayendo por su pecho. Caminaba con la espalda muy recta, como si fuera uno más de los troncos de los árboles de aquel jardín. Se detuvo frente a él.

—Esa planta se enrolla y se prende por un extremo, los hombres aspiran su humo y pierden la cabeza —dijo Rosalía.

—Lo sé, he visto cómo lo hacen.

—¿Has viajado al Nuevo Mundo?

—No, pero sé muchas cosas sobre él —respondió Thomas—. Un hombre para el que trabajé tenía dibujos de las plantas de aquellas tierras y conocía sus costumbres.

—¿Crees que será mejor que este en el que vivimos?

—Ya te he dicho que no he viajado hasta él.

—Tampoco yo, pero seguro que has pensado en cómo es. —Rosalía caminó hacia su derecha, rodeándole.

—Eso sí. —Thomas se alzó y guardó la hoja en su mano—. Pienso que será un mundo aún virgen, por descubrir, y, sobre todo, sin las ataduras del nuestro.

—¿Sin cadenas? —Enseñó sus muñecas; tenían cicatrices.

—Quiero creer que sí. Los Reyes Católicos prohibieron esclavizar a los indios. Cuando Colón escribió a la reina Isabel la Católica, alabó tanto a los pobladores de las Indias que ella los declaró súbditos, por lo tanto no podían ser esclavizados.

—Pero no a los que, como yo, venimos del sur del gran desierto. A nosotros sí nos puede colocar cadenas.

—Nadie merece ser privado de la libertad solo por su procedencia. Otra cosa son los enemigos, los que luchan contra nosotros.

—¿Crees que yo soy una enemiga? —Rosalía se acercó más a él.

—No quisiera tenerte como tal, eres demasiado peligrosa —dijo Thomas, sin poder evitarlo.

—¿Yo, peligrosa? —Se colocó a un palmo de distancia—. ¿Qué mal podría hacerte una esclava como yo? ¿Una mujer corriente?

—Eres todo menos corriente.

La hermosa joven se acercó a él y lo besó. Thomas jamás había sentido unos labios más tiernos y dulces.

Se oyó un crujido, y Rosalía se separó de inmediato. Thomas miró hacia el lugar donde procedía el ruido, y cuando se volvió de nuevo hacia Rosalía, ella había desaparecido.

Thomas fue precavido y dio un par de pasos hasta refugiarse tras un grandioso tronco. Los crujidos volvieron a oírse, más cerca y más fuertes. Entonces divisó una figura cerca de las plantas de tabaco. Se dio la vuelta y pudo verle el rostro. Solo era Víctor, quien tomó una azada y continuó hacia el otro lado del jardín.

Rosalía no volvió a aparecer. Thomas pensó primero en ir a buscarla, pero finalmente desistió. Además, debía regresar a su investigación. Intentó recordar sus últimos interrogantes; debía buscar más información sobre el libro de Jaime Moncín.

Decidió regresar al taller de imprenta de los Cromberger, cerca de la catedral. Las gradas estaban repletas de comerciantes mientras repicaban las campanas de la Giralda llamando a misa. Al entrar en el taller lo recibió de nuevo Juan Pablos, que lo había atendido en su primera visita y que enseguida lo reconoció.

—De nuevo por aquí.

—Sí, tengo más preguntas —afirmó Thomas—. Me dijiste que tenías registrada la compra de don Hernando Colón de un lote de libros donde se encontraba el ejemplar que yo buscaba de Jaime Moncín.

—Recuerda que nadie más puede saber que os di esa información —murmuró Juan Pablos—. Eran los libros del difunto Héctor Sanmartín.

—¿Cómo es posible que no os queden más ejemplares si apenas se vendieron cuando se publicó? ¿Y que tampoco tengáis datos de otros compradores?

—Los pocos ejemplares que se vendieron sería a particulares, y esos no se anotan. Héctor Sanmartín era un comprador habitual, por eso sí que estaba en el registro.

—Eso puedo entenderlo, pero, ¿y los ejemplares que no se vendieron?

—Seguramente se destruyeron, o se reutilizaron, o se vendieron al peso.

—¿El señor Cromberger está aquí?

—¿El padre o el hijo? —respondió Juan Pablos.

—Tanto me da.

—El señor Jacobo, el padre, se halla dentro. ¿Por qué lo preguntáis? ¿No pretenderás hablar con él?

—Debo hacerlo. —Thomas fue hacia el interior del taller.

—¡Un momento! —Juan Pablos corrió a cortarle el paso—. Me vas a buscar la ruina.

—No diré nada de ti —le dijo Thomas mientras evitaba su bloqueo—. Esa información pudieron dármela los herederos de Héctor Sanmartín, ¿de acuerdo?

—Este no fue el trato.

—Lo siento, pero yo no dije nunca que no hablaría con los Cromberger. Si me ayudas, estate tranquilo, nadie tiene porqué saber de ti.

—Más os vale. Iré yo primero entonces. —Juan Pablos le indicó que lo siguiera dentro del taller.

El ambiente le resultaba tan familiar que Thomas se vio de nuevo en Amberes; parecía que había pasado toda una vida desde aquellos días en el taller del señor Thys. Una puerta comunicaba con una sala en cuyo interior se hallaban mesas repletas de papel, sin duda muestras de diferentes mercaderes. Al final, en una esquina, llamó con los nudillos en una nueva puerta y la abrió con precaución.

Allí estaba Jacobo Cromberger, tras una mesa en donde solo había dos libros de pequeño formato y una lupa.

—Señor, este caballero pregunta por vuestra merced. Es acerca de un libro que se publicó en la imprenta hace veinte años.

El señor Cromberger era un hombre mayor, más alto que la media; tenía una barba blanca, espesa y corta que le cubría de forma uniforme el rostro y se unía de manera perfecta con su cabello, del mismo color y cortado a la misma longitud. Vestía una camisa también blanca y sobre ella una prenda oscura que dejaba libres las mangas. En cuanto lo vio entrar se levantó y le indicó que se sentara en una de las dos sillas que había frente a su mesa.

—Bienvenido; puedes dejarnos, Juan.

—Señor, ¿no preferís que yo...?

—He dicho que puedes irte —le dijo tajante.

Juan Pablos asintió y se marchó disconforme.

Jacobo Cromberger tenía los ojos tan azules que impresionaban. Aunque a Thomas lo que más le llamó la atención fueron sus manos: eran enormes y se veían llenas de estrías, como las de un artesano.

—Así que un libro de hace dos décadas, eso es toda una vida —masculló Jacobo Cromberger.

—Exacto, señor.

—Me gustan los libros viejos. Hace veinte años yo apenas acababa de llegar a Sevilla —comentó—. ¿Cómo os llamáis?

—Thomas Babel.

—Sois también alemán, ¡vaya sorpresa! ¿De dónde?

—De Augsburgo —pensó que era mejor no mentirle, podía descubrirlo con facilidad siendo alemán.

—Nunca he estado en esa ciudad, mi familia es de Núremberg. Yo nací allí. Mi padre era un visionario, así que cuando supo que habían descubierto las Indias y que Sevilla era el único puerto desde donde se podía viajar a las nuevas tierras, aquí nos vinimos, y hasta hoy.

—Soy consciente de que os ha ido muy bien.

—Creo que podemos tutearnos, somos de la misma tierra.

—Podéis tutearme, señor, pero permitidme que yo os guarde el debido respeto. Podríamos hablar en alemán si queréis, mi castellano es defectuoso.

—Todo lo contrario, lo hablas muy bien; aunque se nota que no eres sevillano, pero es que España es muy grande y más que lo será de aquí adelante; el Nuevo Mundo, ya sabe... No ha sido fácil llegar a mi posición, te lo aseguro. —Jacobo Cromberger se quedó mirándolo—. Llega mucho oro y plata, aunque todo se lo quedan los mismos. Un oficial de gremio no tiene en su casa más de una mesa de cadenas, cuatro sillas, un banco corrido que a veces hasta usa para dormir, un baúl para guardar la ropa, una cama y muchísimos cojines. Poco más.

—¿Cojines?

—Ja, ja, ja. —Jacobo Cromberger se echó la mano al pecho—. Esto no es nuestra tierra, aquí las mujeres se sientan en el suelo en una habitación con un tablado y cojines. Las gentes humildes son muy sobrias, las casas no se adornan. Lo quieran o no, los musulmanes estuvieron en Sevilla más de cinco siglos... Solo en las viviendas de los acaudalados se puede ver decoración, como espejos, cuadros, etcétera.

—Sin embargo, esta ciudad es rica.

—Para las clases altas sí —asintió Jacobo Cromberger—. Puedes verlo en la ropa, os dirá rápidamente el lugar social que cada uno ocupa. La principal diferencia son las joyas.

—¿No son las casas? —inquirió Thomas.

—No; las joyas permiten a sus dueños poder endeudarse, u obtener liquidez en un momento determinado, ya que los prestamistas las toman en prenda.

—Una fuente rápida de dinero... Ya entiendo.

—Para que te hagas una idea, en los testamentos el difunto recuerda a quien le dio en prenda un anillo o una cadena —explicó Jacobo Cromberger— y solicita a sus herederos que se pague y se rescate dicha pieza.

—A partir de ahora lo tendré en cuenta.

—El día que te desposes, prepara un buen anillo.

A Thomas le vino a la mente el anillo de Úrsula con el que pagó al pelirrojo Conrad.

—Y bien, ¿qué puedo hacer por ti? —Jacobo Cromberger se rascó la barba blanquecina.

—Ando buscando un libro que imprimieron hace veinte años, y que apenas tuvo ventas, y el último ejemplar fue adquirido por don Hernando Colón a los herederos de un cliente suyo, Sanmartín. Puede que sea la única obra de un escritor sevillano llamado

Jaime Moncín, el título era *Amores imposibles*, estaba ilustrado con grabados de gran calidad y, por lo que dicen, algo especiales, íntimos...

Se hizo un silencio. Jacobo Cromberger hizo como si volviera a revisar el libro de su mesa.

—¿Y por qué lo buscas?

—Soy mercader de libros y tengo un cliente que está interesado en comprarlo, me ha hecho este encargo.

—¿Qué tiene de especial ese libro para despertar tanto interés? —refunfuñó—. Mira, ambos somos alemanes y por eso quiero ayudarte. No obstante, debes contarme toda la verdad.

—Por supuesto, eso hago. Ese libro se publicó sin pena ni gloria. No lo conoce nadie y ya no existen copias, nada. Es un libro raro, y de ahí parte el interés, imagino.

—Eso no es tan extraño, muchos libros que se publican pasan desapercibidos. Y no es porque sean malos; todo lo contrario, pueden ser buenísimos.

—¿Cuál es la razón entonces?

—Hay demasiada competencia, se publica en exceso. Nos queremos hacer ricos con los libros, así que publicamos y publicamos, como si fuéramos una fábrica de azulejos de Triana. A la espera de dar con un éxito entre todos ellos.

—Peor sería que no hubiera libros; durante tantos siglos han estado prisioneros en los monasterios, ya es hora de que llegaran a las calles.

—Eres un idealista, pero te equivocas. Que se publiquen muchos libros es tan perjudicial como que se publiquen pocos. Cuantos más se imprimen, peores son y los lectores se confunden entonces. Mi labor es imprimir aquello que considero de calidad suficiente para el lector. No cualquier cosa, por mucho que vaya a venderse con facilidad.

—Por eso publicasteis a Jaime Moncín, era un libro de calidad.

—Eres astuto; no era un libro tan bueno, no.

—Entonces, ¿sí recordáis su publicación?

—Este es mi negocio, no se imprime nada sin mi consentimiento. Como bien decís fue un libro poco exitoso, quizá no debí publicarlo. Sin embargo, tenía detalles que le daban valor —afirmó Jacobo Cromberger—. Entonces pensé que se vendería más, esa es la verdad.

—Se equivocó con él...

—Así fue —asintió Jacobo Cromberger con un mal gesto—. Dices que don Hernando Colón posee un ejemplar.

—Me temo que ya no; se lo han robado, no sabe ni cómo ni cuándo. La irremediable realidad es que no está en su biblioteca.

—Eso sí es extraño, sé que la tiene bien protegida y excelentemente clasificada.

—Exacto, doy fe de ello.

—Y no parece un libro codiciado, don Hernando tiene otros realmente valiosos, pero ese... Si yo hubiera logrado entrar en su palacio habría sustraído muchos otros antes que el de Moncín. —Jacobo Cromberger pasó su mano por la barba varias veces—. ¿Es él quien te ha pedido buscarlo?

Thomas se sintió incómodo ante la pregunta. No dijo nada.

—Es evidente que sí; conociendo al hijo de Colón, es normal que quiera recuperar un ejemplar de su biblioteca. Está construyendo una colección inmensa y no puede permitir ni que le roben ni que se corra la voz de que le han robado, perdería su reputación.

—Preferiría que esta información no saliera de aquí. —Thomas se puso serio.

—Pero no eres de Sevilla; ¿cómo te contactó Colón?

—Os lo diré si os comprometéis a no divulgarlo, ni tampoco lo que acabamos de hablar.

—Tienes mi palabra.

—Vine contratado por un coleccionista de Zaragoza, interesado en el mismo libro, y al llegar a la biblioteca de Colón fue cuando descubrimos que lo habían robado.

—¿Nada más? —Jacobo Cromberger pareció presentir algo en la mirada de Thomas—. Te repito que debes ser totalmente sincero si quieres mi ayuda.

—Yo vine a Sevilla a buscar ese libro con otro hombre, Alonso García, pero él fue asesinado en la posada donde dormíamos.

—¿Asesinado? ¿Pretendes decirme que lo han matado por culpa de ese libro?

—Yo así lo creo.

—¿Y por qué? Una cosa es buscarlo, otra matar para que no lo hagan. No entiendo cuál puede ser el motivo de tanto interés, ya te he dicho que el libro no era tan valioso —puntualizó Jacobo Cromberger.

—Lo desconozco aún.

—Sinceramente, no creo que vayas a encontrar a ese ladrón o al asesino de tu amigo en mi imprenta.

—Por supuesto que no, yo solo pretendía recabar información sobre Jaime Moncín; quizá os acordáis de él, si lo conocisteis...

—Sí, lo recuerdo perfectamente.

A Thomas le dio un pálpito.

—¿Qué recuerda?

—Era un muchacho brillante, dibujaba como los ángeles, leía sin descanso. Lo dejaba entrar en la imprenta para que leyera los textos antes de que los encuadernáramos y los pusiéramos a la venta.

—Entiendo que era un joven inteligente.

—Era excepcional. Lo razonaba todo, buscaba explicación para todo. Pero no en Dios, sino en el conocimiento. Si leía un libro de máquinas, al día siguiente se creía capaz de construir una y la dibujaba con una calidad de detalles que costaba imaginar.

—Y también escribía.

—Eso fue más tarde, cuando estaba con los últimos trámites para adquirir toda la imprenta. Vino con un manuscrito y me pidió que lo leyera. Era... una historia de amor, en prosa, con capítulos muy cortos; nunca había leído algo así. —Se pasó ambas manos por la cara.

—¿Era bueno?

—Era moderno, novedoso, quizá demasiado. ¿Bueno? Si lo que me estás preguntando es si creía que ese libro se vendería bien, la respuesta es que no.

—Pero, entonces, ¿por qué lo imprimieron?

Jacobo Cromberger resopló.

—Quizá porque me lo pidió mi hijo, Juan, y eso me hizo no ser objetivo. Un padre hace cualquier cosa por sus hijos, son nuestra debilidad.

—¿Por qué hizo eso su hijo? ¿Qué interés tenía en el libro?

—Eran amigos. Jaime Moncín, mi hijo Juan y Miguel Enériz estudiaban juntos en el convento San Pablo. El muchacho Enériz era de buena familia, el primogénito; ahora tiene muchos negocios. Yo acababa de adquirir la imprenta, todavía no era un negocio próspero, aunque sí lo suficiente para ser respetado en la ciudad.

—En cambio, Jaime era hijo de un artesano.

—Yo también soy hijo de un artesano y peleé mucho para progresar —recalcó Jacobo Cromberger—, pero sí. Jaime era de una familia humilde.

—Entonces, en realidad lo publicasteis para hacer feliz a vuestro hijo —dijo Thomas en el tono más suave que fue capaz.

—Qué remedio. Ese muchacho, Jaime, era un verdadero inconformista, no sabía dónde estaban los límites. Es cierto que tampoco lo conocí lo suficiente, pero esa era la impresión que daba. Era tímido y un tanto lunático, parecía vivir encerrado con sus pensamientos. Siempre con sus libros, siempre leyendo y dibujando.

—Eso no es malo señor Cromberger, vendéis libros —le recordó Thomas.

—También los taberneros venden vino y no por eso ignoran que una mala borrachera puede matarte.

—¿No va a compararme el vino con leer libros?

—Por supuesto que no, los libros son mucho peores: pueden envenenarte la cabeza. El vino, no; solo suele dejar resaca al día siguiente.

—Pero señor Cromberger, ¿cómo puede decir eso? —Thomas no daba crédito.

—Ya te lo he dicho, conozco mi negocio y sus riesgos. Los libros son un arma poderosa, se han disputado guerras por ellos desde la Antigüedad; mire ahora lo que sucede con las tesis de Lutero... Están provocando un cisma en la Iglesia, se usan para enfrentar estados y reinos. Y en el fondo son solo palabras, pero pobre de aquel que infravalore el poder de los libros.

Thomas se tomó su tiempo para continuar; no quería entrar al trapo, sabía que debía centrarse en el tema que le había llevado allí.

—Contadme qué pasó después de la publicación; Jaime Moncín no se tomaría bien el poco éxito de su libro.

—Pues no volví a ver a Jaime, imagino que le daba vergüenza pasar por aquí debido al fracaso de su libro. Mi hijo me dijo que estaba muy afectado, que incluso le había dejado de hablar, como si él tuviera la culpa de dicho fracaso.

—¿Y vuestro hijo volvió a verlo?

—Tampoco, y me extrañó, porque conociendo la voracidad lectora de ese muchacho, ¿cómo no iba a venir a por libros?

—No disponía de recursos para comprarlos.

—Claro que no, mi hijo lo traía aquí y lo dejaba leyendo. No le miento si le digo que Jaime Moncín leía todo lo que publicábamos.

—Eso me suena... —murmuró Thomas, reconociéndose en ese detalle.

—¿Qué ha dicho?

—Nada, disculpadme. A pesar de su pasión por los libros, Jaime Moncín embarcó para el Nuevo Mundo en el año 1504.

—Bueno, eso explica que no volviera a verlo. Muchos creen que la vida allí es más fácil y no es así, se lo aseguro. Tengo negocios en La Española, cada vez más.

—Lo sé. Jaime embarcó en la nao *San Vicente*, una nao de vuestra flota —afirmó Thomas, expectante por ver la reacción de Jacobo Cromberger.

—Eso no lo sabía... —Se quedó pensativo—. ¿Estás seguro?

—Lo he comprobado, así consta en los registros de la Casa de la Contratación.

—No sé qué decir, te aseguro que lo ignoraba hasta ahora —afirmó Jacobo Cromberger contrariado—. Es una sorpresa, créeme.

—¿Y sus libros? ¿Qué pasó con los que no se vendieron?

—Verás... —Se removió en su sillón—. Sucedió algo raro. A los pocos años, los libros desaparecieron.

—Eso no me lo ha dicho Juan Pablos.

—Porque él no lo sabe. —Jacobo Cromberger resopló—. Así que os ha dado información mi empleado...

—No; quiero decir que le hice unas preguntas generales y él amablemente me respondió, pero nada más. Entonces queréis decir que los robaron...

—¿Para qué los iban a robar? Solo puedo decirte que cuando hicimos inventario, no estaban. Nadie los quería, no había manera de venderlos ni al peso, y sin embargo, se esfumaron. Y no puedo asegurarte cuándo fue, porque llevaba años sin preocuparme de ellos.

—En su opinión, sea franco conmigo, ¿qué cree que sería de Jaime Moncín en el Nuevo Mundo?

—Quién sabe; quizá buscaba su sitio, un trabajo que se adaptara a sus habilidades, no lo sé. Aunque... Un momento; la nao *San Vicente* has dicho. Esa embarcación naufragó, lo recuerdo perfectamente. Fue un desastre, una ruina total.

—¿Estáis seguro? —inquirió Thomas.

—Por completo, no regresó ningún superviviente a Sevilla.

—¿Murieron todos?

—En medio del océano... ya me dirás qué opciones tendrían.

—Entonces Jaime Moncín se ahogó hace veinte años —dijo apesadumbrado.

—Eso parece.

—Una última pregunta: sigo sin entender por qué el libro fue un fracaso.

—Era demasiado trágico; la gente no está acostumbrada a leer cosas así, era una historia de amor terrible. Y sobre todo porque recogía el punto de vista femenino sobre el amor, de forma algo, digamos, íntima. Bastante escandalosos, el texto y los grabados, en mi opinión. De hecho, no creo que ningún hombre comprara el libro, los pocos que se vendieron fueron adquiridos por mujeres.
—Jacobo Cromberger se encogió de hombros.

—¿Conocéis *La Celestina*?

—Por supuesto, ¿por quién me tomas? —dijo indignado el señor Cromberger—. Fue uno de los anteriores dueños de esta imprenta, Estanislao Polono, quien la imprimió en Sevilla.

—También es una tragedia de amor y es un auténtico éxito, ahora la representan en el corral de comedias.

—Sí, es verdad. —Jacobo Cromberger se reclinó de nuevo sobre su sillón. Además Jaime Moncín ambientó la obra en Sevilla; describía la ciudad, con algún personaje que podría ser real. Hasta se mencionaba el terremoto que casi derrumba la Giralda.

—Pero no triunfó.

—No, y nadie lo siente más que yo. Debí verlo venir, era joven y me equivoqué haciendo caso a mi hijo y a Jaime. —Suspiró—. Pero el mundo de los libros es así. Por mucho que los impresores nos creamos que conocemos a los lectores, no es así. Los libros no son como los paños, los zapatos o los perfumes. Hay algo en ellos de rebeldía, quizá por eso nos gustan tanto.

Hizo una pausa, pensativo.

—Debo pedirle que se marche, el trabajo me aguarda.

—Ahora de verdad una última pregunta, y no os robo más de vuestro valioso tiempo. —Thomas hizo un gesto de disculpa con las manos—. ¿Podría hablar con vuestro hijo Juan?

—Supongo que sí; estará en su casa, frente a la Casa de Contratación. Él se ocupa de nuestros negocios con el Nuevo Mundo. Mi hijo sintió mucho la marcha de su amigo Jaime, estaban muy unidos.

42

Brígida Maldonado

Una bocanada de aire cálido le azotó al salir del palacio. Thomas avanzó hacia las gradas de la catedral. Todos los talleres de imprenta de Sevilla se agrupaban por allí, cerca de la Giralda. Poco a poco iba conociendo la ciudad y eso le permitía ser más eficaz en sus pesquisas. Buscó cuál podía ser la residencia de Juan Cromberger, pero ante la imposibilidad de lograrlo preguntó en la propia Casa de Contratación y le indicaron un edificio de tres alturas, de aspecto moderno, con unas figuras clásicas decorando el acceso.

Llamó a la puerta y apareció alguien que no esperaba.

—Vaya, qué sorpresa —dijo Sofía, la joven a la que había conocido el pasado día en el jardín del palacio de Colón.

—Creo que me he equivocado, buscaba a Juan Cromberger.

—Tranquilo, vas bien; es mi padre.

—Vaya... —Thomas se quedó algo confuso.

—Veo que no lo sabías. —Se rio.

—No tenía ni la más remota idea, he debido de quedar como un tonto.

—Bueno, un poco sí.

—Disculpadme, señorita, yo...

—Ya te dije que puedes llamarme Sofía, tenemos casi la misma edad.

—De acuerdo. —Se atrevió a tutearla—: ¿Qué hacías en el jardín de Colón el otro día?

—Ya te lo dije, pero veo que no me escuchabas: llevaba libros de mi padre para la biblioteca. Suelo ir de vez en cuando, me gusta ese jardín del Nuevo Mundo, y también involucrarme en el negocio familiar —contestó la joven.

—Así que eres una Cromberger.

—Eso me temo. ¿Y tú eres un...?

—Babel, aunque mi apellido ni es noble ni de fortuna, ni donde nací, ni aquí, en Sevilla —lamentó Thomas.

—Muchas veces un apellido como el mío es más una losa que una ventaja. De todas formas, mi abuelo era hijo de un artesano, si te sirve de consuelo.

—De hecho, conozco a tu abuelo Jacobo, y me lo ha contado; también que es alemán, como yo.

—Entonces persigues a mi familia, mi abuelo, yo y ahora mi padre —dijo arqueando las cejas y mirándolo de una forma graciosa—. ¿Debemos preocuparnos?

—No, yo no os persigo; solo busco un libro.

—Entonces deberías hacerlo en la casa de don Hernando, asegura tenerlos todos.

—Este no —asintió Thomas.

—¿Y eso por qué? —Sofía se mostró intrigada y borró la sonrisa de su rostro.

—Es especial.

—Un secreto, qué interesante. —Se llevó el dedo índice a los labios—. El otro día creí entender que vives con don Hernando.

—Resido de forma temporal en una vivienda anexa al palacio de don Hernando Colón.

—No sabes la suerte que tienes viviendo allí —afirmó Sofía—, me imagino el placer de leer todos esos libros que don Hernando atesora. Tanto saber, tantas aventuras, conocimientos e historias del pasado.

—Quizá podías ser lectora en la biblioteca...

—Lo dudo, hay que pasar un sinfín de exámenes y estudiar en la Universidad de Salamanca; y lo segundo y más importante, porque soy mujer, por si no os habíais dado cuenta... —Su sonrisa hizo que Thomas se ruborizara un poco —. Y no se nos permite ocupar ciertos puestos.

—Claro... Cómo no iba a percatarme de que... —Thomas se puso aún más nervioso.

—De que soy una mujer, ¿eso querías decir? —Sofía se anticipó a él—. También te dije que somos invisibles para todo lo importante.

—Si por mí fuera, no sería así.

—Mi abuelo, al que ya conoces, dice que una mujer distrae a los hombres de la lectura —respondió mirándolo a los ojos—. Qué culpa tendré yo de que seáis todos unos... En fin, que según parece, una mujer que lee os perturba.

—Eso es una tontería.

—Pues eres el primero que lo dice. —Se llevó de nuevo el dedo índice a los labios—. ¿Qué te parece don Hernando?

—Un hombre extraordinario, al fin y al cabo no solo es el hijo del descubridor del Nuevo Mundo sino que ha emprendido también una labor titánica, su biblioteca, y lo hace por el progreso de la humanidad.

—Muchos aseguran que posee un carácter difícil. Supongo que es duro, poco diplomático, pero inteligente. ¿Sabes que fue apartado de los pleitos colombinos por mostrarse inflexible con los representantes de la monarquía?

—Se enfrentó al emperador...

—En cierto modo, sí. Hay que ser osado para hacer algo así.

—Yo creo que es un hombre fascinante, uno de los grandes sabios de nuestro tiempo —contestó Thomas de manera formal.

—Sí, pero las mujeres no debemos ser de su agrado. No tiene ni mujer ni hijos, por si no te has dado cuenta.

—Lo ignoraba. —Thomas ni siquiera había reparado en ese detalle.

—He llegado a escuchar por Sevilla decir que no se ha casado porque una mujer nunca le podría dar lo que le daban los libros.

—Vive para su biblioteca, esto está claro.

—Cierto. —Sofía suspiró—. Libros y más libros. Incluso de los libros que ya posee busca nuevas ediciones y con frecuencia manda personal con una lista por las cinco ciudades donde se centra toda la producción de libros de la Cristiandad a encontrar todo aquello que falte o deba mejorarse —explicó con admiración.

—Lo sé, mientras que el resto de los coleccionistas están interesados en recuperar manuscritos griegos o libros escritos en los monasterios... —Thomas hizo una leve pausa—. Hernando Colón ha puesto su atención en el papel impreso.

—Mi padre y mi abuelo dicen que todo lo que se imprima, por pequeño que sea, lo quiere.

—¿Y en el Nuevo Mundo? Allí también habrá libros.

—Muy pocos —afirmó Sofía mientras se movía hacia su derecha—. He oído que lleva tiempo con su sueño de montar otra biblioteca en las tierras descubiertas.

—Es que esa pasión corre por sus venas —murmuró Thomas—; su padre, Cristóbal Colón, era mercader de libros antes del descubrimiento.

—Vaya..., eso no lo sabía yo. —Sofía esbozó una sonrisa—. En el Nuevo Mundo todavía no hay ninguna imprenta; por lo tanto, allí no se imprimen libros.

—Imagino que pronto llevarán una —carraspeó Thomas.

—No creas, mi padre dice que no es un buen negocio.

Una voz la reclamó desde el interior de la casa, rompiendo el apasionado dialogo de los dos jóvenes.

—¿Quién es, Sofía?

—Un hombre que trabaja para don Hernando Colón, pregunta por padre.

Apareció una mujer de indudable parecido con Sofía, de hermosura más madura, aunque no por ello menos profunda.

—¿Cómo es que has abierto la puerta? Qué impulsiva eres a veces...

—Estaba cerca.

—Ya... Disculpad a mi hija, es..., cómo decirlo..., muy curiosa.

—No hay nada que disculpar, al contrario. —Thomas inclinó la cabeza.

—Juan Cromberger, mi marido, no está; yo soy Brígida Maldonado. Si viene por algún asunto de libros yo puedo ayudarlo. Mi padre era uno de los mejores impresores de Salamanca, sé más de tipos y libros que cualquiera que conozca.

—Soy mercader de libros y estoy buscando un libro que escribió un amigo de su marido hace veinte años.

—Veinte años...

—Sí, se llamaba Jaime Moncín.

—¿Venís preguntando por Jaime?

—¿Lo conocíais?

—Sí, claro. —Hizo una pausa.

—¿Cómo era Jaime? —Thomas no sabía exactamente por qué hizo esa pregunta tan directa a Brígida Maldonado.

—Jaime era un torbellino, tan pronto te relataba la historia más increíble que puedas imaginar como se quedaba callado, mirándote sin que pudieses saber lo que pasaba por su cabeza.

—¿También erais buenos amigos?

—Él tenía una íntima amistad con mi esposo Juan y con otro muchacho, Miguel Enériz. Los tres eran inseparables de jóvenes. Hace mucho que no sé nada de Jaime, desapareció sin decir nada; ¿qué sabéis de él? ¿Dónde está? —preguntó con evidente interés.

—¿Por qué creéis que se fue de Sevilla sin una explicación?

—A saber... Él nunca decía porqué hacía las cosas, solo las hacía —respondió con melancolía.

—Jaime Moncín partió al Nuevo Mundo, lo hizo en una flota de los Cromberger —relató Thomas examinando la reacción de la mujer—. Su suegro lo ignoraba y pensé que quizá su esposo supiera algo al respecto.

—Al Nuevo Mundo... Muy propio de Jaime. Siempre hablaba de viajar allí, de las maravillas que encontraríamos. De un mundo por hacer, de tantos sueños,...

—También busco un libro que escribió. Apenas se vendieron ejemplares y no logró encontrar ninguno. Don Hernando Colón poseía uno y por desgracia se lo robaron.

—¿Jaime, un libro?

—Sí; lo imprimió su suegro, Jacobo Cromberger, por mediación de su hijo Juan, su esposo. ¿No lo sabíais?

—Eso no puede ser. —Le tembló la voz—. ¿Qué libro era?

—Una historia de amor.

—¿De amor? ¿Un amor entre quién? ¿Alguien de Sevilla?

—Lo ignoro, señora. El libro sí estaba ambientado en Sevilla; trataba de un amor trágico, pero apasionado, y contaba con grabados algo especiales, poco comunes. No se vendió apenas, y tiempo después los ejemplares que quedaban desaparecieron. Quizá su marido sepa de ese libro.

—No lo creo.

—Habéis dicho que eran muy buenos amigos.

—Al principio sí, pero luego fueron separándose —explicó Brígida Maldonado nerviosa—. Sofía, entra dentro; obedece.

—Pero, madre...

—¡He dicho que entres! —Brígida Maldonado perdió la compostura—. Perdonadme, es que mi hija me enerva.

—¿Qué les sucedió a Jaime y su marido para dejar de ser amigos? —preguntó incisivo Thomas.

—Jaime tenía demasiados pájaros en la cabeza; no... no veía la realidad.

—¿Qué realidad? ¿La diferencia de clase social o de posición económica?

—¡No! ¿Por qué dice eso? —Brígida respondió tajante—. Lo que ocurrió es que Juan tenía claro lo que quería en la vida y, por desgracia, Jaime no. Mi esposo lo ayudó todo lo que pudo, sin embargo llegó un momento en que Jaime solo hablaba de ir al Nuevo Mundo. Decía que aquí no era feliz, que no tenía futuro, que no había nada bueno en Sevilla. ¿Sabéis lo que creo? Que leer tantos libros le afectó la cabeza.

—¿Eso creéis?

—Sí; leía todo, en cualquier lugar... Era obsesivo, se imaginaba cosas, perdió la razón. Era de esas personas que no pueden ser felices en ninguna parte —afirmó Brígida Maldonado con pesadumbre en la voz—. Ahora, si me disculpáis, tengo cosas que hacer.

43

El espía

Frente a las atarazanas del puerto había un revuelo de trabajadores; llegaban carromatos cargados de largos listones de madera, también con barriles y algunos con abultados sacos. Todos los mozos estaban atareados, había gran estruendo de gritos y ruidos de golpes de martillo y otras herramientas. Thomas pensó que estarían construyendo un nuevo navío.

Al remontar el camino cerca de la catedral encontró cierto alboroto en torno a uno de los postes donde se colocaban los bandos. Asomó la cabeza, pero había demasiada gente para llegar a leerlo. Así que desistió y se alejó unos pasos.

—Solo es una nueva ley —dijeron a su espalda—. Quieren cobrar un impuesto a las mercancías que salgan hacia las Indias.

Thomas no prestó mayor atención y se alejó. Todavía le retumbaba en la cabeza el eco de la visita a la residencia Cromberger. Llegó al corral de comedias de la calle Borceguinería, que se hallaba ajetreado, pues ensayaban una obra nueva y eso siempre despertaba el interés de los sevillanos. Se preguntó si sería una obra tan interesante como *La Celestina*.

Más abajo, hacia la catedral, vio una taberna flanqueada por dos columnas, repleta de parroquianos. El vino se olía desde la calle; demasiado pronto para beber incluso para los más osados. Se fijó en los que la frecuentaban, que entraban y salían, y se preguntó cómo podía haber un sitio así tan cerca de la catedral. En esas estaba cuando empujaron a uno de los clientes, que salió trastabillando a la calle. El tipo era voluminoso, como un oso; se tambaleó y casi cayó al suelo. De manera milagrosa se mantuvo en equilibrio. Al volver su rostro, Thomas se llevó una sorpresa.

Fue hacia él y le dio un par de palmadas en la espalda.

—Santiago, estás celebrando haber salido de la cárcel, ¿eh? —Miró el moratón en su cara.

—¡Tú! ¡Niño! Te hacía flotando en el río.

—Vaya, me alegro de que no sea así. —Thomas se mordió la lengua—. ¿Cómo estás?

—Perfectamente; si me dieran una pica, ahora mismo que me iba para Flandes.

—No te precipites. —Thomas examinó bien a su excompañero de celda—. ¿Tienes hambre?

—Sabe Dios que sí, que esta... —Puso ambas manos sobre su barriga—. Exige mucho esfuerzo, créeme.

—Te creo, te creo. ¿Conoces algún sitio aquí cerca?

—Y tanto; en Santa Cruz hay una señora, Eugenia, que hace un potaje con unas especias que han traído de las Indias que es gloria bendita.

—Vayamos entonces.

Hacia allí que se encaminaron y en efecto, era un pequeño antro con una mesa corrida. La Eugenia era una mujer arrugada como una pasa que hacía un potaje que era una delicia. Thomas le interrogó por la receta, pero la Eugenia calló y no hubo manera de sacarle el secreto.

—Tiene doscientos años —murmuró Santiago.

—¿Quién?

—La Eugenia; yo ya la recuerdo vieja cuando era un crío.

—Pero Santiago, por Dios Santo, ¿de qué me hablas?

—Sí, sí. Ya entonces los mayores que la conocían decían que era la más vieja del barrio. Yo creo que es una bruja, igual lleva viviendo en Sevilla desde el tiempo de los moros. Pero oye, a mí mientras cocine así, como si quiere vivir mil años.

—¿Qué barbaridad me estás contando?

—Ssshhh, hay que andarse con ojo; cuando el río suena, agua lleva.

Thomas no pudo evitar quedarse mirando a la Eugenia; sí que parecía muy vieja, pero... ¿tanto? Santiago ya le había metido una de sus historias fantasiosas en la cabeza.

—Dime, Santiago, ¿cómo te va desde que saliste de prisión? ¿Has regresado a tu trabajo?

—Yo ya no vuelvo con esos esclavistas.

—¿Cómo dices?

—Lo que oyes. Entre los muchos negocios que tienen, el más rentable es de vender esclavos de África, y conmigo que no cuenten. Que ya se lo dijo la reina Isabel, que en gloria esté, al almirante Cristóbal Colón.

—¿Qué le dijo?

—Que debía instruir en la religión cristiana a los indios, a los que por todos los medios debían esforzarse y empeñarse en convencerlos para convertirlos a nuestra sagrada fe católica. —Santiago relató de tirón—. Y tratarlos muy bien y con cariño, y abstenerse de hacerles ningún daño, disponiendo que ambos pueblos debían conversar e intimar y servir los unos a los otros en todo lo que fuera menester.

—¿Cómo sabes tanto de lo allí acontecido?

—Ya te dije que hacía misiones de espionaje. Sé muchas cosas, por eso me prepararon una trampa; como sabía demasiado se quisieron deshacer de mí, y esa es la razón de que esté ahora así.

—Santiago, yo no sé si puedo creerte.

Entonces el aludido se levantó de la mesa, se dio la vuelta y se subió la camisa, dejando al descubierto una espalda cosida a cicatrices, a cual más profunda. Se tapo rápido y volvió a sentarse.

—Y ahora, ¿me crees?

—Lamento lo que te hicieron... —A Thomas le faltaban las palabras para disculparse.

—No pudieron conmigo, ¡menudo soy yo! Santiago Lafuente es un profesional con mucha hidalguía.

—Eso no lo dudo. —Thomas empezó a mirarlo con otros ojos—. ¿Es verdad lo de que eras espía?

—En efecto. Yo fui el primero en saber en Sevilla que el enviado de los Reyes Católicos asumió el control de La Española, ordenó esposar a Colón y enviarlo a Europa con los grilletes.

—Eso es tremendo...

—Colón permaneció seis semanas en prisión hasta que se le concedió audiencia con su querida Isabel. Todavía tuvieron que pasar más semanas, de hecho varios años, hasta que se permitió a Colón un cuarto viaje a América, bajo multitud de condiciones, de las que incumplió la mayoría.

—Veo que la memoria la conservas. Santiago, quizá puedas serme útil.

—¡Pardiez! Nada me gustaría más.

—Si me ayudas en una cuestión, creo que sé cómo encontrarte trabajo —contestó—, bien pagado y mejor atendido.

—¡Santo Dios! Dime qué necesitas.

—Soy mercader de libros y busco saber de un hombre llamado Jaime Moncín, que embarcó para el Nuevo Mundo hace veinte años, y lo hizo con una flota mandada por los Cromberger. Pero Jacobo Cromberger asegura desconocerlo.

—El viejo Cromberger. Andaros con ojo; a ese hombre no se le pasa una.

—Eso mismo pienso yo. Jaime Moncín era amigo de su hijo, Juan Cromberger, y era artista, inventor y escritor. Solo publicó un libro, ¿y sabes en qué imprenta?

—No me digas más: en la de los Cromberger.

—Bien. Es imposible encontrar un solo ejemplar —dijo Thomas—. Lo que yo deseo que averigües es lo siguiente: en la Casa de Contratación me informaron de que embarcó, y quiero saber todo lo que tengan sobre él y, sobre todo, si la flota naufragó o regresó alguien de ellos a Sevilla, porque Jacobo Cromberger me aseguró que se hundieron todos los barcos. ¿Puedes ir al puerto y revisar los listados?

—Desde luego, cuenta con ello. —Santiago aprovechó para rebañar con pan el plato de Thomas.

—No sabes la alegría que me dais.

—Al contrario, ya era hora de recibir una misión acorde a mi nivel. Aún recuerdo cuando atacamos Glemboux en plena noche, avanzando por un canal angosto y con el barro hasta el cuello —dijo a la vez que se terminaba las últimas migajas de pan.

—Guárdate bien esa lengua, Santiago. La necesitarás. Ahora yo debo irme a buscar más información a Triana. Una cosa: ¿dónde nos volvemos a ver?

—Señor Thomas, no se preocupe; yo sabré cómo encontrarlo.

—¿Cómo me ha llamado?

—Si vas a ser mi jefe, es lo más lógico. Santiago Lafuente es un profesional y se lo va a demostrar.

44

El Cascanueces

Con las semanas que llevaba recorriendo Sevilla, Thomas había llegado a la conclusión de que la ciudad era casi redonda. Las calles estrechas eran simples viales por donde pasar, pues la angostura y los toldos evitaban que el sol castigase a sus habitantes, sobre todo en estas fechas de verano donde el calor era asfixiante. Las plazas eran los lugares donde se hacía toda la vida de Sevilla y donde se vendía cualquier mercancía.

Incluso en invierno, lo que más le gustaba a Thomas de Sevilla eran los colores. Augsburgo la recordaba muy verde, con mucha vegetación. Amberes en cambio era gris por las lluvias y azul por los canales y el puerto. Sevilla, en cambio, quizá por el sol, o por lo dorado de la Giralda, tenía rojos, amarillos, naranjas y ocres. Tenía un corazón que palpitaba, y su latido podía oírse en cualquier parte.

Caminó hasta la plaza más importante, que era la de San Francisco, toda porticada, con una fuente en un extremo. Rodeada por edificios principales: Ayuntamiento, Audiencia, Convento de San Francisco y la Cárcel Real, de tan infausto recuerdo para él.

Temía pasar a Triana, pues sabía que era presa fácil y podían robarle de nuevo. Sin embargo, ya no podía esperar más, así que compró una pequeña daga en un puesto de la plaza de San Francisco, para defenderse en caso de necesidad, y se dirigió al arrabal de Triana.

Cruzó el puente de barcas. Triana estaba tan animada como de costumbre. El ruido de los artesanos, especialmente de azulejos, se mezclaba con el bullicio de los pescadores, configurando un ambiente pintoresco. Solo el perfil oscuro del Castillo de la Inquisición teñía de penumbra el arrabal sevillano.

Fue hacia la taberna. La Santa estaba de buen humor.

—Y yo pensaba que iba a ser un día tranquilo —dijo nada más verlo llegar.

—Qué guapa estás hoy, te sienta bien este sol.

—Mejor me sentaría que me pagasen lo que me deben un par de sinvergüenzas que se largaron anoche.

—Es que eres demasiado buena, cualquier día te hacen una capilla en santa Ana. —Thomas se encontraba mucho más suelto que la primera vez que la visitó.

Desde que había llegado a Sevilla, Thomas había cambiado mucho. Llegó cobijado bajo la sombra de la experiencia y el ingenio de Alonso, y tras su asesinato, se había ido soltando.

—Sí, para enterrarme —murmuró—. ¿Qué quieres tú por aquí?

—Un trago.

—Pero si tú no bebías.

—Por ti hago cualquier cosa —dijo Thomas intentando ser simpático, pues sabía que era la mejor manera de tratarla.

—A ver si te cojo la palabra y te pongo en un aprieto... Dispara, que no tengo tiempo —le dijo la Santa—. Que todos venís buscando algo.

—Sebas, ¿por dónde anda?

—Otro igual, menudo pájaro... —Cogió unos vasos y los ordenó en una alacena—. Ahí fuera, cerca del puerto de las mulas. Lo verás con un tipo alto que tiene la cabeza como aplastada.

—¿Y quién es ese?

—Lo llaman el Cascanueces —respondió la Santa subiendo mucho la barbilla—. Hasta ahí te cuento, el resto que te lo diga tu amigo.

—De acuerdo; ¡gracias, hermosa!

—Sinvergüenza, que sois todos unos sinvergüenzas y unos zalameros —le dijo de malas maneras, aunque luego no pudo evitar ruborizarse levemente.

Volvió a la orilla y bajó hasta el muelle, y enseguida vio al individuo alto y con la cabeza deforme que le dijo la Santa. A su lado, Sebas parecía un monigote. El gigante se alarmó al verlo llegar y apretó los puños; por fortuna, enseguida Sebas lo reconoció.

—Tranquilo, que es amigo. —Le hizo un gesto—. Thomas, ¿qué haces tú por Triana?

—Buscarte. —Le dio un apretón de manos—. Necesito pedirte algo.

—Faltaría más. Espérame, Cascanueces —le dijo a su compañero, y se apartó con Thomas—. Antes que nada: lo siento, pero tengo que contarte que no sé nada de ese libro, si es lo que vienes a buscar.

—No es eso. —Suspiró—. Recuerdas que mataron a Alonso García, el hombre con quien vine a Sevilla.

—Sí, claro; por eso te encarcelaron.

—¿Podrías averiguar quién lo hizo? Te debería un favor.

—Ya me debes varios y además lo de tu amigo pinta mal. No quiero mancharme con eso.

—Sebas, si puedes ayudarme te lo agradecería.

—Lo que puedo es contarte lo poco que sé, pero no pienso ir por ahí haciendo preguntas.

—Me vale, Sebas —asintió Thomas.

—A tu amigo Alonso lo mataron por encargo. Es un trabajo caro y lo podría haber cometido uno de los asesinos del Arenal. Son rápidos y no dejan rastro; si quieres encontrar al asesino la cosa se podría complicar y terminar mal para ti.

—¿Y qué me recomiendas?

—Ese solo hizo su trabajo, así que el que rebanó el cuello no es el verdadero culpable. Al que le pagó es a quien hay que encontrar.

—No sé si me convence.

—¿Por qué no te olvidas de ese tema? Déjalo correr, amigo.

—Cuando era pequeño, mi padre era cocinero de una rica familia de banqueros, los Fugger. Durante un banquete, alguien envenenó la carne, acusaron a mi padre y lo ahorcaron.

—¿Supiste quién había sido el verdadero culpable?

—No; tuve que huir, era un crío. Entonces no pude hacer nada, por eso ahora me gustaría que la muerte de Alonso no quedara impune.

—Puedo comprenderte y lamento lo de tu padre. Como te he dicho, buscar al asesino es mal negocio, pero... otro tema es quién se lo ordenó. Déjame que lo piense y te digo algo. Dame tiempo, Tomasito —le reclamó Sebas—, estoy con otro asunto entre manos.

—Muchas gracias, Sebas. —Thomas echó un ojo a su espalda—. Tu amigo... se deja ver...

—Eso es lo que pretendo, que le huyan de lejos. Cascanueces, así lo llaman desde niño porque con cuatro años ya partía las nueces con las manos —sonrió Sebas.

—No parece que hable mucho...

—Cada uno debe usar el don que el Señor le ha dado; él no es bueno con las palabras, tiene en cambio otras habilidades.

—Puedo imaginarlas, no quisiera verme con él en una de las callejuelas de Triana... —carraspeó Thomas.

—Bueno. —Sebas le estrechó la mano—. Te buscaré cuando tenga algo, Tomasito; confía en mí.

Cruzó de nuevo el puente y retornó intramuros, se acababa el día y aún le quedaba trecho hasta el palacio de Colón. Cuando llegó, aunque era tarde, había cierto movimiento en el jardín. La razón era que Víctor estaba podando y limpiando los árboles y demás plantas.

—Un poco tarde para estos menesteres.

—Este árbol está enfermo, debemos darnos prisa o lo perdemos.

—Dios no lo quiera.

—Esta especie es rara... —murmuró Víctor—. Dudo mucho que agarre en Sevilla, creo que no le gusta ni el sol ni el calor...

—Pero ya estamos en invierno, ahora la temperatura es más suave.

—Cierto, pero el mal ya debe de estar hecho, no creo que se recupere ahora.

—Una curiosidad que tengo: ¿creéis que alguna de las nuevas especies es comestible?

—Me da a mí que esa roja y redondeada que dicen tomate tiene que valer para algo más que para decorar.

—¿La habéis probado?

—Ssshhh. —Víctor le mandó callar—. ¿Por quién me habéis tomado? Por supuesto que sí. —Sonrió—. Hay que probarlo todo en esta vida.

—¿Y? —aguardó Thomas expectante.

—Tendréis que hincarle el diente, porque no pienso decíroslo.

—Quizá otro día, me parece increíble esta huerta.

—Cierto; y pensar que estamos sobre un muladar. El señor levantó esta casa en el barrio de los Humeros. Tal era la acumulación de basuras que la casa ha quedado por encima de la muralla.

—¿Y por qué eligió este sitio?

—No lo sé con certeza, pero... ¿qué veis hacia allí?

—El monasterio de la Cartuja.

—Exacto. —Víctor se quitó un sombrero con poca ala y se rascó la nuca—. Allí están enterrados su padre y hermano.

—¿Creéis que es por eso?

—Yo no creo nada, solo lo comento —puntualizó volviéndose a poner el sombrero—. O quizá sea por tener vistas sobre el Guadalquivir. Es un hermoso río, caudaloso y navegable; en la pleamar crece tres o cuatro codos y, desde aquí alto, se ve espectacular.

—Estaba en Sevilla cuando las inundaciones, fue terrible...

—Cierto, suceden a veces, el río se desmadra. La pleamar es diferente, dicen que es buen augurio.

—¿Eso crees?

—No todos los días viene el mar a verte, ¿no? Entonces el agua viene ligeramente salada, del mismo modo que al bajar la marea se torna dulcísima.

—Al principio no entendía porque se había elegido Sevilla como puerto al Nuevo Mundo, pero poco a poco me va quedando claro —murmuró Thomas.

—Mirad, ahí tengo una cosa muy rara que han traído en uno de los últimos viajes; tengo que plantarla mañana.

Víctor fue a una caja. Eran como trozos de pan seco. Thomas ya las había visto antes, y no le llamaron la atención. Ahora las volvió a mirar sin muchas esperanzas de que de ellas fuera a germinar nada bueno. Sin embargo, Víctor le explicó que le habían contado que debía enterrarlas en una zanja y regarlas poco. Parecía poco probable que aquellas enormes semillas fueran a dar ningún fruto, pero él obedeció. Podría ser la papa que le había mencionado Massimiliano, la que podía acabar con el hambre de los pobres. Cavar era de las tareas más duras de las huertas, y más aún con el sol que caía en Sevilla. El clima era lo que más le estaba costando llevar: de las lluvias y el frío de Augsburgo o Amberes, había terminado en una ciudad donde nunca hacía frío, llovía poco y en verano el calor impedía salir a la calle.

45

Los sueños

A veces, por las noches, Thomas se despertaba de improviso, justo en medio de un profundo sueño, y por unos instantes era capaz de recordar lo que estaba soñando. Se quedaba perplejo, ensimismado en las fantasías de su mente. Eran sueños muy reales. En ellos había detalles de los que nunca había tenido consciencia. Era como releer un libro y descubrir cosas en él que no había captado con anterioridad.

Eso no hacía sino angustiarle más, porque la realidad no era menos confusa. Se hallaba en un punto muerto de su investigación. Llevaba días improductivo, sin avances. Así llegó el nuevo año de 1524. El mes de enero pasó rápido y monótono. Thomas recorría las calles buscando una idea, una pista, un milagro.

Y nada obtenía; estaba empezando a temer que don Hernando Colón le retirara la confianza. Nada le gustaría más a Marcos, que lo miraba con recelo cada vez que entraba o salía del palacio y se burlaba de él. No mucho mejor era la indiferencia del Guardián, que desde el pedestal de ser responsable de la biblioteca lo ignoraba.

Thomas no sabía qué era peor: que se rieran de ti o te ningunearan.

Doña Manuela era más honesta; siempre centrada en sus guisos tenía poco tiempo para los demás e incluso para sí misma. O Víctor, atareado en las huertas, amable y silencioso.

Luego estaba Rosalía, la mujer de piel negra y brillante. Era como una extraña en aquel palacio. Surgía del jardín como si fuera la misma selva, su sombra se veía por los pasillos como un fantasma. Más de una vez, Thomas pensó que la única explicación de su presencia allí era por algún amorío con don Hernando. Sin embargo, don Hernando apenas la miraba, no parecía interesarle nada más que sus libros. Por eso Thomas temía tanto que terminara por cansarse de su fracaso a la hora de hallar el libro perdido de Jaime Moncín

Pero Thomas era consciente de que vivir y trabajar en aquel lugar era una maravilla; el palacio de Colón le parecía como el Monte Olimpo de los griegos. Con Sevilla a sus pies, habitada por los mortales, y ellos en lo alto, con toda la sabiduría a su alcance, podían sentirse como los antiguos dioses: Zeus o Atenea. El palacio seguía el modelo de las casas de los célebres humanistas italianos, con bellos jardines y situadas en las afueras de las ciudades, en lugares donde pudieran disfrutar de la suficiente tranquilidad para llevar a cabo sus estudios y trabajos.

La fachada principal se la encargó don Hernando a unos escultores genoveses, que utilizaron mármol de Carrara. A él le encantaba la portada en forma de arco romano sostenido por pilastras corintias. Sobre la que lucía el escudo de los Colón rodeado de delfines.

En la huerta, transformada en jardines, había más de cinco mil árboles que poblaban el espacio comprendido entre el río y la casa. Entre ellos, distintas especies americanas, plantadas de naranjos y limoneros con muchas copias de otros árboles y arbustos preciosos y raros traídos de allende los mares, entre los que descollaban los gigantescos zapotes, plantados a lo largo de la margen del río...

En el frontis mandó escribir: «Don Fernando Colón hijo de don Cristóbal Colón, primero almirante que descubrió las Indias, fundó esta casa». Lo sorprendió que usaran esa otra forma de llamarlo, Hernando y Fernando eran el mismo nombre...

Examinando bien el palacio, Thomas estaba convencido de que no era sencillo entrar en la biblioteca de Colón. Don Hernando había insistido mucho en que los lectores no podían haber robado el libro. Estudiaban duramente durante muchos años en la mejor universidad de España y luego debían pasar unas exigentes pruebas de acceso a la biblioteca. ¿Qué sentido tendría arriesgar todo por robar un libro de un autor desconocido?

Entonces ¿quién lo robó?

¿Quién más tenía acceso a la biblioteca?

El personal del palacio parecía fiel a don Hernando pero, claro, también llegaban mercaderes de libros, impresores, cartógrafos... Alguno de ellos pudo robarlo. De hecho, Thomas se había percatado de que don Hernando había aumentado la seguridad de la biblioteca. El Guardián custodiaba el acceso con mucho ímpetu, incluso de noche.

Con estas premisas, si no podía dar con el ladrón ni con el asesino ni con el propio libro robado, ¿cuánto aguantaría don Hernando Colón antes de cansarse de sus fracasos?

De tarde, desanimado, regresó a su cabaña, y para su sorpresa, nada más abrir la puerta, halló a Santiago Lafuente, tumbado en el camastro.

—Señor Thomas. —Se incorporó lo más rápido que pudo—. Como tardaba me he quedado traspuesto.

—¿Cómo has entrado?

—Pregunté en la puerta del palacio; el portero, un hombre muy razonable y gentil, me guio hasta aquí y me abrió.

—¡Marcos! Ver para creer...

—Resulta que su padre y un tío paterno también estuvieron luchando en Lombardía con el Gran Capitán en sus tercios —comentó Santiago.

—¿En dónde ha dicho?

—Bueno... —Santiago reculó—. Los que luchamos allí los llamamos comúnmente tercios porque incluyen a tres tipos de combatientes: piqueros, arcabuceros y mosqueteros.

—¿Y de qué unidad eras tú?

—Mosquetero, el de mayor movilidad. Esta formación en tres unidades fue una innovación del ilustre rey Fernando el Católico que le permitió derrotar a la caballería francesa en la guerra de Italia. ¡Fueron el fin de eso que llaman ahora la Edad Media!

—¿Qué término has usado?

—Creo que los modernos le dicen así, Medievo.

—Sí, es cierto. —Thomas no salía de su asombro—. Lo que ignoro es por qué has dicho que fueron el fin de la Edad Media.

—Muy sencillo: durante siglos, todas las grandes batallas fueron de caballería: las Navas de Tolosa, Muret, Alarcos... La infantería solo era un complemento, no decidía nada. Daban igual los miles de infantes con los que se contaba, al final todo se dilucidaba en una carga de caballería frontal.

—¿Y qué pasó?

—Pues que eso terminó cuando se volvió al sistema clásico: la legión romana o la falange de los griegos. Grupos compactos de piqueros, espadachines y ballesteros, que luego nosotros reemplazamos por arcabuceros.

—Así conseguisteis detener las cargas de caballería.

—Sí, sí. Pasa lo mismo con los castillos.

—Pero Santiago... ¿Qué me vas a decir ahora?, ¿que los castillos también se han acabado?

—Totalmente —asintió firme el viejo soldado.

—Y eso, ¿por qué?

—Nada hay más tentador para unas lombardas que torres de cuarenta varas y altas murallas. Los castillos están anticuados, ahora se construyen ciudadelas, con fosos, con baluartes; los muros son más bajos y anchos para soportar los impactos. No hay torres, sino casamatas y garitas. Las fortificaciones son complejos polígonos hundidos en el suelo, nada de nidos de águilas.

—Está claro que tienes argumentos, Santiago —murmuró—. Y yo que pensaba que la Edad Media había terminado en un taller de imprenta.

—¿Cómo dice, señor Thomas?

—Nada, da lo mismo. Pero no me llames así, ¡por Dios! Thomas, me llamo Thomas. Dime, ¿tienes novedades?

—Y tanto. —Santiago se frotó las manos—. Pues bien, he movido mis contactos en el puerto y he tenido acceso a la lista de tripulantes y viajeros de la flota que los Cromberger financiaron en noviembre del año 1504.

—Eres todo un lince —asintió Thomas—. ¿A qué puerto llegó?

—A ninguno. Jaime Moncín no embarcó hacia el Nuevo Mundo, ni en esa flota, que efectivamente naufragó, ni en ningún otro barco que saliera de Sevilla en ese mes, me he asegurado bien.

—Un momento, eso no puede ser. Quizá lo hizo con un nombre falso.

—También lo pensé; lo único que hallé en la Casa de Contratación fue un permiso expedido a dicho nombre, ¿qué sentido tiene embarcar con otro? Habría necesitado dos permisos, o sea, el doble de precio.

—Eso quiere decir que, aunque no se marchó en ese barco —dijo Thomas—, sí desapareció de Sevilla ese mismo día.

—Puede que algo se complicara, que no se fuera al Nuevo Mundo, pero sí marchara a otra ciudad —sugirió Santiago.

—Jaime estaba obsesionado con el Nuevo Mundo, no tiene sentido que no fuera allí.

—¿Y qué otras opciones nos deja esto?

—No demasiadas. —Thomas suspiró—. Debo hablar con Juan Cromberger, él es el único que puede ayudarnos.

—Con cuidado, recuerda que los Cromberger son una familia muy influyente. No insistas más de lo que la prudencia aconseje.

—¿Y eso cómo lo sabré?

—Porque yo iré contigo —intervino Santiago—. Un soldado de su majestad el emperador nunca rehúsa una batalla, y sabré cuándo debemos abstenernos de preguntar más.

46

Juan Cromberger

Santiago vivía en una alcoba alquilada en el callejón de las Brujas.
Le contó a Thomas que el lugar debía esta denominación a la existencia de varias calderas y abundante leña encontrada en un enorme salón situado bajo la calle. Habladurías, pues en realidad eran restos de unas termas romanas, abandonadas durante siglos, cuyas calderas servían para calentar el agua. La mujer que le alquilaba la estancia era Hermenegilda, parca en palabras como ella sola, que tenía ocho hijos, todos varones. Para alimentarlos había partido su casa y alquilaba cuartos como el de Santiago.

Thomas se alegró de poder vivir en la cabaña junto al palacio, más soleada y habitable que aquel lugar.

El viejo soldado caminaba con las manos a la espalda, lo que provocaba que su abultada barriga sobresaliera aún más. Lo cierto era que, para sus años y su peso, se movía con innegable facilidad.

Thomas tenía la sensación de que siempre que le contaba una historia, Santiago le mentía o la exageraba, pero al mismo tiempo lo decía con una seriedad y una seguridad tal que acababa convencido de su veracidad.

—Si no embarcó, ¿dónde está Jaime Moncín?

—Ese hombre quería ir al Nuevo Mundo —respondió Thomas—, estoy más que convencido de ello.

—Hum. Se ve en tus ojos, e incluso en la manera que lo decís, que tú también quieres viajar allí, ¿cierto?

—Eso da igual; yo no puedo ir al Nuevo Mundo. Soy extranjero, por lo tanto es un sueño imposible. La ley es la ley, y solo el emperador puede cambiarla —espetó.

—Quizá te pueda ayudar de alguna manera don Hernando, es el hijo de Colón...

—Eso pensaba yo también, pero ya me ha dicho que no hay nada que hacer.

—Lástima, parece un gran hombre —murmuró Santiago.

—Y lo es. Don Hernando Colón me ha explicado una gran verdad: todos tenemos un don. Todos hemos venido al mundo por un motivo, con un fin.

—Interesante. —Santiago se pasó la mano por la nuca—. Es un privilegio conocerlo, te imaginas todo lo que sabe...

—Me ha explicado que la corona tiene sus barcos y sus ejércitos que son como los brazos y las piernas de un hombre, los usa para moverse y para defenderse. Al igual que nosotros, un imperio necesita un cerebro, una cabeza que lo dirija.

—El emperador.

—Eso mismo pensé yo, Santiago. Pero su alteza Carlos no puede abarcar el mundo, por mucha grandeza que tenga. Los libros, esa debe ser la cabeza del imperio.

—Así que esas fueron las palabras que os dijo don Hernando.

—Sí: ni armas, ni ejércitos, ni flotas, ni castillos, ni tierras —enumeró Thomas—. Los libros nos permiten saber lo que piensan miles de hombres, lo que sabían los sabios de la antigüedad, o lo que descubrió un genio en la otra punta del mundo. —Gesticulaba mucho a la vez que hablaba.

—Yo soy un hombre de acción, los libros no me atraen mucho.

—Sois militar. Pues sabed que los griegos, que tantas batallas libraron, amaban los libros por encima de todas las cosas.

—Todos mis respetos para ellos —masculló Santiago—. En la antigua Esparta, cuando las falanges partían para la guerra, las madres despedían a sus maridos e hijos con una advertencia: que volvieran siempre con el escudo; o victoriosos con él en el brazo, o tendidos encima, muertos en batalla. Pero que jamás tiraran los escudos y huyeran de la batalla.

—Estremecedor...

—Sí, pero al final Grecia sucumbió —apostilló el viejo soldado—. Creo que el hijo de Colón te ha comido un poco la cabeza. No digo que sus intenciones no sean buenas, entiéndeme; simplemente sé más cauto. Lo digo por tu bien.

—No te das cuenta del poder de la palabra escrita. Los libros nos muestran la palabra del Señor, ¿qué habría sido de nosotros sin las Sagradas Escrituras? Los libros son una mente inmensa, que abarca el conocimiento de toda la humanidad. Sin ellos... seríamos poco más que animales. Cada generación olvidaría lo aprendido por la anterior y así sucesivamente.

—Señor Thomas, eso está muy bien. No obstante, olvida que hay libros que se contradicen unos con otros.

—Santiago... Nada de señor, por favor —refunfuñó—. Por eso hay que tenerlos todos, para encontrar la verdad.

—Existen miles de libros en todos los reinos —recalcó Santiago.

—Sí, decenas de miles.

—¿Y don Hernando Colón pretende poseerlos todos?

—Sí —contestó Thomas tajante, con una expresión tan firme que parecía imposible encontrar fisuras en sus argumentos—. Proyecta que su biblioteca sea universal, que contenga todos los libros, en todos los idiomas y en todos los temas, que se puede encontrar tanto dentro de la Cristiandad como fuera de ella.

—Pues qué quiere que le diga, para mí que todo eso es una locura... —Santiago encogió los hombros y resopló.

—Sí. —Thomas se volvió hacia él y lo miró fijamente—. Y eso mismo le dijeron a su padre cuando presentó su idea de viajar siempre hacia poniente y descubrió el Nuevo Mundo.

Thomas le explicó que todos los lectores de don Hernando procedían de la más prestigiosa universidad de España, la de Salamanca, y habían pasado durísimos exámenes para lograr la plaza de lectores. Eran hombres inteligentes, entregados y trabajadores, una dura competencia.

Él, en cambio, se había formado leyendo a escondidas los libros que imprimía o asistiendo a reuniones secretas de los humanistas.

—A mí lo que me parece es que todos los que trabajan en esa biblioteca esperan hacer carrera con don Hernando, es el hijo de Colón y no solo eso... —Miró a un lado y otro por si lo vigilaban—. Hay quienes creen que guarda algún secreto.

—No entiendo a qué te refieres, Santiago.

—Bueno... —Pensó lo que iba a decir—. Si lo examina bien, este hombre es el único hijo vivo de Colón. Ha formado parte de la corte del emperador, ha edificado este palacio y está creando la mayor biblioteca que se conoce. Todos sabemos la fortuna que cuesta reunir todos esos libros, ¿no?

—¿Adónde quieres ir a parar?

—Pues a que dicen que Hernando sabe cosas...

—¿Cosas? ¿Qué cosas? —preguntó un Thomas claramente intrigado.

—Mapas, rutas, lugares secretos en el Nuevo Mundo... Quién sabe, pero algo tiene que ocultar. Si no, ¿cómo logra pagar todo esto?

—Pudo heredar mucho dinero y tierras de su padre; tú mismo lo has dicho, su padre era Colón.

—Eso se lo llevó Diego Colón, Hernando es un hijo ilegítimo. Lo tuvo con una cordobesa antes de poder salir para el océano. Lo reconoció, le otorgó su apellido, le dio educación, posición, pero los títulos y las posesiones al otro lado fueron para Diego. Dudo que pudiera heredar mucho.

Mientras hablaban cruzaron todo Sevilla.

—No podemos continuar sin llenar el buche; casualmente, aquí hay una taberna que es gloria divina.

—Debemos avanzar con la investigación —recalcó Thomas.

—Será algo rápido, me lo agradecerás. Hacedlo por vuestro padre, seguro que él se alegraría de que probaras todas las maravillas culinarias.

—Santiago...

Él solo devoró una pierna de cordero y tres jarras de vino. Thomas asistía atónito al festín. Lo sorprendía que a pesar del mucho vino que ingería, nunca estuviera ebrio. La comida se alargó, aunque Thomas debía de reconocer que estaba sabrosa y había valido la pena. Por fin alcanzaron la residencia de Juan Cromberger. Thomas se estiró la camisa y se limpió el polvo de las botas ante la sorprendida mirada de Santiago, y llamó golpeando la aldaba.

Aguardaron un periodo de tiempo y nadie abría.

—¿Insistimos? —sugirió Santiago.

Justo entonces crujió la hoja de la puerta.

—Buenas tardes. —Les abrió una mujer espigada, con atuendo de sirvienta—. ¿Qué desean?

—¿Está Juan Cromberger? —preguntó Thomas.

—Ha dado orden de que no se lo moleste.

—Es importante, si pudierais decirle que...

—Ya les he dicho que no quiere que lo moleste nadie, ¿es que no lo entienden? —La sirvienta se enojó.

—¿Y Sofía? ¿Está su hija? Dígale que está aquí Thomas Babel, se lo ruego.

—Esperen aquí —refunfuñó y cerró la puerta.

—Menudo perro guardián, ¡más Guardián que el de Colón! —murmuró Santiago, que aprovechó para echar un ojo a la fachada de la casa.

La puerta volvió a abrirse y surgió tras ella Sofía, vestida con un brial amarillo con broches dorados.

—De nuevo por aquí, y está vez acompañado.

—Así es, perdonad que nos presentemos sin avisar. ¿Podríamos hablar con tu padre?

—Pensaba que venías a verme a mí —dijo con una media sonrisa.

—Yo... Claro que me gustaría... —Thomas se ruborizó.

—Déjeme que me presente: Santiago Lafuente, soldado licenciado del ejército de su majestad, para servir a vos y al rey. —Hizo una reverencia.

—Qué hombre más amable. Yo soy Sofía Cromberger.

—Disculpe a mi señor Thomas. Es comprensible que tanta belleza le haga olvidar sus modales.

—Pero, Santiago... —Thomas aún se ruborizó más ante las risas de Sofía.

—Pasad, mi padre se halla en su despacho. —Se quedó mirando a Thomas—. No pensaba que fueras a volver, me alegro de que lo hayas hecho —susurró al pasar a su lado.

Sofía Cromberger los guio por la casa hasta una puerta, llamó dos veces y, tras escuchar que podía entrar, la abrió. Juan Cromberger estaba sentado detrás de un lujoso escritorio repleto de documentos.

—Son los caballeros que vinieron preguntando por un escritor que conocisteis hace años, padre.

—Jaime Moncín, sí... —asintió Juan Cromberger mientras se levantaba a saludarlos—. Ha pasado mucho.

—Soy Thomas Babel, mercader de libros. Me hago cargo. —Le estrechó la mano—. Y él es mi ayudante, Santiago Lafuente.

—Siéntense. Puedes dejarnos, hija.

Sofía asintió y cerró tras ella.

—¿Qué quieren que les cuente?

—Vos erais el mejor amigo de Jaime Moncín.

—Éramos amigos, estudiamos juntos desde críos. Jaime era hijo de un humilde artesano. Pero era inteligente y habilidoso para las artes. Lo hacía todo bien, era digno de ver y leía, ¡lo leía todo!

—Hemos estado investigando. —Thomas intentó ponerse serio—. Jaime Moncín tenía pasaje en uno de sus barcos, la nao *San Vicente*, para el Nuevo Mundo, la noche del 20 de abril del año 1504.

—Sí, lo sé.

—¿Cómo que lo sabe? —Thomas miró a su compañero y este no dijo nada—. Hasta ahora, nadie de su familia nos lo había confirmado.

—Eso es porque ellos no estaban al corriente.

—¿Y puede explicarme por qué? ¿No se lo contó ni a su mujer?

—Así lo quiso Jaime. No lo conocisteis. —El tono de Juan Cromberger se tornó más duro—: Jaime estaba en peligro si seguía en Sevilla.

—En peligro... ¿Qué queréis decir? —intervino Thomas.

—Sabía que podían matarlo.

—Eso es muy grave, señor Cromberger —afirmó Thomas mientras el ambiente fue tensándose—. ¿Quién deseaba hacer tal cosa?

—Jaime tenía habilidad para casi todo, era un fabuloso dibujante, diseñaba máquinas que yo ni siquiera podía imaginar y que por supuesto nadie podía construir; hablaba de cosas increíbles que leía en libros antiguos, sabía de todo... Sin embargo, era impaciente y solía meterse en problemas.

—¿Qué tipo de problemas? —preguntó Santiago.

—De mujeres, por supuesto.

—¿Jaime Moncín era un mujeriego? —insistió Thomas incrédulo—. No es lo que me habían dicho.

—Claro que lo era. Jaime les contaba maravillas del Nuevo Mundo, de Oriente, de China. Les recitaba historias de amores entre ninfas y dioses y qué sé yo más. ¿Cómo no iba a encandilar a todas?

—Pero... Jaime no tenía nada que ofrecer. —Thomas seguía sin creerle—. Muchas veces ni para comer.

—Cierto, yo mismo le tenía que invitar —explicó Juan Cromberger—. Dormía a menudo en mi casa o en la de otro amigo.

—Miguel Enériz.

—Exacto. Jaime no pensaba en nada material, tenía la cabeza llena de tantas ideas, de tantas cosas que leía en los libros, que no tenía espacio para las más elementales.

—¿Y qué pensaban de ello sus pretendientes? —Thomas hacía la mayoría de las preguntas.

—Ellas veían en él a un amante inofensivo, nunca sus padres permitirían que una hija de un alto funcionario, de un rico comerciante y mucho menos de un noble o de uno de los veinticuatro miembros del consejo de la ciudad se casara con un artista, el hijo de un pobre artesano.

—¿Y si esas hijas hubieran insistido en tener una relación con Jaime Moncín?

—Eso no habría sido posible, jamás lo permitirían. Y yo tampoco lo haría, no trabajo tan duro para que luego venga el hijo de un don nadie a quedarse con la herencia de mi hija —dijo malhumorado.

—¿Y si su hija se viera con un pobre desgraciado a sus espaldas y terminara casándose con él? —Santiago intervino.

—Uno no alcanza mi posición siendo un idiota. Para evitar esos riesgos mi hija ya está debidamente comprometida.

—¿Su hija va a casarse? —A Thomas le tembló la voz.

—Así es. Por su propia belleza y delicadeza, y por los lucrativos negocios que poseemos, no me ha costado encontrarle marido entre los hijos de uno de los miembros del Consejo de los Veinticuatro.

—Discúlpeme; volviendo al tema de Jaime Moncín... Las mujeres no se casaban con él, pero sí se divertían en su compañía —intervino Santiago al ver a Thomas cabizbajo.

—Yo creo que lo que hacían era soñar con él. Muchas veces, lo único que hacía era leerles y ya las hipnotizaba. Porque incluso recitar lo hacía bien. Cuando las palabras escritas salían de su boca, era... casi mágico.

—Entonces ¿quién querría matarlo?

—No lo sé, nunca me lo dijo.

—Quizá el prometido de una de las mujeres que había cautivado —mencionó Santiago poco convencido.

—Esa es una buena razón para que quisiera irse tan lejos —pensó en voz alta Thomas y alzó la mirada—. Tiene sentido.

—No puedo decirles con total seguridad que ese fuese el motivo, aunque a mi entender es el más probable.

—¿Sabéis quién podía ser el hombre que lo amenazaba? —insistió Thomas.

—Ya les he dicho que nunca me dijo quién quería matarlo. Jaime era reservado, solo me pidió que le buscara la manera de huir de Sevilla.

—Su padre no lo sabía, ni nadie más.

—Por la propia seguridad de Jaime y porque a mi padre tampoco le caía bien; creía que era una mala influencia sobre mí.

—En cambio, le publicó un libro.

—Y mi padre me lo ha estado restregando desde entonces. El único libro que no ha podido venderse; ¡me lo ha recordado mil veces! —Juan Cromberger se levantó de su silla—. El que le ha dado más pérdidas.

—Así que también fue cosa suya lo del libro.

—Sí, y en qué mala hora. Si no se hubiera publicado, Jaime no tendría que haberse ido.

—Y eso, ¿por qué? —inquirió Thomas ante la atenta mirada de su compañero.

—Porque el libro habla de esa mujer —interfirió Santiago—, ¿verdad?

—Así es; Jaime no debería haberlo hecho. A mí no me lo contó antes de publicarlo, y cuando salió a la calle... ya era tarde. Era una historia ambientada aquí en Sevilla; había demasiados detalles, demasiada información, y luego... estaban esos grabados.

—¿Qué sucede con ellos?

—Eran amorosos, demasiado explícitos...

—Con lo buen dibujante que era Jaime, ¿se identifica a su amada en los grabados?

—No lo suficiente... Quiero decir que no con certeza —reculó Juan Cromberger—. Podía ser cualquier mujer de la alta nobleza.

—Ya veo... —Thomas miró de reojo a Santiago—. De todas formas, se vendieron pocos libros, casi nadie lo leyó.

—No se vendieron porque yo lo impedí. —Juan Cromberger pronunció aquella confesión con total convicción y naturalidad.

—¿Puede explicarnos eso? —Santiago echó una mano.

—Cuando descubrí que Jaime había contado una historia que involucraba a personajes reales, a una mujer de alta posición, que los grabados eran tan excesivos que la Iglesia no dudaría en intervenir..., y seguro que había más cosas que ni siquiera me dio tiempo a descubrir, me asusté. Aquello podía acabar con la imprenta de mi padre, ¿se imaginan?

—Así que vos mismo impedisteis que se vendiera el libro. —Thomas se llevó las manos a la cabeza.

—Sí; escondí los ejemplares en el taller, borré los datos de nuestros libros y de nuestros listados. Si alguien lo pedía, mandaba que me derivaran a mí y denegaba la entrega. Mi padre no sabe nada al respecto, así que les ruego que esto no salga de aquí.

—Quiere decir que los libros estuvieron almacenados en el taller sin que nadie lo supiera.

—Sí; y para que no los encontraran, cambié las referencias y fui llevándomelos poco a poco y destruyéndolos. También retiré los ejemplares que salieron los primeros días.

—Los retiró. ¿Quiere decir que los recuperó? —preguntó Santiago.

—Los recompré en las librerías que lo tenían a la venta, y los que se habían vendido también los adquirí pagando más. Solo se me escaparon los que habían salido de Sevilla, que eran muy pocos.

—A Zaragoza llegó uno —le informó Thomas.

—No lo sabía.

—Leísteis el libro, visteis los grabados; tenéis que saber quién era la amante de Jaime... —insistió con ahínco Santiago.

—Daros cuenta de que Jaime escondió la verdadera historia, cambió nombres, lo difuminó todo. Lo que estoy seguro es que la mujer de la que hablaba se reconocería si lo leyera y su marido también, no lo duden.

—¡No puede ser! —dijo un Thomas más enérgico—. Alguna idea tiene que tener.

—Jaime era atrevido, no estúpido. Yo creo... que precisamente eso lo traicionó; se creyó que no lo descubrirían. Sin embargo, sí lo hicieron, y tuvo que pedirme ayuda, como siempre. —Suspiró—. Y después de todo eso... nunca me escribió una carta, ni un agradecimiento; no he vuelto a saber de él.

—Pero, señor Cromberger, Jaime no subió a ese barco aquella noche —afirmó Thomas.

—¿Qué está diciendo?

—Lo que oye.

—Eso es del todo imposible. —Por primera vez perdió la compostura—. Yo mismo organicé sus permisos en la Casa de Contratación y, por supuesto, en nuestro barco.

—Sí, lo sabemos; y también que no llegó a subir. Señor Cromberger, Jaime Moncín desapareció esa noche, sin embargo, no se fue al Nuevo Mundo.

47

Libros prohibidos

Salieron de la residencia de Juan Cromberger bastante serios y ca-
bizbajos. Cuando avanzaban hacia las murallas de los alcázares reales oyeron como alguien los llamaba. Al volverse hallaron los ojos
castaños de Sofía Cromberger.

—¿Os vais sin despediros?

—Vaya, creo que yo aquí sobro. Lo aguardo en la esquina, señor Thomas. Hasta pronto, doña Sofía. —Santiago se dirigió hacia
un callejón contiguo.

—Vuestro amigo es todo un caballero. ¿Ha luchado de verdad
en Italia con el Gran Capitán?

—Eso dice él.

—Últimamente acudes a menudo a mi casa; si pensara mal, diría
que es para verme.

—Bueno, en realidad es la residencia de vuestros padres.

—O sea, que yo no te importo. —Sofía amenazó con darse la
vuelta.

—No he dicho eso.

—En ocasiones se dice más por lo que no se habla que por lo
que sí se pronuncia —musitó Sofía.

—Cierto. ¿Sabe tu padre que habéis salido para hablar conmigo?

—No.

—Entiendo. —Suspiró—. Veo que os gustan los secretos. Des-
conocía que estuvierais comprometida.

—Mis queridos padres quieren casarme con el hijo de uno de
los veinticuatro venerables del consejo de la ciudad —explicó Sofía
con el rostro sonrojado.

—Seguro que es un hombre rico. ¿Lo quieres?

—Tiene veinte años más que yo...

—¿Lo amas? —insistió impasible.

—Es la primera vez que alguien me hace esa pregunta; curioso, ¿verdad? —Sofía torció el gesto de su rostro.

—Vos misma os la habéis tenido que realizar antes de aceptar el enlace.

—Te lo acabo de decir. —Sofía le mantuvo la mirada—: Un silencio dice más que muchas respuestas. Y son mis padres lo que han acordado ese matrimonio.

—Vas a decirme que estás prometida, pero no os han peguntado ni vuestros padres ni vuestro propio prometido si lo amas.

—Si dices eso es porque no sabes cómo funciona este mundo, esta ciudad. —Sofía lo miró desafiante—. ¿A ti te han preguntado alguna vez si querías a alguien?

—Yo no soy muy buen ejemplo para el amor. Si no queréis a ese hombre, debéis decirlo. —Thomas la cogió del brazo—. Como bien te has cansado de repetir, hay silencios que dicen muchas cosas.

—Aprendes rápido. —Sofía deslizó una leve sonrisa.

—Nadie debería casarse con quien no ama. Eso sí lo he aprendido en mi camino.

—Si fuera así, viviríamos en otro mundo.

—Sofía, hay más mundo que este. —Thomas le aguantó la mirada—. Y yo puedo llevarte allí.

—¿Adónde? No tienes ni la más remota idea de lo que estás diciendo...

—En eso te equivocas —replicó Thomas.

—¡Estás loco! Debo irme, me van a echar de menos y mi padre es un hombre severo, deberías tenerlo en cuenta la próxima vez.

—Lo tendré, te lo aseguro.

—Más te vale —dijo antes de irse corriendo.

La observó alejarse y entonces Santiago se le acercó.

—Señor Thomas, esa mujer os traerá problemas serios.

—Soy especialista en meterme en líos con las mujeres. Pero si no me arriesgo, jamás hallaré la felicidad, ¿no?

—También es verdad. —Thomas se volvió y dio un par de palmadas en la espalda de su compañero—. Pero si queréis un consejo, pensad más con la cabeza y menos con... Ya sabéis lo que quiero decir.

Juntos reanudaron la marcha. Thomas no podía quitarse de la

cabeza a Sofía. Pero si estaba prometida, y además con el hijo de uno de los veinticuatro hombres del consejo de Sevilla, podía darla por perdida. Era la misma situación que con Edith; esta vez iría con mucho más cuidado.

Cruzaron frente a la catedral. Aquel día había una procesión. Una talla de Cristo en el descendimiento era portada a hombros por una veintena de hombres. Tras ellos, religiosos y laicos. Ellos se hicieron a un lado y aguardaron a que entraran en la catedral. Entonces sonaron las campanas y ambos se quedaron mirando a la Giralda.

—Santiago, ¿cree qué Juan Cromberger nos ha dicho la verdad?

—Ese hombre es uno de los mercaderes más importantes de Sevilla, está acostumbrado a mentir.

—Sí, pero ha cometido un error —afirmó Thomas a la vez que reanudaban la marcha hacia el barrio de Santa Cruz.

—¿Cuál?

—Antes de que le dijéramos que Jaime Moncín no subió al barco, se ha quejado de que no le hubiera enviado nunca una carta agradeciéndole lo que hizo, ni de que nunca haya sabido ya de él.

—Es cierto; pero sí que sabía que el barco naufragó. ¡Cómo no iba a estar al corriente si era de su familia!

—Exacto; por lo tanto nos ha mentido al sorprenderse de que no embarcara —asintió Thomas—. Juan Cromberger sabía perfectamente que Jaime Moncín no embarcó y, por tanto, amigo Santiago, creo que ese escritor está tan vivo como nosotros.

—¿Y si estuviera en Sevilla? La ciudad es suficientemente grande para ocultarse —recalcó Santiago.

—Vayamos poco a poco; lo que nos ha contado del libro tiene sentido.

—Y, al mismo tiempo, lo complica todo. Si la historia de amor afectaba a un noble o ricohombre..., podemos estar pisando arenas movedizas. Esa mujer habrá sido madre, a saber con quién se casó o quiénes son sus hijos. Con estas cosas hay que andarse con cautela.

—Pero Juan Cromberger sabe quién es ella.

—Muy probablemente —confirmó Santiago—, aunque está más que claro que no nos lo dirá.

—¿Qué creéis que fue de Jaime Moncín?

—Pues no sé. Pensándolo bien, olvida lo que he dicho antes.

—Santiago negó con la cabeza—. Si él no subió al barco, puede que esté en el fondo del río, ¿sabes?

—Era listo, quizá encontró la manera de salir con vida. Además, el ejemplar de la biblioteca de don Hernando lo han tenido que robar hace poco tiempo. ¿Por qué lo harían?

—Lo que yo te decía: puede que afecte a gente relevante y hayan querido borrar el último ejemplar que podía comprometer a esa mujer a la que amaba Jaime Moncín. Hay que andarse con ojo. —Resopló y se frotó las manos como si tuviera frío—. Mira, es mejor airearse un poco, nos vendrá bien. Vayamos a tomar algo; hay una taberna en Triana que todo hombre debería conocer.

—¡En Triana! No, gracias.

—¿Seguro? Mira que Sevilla está llena de mujeres y eres joven. Todo el mundo pasa por este puerto camino del Nuevo Mundo, por eso esta ciudad está en poder de las mujeres.

—Santiago, eso no es verdad.

—Ya lo creo que sí, hay más que en ningún otro lugar del mundo. Te lo digo yo, que he estado en burdeles desde Nápoles a París.

—Pero es que no tiene sentido lo que estás diciendo.

—Verás como sí; te explico. —Santiago se remangó—: Los hombres parten a las Indias y dejan aquí a sus mujeres; muchos mueren allí, otros hacen fortuna y no vuelven a Sevilla. Los pocos que regresan, las repudian y se casan con mujeres más jóvenes o más ricas en otros lares. Así que poco a poco se han ido quedando solas en Sevilla.

—También vienen muchos extranjeros.

—Cierto; los hay genoveses, portugueses, franceses, que acaparan la industria sombrerera y las imprentas, judíos conversos y flamencos, y pueblan las calles de Sevilla. Y todos estos extranjeros establecidos en la ciudad buscan una esposa nativa que les permita ser españoles, al estar prohibido para los extranjeros el comercio con las Indias. Pero tú ya deberías saberlo, eres alemán.

—Ya...

—Hum... —Lo rodeó por completo—. Vaya, vaya. Así que es eso: tú también quieres cruzar el largo océano.

—Yo no he dicho tal cosa. Pero a veces sí que lo pienso.

—¡Pardiez! Entonces ¿qué deseas hacer en la vida?

—Es una pregunta difícil, Santiago —resopló.

—No debería ser tan difícil, amigo mío; lo más importante para un hombre es saber qué quiere en la vida, porque si no lo tiene claro... terminará perdiéndose. —Santiago frunció el ceño—. Yo una vez estuve perdido. Fue cerca de Milán, después de una encamisada. Por eso sé que cuando eso pasa te aferras a lo que más quieres. Thomas: ¿qué es lo que os apasiona?

—Quizá, los libros.

—¿Como a don Hernando Colón?

—Más bien como a Jaime Moncín. Los libros han sido esenciales para mí, cuando era más joven trabajé en una imprenta. Una de las más destacadas de Flandes, hacíamos los mejores libros que puedas imaginar.

—No te imagino manchado de tinta, la verdad.

—La impresión de libros ha cambiado el mundo, más de lo que muchos creen. El acceso al saber es ahora universal, ya no se halla solo en manos de unos pocos, como era antes con la Iglesia.

—¿Y estamos seguros de que eso es bueno? —Santiago arqueó las cejas.

—Desde luego que sí.

—Ten en cuenta que todos los cleros siempre han querido controlar el saber, en especial el clásico. Según la jerarquía de la Iglesia católica, no todas las lecturas están hechas para todas las mentes. ¿Crees que se rendirá tan pronto a controlar los libros que se leen? ¿Y las traducciones? ¿Cómo sabemos si una traducción es fiel?

—Por eso hay que ir siempre a la fuente —enfatizó Thomas—, leer el original. Las traducciones y las citas pueden corromper las ideas de su autor. Durante mucho tiempo se ha privado al pueblo de la verdad, ya es hora de que pueda decidir por sí mismo. ¿Sabes quién ha cambiado de verdad el mundo? Erasmo de Rotterdam.

—¿Quién? —Santiago lo miró, sorprendido.

—Él es el mayor sabio de nuestro tiempo: un cristiano lúcido, que ha sabido entender el poder de la razón. La luz de la sabiduría no ensombrece en ningún momento la de Cristo.

—Esas ideas modernas que tanto te gustan... te traerán problemas, ya verás. ¿Ves ese castillo? —Señaló la fortaleza de San Jorge, en Triana—. Es la sede de la Santa Inquisición. Por decir cosas parecidas he visto a más de uno terminar ahí dentro.

—¿No exageras, Santiago?

—No eres español, así que aún debes andaros con más ojo si cabe. Sé más precavido, no digas nada que pueda sonar contrario a la Iglesia —le advirtió con un tono inusualmente preocupado—, ni lo más mínimo.

—La razón no tiene más aliado que ella misma. Siempre van a ser necesarios aquellos espíritus que señalan lo que liga entre sí a los pueblos más allá de lo que los separa.

—Si tú lo dices, amigo mío.

—¿Sabes lo que sé? Que don Hernando tiene los libros de Erasmo en su biblioteca, pero escondidos. Esa joven, Sofía Cromberger, llevaba el otro día un Erasmo para la colección de Colón.

—¡Thomas! —Entonces el viejo soldado miró a un lado y a otro—. ¿Y si también tuviera libros luteranos? Eso es muy arriesgado.

—¿De Lutero? Imposible.

—¿Y si esto está relacionado? Piensa por un momento: quizá lo que realmente teme don Hernando es que el mismo que ha logrado robar el libro de Jaime Moncín pueda hacer lo mismo con otro libro más comprometido.

—Santiago...

—Sin intención de ofender, ¿no resulta extraño que nos haya hecho el encargo a nosotros, bueno, a ti, de encontrarlo?

—¿Qué queréis decir? ¿Que no quiere que aparezca? ¿Que nos ha elegido porque confía en que no lo encontremos? —dijo Thomas.

—O puede que lo que busque sea que no haya nadie demasiado listo cerca de su biblioteca, porque podría encontrar otras cosas.

—¡Tonterías!

—¿Estás seguro? ¿Qué sabemos nosotros de las obras luteranas? ¡Nada!

—Eso no es del todo correcto.

—Disculpa...

—Si lo que voy a decirte llega a oídos de la Santa Inquisición... No dudarían en matarme. —Thomas pronunció cada una de aquellas palabras con tremenda desazón.

—Por Dios santo, ¿por quién me tomas? Jamás te traicionaría —afirmó Santiago poniéndose la mano en el pecho.

—Mientras vivía en Amberes asistía a reuniones secretas donde se comentaban las nuevas ideas humanistas, los textos griegos que se iban recuperando, los avances tecnológicos y científicos —enumeró.

—Nada de malo hay en eso.

—Lo sé, pero en una ocasión llegaron a nosotros las tesis de Lutero.

—¡Pardiez! ¿Las tuviste en tus manos? Pueden matarte solo por eso. —Santiago se llevó las manos a la cabeza.

—¿Te crees que no lo sé?

Se hizo un silencio incómodo entre ambos, hasta que Thomas volvió a hablar.

—Por eso conozco que Lutero ha dicho en muchas ocasiones que una de sus fuentes de inspiración de sus tesis era la traducción que Erasmo había hecho del Nuevo Testamento. El amor de Lutero por esta versión ha desatado una catarata de traducciones que por primera vez ha puesto al Nuevo Testamento al alcance de la gente que no sabía leer el latín.

—Eso no debería asustar a la Iglesia. ¿Por qué no van a poder leer los cristianos las santas escrituras?

—Porque seis años después de la publicación de Erasmo, Lutero tradujo la Biblia por primera vez al alemán. A su vez, la versión alemana de Lutero fue la base de la primera traducción al inglés. Escuché una vez que Lutero clamaba a los cuatro vientos que el trabajo de Erasmo le había ayudado a ver la verdad.

—Pero eso... me suena a una especie de trampa —afirmó Santiago.

—Lutero fue listo y empezó pronto a presionar a Erasmo para que se presentara como la cara visible de los reformistas, a lo que este se negó completamente. Por su parte, el papado también insistió a Erasmo para que escribiera contra los protestantes. La negativa de trabajar para uno u otro bando fue interpretada por ambos como cobardía y deslealtad. La Iglesia lo acusó con la ya frase célebre: «Usted puso el huevo y Lutero lo empolló».

—Entonces ¿qué? ¿Erasmo es luterano?

—Me niego a pensar así. —Thomas suspiró—. Erasmo siempre ha luchado por cambiar los abusos que los monjes, eclesiásticos y príncipes hacen de las ideas cristianas, pero no las ideas mismas.

—Yo soy profano en estas cosas, pero me parece que es una frontera muy delgada esa. —Santiago levantó su mano derecha.

—Ahora es el momento de la razón —sentenció Thomas—, pero en París han llegado a quemar a fuego lento a quien traducía sus libros. Y hay quienes aseguran que han puesto precio a la cabeza de Erasmo.

—¿Y ha cesado pues de escribir tratados tan peligrosos para su persona?

—No, no, en Amberes se decía que Erasmo seguía trabajando —contestó Thomas— en obras que quizá nos salvarán de estos tiempos de ceguera; ese sabio podría tener las claves para salvar la Cristiandad.

—A los luteranos hay que combatirlos en el campo de batalla...

—El mundo está cambiando, Santiago. La imprenta es una nueva arma. Y la luz se ha abierto entre las tinieblas. Pero la luz puede ser cegadora, sobre todo para aquellos que la ven por primera vez.

—Todo eso está muy bien. —Santiago hacía gala de su pragmatismo—. Pero ¿y si don Hernando oculta libros prohibidos en su biblioteca? De la manera que los tienen clasificados, no sería difícil hacerlo.

—Cierto, y además, si la Inquisición quisiera comprobarlo, necesitaría años para leerlos todos.

—Deberemos andarnos con ojo —advirtió Santiago—, quizá nos hayamos metido en la boca de un lobo sin darnos cuenta.

48

Ajuste de cuentas

Sebas llamó dos veces, esperó unos instantes y volvió a insistir tres veces más. Entonces le abrió la puerta de la casa un tipo al que no conocía. Estaba en penumbra y el olor a humedad era fuerte. Lo siguió por un pasillo angosto que desembocaba en un patio iluminado por el sol, lo atravesó hasta otro pasillo similar. Lo recorrieron y llegaron ante otra puerta. Allí, el hombre que lo acompañaba se detuvo y comenzó a registrarlo para comprobar que no iba armado. Después abrió la puerta y se quedó fuera.

En el interior, todo era diferente; lámparas de aceite iluminaban la estancia, telas de vistosos colores colgaban de las paredes y presidía la sala una alargada mesa en el centro, en cuyo extremo estaba el Indio, contando monedas.

—Llegas tarde —le dijo el Indio—. Ya deberías saber que no me gustan los retrasos.

—Tranquilo, no volverá a suceder.

—Eso espero. —El Indio metió las monedas en una bolsa y la cerró—. Me han dicho que andas por ahí haciendo trabajos a mis espaldas.

—¿Quién te ha contado tal mentira?

—Me lo ha dicho gente... ¿No vas preguntando por un libro?

—¿Eso? Sí, pero es una tontería.

—Una distracción, entonces —puntualizó el Indio.

—Han sido dos preguntas y no he cobrado nada por eso.

—Ya sé que tú no cobras en monedas, pero sí consigues algo a cambio o pretendes hacerlo, ¿verdad?

—No me ha distraído nada, apenas he hecho cuatro indagaciones.

—Luego ya no son dos, se han duplicado de repente. —El Indio sacó uno de sus cuchillos y lo dejó sobre la mesa—. Te voy a contar una historia. Es de una mujer, la Susona. Era la bella hija de un jefe judío y se enamoró de un caballero cristiano. Una noche, en su casa del barrio de santa Cruz, escuchó a su padre y el resto de judíos preparar un plan para huir de Sevilla, puesto que temían que los cristianos los matasen. ¿Sabes lo que hizo la Susona?

—No... ¿Huir con el cristiano?

—Traicionó a su familia, a su gente y avisó a su amante cristiano del plan, y como consecuencia, el cristiano alertó a los suyos y no dudaron en actuar. Atacaron la judería, la cual tenía dos salidas. Los que salían por una de las calles lograban salvarse y los que elegían la otra morían a manos cristianas. Desde entonces, esas calles se llaman calle Vida y calle Muerte, puedes ir a verlas al barrio de Santa Cruz. Todos los miembros de la familia de la Susona, menos ella, murieron.

—Un momento, Indio; yo no he hecho nada.

—Pues por si acaso. Eso que vas investigando por ahí no hay que tocarlo. ¿Lo entiendes?

—Solo es un libro. —Sebas supo que se había equivocado diciendo esa frase en cuanto salió de sus labios—. ¡Olvídalo! No volveré a hablar de ello, te doy mi palabra.

—La palabra de un delincuente como tú no vale nada.

—Si vuelvo a equivocarme, mátame. —Sebas fue tajante.

—¿Me das permiso para que te mate? Esto es nuevo. —El Indio sonrió.

—No, te lo pido. Si vuelvo a equivocarme cortadme el cuello, me harás un favor.

El Indio se quedó en silencio, cogió el cuchillo y revisó la hoja.

—Está bien. —Y lo clavó en la mesa.

Sebas salió de la casa y caminó rápido hacia el castillo de San Jorge. El perfil oscuro y siniestro de las diez torres de la fortaleza de la Inquisición, con aquellos cuervos negros asomados a sus almenas, no hacía presagiar nada bueno.

Giró hacia el río. Enfrente se veían fogatas en el Arenal y las siluetas de los barcos. Llegó a la taberna de la Santa y le pidió algo de comer. En una mesa esperaba el Cascanueces con una jarra de vino. Sebas se sentó a su lado.

—A partir de ahora debemos ser más prudentes —le dijo—, tenemos que acelerar nuestros planes.

El Cascanueces asintió.

—Mañana iremos a hablar con la banda de la Macarena, quiero que se unan también a nosotros. Aunque antes debemos solucionar algo: creo que sé quién nos ha traicionado.

Thomas recibió la noticia de que el rey de España había aprobado que los extranjeros comerciaran con las Indias, pero no les permitía establecerse. Una buena noticia a medias; con un poco de suerte llegaría el día en que también podría viajar para establecerse allí. Cada vez lo tenía más claro: ese era su destino: el Nuevo Mundo y los libros.

Aunque lo que de verdad lo había sorprendido aquel día eran las noticias que llegaban desde Italia. Al parecer, el rey había fracasado en su invasión de la Provenza francesa y el reino de Francia lo había aprovechado para recuperar Milán e iniciar a continuación un ataque contra Nápoles.

Tan malas eran estas noticias que el aguerrido Santiago insistía en regresar a Milán para combatir de nuevo contra los franceses. Thomas había logrado detenerlo a duras penas, recordándole que ahora trabajaban para don Hernando Colón, y que en el fondo aquello también era una misión imperial.

Thomas salió pronto para el puerto acompañado de Santiago, pues desde la Torre del Oro quería admirar una flota recién llegada a Sevilla que había levantado expectación, pues decían en las calles que venía cargada de plata, pero también de unas nuevas especias.

Preguntaron a varios hombres y solo les dijeron que lo que traían aquellos barcos era secreto de la Corona y que nadie podía acercarse a ellos. Desanimado, fue hacia la muralla que protegía Sevilla. Era una obra hecha de cal, arena y guijarros, que poseía una barbacana, separada por un foso de unos doce codos de ancho. Decían que tenía casi doscientas torres; él no se iba a molestar en contarlas. Sí sabía que había una docena de puertas, más un par de postigos, y que la torre más destacada era la Torre del Oro, una torre albarrana que permitía defender el río y el acceso al puerto.

La puerta que mejor conocía él era la de Goles, ya que estaba junto al palacio de Colón. Él sabía que las puertas tenían un papel determinante en todos los sentidos: durante la noche protegían la vida y la salud de los vecinos, y estaban consideradas como puertas santas; quebrantarlas estaba castigado hasta con la pena de muerte en las Partidas. Las puertas se abrían a la salida del sol y permanecían así durante el día, pues muchos trabajaban fuera de la ciudad en los campos de labor inmediatos, en los molinos, las viñas y las huertas que abastecían Sevilla, como la del Rey o las próximas a la Macarena, en Triana, en los conventos extramuros como los de la Trinidad, San Bernardo o San Jerónimo, en hospitales como el de la Sangre o el de San Lázaro. Pero al atardecer, los guardas cerraban las puertas sin excepciones y si no llegabas a tiempo, debías dormir extramuros.

Aquella mañana, Thomas y Santiago cruzaron el puente de barcas y llegaron a Triana. El arrabal estaba más tranquilo de lo normal, había poca gente por las calles y no se oía ruido en los locales, ni gritos, ni música. La pareja fue hasta la taberna de la Santa y se sentaron en una esquina.

—Han aparecido dos cuerpos degollados junto al río —les contó la dueña del local, que gritó enseguida a su ayudante la comanda de Thomas y Santiago—. Vino para el gordinflón y una bebida traída de las Indias para el joven.

—De las Indias...

—Eso me ha asegurado el que me la ha dado; me debía dinero y me ha pagado con esto, si no te lo sirvo a ti no sé a quién, porque no está fermentada.

Thomas la olió con cierta timidez y dio un pequeño sorbo.

—Está amarga... pero rica.

—Me alegro. —La Santa no mostró mucha felicidad—. Esto está así de mustio por esos dos que han matado, la gente tiene miedo.

—Algún ajuste de cuentas... —dijo Santiago.

—La gente dice que eran chivatos, dos críos. Espiarían a quien no debían...

—Grave tenía que ser lo que descubrieron.

—Quién sabe. —La Santa se encogió de hombros—. Últimamente están haciendo limpieza.

—¿Muchos asesinatos por aquí?

—Más de lo de costumbre; la diferencia es que están matando a gente de mal vivir, chivatos, ladronzuelos y timadores.

—Pueden que sean las autoridades —dijo Thomas.

—Esto huele peor, es como si hubiera alguien que estuviera acabando con la competencia.

—Eso es peligroso —intervino Santiago—. Si se ponen a matarse entre los propios delincuentes puede haber un baño de sangre.

—A mí no me extraña. —La Santa se sonó la nariz en la manga—. Hay demasiados sinvergüenzas. No hay para tanto ladrón, normal que se maten entre ellos. A ver si al menos alguno pone orden.

—¿Orden entre los asesinos y ladrones? —Thomas la miró.

—Sí, ¿por qué no? Siempre se ha matado y robado, pero con un orden. Al final todo se sabe y todo se olvida.

—Quizá tenga razón. —Santiago dejó temblando la primera jarra de vino de la mañana—. Tengo que comprarme unos zapatos nuevos.

—¿Por qué lleva esos tan modernos?

—¡Pardiez! ¿No me irá a decir que no le gustan?

—No sé, esas aberturas en los tobillos no me parecen cómodas —sugirió Thomas.

—¿Sabéis que en el campo de batalla lo más preciado es un buen calzado? Cuando uno muere es lo primero que le roban.

—Qué lástima. Supongo que los caídos en las guerras se olvidan rápido, solo lo que permanece en los libros perdura...

—Que solo lo que permanece en los libros perdura; qué cosas dices, amigo mío.

—¡Santiago, eso es! ¡En los libros! ¡Los registros!

—¿El qué? Pero si no he dicho nada, solo he repetido esa frase...

—Ya sé cómo podemos encontrar el libro. Hay que volver a Cromberger.

—¡Por todos los santos! Yo también quiero probar esa bebida milagrosa de las Indias. Santa, ponme un trago, ¡a ver si espabilo!

A la mañana siguiente, a primera hora, estaban frente al taller Cromberger, donde les recibió por enésima ocasión Juan Pablos, que en cuanto los vio entrar torció el gesto.

—Vos otra vez, y por supuesto, no vendréis para comprar un libro. Porque sabéis que aquí vendemos libros, ¿verdad?

—Queremos hablar con el señor Jacobo Cromberger —dijo Santiago animado.

—El señor Cromberger está ocupado, tendréis que volver más tarde.

—Juan, dile que se trata de Jaime Moncín —insistió Thomas.

—¡Que suban! —se oyó decir por una escueta ventana. Jacobo Cromberger parecía controlar quien entraba en su empresa.

—Bien, seguidme —resopló el trabajador, poco entusiasmado.

Jacobo Cromberger se hallaba revisando unos bloques tipográficos sobre la mesa. Les hizo gestos para que entraran y despidió a Juan Pablos. Luego se quedó un momento en silencio mientras seguía trabajando. Thomas y Santiago aguardaron, hasta que se miraron sorprendidos por el silencio.

—Una cuestión que me ronda. —Por fin el señor Cromberger lo rompió—. Trabajasteis en un taller de Amberes, ¿cierto?

—Sí —respondió Thomas.

—¿Qué os parecen? —Señaló los tipos.

Thomas dio un par de pasos, tomó un cajetín de madera y observó la tipografía sobre metal.

—Esto... es cursiva —dijo extrañado.

—Es un capricho de mi nuera Brígida. —Carraspeó—. Sí, no me miren así, ella también proviene de familia de impresores y tiene mucha experiencia. Está empeñada en esto, aunque yo no lo veo. Menos mal que mi hijo piensa como yo, pero ni aun así podemos quitarle la idea de la cabeza. Mi nuera es así.

—Toda una mujer... —le dijo Thomas en tono animoso—. Perdóneme, hemos venido porque quería saber si han logrado averiguar más sobre los libros de Moncín.

—No, ya les dije que había poco dónde rascar, ese libro está maldito. Solo así se explica que haya desaparecido.

—Creemos saber cómo encontrar algún ejemplar.

—Perdonen que lo dude.

—Necesitamos los registros de ventas del año 1504 —solicitó Thomas.

—¿Puede saberse qué piensan encontrar allí?

—Hubo ejemplares que no se vendieron en Sevilla, sino afuera, por ejemplo en Zaragoza.

—¿Y qué? —Jacobo Cromberger seguía con la mirada centrada en sus tipografías.

—Esos libros pueden estar todavía en las librerías a las que se enviaron.

—Después de veinte años...

—Como vos habéis dicho, yo también he trabajado en una imprenta y sé que a menudo quedaban ejemplares arrinconados que no se dispensan.

—¡Maldita sea! Bajen y busquen lo que necesitan. —Por fin alzó la vista—. Eso sí, será la última vez que los ayudo, ¿queda claro?

—Como el agua —respondió el viejo soldado de los Tercios.

—Más les vale.

Thomas y Santiago tomaron asiento en la planta baja y les fueron trayendo los libros de registro. Eran todo anotaciones manuscritas bastante ilegibles; no se apuntaban los títulos de los libros, solo los ejemplares que se enviaban, y eso complicaba la búsqueda.

—Recuerde lo que nos dijo Juan Cromberger, se dedicó a sabotear las ventas del libro y a alterar los registros, pero tuvo que escapársele alguno, como el que llegó a Zaragoza. Quizá encontremos algún otro en estos libros.

—Eso no se lo ha dicho a don Jacobo...

—No quiero enfadarlo; puede que tengamos una oportunidad de dar con Jaime Moncín.

—Un momento. —Santiago alzó la voz—. Mira aquí.

Thomas se acercó expectante, revisó las líneas que le indicaba, pero no veía a qué se debía la llamada de atención.

—No veo qué quiere decirme.

—Amigo mío, no sé qué haría sin mí. —Santiago le echó a un lado—. Aquí pone libro nuevo y después aparecen cuatro ciudades. Una es Zaragoza, las otras Alcalá de Henares, Valladolid y Barcelona. Y pone cuatro, tres, diez y tres ejemplares.

—¿Y creéis que hace referencia al libro de Jaime Moncín?

—Sí, porque Zaragoza no aparece más que en este registro.

—Vaya, podría ser. —Thomas se frotó el rostro con ambas manos—. Entonces se enviaron a tres ciudades más. Y a Valladolid se mandaron diez, son muchos.

—Alguno tiene que conservarse allí.

—Juan Cromberger no controló los libros que salieron de Sevilla, él mismo lo confesó. Solo los que se quedaron en la imprenta.

—¿Qué hacemos?

—Santiago, ¿por qué no vas a investigar a Valladolid y Barcelona? En Zaragoza no puede estar, pues Luis de Coloma lo sabría. Es una labor para alguien de tu experiencia, soldado y espía...

—Y dejarte solo... —Santiago movió la cabeza de un lado a otro—. No me convence mucho la idea.

—No te preocupes por mí. Yo tengo trabajo en Sevilla; iré a hablar con Sebas, a ver si ha dado con información del libro.

—Ese amigo tuyo... no es trigo limpio. Ten cuidado con él.

—Es buena gente, créeme.

—Pues yo creo que es capaz de vender hasta a su madre.

—No exageres, Sebas me salvó la vida —le recordó Thomas—. Márchate sin miedo.

—El equipo se divide. Eso nunca es bueno, chico.

—Solo temporalmente; y ten cuidado tú también. Santiago, no hagas demasiado ruido por donde pises, ya me entiendes.

49

Dafne

Rosalía estaba nerviosa, no lograba concentrarse en sus labores. Era la primera vez que le pasaba desde que la trajeron al palacio. Fue hace mucho tiempo; don Hernando Colón la compró siendo solo una niña, junto con su madre. Una mujer fuerte, que la quiso todo lo que una madre puede querer y que le contaba viejas historias de su tierra africana y de sus antepasados.

Su madre murió cuando ella solo tenía doce años; fueron unas fiebres altas repentinas, apenas duró una semana en cama. Desde entonces, la niña esclava quedó al cuidado de la cocinera, doña Manuela. Don Hernando nunca le había levantado la mano y se dirigía a ella con respeto, a pesar de ser una esclava. De hecho, ni iba marcada ni estaba privada de libertad; pero apenas podía salir de palacio, solo para algunos encargos puntuales de doña Manuela. Rosalía se sentía segura en el interior del lujoso palacio, pero a medida que crecía, se sabía cada vez menos libre.

Allí encerrada, lo que más le gustaba a Rosalía era la huerta, los cientos de plantas, los esbeltos árboles, los animales que venían a cobijarse entre sus frondosas ramas. Por eso le llamó la atención aquel jardinero silencioso y discreto que también se refugiaba entre la vegetación. Y se hicieron amigos.

Rosalía conocía aquellos terrenos como la palma de su mano. Había visto crecer los árboles y plantas, conocía sus frutos, cuándo se perdían las hojas, el agua que necesitaban. Y es que aquel jardín conformaba su mundo.

Sin embargo, hacía tiempo que se le había quedado pequeño. Cuando salía de allí se quedaba fascinada con todo lo que veía en la ciudad. Los edificios distintos, los comercios llenos de género, las ropas de las gentes, las joyas de los nobles. Todo tan cerca y, a la vez, tan lejos.

Rosalía tenía claro que debía huir de Sevilla a un mundo mejor, lo antes posible.

Thomas y Santiago se despidieron en la Puerta de Carmona. El viejo soldado partió hacia Valladolid y Barcelona como si fuera de nuevo a la guerra, intenso y disciplinado en su misión. Thomas no sabía qué había de cierto y qué de exageración en aquellas historias del soldado, pero formaban parte del carácter de Santiago y le parecían curiosas.

En cuanto lo dejó sintió la sensación de que alguien lo observaba, aunque no logró encontrar ningunos ojos apuntándolo. Aquel día tenía mucho que hacer; bajó hasta la calle Sierpes, que estaba concurrida. Al llegar a los alrededores de la catedral, comenzó a ver más gentes. Y cuando alcanzó el templo, contempló sus gradas llenas de mercaderes y clientes. Los negocios más importantes de la ciudad se cerraban en las gradas de la catedral, bajo la sombra de la Giralda, omnipresente, como un guardián que vigilaba todo lo que sucedía en la ciudad.

Llevaba tiempo madurando una idea y por eso había ido hasta allí. Preguntó por quién podría ofrecer pasajes poco convencionales para las Indias y le recomendaron hablar con un portugués de nombre André. Se lo describieron como un hombre bajo, con poco pelo y un bigote exagerado, que iba siempre acompañado por un fiero perro del norte. Si cuando te acercabas al tipo el animal ladraba, ya podías olvidarte de cerrar un trato con él. Si por el contario se te frotaba por las piernas, podrías obtener un suculento descuento; así era el portugués.

Lo encontró frente a la calle de los genoveses, junto a un hermoso animal descansando a sus pies. Thomas intentó caminar tranquilo, para no importunar al perro. Pero este se alzó sobre sus cuatro patas en cuanto lo vio acercarse, lo olfateó e hizo ademán de ladrarle. Pero conforme Thomas se acercaba, el perro fue serenándose y finalmente volvió a tumbarse.

—Buenos días; me han dicho que logras pasajes para todo el que quiera embarcarse al Nuevo Mundo.

—No para los extranjeros —repitió tajante el Portugués.

—¿Cómo sabes que lo soy?

—Por todo, por tu forma de hablar, por tu aspecto, hasta por cómo hueles. Eres forastero.

—Alguna forma habrá de embarcar.

—Imposible, no sabes cómo funcionan las cosas. La Casa de Contratación controla cada uno de los barcos que se flotan, revisa el personal, la mercancía, el itinerario. No es viable meter a un extranjero como tú, te descubrirían al momento.

—Si es un problema de dinero...

—Ya te lo he dicho: mientras esté prohibido, olvídate de ir a las Indias. Si algún día levantan la prohibición, ven corriendo, pues no serás el único.

No esperaba aquella actitud del Portugués; pensaba que tendría más suerte que con el Indio, pero estaba visto que no.

Dejó al Portugués y bajó hacia la Puerta de Jerez, desde allí observó un discreto cauce de agua. Y es que al este la ciudad estaba protegida por el Tagarete, un arroyo que servía de foso natural a la muralla de Sevilla, desde la fuente que llaman de Calderón hasta el río, pasando por debajo de la Puerta de Jerez, paralelo a la muralla y que cruzaba cerca del Alcázar, para desembocar en el río junto a la Torre del Oro. Tenía tan poca agua que se quedaba casi seco, dejando a trechos charcos de agua podrida y hedionda.

La insalubridad de ese cauce se debía a que, desde hacía siglos, transportaba los residuos que vertían el Matadero, las curtidurías y lavaderos de lana de los barrios de La Calzada y San Bernardo, varias tahonas y una fundición. Como era ya verano, estaba repleto de numerosos mosquitos.

Un crío se detuvo a su lado y se lo quedó observando. Thomas se alertó y miró a su alrededor, no había nadie más ahí cerca. El muchacho dio unos pasos y, en un instante, se acercó a él.

—Tú, que el Sebas te espera en el puente de barcas. —Y echó a correr.

Thomas pensó en ir a prenderlo para preguntarle más detalles, pero para entonces aquel crío ya estaba demasiado lejos. Resopló, admirando una de las naos que partía hacia el Nuevo Mundo.

Algún día yo también lo haré, pensó. Está decidido.

Salió hasta la Torre del Oro, la aduana del puerto, donde todos debían pagar los impuestos y tasas. Observó la muralla, antaño creada para la defensa contra enemigos exteriores, ahora solo útil frente al río y sus crecidas, como la que vivió Thomas al poco de llegar. Fuera de las murallas, las aguas embarraban y arrasaban los cultivos y sembrados, arruinando las cosechas y cortando las comunicaciones durante semanas. En ocasiones, la violencia de la inundación era tal que se llegaba a romper el puente de barcas, aislando a Sevilla de Triana y de su entorno.

Thomas sabía, que, por otra parte, la muralla actuaba en las ciudades como cordón sanitario que las aislaba del exterior enfermo en tiempos de epidemia. Sevilla no era una excepción. En cuanto se tenía noticia de la aparición de un brote contagioso, se colocaban guardas en las puertas para vigilar que la gente que entraba no procediera de lugares infectados. Una vez que se tomaba la decisión de prevenirse del contagio, la ciudad se cerraba.

Dejó atrás la Torre del Oro y siguió hacia el Arenal, pasó cerca del mercado del Malbaratillo y siguió hasta el puente de barcas.

—¿Cómo un hombre tan importante como vuestra merced por estos lares? —preguntó de repente una voz a su espalda.

—Sebas... —Thomas sonrió al verlo.

—El mismo que viste y calza. ¿Qué hacías tú por las gradas de la catedral hablando con el Portugués? Ese tipo es un rufián, vende los billetes más caros hacia las Indias.

—También los más difíciles de conseguir, o al menos eso pensaba.

—¿De verdad continúas con eso? —carraspeó Sebas—. ¿Para qué quieres ir a las Indias? Tu obcecación no te deja ver la realidad. Mira alrededor, ¡estás en Sevilla! Una Corte sin Rey, una ciudad que está compuesta de la opulencia y riqueza de dos Mundos, el viejo y el nuevo, que se juntan en sus plazas a conferir y tratar la suma de sus negocios.

—No es oro lo que busco.

—El oro es escaso, amigo mío. Lo que llega del Nuevo Mundo es plata en cantidades inimaginables. —A Sebas le brillaron los ojos.

—Es lo mismo.

—Esta ciudad es una cosa y la contraria. ¿Sabes cómo es que Sevilla huele tan bien a pesar de la suciedad de sus calles?

—No me había parado a pensarlo, la verdad —confesó Thomas.

—Pues las gentes de esta ciudad sí lo hicieron y lograron una solución. Sevilla camufla el olor con los jardines, con las huertas y con la abundante vegetación.

—¿Por eso tanto jardín?

—Dicen que hay más de doscientos en los palacios y conventos —enumeró Sebas—. Además, miles de casas están dotadas de patios enladrillados, portales y pozos; y en los patios no faltaban plantas y macetas, ni jazmines, rosales, cidros, naranjos, mirtos y otras plantas y flores.

—¿Quién te ha contado eso?

—Un monje, ¿a que te gusta? Para que te des cuenta de que las cosas no son lo que parecen.

—No lo dudo. —Thomas lo miró fijamente—. Pero ¿con qué motivo me has citado? ¿Has descubierto quién mató a Alonso?

—Todo a su debido tiempo. —Sebas se acercó más a él—. Primero dime tú: el escritor ese que buscas, ¿has averiguado algo más?

—Después de escribir el libro, Moncín tenía billetes para el Nuevo Mundo, pero ahora creo que no subió al barco, para mí que se quedó en Sevilla. Lo que pasó después aún no lo sé, tenía enemigos por lo que parece, así que puede que esté muerto, han pasado veinte años de aquello...

—¿Tan grave es el contenido de ese libro para buscarlo tanto, después de dos décadas?

—Quizá sí; puede que se mencione en sus páginas un amorío de una mujer casada y de alta posición. Imagínate las consecuencias si se hacía público...

—Interesante, pero ahora olvidémonos de eso. Toma. —Le entregó unas ropas de novicio como la que usaron cuando fue al palacio Colón.

—Otra vez... ¿Para qué ahora?

—Te están vigilando, es mejor que te las pongas por precaución.

—¿Quién me vigila?

—Todavía no estoy seguro, pero hazme caso.

Thomas las tomó e hizo de tripas corazón.

—¿Y si nos descubren haciéndonos pasar por religiosos?

—Quieres encontrar al asesino de Alonso, ¿no? Pues ponte las ropas y vamos; además te quedan bien, Tomasito, tienes cara de cura.

—¿Qué demonios significa eso?

Sebas se echó a reír.

Caminaron hasta el puente de barcas.

—¿Adónde me llevas? —Ante la pregunta, Sebas se encogió de hombros—. No pienso pasar a Triana.

—Me has preguntado por el asesino de tu jefe; pues bien, la respuesta está al otro lado del río. —Y comenzó a cruzar el puente.

Thomas maldijo su suerte y a Sebas, que lo traía de cabeza. Sabía que no debía fiarse de él, de igual manera que podía tener razón. Al final, se agarró la ropa de novicio y lo siguió por la pasarela de madera sobre las embarcaciones que unían las dos orillas del río.

Era pisar tierra firme y estar en otra ciudad; lo dicho: Sevilla no era Triana. Para empezar te recibía la silueta imponente del castillo de San Jorge, sede de la Santa Inquisición. No muy lejos, la iglesia de Santa Ana; después, por el entramado de callejuelas, tabernas y posadas se mezclaban con talleres de alfarería, herrerías, cabañas y casas humildes.

—¿Adónde vamos? —murmuró Thomas.

—Ssshhh, te pueden oír. Siempre hay alguien escuchando, Thomas. Esa es la primera lección que debes aprender. Por escondido que estés, por oscuro que sea el lugar, por lejano que te encuentres, alguien te estará observando.

Bordearon un granero; tras él había una calle sin salida y al fondo una puerta oscura. Sebas llamó tres veces seguidas, esperó, y llamó una más. La puerta se abrió; al otro lado había un guardia de ojos rasgados y el pelo largo, cogido como una cola de caballo que le caía hasta la cintura. Tenía la envergadura de al menos dos hombres y brazos del tamaño de piernas.

Los observó, masculló algo y Sebas le hizo un gesto. Se echó a un lado y los dejó pasar.

—¿Hay algún sitio donde no logres entrar?

—Por ahora no —respondió Sebas.

Tras una segunda puerta, también vigilada, accedieron a un espacio diáfano repleto de luz, música, gentes, vino, intensos olores y mucho color.

—Triana es un barrio de marineros; el templo de Santa Ana se construyó en este lado del río para que no entraran en las calles de Sevilla. Santa Ana es la catedral de los marinos.

—¿Y qué lugar es este? —Thomas no podía ocultar la sorpresa en su rostro.

—Por estas callejuelas se enamoró el último rey moro de Sevilla, Al-Mutamid, de una esclava de Triana, Itimad, quien, convertida en reina, le pidió a Al-Mutamid ver la nieve, así que el rey ordenó plantar almendros en la sierra de Córdoba para que al florecer pareciese un paisaje nevado a los ojos de su amada.

—Una historia bonita, pero eso fue hace mucho tiempo.

—Cierto, aunque hay leyendas que nunca se olvidan. No hay una única Sevilla y hay que conocerlas todas para encontrar lo que uno quiere. —Sebas sonrió—. Vamos, relájate y disfruta de la vida, para variar.

Fueron hacia una zona con almohadas y cojines en el suelo, se acomodaron y enseguida vino una mujer mulata, apenas vestida y con una multitud de medallas colgando de su cuello.

Le sirvió vino de forma pausada, hizo una reverencia y se retiró moviendo sugerentemente las caderas. A Thomas le recordó la manera de andar de Rosalía.

—En Sevilla abundan los asesinos; es un oficio boyante porque hay muchos negocios, y siempre hay competencia que quitarse de encima —murmuró Sebas mientras bebía vino.

—Qué alentador...

—Es un trabajo como otro cualquiera, hay quien roba, quien tima, quien extorsiona y quien mata. En Sevilla nada sale gratis.

—Yo no tengo mucho dinero.

—Te equivocas, Thomas; lo que necesitamos es información con la que comerciar. En Sevilla no es el oro ni la plata lo que más vale, sino la información.

—¿Qué puedo saber yo?

—Te olvidas de donde trabajas, estás en el Palacio de Colón —le recordó Sebas—, el hijo del descubridor del Nuevo Mundo. Y no solo eso: él es también cartógrafo de la Casa de la Contratación y ha sido consejero del emperador.

—Sí, eso es cierto, pero ¿qué me estáis pidiendo exactamente?

—Mira, es sencillo. Si quieres saber quién es el asesino debemos dar algo jugoso a cambio. Necesitaríamos que averiguaras algún dato importante, que nos dé la posibilidad de negociar.

—Me estás pidiendo que traicione a don Hernando, ¡eso es inadmisible!

—Modérate. —Sebas le hizo señas para que bajara la voz—. Solo te pido algo con lo que negociar, sin poner en peligro a Colón.

—Pero, ¿algo como qué?

—Relacionado con el Nuevo Mundo, información desconocida de un enclave, de un mapa, una flota que se esté formando y no se sepa, una nueva ruta... —Y le habló muy al oído—. Algo por lo que valga la pena matar, para que me entiendas. Algo que escuches, que sepas antes de que sea público, algo que brinde una buena oportunidad. O un secreto que esté a punto de destaparse.

—¿Y cómo se supone que me voy a enterar yo de eso?

—Tienes acceso al palacio; ahí no entra cualquiera, te lo aseguro. Es como un maldito castillo —carraspeó Sebas—. Hay quienes dicen que Cristóbal Colón encontró las Indias por casualidad y otros que sabía demasiado bien adónde iba. Su hijo tiene libros de su padre, bien guardados en esa biblioteca. Intenta llegar a ellos, quizá te den información de cuál de las dos opciones es verdad.

—¿Y qué interés tiene eso?

—Si Colón llegó por casualidad es posible que intentara luego justificarlo, esos libros pueden ser la prueba. Don Hernando ha estado años litigando con la corona por los derechos de su padre a las tierras descubiertas. No estamos hablando de oro o plata, sino de inmensas posesiones.

Era la segunda vez que a Thomas se le planteaba que en la biblioteca tenía que haber libros comprometedores. Aunque en esta ocasión no solo sobre Erasmo ni Lutero, sino sobre el propio descubrimiento del Nuevo Mundo.

El tema se complicaba, y mucho.

En ese momento, la música se detuvo, los músicos que habían estado tocando cambiaron el estilo, empezaron a tocar una melodía más movida; y enseguida salieron al centro de la sala tres exóticas bailarinas.

Thomas no quería confesarlo, pero estaba encantado en aquel lugar; parecía como haber viajado a Oriente. A esos palacios de sultanes, de los que tanto había leído, o a la lujosa época de la Sevilla musulmana; era como si hubiera retrocedido en el tiempo y estuviera en el mismo lugar, pero en otra época. Siempre sorprendente, esta Sevilla.

50

Luis Colón

Thomas llegó cansado a su cabaña, se quitó las botas y se tumbó en el jergón. Sentía que todo se estaba complicando demasiado, nada había sido sencillo desde que llegó a Sevilla. Y, además, cada vez que descubría más detalles de la personalidad y la vida de Jaime Moncín, más identificado se sentía con el escritor.

Él también había tenido que huir de Amberes por culpa de una mujer. No poseía ningún don artístico, como Jaime Moncín, pero sí que amaba los libros, y también tenía inquietudes y ambiciones, como él.

Tomó el libro de la *Odisea*, que aún no había devuelto a la biblioteca, y leyó el fragmento en el que Ulises se encuentra a las sirenas.

Llamaron a la puerta. Thomas estaba agotado y maldijo a quien quisiera que fuera. El solo hecho de tener que incorporarse lo fatigó. Siguieron llamando y pensó que igual era algo grave. Cuando la abrió, Rosalía entró antes de que pudiera siquiera negarse.

—¿Qué haces aquí?

—Lo mismo podría preguntarte yo.

—¿Qué quieres decir?

—Sé que ocultas una pena grande, lo veo en tus ojos —dijo Rosalía clavando las palabras que salían de sus labios en el rostro de Thomas.

—No sé de qué estás hablando; por favor, márchate.

—Ojalá. —El tono de su voz se volvió más dulce—. Ojalá pudiera irme de Sevilla.

—Disculpa, había olvidado que eras una...

—¡Esclava! Puedes decirlo, de hecho, todos así me llaman, esclava. —Rosalía dio varios pasos en torno a él.

—Quiero que sepas que yo no comparto esas prácticas, un buen cristiano no debería hacer a ningún otro su esclavo —dijo Thomas muy seguro.

—Lástima que no todos piensen como tú —indicó antes de ir hacia el jergón; observó el libro de Thomas y lo tomó en sus manos—. Homero.

—¿Lo has leído?

—Sé leer, don Hernando me enseñó, pero hace mucho que ya no lo hago...

—¿Y eso por qué? —inquirió Thomas.

—Qué más da eso, leer no me va a hacer libre —aseguró, encogiéndose de hombros.

—No entiendo cómo don Hernando no os ha liberado; un hombre con su cultura, me cuesta creer que tenga una esclava en su servicio.

—Yo no solo soy una esclava, sobre todo soy una mujer. Y eso aún es peor para muchos hombres —afirmó Rosalía devolviendo el libro a su lugar con desgana.

—¿Qué quieres de mí?

—Tu ayuda.

—Si pudiera ayudarte en algo, lo haría, pero te equivocas de hombre.

—Yo creo que no, eres él único que no me ha mirado como si deseara poseerme. —Rosalía se acercó a Thomas y este se puso nervioso—. Quiero huir de aquí.

—¿Del palacio? —Él dio un paso atrás.

—No, de Sevilla.

—Pero... ¿En qué voy a ayudarte yo en eso?

—Sé que quieres ir al Nuevo Mundo. No lo niegues, os escuché a ti y a don Hernando, oí que como eres extranjero no te está permitido. En el fondo tú y yo somos iguales, estamos atrapados en Sevilla, deseando escapar.

—Entonces ¿por qué vienes a pedirme ayuda si sabes eso? Sabes que no puedo ayudarte, no puedo viajar al Nuevo Mundo.

—Porque también sé que al final lo harás; estoy convencida de que encontrarás la forma, porque lo he visto en mis sueños.

Thomas intentaba no mirar los profundos ojos negros de Rosalía, pero eran hipnóticos, como si una fuerza dentro de ellos tirara de él.

—¿Y quieres que si eso sucede te lleve conmigo?

—Sí, eso es lo que deseo.

—Lo siento; tal y como tú dices no puedo viajar al Nuevo Mundo, y aunque pudiera, no te conozco, no tengo razón para ayudarte.

—Puedo darte información, sé cosas.

—¿Qué tipo de cosas? —Thomas la miró con desconfianza.

—Conozco lo que acontece dentro de este palacio —dijo muy segura—. Don Hernando está ensimismado en sus libros, cree que su palacio es un lugar seguro. No se da cuenta de la realidad.

—¿Sabes quién robó el libro que buscamos?

—Es posible.

—¿Por qué no se lo has dicho a don Hernando? —le recriminó Thomas, enojado.

—Porque ni me creería ni yo obtendría nada, ya soy su esclava. En cambio, tú sí puedes darme lo que quiero.

—¿Cómo sé que no es mentira? —Fue hacia ella y la cogió del brazo derecho.

—¡Suéltame!

—No, dime lo que sabes.

Entonces Thomas sintió una punta fina y fría rozándole la garganta. Se separó de Rosalía con cuidado y alzó los brazos en señal de indefensión.

—Había olvidado que eres ambidiestra.

—No permito que nadie me toque, ¿entendido? —dijo ella, apuntándolo con una navaja.

—Sí, tranquila; no debí hacerlo.

—Sé usar una hoja afilada, ya te lo demostré cuanto afeité esa fina piel. Ahora, ¿vas a ayudarme a escapar de Sevilla?

—Eso no, Rosalía. No puedo.

—Puedo convencerte de otras formas. —Rosalía guardó la navaja, se aproximó a él y pasó su mano por el rostro tembloroso de Thomas—. Sé hacer cosas a los hombres, cosas que ni siquiera has imaginado en tus sueños, cosas que os vuelven locos.

A Thomas le pasaron todas las dudas y tentaciones por delante de los ojos en un solo instante. Se quedó inmóvil, con el corazón queriendo salírsele del pecho; le faltaba el aire y tuvo que tragar saliva para no ahogarse.

—Lo siento, pero no puedo empeñar mi palabra. ¿Cómo voy a llevarte al Nuevo Mundo si ni siquiera puedo ir yo?

—Entonces no te diré ni te haré nada.

—Un momento, ¿quién robó el libro? Dímelo —insistió Thomas.

Rosalía permaneció callada, mirándolo, y tardó en responder.

—Don Hernando cree que su palacio es algo así como un castillo sobre el río que domina Sevilla y que sus libros estarán siempre a salvo, pero no es así.

—¿Por qué decís eso?

—Cuando él muera, ¿qué pasará con sus posesiones, con su dinero, con su palacio, con sus libros?

—Cierto es que no tiene hijos.

—Ni los tendrá, te lo puedo asegurar. Fía la suerte de su legado a que el emperador quiera hacerse cargo de la biblioteca —dijo Rosalía—, se lo he oído decir más de una vez. Delante de una esclava nadie cuida sus palabras. Somos invisibles de día. Solo nos miran de noche y yo soy invisible en la oscuridad.

—Y si el emperador no quiere, ¿quién es su familiar más cercano?

—Un sobrino, Luis Colón.

—Sigo sin entender qué tiene que ver esto con el libro que busco. —Thomas estaba verdaderamente confuso.

—Luis Colón ha estado varias veces aquí, yo lo he visto entrar en la biblioteca.

—Es su sobrino, no lo veo extraño —musitó Thomas, que no podía quitar sus ojos de la hermosa esclava.

—Entró cuando no había nadie.

—¿Creéis que él robó el libro que estoy buscando?

—Eso no lo sé, pero sí sé que no es de fiar. Tiene la mirada turbia, ese muchacho no puede estar buscando nada bueno por aquí —afirmó Rosalía con sinceridad.

—Antes has dicho que sabías quién había robado el libro que buscamos.

—Solo he dicho que era posible que lo supiera —puntualizó Rosalía.

—Si quieres que te crea, tendrás que demostrarme que sabes lo que sucede dentro del palacio. Dime otra cosa que me interesa. ¿Sabes algo de libros prohibidos? ¿De libros secretos que don Hernando puede ocultar dentro de la biblioteca?

—Tienes que llevarme contigo cuando te vayas al Nuevo Mundo, ¡júralo!

—Ya te he dicho que ni siquiera me está permitido ir y, aunque lo estuviera, lo que me has contado no es razón suficiente para llevarte.

—¿Y si Hernando Colón sí tuviera esos libros que mencionas?

—¿Dónde están? Dímelo...

—Júrame que me sacarás de aquí —le exigió desafiante.

—No puedo prometer eso —dijo Thomas con desasosiego.

—¡Maldito seas entonces! No tienes ni idea de lo que soy capaz. —Se dio la vuelta y le soltó una tremenda bofetada.

Desapareció de la cabaña con un portazo, en la penumbra de la noche. Thomas se quedó dolorido, pero sobre todo confuso y contrariado.

¿Qué ha pasado?, se preguntaba mientras se rascaba la mejilla para mitigar el dolor.

Pensó en ir tras ella y sopesó el riesgo de llamar la atención de doña Manuela, o especialmente de Marcos, o del Guardián; que aprovecharían cualquier error para intentar echarlo. Tenía que hablar de nuevo con Rosalía, pero mejor esperar a que se calmara.

Pensó en Santiago, en cómo le iría en sus pesquisas, y retornó a la lectura de la *Odisea*, hasta los cantos de sirenas que tentaban a los marineros y al propio Ulises.

¿Habrá sirenas negras? Enseguida respondió a su propia pregunta.

Sí. Y eran peligrosas.

Por la mañana, Thomas acudió pronto al palacio. Marcos estaba vigilando la puerta, como siempre. Evitó a toda costa toparse con Rosalía por los jardines. Se anduvo con buen ojo hasta llegar a la escalinata y accedió al interior del palacio. Se detuvo frente a la estatua pagana y miró la tenebrosa máscara que la coronaba; quien quiera que la construyera tenía que tenerle realmente miedo a este dios.

Subió al despacho personal de don Hernando Colón, llamó a la puerta y una voz le dio permiso para entrar. Estaba inclinado sobre la mesa, corrigiendo unos textos manuscritos.

—¿Os interrumpo?

—No, Thomas, me temo que esto va para largo... —Señaló los documentos que lo rodeaban—. Es la historia de mi padre, de su descubrimiento —contestó don Hernando—. La estoy escribiendo personalmente, no hago más que oír mentiras y calumnias y temo que la cosa irá a más. Así que mejor que tome cartas en el asunto y publique la verdadera historia del almirante don Cristóbal Colón.

—Es una idea fantástica.

—Me llevará tiempo, creedme —afirmó mientras ordenaba los papeles sobre su padre.

Thomas volvió a fijarse en la esfera sobre las cuatro patas, ¿qué demonios era eso?, se preguntaba.

—Vuestro hermano Diego tuvo un hijo, ¿cierto?

—Sí, mi sobrino Luis Colón. Hace meses que no viene por aquí —dijo con cierta tristeza—, pero sigo ayudándolo en los pleitos de mi hermano. Hemos logrado que le respeten numerosas propiedades en las Indias.

—Supongo que vuestro sobrino también es un amante de los libros, como vos y vuestro padre.

—Le he intentado explicar su trascendencia; sin embargo, a él solo parecen importarle los libros más valiosos. En especial el diario de a bordo del primer viaje de mi padre.

—Quizá con un poco más de tiempo comprenda la grandeza de lo que habéis creado —comentó Thomas.

—Es posible. —Don Hernando Colón tenía un claro gesto torcido en su rostro—. ¿Para qué querías hablar conmigo?

—Necesito ver de nuevo la biblioteca para revisar la zona donde debería estar guardado el libro de Jaime Moncín.

—Os acompaño, me vendrá bien airearme de estos temas.

—Una cosa antes, disculpad que os lo pregunte. Pero ¿qué es esa esfera? —Thomas señaló el objeto en cuestión.

—Es un globo terráqueo; se lo compré hace bastantes años a un cosmógrafo, Martin de Bohemia, que trabajaba para los portugueses.

—Pero... Ya aparecen las tierras del Nuevo Mundo, mirad, ¡incluso un paso entre los dos océanos!

—Me temo que ya no puedo explicaros nada más, es un tema de la Corona. —Don Hernando Colón le indicó con la mano que saliera de su despacho—. Habéis venido para ver la biblioteca, no perdamos más tiempo.

Salieron y don Hernando cerró con llave. Continuaron en silencio hasta la biblioteca y juntos inspeccionaron la zona en cuestión. No había ni rastro del libro ni faltaba ningún otro volumen en esa misma estantería ni fila.

Revisaron también las estanterías contiguas. Don Hernando Colón tomó el *Libro de los Epítomes* para repasar los volúmenes que había en esa zona de la biblioteca. Thomas no le quitó ojo, interesado en descifrar cómo funcionaba el sistema de organización. Y mostró interés por saber cuáles eran los libros más antiguos que atesoraba, así que don Hernando lo llevó por unos alargados pasillos hasta uno de los rincones más recónditos de la enorme biblioteca. Thomas no había estado todavía en aquella zona. Don Hernando sacó una llave y abrió uno de los armarios. Extrajo un libro con las tapas desgastadas, de reducido tamaño, y lo abrió.

—Este es un ejemplar del *Ars Moriendi* o el arte del bien morir. Reúne una serie de estudios que datan de la Edad Media que tratan como morir bien y en concordancia con Dios.

—¿Morir bien? —interrumpió Thomas.

—Sí, la muerte es la mayor desconocida. Todos los pueblos la han tratado, temido y respetado. Para nosotros los cristianos está claro que viene después de dejar este mundo, pero no tenemos claro cómo debemos morir.

—No siempre se puede elegir cómo morir —recordó Thomas con un rostro confuso.

—Eso es verdad, aunque existen ocasiones en las que sí es posible. En la Edad Media este tema fue de vital importancia debido a una serie de publicaciones sobre la fugacidad de la vida, lo terrenal, la ausencia del sentimiento religioso en los hombres y el tratamiento más o menos profano de la muerte.

—¿Paganismo?

—No exactamente. Cuando se acerca la muerte, los hombres débiles y sin fe son capaces de cualquier cosa. Tened en cuenta que aquel que no cree en nada corre el riesgo de creer en cualquier cosa. Aunque yo personalmente soy más del pensamiento griego.

—El objetivo supremo de los héroes griegos era la fama —continuó Thomas—. Creían que la muerte sería dulce si las generaciones siguientes recordaban su nombre.

—Sabían mejor que ningún pueblo que la vida era demasiado corta, y por eso pensaban que tenían poco tiempo para un acto deslumbrante que los hiciera eternos.

—Homero lo dice en la *Ilíada*. —Thomas recordó un texto que acababa de leer la pasada noche—: «Mas no quiero morir de una forma cobarde y sin gloria, sino haciendo algo grande que admiren los hombres futuros».

—Exacto. La muerte ha de llegar; lo que de verdad temían los griegos era el anonimato, el olvido. Por eso buscaban la fama, pero llegó el cristianismo y dio otra esperanza: «Bienaventurados los pobres de espíritu, porque de ellos es el Reino de los cielos». Hasta el menos heroico puede acceder al paraíso, ¿qué sentido tiene ahora ser un héroe?

—Ninguno —respondió Thomas.

—En ese largo periodo que se empeñan ahora en llamar el Medievo, la Iglesia se apresuró en publicar este volumen sobre la muerte —continuó don Hernando a la vez que pasaba las páginas del *Ars Moriendi* ante la atenta mirada de Thomas—. Con un sentido estrictamente religioso y moral, en él se habla del espíritu del moribundo y su salvación.

—Está repleto de ilustraciones. —Thomas mostraba gran interés en la obra—. Hay mucha más imagen que texto.

—Sí, porque fue realizado para el clero, pero acabó siendo un manual para los feligreses —explicó Hernando.

—¿Qué antigüedad tiene? Es un impreso antiguo.

—A mí me gusta llamarlos incunables, libros impresos todavía en su cuna. Hechos cuando la imprenta acababa de echar a andar y no había nada tipificado. Un único impresor lo hacía todo: manipulaba la prensa, fundía los tipos, fabricaba el papel, encuadernaba, editaba, los vendía...

—Nada que ver con la actualidad —dijo Thomas a la vez que rememoraba en su memoria sus días en el taller de Amberes.

—Estos libros, a pesar de ser impresos, trataban de reproducir fielmente los manuscritos. Quiero que veáis este otro incunable, es digno de mención ya que es xilográfico, anterior a la invención de la imprenta de tipos móviles y el único conocido de esta edición. Fue hecho en Augsburgo.

—¿Habéis dicho en Augsburgo?

—Sí, Thomas. ¿Habéis estado allí?

—No... —mintió—, aunque oí hablar de ella a mi padre.

—Observad, se realizó en 1470. Lo compré en Núremberg hace tres años y anoté que me costó dos craiçer, la moneda local.

—Es realmente increíble que solo tengáis libros impresos. ¿Y los manuscritos?

—No me fío de lo que se copiaba a mano, sabemos que se cometieron graves errores en aquellos siglos oscuros. Por suerte la luz ha regresado a la Cristiandad —expuso a la vez que volvía a guardar el incunable—. Os enseñaré uno realmente especial. —Fueron hasta una vitrina apartada y Hernando Colón abrió un estante con otra llave que llevaba oculta—. ¿Qué os parece?

—*Imago Mundi*, de Pierre d'Ailly —leyó Thomas en su interior.

—Esta edición tiene casi cincuenta años, la heredé de mi padre y contiene notas del almirante y de su hermano, mi tío Bartolomé. Mi padre lo consultó para viajar a las Indias, y en los márgenes corrigió ciertos errores cartográficos que vio oportunos, como el viaje de las naves romanas.

—Entonces... Vuestro padre llegó a las Indias con cierta ayuda de este libro.

—Y algunos otros —apuntó don Hernando—. Mi padre era un incansable lector. Leyó todo lo que encontró sobre la posibilidad de viajar hacia el oeste y llegar a las Islas de las Especias.

—¿Cómo decís? ¿Las Islas de las Especias?

—Allí es donde está la riqueza, no en las Indias, sino en esas lejanas y fascinantes islas.

Thomas no podía creer lo que estaba oyendo.

—¿Qué os ocurre? —le preguntó don Hernando.

—Esas islas... Mi padre ya me hablaba de ellas cuando solo era un crío. Entonces yo fantaseaba con ir hasta ellas.

—No es ninguna fantasía. —Don Hernando se puso serio—. Siguen siendo el objetivo de la corona. Salgamos de la biblioteca, no es lugar para hablar de este tema.

51

Las Islas de las Especias

A Thomas le extrañó aquel secretismo, y acompañó a don Hernando por un pasillo hasta su majestuoso despacho. Presidiendo el espacio había el retrato de un hombre con la mano en el pecho y aspecto imponente.

—Era capaz de medir la velocidad de un barco escuchando los latidos de su corazón. Mi padre era un genio, un aventurero, un intrépido marino y muchas cosas más.

—Me dijisteis que habíais viajado con él.

—Sí, cuando apenas tenía catorce años. Tú también quieres viajar; a las Islas de las Especias, ¿no es así?

—Sí, navegando hacia Oriente, circunvalando África y siguiendo hacia los confines de Oriente.

—Eso era antes de que mi padre diera con un Nuevo Mundo y abriera la ruta del oeste.

—¿Qué queréis decir? —inquirió Thomas con plausible interés.

—¿Sabes que hace unos años se logró dar la vuelta al mundo? Una expedición comandada por Magallanes salió de Sevilla y regresó dirigida por su segundo, Elcano, pues Magallanes había fallecido.

—¿La vuelta al mundo?

—Sí. —Don Hernando se levantó y tomó una naranja que tenía en un cesto de fruta sobre la mesa—. El mundo es redondo; si viajas siempre en la misma dirección, puedes volver al punto de salida —explicó con la naranja.

—Eso es magnífico.

—Sin duda, pero inútil.

—¿Inútil?

—Sí, y no solo eso: también peligroso —enfatizó Hernando mientras dejaba la naranja en el cuenco—. Son muchas leguas, pues la distancia que hay que recorrer desde el Nuevo Mundo, navegando hacia el Oeste, para llegar a Sevilla es mayor que de Sevilla al Nuevo Mundo. Además, hay que rodear África y pasar por todos los asentamientos portugueses y... Las Islas de las Especias están actualmente en manos portuguesas.

—O sea, que si saliéramos de Sevilla, podríamos llegar a ellas, pero nos encontraríamos con los portugueses allí y en todo el camino de vuelta.

—Así es.

—¿Y por qué no volvemos hacia atrás? Quiero decir, llegamos hasta las islas y regresamos al Nuevo Mundo, no vamos hacia el oeste —sugirió Thomas.

—Ese debía ser el objetivo de Magallanes, sin embargo... —Don Hernando se incorporó y fue hacia el globo terráqueo que había cerca de su escritorio—. Me habías preguntado antes por esta esfera.

—Me extrañó que tuviera representados tantos territorios del Nuevo Mundo.

—Es el único que los tiene; su inventor, Martín de Bohemia, lo construyó en secreto. —Hernando le dio un golpe a la esfera y esta comenzó a girar—. Sabía del paso que usó Magallanes. —Lo señaló en el globo terráqueo.

—Antes de que se diera la vuelta al mundo, ¿cómo es posible?

—Magallanes era portugués y había visto el mapa previo a este globo terráqueo, que estaba guardado en la Tesorería del Rey de Portugal —explicó don Hernando.

—¿Qué fue de ese cosmógrafo? —inquirió Thomas—. Nunca había oído hablar de él.

—Los portugueses lo ocultaron, temerosos de que compartiera todo lo que sabía sobre las rutas y la cartografía; lo desterraron a una de las islas de las Azores y allí murió pobre y mísero.

—Qué lástima que terminara sus días así un hombre tan brillante.

—Cierto, y no ha sido el único. —Don Hernando carraspeó—. Volviendo a lo que nos atañe: como os decía, Magallanes fue por aquí. —Y señaló en el globo terráqueo—. Llegó a las Islas de las Especias. Sin embargo, no le fue posible encontrar ninguna corriente que los trajera de vuelta a España. Así que tuvieron que seguir hacia el oeste.

—Pero en el Nuevo Mundo tiene que haber más riqueza que en esas islas, ¿por qué seguir insistiendo en ellas?

—Hernán Cortés derrotó a un imperio mayor de lo que podáis llegar a imaginar. —Hernando Colón hizo una pausa—. Y aun así, mandó a sus mejores hombres a la costa del Mar del Sur para que prepararan una expedición a las Islas de las Especias, ¿entendéis lo que os quiero decir?

—Sí, aunque cuesta creerlo.

Colón suspiró y se sentó en un sillón ante la ventana. Cambió el tono de la conversación, más serio que antes.

—Thomas, os he hecho venir aquí en privado porque debo asistir dentro de un mes a una reunión en Badajoz. Es por imperativo real: el emperador va a enviar una delegación de nueve expertos, entre los que me hallo yo.

—¿Y qué vais a dilucidar allí?

—Precisamente eso: el futuro de las Islas de las Especias —respondió Hernando mirándolo fijamente.

—¿Y los portugueses?

—Asistirán con sus expertos; de ahí saldrá un tratado que defina claramente a quién pertenecen, no solo esas islas, sino todo Oriente —suspiró—. Quiero que me auxiliéis.

—¿Yo? —Thomas tuvo que apretar los puños para controlar su emoción.

—Sí; necesito alguien en que pueda confiar y tenga los ojos bien abiertos. La Corona se juega mucho en esa cita, por eso quiero a un mercader de libros como tú, me darás otra perspectiva del tema.

—Es todo un honor que hayáis confiado en mí, os lo agradezco enormemente.

—Desde que te conozco, debo confesar que te he estado vigilando y creo que eres un hombre sagaz. Vienes de una familia humilde y has viajado mucho, seguro que no lo has tenido fácil. Creo, que, como los griegos, buscas ser un héroe. Bien, yo te voy a proporcionar la oportunidad, sé un héroe del imperio español.

—Es una enorme responsabilidad, no sé si estoy preparado.

—Lo estáis. Sois observador, despierto y siempre estás alerta. Y, sinceramente, no creo que haya mejor aval que leer a Homero para la aventura que nos espera en Badajoz. Nos jugamos un tesoro que puede cambiar el mundo conocido. Un tesoro que puede darle a la Corona los recursos para dominar el mundo. Eres un mercader de libros, te necesito —recalcó don Hernando.

—¿Cómo puedo ayudar?

—Necesito repasar todos los libros de cosmología y cartografía que tenemos. Preciso de argumentos firmes para demostrar que esas islas pertenecen a España y no a Portugal.

—¿De verdad lo creéis posible?

—Claro que sí, de lo contrario no te lo habría contado. ¿Aceptas? Te anticipo que será duro, olvídate de descansar o hacer cualquier otra proeza hasta entonces.

—¿Y la investigación del libro de Jaime Moncín?

—Por lo que me has contado, no tienes novedades de entidad, ¿cierto?

—Pocas, pero estamos cerca —respondió Thomas mordiéndose la lengua—, se lo aseguro.

—Y te creo. Sin embargo, el tema de las Islas de las Especias es prioritario para mí y para nuestro emperador —advirtió don Hernando—. Ya habrá tiempo para continuar. Vamos a hacer grandes cosas, Thomas, créeme.

—Entonces acepto.

—Bien. Mañana empezaremos.

PARTE VII

EL CONFLICTO

52

Miguel Enériz

Para viajar lejos
no hay mejor nave que un libro.

EMILY DICKINSON

Sevilla, marzo del año 1524

Aquel cambio de rumbo lo cogió tan de sorpresa que le costó reaccionar. Santiago ni siquiera estaba en Sevilla, y había tanto que investigar sobre Jaime Moncín que podía parecer insensato parar ahora. Pero no tenía otro remedio.

Él había leído que los antiguos griegos llamaban *kairós* al arte de aprovechar una ocasión en el momento adecuado y tomar una decisión acertada. Como cuando Alejandro Magno cruzó Persia y lo desafiaron a deshacer un nudo de una cuerda, algo que jamás nadie había logrado. El genial rey macedonio observó el nudo, y ante la atenta mirada de los sabios mesopotámicos, dio un paso atrás, sacó su espada y rasgó la cuerda justo por la mitad del nudo, ante el asombro de todos.

Participar representando a la corona española en la reunión sobre las Islas de las Especias podía ser su *kairós*.

Pero como don Hernando Colón le había dado hasta la mañana siguiente, decidió aprovechar el poco tiempo del que disponía antes de empezar a trabajar en la reunión de Badajoz con los portugueses.

Tomó una decisión arriesgada.

Regresó al palacio de los Enériz. Le permitieron entrar hasta el patio, donde bajó a recibirlo Miguel Enériz. Juntos pasaron a un salón alargado con una chimenea en el lado izquierdo. Thomas fue directo: le contó todo lo que le había dicho Juan Cromberger y esperó su reacción.

—Éramos amigos. —Miguel sonó sincero y lejano en el tiempo—. También jóvenes, como vos ahora. Con los años, las personas cambiamos más de lo que jamás imaginaríamos, y no necesariamente a mejor.

—Entiendo que tiene algún problema con Juan Cromberger.

—No, con Juan solo tengo tristeza de que ya no nos veamos —afirmó Miguel Enériz.

—Es con su padre con quien está enfrentado, ¿verdad?

—Respeto a Jacobo Cromberger, admiro a la gente que se labra su futuro desde abajo. Lo que no soporto es a los que se resignan, esos se merecen su desgracia.

—Entonces, no le entiendo. ¿Qué sucedió para que dejaran de ser amigos Juan Cromberger y vuestra merced?

—Brígida Maldonado, eso pasó.

—¡La esposa de Juan Cromberger! —exclamó Thomas.

—Exacto. ¿La conoce?

—Sí, la he visto una vez.

—Más que suficiente para que alguien astuto se percate de su naturaleza.

Miguel Enériz se levantó y fue hasta un armario, de donde sacó dos vasos y una botella de vino.

—No bebo, gracias.

—Nunca podría confiar en alguien que rehusara un trago, y más si es de este vino de Jerez —dijo con voz autoritaria.

—Yo... —Thomas claudicó—. Está bien; no me sirva mucho, por favor.

—Fue Jacobo, su padre, quien preparó esa boda. Brígida Maldonado era hija del mayor impresor de Salamanca. En Salamanca está la universidad más importante de España y yo diría que de la Cristiandad, imagínese la cantidad y envergadura intelectual de los textos que se publican en ella...

—Con todo mi respeto, parece un estupendo negocio para un taller de impresión, y por tanto, matrimonio debidamente preparado y conveniente para Jacobo, un impresor en ciernes en la Sevilla de principio de siglo.

—La boda perfecta —asintió Miguel Enériz—, sí. Brígida Maldonado no solo permitiría a los Cromberger ampliar de manera notoria sus clientes y encargos, es que ella era un activo para el negocio en sí mismo.

—¿Qué queréis decir?

—Los Cromberger empezaron como impresores, ahora son mucho más: minas, esclavos, negocios con las Indias... Son mercaderes imperiales, tienen prerrogativas para comerciar con los productos del Nuevo Mundo. La imprenta es quizá su mayor negocio, aunque desde luego no el único y menos aún el que más perspectivas futuras tiene.

—Señor Enériz, sigo perdido. ¿Qué quiere decir con que Brígida era un activo para el negocio?

—Es una consumada impresora, lo lleva en la sangre y, sobre todo, en la cabeza. Brígida es una mujer fuerte, con las ideas muy claras; no venía a ser una esposa sumisa y obediente.

—Me dio esa impresión cuando la conocí —recalcó Thomas.

—También es astuta, se lo aseguro. Conoce mucho mejor el mundo de los libros y la impresión que su propio marido.

—Entonces, ¿qué sucedió entre ustedes tres, Juan, Moncín y usted, y Brígida?

—Juan Cromberger aceptó el matrimonio impuesto por su padre, entre otras cosas porque es ambicioso, muy ambicioso. Él es quien ha abierto la familia a los nuevos negocios.

—¿Y entonces?

—Una cosa es aceptar un matrimonio —recalcó Miguel Enériz—, y otra muy distinta... conformarse con ello, sobre todo cuando se quiere a otra mujer.

—Insinúa que Juan Cromberger estaba enamorado de otra.

—Totalmente —respondió tajante el sevillano.

—¿Tan seguro está?

—Sí, porque esa mujer era mi hermana Julia —contestó sin un atisbo de duda Miguel Enériz.

—Vaya. —Thomas resopló—. Es una revelación... inesperada. Así que Juan Cromberger y su hermana Julia se querían.

—No, ojalá hubiera sido solo eso. Porque lo peor de todo fue que mi hermana, por su parte, amaba a Jaime Moncín.

Thomas sintió como si una enorme ola del mar viniera hacia él y lo zambullera. Inspiró hondo y bebió un buen trago de vino para asumir esa nueva revelación. Algo le dijo que por ahí estaba la verdad que buscaba. Había que seguir la pista del amor; del amor imposible, en este caso...

—O sea, que Juan quería a Julia y ella, por su parte, a Jaime. Y supongo que el libro de *Amores imposibles* iba de ese amor.

—Eso creí yo también —asintió Miguel Enériz con la cabeza mientras sorbía el vino.

—*Amores imposibles* reflejaba la relación entre Jaime Moncín y su hermana, Julia, porque ambos ¡eran amantes! Por eso Juan Cromberger ayudó a Jaime a huir de Sevilla. Sin él aquí pensó que sí podría tener a Julia en sus brazos. Pero... él iba a casarse, no pensaba renunciar a las ventajas del matrimonio con Brígida Maldonado, ¿no?

—Juan debía casarse con Brígida, era esencial para el negocio familiar. A la postre se ha comprobado que los contactos y la experiencia de Brígida Maldonado han catapultado a la imprenta Cromberger hasta convertirla en la más importante de España.

—Pero, señor Enériz, no lo comprendo. Entonces Jaime y su hermana Julia sí que podían casarse.

—¡De ninguna manera! —Abrió los brazos—. Mire la grandeza y belleza de este palacio, ¿cree que mis padres habrían permitido que su hija se casara con un artista? Somos los Enériz, una de las casas más ricas de Sevilla. Jaime era mi amigo, pero jamás podría pertenecer a mi familia.

—Entonces sigo sin entenderlo. Juan Cromberger se casó con Brígida Maldonado, aunque quería a su hermana. Julia y Jaime se querían, pero no podían casarse. Así que Jaime se desahogó en un libro, fabuló con su amor imposible por Julia, ¿es así o me falta algo?

—No es tan fácil, con Jaime nunca lo era. ¿Quería Jaime a mi hermana? Posiblemente sí, pero, ¿tanto como para casarse con ella? Creo que no.

—Así que Jaime jugaba con su hermana.

—Yo creo que estaba enamorado de otra, si le soy sincero.

—¿De otra? ¿De quién? —Thomas no daba crédito a lo que oía.

—Eso lo ignoro, ya le he dicho todo lo que sé. Jaime desapareció y todo se encauzó. Mi hermana Julia perdió a su amor imposible y se enclaustró en este palacio que estaba construyendo entonces mi padre. Juan Cromberger no tuvo más remedio que renunciar a Julia y se casó con Brígida.

—Porque vos mismo se lo dijisteis a Juan; le contasteis que Julia amaba a Moncín...

—Lo más importante es siempre la familia, no podía permitir que usaran a mi propia hermana como... un entretenimiento fuera del matrimonio. —Dio un trago al vino de Jerez.

—Su hermana y Juan Cromberger, ¿no volvieron a verse después de casarse él?

—¿No me ha oído? ¡Eso jamás! —Miguel Enériz se incorporó enfurecido—. ¿Qué insinuáis de mi hermana?

—Nada, señor Enériz; me he expresado mal, lo lamento.

—No toleraré que insulte a mi familia, ¡y en nuestra propia casa!

—Jamás pretendería tal cosa, discúlpeme, soy extranjero y a veces puedo expresarme mal. —Thomas estaba desesperado por su error—. Le juro por Dios Santo y la Virgen que no quise insinuar nada negativo de su familia.

—Ándese con mucho cuidado —le advirtió señalándole con el vaso aún en la mano.

—Por favor, acepte mis disculpas.

—Solo por esta vez, ¿entendido? —Miguel Enériz estaba hecho un manojo de nervios.

—Sí. Yo solo pretendía averiguar lo que le sucedió a Jaime Moncín y creo que a vuestra merced también le gustaría conocerlo.

—Jaime era amigo mío, no crea que le he olvidado.

—No lo dudo. Ayúdeme entonces a encontrarlo —reclamó Thomas.

—Eso es lo que estoy haciendo contándole todo esto. No crea que ha sido fácil, pero llevaba demasiados años ocultándolo. A veces creo que no ayudé lo suficiente a Jaime, ninguno lo hicimos.

—Señor Enériz, ¿podría hablar con su hermana?

—No; ella sufrió mucho la desaparición de Jaime, de ninguna manera puede nombrarlo de nuevo. No quiero que vuelva a pasar por aquello. —Volvió a toser—. Se lo advierto muy seriamente.

—Lo entiendo, pero sigo sin saber qué sucedió con Jaime Moncín.

—Ya no puedo ayudarle más.

Thomas dudó si revelarle que Jaime nunca llegó a subir al barco que iba a llevarlo al Nuevo Mundo.

—Solo una cuestión: todos dicen que Jaime era un artista, nunca un escritor. ¿A qué se debe?

—Es que Jaime era eso; dibujaba, inventaba, leía sin parar, también escribía, pero como podía hacer muchas otras cosas.

—Gracias por su tiempo.

—Una cosa más, tenga cuidado con los Cromberger. Igual que admiro a la gente que ha triunfado viniendo de abajo, sé que no ha sido gratis. Más vale que me entienda.

Thomas abandonó el exuberante Palacio de los Enériz y caminó de regreso a la residencia Colón. Marchó pensativo por las bulliciosas calles de Sevilla; cada vez se sentía más cómodo entre aquella diversidad, aquellos aromas y colores. No podía evitar imaginar a Jaime Moncín entre aquellas gentes, dibujando sus rostros, escuchando sus historias y escribiendo sus vidas.

Y, sin embargo, tenía la convicción de que era un muchacho perdido, con un enorme talento desperdiciado.

Los griegos civilizaron el mundo y para ellos todas las desgracias sobrevienen al hombre por no estar en su sitio, y el sentido de la vida consistía precisamente en devolver a su lugar lo que de él se ha sustraído.

Quizá era eso lo que le sucedía a Jaime, debía buscar su lugar perdido.

Al girar en una esquina tuvo esa sensación que tanto lo acompañaba últimamente, como si unos ojos se le clavasen en la espalda. Echó un vistazo a su alrededor y pensó que serían imaginaciones suyas. Giró en la calle siguiente, junto a una fuente, y se encontró sorprendentemente solo. En Sevilla eso no era habitual. ¿Dónde estaba todo el mundo?, se preguntó Thomas.

Al darse la vuelta, una sombra lo puso en alerta: ya no estaba solo.

Al fondo de la calle había un tipo alto y delgado como un palo, tenía el rostro cubierto hasta la nariz por una tela oscura y en su mano derecha brillaba el filo de una daga. Antes de que Thomas reaccionara, el desconocido echó a correr hacia él, tan súbito y rápido que casi lo alcanzó de inmediato, pero el mercader de libros logró esquivarlo y se lanzó a una carrera precipitada por la calle desierta. A cada zancada que él daba, su perseguidor daba dos, y más grandes. Apretó los dientes y recordó cuando jugaba a la pelota; ni los hermanos Fugger ni él se rendían nunca. Sacó fuerzas de donde no las había y aumentó su zancada, tanto que comenzó a dejar atrás al tiparraco.

Se metió por una calle, por un estrecho pasadizo. El otro le siguió veloz y Thomas volvió a doblar una esquina y enseguida otra, y por fin dio con un tumulto de gente. Pero lejos de ayudarlo, la muchedumbre entorpeció su carrera. Tal fue así, que sintió que lo tenía enseguida en su nuca; pero en eso oyó un lamento.

Siguió corriendo, esquivando a hombres y mujeres que le lanzaban improperios por empujarlos y zarandearlos.

A su espalda quedó el tipo espigado, que se llevaba la mano al costado. Tenía un cuchillo clavado en el vientre; buscó a su alrededor, pero no halló al culpable. Cayó de rodillas, desangrándose. Pidió ayuda, pero esta no llegó hasta que una tendera lo vio moribundo, y ya era demasiado tarde.

Al otro lado de la calle, sin que Thomas lo viera ni lo sospechara, Sebas se perdía entre el gentío con las manos manchadas de sangre.

Thomas siguió corriendo, y solo se detuvo al enfilar la calle que iba hasta la Puerta de Goles. Miró atrás y respiró aliviado. Ni rastro de su asaltante. ¿Por qué lo habría atacado? Nada de valor poseía para justificar un robo. Ahora estaba a salvo, mejor olvidarlo pronto; pero debía andarse con mucho ojo por las calles de Sevilla, cada vez parecían más peligrosas.

Cuando llegó al palacio de Colón, Marcos hacía guardia en el exterior de la puerta anaranjada.

—¡Qué! ¿Otro día de duro trabajo? —dijo medio riéndose.

—¿Puede saberse qué os sucede conmigo? —se encaró con él.

—A mí no me hables así, que no me duras ni dos bofetadas, ¡catacaldos!

—¿Quieres que lo probemos?

—Me encantaría. —Marcos comenzó a remangarse la camisa—. Yo protejo esta casa y sé que vuestra presencia es un problema y grande.

—No os he hecho nada y menos a don Hernando.

—Aún no, pero lo harás —advirtió—. Lo veo en vuestra mirada, he conocido a muchos que tenían la misma.

—¿Ah, sí? ¿Cómo soy, si puede saberse?

—Un peligro, podéis arder por cualquier lado —expresó Marcos.

—¿Qué sucede? —El Guardián se acercó a ellos.

—Nada, estábamos hablando.

—¿Remangándote? Marcos, ¿en qué habíamos quedado?

—Lo sé, no volverá a suceder. —Y le lanzó una mirada de odio a Thomas.

—Y Thomas, ¡venga! Ha regresado vuestro ayudante, os está esperando en el patio al lado de la cocina.

—¿Santiago está en la cocina del palacio?, ¿por qué?

—Dijo estar hambriento...

Entró ligero y cruzó el jardín. Víctor se hallaba dibujando unas plantas que acaban de florecer. Le saludó y observó de lejos el trabajo; era admirable el don para las artes que tenía aquel hombre. Al llegar a la cocina halló al viejo soldado sentado frente a una mesa, tomando un caldo caliente que olía a gloria.

—¡Santiago! ¿Qué haces aquí dentro?

—Doña Manuela, ¡qué mujer! Cómo cocina... Y tiene un cuerpo... Hecho para el pecado.

—¡Por Dios! —No pudo soportar imaginarse la imagen de doña Manuela de esa manera.

—¡Pardiez! ¿No me dirás que la Manuela no está de buen ver?

—Santiago, no sigas, por favor.

—Bueno, bueno. —Y sorbió el caldo.

—Ya has regresado, ¿y bien? ¿Has averiguado algo en Valladolid y Barcelona?

—Sí y no.

—Siempre tan claro... —refunfuñó Thomas—. Ve al grano, te lo suplico, que no sabes en la que andamos metidos.

—¿Qué ha sucedido? ¿Qué te ha pasado?

—Por partes, Santiago; primero la tuya.

—Querido amigo, me he recorrido las librerías de Valladolid, sin suerte. Nada de Moncín, ni rastro. Así que viajé hasta Barcelona y allí encontré a unos libreros interesantes cerca de la catedral. Eran dos hermanos, una hermana y el marido de esta. La librería la abrió el padre hace cincuenta años, y uno de los hermanos, César, se acordaba del libro de Jaime Moncín.

—¡Qué suerte! ¿Y todavía tenían algún ejemplar?

—No, eso ya habría sido demasiada coincidencia; pero recordaba algo del libro.

—¿De la trama? Eso podría ayudarnos.

—No, de eso no. Lo que ese buen hombre recordaba eran los grabados —afirmó Santiago—. Estaba ilustrado con unos preciosos grabados.

—Eso ya lo sabemos, grabados muy provocativos por lo que nos han dicho. Aunque debemos tener en cuenta que en muchas ocasiones los grabados de un libro son reutilizados de otra publicación, lo sé bien.

—Este librero me aseguró que eran un número considerable y que parecían originales, precisamente enfatizó que no se trataba de grabados reutilizados de otra publicación. No hablamos de estampas de santos, me insistió en que eran grabados relacionados con la historia del libro, con el argumento, tan picarón y provocativo. Total, que grabados de tanta calidad son caros, extremadamente costosos —recalcó Santiago—. ¿Cómo pudo permitirse Jaime Moncín un artista y un grabador?

—No había caído en ese detalle; una cosa es que le publicaran un libro, otra que le pagaran la creación y la estampación de unos grabados —dijo Thomas, pensativo.

—Exacto, señor Thomas; deberíamos preguntar a los Cromberger.

—No sé si eso es buena idea, ya hemos zarandeado mucho ese árbol. Si le pegamos otro meneo igual se nos rompe.

—Eso no me suena bien. Y tú, ¿qué tienes que contarme?

Thomas le relató toda la historia que había descubierto en su ausencia: Juan, Julia, Miguel, Jaime, Brígida... Y un amor imposible y misterioso.

—El amor es hermoso; por desgracia hay demasiados amores imposibles. Señor Thomas, el amor es para el teatro y los libros. Nosotros vivimos la realidad.

—Contundentes palabras.

—La vida, querido amigo, es así de dura —dijo Santiago con resignación.

—Tienes razón.

—Volviendo a lo que nos atañe, lo mejor sería buscar entre los talleres de estampación de grabados en Sevilla. Igual tenemos suerte, no como con las librerías.

—Sí, pero no ahora. —Thomas lo miró medio sonriente—. Tenemos otro asunto prioritario.

—¡Vaya por Dios! Sí que te ha cundido mientras yo no he estado.

—Siéntate, que lo que le voy a contar es gordo.

—No me asuste, que acabo de comer y a ver si me va a provocar una indigestión.

Le explicó la petición de don Hernando sobre Badajoz y las Islas de las Especias con todo lujo de detalles y le dijo que tenía que acompañarlo.

—¿Nosotros auxiliando en una cumbre con Portugal? Pero yo soy un hombre de acción, ¡un piquero del Gran Capitán! ¡Soy un soldado y un espía! ¿Cómo voy a encerrarme en una biblioteca a leer libros? ¡Libros!

—Te preciso a mi lado; la Corona nos necesita, es una misión imperial.

—Haber empezado por ahí. Acepto; el deber me llama. ¿Cuándo nos ponemos manos a la obra?

53

El mercader

Se instalaron en un extremo de la biblioteca. Los lectores estaban en el centro llevando a cabo una criba inicial de textos. Una vez realizada, les traían los resúmenes junto con los libros y mapas más importantes.

Santiago se había remangado, llevaba el pelo peinado hacia atrás y adoptado una imagen de erudito que contrastaba con su aspecto habitual rudo y descuidado. El hombre de armas se había transformado en todo un investigador.

Debían leer esos textos y encontrar los argumentos necesarios para aplicarlos con éxito al conflicto sobre las Islas de las Especias.

No era un asunto sencillo; las islas eran tan míticas como desconocidas para el común de los mortales. Y es que cuanto más leía Thomas sobre ellas, más se sentía como Ulises navegando hacia Ítaca.

Si su padre lo viera ahora, investigando sobre esas islas que tanto lo apasionaban, seguro que se sentía orgulloso. Las vueltas que da la vida...

El tema era de vital importancia para España. Ya en 1519, el emperador había autorizado la expedición de Magallanes, con cinco barcos y doscientos treinta y cinco tripulantes. Magallanes falleció en el trayecto y solo habían regresado unos pocos hombres en uno de los barcos al mando de su segundo, Elcano.

Habían llegado a las Islas de las Especias, pero fueron incapaces de regresar por el mismo camino. Así que tuvieron que seguir hacia poniente para dar la primera vuelta al mundo y volver a España.

Al menos habían demostrado que era posible llegar a ellas navegando hacia poniente. Este parcial éxito exigía una segunda expedición para consolidar la presencia española en las Islas de las Especias, o Molucas, que era como aparecían en la mayoría de los documentos que estaban consultando.

—¿Entendéis ahora la importancia de esta biblioteca? —inquirió don Hernando Colón—. Por primera vez, una batalla se puede ganar con los libros, no con las armas. En los libros está la respuesta a todas las preguntas. Los libros nos iluminarán el camino a las Islas de las Especias.

—¿De verdad creéis que obtendremos evidencias en estos textos? —Thomas era más reacio a tanto entusiasmo.

—Es la oportunidad que yo estaba esperando para demostrarle al emperador la utilidad de una biblioteca que contenga todos los libros que existen, una biblioteca para un Nuevo Mundo.

Decir que don Hernando Colón estaba emocionado era poco, muy poco.

La repercusión del viaje de circunnavegación de Elcano en la cartografía mundial había sido inmediata y era la base de la argumentación que debían diseñar.

—Los mapas son los ojos de la historia —afirmó don Hernando, que también era uno de los mejores cosmógrafos de la Cristiandad.

—Sí, y disponemos de un mapa del área oriental de las islas Molucas y su entorno, otro del viaje de Magallanes y Elcano; nos falta uno global.

—En la Casa de Contratación están los mejores cartógrafos y se han afanado en cartografiar el Nuevo Mundo, pero también el viejo. Porque los descubrimientos van en cadena y afectan a la cartografía anterior. —Hizo una señal al Guardián, que llegó con un amplio documento—. Thomas, sí tenemos un mapa con las Molucas.

Para encontrar una ruta a las Islas de las Especias por poniente se habían llevado a cabo repetidos y variados intentos. Tanto desde España como desde el Nuevo Mundo. El viaje de Magallanes y Elcano no detuvo las tentativas, todo lo contrario. Ahora que se sabía cómo llegar hasta ellas por el oeste, había que encontrar la manera de afianzar la presencia española allí y, sobre todo, el camino de vuelta.

Fue una semana dura; la biblioteca del Nuevo Mundo se transformó en un completo taller de trabajo. Todos los esfuerzos, concentrados para argumentar los derechos de la Corona española sobre aquellas misteriosas islas.

—Es como una carrera, Portugal navega circunvalando África, apoyado en sus colonias, navegando hacia el este —resumió Thomas sobre el mapa.

—Mientras que España lo hace por el oeste, circunvalando las Indias —expuso Santiago.

—No hay grandes diferencias de tiempo y recursos.

—Sí, pero Portugal puede deshacer el camino, mientras que España se ve obligada a cruzar todos los dominios portugueses. —El viejo soldado le proporcionaba a Thomas una visión estratégica del asunto.

Fueron unos días duros y, a la vez, apasionantes. Apenas descansaban, consultaron numerosos libros, cientos de textos y tratados, decenas de mapas. En efecto, la biblioteca se convirtió en aquello con lo que soñaba don Hernando Colón: una máquina del conocimiento al servicio del Imperio.

Thomas leía de manera incansable, remangado, despeinado y con unas enormes ojeras. No se rendía y proseguía leyendo textos y consultando mapas.

—¡Santo Dios! Te va a dar algo como no hagas una pausa. —Santiago miró el montón de libros que rodeaban a Thomas—. ¿Habéis leído todo eso?

—Sí, pero para nada.

—¡Pardiez! Qué rapidez, ¡esto no es normal! Leéis al doble de velocidad que una persona normal, incluso más rápido que los lectores que tiene contratados aquí don Hernando.

—No es para tanto, os lo aseguro. Así he hecho siempre. Cuando era niño leía deprisa pero no retenía la información; ahora ya he conseguido razonar a la vez, y llegar a conclusiones. Las palabras cobran sentido, van cobrando sentido...

Thomas estaba muy agotado, y cuando ya tenía pensado dejar el trabajo para descansar un rato, apareció Marcos con esa mirada de perro rabioso, que no podía traer nada bueno.

—¡Catacaldos! —Seguía llamándolo de forma despectiva—. Don Hernando Colón te ha hecho llamar.

—¿A estas horas?

—Como si son otras horas; bien agradecido que le tenías que estar por todo lo que te está dando. Claro está que a los de tu calaña no se les puede dar la mano o te terminan cogiendo todo el brazo.

—Solo le faltó escupirle.

Thomas había perdido la esperanza con aquel sujeto; lo hizo a un lado y salió de la biblioteca. Bajó por la escalinata hasta el salón de recepciones, donde estaban don Hernando y un hombre muy delgado, de mirada grave, con un sombrero grande y negro como las alas extendidas de un cuervo.

—Thomas Babel, por favor. Tengo el placer de presentarte a Melquiades Gómez.

—Tanto gusto. —El hombre le estrechó la mano.

—Es mercader de libros, como tú. Viene de lejanas tierras.

—Por mucho que viaje nunca os alcanzaré, don Hernando —dijo el forastero.

—Yo ya no estoy para esos menesteres, bien lo sabéis, Melquiades.

—Mejor estáis aquí, creedme. Ahí fuera nada bueno encontraréis. —Entonces miró a Thomas—. ¿De dónde sois?

—¿No lo adivinas, Melquiades? —interfirió don Hernando Colón—. Estás perdiendo reflejos...

—Esperad, dadme un momento. —Lo escrutó de arriba abajo—. Eres germano, diría que de cerca del Rin. ¿Baviera, quizá?

—¡Muy bien! —don Hernando Colón le dio una palmada en el hombro.

—Me había despistado un ligero acento... flamenco.

—¿Sigo sin parecer español? —inquirió Thomas indignado.

—Que Dios te libre de eso. Recuerda bien este consejo que te voy a dar: hazte pasar por italiano o francés. Nunca digas que procedes de los Reinos de las Españas. Amasamos gran cantidad de enemigos sin más motivo que la tierra que pisaba nuestra madre al parir.

—Mala fama tenemos los españoles —musitó don Hernando—. Una dominada Italia, una Francia enemiga y una Alemania ahora parcialmente protestante. Aunque también he de decir que, a pesar de los roces entre fronteras, yo he viajado a través de Europa en busca de mis amados libros.

—Cierto, pero sabéis que no es lo normal —recordó Melquiades.

—Mucho le debo a mi padre y a mi don con las lenguas; cosecho pleitesía con los libreros de todo occidente.

—Sí, don Hernando, aunque tened en consideración que cada vez es más peligroso; mejor evitar sospechas innecesarias.

—No me gusta ocultar de dónde soy, Melquiades.

—Vuestro padre lo hizo y no le fue tan mal.

—Eso es otro menester y lo sabéis.

—De todos modos, los españoles somos de carácter sobrio y soberbios por naturaleza. No hay nación alguna con que se nos pueda comparar; y somos más inclinados a las armas tal vez que ninguna otra nación cristiana y poseemos mucha aptitud para ellas.

—¿Y eso a qué se debe? —preguntó Thomas.

—Quizá porque somos de estatura ágil, diestros y ligeros de brazo. En las armas estimamos el honor. De modo que por no mancharlo no nos preocupamos, en general, de la muerte.

—Os aseguro que a mí sí me preocupa —intervino Thomas.

—Por eso nunca seréis español. —Melquiades soltó una sonora carcajada—. Don Hernando me ha dicho que sois mercader de libros como yo. Que vuestro maestro fue asesinado. Recibid mis condolencias.

—Las gracias os doy.

—No es fácil nuestro trabajo. Mercadear con lana, con aceite, con plata, hasta con esclavos... es fácil. Al fin y cuentas, solo consiste en comprar y vender a un precio mayor. Pero los libros... Eso es otro tema.

—¿Por qué, Melquiades?

—¿Cuánto vale un libro? ¿Cuándo un libro es bueno o malo? ¿Un libro por ser escaso es mejor que otro que tiene miles de ejemplares? No, Thomas; los libros están vivos, mutan, son diferentes en función de la persona que los lee. Por eso uno puede ser extremadamente valioso para ti, pero vulgar para mí. ¿Cómo mercadear con ellos?

—Decídmelo vos —respondió Thomas.

—Ojalá lo supiera bien, creedme.

—Vayamos al grano, señores mercaderes de libros. —Don Hernando cambió el gesto.

—De acuerdo. —Melquiades fue hacia un baúl que había en la puerta—. Traigo conmigo los libros que me encargasteis y los recibos de los mismos.

—No aguardaba menos.

—Espero que vuestra famosa biblioteca que, desde hace ya tiempo, has estado construyendo con tanto esfuerzo y persistencia, esté alcanzando lo que esperáis de ella.

—En ello estamos, Melquiades. Ni el dispendio ni los peligros me han desviado de mi propósito.

—Soy el testigo mejor informado de las inmensas dificultades a las que os habéis enfrentado, de tal modo que, si Dios no os hubiera dado un carácter inasequible a todo desaliento y desgracia, jamás habríais podido resistirlas. Pero sin duda puedo predecir que el Destino ha querido que, gracias a vuestro esfuerzo, Sevilla se vea adornada con la más famosa biblioteca que jamás han visto los siglos.

—No seáis tan generoso en halagos y vayamos al grano, Melquiades. ¿Algún problema con los envíos? —Don Hernando miró de reojo a Thomas, como demandándole que prestara atención.

—En verdad los libros habían viajado mucho y otro mes de abril más recibís vuestro cargamento.

—Perfecto, seguimos con los encargos. Tomad cien ducados. —Y dejó en su mano una bolsa de tela—. Debéis comprar los libros más recientes de la Cristiandad y de más allá, sin importar idioma o cultura. Solo los impresos en estos tiempos que corren —puntualizó don Hernando.

—Como siempre.

Thomas escuchó con atención; el comerciante sevillano debía dar el encargo a cierto mercader de libros en Lyon, este era el primer eslabón de la cadena. Existían cinco ciudades que daban a luz a los libros: Venecia, Núremberg, Roma, Amberes y París, y para ellas eran esos cien ducados. Para el mes de abril del año siguiente, los libreros de esas plazas mandaban los nuevos volúmenes que entrasen dentro del presupuesto y una lista con los precios y títulos de los que no habían cabido. En Lyon se recogía todo ello, el encargado allí se los enviaba al mercader sevillano, que se encontraba en la Feria en Medina del Campo, mediante un mulatero.

A él le pareció un sistema complejo, aunque entendió las razones. Al parecer, los mercaderes genoveses disponían de una amplia red de agentes; sin embargo, Hernando no se fiaba de ellos. Por ese motivo había creado su propia red de mercaderes, radicados en estas seis ciudades.

Cien ducados de oro cada año era una fortuna.

Don Hernando Colón era hombre precavido, así que cada seis

años, él mismo realizaba un viaje por todas estas ciudades y alguna más, como Florencia, Venecia o Nápoles, para fidelizar a sus contactos y comprobar los procesos.

—Tomad las nuevas tablas —le dijo a Melquiades—. Cuando viajáis, debéis llevarlas con los libros de la biblioteca y cotejarlas a la hora de una compra. Siempre hay que intentar mejorar nuestros fondos si hay una edición mejor, y hay que anotar en cada compra los nombres de los libreros, lo que cada libro cuesta, el día y lugar de compra, cambio del ducado de oro español en relación con la moneda del territorio en cuestión.

—Todo ello lo anoto siempre en la última página. —Melquiades se encaminó a la puerta—. Un gusto conocerlo, Babel; trabajad en mejorar vuestro acento. ¿De qué ciudad provenís?

—De Augsburgo.

—Interesante; es la patria de los banqueros que ascendieron a nuestro rey a emperador, los Fugger y los Welser. ¿Los conocéis? —le preguntó Melquiades para su sorpresa.

—Sí —respondió Thomas.

—Ambas son familias ambiciosas, nuestro rey no debió aceptar su dinero. Ahora está endeudado y no puede pagar, los intereses suben y la cosa se complica.

—No son de fiar —añadió Thomas, al que algo empezó a removérsele en el interior.

—¿Por qué lo decís? —inquirió Melquiades.

—¿Qué ocurre, Thomas? —Don Hernando también intervino—. ¿Hay algo que queráis decirnos?

—Ocurrió hace mucho tiempo.

—Eso no importa —dijo Melquiades—, si sabéis algo que pudiera sernos útil con ellos.

—Mi padre trabajaba para los Fugger, yo me crie con los que imagino que ahora dirigirán los negocios de la familia.

—He oído una historia sobre los Fugger, no sé si será verdad. Me contaron una vez en Colonia, que durante una fiesta que organizaron, precisamente en Augsburgo, su cocinero envenenó la comida del patriarca Welser, que, por cierto, no murió —contó Melquiades.

—¡Qué barbaridad! —saltó don Hernando Colón—. Pero, Thomas, ¿no dijiste que tu padre era cocinero? ¿No sería del que habla Melquiades?

Thomas se quedó helado.

—¿Thomas? —insistió don Hernando.

—Sí, era mi padre. Pero él no tuvo nada que ver, fue todo una terrible equivocación —confesó apesadumbrado.

—Vaya... —dijo don Hernando—, qué desgraciada noticia.

—Ya lamento haber sacado el tema —indicó Melquiades—. Pero, joven, quizá os reconforte saber que las malas lenguas me dijeron que hay otra versión de lo sucedido con vuestro padre.

—¿Cómo decís? —Thomas dio un respingo.

—Al parecer, tiempo después se descubrió qué quizá no fue el cocinero. Fueron los Welser, que intentaban sabotear la celebración de sus rivales, aun envenenando, levemente, al padre. Al parecer, el enfrentamiento entre los Welser y los Fugger era muy fuerte, una rivalidad enfermiza.

—¿Tú sabías algo de esto, Thomas? —Don Hernando volvió la vista hacia él.

El joven no contestó.

—¿Estáis bien? —preguntó Melquiades—. Se os ve pálido.

—Lo que acabáis de decirme es muy importante para mí. No pasa un día en que no piense en mi padre y su injusto final. Y ahora... Gracias, Melquiades.

—Me alegra haberos ayudado.

—Si me disculpáis iré a que me dé el aire, estoy algo mareado. —Thomas se llevó la mano a la frente.

—Claro —dijo don Hernando.

Thomas abandonó la estancia, dejándolos solos.

—Confiáis mucho en él siendo tan joven.

—También lo hago en ti, siendo muy viejo —respondió el hijo de Colón.

Melquiades se echó a reír.

—Quería que os conocierais; ambos sois mercaderes de libros, y Thomas necesita referencias de su profesión, así me servirá mejor. No esperaba este contratiempo.

—Parece un hombre íntegro, ha tenido que sufrir si esa historia es toda cierta —recalcó Melquiades.

54

Los Caños de Carmona

Thomas salió a las huertas a despejarse; no podía creer lo que había oído de boca del mercader de libros. Lo que dijo Melquiades podría ser solo un rumor, quizá no era la opinión mayoritaria en Augsburgo, pero aun así era un enorme cambio. Quizá pudiera limpiar algún día el nombre de su padre y su familia; quizá pudiera, algún día, regresar a casa.

Pero ¿qué estaba diciendo? ¿Cómo iba a volver allí? Úrsula estaría casada, ¡y con hijos! No podría soportarlo. Y si lo que decía Melquiades era cierto, los Fugger y los Welser harían lo posible por silenciarlo de todas maneras.

Unos ruidos le llamaron la atención; allí estaba el bueno de Víctor entrecavando bajo un sol de justicia.

—Vaya día para tirar de herramienta.

—No hay más remedio; hoy toca regar, señor Thomas. Estos árboles ya están sufriendo, en Sevilla hace mucho más calor que en la tierra de donde vienen.

—¿Y agua? ¿Tenéis suficiente?

—Sí, la cogemos del río para regar —respondió—, y para beber ya sabréis que disponemos de abundante.

—¿Y eso por qué?

—Es gracias a un acueducto; dicen que tiene trescientos noventa arcos, algunos duplicados por un cuerpo superior, para vencer el desnivel del terreno —explicó Víctor—. Lo llaman los Caños de Carmona, son de cuando los árabes. Pero en las casas donde esa agua no llega se dispone de pozos y aljibes, y se usan norias para regar las huertas y jardines.

—Sabéis mucho de Sevilla.

—Nací aquí; me marché un tiempo, pero me di cuenta de que para bien o para mal este era mi sitio —confesó.

—Todos necesitamos hacer un viaje, la vida al fin es eso, un viaje. Como la *Ilíada*, no sé si lo conocéis, es un libro antiguo.

—Sí, de Homero.

—Exacto. Mi jefe decía que todo lo que quieras saber sobre los hombres está en la *Ilíada* y la *Odisea* —comentó Thomas.

—Puede que tenga razón —afirmó el jardinero—. Lo que yo sé es que la vida no es como uno quiere, sino como a uno se la dan. Es como un río, va por donde a uno le dejan. Aunque parezca que va por donde uno quiere, no es así, siempre busca el desnivel.

—Un río siempre puede desbordarse —le advirtió Thomas.

—Pero termina volviendo a su cauce.

—En eso tenéis razón. —Thomas sonrió ante la elocuencia del jardinero—. Viajar es maravilloso. ¿Sois feliz en este lugar? No os veo salir nunca.

—Don Hernando me honró con la tarea de cuidar este jardín... Cómo no me va a gustar, ¿lo habéis visto?

—Es una verdadera maravilla. —Thomas observó un árbol con unos frutos amarillos, no eran para nada esféricos, sino que terminaban en una ligera punta en cada extremo—. ¿También esas son del Nuevo Mundo?

—No, este vino de Asia —respondió Víctor—. Estas frutas no se conservan mucho; si las llevan en los barcos tienen que comerlas pronto.

—Creo que nunca las he probado.

—Es ácida y puede exprimirse su zumo, hay que colarlo y para conservarlo mejor se puede mezclar con aceite.

—¿Y estos de aquí?

—Son frijoles; esos sí vienen de Nueva España —le aleccionó Víctor—. Es una planta trepadora, tiene flores en racimo y cada una da hasta diez semillas.

—¿Se come? —Thomas se mostró muy curioso.

—Sí, hay que dejarlas madurar y secar. Son como alubias, pero menos harinosas.

—¿Habéis probado todos los frutos que dan las plantas del Nuevo Mundo?

—No todos; sé que la que más comen allí es el maíz. Tiene un tallo robusto y erguido, proporciona mazorcas con granos. A mí no me gusta, ni a nadie que la haya probado en Sevilla.

—Mi padre decía que alimentarse es una necesidad, sin embargo, comer podía ser un placer. Que la cocina provoca un efecto emocional, despertando sensaciones a través de nuestros sentidos.

—¿Su padre era cocinero?

—Sí, y excelente —recalcó Thomas—. Decía que el gusto, el olfato, la vista, el tacto y hasta el oído se combinan en el comer, provocándonos placer y avivando nuestra mente.

—Sí que debía ser bueno su padre.

—Su especia preferida era el clavo y me hizo aprender que son cinco las islas donde se cultiva: Terenate, Tidore, Mauién, Motiel y Bachán —pronunció de memoria—; las Islas de las Especias.

—Suena un lugar supremo. ¿No habéis pensado en viajar hasta ellas?

—Cientos de veces.

—Yo admiro a las aves que cambian de casa con cada estación, algunas sobrevuelan infinidad de reinos para pasar solo unos meses. Y lo más sorprendente es que no se pierden. Magnífico, ¿verdad?

—Así es. —Thomas resopló—. Parece mentira la paz que existe aquí en vuestro jardín, y lo que estamos sufriendo ahí dentro, en la biblioteca.

—He visto el movimiento, parece realmente importante.

—Nos jugamos mucho.

—Hemos cambiado de vestimenta y las guerras son otras, pero el hombre es el mismo. —Víctor dio un paso hacia el jardín—. Igual de miserable o sublime. Da igual que luche en Troya o en el Nuevo Mundo.

Víctor volvió a su tajo y Thomas agradeció la conversación; aquel hombre era más complejo de lo que resultaba a simple vista, cubierto del polvo de la tierra y sudoroso por el calor.

—¡Thomas! —apareció Santiago—. Ha venido mucha gente. Tienes que entrar de nuevo.

Aquella tarde pasaron por el palacio varios juristas y estudiosos; don Hernando había echado el resto en dar solución al pleito por las islas. Ellos no eran los únicos a los que había recurrido en su afán.

Mientras Santiago fue a la cocina a ver qué le podía dar doña Manuela, Thomas se quedó en la escalera, bajo la estatua pagana que tanto lo impresionaba. Hacía tiempo que quería preguntarle a don Hernando por su procedencia, pero debería esperar dadas las circunstancias.

—Habéis montado un buen lío —dijo a su espalda Sofía Cromberger.

—¿Qué haces aquí?

—Ya veo lo que te alegras de verme... Mi padre también ha venido para colaborar.

—Se supone que es un secreto.

—¿El qué? —rio—. ¿Las Islas de las Especias?

—Hablo en serio, Sofía.

—Eso es lo que más me gusta de ti, siempre tan formal, tan disciplinado. ¿Nunca cometes un error?

—Sí; muchos, por lo que se ve. ¿Cómo es que no estás con tu prometido?

—Déjame que te explique eso, Thomas.

—¿El qué? ¿Qué explicación? No hay nada que explicar.

—Thomas, yo mejor que nadie sé mi comprometida situación; aun así he querido volver a verte antes de que partieras hacia Badajoz. Por eso convencí a mi padre para que me trajera.

—No es buena idea. Es mejor que te vayas, o de lo contrario...

—¿Qué? ¡Dime qué pasara! —exclamó Sofía.

Thomas miró un instante la estatua pagana, sus terribles ojos lo vigilaban y se embriagó de su espíritu salvaje. Se sintió tan valiente como cuando hablaba de viajes con Edith, como cuando planeaba la huida con Úrsula. De nuevo la posibilidad del amor lo arrastraba a hacer locuras. Cogió de la mano a Sofía y tiró de ella.

—¿Adónde vamos?

—Ssshhh, que no nos oigan.

Salieron al exterior y la llevó hasta detrás de los primeros árboles del jardín.

—¿Me vas a decir qué hacemos aquí? —inquirió Sofía.

Entonces él se acercó y la besó.

—¡Thomas! —Sofía le dio una tremenda bofetada que le hizo retroceder de inmediato—. ¿Cómo te atreves?

—Yo pensaba que... —Avergonzado, no le salían las palabras—. Lo siento, de verdad.

Pero ahora fue ella quien dio un paso al frente y lo besó. Thomas, lejos de resistirse, se dejó llevar en sus labios y pudo sentir más cerca que nunca el olor a jazmín que emanaba de Sofía.

Oyeron unos ruidos y se separaron de pronto.

Sofía miró asustada a su espalda, mas nadie apareció. Entonces volvió la vista hacia él.

—¿Sabes lo que acabamos de hacer? —inquirió ella mirándolo.

—Claro que sí, ¿y tú?

—¿Tú qué crees? ¡Estoy temblando!

—No te ha gustado... —De repente Thomas perdió la seguridad en sí mismo que había demostrado hasta ese momento.

—¿Cómo? Sí, por supuesto que me ha gustado —dijo Sofía moviendo las manos, muy nerviosa.

—¡No puedes seguir comprometida!

—No es tan fácil como tú crees —advirtió Sofía.

—¿Lo quieres o no?

Se le enfrió la mirada y le temblaban las manos.

—No es asunto tuyo.

—Me gustaría oírtelo decir.

—¿Oírme decir el qué? —Sofía le miró desconcertada.

—Que lo quieres de verdad. Que no te casas con él porque te obligan tus padres, o porque es rico como tu familia, o porque tienes miedo. Que no sientes la misma atracción por mí que la que siento por ti, y desde que nos vimos por primera vez. Que estamos hechos el uno para el otro.

Los ojos le brillaron.

—Thomas...

—Dime que estoy equivocado y me iré. ¿Lo quieres? —insistió él.

Hubo un largo silencio. Sofía agachó la mirada buscando una huida y Thomas la mantuvo anhelando una respuesta.

—Te repito que no es tan fácil —murmuró por fin.

—Sofía, piensa en lo que acabas de decir. ¿De verdad vas a casarte con alguien al que no sabes si quieres? ¿No has sentido nada con nuestro beso?

—¡Sofía! —se oyó como la llamaban.

—Si nos ven juntos aquí... —Aún se puso más nerviosa.

—Vete por el otro lado. —Thomas le señaló el camino.

Entonces fue Sofía quien dio un par de pasos hacia él y lo besó de nuevo, con fuerza y determinación. Luego se volvió y se marchó hacia la entrada del palacio. Thomas quedó confuso y mirando como se alejaba. Oyó un crujido y fue corriendo hacia aquel lugar del jardín; vio a alguien huyendo. No podía permitir que nadie los hubiera visto besándose. Apresuró la marcha, cruzó entre una zona más despejada y alcanzó al curioso. Era una mujer: Rosalía.

—¡Rosalía! ¿Qué haces aquí?

—Te lo dije, siempre hay unos ojos mirándote.

—¡Maldita sea! —Thomas dio una vuelta sobre sí mismo llevándose las manos a la cabeza—. No puedes decir nada.

—Pues recuerda lo que te dije, tengo que escapar de España —dijo desafiante Rosalía—. Ayúdame, si no, ya sabes lo que me obligarás a hacer.

Rosalía no dijo nada más y se esfumó entre los árboles.

Thomas corrió hacia el palacio, entró en el edificio y retornó a su trabajo sobre las Islas de las Especias. Aunque ya no podía quitarse de la cabeza a Sofía, ni tampoco a Rosalía. Levantó la cabeza del tomo que estaba leyendo y miró hacia el fondo de la biblioteca, pensando: ¿eran sus locuras románticas una manera de intentar olvidar, en el fondo, su amor totalmente imposible por Úrsula, tan imposible de cumplir como sus fantasías sobre las Islas de las Especias? ¿Estaba condenado, se preguntaba Thomas, a vivir a trompicones, sin cumplir su destino?

55

El mar del Sur

Hacía bastantes años, en septiembre de 1513, Vasco Núñez de Balboa y casi doscientos hombres partieron a una región caribeña cuyo cacique era aliado de los españoles y en donde se les unieron mil nativos más. Desde allí se introdujeron en la espesa selva en búsqueda de un mar del que le habían hablado los indígenas y que, según sus instrucciones, siguiendo más al sur los llevaría a unas tierras repletas de oro y riquezas.

Thomas siguió leyendo. La expedición de Balboa fue tropezando con distintas tribus que la recibieron de diversa forma. Unos bien, acogiéndolos, dándoles de comer y ofreciéndoles el descanso de sus casas, y otros con lanzas y flechas envenenadas. En este último caso, si los españoles vencían solían obligar al cacique a convertirse al cristianismo y, de esta manera, ser su aliado, pero si perdían tenían que huir lo más rápido posible.

Lograron alcanzar unas cordilleras. Les indicaron que, si las ascendían, podrían ver el mar del Sur. Núñez de Balboa subió para comprobarlo y ante él se presentó un inmenso y azul mar que no podía ser otro que el que llevaba hasta las Islas de las Especias.

La realidad era que aún no estaban en la costa, tan solo lo habían podido ver a lo lejos. Tenían que volver a descender y recorrer un profundo valle. Envió a su capitán a buscar un buen sendero que seguir por esas inhóspitas tierras, y este regresó a los dos días con la misión cumplida. Con él a la cabeza, un grupo de elegidos arribó a la costa y tomaron posesión del nuevo mar en nombre de los reyes de Castilla. Balboa había logrado el sueño de Cristóbal Colón de encontrar el paso hacia Asia, si bien tuvo que acceder a él a través de tierra cuando el almirante pensaba que se podía hacer por mar...

—¿Tenéis alguna novedad? —A su espalda apareció don Hernando Colón.

—Me temo que no; me sorprende que Balboa fuera el primero en descubrir el mar del Sur.

—A veces hay que tomar caminos distintos, nunca sabes cuál va a llegar antes a buen puerto. La opción de Balboa no era descabellada, quizá existe un río navegable que una los dos océanos..., pero no se ha hallado aún. Se insistió con la idea encontrar un paso y Magallanes lo logró, pero puede haber más.

—Entonces ha habido numerosos intentos de encontrarlo.

—Igual que hoy estamos muchos buscando argumentos legales para el litigio de las Islas de las Especias.

—Un momento: ¿eso quiere decir que no somos los únicos preparando el encuentro con Portugal?

—Incluso en Sevilla hay gente en la Casa de la Contratación preparando este encuentro —contestó don Hernando—. Nunca hay que jugárselo todo a una carta. Y lo mismo en otras ciudades del Imperio.

—¿Y os parece bien?

—Por supuesto, yo haría lo mismo. Incluso hay más. —Don Hernando Colón bajó la voz—. Venid.

Don Hernando indicó que Santiago y él lo siguieran. Salieron de la biblioteca y fueron hasta su despacho. A Thomas lo conmovía aquel lugar, la decoración y los detalles le imponían un profundo respeto. Sabía que había objetos del Almirante y algunos de sus preciados libros. Lo que más lo impresionaba de aquel lugar era el globo terráqueo. El mundo era hermoso. Se quedó parado junto a un dibujo de la ciudad de Sevilla que colgaba sobre un estante donde había un cuenco con naranjas.

—Sentaos —indicó don Hernando—. Como os decía, se están jugando muchas partidas a la vez y hay cartas de todo tipo.

—Y nosotros tenemos la carta ganadora —afirmó Santiago mientras tomaba asiento.

—Esperemos que sí, pero hay que encontrarla; lo importante es que venza la Corona. El emperador está ansioso de adquirir las Islas de las Especias antes que Portugal, tanto que...

—Tanto ¿qué? —Santiago se inclinó sobre la mesa.

—Un año después de que saliera la expedición de Magallanes y Elcano, se envió otra nueva para llegar hasta ellas, a espaldas de Portugal.

—Sin tener noticia aún de la suerte de la expedición de Magallanes. —Santiago sonrió—. Así debe actuar un buen dirigente, marchando un paso por delante.

—Fue una expedición formada por tres galeones y un bergantín, salió de Sevilla con instrucciones de navegar desde Panamá al Oeste mil leguas y bajar luego otras doscientas para acabar en las Islas de las Especias.

—Imaginó que no lo logró.

—La expedición alcanzó la isla de La Española, siguió hacia el Darién y las naves fueron transportadas por tierra hasta el mar del Sur.

—Tal y como Balboa imaginó —Thomas asintió.

—Sí. La armada fue completada con otras cuatro naves, que se construyeron allí. Todas zarparon rumbo a las Islas de las Especias a principios de 1521. No se supo nunca la suerte de esta expedición.

—¿Murieron? —Santiago torció el gesto.

—Es de suponer.

—¡Santo Dios! —se santiguó.

—Dos meses después de la llegada de Elcano, la Corona firmó una Capitulación con los armadores para construir una nueva flota que debería partir hacia las Islas de las Especias al año siguiente. A cambio, la Corona se comprometió a establecer una Casa de Contratación en La Coruña para el comercio con las islas.

—¡En La Coruña y no en Sevilla!

—Esa flota está ya terminada, Thomas —afirmó don Hernando Colón.

—¿Y entonces por qué tanto interés para preparar la reunión con Portugal?

—El emperador juega con la baraja marcada; esas islas serán españolas de una manera u otra. En nuestra mano está el modo. Debemos salir ya para Badajoz; ¿tenéis algo que podamos argumentar?

—Sí. —Thomas inspiró fuerte.

—¿Estáis seguro de ello? Bien, veámoslo.

Thomas miró a Santiago; este asintió con la cabeza.

—El tratado de Tordesillas fijó una línea divisoria, un reparto del Mundo entre españoles y portugueses.

—Así es —asintió don Hernando—, a trescientas setenta leguas de las islas de Cabo Verde, del lado de Poniente. Hasta ahí el mundo pertenece a España; a partir de esa línea, a Portugal.

—Precisamente de eso os quería hablar. Cuando se repartieron el mundo en el tratado de Tordesillas, Portugal y Castilla no dibujaron una frontera siguiendo el cauce de un río o una cordillera, sino que propusieron una línea imaginaria trazada en lo desconocido, sin saber si atravesaría tierra o mar.

—Exacto. Recuerda que no se sospechaba, después del primer viaje de mi padre, que existía un nuevo continente.

—Sí, pero esa línea podría haber atravesado islas, haber partido por la mitad territorios... Y además, Portugal y Castilla se dividieron todo el mundo. ¿Y el resto de reinos cristianos? ¿No tenían nada que decir?

—¿Quiénes? Inglaterra estaba sumida en un conflicto civil y sus medios marítimos eran muy limitados. Francia acababa de salir de una guerra y ni de lejos podía embarcarse a navegar hacia el Oeste.

—¿Y Venecia? —Thomas se mostraba enérgico—. En esta época era relevante.

—Bastante tiene ahora y entonces con detener el avance turco.

—Así que solo Portugal y Castilla cuentan con las manos libres para conquistar el mundo.

—Hay más. —Don Hernando alzó su mano—. Portugal posee una ventaja incuestionable. No se había conformado con la construcción de barcos rápidos, manejables y ligeros; cuenta con los cartógrafos más prestigiosos, además de cosmógrafos, astrólogos y matemáticos. Mi padre le propuso primero a su rey la empresa de las Indias, y solo cuando la declinó fue a hablar con la reina de Castilla.

—Cuesta entender tal negativa... De todos modos, ¿y el papa? ¿Tenía la autoridad de decidir ese reparto?

—Desde luego. —Don Hernando alzó la voz—. Siempre que fuera sobre tierras de paganos, idólatras e infieles y concederlas en soberanía plena a un príncipe cristiano, con la condición de que este llevase a cabo la evangelización de los que ahí vivían.

—Pero yo he leído a Tomás de Aquino y no aceptaba tal pretensión pontificia. Él consideraba que el papa sólo tenía una soberanía espiritual sobre los paganos y no podía disponer de sus territorios.

—Hay quien mostró reticencias, aunque la realidad es que el papa podía hacer de árbitro y, de hecho, durante todo el siglo pasado los portugueses pidieron a la Santa Sede el reconocimiento de sus prerrogativas en África y obtuvieron numerosas bulas para ello.

—Es por ello que Isabel de Castilla y Fernando de Aragón acudieron al papa Alejandro VI para repartir el mundo... —añadió Thomas.

—Por una de esas bulas, todas las islas que habían descubierto y puedan descubrirse desde las islas Canarias hacia el sur frente a Guinea pertenecían al Rey de Portugal, con la única excepción de las islas Canarias, que pertenecen a los reinos de Castilla.

—Y según he leído, los Reyes Católicos ordenaron a Cristóbal Colón que siguiese su ruta continuando el descubrimiento desde las islas Canarias hacia el oeste sin ir hacia el mediodía.

—El diario de a bordo del primer viaje de mi padre confirma esta orientación hacia el oeste, y todos los marineros que participaron en la aventura sabían que la ruta de Guinea estaba prohibida.

—Sé que fueron las circunstancias del regreso las que obligaron a Cristóbal Colón y a Vicente Yáñez Pinzón a hacer una escala imprevista en Lisboa —continuó Thomas—, provocando una entrevista con el rey Juan II, que reclamó las islas descubiertas

—Pero mi padre se negó. Sin embargo, Juan II no se resignó a este abandono y organizó una expedición paralela en secreto, que terminó descubriendo las tierras que llaman Brasil.

—Por eso era entonces urgente para los castellanos, que no habían infringido ni la letra ni el espíritu de los tratados —participó Santiago— obtener una bula confirmando su soberanía sobre las islas descubiertas.

—El Santo Padre nos favoreció —habló de nuevo don Hernando—, puesto que se trataba del papa Borgia, Alejandro VI.

—Yo lo conocí en persona; un hombre extraordinario, un gran papa. España jugaba con ventaja —sentenció el viejo soldado.

—En este mundo todos intentan jugar con ventaja; otra cosa bien distinta es que luego sea así.

—He leído que la línea de demarcación entre los dominios portugueses y españoles es siguiendo la línea del meridiano situado a cien leguas al oeste de las Azores y de las islas de Cabo Verde. —Thomas demostró que se había documentado—. El este para los portugueses, para los españoles el oeste.

—Sí, pero esa bula es de enorme imprecisión geográfica. —Don Hernando ladeó de un lado a otro la cabeza, poco conforme.

—¿Por qué decís eso?

—Sencillo, Thomas: ¿cómo establecer la línea de un meridiano a cien leguas al oeste de las Azores y de las islas de Cabo Verde si el archipiélago de las Azores está situado más al oeste que las islas de Cabo Verde?

—Entiendo, pero aparte de esa dificultad hay algo que no me cuadra. Portugal estaba centrado en África, de hecho, he podido ver que hay un reino al sureste de África que le suministra cuantiosa cantidad de oro. Los portugueses rodean África para llegar hasta la India.

—Sí, la ruta de la India es clave para ellos.

—Eso supone la circunnavegación de África y continuar mar adentro. Para conseguir este objetivo, Portugal no podía aceptar las bulas alejandrinas.

—Correcto; de ahí la negociación con los reyes de España.

—Sí. —Thomas se volvió más enérgico por momentos—. Pero, al mismo tiempo, vuestro padre estaba realizando su segundo viaje.

—Ya te he dicho que todos juegan con las cartas marcadas y tratando de ganar tiempo mientras planean a las espaldas del otro. La conquista de las indias es eso, una carrera.

—Es realmente complicado... —suspiró Thomas.

—Ambos debéis dibujar un mapa global del mundo en vuestra cabeza para entenderlo. —Entonces don Hernando Colón fue a la estantería y tomó un ejemplar—. Este ejemplar fue impreso aquí en Sevilla por los Cromberger. Es el mejor estudio geográfico del mundo hasta la fecha —y dijo esto con cierto retintín.

Hernando Colón desplegó el libro y lo abrió hasta que apareció un extenso mapa.

—Observad, así entenderéis que los portugueses presionaron para obtener un desplazamiento importante de la línea de demarcación hacia el oeste. Se fijó finalmente a 370 leguas al oeste del archipiélago de Cabo Verde.

—Eso fue un error de España —recalcó Thomas.

—Quizá; en la época de Tordesillas se ignoraba aún la existencia de las Indias y del océano Pacífico, así como las dimensiones reales de nuestro mundo, por lo que era imposible prever las consecuencias de la decisión adoptada. Sin embargo, los negociadores sabían que era necesario trazar lo antes posible, aunque fuese aproximadamente, la línea de reparto, para que la coexistencia de portugueses y españoles fuese factible.

Thomas intentaba asimilar toda la información; una cosa era leerla en los libros y otra muy distinta discutirla con don Hernando Colón, quizá el hombre que mejor conocía todo el entramado de sucesos del descubrimiento y, sobre todo, la adjudicación y reparto del Nuevo Mundo.

—Necesitamos un mapa lo más fiable posible —reclamó Thomas.

—Estoy trabajando en uno que puede serviros. Es el más detallado hasta la fecha —afirmó don Hernando—, pero está incompleto y tiene información confidencial.

—Traedlo.

Don Hernando Colón fue hacia uno de sus armarios, sacó una llave y abrió las puertas. Del estante superior extrajo un rollo. Fue a la mesa y lo extendió.

En efecto, era un mapa de todo el mundo, con Asia, África, el Nuevo Mundo, las Indias Occidentales y las Islas de las Especias.

—Hasta que vuestro padre llegó al Nuevo Mundo, los mapas de Ptolomeo y Marino de Tiro eran lo mejor que teníamos. —Thomas seguía haciendo alarde de sus trabajos de investigación en la biblioteca—. Desde la antigüedad, al gran océano se lo llamaba «el mar Tenebroso», en el cual situaban ciertas islas desconocidas de carácter maravilloso, sugerentes y que se representaban de manera vaga en los mapas

—Cierto. Ya con la utilización de la brújula y el astrolabio se consiguieron a finales del siglo pasado cartografías muy precisas de África.

—Sí, he visto los mapas —afirmó Thomas—. Pero eran de interés solo para los marinos, por eso se limitaban a señalar las costas y escasos detalles del interior; algún río y monte, poco más.

—Y los nombres de los lugares se escribían perpendicularmente a la línea de costa, si girabas el mapa los podías leer con facilidad. Pero ¿y estas otras líneas? —Thomas señaló las que aparecían en el mapa que estaba mirando.

—Son las líneas de rumbo, prolongaciones de los ángulos de la rosa de los vientos central y entrecruzados con otras rosas de los vientos, formando una tupida red.

—Y se pensaba que la tierra era plana, rodeada por un inmenso mar, tras el cual había una caída libre.

—Esas eran las creencias del pueblo —don Hernando fue tajante—; pero desde muy antiguo los eruditos y los cartógrafos sabían perfectamente que la tierra era esférica.

—Eso es cierto —añadió Thomas—. En los libros de la antigüedad ya se mencionaba. Ahora estamos en una nueva época, la de la razón. Mucho de lo que ahora hablamos ya se conocía, pero se había olvidado u ocultado. Ptolomeo vivió hace casi dos mil años y sabía casi lo mismo que nosotros.

Thomas se quedó en silencio, pensando. Miró de nuevo los mapas, los libros que tenía a su alrededor. Descansó la vista en el globo terráqueo; para él, el objeto más bello del despacho de Colón.

—¿Y tenéis alguna novedad? —preguntó don Hernando Colón.

—Observad este mapa. —Señaló el que estaba sobre la mesa—. ¿Dónde está el límite del tratado de Tordesillas?

—Aquí —señaló el hijo de Colón—, en este meridiano. A la izquierda queda África para Portugal y a la derecha las Indias para España.

—Bien, es un meridiano, una línea recta de norte a sur, pero si el mundo es redondo... —Entonces Thomas dobló el mapa—. Esa línea no tiene ciento ochenta grados, sino trescientos sesenta, existe una prolongación en otro plano.

—Sí, podría entenderse así.

Entonces Thomas se levantó y se dirigió hasta el globo terráqueo.

—Ya sé que este mapa sobre la esfera puede ser algo inexacto, pero nos sirve para ver lo que quiero mostraros. Aquí estaría el meridiano que marca el límite de Tordesillas. Si trazamos una línea, de polo a polo tenemos el meridiano que marca el límite de las posesiones españolas.

—Eso ya lo sabemos, Thomas.

—Ahora venid y poneos detrás del globo. Observad qué pasa si prolongo esa línea después del Polo Norte y la continúo por el otro lado, de nuevo hasta el Polo Sur hasta completar los trescientos sesenta grados. Por algo la Tierra no es plana, sino redonda.

—¡Santo Dios! —don Hernando Colón se santiguó.

—Si hay un meridiano, también existe un...

—Antimeridiano —saltó don Hernando Colón—. ¡Virgen Santísima! Es cierto.

—Por lo tanto, si lo prolongamos, ese antimeridiano bajaría desde el norte, habría que continuarlo hasta el final del mar del Sur y...

—¡Las Islas de las Especias pertenecerían al rey de España! —exclamó don Hernando Colón—. Esto lo cambia todo... Lo tenía delante de mí y no lo he visto hasta ahora.

—Vos mismo me dijisteis que debería haber un globo terráqueo en cada casa.

—No se os pasa ni una, Thomas. —El hijo de Colón sonrió—. ¡Excelente observación!

—Pero los portugueses no lo aceptarán tan fácilmente —musitó Thomas con desgana.

—Precisamente por eso vamos a la reunión. —Don Hernando Colón dejó el globo terráqueo y fue a la ventana por donde se veía la atura del sol—. Ya es la hora, marchemos.

Ni Thomas ni Santiago tuvieron opción de hablar nada más. Los preparativos estaban concluidos; cargaron dos baúles llenos de mapas y libros de cosmografía, geografía y matemáticas. Otros dos con ropa, hubo que buscar prendas para Thomas y Santiago, puesto que no disponían de la adecuada para un acontecimiento de tal índole y magnitud. Especialmente difícil fue preparar los ropajes para Santiago, tal es así que doña Manuela tuvo que remendar deprisa un traje que no daba más de sí.

Llegó un carruaje con cuatro caballos y dos hombres de escolta. Al lado del cochero viajaría un hombre de armas; en el interior solo viajarían don Hernando Colón, Santiago y Thomas. Así dispondrían de espacio para ultimar los detalles de su argumentación.

Salieron de Sevilla por la Puerta de Goles, entre el bullicio que había provocado la contratación de personal para una nueva flota que salía para las Indias en dos semanas. Thomas contemplaba aquellos barcos y a las gentes que embarcaban y, a pesar de la importante misión en la que estaba implicado, sintió cierta envidia.

56

Desglosables

Sonaban las campanas de las iglesias y los conventos de Sevilla anunciando las horas y los rezos, rodaban los carros atravesando las populosas calles y las voces de los vendedores en los mercados se alzaban sobre la plebe.

Un espléndido carruaje cruzó la puerta mayor del palacio de los Enériz, y dos criados bajaron de los asientos de los cocheros para abrir la portezuela. Del interior salió una mujer de cabello negro y fino, peinado y recogido hacia atrás, con una diadema de plata que le estilizaba la figura. Un cuello blanco de gorguera, rematado con encaje de bolillos muy almidonado, le rozaba las orejas, en las que no llevaba pendientes; en el pecho brillaba un collar de piedras preciosas. La saya era roja y estaba cerrada por la abertura central con unas puntas blancas que se entrecruzaban.

Doña Brígida Maldonado cruzó hasta el patio principal, donde Miguel Enériz la aguardaba frotándose las manos, visiblemente nervioso.

—Brígida —le saludó tomándole la mano y haciendo una leve inclinación—. Cuánto tiempo.

—No conocía vuestra nueva residencia, verdaderamente es maravillosa.

—Me agrada que te entusiasme.

—Siempre tuviste buen gusto y también pasión por lo antiguo —mencionó Brígida mientras observaba unos bustos clásicos.

—Te acuerdas bien.

—Sí, me acuerdo de todo —dijo tajante—. Son de Itálica, la Sevilla romana. He oído que hay quienes se ganan la vida excavando en ella para buscar estatuas y mosaicos.

—Parece mentira que tengan más de mil años, ¿verdad? —Miguel Enériz no podía dejar de mirarla.

—Remover el pasado es peligroso, Miguel. Nunca sabes lo que puedes encontrarte...

—Acompáñame a la biblioteca, allí estaremos más tranquilos. —Miguel Enériz echó un vistazo a la galería superior del patio y vio la figura de su hermana, Julia, observándolos. Julia y Brígida solo se intercambiaron un simple saludo, una cabezada de reconocimiento.

Subieron la escalera decorada con azulejos y coronada con una techumbre mudéjar y siguieron hasta la biblioteca.

—¿Qué tal está Juan? —preguntó Miguel Enériz.

—Ocupado; los negocios con las Indias cada vez le roban más tiempo.

—¿Y la imprenta?

—Por suerte mi suegro ha forjado buenas relaciones con la Iglesia —respondió Brígida Maldonado—, con la orden franciscana y con el círculo de humanistas ligado al cabildo catedralicio de Sevilla.

—Muy hábil; publica para la iglesia y también las nuevas ideas que están llegando de Europa.

—Mi suegro conoce el negocio, y le gusta. —Brígida levantó un poco la falda de su largo vestido para no tropezarse con los escalones—. Pero Juan tiene la mente puesta en el Nuevo Mundo, como todos en Sevilla...

—Tu suegro ejerció de editor y de librero, pero también ha adquirido casas, tiendas y tierras de labor en Sevilla y alrededores e incluso compró y vendió esclavos.

—Mi suegro y mi marido los usan como mano de obra en la imprenta, y yo no estoy de acuerdo con eso; un buen cristiano no debería esclavizar a nadie.

—Cierto, Brígida —sonrió Miguel Enériz—. También he oído que algunas de las mejores ideas de la imprenta son tuyas. Que has sido tú quien ha insistido en asumir el riesgo de editar títulos nuevos, que a priori nadie conocía y que luego se han convertido en los más vendidos de Sevilla.

—¿Desde cuándo te crees lo que dicen por Sevilla? —preguntó Brígida arqueando su ceja izquierda.

—Eso es verdad; pero recuerdo perfectamente la primera vez

que me hablaste de los libros desglosables, parecía una locura y ahora los imprimís a miles. Libros que se venden por partes; solo podía ocurrírsete a ti esa idea, Brígida.

—Sí, las primeras octavillas las lanzamos a un precio imbatible, así enganchan a los lectores, y para las siguientes subimos el precio, pero ya tenemos la clientela fija, así que el negocio es seguro.

—También sugieren que manipuláis a los escritores —continuó Miguel Enériz—. De repente publicáis a un escritor que nadie conoce y lo encumbráis; y cuando le habéis sacado el provecho lo dejáis caer.

—No he venido aquí para hablar de libros ni imprentas, Miguel. Ni de negocios.

—Ya lo imagino —asintió él—, has venido por Jaime.

—Así que ya lo sabes.

—Un mercader de libros ha preguntado por él, trabaja para don Hernando Colón y buscan el libro. ¿Qué ha pasado, Brígida? ¿Por qué salen ahora hablando de Jaime?

—Porque don Hernando tenía un ejemplar de ese libro.

—Eso no es posible, se destruyeron todos los que había en la imprenta Cromberger; tu marido así lo hizo.

—Al parecer uno no fue eliminado, se nos escapó y fue a parar a la biblioteca del hijo de Colón; también es mala suerte —se lamentó Brígida.

—¿Suerte? Yo no creo en la suerte, sino en las capacidades de cada uno. O en este caso, incapacidades. Que un ejemplar de Jaime haya llegado hasta la biblioteca de alguien tan relevante como Hernando Colón solo se explica por una imprudencia, no por mala fortuna.

—Eso ahora da igual, necesito tu ayuda —dijo Brígida mirándolo fijamente a los ojos.

—¿Después de tanto tiempo vienes a pedirme que te ayude? ¿De verdad?

—Tú también eras amigo de Jaime —le recordó Brígida.

—Sí, lo era. Y ojalá pudiera haberlo ayudado. El pobre... naufragó en aquel barco.

—Pues yo no estoy convencida de eso.

—¿Qué estáis diciendo? —Miguel Enériz la miró con asombro.

—Mira, Miguel, no estoy segura del todo, porque hace unos años...

—¿Qué pasó hace unos años, Brígida? —Se acercó a ella y la cogió de las muñecas—. Dime.

—Creí verlo.

—A Jaime... Eso es imposible. —La apretó más fuerte—. La flota naufragó, tu propio marido lo confirmó.

—¿Te crees que no lo sé? Pero... —Brígida se liberó de las manos que la aprisionaban—. Fue en la plaza de San Francisco, solo duró un instante. Yo iba caminando hacia la calle de los Genoveses y me crucé con un hombre.

—¿Le viste el rostro? ¿Era Jaime?

—Era un hombre más fuerte y tenía la piel morena, el pelo menos espeso, pero los ojos... Miguel, yo creo que eran sus ojos.

—¿Te miró?

—Sí, lo hizo —susurró como si estuviera confesándose ante un sacerdote en la sacristía—. Un instante, nuestras miradas no se mantuvieron más que un abrir y cerrar de ojos, pero... Era él; era Jaime Moncín.

—¿No le dijiste nada?

—Desapareció corriendo —respondió Brígida emocionada.

—¿No viste nada que lo identificara? ¿Qué ropas llevaba? ¿De dónde venía?

—Solo una carpeta; portaba una carpeta grande, eso únicamente.

—Brígida, puede que solo se pareciera.

—Sí, por eso lo olvidé, o eso creía hasta que ese mercader de libros vino a mi casa preguntando por el libro de Jaime.

—Creo que es imposible que siga vivo. —Miguel Enériz dio varios pasos nervioso—. Tuvo que ahogarse. Dijeron que no hubo supervivientes. Y aunque los hubiera habido, ¿cómo iba a estar en Sevilla? Nos habríamos enterado.

—Han pasado veinte años, nadie se acordará ya de él.

—Si está aquí, ¿cómo se gana la vida? ¿Dónde vive? No puede esconderse de nosotros en Sevilla.

—Miguel, no olvides de quién estamos hablando. —Esta vez fue Brígida quien lo cogió del brazo—. Si Jaime está vivo, es peligroso; no sabemos de lo que es capaz.

—Y Juan... ¿Qué sabe él de esto?

—Sobre Jaime... Yo ya no me fío de mi marido. No quiero preguntarle, me da miedo. No te molesto más, pensaba que quizá Jaime había podido contactar contigo.

—Lo siento, pero te juro que no le he vuelto a ver

57

Badajoz

Badajoz no estaba lejos, cuatro días de viaje por buenos caminos. Hicieron noche en dos posadas en el propio trayecto. No se cruzaron con ningún maleante, ni gente de mal vivir, y cuando por fin llegaron a Badajoz, encontraron una dinámica ciudad, asentada sobre la orilla meridional del río Guadiana, con dos altos cerros rodeándola, el de San Cristóbal y el de Orinaza.

Un enclave entre reinos, en épocas de paz frecuente escenario de bodas, tratados y encuentros más o menos amistosos. Cuando sonaban trompetas de guerra, se convertía en una de las principales plazas estratégicas.

En abril del año 1524 cruzaron una de las puertas de la muralla, que dejaba entrever su pasado medieval. Se alojaron en el palacio de una de las principales familias de Badajoz.

Se convocó a una reunión de todos los expertos de la corona española a fin de trazar una estrategia común frente a los representantes portugueses. Entre ellos se hallaba el marino que había logrado dar la vuelta al mundo y volver de las Islas de las Especias, el vasco Juan Sebastián Elcano.

—Vaya aventura, dar la vuelta al mundo, ¿no os lo parece? —murmuró Thomas.

—Lo que creo es que es un milagro que regresara vivo. —Santiago se sacudió las migas que habían caído sobre su panza mientras comía un tentempié.

—Ser el primero en hacer algo así tiene que ser muy satisfactorio para uno mismo, para la posteridad de su nombre y de su casa.

—A no ser que no haya servido para nada —dijo un Santiago más escéptico.

—Llegó a las islas y volvió, eso es mucho —recalcó Thomas.

—Pero por territorio portugués, ese no era el plan.

—Quizá desde las Islas de las Especias no sea posible dar la vuelta y haya que ir siempre hacia poniente. —Thomas se encogió de hombros.

—Lo importante es si sirvió de algo para nuestro rey y yo eso no lo tengo nada claro —matizó Santiago—. Por cierto, ¿creéis que nos darán algo más de comer antes de la cena?

Thomas no se lo confesaba a Santiago, pero estaba ansioso de conocer al marino vasco que había dado por primera vez la vuelta al mundo, y al verlo finalmente allí se quedó sin palabras. Elcano era un hombre más bien delgado, de buena estatura y que vestía de forma elegante. Tenía una barba poblada y bajo el sombrero que portaba se adivinaba un pelo rizado y moreno. Thomas sentía que estaba viviendo la historia, entre Colón y Elcano.

—Ya estamos todos —dijo otro de los asistentes.

Era Caboto; don Hernando le había hablado de él durante el viaje. Se trataba del piloto mayor de la Casa de Contratación de Sevilla. Un veneciano peliagudo, que había servido al rey de Inglaterra Enrique VIII.

El puesto de piloto mayor no era cualquier cosa; lo designaba directamente la Corona y se requería ser un experto navegante y sobre todo un experimentado cartógrafo capaz de trazar rutas y elaborar mapas. El primer Piloto Mayor había sido Américo Vespucio, y Thomas recordó bien que en la Cristiandad al Nuevo Mundo algunos lo llamaban América en su honor.

Otro de los ayudantes de la Corona allí presente era, paradójicamente, portugués: Diego Ribero, uno de los más reputados cartógrafos. Tenía un puesto en la Casa de Contratación y había adoptado la carta de naturaleza española. Don Hernando sospechaba que él era quien había preparado los mapas para el viaje de Magallanes y Elcano. Sobre todo era conocido como inventor, pues había ideado astrolabios y otros instrumentos de navegación.

Don Hernando no se fiaba de él; a decir verdad, no se fiaba de ninguno.

De Caboto sospechaba que le gustaba más la fama y la riqueza que servir a la corona, en el fondo era veneciano y había trabajado para los ingleses. De Diego Ribero desconfiaba por el hecho de que fuera portugués de nacimiento, y de Elcano porque hubiera sobrevivido a su capitán en el célebre viaje alrededor del mundo.

—La tarea no es sencilla —afirmó Caboto—, Portugal cuenta con magníficos cartógrafos. Conocen mejor que nadie las aguas de China y de las Islas de las Especias.

—Pero no la de las Indias —interrumpió Elcano.

—Cierto, pero esas tampoco las conocemos nosotros al detalle.

—¿Cómo os atrevéis? Yo he cruzado de un océano a otro, he llegado a las islas y he regresado a España.

—Sí, pero moribundo, sin vuestro capitán, con un barco y una treintena de desgraciados —le replicó Caboto.

—Fui y volví a las Islas de las Especias, atravesé el mundo. Demostré que era redondo —espetó Elcano.

—Tranquilizaos —Caboto le hizo un gesto con la mano—. Todos sabemos lo de vuestro viaje. Debíais llegar a las Islas de las Especias y regresar con un tornaviaje. Pero solo habéis navegado siempre hacia poniente, eso no nos bastará en el futuro. Deberíamos poder ir hasta ellas y volver por el mismo camino.

—Eso no es posible, no hay corrientes —interpuso Elcano.

—¿O no las habéis encontrado...? —sugirió Caboto.

—¡Será posible! —El marino vasco apretó los puños y tuvo que contenerse para no saltar sobre él.

—Señores, por favor —intervino don Hernando cargado de paciencia—. Estamos aquí para algo transcendental para el futuro de la corona, no para rencillas personales.

—¿Y vos qué hacéis aquí? —le desafió Caboto—. No sois vuestro padre.

—Yo he viajado a las Indias con el Almirante y conozco sus costas.

—Permitidme que lo dude, erais un crío cuando navegasteis.

—Conozco todos los mapas y libros sobre cartografía.

—¡Basta! —tuvo que mediar Diego Ribero—. Yo soy portugués y aquí estoy, así que dejemos nuestras disputas. En unas horas tendremos contrincantes mayores a los que enfrentarnos; ¿qué podemos argumentar?

—El meridiano está claro —espetó Caboto—. Las Islas de las Especias están más al oeste, así que pertenecen al emperador.

—Olvidáis que los portugueses navegan hacia ellas desde hace décadas y lo hacen bordeando África y por el mar de la India, así que van hacia el este. El meridiano no les afecta —puntualizó Diego Ribero.

—¿Cómo que no? Están hacia poniente, digo —insistió Caboto.

—Ya os lo han explicado, Portugal navega hacia el este, no nos sirve ese argumento —recalcó Elcano—. Además, ellos para volver deshacen el camino. En cambio nosotros debemos pasar por sus territorios...

—Eso es cierto —Diego Ribero habló de nuevo—, y esa es la clave. Si nosotros llegamos por el oeste y no somos capaces de volver a Sevilla también por el oeste; y ellos navegan hacia el este y sí saben volver por ese mismo trayecto, nada podemos argumentar.

—¡No puedo creer lo que estoy oyendo! —gritó Caboto enérgico.

Thomas se fijó bien en él; el veneciano era corpulento, con una barba blanquecina y tan larga que le alcanzaba la barriga. Tenía la cabeza redonda y pequeña, y los ojos parecían perdidos entre tanto pelo. Gesticulaba de manera exagerada, intentando con ello apoyar sus argumentos.

—Señores, solo ahora somos consistentes de la verdadera dimensión de nuestro mundo. —Don Hernando Colón era el que hablaba más pausado de todos ellos—. El tratado de Tordesillas se firmó hace treinta años, cuando no se tenía consciencia del descubrimiento de las Indias, cuando no se había dado la vuelta al mundo. Los reyes de España y Portugal se repartieron los territorios a ciegas.

—¿Y qué sugerís, Hernando? ¿Qué creéis que diría vuestro padre? —preguntó el portugués.

—No sé lo que el Almirante expondría en estos momentos, pero sí sé lo que intentaría encontrar.

—¿El qué? Os recuerdo que buscaba lo mismo que todos, un camino a las Islas de las Especias, y se encontró con un enorme trozo de tierra, tan inmensa que no sabemos aún dónde acaba, y él ni siquiera fue capaz de verlo.

—Cuidad esa boca, Caboto. —Pocas veces don Hernando Colón había sonado tan amenazante.

—¿O qué? —Se puso las manos en la cintura para que se viera bien todo su volumen.

—No soy el enemigo —se defendió don Hernando.

—Tampoco sé qué hacéis aquí.

—El meridiano —afirmó el hijo de Colón— va de norte a sur y marca una línea recta de ciento ochenta grados.

—Eso ya lo sabemos, ¿y qué...? —carraspeó Caboto.

—Me alegro, porque no es verdad.

—¿Qué sandez estáis diciendo? ¿Habéis perdido la cabeza?

—Nunca la he tenido más cuerda, ¡Thomas! —Y llamó a su ayudante—. Traedlo.

Entonces Thomas llegó con una carpeta, la abrió sobre la mesa y sacó dos mapas idénticos, los más actualizados que había confeccionado don Hernando.

—Son iguales, no lo entiendo —afirmó el veneciano.

Entonces don Hernando los alineó, pero el segundo de ellos no lo hizo a la par que el primero, sino que lo desplazó. Entonces Thomas le aproximó una regla de madera.

—Este es el meridiano que se determinó en al tratado de Tordesillas. —Y en el primer mapa trazó una recta por la latitud exacta.

—Muy bien, ¿y algo que no sepamos todos? —inquirió Caboto moviendo ambas manos.

—Después de que Elcano diera la vuelta al mundo, no hay ya duda de que es redondo, por tanto, el meridiano no tiene ciento ochenta grados, sino el doble. O dicho de otro modo, a cada meridiano le corresponde un antimeridiano de otros ciento ochenta grados.

Y todos miraron asombrados cómo Hernando Colón aproximaba la regla al segundo mapa y continuaba la línea trazada en el primero, de tal manera que si antes pasaba por el océano Atlántico, ahora continuaba por el mar del Sur.

—Señores, las Islas de las Especias están de nuevo en el lado español —concluyó para sorpresa de todos los presentes.

—¡Santo Dios! —Elcano lo miró boquiabierto—. Estáis en lo cierto. Es un argumento irrefutable.

—Me alegro de que lo veáis así. —Don Hernando miró de reojo a Thomas.

—Un momento. —El veneciano movió los mapas, los observó y volvió a ponerlos como al principio.

—¿Y bien, Caboto? —inquirió Elcano.

—Dejadnos solos —ordenó el veneciano a los asistentes, incluidos Thomas y Santiago.

Todos obedecieron y se retiraron a una sala anexa.

—Quiero los detalles —dijo Caboto mirando fijamente a don Hernando Colón.

Ya solos, frente a los representantes del emperador, don Hernando Colón expuso su teoría del antimeridiano y la argumentó con mapas, latitudes y documentos. La reunión duró más de dos horas, pero no fue la última. Más de dos meses después seguían discutiendo y presentando alegaciones.

Pero ahora España tenía un argumento de peso y podía amedrentar a la delegación portuguesa; las Islas de las Especias por fin serían españolas.

58

Los gemelos

La reunión en Badajoz fue larga. Thomas aguardó todo el tiempo arrinconado por los nervios. Con mucho tiempo para pensar en el libro de Jaime Moncín, en el asesino de Alonso, en las amenazas de Rosalía y, por supuesto, en la bella Sofía. Se entretuvo leyendo todas las actas que iban escribiéndose sobre la reunión con los portugueses. Por su parte, Santiago se marchó a una plaza cercana y regresó hablando maravillas de una carne de cerdo que había testado. Hasta en situaciones como aquella tenía un hambre feroz.

—Nosotros poco podemos hacer —se justificó—, no creo que alimentar el cuerpo tenga nada de malo.

Don Hernando Colón no abandonó en ningún momento el lugar del encuentro. Los días se hicieron interminables, sin apenas avances. Hasta que una tarde en que Santiago y Thomas aguardaban en una de las salas contiguas a la reunión, don Hernando apareció y les hizo un gesto para que lo siguieran. Juntos salieron del edificio, recogieron sus enseres y se encaminaron a su carruaje.

Una vez dentro iniciaron el viaje de vuelta a Sevilla.

—¿Qué ocurre? ¿Por qué razón marchamos a toda prisa? —Thomas observaba a un don Hernando más preocupado que nunca—. Lo hemos logrado, hemos presentado el argumento del antimeridiano.

—Portugal no lo ha aceptado.

—Pero... No pueden, está claro que las islas son españolas —criticó Thomas.

—Tenemos que mandar a los ejércitos de Su Majestad a invadir Portugal, ya verían cómo se solucionaban todos los problemas —murmuró Santiago a su lado.

—Aunque ellos saben que el argumento es válido, no se rinden

—afirmó don Hernando Colón—. No van a entregar las islas más ricas del mundo sin pelear.

—No lo entiendo, nuestra argumentación es sólida.

—La política es un arte, Thomas —murmuró el hijo de Colón—. Conozco a un diplomático italiano, Nicolás Maquiavelo, que ha elaborado un riguroso tratado, que supongo imprimirá dentro de poco. Pues bien, él me decía siempre: nunca intentes ganar por la fuerza lo que puede ser ganado mediante la mentira.

—Lo que queréis decir es que Portugal nunca entregará las islas —masculló Thomas—. Que buscará argumentos, aunque sean falsos.

—Y los defenderá por la fuerza si es necesario —respondió don Hernando.

—Entonces ¿qué hemos venido a hacer aquí? —Thomas se encogió de hombros.

—Hacer saber a Portugal que no tiene la razón.

—Pero no sirve de nada.

—Sí que sirve, ya lo creo. Porque cuando llegue el momento de enfrentarse por las Islas de las Especias, Portugal será consciente de que España tiene motivos, y negociarán para que no haya una guerra. O habrá una guerra y después negociarán, y cuantas más razones tenga el emperador, mejor acuerdo obtendrá.

—¿Y ya está?

—Sí; hemos hecho nuestro trabajo. Recordad que no somos soldados...

—Ejem... —carraspeó Santiago.

—Es cierto, vos sí, disculpadme. —Don Hernando sonrió al ver la cara de frustración de Thomas—. El arte de la política consiste en saber distinguir la naturaleza del problema y en elegir el mal menor.

—La política... me cuesta entenderla.

—Eso no te lo niego, Thomas.

—¡A mí me parece que todos los gobernantes son unos mentirosos! —exclamó Santiago—. Si pueden, te engañan, y si no pueden, también.

—De todas maneras, yo aún tengo dudas. —Thomas no se daba por vencido—. He vuelto a repasar los documentos, existen detalles que no llego a comprender.

—Nuestro argumento es bueno, no le des más vueltas. La negociación es larga, y mientras, tanto España como Portugal seguirán enviando flotas a las Islas de las Especias. Ya se repartieron el mundo sin preguntar a ningún otro reino.

El regreso a Sevilla fue una lección aventajada sobre diplomacia, una que Thomas jamás iba a olvidar.

La vuelta se hizo larga, tuvieron que retrasarse porque el camino se encontraba en mal estado por unas recientes lluvias. Alcanzaron Sevilla días después de lo previsto, en pleno mes de septiembre. Entraron por la Puerta de Goles y bajaron del carruaje dentro del palacio de Colón. Doña Manuela les había preparado un tentempié para celebrar su regreso, con abundantes y deliciosos guisos. No había podido encontrar doña Manuela mejor catador para sus recetas que el bueno de Santiago.

Se dieron un festín y luego se retiraron a descansar después del duro viaje. Los siguientes días fueron tranquilos, y solo pasada una semana Thomas y Santiago se reunieron cerca del Postigo del Aceite.

—Os necesito un momento, Santiago; he estado dándole vueltas a lo que averiguasteis sobre Jaime Moncín.

—Acabamos de arribar y ya estás pensando en eso otra vez, señor Thomas.

—Los grabados; por ahí estoy convencido de que podemos encontrar un hilo del que tirar —afirmó Thomas—. ¿Conoces dónde podemos indagar más sobre ellos?

—Hay un taller cerca de los alcázares reales, sería conveniente probar en él.

Ambos se alegraban de estar de nuevo en Sevilla, así que apenas se les hizo largo el camino a pie hasta el taller de grabados. Era una casa sencilla; en su interior encontraron a dos hermanos gemelos, de cabello rojizo y dientes prominentes. Ya tendrían sus cincuenta años, pero conservaban una mata de pelo propia de chiquillos.

—Saludos, señores; buscamos unos grabados que se hicieron para un libro de hace veinte años.

—¡Joder! Pues sí que tenéis ganas, a saber dónde está eso —respondió de forma brusca el de la izquierda.

—No conocemos donde se grabaron; ¿es posible que ustedes ya trabajaran entonces?

—Y también hace cincuenta años —respondió el otro hermano—, pero de ahí a que se conserven... —Se rascó la cabellera.

—Eran para un libro de un escritor llamado Jaime Moncín.

—¿Moncín? Me suena.

—Vaya —murmuró Thomas—, es la primera vez que me dicen eso en Sevilla. ¿Y podéis buscar si conserváis algo de ese libro?

—Voy yo —dijo de nuevo el de la derecha—, que precisamente me quiere venir a la mente haber visto unas planchas de esa época hace pocos meses.

Se fue hacia el fondo del taller. El espacio era mucho menor que el de la imprenta de los Cromberger y solo se los veía a ellos dos trabajando. Santiago y él estuvieron un buen rato aguardando, hasta que el gemelo regresó con unas planchas sobre el brazo.

—Yo sabía que algo me sonaba. —Dejó el material sobre un mostrador—. Mirad, son viejas de narices.

Ante ellos había una plancha de cobre con un dibujo de la Giralda y escrito a mano ponía «J. M.».

—Mire, señor Thomas: las iniciales de Jaime Moncín.

—¡Santo Dios! ¿Cómo no me había dado cuenta antes? —Thomas hizo memoria y tuvo que inspirar profundo para sobrellevar la emoción: le invadió el recuerdo de los grabados que mostraba Massimiliano en sus actuaciones, marcados también con esas mismas iniciales...

—¿Qué le sucede?

—Es que... Nada —mintió Thomas—. Es la primera vez que vemos algo de Jaime Moncín, son realmente fabulosos.

—Nos habían dicho que dibujaba muy bien, recuérdelo —dijo Santiago con mucha calma.

—Hay más —advirtió el gemelo, y sacó un papel con una estampación de unos galeones sobre el Guadalquivir—. Este también es suyo. —Y señaló abajo a la derecha donde salía su nombre—. Lo estampamos nosotros, y en efecto fue hace más de veinte años.

—¿Y recordáis a Moncín? —inquirió Santiago, habilidoso con el interrogatorio a aquellos dos hermanos.

—Yo sí —dijo el otro hermano—; ese muchacho tenía talento, ya lo creo. —Se levantó y fue también hacia ellos, tomó la plancha y resopló—. Esta por ejemplo es buena, por eso la conservamos.

—Es cierto —confirmó el otro gemelo.

—Entonces, ¿hacía dibujos para grabados a menudo? —inquirió Santiago.

—Durante una temporada sí, nos lo enviaron recomendado... ¿Quién fue? ¿Tú te acuerdas?

—¿No serían los Cromberger? —preguntó Santiago por sorpresa.

—No me acuerdo —dijo uno de ellos.

—¿Quién nos habló de él? Tuvo que ser algún conocido... —reflexionó el otro.

—Sería algún impresor o editor. —Los gemelos se iban alternando a la hora de hablar, parecía una costumbre en ellos—. Pero no los Cromberger, nos acordaríamos.

—¿Y sabéis si estampasteis unos grabados para un libro escrito por él?

—Eso no —dijo uno de ellos, y el otro asintió—. Ha pasado mucho tiempo.

—Suponiendo que lo hubierais hecho, ¿podría él haber pagado vuestro trabajo? —preguntó Thomas.

—Los grabados son caros; los artistas tienen que dibujar su obra sobre una matriz de cobre y ese material es costoso.

—Ya imaginaba. —El mercader de libros suspiró y apretó los puños—. ¿Y tenéis idea de qué pasó con Jaime Moncín? ¿Sabéis que escribió un libro?

—No, ni idea —respondieron los dos a la vez.

—Estaba ilustrado por grabados de dibujos suyos. Eran unas estampas frívolas, creemos que de escenas amorosas. ¿De verdad no recordáis haberlo hecho vosotros?

—Pero ¿por quién nos toma? ¡Eso es inmoral...! —dijo el de la izquierda, ofendido.

—Además, si eran frívolas, nos acordaríamos —dijo el de la derecha, más picarón.

—Discúlpenme. —Thomas temió estar equivocándose.

—De todas formas, nosotros no conocemos siempre dónde acaban los grabados, así que, aunque los estampáramos aquí, pudieron no decirnos el destino final —dijo el de la derecha.

—Una vez vino alguien preguntando por él —dijo entonces el otro—, tú no estabas.

—Pero si yo estoy siempre.

—Aquel día no. No estabas. Era un hombre encorvado, con la

piel morena por el sol. Preguntó también si teníamos dibujos originales de Moncín.

—¿Y? ¿Dijo su nombre? —Santiago saltó rápido.

—No. Recuerdo que compró papel y carboncillos. Puede que no tenga nada que ver, aunque no todos los días viene alguien preguntando por este artista.

—¿Recordáis algo más sobre ese hombre? ¿Algo peculiar?

Los gemelos se miraron el uno al otro y negaron con la cabeza al mismo tiempo.

—Han sido muy amables. —Santiago dejó unas monedas sobre la mesa—. ¿Seguro que no se les ocurre algo más que pueda ayudarnos a dar con Jaime Moncín? No sé, algún detalle, algo.

—No creo —dijo uno de los gemelos.

—Solo una cosa: yo he visto grabados de dibujos suyos en libros recientes —añadió el otro.

—¡A mí no me habías dicho nada! —dijo ofendido su hermano.

—Porque no le di importancia hasta ahora. ¿Y por qué tengo que contártelo todo, si puede saberse?

—Porque somos hermanos. Porque trabajamos juntos.

—Un momento. —Thomas intentó mediar en la discusión—. ¿Está seguro de lo que dice?

—Sí, porque el estilo es evidente y la firma es «J. M.».

—¿Y recuerda en qué libro los vio?

—Claro que sí: en uno sobre el Nuevo Mundo —respondió el gemelo—. Fue en el mercado del Malbaratillo, hace un año. Allí van todos los libros robados de Sevilla.

—Así que habéis visto grabados de plantas y árboles firmados por Jaime Moncín ilustrando libros sobre el Nuevo Mundo.

—Sí, pero nada de escenas inmorales, se lo aseguro —advirtió el de la izquierda.

—¿Nada más? —preguntó el viejo soldado.

—Me temo que no.

—Gracias, nos habéis sido de gran ayuda.

Santiago y Thomas se despidieron de ellos y salieron del taller de estampación con el rostro contrariado.

—¿Qué demonios le ocurre?

—Nada —respondió Thomas.

—¡Pardiez! Nunca le había visto así de apático, ni que hubiera visto un fantasma. Tenemos una pista, una buena pista —recalcó Santiago.

—Que nos lleva a un pozo sin fondo; buscar en ese mercado es como hacerlo en el océano. Nunca lo encontraremos allí, se lo aseguro. —Thomas intentó reaccionar.

—¿Y su amigo? El de Triana. Quizá pueda ayudarnos.

—Sebas...

—Se mueve por esos ambientes, ¿no? —le recordó—. Si se lo pide, quizá encuentre la manera, no perdemos nada.

59

El puente de barcas

Sebas andaba en compañía del Cascanueces cerca del puente de barcas. Estaban cargando barricas de anchoas traídas desde Málaga y pescado seco, que contenían albarinos, cornudillas y dentudos, y también sardinas blancas para usar de cebo para pescar atunes. A su lado pasó un cargamento de chinchorros, con arpones y anzuelos. Siguió por la orilla donde un grandullón canturreaba una cancioncilla sobre el jamón y el queso:

—Tres cosas me tienen preso de amores el corazón: la bella Inés, el jamón y berenjenas con queso...

Sebas tenía los ojos bien abiertos, flanqueó al que cantaba y fue hacia una barcaza que llegó de aguas arriba. Al frente estaba un hombre moreno de cabeza hundida y ojos saltones.

—¿Cómo va la cosa?

—Hemos subido doscientas arrobas de vino.

—Eso no era lo pactado —advirtió Sebas.

—No ha habido más remedio, vinieron hombres de la Casa de Contratación.

—¿Y el queso? ¿Se han llevado las setenta libras?

—Sí, lo estipulado; también los cincuenta quintales de bizcochos y las doce arrobas de vinagre.

—Eso está mejor. —Sebas negó con la cabeza y miró al Cascanueces, que lo acompañaba—. Déjale un recuerdo para que no se le olvide otra vez lo del vino.

—Pero ¿qué quería que hiciera? —El hombre de ojos saltones retrocedió.

—Buscar la manera de solucionarlo, eso es responsabilidad tuya. Si tienes un problema con las autoridades, debes arreglarlo, porque si no, me creas uno a mí, ¿entiendes? Y si no sirves para ello, es mejor que te vayas. Es sencillo, ¿no?

—Me sorprendieron... —dijo con tono tembloroso.

—Peor me lo pones. —Sebas se alejó de la orilla mientras el Cascanueces daba un tremendo puñetazo en la mandíbula de aquel hombre.

Sebas continuó sin dilación hacia Triana, sabía que no podía permitir fallos. Estaba haciendo lo correcto; aquella lección serviría para dar ejemplo. Con su labor iba a conseguir que todos los delincuentes de Sevilla respondieran ante él. Algún día se valoraría su esfuerzo. No se robaban entre ellos, y si a alguien se le iba la mano, él mismo ponía orden e impartía justicia, su justicia.

Uno de sus chivatos vino corriendo y le informó de que Thomas y su fiel Santiago estaban cruzando el puente de barcas. Sebas se alegró y apresuró el paso.

Al poco tiempo se encontró con ellos cerca de la iglesia de Santa Ana.

—Qué sorpresa que tan célebre caballero se deje caer por este humilde arrabal. —Y dio un abrazo a Thomas.

—¿Qué tal estás, Sebas?

—Bien, trabajando mucho. Dicen que eso es bueno, pero no sé yo... —Soltó una carcajada.

—No sé cómo lo haces, pero siempre que vengo a verte eres tú el que me encuentras primero. ¿Recuerdas a Santiago?

—Por supuesto, veo que tampoco os va mal o no podrías permitiros mantener esta despensa. —Señaló la barriga de Santiago.

—Esto es de nacimiento, señor mío, reservas de agua —contestó el soldado, sin disimular su antipatía por el ladronzuelo.

—Pues podríais sobrevivir en un desierto con todo eso, o hacer subir el nivel del Guadalquivir cuando viene bajo; cuidado, no se vuelva a inundar Sevilla —contestó Sebas, subiendo el tono chulesco.

—Sebas, Santiago, haya paz... —Thomas les echó una mirada de desaprobación.

—¿Qué os trae por aquí, amigo mío?

—Buscamos un libro.

—¿Otro libro? Qué novedad; al final vais a formar una biblioteca como la de vuestro jefe.

—Este es sobre el Nuevo Mundo, con grabados, y se publicó en fechas recientes. Dicen que vieron alguno por el mercado del Malbaratillo, pero ya sabes lo que es eso...

—Y quieres que yo te lo encuentre, ¿es eso?

—Los grabados están firmados con las iniciales «J. M.».

—Ven conmigo un momento. —Separó a Thomas de su compañero, llevándoselo a suficiente distancia para no ser oídos—. ¿Qué hay de lo mío?

—Por eso vengo, pero seamos discretos. —Alzó la vista hacia el castillo de la Inquisición.

—Sígueme entonces.

—Aguardadme aquí, Santiago; está todo bien.

El soldado lo miró con desaprobación, pero cumplió la orden.

Sebas se coló por una callejuela que parecía no tener salida, pero empujó una puerta a la izquierda y accedieron a un patio que comunicaba a su vez con otra calle.

—Aquí podemos hablar, Thomas. Dime qué has averiguado para mí.

—Escucha: durante tres años se ha construido una armada para cruzar de nuevo el mar del Sur. El emperador ha nombrado a García Jofre de Loaisa comendador de la Orden de San Juan, capitán general de la Armada y capitán general y gobernador de las Islas de las Especias.

—Las Islas de las Especias; estoy al corriente de que venís de una reunión para dilucidar a quién pertenecen.

—¿Cómo podéis saber eso? Era una reunión secreta...

—Da igual, pero es un dato que da veracidad a tus palabras. —Sebas gesticuló con ambas manos—. ¿Qué más?

—La armada partió de La Coruña en agosto. La expedición la forman siete naves, entre ellas la nao *Santa María de la Victoria*, al mando de García Jofre de Loaisa; y la *Sancti Spiritus*, bajo el mando de Juan Sebastián Elcano.

—Así que La Coruña va a hacer la competencia a Sevilla.

—Solo si triunfa la expedición a las islas.

—Bien, buena información. Me sirve. Thomas, preguntaré en el mercado y te digo sobre los grabados.

—¿Dónde te encuentro?

—No, ya te busco yo; tú ve tranquilo.

—Y del asesino de Alonso, ¿hay alguna novedad?

—La habrá, ten paciencia.

—Gracias, Sebas. —Y le agarró del brazo.

—A ti. —Le devolvió el gesto.

Se despidieron con un abrazo, y bajo la atenta mirada del Cascanueces, Thomas y Santiago regresaron por el puente de barcas.

—Dicen muchas cosas de su amigo por Sevilla, y no hablan de sus obras de caridad, precisamente... —murmuró Santiago cuando se había alejado lo suficiente.

—Sebas es un buen hombre.

—Está creando una congregación de maleantes; los obligan a ingresar bajo su mando, y si no... desaparecen de Sevilla, o caen al río.

—No me lo creo.

—Aseguran que es la primera vez que ven a asesinos y ladrones tan asustados, que le tienen más miedo a su amigo Sebastián y al Cascanueces ese que a la Santa Inquisición.

—¿Y os lo creéis?

—Yo solo os digo lo que se cuenta —advirtió Santiago.

—Los dos sabemos que la gente habla demasiado —le recriminó un Thomas enojado—. Volvamos intramuros.

—Como digáis.

Cruzaron por los alrededores de la catedral, que se hallaba abarrotada de comerciantes que anunciaban a los cuatro vientos las mercancías de aquel día. Cuando ya la dejaban atrás, se oyeron unos gritos de indignación. Al volverse vieron a unos religiosos alzando las manos en signos ostensibles de enfado, encarándose con los mercaderes y obligando a intervenir a varios alguaciles.

—¿Qué sucede?

—Nada nuevo, me temo —contestó Santiago, que no tardó en volver a su paso, Thomas se mostró más renqueante—. El arzobispo no aprueba que se comercie en las gradas de la catedral.

—Pero si todo el mundo lo hace...

—Precisamente por eso le enoja tanto; sus quejas vienen de largo contra los negocios en las gradas de la catedral o en el patio de los naranjos. O los que se llegan a realizar en el interior del propio templo en los días de lluvia. Ha puesto esas cadenas y vigilancia en los alrededores de la catedral, aunque de nada sirve.

—Los comerciantes necesitan un espacio para sus transacciones —masculló Thomas pensativo.

—Cierto, una lonja como la que hay en otras ciudades. Sevilla ha crecido mucho en poco tiempo. ¿Sabes que únicamente la catedral del Vaticano de Roma es más grande que la de Sevilla?

—No, nada sabía de eso.

—Y pronto será la ciudad más poblada de la Cristiandad y en la que más negocios se hagan, desplazando a Amberes —masculló Santiago—. Hay que tener cuidado cuando se crece mucho y tan rápido, a veces se pueden producir problemas.

—Entiendo. —Thomas observó de nuevo la discusión de los religiosos con los mercaderes.

Entonces el gentío que iba delante de ellos se echó a un lado, produciéndose un profundo silencio. Y cuando vieron aparecer a un grupo de hombres por el centro de la vía, todos agacharon la cabeza y se hicieron a un lado. Portaban un distintivo muy significativo: un escudo con una cruz en el centro y, a un lado, una rama de olivo, y, al otro, una espada. La paz y la guerra, por la Iglesia de Cristo.

—¿Qué ocurre? —Thomas susurró.

—Es la Santa Inquisición; pobre del que atrapen.

Los inquisidores marchaban serios y firmes, y Santiago desvió de inmediato la vista para otro lado. Cuando la comitiva desapareció, el ruido y los empujones volvieron como si nada hubiera ocurrido.

—Creo que voy a ir a hacer unos asuntos que tengo pendientes —comentó Santiago algo alterado—. Nos vemos mañana en el palacio Colón.

—Sí, claro. ¿Estáis bien, Santiago?

—No os preocupéis.

Thomas tuvo la tentación de ir tras él, pero creyó que en aquellas circunstancias era mejor dejarlo solo. Era obvio que la vista de la Santa Inquisición no le había resultado nada placentera y había removido recuerdos en su interior. Como no estaban lejos de la residencia de Juan Cromberger, Thomas decidió seguir un impulso y se acercó hasta allí.

Se quedó mirando la fachada de la casa, un edificio muy elegante, a la moda de las nuevas corrientes que llegaban de Italia, aunque más modesta que el espectacular palacio de los Enériz.

Sopesó llamar a la puerta y se dio cuenta de que sería complicado justificar su presencia. Por la hora que era, quizá el señor Juan Cromberger no estuviera; otro cantar era su esposa, Brígida Maldonado. Y aquella mujer era astuta, no podría engañarla.

Así que optó por aguardar en la esquina de enfrente, pensando qué hacer. Entonces vio a un grupo de zagales jugando por la calle. Los examinó bien y escogió una víctima, un crío de pelo largo y negro.

—¡Tú! ¿Quieres ganarte una moneda?

—Eso no se pregunta, señor.

—¿Cómo te llamas?

—Teo —respondió con ímpetu.

—Mira, Teo, quiero que llames a esa puerta. —La señaló con su mano—. Si te abre una mujer mayor, le pides dinero para la iglesia; no te lo dará y tú te marchas.

—Pero me darás la moneda.

—Sí, yo te la doy, seguro. Escucha. —Le cogió de las mejillas—. Si te abre una mujer joven, entonces tienes que decirle que el mercader de libros la espera frente al teatro de comedias de don Juan, ¿entendido?

—Y la moneda...

—Te la doy cuando vuelvas de llamar, vamos.

—Ahora —musitó el niño.

—No, que te vas corriendo. Haz lo que te he dicho y te la daré. —La puso en la palma de la mano para que la viera bien—. ¿O prefieres que llame a un amigo tuyo para este recado?

—No, no. —Salió corriendo.

El muchacho llamó y se quedó frente a la puerta, Thomas no podía ver bien si le habían abierto o no, pero por el rato que tardó supuso que sí.

—¿Quién te ha abierto?

—Quiero mi moneda.

—Pero dime antes qué mujer era.

—¡La moneda!

—Está bien. —Abrió de nuevo el puño para que la viera—. Pero dime...

Entonces el zagal fue más rápido y se la arrebató.

—¡Maldita sea! —No logró cogerlo y cayó al suelo—. ¡Eh! ¡Ven aquí!

Cuando logró incorporarse, el muchacho había desaparecido y Thomas no sabía si había hablado o no con Sofía, ni tampoco si ella le había respondido. No obstante, poco podía hacer, así que se dirigió hacia el barrio de Santa Cruz. El corral de comedias estaba preparando una actuación para esa misma noche y las puertas estaban abiertas. Dentro se escuchaba a los actores y actrices ensayando sus frases.

Thomas recordó con emoción la comedia que había visto con Alonso; cuánto le había gustado. Las campanas de la Giralda repicaron. El joven pensó que nadie acudiría a su encuentro. Aquel crío o le había engañado o había hablado con Brígida en vez de con su hija, tanto daba.

Se despistó observando a la actriz que ensayaba unos versos en voz alta y por eso no vio acercarse a una bella joven por su espalda.

—¿Me vas a invitar al teatro?

Sofía lucía preciosa, de nuevo con un vestido verde, el cabello recogido y un colgante dorado en su pecho.

—¿Te gustaría pasar?

—¿Ahora? Sí, claro; ¿podemos?

—Seguro que sí. —Y le hizo una leve reverencia para que entrara ella en primer lugar.

Sonrió contenta de la pequeña fechoría de colarse en el ensayo. Aunque pareció que su alegría iba a durar poco, pues uno de los hombres que había por allí los vio y fue malhumorado hacia ellos.

—¿Qué hacen aquí?

—Nos gustaría sentarnos y ver el ensayo —dijo Thomas.

—¡De ninguna manera! Deberán esperar a la noche y pagar la entrada.

—No nos gustan las multitudes, y no molestaremos. —Thomas sacó dos monedas y se las ofreció.

—Pero es que no está permitido.

—Seguro que podéis hacer una excepción. —Y sacó una tercera.

—De acuerdo; pero no hablen ni digan nada de lo que vean, estrenamos esta noche.

—Tiene mi palabra.

—¿Siempre consigues lo que quieres? —murmuró Sofía sonriente.

—Dímelo tú.

Sofía se echó a reír.

—Quizá estos numeritos te sirvan con las mujeres de Triana, pero yo soy una dama. A las mujeres de Sevilla no se nos engaña fácilmente, te lo advierto.

—Yo jamás te engañaría, yo soy tal como me ves. Un soñador, un aventurero, en realidad. Un romántico... Sofía, ¿a ti gustaría viajar? El mundo es ahora casi infinito, hay islas y tierras a las que todavía no hemos ni llegado.

—Islas desiertas o llenas de salvajes, quieres decir...

—No todas son así, y en ellas, además, no habría ojos que nos vigilaran. Seríamos libres, Sofía —dijo Thomas.

—¿Me llevarías al Nuevo Mundo?

—Sin duda —respondió él tajante.

—No eres español, no puedes viajar allí.

—Encontraré la manera, igual que lograré que vuelvas a besarme.

—¡De eso nada! —Se apartó de él—. Te recuerdo que estoy prometida. Lo del otro día no volverá a suceder.

—Como quieras, pero no te dejaré ir si no me das un beso.

—¿Estás loco? No pienso... —Bajó la voz—. No voy a besarte de nuevo, y menos aquí.

—Ven. —La cogió de la mano.

—¡Suéltame! Que nos van a ver.

Thomas la guio bordeando el tablado donde estaban ensayando la obra de teatro. Se agachó y la hizo entrar debajo del escenario, sobre el cual los actores seguían recitando los versos de sus textos.

—No voy a besarte —insistió Sofía.

—¿Por qué no?

—Lo sabes de sobra; estoy prometida y, además, no quiero.

—¿Y si quisieras? ¿Entonces me besarías? —insistió Thomas.

—Puede... ¡No lo sé!

—Sé que lo deseas; los griegos y los romanos entendían el deseo como una fuerza cósmica, que todo lo podía. Yo solo te pido un beso, nada más.

—Thomas, no es justo... —Sofía resopló—. Está bien, pero solo uno.

—Te lo prometo.

Pero él no cumplió su palabra y cuando sus labios se unieron de nuevo, Thomas la apretó contra su cuerpo; fue de nuevo un beso prolongado, como cuando disfrutas de un aroma embriagador y lo inspiras lentamente. Fue un beso que dejó de ser un beso para convertirse en algo más duradero, más profundo.

Solo los gritos de los actores los despertaron de su ensueño.

—Bueno... —Sofía se intentó arreglar el peinado—. Creo que... debo irme.

—Sí, te acompaño.

—¡No! —Fue agachada hacia la salida—. La próxima vez no mandes a nadie que llame a la puerta. Detrás de la casa hay una ventana, da a la cocina. Deja una nota debajo de una maceta azul y yo la leeré.

Santiago andaba todavía sobreponiéndose a la visión de los inquisidores; caminó deprisa hasta la zona donde se ubicaban los almacenes de aceite de Sevilla. Había un acceso secundario de la muralla, el llamado Postigo del Aceite. Lo atravesó y abandonó la ciudad para dirigirse hasta el mercado del Malbaratillo. A esas horas no quedaban muchos vendedores; deambuló por allí hasta que se fijó en una tendera anciana recogiendo ya los abalorios, sortijas y bisuterías que vendía. Fue hacia ella.

—¿Qué buscáis, soldado?

—¿Cómo sabes que soy soldado? —Santiago se puso en guardia.

—Todos los hombres de armas camináis igual, con la mano derecha algo elevada, moviendo los dedos ansiosos de coger una espada —dijo ella.

—Muy observadora. —Santiago sonrió, sabía valorar cuando alguien era astuto—. Quizá podáis ayudarme. Necesito un regalo especial para mi dama...

60

La boda

Durante las semanas siguientes, Thomas y Santiago anduvieron buscando sin éxito más información sobre Jaime Moncín en otros talleres de estampación de grabados. La suerte les estaba siendo esquiva y nada nuevo averiguaban.

Llegó el cambio de año; lo celebraron en el barrio de Santa Cruz con un tiempo inmejorable. Nada que ver con el frío al que estaba acostumbrado Thomas más al norte.

El nuevo año trajo una noticia que alteró la vida de Sevilla, un acontecimiento único que dejó a un lado todo lo demás. El emperador Carlos V iba a casarse y la ciudad elegida para tan magnánima celebración había sido Sevilla.

La futura reina de España iba a ser la princesa Isabel de Portugal, y la ceremonia tendría lugar en el Alcázar en marzo.

No se hablaba de otra cosa y la ciudad se transformó. Se comenzaron a engalanar todas las fachadas, no solo de los palacios, también de las casas más humildes. Hasta para la torre de la Giralda se preparó una ambiciosa ornamentación.

Sevilla se llenó todavía de más color del habitual, de un color especial. De plantas, de adornos, de flores; se empezó a pavimentar las calles por donde iba a pasar la comitiva. Se limpiaron plazas y jardines. El movimiento era frenético y todo, absolutamente todo lo que sucedía, tenía que ver con la inminente boda.

Hasta que llegó el día y salieron a la Puerta de la Macarena los señores del Senado y el regimiento de Sevilla a la cabeza, todos a recibir a Su Majestad la emperatriz. El ilustrísimo duque de Arcos, alcalde mayor de Sevilla; los señores del cabildo de la iglesia de Sevilla, y los colegiales del insigne colegio de Santa María de Jesús;

caballeros y escribanos públicos, ciudadanos y mercaderes naturales y extranjeros, a mula y a caballo.

En la Puerta de la Macarena se había erigido un arco triunfal, y otros seis marcaban el camino hasta el centro de la ciudad. La multitud se agolpó al paso de la comitiva, tanto en la calle como en las ventanas de las casas. Y así, flanqueada por una numerosa muchedumbre, la emperatriz avanzó, entre vítores, hacia el Alcázar.

Thomas observó el desfile desde la cercana catedral; lo fascinó el fervor con que fue recibida la princesa. Después de tanto esfuerzo para enfrentarse a los portugueses en Badajoz, ahora el emperador forjaba una alianza, que quién sabe si no terminaría uniendo ambas coronas.

Pensaba en Badajoz, en el tratado por las Islas de las Especias. Lo enervaba que cayera en saco roto todo su trabajo y esfuerzo, el suyo, el de Santiago, el de don Hernando Colón...

—Ni que hubieras visto un muerto, Tomasito —dijo una voz a su espalda.

—La ciudad se ha vuelto loca, Sebas.

—No todos los días se casa aquí un rey; mejor dicho, todo un emperador —afirmó su amigo mientras daba un par de pasos para situarse a su lado.

—¿Cuánto durará esto?

—Dicen que un par de meses, hay preparadas justas y torneos en la plaza de San Francisco, y fiestas de toros y juegos de cañas. Pero deberán suspenderlas mientras coincidan con la Semana Santa.

—No me da ninguna pena.

—Ya imagino. —Se echó a reír—. Escucha, tengo nuevas. —Y puso la mano sobre el hombro de su amigo.

—¿Sobre los grabados?

—Así es. En efecto, hay dibujos con esas iniciales en varios libros sobre el Nuevo Mundo.

—¿Cómo en varios?

—Sí, paisajes con árboles y plantas —explicó Sebas—, por lo que he averiguado. Se pone gran esmero en dibujar con todo detalle las nuevas especies vegetales que hay en las Indias. Muchas las están trayendo aquí.

—Lo sé, don Hernando tiene una huerta enorme repleta de ellas.

—Bien, pues uno de los mejores ilustradores es «J. M.». Parece ser bastante preciso y de fiar.

—¿Y sabéis desde dónde las manda? ¿Desde La Española o Nueva España?

—Eso es lo mejor. —Echó un ojo alrededor, como asegurándose de que nadie los vigilaba—. No te lo pierdas. Las entregan aquí mismo.

—¿En Sevilla?

—En Sevilla. En las gradas de la catedral; ya sabes que es donde más negocios se hacen en esta ciudad.

—¿Y quién las entrega? ¿El autor?

—Una mujer.

—Espera un momento. —Thomas no podía creerlo—. ¿Sabéis su nombre?

—Eso me temo que no.

—¿Y dónde vive o para quién trabaja?

—Absolutamente nada al respecto —respondió Sebas.

—¡Maldita sea!

—Sin embargo... Hay algo que sí que sé, y que puede servirte —le dijo con cierto aire de misterio—. Es una mujer de piel oscura como el carbón.

—¿Una esclava negra?

—Seguramente, y me han dicho que muy hermosa, con los ojos de fuego —especificó—, aunque nadie la conoce ni saben para quién trabaja.

—Una esclava con los ojos de fuego... No puede ser.

—Comentan que siempre viene oculta con una capa y capucha, pero uno de los comerciantes que compran los grabados llegó a ver su rostro en cierta ocasión, y era joven y bella.

—Conozco a una mujer así, pero podría no ser ella...

—Ya no puedo ayudarte más, te he dicho lo que sé. Lo que haré es comprobar esta información e intentar averiguar el nombre de esa mujer, al menos.

—Gracias, Sebas. Sería estupendo.

—De nada, amigo; me marcho. Sevilla va a estar unos días muy revuelta, hay muchos soldados y extranjeros.

—¿Y eso es bueno? ¿O malo?

—Es mejor que no lo sepas. —Sonrió—. Cuídate.

Ese mismo día, Santiago fue al palacio de Colón. Marcos le abrió un tanto sorprendido de verlo aparecer solo; con la llegada de la princesa portuguesa, todo el mundo estaba en la recepción. Aquel día nadie trabajaba en la biblioteca, ni siquiera don Hernando había faltado a la llegada de la futura reina.

Santiago pronto logró persuadir al celoso portero y accedió al interior. Aquel día, el jardín estaba espléndido; ya habían florecido varias plantas de colores rojos y amarillos, que brillaban con fuerza bajo aquel sol de marzo. Se fijó en unas flores especialmente bellas y tuvo la tentación de cortarlas, se sentía sensiblero; pero se contuvo y siguió hacia la cocina.

Doña Manuela era de las pocas personas que estaba en el palacio. Santiago entró de manera sigilosa en sus dominios y la observó en silencio desde el umbral de la puerta. Le encantaba mirarla cocinando, contemplar la habilidad con la que se movía entre ollas y pucheros, cómo probaba las salsas y añadía más condimentos. Y es que, cuando doña Manuela se sentía tranquila y disfrutando de lo que más le gustaba en la vida, su rostro brillaba y se mostraba hermoso.

Santiago estaba enamorado de ella; durante mucho tiempo pensó que el amor ya había pasado de largo. Que su estancia en las cárceles de la Inquisición lo había despojado de toda su capacidad de entregarse a nadie. Sin embargo, doña Manuela lo había hecho rejuvenecer y había sanado las heridas más profundas de su alma.

Quería darle una sorpresa; le había comprado un regalito, humilde pero con todo su cariño: una aguja para prender en el pelo, para que mostrara su hermoso cabello cuando fueran de paseo, pues en la cocina lo llevaba siempre tapado con un pañuelo. Así que, en vez de entrar por la puerta de la cocina, Santiago dio un rodeo y accedió por otra de servicio. Así entró en el palacio y llegó a un pasillo. No había estado nunca en esa zona, así que dudó un poco por dónde ir, hasta que se orientó y supo guiarse de nuevo hacia la cocina. Cruzó por delante de varias puertas; una de ellas estaba entreabierta y no quiso mirar.

Pero lo hizo.

Por aquel pequeño hueco observó a Rosalía, su espalda estaba desnuda y unas manos blancas la recorrían.

Santiago sintió un escalofrío, se quedó paralizado y aunque no quería, volvió de nuevo la mirada hacia el interior. Ahora Rosalía se había incorporado y la pudo contemplar en toda su belleza. Nunca había visto una mujer más bella. Tenía el pelo suelto cayendo por su espalda como una tela de araña.

Se quedó totalmente de piedra, sin capacidad de reacción, hipnotizado.

Y entonces ella volvió la cabeza hacia él.

Solo entonces Santiago reaccionó, tan torpemente que echó a correr y abrió la primera puerta que encontró. Se apoyó contra la pared, con el corazón a punto de salírsele del pecho y rezando a todos los santos que lo sacaran de esta.

Pensó en doña Manuela; le repudiaría si Rosalía se lo contaba. Daría por sentado que era un pervertido, o que admiraba secretamente a la esclava. Eso no era verdad. Había sido un descuido. Pensándolo bien, quizá ella no lo había visto, había sido solo un instante. Si lograba permanecer allí oculto podía salvarse, en ello confiaba.

Pasó el tiempo y nadie abrió la puerta.

Santiago respiró aliviado. Dios lo había salvado, esa era la única explicación. Dios estaba del lado del amor. Rezaría todas las noches para agradecérselo. Se relajó un poco y abandonó la pared; el corazón ya le latía más despacio y respiraba mejor. Se apoyó en una mesa que había en la habitación y se pasó la mano por el rostro.

¿Cómo había podido ser tan torpe?

En la mesa vio unas hojas de buen papel. Tomó las primeras hojas y estaban en blanco, hasta que llegó a uno en el que... Lo que vio... Miró a su alrededor.

La puerta se abrió y Santiago vio aparecer aquellos ojos oscuros, llenos de fuego.

—Puedes estar tranquila, no le diré nada a nadie; lo juro...

61

El emperador

No menos solemne que el recibimiento de la princesa Isabel fue el que la ciudad dispensó al emperador cuando llegó a Sevilla en marzo. Entró también por la Puerta de la Macarena y pasó bajo los mismos arcos triunfales hasta llegar a la catedral; se apeó en la Puerta del Perdón. Allí, en un rico altar, de rodillas, juró el emperador guardar las inmunidades de la Santa Iglesia. La música entonó el *Te Deum laudamus* y un coro de niños lo fue cantando hasta la Capilla Mayor, donde había otro sitial y unas almohadas, en las que se arrodilló el emperador.

El arzobispo dijo una larga oración y toda la comitiva encabezada por el emperador entró en el Alcázar, el antiguo palacio musulmán, que fue engalanado con adornos exquisitos.

Carlos V se desposó con la emperatriz por palabras de presente, por manos del cardenal Salviati en la cuadra de la Media Naranja. Aunque era sábado de Pasión, Sevilla celebró tan magnánimo enlace; todos sus habitantes salieron a las calles y olvidaron por unas horas la Semana Santa.

Thomas andaba por los alrededores de la catedral, admirando todo el espectáculo que se había organizado ante la magnánima celebración nupcial.

Santiago no había aparecido. Le había dicho que tenía algo importante que hacer, algún recado para su querida doña Manuela. No había dado señales de vida. Tampoco era la primera vez que desaparecía y, estando Sevilla como estaba, era difícil aventurar por dónde andaría.

Thomas no aguardó más y fue a donde se alojaba Santiago en el barrio de Santa Cruz. Por aquellas calles había muchas viviendas vacías desde que se expulsó a los judíos, y muchos habían hecho fortuna apropiándose de ellas y alquilándolas ahora a otros.

Hermenegilda, la dueña de la estancia donde dormía Santiago, era más retorcida que una serpiente. Miraba siempre de reojo y murmuraba en voz baja para sí misma. Vestía de negro e iba siempre con la cabeza tan cubierta que parecía una bruja, como decía Santiago.

—Me tiene que pagar esta semana —le advirtió.

—Lo hará en cuento regrese, pero ha pedido que le coja unos papeles, cosas para el trabajo.

—¿Seguro? ¿Cómo sé que no le robaréis?

—Señora, por favor. Que me habéis visto con él varias veces y yo trabajo para el hijo de Colón en su palacio de la Puerta de Goles.

—Como si lo hacéis para el emperador, aquí todos pagan sus deudas.

—Le juro que Santiago lo hará cuando vuelva; confíe en mí, por Cristo santo.

Le costó Dios y ayuda que le abriera la puerta. La estancia de Santiago era austera; eso sí, estaba ordenada y limpia. La ventana se hallaba decorada con un par de macetas. Había también una palangana y un orinal que relucían como nuevos en una esquina. La pequeña mesa que había contra la pared estaba vacía, lo cual le extrañó. Siempre se había imaginado a Santiago pintarrajeando conspiraciones, escribiendo nombres y sospechosos.

Buscó por los dos cajones que tenía; también estaban vacíos. En el armario solo halló algo de ropa, ni un libro. Aquella alcoba era propia de un soldado. Se sentó sobre el jergón, pensativo, y después se tumbó boca arriba y se imaginó a Santiago allí, en la misma posición, de noche.

¿Dónde estaría aquel buen hombre?

Santiago no se habría ido sin avisar, y sin su ropa, dejando el alquiler a deber. Él no era así, era un hombre de honor.

Siguió pensando unos minutos, hasta que se levantó y agarró el jergón. Metió la mano debajo del colchón y sonrió. Lo desplazó por completo, y vio unos papeles y un cuchillo de un palmo.

Examinó el material, convencido de que quizá encontrara algo que le sirviera para saber dónde estaba Santiago.

Tomó las hojas entre las manos y leyó el texto.

Se le estremeció el corazón.

Reconoció al instante lo que eran: parte de las tesis de Lutero. Un texto protestante en el corazón del imperio español, en la muy católica ciudad de Sevilla.

Ahora entendía las cicatrices del cuerpo de Santiago: lo habría torturado el Santo Oficio, por hereje. Y vino a su mente la imagen del castillo de la Inquisición, negro como la noche, vigilando desde Triana a todos los barcos que subían por el río. Qué atrocidades debían cometerse en su interior, pobre de aquel que cayera preso entre sus muros. Llevaba años oyendo historias sobre aquel tribunal y sus crueles métodos de tortura, desde mucho antes de llegar a España. Con que solo una pequeña parte fuera cierto, ya era aterrador.

Y aun así, Santiago se atrevía a ocultar aquellas hojas luteranas, páginas de un libro prohibido. Pero él era un soldado del imperio español, no le encajaba ser seguidor de las tesis de Lutero. Thomas pensó entonces que lo había subestimado, que todos somos más complejos de lo que parecemos a simple vista y que Santiago no era menos fiel al rey de España por leer aquellos textos.

¿Cómo podía precisamente él dudar de alguien por leer?

No podía dejarlos ahí, si alguien los descubría sería su perdición. Tampoco podía sacarlos, se arriesgaba a que lo detuvieran a él.

Pensó en una solución.

Salió de la estancia y le pidió un candil a Hermenegilda con la excusa de que había poca luz, y previo pago de una moneda. Se encerró y quemó sin dilación los textos luteranos.

Nunca pensó que haría algo así: destruir un libro, quemarlo. Él, que tanto los amaba... Nada podía justificar algo así, pero sabía que su vida y la del propio Santiago estaban en juego. No obstante, era consciente de que se arrepentiría toda su vida de lo que estaba haciendo.

Después salió del edificio, muy abatido, marchó directo al palacio Colón y buscó refugio en su cabaña. Estaba todavía asustado por lo que había tenido entre manos, y por el paradero de su amigo; la Santa Inquisición le daba auténtico terror.

Entonces llamaron a la puerta y temió lo peor; buscó algo con lo que defenderse. Quien quiera que fuera insistía y él seguía callado, hasta que gritaron su nombre.

Don Hernando Colón entró con paso firme; no pareció ahuyentarle la poca pulcritud del lugar y buscó acomodo en una silla.

—Sevilla se ha vuelto loca, ya no se respeta ni la Semana Santa.

—¿Cómo decís? —preguntó Thomas pensando aún en Lutero.

—La boda, todo el mundo habla de la boda.

—No todos los días se casa un rey, todo un emperador —corrigió Thomas.

—Gracias a Dios. —Don Hernando sonrió—. Tenéis mal aspecto, ¿os encontráis bien?

—Sí, un poco mareado quizá.

—Ahora no podéis caer enfermo. ¿Tenéis alguna novedad?

—No. —Thomas solo deseaba que lo dejaran solo.

—Bien, porque no venía exactamente por eso.

Lo cual todavía alertó más a Thomas.

—¿Ocurre algo?

—Me han informado que os han visto con la hija de Juan Cromberger.

—¿Quién os ha contado tal cosa?

—Thomas, esto es Sevilla; hasta los árboles tienen ojos aquí.

—Ya lo veo... —Suspiró.

—Los Cromberger son una de las familias más ricas de Sevilla, son los impresores más prestigiosos y destacados de España.

—Lo sé.

—Sus intereses no se limitan al mundo de los libros. El hijo, Juan Cromberger, es ambicioso, y tiene multitud de negocios entre manos. Algunos complejos como los de esclavos y minas; y otros secretos.

—¿Por qué decís secretos? ¿Qué sabéis?

—Hace unos años, un clérigo viajó hasta Nueva España; se llamaba Juan de Zumárraga —relató don Hernando Colón—. Dicen que ha vuelto con un objetivo clave para el Nuevo Mundo, ¿te imaginas cuál puede ser?

—Difícil pregunta; quizá realizar un mapa preciso de su geografía.

—No es mala vuestra respuesta, Thomas. Pero no; el objetivo es crear una imprenta en las Indias.

—Imprimir libros directamente allí...

—Dicen mis fuentes que la necesitan con premura para que la evangelización y educación en las colonias se lleve a cabo con mayor rapidez. Que tienen problemas serios con los indígenas, y necesitan más libros para instruirlos y cristianizarlos.

—Por supuesto; si tienen más libros será más fácil que acepten la verdadera religión y que se adapten a nuestras costumbres —recalcó Thomas—. ¿Y qué ha sido de ese clérigo, Zumárraga?

—Acaba de volver a Sevilla. Ahora es el obispo de Nueva España, y ha ido directo a hablar con el recientemente nombrado virrey sobre la organización de la colonia —masculló don Hernando—. Le ha mencionado la idea de la imprenta y también la necesidad de un molino de papel para esos territorios.

—¿Y la tinta?

—No lo sé, quizá hayan encontrado allí materia prima para fabricarla. Hernán Cortés también temió quedarse sin vino para poder celebrar la eucaristía de la misa —mencionó don Hernando Colón—. Creía que en el Nuevo Mundo no había vides.

—¡No era cosa menor!

—Ya lo creo que no, así que mandó a una partida de hombres que buscaran si había uvas por las tierras recién descubiertas; de lo contrario habría que empezar a traer cargamentos de vino desde España. Hernán Cortés tuvo suerte —afirmó don Hernando—. Sus exploradores dieron con vides salvajes. Pudieron fermentarlas y obtener un vino liviano pero de calidad suficiente para la misa. Lo mismo ocurre con la imprenta; solo hace falta llevar una prensa para imprimir. El resto, papel, tintas, hasta los tipos, pueden fabricarse allí. Es obvio que quien lleve la imprenta al Nuevo Mundo puede hacerse de oro.

»Pues bien: el próximo virrey ha considerado que el más apto para llevar la imprenta al Nuevo Mundo es... Juan Cromberger.

—Cómo no... —Thomas frunció el ceño.

—Llevaban años imprimiendo libros para el arzobispo de la ciudad, que tiene autoridad sobre la diócesis de Nueva España, y los Cromberger han enviado ya cargamentos de ejemplares para las Indias.

—Los primeros libros del Nuevo Mundo...

—No solo eso; tienen fuertes intereses por realizar también otro tipo de negocios en Nueva España —puntualizó don Hernando Colón.

—También hace falta personal con experiencia, que sepa manejar las imprentas con calidad y eficacia, os aseguro que no es fácil —afirmó Thomas.

—Me consta. —Don Hernando quedó pensativo—. También que el obispo de Nueva España ha hablado de la necesidad de crear una biblioteca en las Indias. Así que van a dar permiso a Cromberger para que, durante tres años, use la quinta parte de los ingresos de la catedral de Nueva España para comprar libros y formarla.

—¿Cómo decís? ¿Tres años?

—Como oyes.

—Ya veo. ¿Y a quién tiene pensado enviar Cromberger a Nueva España para crear la imprenta?

—A Giovanni Paoli.

—¿Quién es?

—Ahora es más conocido como Juan Pablos, trabaja en la imprenta Cromberger.

—Sí, he hablado con él un par de veces. Lo tienen todo controlado, pues...

—Una vez dicho esto, te ordeno que te alejes de su hija. No quiero volver a verte cerca de ella, de lo contrario, ¡te arrepentirás!

—Pero... Yo no... Ella también está interesada en mí...

—Nada de peros. Nada de romances. Los Cromberger ya están preguntando por ahí por ti. Quítatela de la cabeza. Jamás permitirán que te cases con Sofía Cromberger, Thomas. No cometas una estupidez.

62

Juan Pablos

Juan Pablos era de Brescia, en la Lombardía, y trabajaba en la imprenta de Cromberger desde hacía muchos años. Cuando arribó a Sevilla solo pensaba en embarcar para las Indias, pero pronto se topó con la cruda realidad: los extranjeros no podían viajar a ellas. Así que anduvo por la ciudad haciendo todo tipo de trabajos, desde aguador a ayudante de zapatero, hasta que encontró a Jacobo Cromberger y este le ofreció un puesto en la imprenta. Juan Pablos era disciplinado, poco dado al sentido del humor, y no le importaba echar las horas que fueran necesarias; más de una vez se había quedado a dormir en el propio taller.

Los Cromberger pronto se percataron de su potencial: obedecía sin rechistar, trabajaba bien y nunca cuestionaba una orden. En pocas palabras, era un empleado modélico, o eso creían ellos. Porque Juan Pablos había ido tejiendo en la sombra sus propias ambiciones y contaba con una buena cantidad de sobresueldos ganados a proveedores del taller.

Él no había olvidado su sueño de cruzar el océano y había aguardado paciente, sabedor que algún día llegaría su oportunidad. Solo debía estar preparado y atento para ese momento.

Ahora por fin había logrado cobrar su recompensa por tantos años de sumisión; había firmado un contrato de diez años con los Cromberger para ir a Nueva España. Juan Pablos se había comprometido a imprimir tres mil hojas al día durante esos años y a no recibir sueldo alguno. Sin embargo, cuando terminara el contrato, obtendría la quinta parte de todas las ganancias en el Nuevo Mundo, además de todas la ventas de los libros que imprimiesen desde entonces.

—Es una operación compleja. —Jacobo Cromberger se rascó la cabeza intentando asimilar toda la información.

—Todos los libros llevarán el nombre de Cromberger y te suministraremos los materiales para la imprenta: tinta, tipos, instrumentos y papel —recalcó Juan Cromberger.

—Pablos, no podrás hacer tus propios punzones ni fabricar caracteres, ¿entendido? —inquirió el padre de los Cromberger.

—Sí, está más que claro —respondió con acostumbrada sumisión tras años bajo las órdenes de los Cromberger—. Permítanme que vuelva a decirles que es todo un honor que me hayan elegido para tan magna empresa.

—Esperamos que no nos defraudes —enfatizó Juan Cromberger—, vais a crear el primer taller de imprenta en las Indias.

—Lo sé, parece increíble... —Juan Pablos no sabía cómo disimular su emoción.

—Hay más —añadió el padre Cromberger—. Vas a estar obligado a rendir cuentas a una persona que vigila en Nueva España nuestros intereses.

—Lo que ordenéis.

—Deberéis incluso hospedarlo en vuestra propia casa.

—¿En mi vivienda?

—Sí, ¿algún problema? —preguntó Juan Cromberger.

—No... —Por primera vez en mucho tiempo torció el gesto.

—Es una gran oportunidad, la primera imprenta del Nuevo Mundo; no la desaprovechéis. —Las palabras de Jacobo Cromberger sonaron más como una advertencia que una felicitación.

—No nos ha salido gratis esta concesión, debemos tener nuestras garantías —intervino de nuevo su hijo.

—¿Por qué dice eso? —Juan Pablos se veía acosado por los dos impresores.

—Al cedernos el monopolio de la impresión y distribución de libros, otros impresores sevillanos están dispuestos a distribuir los libros a un precio más bajo que nosotros con tal de romper nuestra privilegiada posición.

—Todavía no sabemos si será rentable —murmuró Cromberger padre.

—Este negocio nos interesa por muchas razones, padre. No olvides que vendemos esclavos para el Nuevo Mundo. No solo eso, también joyas. Para nosotros es más fundamental la industria minera que la de la imprenta en Nueva España, tienen minas de plata allí.

—Siempre hacia delante, pese a lo que digan los demás —afirmó Jacobo Cromberger—. Hay que tener un objetivo en la vida y debemos luchar por él. Si no puedes cabalgar hacia él, ve corriendo; si no os es posible correr, id andando; si no alcanzáis a andar, arrastraros. Pero siempre id hacia vuestro objetivo.

—Pondré en marcha la imprenta, os lo juro —dijo Juan Pablos con toda la convicción de la que era capaz.

—Eso esperamos de ti.

En esta ocasión, Thomas había dejado una nota bajo la maceta azul de la ventana junto a unas ropas, tal y como le había explicado Sofía. En ella la citaba antes de la caída del sol junto a la Puerta del Perdón de la catedral. Él había llegado una hora antes y le había pedido a Sebas los trajes de religioso. Llevaba uno puesto y el otro era el que había dejado en la ventana. Así había entrado en la catedral y realizado algunas indagaciones previas. Ahora lo tenía todo preparado y aguardaba impaciente a Sofía.

Ella llegó oculta con las ropas de novicio. No se saludaron, él le pidió silencio llevándose los dedos a la boca y le señaló que lo acompañara. Juntos entraron en el inmenso templo cristiano. Y tal y como Thomas había planeado, se encaminaron hacia la puerta de la torre campanario, la Giralda.

El guarda que vigilaba la puerta puso la mano y Thomas le dejó dos monedas. Una vez en la escalera, se despojaron de las capuchas.

—¿Preparada?

—¿De verdad vamos a subir a la Giralda?

—Para eso hemos venido; prepárate porque no hay escaleras, son todo rampas —explicó Thomas.

—Dices que no hay escaleras...

—Son rampas; más cómodo, pero es una subida larga, la Giralda es la torre más alta del mundo y llevo queriendo subir a su campanario desde el primer día que llegué a Sevilla.

—Y has tenido que esperar a hacerlo conmigo... —Sofía le sonrió.

—Sí, ¡vamos! El guardia no nos ha dado mucho tiempo.

Comenzaron a ascender las rampas. Los dos tercios inferiores de la torre correspondían al alminar de la antigua mezquita de la ciudad, de la época almohade, mientras que el tercio superior era una construcción sobrepuesta en época cristiana para albergar las campanas.

Las rampas eran empinadas y parecían no terminar nunca, Sofía perdió la cuenta de cuánto rato llevaban subiendo. Con tanto giro, daba la impresión de que estaban ascendiendo al mismísimo cielo.

Comenzaron a resoplar por el esfuerzo. Thomas le ofreció su mano y la ayudó en los últimos tramos empinados. Llegaron a una trampilla, la liberaron y sintieron una bocanada de aire fresco. Salieron al cuerpo superior, formado por unos arquillos a los que podían asomarse.

Y allí estaba Sevilla.

La ciudad se veía perfectamente: las Puertas de Córdoba y de la Macarena al este, el río al otro lado, y hacia el norte todo el entramado de calles, callejuelas y plazas, con las iglesias y los tejados cubriéndolo todo.

—Qué maravilla, Thomas, qué belleza... Todos los edificios, los más famosos, y las callejuelas; el río, Triana...

—¿Y dónde está el palacio de Colón?

—Allá, justo al otro lado de la ciudad —contestó Sofía—. Y mira, a lo lejos se ve el monasterio de San Isidro y las ruinas de la Sevilla vieja, la Itálica de los romanos. Mi abuelo me llevaba de niña allí, jugábamos a encontrar monedas antiguas.

—¿Y veías muchas?

—Lo cierto es que no, pero me gustan aquellas ruinas. Son como viajar en el tiempo, retroceder al pasado.

—¿Tú crees?

—Sí, ahora vivimos una época nueva y moderna. Pero esos son nuestros orígenes, Sevilla nació allí y me gusta pensar cómo serían los hombres y mujeres que la construyeron.

—A mí me gusta más Triana —dijo Thomas mirando al arrabal—. La iglesia de Santa Ana es fabulosa, y el viejo castillo... Lástima que ahora esté allí la Inquisición.

—A mucha gente le da miedo esa fortaleza.

—¿A ti no? —preguntó él mirando fijamente el castillo.

—Mi madre dice que si eres buena cristiana no hay nada que temer, que esa es la verdad.

—Me temo que tu madre se equivoca; la verdad a veces no basta. —Y quitó la vista de sus muros.

—¿Te has fijado en eso? —Sofía señaló a un acueducto al otro lado de Sevilla—. Son los caños de Carmona, que abastecen de agua a la ciudad. ¿No es increíble que el agua venga desde tan lejos?

—Más fabulosos aún me parecen los barcos que remontan por el río. —Señaló una gran nao que avanzaba lentamente hacia la Torre del Oro—. ¿Qué traerá en sus bodegas?

—Oro, plata, animales nunca vistos, frutas prohibidas... —Sofía se movió hacia el otro lado como si imitara un paso de baile—. ¿Quién sabe?

Y se asomó a otro de los arcos.

—Nunca me imaginé que subiría aquí —dijo ella sonriente.

—Por eso te he querido traer, para que veas que todo es posible. Y que, igual que ahora estamos los dos juntos aquí, podemos huir de Sevilla en uno de esos barcos.

—¿Estás seguro de ello?

—Totalmente.

El espacio en la cima de la Giralda era diminuto y, al girar de nuevo, Sofía fue a parar a los brazos de Thomas, que la sujetó. Entonces, ella le pasó sus manos por detrás de la nuca y se besaron. Thomas cerró los ojos y saboreó los labios de su amada. La apretó contra él y sintió su cuerpo entre sus brazos; por un momento, el tiempo se detuvo y el silencio fue total. Allí en lo alto se sintió como volando y se dejó llevar como en un sueño del que nunca querría despertar.

Justo entonces oyeron unas pisadas y la trampilla se abrió.

—¡Vamos! Van a subir a tocar las campanas en nada. —Era el guardia de la torre—. ¡Tenéis que bajar de inmediato!

63

El gremio

Sebas llegó a la hora indicada. La reunión era en la mayor mancebía de Sevilla, el Compás. Ubicada junto al puerto, era el lugar más frecuentado por los marineros y los emigrantes. Precisamente su posición central en Sevilla había motivado que el Consejo de los Veinticuatro tomara la decisión de aislar el Compás lo más posible, ordenando para ello tapiar todo su contorno y eliminar portillos que daban paso a calles secundarias.

No era fácil aislar los burdeles, tanto los que trabajaban dentro como los que acudían a comprar sus servicios desconfiaban de encontrarse rodeados por una cerca. Así que todos buscaban la manera de burlar la vigilancia.

La calle principal era angosta y tortuosa, hasta el extremo de que los ejes de los carruajes dañaban siempre las fachadas.

El Indio lo esperaba dentro, junto a tres de sus hombres. Le había ordenado a Sebas ir en solitario para hablar de un negocio inminente.

—Siempre puntual —le dijo nada más verlo.

—Sí, pero ¿este es el mejor sitio para hablar?

—Tómate un vino, relájate y disfruta de las vistas —respondió el Indio.

Sebas comenzó a desconfiar, el Indio nunca estaba tan amable con él ni con nadie. A los tres que lo acompañaban los conocía bien; no eran sevillanos, trabajaban para el Indio en lo que hiciera falta, no tenían escrúpulos.

—Te diré por qué hemos quedado aquí —se arrancó el Indio—. ¿Conoces la laguna que hay entre el río y la muralla?

—Sí, la laguna de la Pajería.

—Es un resto seco del río, se anega con las lluvias. En las riadas las aguas del río entran en Sevilla por la Pajería porque hay muchos huecos en la muralla. Esos vanos están para acceder a los burdeles como este.

—Si tuviéramos que huir de aquí, sabrías cómo escapar.

—Soy el que mejor los conoce —contestó el Indio.

—Yo también puedo contarte una historia de la Pajería. —Sebas no se amedrantó.

—Adelante, sorpréndeme.

—En esa laguna de la Pajería hace siglos se crio el lagarto que el sultán de Egipto regaló a su pretendida, la hija de rey Alfonso X de Castilla. Al morir el lagarto, fue disecado y ofrecido a la Virgen como exvoto.

—Y como el cadáver se deterioró, se construyó un lagarto de madera y ahora está en la catedral, colgado del techo en la galería del Patio de los Naranjos. —El Indio se quedó mirando a Sebastián—. Cuéntame algo que no sepa.

Cerca de ellos, unos marineros empezaron a alzar la voz y a darse empujones.

—Se nota que hay barcos en el puerto, la mayoría de estos embarcarán pronto para las Indias. Van a gastarse lo poco que les queda, para qué guardarlo. Seguramente no volverán.

—Podrían dárselo a sus mujeres, la mayoría dejarán hijos —murmuró Sebas.

—¿No me has oído? Estos no solo dejan atrás España; muchos se embarcan precisamente para olvidarse de sus vidas y sus familias.

—Nadie cruzará el océano para reclamarles que vuelvan...

—A mí me trae sin cuidado, no son ellos los que me interesan. Sí los que patrocinan las flotas y comercian con la plata —puntualizó el Indio—. Hoy hay tanta gente porque los burdeles de Sevilla se cierran en los días consagrados a la Virgen y mañana es uno de ellos.

—Eso ya lo sé, y también que ninguna mujer que se llame María puede ejercer la mancebía.

—Eso es cierto. —El Indio sonrió—. Y lo es también que a las madres les ha dado ahora por llamar María a todos sus hijas: María Asunción, María Isabel...

—Pero hecha la ley, hecha la trampa; las mujeres que desean dedicarse a vender su carne optan por cambiarse de nombre, no encontrarás aquí a ninguna María.

—Siempre tienes respuesta para todo, ¿verdad, Sebas? Aún me acuerdo de la primera vez que te vi, llevabas poco por Sevilla. Y ahora te la sabes de memoria...

—Sí, yo también me acuerdo. —Sebas hizo memoria—. No conocía la ciudad y tú me dijiste que no me preocupase, que Sevilla era como un convento de clausura.

—Eso no lo recuerdo.

—Me aconsejaste que la observara bien, que estaba clausurada por una muralla; que las mujeres vestían tapadas a la usanza mora. Que era laberíntica, pues el discurrir de sus calles era confuso, las formas de las manzanas extrañas, las fachadas no guardaban traza paralela alguna.

—Cierto, y tú lo negaste —musitó el Indio—. Afirmaste que me equivocaba, que Sevilla era el futuro.

—La mezcla es el futuro; en Sevilla está todo mezclado, ricos y pobres conviven a poca distancia, hay blancos, negros, morenos; hay curas y prostitutas; está el viejo mundo, pero también el nuevo.

—No sabía de dónde salías, pero estaba claro que tenías potencial. Acababas de llegar y ya estabas robando en el mercadillo del Malbaratillo a las criadas. Se veía a una legua que eras un primerizo, pero no te faltaba desparpajo.

—Nunca me pillaron, era rápido —recordó Sebas.

—No lo dudo, pero no te di trabajo porque fueras rápido, sino por la manera en que mirabas a los comerciantes, y a las mujeres de los ricos y a sus hijos.

—¿Cómo los miraba?

—Con ambición, por supuesto. Sebastián, a ti te rebosa la ambición por los ojos, no puedes disimularlo. Por eso desde el primer día supe que lo harías; no me importó, mientras me fueras útil.

—¿Que haría el qué?

—Traicionarme, ¿qué si no? —Dos hombres del Indio, uno por cada lado, lo rodearon y lo cogieron de los brazos.

—¡Qué estás diciendo!

—Mira que te lo advertí; me resultaba extraño tanto interés por ayudar a ese extranjero. Hasta que supe la verdad. Eres listo; ese es el problema: que eres demasiado listo.

—¿Qué estás diciendo? Trabajo bien, cumplo todos tus encargos.

—Lo sé, y aun así tienes tiempo de hacer los tuyos propios. Ya he oído lo que andan diciendo por ahí, que hay un insensato que quiere organizar a todos los ladrones, chivatos y asesinos para que no se maten entre ellos. —El Indio se pasó ambas manos por la cabeza—. A quién se le ha podido ocurrir semejante tontería, me pregunté. Un gremio de ladrones, ¿te imaginas?

Sebas no respondió.

—Claro que sí, porque es idea de esa cabecita que tienes. Tarde o temprano me ibas a traicionar. Nuestra vida es así, no se puede ser ni demasiado tonto ni demasiado listo.

—¡Espera un momento! Si me vas a matar, dime antes una cosa. Tú acabaste con ese mercader de libros en la posada; ¿quién te pagó por ello?

—¡Vaya con qué me sales ahora! ¿Qué más te da eso? A donde te voy a mandar no te servirá de nada.

—Dame ese último deseo —insistió Sebas.

—No sé cómo se llamaba, era una mujer; una mujer bien posicionada, elegantona. Y a tu amigo no lo maté entonces porque sabía que le podría sacar más luego; ella pagó por matar al jefe, del aprendiz nada dijo. Así que cuando me encargó más adelante que me cargara al alemán, le volví a cobrar.

—Pero Thomas Babel sigue con vida.

—Por poco tiempo. Alguien lo ha estado protegiendo, pero no volveré a fallar.

—¿Entonces no sabes el nombre de esa mujer que te contrató?

—Ya te he dicho que no; se acabó. Llevadlo fuera y hacedlo rápido, hoy hay una morena nueva que me gusta —y sonrió.

Salió a empujones a un patio trasero de la mancebía y lo dejaron en un rincón frente al muro que la delimitaba.

—No puedes matarme así, yo sé cosas.

—Claro que las sabes, por eso vas a morir —respondió el Indio.

—Puedo compartirlas contigo.

—Esto no funciona así, a mí no puedes comprarme. Si te dejo con vida, ¿qué pensarán mis enemigos? Y lo que es peor, ¿qué pensarán los que me sirven a mí? Hoy se acaba todo, despídete.

—En eso tienes razón, Indio; hoy se acaba todo, pero el que morirá hoy eres tú.

Una sombra surgió de la penumbra del patio y clavó una cuchillada en el costado del primero de los secuaces. El segundo reaccionó, sacó una daga y detuvo la estocada del Cascanueces.

El otro que quedaba fue a ayudarlo, y entonces Sebas se abalanzó sobre él; ambos cayeron y rodaron por el suelo. Para entonces, el Cascanueces ya tenía doblegado a su adversario, al que golpeó con su puño hasta por dos ocasiones y luego le rajó el abdomen. Se volvió a por el primero, que seguía renqueante de la herida, le cogió la cabeza con ambas manos y le rompió el cuello en un crujido aterrador.

El Indio fue directo hacia el Cascanueces y le lanzó dos puñetazos que impactaron en su mandíbula, haciéndolo retroceder. No se detuvo ahí y le golpeó duro y fuerte en la nariz, rompiéndosela en una explosión de sangre a borbotones.

Sebas rodó hasta colocarse sobre su rival y comenzó a golpearle la cara con ambos puños, sin descanso, hasta que le faltó el aliento y tenía ya los nudillos doloridos y ensangrentados. El otro en cambio aún respiraba, así que se levantó y le dio una tremenda patada, para después pisarle la cara y dejarlo moribundo.

Cuando Sebas se volvió, vio que el Indio echaba mano a la parte de atrás de su cinto y tomaba un alargado cuchillo. El Cascanueces estaba aturdido, con la nariz rota y gritando de dolor.

Echó a correr y saltó para derribar al Indio justo cuando armaba el brazo. Chocaron contra la pared, y Sebas se llevó la peor parte. Apenas podía levantarse.

El Indio se incorporó de inmediato, sin rasguños, confiado. Tomó el cuchillo del suelo y esta vez sí que armó el brazo, formando un círculo, y cuando iba a caer el filo sobre Sebas, el Cascanueces consiguió detenerlo.

—¡Suéltame!

El gigante ni se inmutó y comenzó a retorcerle el brazo.

—¿Qué haces? ¡No sabes quién soy yo! —gritó mientras lo obligaba a girar su puño contra sí mismo.

El Indio intentó con todas sus fuerzas detenerlo, pero la fuerza de aquel hombre era fuera de lo común.

El filo entró en su pecho y se clavó despacio hasta salir por la espalda.

—¡Malnacido!, ¿de verdad se creyó que me iba a dejar atrapar así? —Sebas miró el rostro ensangrentado del Indio—. Necesitaba conocer quién y por qué mataron al mercader de libros.

El Cascanueces soltó algo parecido a un gruñido que puso de nuevo en alerta a Sebas.

—Vámonos, vendrán más. —Sebas le hizo un gesto con la cabeza—. Conozco la forma de salir de aquí.

Atrás dejaron un reguero de sangre y cuatro cuerpos inertes.

64

Sofía

Quizá lo peor que se puede hacer con el amor es prohibirlo. Eso pensaba Thomas mientras daba unos pequeños golpes en la ventana de detrás de la casa de los Cromberger. Pero sabía que no era verdad, y estaba nervioso y a la vez ansioso por volver a verla.

—¿Quién es? —preguntó una voz que parecía proceder de ultratumba.

—Yo... Vengo a ver a Sofía.

—¿Por qué desea ver a la señorita?

—Me dijo que podía venir aquí si quería verla.

—¿Cuál es vuestro nombre?

—Thomas —Se sentía como en un confesionario.

—Espere ahí y que no lo vea nadie, ¡absolutamente nadie!

—Por supuesto. —Miró de reojo a los alrededores y recordó la frase de don Hernando: en Sevilla hasta los árboles tienen ojos.

—Ssshhh —le dijeron desde algún punto de la calle que no supo identificar.

Entonces vio como tiraban una escalera de cuerda por encima de la tapia de la casa de los Cromberger. El muro medía como tres personas de altura y la escalera era endeble.

—¿A qué espera? —insistió la voz tenebrosa.

—Voy. —Casi no acertó ni a poner el primero de los pies.

Se agarró fuerte con ambas manos y tiró hacia arriba sin pensar bien lo que estaba haciendo. Los dos primeros empentones los logró hacer bien, pero el tercero ya le costó y el siguiente tuvo que apretar los dientes. Ya faltaba poco; estuvo a nada de resbalar, por suerte logró apoyarse de nuevo y alcanzar la parte alta. En aquel momento recordó *La Celestina*, cuando Calisto escalaba el muro del jardín de los padres de Melibea.

Miró hacia abajo; allí lo observaban dos ojos oscuros. Era una mujer menuda y delgada, con cara de poca paciencia. Thomas bajó con dificultad y nada más tocar el suelo la mujer tiró de la escalera.

A continuación le escrutó y su rostro dibujó una mueca de disconformidad.

—Suba por ahí. —Le indicó otra escalera, esta vez de madera—. Llegará a un pajar, aguarde sin moverse. Y no haga ruido, ¡ninguno!

—De acuerdo.

—Hable más bajo —le renegó.

—Sí, sí —pronunció casi susurrando.

Thomas avanzó hasta una empinada y carcomida escalera; tampoco parecía estable y, a cada pisada, crujía como si fuera a romperse. Con cuidado subió dos alturas y entró por un ventanuco a las falsas de la casa. Era un espacio amplio y diáfano, con muebles viejos. Al fondo había otra ventana por donde entraba algo más de luz. Era una zona limpia y con algunos muebles, unas sillas y un escritorio.

—¿Ahora te cuelas en las casas a espiar? —Quien hablaba a su espalda era Sofía Cromberger.

Se volvió y la encontró preciosa, con el pelo suelto cayéndole por el pecho como hilos de oro. Una saya blanca y larga hasta los tobillos y una cruz colgando de su cuello. Nunca la había visto así: Sofía parecía casi una aparición celestial, un ángel, una santa, iluminada a contraluz por el ventanuco, con los cabellos dorados brillantes y una aureola a su alrededor.

—¿Qué haces aquí, Thomas?

—Creo que ya lo sabes.

—Hay que estar loco para entrar así en esta casa —le advirtió.

—Es posible, aunque aquí estoy, por ti.

—He leído que antes, los caballeros andantes asaltaban las torres de los castillos para liberar a sus princesas —dijo mientras se acercaba lentamente hacia él— y que estas les pedían una prueba de amor para abrirles su corazón.

—Lees demasiadas novelas de caballerías, Sofía.

—Es posible, pero si no lo hiciera no me habría enamorado de ti. —Se detuvo y lo rodeó a una distancia de un par de pasos.

—¿Quieres una prueba de amor? Si tus padres me descubren aquí me matarán.

—No lo dudes.

—¿Te parece poco? Pongo mi vida en tus manos.

—Thomas, ¿sabes qué es lo que más me gusta de ti? —Y avanzó un paso más hacia él—. Que parece que haces las cosas sin pensarlas antes. Pero no, solo lo parece; en realidad las haces así porque te sientes libre para hacerlas. ¿Y quién puede sentirse libre en una ciudad como Sevilla, donde todos te vigilan?

—Es el amor lo que me hace libre, solo eso.

—A veces te creo capaz de hacer cualquier cosa que te propongas. No crees que haya límites, ¿verdad?

—Sí, claro que los hay, Sofía.

—No, tú solo ves problemas, obstáculos, pero ninguno es infranqueable para ti. No hay montaña lo suficientemente alta u océano tan ancho que no te veas capaz de cruzar —le dijo Sofía.

—Sé que tú no te sientes libre, pero conmigo puedes serlo, porque eso es lo que deseas, ¿verdad, Sofía? La libertad de ser como quieras, de hacer lo que deseas, de amar a quien tu corazón elija, y no tus padres.

—Sí. —Dio el paso que le faltaba—. Aunque solo sea por esta noche.

Sofía se alzó sobre las puntas de los dedos de sus pies y besó los labios de Thomas, que pasó los brazos por su cintura y la abrazó con fuerza. Ella lo fue empujando, hasta que lo hizo sentarse en una de las sillas y se puso encima de él. Se remangó la saya y tomó las manos de Thomas para ponerlas en sus muslos.

Resbaló las suyas por detrás de su nuca y le acarició el pelo mientras volvía a besarlo. Thomas se agarró a su piel con fuerza y entonces Sofía alzó sus brazos y él le quitó la saya hasta que se deslizó por completo de su cuerpo, desnudo, caliente, suave, la tentación hecha carne.

Con torpeza se deshizo de sus pantalones mientras ella seguía besándolo, primero en los labios y, después, con delicadeza, el cuello. Y entonces Sofía se puso por un instante de pie para permitirle entrar dentro de ella.

Thomas soltó un gemido. A partir de entonces fueron uno solo, gimiendo y sudando juntos. Ella sobre él, ardiendo de pasión. Hasta que Thomas se alzó sin soltarla ni por un instante y la tumbó en la mesa para cogerla de la cintura y hacerle el amor por toda su pasión, hasta que desde lo más adentro de sí mismo, le dio todo lo que tenía.

Juntos se derrumbaron sobre el suelo, con Sofía recostada en su pecho. La rodeó con sus brazos y buscó su oído con los labios.

—Te quiero.

Sofía le miró con los ojos brillantes y lo besó.

—Es bonito —pronunció ella— sentirse libre...

Entonces se oyeron unos golpes rítmicos, venían del piso de abajo.

—¡Tienes que irte! —le dijo mientras se incorporaba de inmediato.

—¿Ya?

—Es un aviso, mis padres están ya aquí —le dijo mientras buscaba sus ropas.

—¿Cuándo nos volveremos a ver? —preguntó mientras se vestía.

—Pronto. —Y lo besó de nuevo—. Ten cuidado, si te ven estaremos perdidos.

—Tranquila, confía en mí.

Thomas bajó con sumo cuidado por la escalera de madera y al llegar a la tapia encontró la de cuerda preparada, sin rastro de la mujer menuda. Trepó como pudo, se había dejado gran parte de sus fuerzas en las falsas de la casa. Estuvo a punto de caer dos veces y definitivamente se golpeó contra el suelo cuando alcanzó el otro lado. Se levantó lo más veloz que pudo y abandonó cojeando la casa de los Cromberger.

Estaba tan excitado que ni le dolía la caída ni sentía la fatiga de huir corriendo. Solo cuando cruzó la Puerta de Jerez y se detuvo cerca de la Torre del Oro, los imponentes galeones lo despertaron de su éxtasis y comenzó a dolerle la pierna y a faltarle el aliento.

Se sentó cerca del puerto, frente a una nao que había amarrada, donde ondeaba la bandera de Castilla. Y entonces se imaginó subido en aquella embarcación, con Sofía a su lado, camino del Nuevo Mundo para ser él quién creara la primera imprenta en Nueva España.

¿Por qué no?, se preguntó a sí mismo. Si no había podido ser con Úrsula, su primer amor, ni con Edith, la mujer que le convirtió en un hombre, su sueño se cumpliría con Sofía, una mujer con el negocio de las imprentas en la sangre; una mujer que confiaba en él y con la que se sentía capaz de cualquier cosa.

Tenía los conocimientos, sabía los contactos allí. Quién mejor que Sofía para ayudarlo con el negocio. Solo le faltaba burlar la ley que prohibía a los extranjeros viajar y obtener la maquinaria.

Sofía tenía razón, nada le parecía imposible.

Siguió hacia el Arenal. Se oía el crujir de las maderas de los barcos y el griterío de la marinería que descargaba las mercancías, la plata y el oro. Sonaban músicas de chirimías, atabales y sacabuches, y de las galeras se escapaba un aroma de otro mundo, con semillas y especias.

Necesitaba andar para aclarar sus ideas, pero no había manera.

¿Y dónde estaría Santiago?

¿Y cómo podía seguir investigando a Jaime Moncín?

Y volvió a pensar en Sofía; le había dicho que la quería. Seguía pensando en Úrsula, en Edith. Qué veleidoso era el amor. Cuánto quiso a Úrsula, y casi la había olvidado... Cuánto deseó un futuro con Edith, y se desvaneció en un instante. El amor no puede prohibirse, ni es imposible como decía Platón. El amor es incontrolable, inevitable, como una tormenta que nos arrastra y nunca sabemos a qué playa nos empujará, o si nos ahogará antes de llegar a la orilla. Hay que dejarse llevar por el amor. Y confiar en él.

65

La ley

Al caer la noche, Sebas y el Cascanueces esperaban pacientes junto a la plaza de San Francisco. La oscuridad hacía de Sevilla un laberinto repleto de sombras y peligros, por unas estrechas callejuelas que solo los que conocían bien se atrevían a cruzar. Para Sebas era su hábitat natural, nada mejor que la oscuridad para sus intenciones. Se abrió una puerta y un leve hilo de luz se dibujó. Al momento salió un grupo de seis hombres y la puerta se cerró de inmediato.

Miraron a un lado y a otro, y rápido se dirigieron hacia la zona de las atarazanas. Sebas lo había previsto; aceleró el paso para alcanzarlos dos calles más abajo y desenvainó su daga. Los volvió a contar; eran seis, más de los previstos. Ya no había tiempo de cambiar los planes, había que adaptarse al escenario.

El primero de ellos pareció percibir su presencia, porque alzó la mano y el resto se detuvo y se puso en guardia.

Sebas podía oler el miedo y eso le gustaba.

El miedo forja los reinos más poderosos, el miedo es la mayor de las armas, solo el miedo convierte a los hombres en valientes.

Entonces reanudaron la marcha, y Sebas y el Cascanueces corrieron como alma que lleva el diablo hacia ellos. Se les escapó el primero, pero al que iba el segundo, Sebas le metió el filo hasta las costillas, y notó como se rompían varias cuando giró la empuñadura.

—¡Es una trampa! —gritó uno de ellos.

«Pues claro que lo es, idiota», murmuró Sebas para sí mismo.

Sacó la daga del cuerpo inerte y fue a por el siguiente, que desenfundó una espada corta. El Cascanueces le agarró la mano por detrás, se volvió y le propinó un brutal cabezazo. Sebas no dudó;

volvió a clavar el acero entre las costillas y esta vez lo resquebrajó de lado a lado, sacándole todas las tripas.

El Cascanueces rajó el cuello de otro y le lanzó un cuchillo a uno que iba directo a por él. No siendo suficiente con esto, le cogió el cuello con ambas manos y se lo partió de un solo movimiento.

Solo quedaban con vida uno por cada lado.

El último se lanzó a por ellos con una espada entre las manos, y a duras penas esquivaron el primer envite. El segundo buscó al Cascanueces, con tal furia que, al evitarlo, el grandullón tropezó y cayó al suelo. Volvió a alzar la espada tan rápido que el Cascanueces no pudo esquivarla, y su enorme cuello se rasgó de una manera salvaje. Cayó y pataleó mientras la sangre le brotaba como una fuente del cuello, por mucho que sus inmensas manos trataran de evitarlo.

Eso dio tiempo a Sebas, que se movió entre la oscuridad, apareció detrás de uno de los dos que quedaban vivos y le clavó la daga en la espalda. Allí se quedó el filo, pero la víctima se revolvió lanzándose con sus manos a estrangular el cuello de Sebas.

Juntos cayeron al suelo y rodaron por él. Los grandes dedos de aquel secuaz le aplastaban la garganta, no podía ni respirar ni hablar. Sebas buscó de manera desesperada su arma, la sacó de la espalda del otro y se la volvió a clavar. Pero no lo soltaba, así que apuñaló una y otra vez, enfurecido, desesperado. Finalmente esas manos perdieron fuerza. Sebas empujó al tipo y se quedó tumbado, sin apenas respiración, tosiendo con la garganta dolorida. Se levantó a duras penas, sabía que quedaba uno.

Estaba aturdido y seguía tosiendo, casi cayó de nuevo. Se apoyó con ambas manos en la pared y se dio la vuelta para tener la espalda protegida contra el muro.

¿Dónde estás?, pensó.

Buscó con la mirada: en el suelo había cinco cuerpos inertes, más el del Cascanueces, que aún agonizaba.

Falta uno, volvió a decirse.

Sin poder verlo, se concentró en el silencio, y fue cuando un leve crujido a su izquierda lo alertó. Solo tuvo un instante efímero para apartarse, evitar el golpe y reaccionar cogiéndole de la cabeza y estampándola contra la pared.

El golpe fue seco y le siguió un tremendo puntapié que también impactó contra la cara de aquel hombre, que cayó fulminado.

Del esfuerzo, él mismo se derrumbó hacia atrás y se golpeó con la espalda contra uno de los muertos. Trepó por encima de él buscando con que defenderse y encontró el filo brillante de una daga. La cogió y se volvió para buscar al último de ellos, que se estaba levantando con dificultad.

Sacó fuerzas de donde ya no le quedaban y se lanzó hacia él; lo derribó y, cayendo sobre él, le puso el filo en el cuello.

—No me mates...

—¡Calla!

—Por favor, te daré lo que quieras —gimoteó.

—Debías haber aceptado mis condiciones. Yo maté al Indio, así que es justo que ocupe su lugar.

—Lo siento, acataré lo que ordenes, lo juro, lo haré.

—¡Tarde! Debo matarte para que los que vengan detrás sepan a qué se atienen si no se unen a mí.

—Me iré de Sevilla, sí, lo haré —lloriqueó como un niño pequeño—. Marcharé lejos, no volveré.

—No sé si soy tan misericordioso.

—Te diré lo de esos grabados que sé que buscas... —se le entendió decir a duras penas entre sollozos.

—¿Qué sabes tú de eso? Dímelo y te perdonaré la vida.

—Los entrega una mujer.

—Hay muchas mujeres en Sevilla. —Sebas le apretó tanto el filo que un fino hilo de sangre se dibujó en su cuello .

—Es una esclava negra, juro que no sé nada más.

—Bien, levántate, y lárgate de aquí.

El matón se marchó todo lo deprisa que le permitieron sus heridas. Mientras tanto, Sebas se sentó al lado del Cascanueces, a acompañarlo en sus últimos momentos. Había sido un amigo fiel, el mejor de todos. Tras unos instantes pensando en la vida y en la muerte, Sebas se puso en marcha: tenía que enviar un mensaje urgente a Thomas, podía tener la clave del libro más misterioso del mundo...

Thomas despertó aquella mañana con sueño y lo primero en lo que pensó fue en Sofía, su imagen a contraluz, su saya resbalando por su piel, sus muslos, sus pechos y sus besos. Sofía, solo Sofía, ocupaba su mente. Silbó una melodía, como hacía su amigo Massimiliano... La vida era bella, a veces.

Cuando abrió la puerta para salir de la cabaña, vio ante sí a un chaval de los que se pasaban el día en las gradas de la catedral.

—¿Señor Tomasito? ¿Sois el señor Tomasito, alemán de Triana?

—¿Alemán de Triana? —Thomas rio—. Bueno, sí, soy Thomas Babel.

—Esta nota es para vos. —El chico la entregó y echó a correr por la calle.

Thomas abrió la nota. Era, como imaginaba, de Sebas. Se puso en marcha. Debía encontrar a alguien lo antes posible. Sonriente llegó a la escalinata del palacio de Colón cuando alguien lo llamó. Era doña Manuela, que parecía afligida.

—¡Tú! Ven aquí. —Le señaló con el dedo—. Dime la verdad: ¿dónde está Santiago?

—No lo sé, yo también lo busco desde hace días...

—Ese mendrugo, ¿dónde diantres se ha metido? Se ha ido con otra, es eso, ¿verdad?

—Doña Manuela, no creo que Santiago esté ya para esos trotes...

—¿Qué quieres decir? ¿Que mi Santiago no es un buen mozo?

—Por supuesto que no... Quiero decir, ¡que sí lo es! —Se lio con sus propias palabras—. Con lo que yo lo aprecio. A más de una he visto echarle el ojo... —Se dio cuenta de que doña Manuela se ponía roja—. Y él las espantaba porque solo pensaba en vos —reculó.

—¡Ya! Los hombres tenéis ojos y manos para cualquiera que se os ponga a tiro. Que ya tengo arrugas, ¿a quién pretendes engañar?

—Doña Manuela, le juro por lo que más quiera que Santiago no ha podido irse sin una buena razón.

—Entonces dime cuál.

—Ahora no la sé, aunque estoy convencido que daré con él, os lo juro —afirmó Thomas intimidado por la cocinera, a quien no podía contar nada de los textos luteranos que Santiago ocultaba.

—Más os vale. —Y se volvió hacia su zona del palacio.

Thomas respiró aliviado; tenía que encontrar a Rosalía e interrogarla. Porque si era ella la mujer negra que entregaba los grabados en las gradas de la catedral, quizá podía llevarlo hasta Jaime Moncín, aunque le costaba entender qué relación podía haber entre el escritor y la esclava.

Cuando fue hacia la zona de servicio, el Guardián se presentó a su espalda y lo miró como un verdugo observa a su ajusticiado antes de cortarle la cabeza.

—Don Hernando quiere veros. —Cuando Thomas se encaminó hacia la biblioteca, lo detuvo—. Sé que hemos tenido nuestras diferencias, pero soy consciente que habéis ayudado a la corona en el conflicto de las Islas de las Especias y os lo agradezco.

—No tenéis porqué. —Intentó disimular su total sorpresa.

—Soy duro porque protejo a don Hernando. Ojalá deis con el libro, es importante para él y para la biblioteca.

—También para mí, os lo aseguro.

El Guardián se hizo a un lado. Thomas no se esperaba el gesto; aquel hombre lo había tratado con profunda indiferencia desde que llegó y, sin embargo, ahora se mostraba muy amable.

Daba que pensar.

Junto a la entrada de la biblioteca, don Hernando Colón lo aguardaba mientras manoseaba un volumen de tapas oscuras y reducido formato.

—¿Qué leéis?

—Libros de caballerías, el *Amadís de Gaula*. Son absorbentes, de ahí su éxito, ¿verdad? —respondió sin excesivo entusiasmo—. Si toda Sevilla supiera leer, imaginaros la cantidad de libros que se venderían. Thomas, tengo que decirte algo relevante.

—Le escucho.

—Debo serte franco... —Dejó el libro sobre una mesilla y miró serio al mercader de libros.

—Es sobre Santiago, ¿cierto? ¿Ha aparecido flotando en el Guadalquivir?

—Ojalá aparezca vuestro compañero, creedme que lo deseo. Pero es otro tema que sé que os concierne, y debéis entender que es de un enorme secretismo. —Pocas veces don Hernando Colón había puesto un gesto tan serio, quizá solo en Badajoz.

—¿Qué quiere decirme? —Thomas se preparó para lo peor.

Sin saber si había motivo o no, pensó en su pasado. En la huida de Augsburgo por culpa de los Welser y en la de Amberes. Hasta le vinieron a la mente los textos luteranos que tuvo entre sus manos y el encuentro nocturno con Sofía.

¿Y si los habían descubierto? Se puso nervioso.

Alguien podía haberlo visto trepar el muro...

—El emperador va a levantar la prohibición de que los extranjeros viajéis al Nuevo Mundo. En un mes será oficial, la decisión está tomada.

Thomas se quedó blanco. Le estalló el cerebro, cargado de posibilidades.

—Don Hernando, ¿está diciendo que voy a poder viajar al Nuevo Mundo?

—Los extranjeros vais a tener permiso, sí.

—Eso lo cambia todo... Por fin podré embarcar; el Nuevo Mundo... —A Thomas casi se le saltaban las lágrimas.

—Escuchad, mantened la calma. —Don Hernando Colón lo cogió del brazo—. Todavía no sé la razón de esta decisión.

—¿La razón? ¿Y qué más da eso?

—No, Thomas; toda decisión del emperador tiene motivaciones y consecuencias trascendentales, no se toman a la ligera y sin una fuerte causa. Si ha levantado la prohibición, debe ser con un objetivo y, lo siento, no será que puedas cumplir vuestro anhelo de viajar allí.

—Eso ya lo sé, pero si me beneficia, tened claro que la aprovecharé, ¡ya lo creo!

—Sabía que te iba a afectar... Thomas, solo te pido prudencia; las Indias no son el paraíso, no lo olvides. Yo he estado en ellas y juré no volver.

—Lo sé, entiendo los peligros que conlleva tal aventura.

—Te lo he comunicado porque te estimo y era lo que debía hacer, pero todavía no has encontrado el libro que viniste a buscar, el que robaron de mi biblioteca. Además, Santiago está desaparecido, y tenemos el contencioso con Portugal por las Islas de las Especias. Si no recuerdo mal, asesinaron a tu jefe y aún no sabes quién lo hizo —enumeró don Hernando—. Thomas, no puedes irte de Sevilla sin más. Aún tienes cuentas que resolver.

Fue entonces cuando Thomas pensó en una sola cosa, en una sola persona: Sofía.

—Ha dicho que el levantamiento de la prohibición se hará público en un mes.

—Sí, por eso debéis ser prudente. Esta información va a revolucionar los viajes a las Indias y tendrá enormes implicaciones en el comercio —puntualizó don Hernando, visiblemente preocupado.

—Seré prudente, señor —dijo intentando sonar convincente—. Entonces tengo cuatro semanas para encontrar el libro, a Santiago y al asesino de Alonso. Sobre las Islas de las Especias, os ayudé en todo lo que pude; sabéis que eso puede terminar en guerra o en alianza ahora que el emperador tiene a una princesa portuguesa como emperatriz.

—¿Y vas a encontrar el libro y al asesino en tan poco tiempo?

—No lo dude, como que embarcaré en el primer galeón que salga hacia el Nuevo Mundo cuando se haga pública la nueva ley —enfatizó Thomas—. Además, puede que haya descubierto una conexión entre esta biblioteca y Jaime Moncín.

—¿Cuál?

—Rosalía. ¿Puedo hablar con ella? —demandó Thomas—. Es importante.

—No entiendo el porqué... Pero sí, claro. Ahora mismo la hago llamar.

Cuando el Guardián fue a buscar a la esclava no la halló; doña Manuela tampoco sabía nada de ella, ni Víctor, ni Marcos.

Rosalía había desaparecido.

66

La prensa

El Nuevo Mundo era como Ítaca, donde Ulises vivía feliz junto a su mujer, Penélope, y su hijo, hasta que partió para participar en la guerra de Troya. Y por Ítaca inicia el largo y peligroso viaje de vuelta, que no parece terminar nunca. Lo mismo sentía Thomas, que llevaba tanto tiempo pensando en el Nuevo Mundo que casi no podía creer que pudiera realmente viajar hasta él muy pronto.

Pero antes tenía muchos asuntos que cerrar y poco tiempo disponible.

Salió de las murallas y fue hacia el puerto; observó las grandes naos con sus mástiles, sus velas, y el ajetreo que se organizaba alrededor de ellas para aprovisionarlas, repararlas o descargar sus preciadas mercancías indianas. Estuvo dando vueltas y preguntando, hasta que halló a quién buscaba.

—Me acuerdo de ti —dijo el Portugués al verlo.

—Entonces ya sabes a qué vengo.

—Y tú que no es posible.

—Eso déjalo de mi parte. Consígueme lo que quiero y luego me las apañaré yo.

—Te tirarán por la borda en cuanto descubran que no eres español —le advirtió el Portugués.

—Eso no debe importarte. Quiero dos pasajes; dime el precio y no me la quieras jugar. Una vez embarcado, yo me encargo de mi problema.

—Es tu dinero, cada uno es libre de gastarlo en la estupidez que desee.

Y entre ambos cerraron el trato.

Debía actuar con prontitud, pues disponía de un mes. No solo debía resolver los asuntos que había demandado don Hernando, también debía cerrar los suyos. No era la primera vez que emprendía un viaje a tierra desconocida, por eso no iba a cometer las mismas equivocaciones. Ya no era ni el crío que huyó de Augsburgo ni el joven que marchó de Amberes. Ahora ya era un hombre adulto, sin margen ni tiempo para los errores ni las dudas.

Su mejor pista era Rosalía y se había esfumado. Nadie en el palacio de Colón supo dar explicaciones, sus cosas estaban intactas. Como Santiago, la joven esclava había desaparecido de la forma más misteriosa.

Thomas entró de nuevo por la Puerta de Jerez y subió hacia la catedral; aquel día las gradas estaban repletas de mercaderes y el gentío era abundante. Se desvió hacia la izquierda, pasando cerca de la imprenta de los Cromberger. Continuó hacia el final de esa calle; allí estaba aquel humilde taller de imprenta que había visitado una vez.

El mercader de libros accedió a su interior. En las estanterías apenas había ejemplares, el local estaba descuidado y sucio. El olor a tinta era inconfundible y lo transportó de inmediato a sus días de impresor en Flandes. Nadie salió a recibirlo, así que se adentró, abrió una puerta situada en el fondo y accedió al taller. No era demasiado amplio, lo justo para poder trabajar con una prensa de reducidas dimensiones. En ella se encontraba un hombre esbelto como una espiga de trigo. Estaba de espaldas, intentando batir él solo una de las planchas.

—¿Necesita ayuda? —No pareció oírle—. ¿Lo ayudo? —insistió Thomas sin respuesta.

Hasta que vio que la plancha se le resbalaba y corría el riesgo de caer. Reaccionó presto y la cogió del otro lado hasta colocarla en su posición correcta.

—¡Vaya! Por qué poco... —El espigado hombre suspiró—. ¿Quién sois?

—Me llamo Thomas, estuve aquí hace unos meses. Soy mercader de libros y trabajo en la biblioteca de don Hernando Colón.

—Un formidable caballero. Alguna vez me ha comprado libros. Ahora imprimo pocas novedades, la mayoría son encargos de los Cromberger que, como abarcan tanto, pues en ocasiones, cuando van apurados con algún pedido, me dan trabajo.

—Eso está bien.

—Migajas, es como dar de comer a los pájaros. Así siempre vuelven —dijo medio riéndose.

—¿Y por qué no trabajáis más por vuestra cuenta?

—Qué más quisiera yo... Este negocio es puñetero. Hay que tener buen ojo para lo que se publica, porque con lo caro que es el papel y todas estas máquinas... Si luego la gente no lee el libro que has publicado, te arruinas.

—Es difícil saber lo que le va a gustar a la gente.

—Bueno, es que a veces la gente no lee lo que le gusta, sino lo que les dicen que lean, y claro... —Él mismo echó un ojo a su taller—. Poco puedo influir yo en eso.

—¿Queréis decir que hay quienes controlan las publicaciones en Sevilla?

—Influyen, hacen publicidad, sueltan rumores, hacen que la gente rica ponga de moda ciertas lecturas... En eso los Cromberger son expertos.

—¿Por eso tienen tanto éxito sus impresiones?

—No solo por eso; la clave son los contactos. En la vida son lo más importante siempre: a quién conoces, quién te debe un favor, ya sabe... Los Cromberger publican para la Iglesia, la Casa de la Contratación... Luego sacan esos malditos libros de caballerías... ¡Eso es basura! No pueden considerarse libros... ¡Qué vergüenza! Cualquier día publicarán, qué se yo, libros sobre amoríos entre reyes o peor aún, libros donde cuenten cómo fornica la gente...

—No se apure, que no será para tanto; los Cromberger son gente seria.

—¡A mí ya me da igual! De todas maneras, la que dominará dentro de poco todo el negocio será ella.

—¿Ella? ¿Quién?

—El padre ya pinta cada vez menos y el hijo, Juan Cromberger, tiene otros negocios que le tiran más. Habrá un día que la que mande en la imprenta será Brígida Maldonado, esa viene de familia de impresores y tiene un don.

—Brígida Maldonado... —La madre de su Sofía—. ¿Y no podéis hacer nada para que el negocio vaya mejor?

—Los Cromberger me dan sus trabajos menores y además luego lo publican sin mencionarme. Así no me conocen y no recibo encargos.

—¿Y por qué aceptáis eso? —Thomas se indignó.

—No me queda otra, de algo tengo que comer. Aunque cada vez me es más difícil; no tengo hijos que echen una mano y vayan a seguir el negocio, así que pinta mal..., porque el día que no pueda trabajar, cerraré y me moriré de hambre.

—Quizá no haga falta ser tan tremendista.

—Ya le digo yo que sí.

—Vengo a hacerle una oferta. —Thomas tomó un tono más serió.

—Miedo me da; a ver, dispare.

—Quiero compraros la prensa. —La señaló.

—Ya se lo había dicho, miedo me daba oírle.

—Hablo en serio.

—¿Queréis mi taller? —preguntó aquel hombre como si fuera la cosa más extraña del mundo.

—No, solo la prensa.

El espigado impresor apretó los labios y se rascó la nuca. Miró la maquinaria de la que hablaban, luego el resto del taller y suspiró.

—¿Y qué hago yo sin la prensa? La necesito, sin ella lo demás no vale nada.

—El negocio no funciona, lo habéis comentado ahora mismo.

—Por el momento me da de comer, ¿qué más puedo pedir?

—Sois consciente de que ya estáis mayor, no podéis ni batir, os he tenido que ayudar. Este trabajo es duro y la competencia feroz —le relató Thomas como si estuviera ante un tribunal.

—Pero... es lo único que tengo; sin ella no tengo negocio —recalcó—. No puedo, lo siento.

—Ya veo... —Thomas se quedó pensativo y bajó la mirada.

—¿Para qué queréis una prensa?

—Eso es asunto mío.

—¿Os da igual el tamaño?

—No sé; lo que necesito es una prensa con la que imprimir libros —contestó Thomas.

—Venid conmigo un momento.

El impresor le hizo una señal y avanzaron por el taller. Los muebles con los tipos formaban una barrera; él los movió con facilidad al estar provistos de ruedas en la base. Una vez sorteados, llegaron a un rincón repleto de polvo y utensilios antiguos. Retiró unos cuantos, hasta que vio una manta, tiró de ella y apareció una prensa cubierta de polvo.

—Era de mi padre. Aunque no lo creáis, esta es la primera máquina de impresión de libros que hubo en Sevilla.

—¿Cómo la primera?

—Sí; mi difunto padre, que en Gloria esté, se la compró a una familia que ya no existe —respondió el impresor—. Murieron todos de peste, algo terrible.

—Ya lo siento.

—Ellos fueron los primeros en establecer aquí un taller de impresión, eran amigos de Meinardo Ungut y Estanislao Polono, que eran los mejores impresores de España. Y también amigo de Jacobo Cromberger, que trabajaba para ellos. Pero cuando murió el primero, Jacobo...

—Jacobo se casó con su viuda. —Thomas ya se sabía aquella historia—. Y así entró con la mitad del taller, y al morir Polono se quedó con la totalidad.

—Eso es.

—¿Y qué hizo su padre?

—Siguió aquí, de manera humilde pero honrada. Los Cromberger fueron haciéndose con el mercado. Así que muchas pequeñas imprentas no tuvieron más remedio que cerrar, entre ellas los dueños de esta prensa. Se la dieron a mi padre con tal que no cayera en manos de los Cromberger.

—¿Funciona?

—Claro que sí, aunque hace mucho que no se utiliza. Aun así está perfecta; es pequeña y pesada, mi padre la guardaba para cuando había picos de trabajo o por si se estropeaba la principal.

Thomas se acercó a la máquina. Estaba llena de polvo y suciedad; limpió algunas partes con la mano, revisó los mecanismos y piezas principales y miró al espigado impresor.

—¿Cuánto queréis por ella?

67

El señor de los ladrones

Al mediodía, Sofía Cromberger caminaba junto a la Torre del Oro, junto a dos de sus criadas y escoltada por un hombre de armas y dos esclavos. Se entretuvo frente al local de un comerciante de paños flamencos; le fascinaban las telas que llegaban desde Amberes. No estuvo mucho tiempo admirándolas, ya que su padre le había pedido que asistiera a una reunión cerca de los Alcázares Reales. Sofía iba espléndida, con un vestido verde con encajes dorados y el cabello recogido con una diadema de perlas. Era difícil no fijarse en ella, relucía más que la propia Giralda.

Se detuvo ante uno de los palacios más imponentes de Sevilla, perteneciente a una antigua familia castellana que había participado en la reconquista de la ciudad hacía siglos y desde entonces había asumido puestos de alta responsabilidad en el gobierno de la ciudad, especialmente en el puerto. Desde que Sevilla se había establecido como único puerto desde el cual podían salir embarcaciones hacia el Nuevo Mundo, su poder y su riqueza no habían dejado de crecer.

Sofía Cromberger sabía bien lo que tenía que hacer, así que hizo esperar a su escolta en el exterior y entró únicamente con sus criadas dentro del impresionante edificio.

Lo que no sabía ella es que alguien la observaba desde el exterior.

Tardó en salir de nuevo a las calles de Sevilla, tanto que Thomas empezó a preocuparse. Sin embargo, la paciencia siempre obtiene recompensa. Así que, a eso de las cuatro, Sofía Cromberger volvió aparecer con sus criadas. Una escolta de tres hombres la esperaba también. Thomas debía actuar rápido si quería tener éxito. Cuando la pequeña comitiva comenzó a marchar hacia la calle de los impresores, Thomas ya aguardaba en el lugar que había decidido; dio dos palmadas y un gentío de muchachos se abalanzó sobre ellos pidiendo limosnas para comer. Eran tantos que los esclavos se vieron sobrepasados y las criadas apenas lograban espantarlos. Así que uno de ellos llegó hasta Sofía Cromberger. Ella se asustó, creyó que la empujaría o le robaría alguna de sus joyas. Sin embargo, aquel crío de apenas diez años le cogió la muñeca y dejó un trozo de papel en la palma de la mano.

Sofía lo agarró fuerte del brazo para que no pudiera escaparse, pero él logró huir con el resto de muchachos antes de que los esclavos les arrearan una buena paliza.

—¿Estáis bien, doña Sofía? —preguntó una de sus criadas.

—Sí. —Cerró fuerte el puño—. Vamos, regresemos ya a casa —ordenó mientras buscaba con la mirada.

Desde el otro lado de la calle, Thomas la observaba; sus miradas se cruzaron y ella sonrió. Eso es precisamente lo que él quería ver; se dio la vuelta y desapareció entre el gentío. Regresó a su cabaña junto al palacio de Colón y permaneció en ella todo el resto del día. Solo salió de nuevo justo antes de la puesta del sol, con un destino claro. Se dio buena prisa en llegar a la catedral, que estaba concurrida. Buscó una de las capillas más tranquilas y se refugió en ella.

La capilla estaba presidida por un óleo donde se representaban las santas Justa y Rufina, veneradas en Sevilla como protectoras de la Giralda, ya que evitaron que la torre cayera durante un terrible terremoto hacía veinte años.

Mientras admiraba la pintura, alguien se sentó a su lado, tapado con una larga capa con capucha; luego se arrodilló para rezar. Thomas enseguida percibió un dulce olor familiar.

—Me has asustado esta mañana —dijo ella.

—Era la única manera, llevabas mucha escolta. ¿A qué se debía?

—Asuntos de familia; mi padre me pidió que acudiera a cerrar un trato —afirmó con cierto aire de misterio.

—Supongo que no puedes darme detalles.

—Mejor que no, créeme. —Sofía sonrió y sus grandes ojos castaños parecieron infinitos—. ¿Y bien? ¿Qué es eso tan notable que tenías que contarme con urgencia?

—Ha llegado el momento.

—¿El momento de qué?

—He estado en el puerto, tengo los pasajes para los dos.

—¿Pasajes? ¿Para ir adónde?

—Al Nuevo Mundo —contestó Thomas con la ilusión rebosante en su mirada.

—¿De qué estás hablando?

—Lo que oyes, ya está todo preparado.

—Thomas, no podemos. Sabes de sobra que los extranjeros no podéis viajar a las Indias.

—Eso ha cambiado.

—¿Por qué dices eso? —Sofía dio un paso atrás—. ¿Qué ha sucedido?

—Aún es secreto, pero el emperador va a abolir esa ley.

—¿Cómo puedes saber eso?

—Don Hernando me lo ha dicho —respondió él.

—Pero... —A Sofía se le iluminó el rostro con aquellas palabras—. Eso es increíble, ¿sabes lo que significa?

—Claro que sí. —Thomas la besó.

Cuando separó sus labios, Sofía seguía tan emocionada que no articulaba palabra alguna.

—Recuérdalo bien, el jueves de aquí a cuatro semanas debemos zarpar. ¿Podrás venir al alba? El barco es la nao *Santa Lucía*.

—¿Cuándo levanta la prohibición el emperador?

—Ese mismo día; cuando lleguemos a Sanlúcar, la nueva ley ya será conocida por todos. No temas, nadie nos detendrá.

—Debo irme. —Sofía estaba nerviosa—. No pueden vernos juntos o podríamos estropearlo todo.

—Cierto. —Le costó soltarle la mano.

Sofía se alejó rápido. A Thomas se le estremeció el corazón, pero aquella sería la última vez que se separarían. En el Nuevo Mundo comenzarían una nueva vida, libres al fin.

Los dos días siguientes, Thomas no pisó el palacio de Colón; estuvo planificando y organizando los pasos a seguir. A la mañana del tercer día, Thomas cruzó por el puente de barcas hacia Triana. Buscó la iglesia de santa Ana. La verdad era que atravesar el río suponía cambiar de mundo, allí debía andarse con buen ojo. Dentro de las murallas de Sevilla había cierta sensación de seguridad, los comerciantes y artesanos se hacinaban en los locales, abundaban los religiosos y la guardia recorría las calles. En cambio, en Triana todo era diferente, no había orden ni autoridad. Todo era un enorme caos de gentes de todo tipo, allí donde mirabas te sorprendía una escena peor que la anterior. Thomas temió haberse metido en la boca del lobo; apenas podía andar por las calles embarradas, donde se oían gritos desde todas las esquinas y los ajustes de cuentas eran a plena luz del día.

Siguiendo el río llegó al templo de Santa Ana. Al fondo se veía la silueta del castillo de San Jorge, la sede de la terrible Inquisición. Thomas se preguntó qué habría sido de él si lo hubieran atrapado con los textos luteranos de Santiago. Justo en ese momento, alguien pegó un gritó, y enseguida vio a dos críos salir corriendo de un callejón; no llegaron muy lejos. Dos tipos salieron a su encuentro dándoles el alto, y los cogieron del cuello como si fueran gallinas. Al primero lo lanzaron contra el suelo y le agarraron el brazo, y sin mediar palabra alguna le cortaron un dedo de la mano. La sangre brotó como si degollaran a un cerdo. Luego ataron las manos de ambos chicos a la espalda, y se los llevaron.

—Se lo tienen merecido —murmuró una voz tras él.

Thomas pensó que podrían ser guardias, por su actitud autoritaria. Pero los guardias no se andaban con la misma clemencia aquí que intramuros. Además, le sorprendió que no portaran uniforme y que fueran tan jóvenes.

—¿De qué autoridad dependen esos guardias? —inquirió al viejo que había hablado; vendía arenques sobre una caja de madera.

—¿Autoridad? ¿De qué demonios estás hablando?

—Han detenido a los ladrones.

—Tú no eres de por aquí. —Lo miró de refilón—. No los han detenido; más bien les han dado un escarmiento, diría yo. Esos a los que llamas guardas pertenecen a una banda nueva, que se dedica a reclutar de esa manera a rufianes de todo tipo.

—¿Banda?

—Bueno, ellos se hacen llamar gremio, como si fueran carpinteros o carniceros de los que hay intramuros —dijo con una mueca de risa floja—. Pero esto es Triana, quizá por eso el único gremio que puede haber es de ladrones.

—¿Son ladrones defendiendo su territorio, pues?

—Como si Triana les perteneciera; no hay quien se atreva a poner orden aquí. Si hasta los de la Inquisición se guardan bien de salir de su castillo, solo lo hacen para cruzar el río hacia la ciudad.

—Una pregunta más.

—¿Pero vas a comprarme algo?

—Sí, claro. —Cogió un palo con tres arenques insertados y pagó—. ¿Quién es el jefe de ese gremio?

—Ni idea, y de eso es mejor no saber ni preguntar.

Thomas cogió otros arenques y le dio una nueva moneda.

—Algo más sabréis...

Thomas se llevó uno de los arenques a la boca y volvió a dejar una moneda.

—Es de tu edad, se llama Sebastián.

Thomas comenzó a toser, y casi se atraganta con el pescado.

—Pero ¿qué te pasa? —El vendedor se levantó y le dio un golpe en la espalda.

—Estoy bien, no os preocupéis. —Tosió una vez más—. ¿Estáis seguro de que ese es su nombre: Sebastián?

—Claro que lo estoy, si desde esta esquina todo se sabe...

Thomas se quedó intrigado sobre la verdadera personalidad de Sebas. ¿Con quién había estado tratando todo este tiempo?

No podía ser el cabecilla de una banda de malhechores.

O sí.

Dio las gracias de nuevo al viejo vendedor de arenques; en eso, por la calle de enfrente se abría camino un grupo de hombres armados con altas picas. Eran al menos veinte y escoltaban un carromato pequeño, pero por las huellas que dejaban sus ruedas en el barro y la expresión de esfuerzo de los mulos, debía de ser pesado.

Él no era el único que observaba la escena con detenimiento; no lejos vio a uno de los que habían cortado el dedo de aquel chaval. Cuando los piqueros desaparecieron camino del río, el tipo echó a andar, y Thomas decidió seguirlo, siempre a una distancia prudencial. Pronto se introdujo en un angosto callejón; Thomas temió perderlo y aligeró el paso. En la siguiente esquina no lo vio girar, miró a un lado y a otro, y creyó advertirlo al fondo, entrando en una casa. Fue hacia ella con premura, y encontró la puerta cerrada. Sabía que era arriesgado, pero dio dos golpes con la palma de sus manos.

El gozne crujió y la hoja comenzó a abrirse; detrás aparecieron unos ojos amarillos.

—¿Qué quieres? —dijo una voz entrecortada.

—Vengo a ver a Sebas.

—Aquí no hay nadie que se llame así, lárgate. —Fue a cerrar la puerta y Thomas metió la punta de su bota para impedirlo—. ¿Qué haces? Te estás metiendo en un buen lío...

—Dile a Sebastián que Thomas está aquí.

La puerta se abrió entonces; unas manotas lo agarraron del cuello y lo metieron para adentro, tirándolo contra el suelo empedrado de un patio. Había poca luz. Se levantó enseguida y buscó una pared para apoyar la espalda.

—¡Sebas! ¿Dónde estás? ¡Sebas, soy Thomas! ¡Soy Tomasito!

No obtuvo respuesta, estaba rodeado por cuatro hombres armados con palos y cuchillos.

—Te lo advertí, no sabes dónde te has metido —le dijo el de los ojos amarillos, acercándose más a él...

—Decidle que Thomas está aquí, ¡decídselo!

Uno de los matones alzó una vara, mientras que otro se preparaba para rebañarle con el filo de una buena hoja; el de los ojos amarillos se reía y el cuarto tipo lo miraba sin pestañear. Thomas no veía la manera de escapar de esta situación.

—¡Alto! —gritaron desde una ventana del patio.

Los maleantes se quedaron quietos, preparados para atacar, pero suspendidos en el tiempo. El de los ojos amarillos miró hacia la voz.

—He dicho que alto —alguien bajaba por la escalera.

Thomas por fin respiró.

—Pensaba que no ibas a aparecer nunca.

—Thomas, siempre una caja de sorpresas. ¿Qué haces aquí?

—Es una larga historia.

—Esas son las que más me gustan —sonrió Sebas—. ¡Vamos! Traed vino para mi amigo.

Uno de los matones se dispuso de inmediato a cumplir las órdenes. Los otros se dispersaron, uno a vigilar la puerta, los otros dos a un lado, salvaguardando al jefe.

—Ya sabes que no bebo.

—Sí, pero me encanta ponerte a prueba. —Lo abrazó fuerte—. Me temo que no es una visita de cortesía, ¿verdad, Thomas?

—He venido a verte porque necesito dar con el asesino de Alonso.

—¿Y el libro? ¿Lo has encontrado? ¿Y la esclava negra que entrega los grabados? Se te acumula el trabajo, Thomas...

—La esclava de la que me hablaste ha desaparecido, pero daré con ella.

—Siempre directo. —Sebas sonrió—. Eso me gusta de ti. Ese libro es escurridizo, parece mentira. Yo comercio con algo más intangible, la información, ya lo sabes.

—Querrás decir con los secretos.

—No, un secreto es entre dos personas. La información es lo que esas dos personas creen que es un secreto, pero ya lo sabe una tercera.

—¿Qué sería para ti una buena información con la que comerciar?

—Eso depende, ya te dije: un mapa de las Indias, un noble acostándose con su sirvienta, un alto clérigo con una prostituta, cuándo saldrá la flota el próximo verano...

—¿Cuándo se deroga una ley? ¿Una ley importante para el comercio? —inquirió Thomas.

—Desde luego —respondió Sebas con rotundidad.

—Si te digo un secreto, tú lo transformarás en información. A cambio debes darme el nombre del asesino de Alonso.

—Yo cumplo mi palabra, y más aún contigo.

—Está bien. —Thomas inspiró antes de traicionar a don Hernando—. Van a derogar la ley que prohíbe viajar a extranjeros al Nuevo Mundo.

—¿Es eso cierto? ¿Cuándo?

—En un mes entrará en vigor. Ahora dime lo que sabes sobre el hombre que mató a Alonso.

—Tu jefe estaba haciendo muchas preguntas, ya te lo dije. Así que alguien contactó con el Indio para que uno de sus asesinos acabara con él.

—Quieres decir que fue el Indio el que le rajó el cuello a Alonso. —A Thomas se le hizo un nudo en la garganta.

—Sí, él mismo me lo dijo antes de morir.

—¿Lo has matado?

—¿Acaso importa? Era un asesino. Te estoy diciendo que fue él quién degolló a tu jefe, ¿me vas a decir que te da pena que lo haya matado?

—Desde luego que no. Pero ¿por qué a mí me dejó con vida?

—Yo te habría matado a ti también —contestó Sebas—, pero el Indio cobraba por muerto. Solo le pagaron por uno y por eso te dejó vivo. Para los negocios era hábil, el maldito. Luego lo volvieron a contratar para matarte a ti; un matón te siguió hace un tiempo, por poco acaba contigo, pero yo llegué antes...

—¿Tú? Fuiste tú quien mató a ese asesino y me salvó. ¡Gracias! Pero ¿quién le pagó?

—No sé el nombre; solo que fue una mujer, una mujer bien posicionada. Elegante, de casa importante...

—Una mujer adinerada quería evitar que encontráramos el libro... Creo que sé quién puede ser. Pero ella no pudo robar el libro, ¿cómo? Un momento... Si ella fue capaz de matar para que nosotros no fuéramos haciendo preguntas es porque... ¡No puede ser!

—¿Qué estás pensando, Thomas?

—Pues que ha estado delante de mí todo este tiempo y no lo había visto.

—¿A la mujer? —inquirió Sebas.

—No, a ella no.

68

El secreto

Thomas llegó apresurado al palacio de Colón; los lectores ya se habían marchado y Marcos se hallaba en la puerta con cara de pocos amigos.

—El catacaldos... Cuántas veces entra y sale, por Dios bendito...

—¿Desde cuándo estáis sirviendo aquí?

—¡Qué pregunta es esa!

—No estoy para tonterías, ¡respondedme! —musitó enervado Thomas.

—Pues desde siempre. —Marcos se vio sorprendido—. Quiero decir, desde que se levantó este edificio.

—¿Y doña Manuela y el Guardián?

—También, los tres vinimos con don Hernando.

—¿Y Víctor?

—Él llegó más tarde; era de aquí, de Sevilla.

Thomas se tomó su tiempo.

—¿Siempre ha sido el jardinero? ¿No le habréis visto alguna vez dibujando o escribiendo?

—¿A Víctor? ¿Se puede saber a qué vienen todas estas preguntas? ¿Qué estás tramando? —Marcos mostró de nuevo su lado más arisco.

—Solo respondedme, es importante.

—Recuerdo que dibujó los planos de la casa, si sirve de algo.

—¿Cómo que los planos?

—Sí, Víctor dibuja como los ángeles —respondió Marcos, contrariado por el interrogatorio.

—Ya veo. ¿Y sabéis si también escribe?

—No, eso no lo creo. —Se encogió de hombros—. ¿Qué ocurre, Thomas? —Era la primera vez que lo llamaba por su nombre.

—Todavía no estoy seguro. ¿Diríais que Víctor es un hombre peligroso?

—En absoluto, no sale del jardín.

—Exacto. Siendo de Sevilla, ¿no es extraño que nunca salga de aquí? ¿No tiene familia, amigos, conocidos?

—Ahora que lo dices..., un poco sí —recapituló Marcos.

—¡Vamos! Tenemos algo que aclarar con él.

—Primero voy a avisar al Guardián para que nos acompañe.

—Pues a qué esperáis; rápido.

Thomas lo dejó atrás y siguió hasta los primeros árboles del Nuevo Mundo. Siempre lo sorprendía la frondosidad de aquellas huertas. Aquellas plantas eran las mismas que los grabados, Víctor había dibujado el Nuevo Mundo desde un jardín sobre el Guadalquivir. Pronto llegaron Marcos y el Guardián.

—¿Dónde se aloja?

—En una alcoba que hay sobre los almacenes —respondió Marcos, extrañamente colaborador—. Seguidme, os lo mostraré.

—¿Hay alguien más en palacio?

—Solo Doña Manuela; don Hernando está despachando con el obispo —respondió mientras llegaba a una escalera de madera—. Thomas, ¿vas a decirnos qué sucede? Esto no tiene sentido.

—Thomas —el Guardián tomó la palabra—, más te vale que tengas una buena razón.

—La hay; llevadme a la alcoba de Víctor.

—Hacedle caso, Marcos; resolvamos esto cuanto antes.

Caminaron los tres hasta la otra parte del jardín y Marcos se detuvo frente a una escalera.

—Los escalones. —Señaló arriba—. A partir del cuarto están partidos, no entiendo el porqué.

—Yo os lo diré —afirmó Thomas—: para que nadie pueda sorprenderlo. ¿Hay otro acceso?

—No que yo sepa.

—Debe haberlo; pensad, Marcos —le insistió el Guardián—, nadie mejor que vos conoce este palacio.

—Desde la cocina, el pasillo del fondo comunica con un patio. Al fondo de este hay una puerta que nunca se usa, da a un lienzo de una muralla que apareció mientras se edificaba. Se dejó allí por insistencia de don Hernando. Desde ella se puede alcanzar alguna de las ventanas del piso superior del granero —recalcó Marcos.

—Sois un lince.

—Y que me lo tengas que decir tú...

—Venga, que nos tiene en vilo. —El Guardián le dio un empujón—. Que demasiado estoy haciendo ayudándote, más vale que tengas razón.

Siguieron el camino esbozado por Marcos y en efecto llegaron a los restos de una muralla de tapial. La escalaron sin problemas y dos ventanales quedaron a su alcance. Thomas saltó hasta el primero de ellos y pudo llegar al granero. Estaba vacío. Continuó andando y llegó hasta la escalera de madera con los peldaños partidos. Al final de ella había una puerta, tenía que ser la estancia de Víctor.

Thomas alzó la mano y pidió calma a sus dos compañeros. Luego se llevó el dedo índice a la boca en señal de guardar silencio y les marcó que él entraría primero. Marcos y el Guardián asintieron.

Empujó la puerta con cuidado, no cedió.

No había tiempo para dudar; dio un paso atrás, cogió impulso y la golpeó con una tremenda patada que la abrió con tal fuerza que chocó contra la pared y rebotó de nuevo hacia ellos.

Entró de inmediato.

—¡Jaime Moncín! ¡Víctor! ¡Sabemos que eres tú! —Lo buscó de un lado a otro.

—Aquí no hay nadie. —Marcos entró tras él.

Thomas caminó hacia la ventana.

Al mirar tras ella vio unos apoyos de madera clavados en la fachada; simulaban una escalera y seguían hasta una tapia cercana. No eran demasiado seguros, aunque sí lo suficiente para entrar y salir en el palacio sin que nadie lo viera.

—Hemos llegado tarde —mencionó el Guardián—. ¿Qué sucede con Víctor? ¿Cómo lo ha llamado?

—Os ha estado engañando durante todo este tiempo; su verdadero nombre es Jaime Moncín.

—Ese escritor que buscáis... ¿Y qué hacía aquí? —inquirió Marcos.

—Buena pregunta. —Thomas se volvió de nuevo hacia el interior de la habitación.

No había mesa, solo un jergón y enfrente un armario con una

pata calzada con un trozo de madera rectangular. Buscó entre sus pertenencias y no encontró nada más.

—Marcos, ayúdeme a mover el armario. —Se colocó a un lado.

—¿Y a qué viene esa tontería?

—Hágame caso, luego si me equivoco ya tendrá todo el tiempo que quiera para echarme la bronca, es un buen trato.

—Una buena majadería propia de una mente blanda como la suya.

—Venga, ¿o es que no puede?

—Sera posible... —Echó ambas manos al mueble y le dio un buen empentón.

Thomas intentó seguir el movimiento; casi se cae el mueble. Por suerte las patas aguantaron y pudieron desplazarlo hacia la derecha hasta liberar un hueco lo suficientemente ancho para que entrara una persona.

—Solo una cabeza alocada como la suya podría pensar que este hombre tenía algo escondido aquí —pronunció el Guardián.

69

El dibujante

Estaba oscuro y salía un extraño olor del interior. No era probable que Jaime estuviera allí dentro, pero aun así debían andarse con ojo.

—A ver cómo la iluminamos... —Thomas miró atrás.

—Catacaldos, seguro que hay alguna ventana; al patio interior dan varios ventanucos altos —afirmó Marcos.

—Solo debemos abrirlos. —El Guardián habló desde la posición más retrasada—. Lo haré yo.

Thomas se apoyó en la pared y tropezó con algo parecido a una mesa. Luego con otros muebles, y entonces cayó contra unos bultos blandos y se incorporó de inmediato.

—¿Qué has hecho ahora, catacaldos?

—¡Cállate, Marcos! —se volvió Thomas.

—Dejad de pelearos, ¡parecéis niños!

Pero Thomas volvió a caerse, esta vez golpeándose con fuerza la muñeca derecha. Aquello era un laberinto, se iba a matar antes de dar con algún vano. Se incorporó y notó que estaba rodeado de bultos. Fue palpándolos sin mucha idea de qué eran.

Entonces apareció una enorme columna de luz.

—De donde no hay... no se puede sacar. —Marcos abrió un segundo ventano.

Aquel lugar era un taller; había media docena de mesas, estanterías, cajas, dibujos colgados por todas las paredes y utensilios de todo tipo.

—¿Cómo es posible que no supieran nada de esto?

Marcos y el Guardián bajaron la cabeza por primera vez.

—Por una vez tiene razón —asintió el Guardián avergonzado.

—Ya, pero es que esta zona no la usa nadie, quién iba a imaginar una cosa así —espetó Marcos.

Thomas se acercó a la primera de las mesas. Estaba llena de dibujos de plantas y árboles, y en algunos había también animales. Entre ellos una llama como la de Massimiliano; estaba perfectamente dibujada. Siguió hasta la siguiente: había varios textos manuscritos y un libro, y no era uno cualquiera. Porque al abrirlo se encontró el nombre de Jaime Moncín. Era *Amores imposibles*.

—¿No será el libro que andamos buscando? —preguntó Marcos—. El libro que robaron de la biblioteca.

—Creo que sí —Thomas lo hojeó—. Este es, por fin, el libro que estábamos buscando desde hace tanto tiempo.

Exhaló aire profundamente y al soltarlo fue como quitarse años de encima. Tanto esfuerzo y ahí estaba, en sus manos. El libro que nadie conocía, el que había desaparecido de la faz de la tierra.

—Ahora hay que dar con ese sinvergüenza —advirtió el Guardián, que estaba examinando más dibujos que había colgados de las paredes—. Con todo lo que ha hecho don Hernando por él y se lo paga así.

—¿Qué más veis por ahí? —Thomas fue hacia un pequeño escritorio en una esquina. Había más dibujos, esta vez retrataban a una mujer.

—¡Santo Dios! Esto es pecaminoso. —Marcos se llevó las manos a la cabeza.

—Pero ¿se ha dado cuenta de quién es?

El Guardián también se acercó y quedó abrumado.

—¡Madre santísima! —Marcos casi tropieza—. Es Rosalía...

En ellos aparecía la esclava totalmente desnuda; eran decenas de dibujos de ella. Con sus enormes ojos oscuros mirando al frente. En algunos solo esbozada su silueta. Otros en cambio eran preciosos en detalles, hasta los más íntimos.

—Hay que encontrar al jardinero. —El Guardián alzó la voz.

—En las huertas hay muchos recovecos —musitó Marcos—, puede que él y Rosalía estén ocultos ahí. Están claramente compinchados.

Los tres descendieron desde las falsas con toda la prontitud posible. La puerta de la cocina estaba abierta; doña Manuela se hallaba cortando con un cuchillo ancho el cuello a media docena de pollos.

—¿Qué hacéis aquí con esa cara de susto? —preguntó ella—. Ni que hubierais visto a un fantasma...

Thomas les hizo un gesto a sus acompañantes y fueron a toda prisa a las huertas.

—Dividámonos. —Y Thomas fue por el lado de la derecha.

Por suerte se conocía bien aquellos dominios; precisamente había sido Víctor el que, en buena medida, se los había enseñado, quien le había explicado cada una de las especies del Nuevo Mundo; ahora debía encontrarlo.

Escuchó un crujido y lo acompañó una sensación de no estar solo. Dio un par de pasos hacia atrás y se encontró con el tronco de un frondoso ejemplar.

Y volvió a oír un crujido, esta vez claro y conciso, procedente de algún punto frente a él.

Se agachó y tomó la primera rama que encontró, la agarró fuerte y aguardó flexionado. Él debía ser el primero en dar el golpe.

Un nuevo crujido, esta vez mucho más cerca. Empuñó fuerte la rama del árbol, la alzó y la dirigió hacia el rostro de Marcos, con la fortuna de que este la vio venir y se tiró a un lado.

—¡Maldito hijo del demonio! ¿Se puede saber en qué estabas pensando?

—Creí que eras Víctor...

—¡Eres un desgraciado! ¡Un malnacido!

—Venid, ¡rápido! —gritó el Guardián a lo lejos—. ¡Rápido, ayuda!

Les costó orientarse, avanzaron con dificultades entre la vegetación. Siguieron la voz del Guardián hasta llegar a una zona remota del jardín. El Guardián estaba agachado, desatando las cuerdas que aprisionaban un cuerpo.

—¡Ayudadme!

—¿Santiago?

—¡Pardiez! Señor Thomas, ¿tan mal estoy que no me reconoce?

Estaba todo sucio, con el rostro amoratado, las ropas húmedas y ennegrecidas y el cabello grasiento. El viejo soldado lucía como si viniera de un mes en galeotes.

—Estaba atado a este árbol, amordazado y tapado con grandes hojas.

—Santiago, ¿cuánto lleva aquí?

—Ya no me acuerdo, he perdido la noción del tiempo.

—Un poco más y paso de largo —advirtió el Guardián—, pero me ha llamado la atención que esa zona estuviera tan alborotada. Y ahí estaba; ha adelgazado un poco, no le ha venido mal. —Le señaló la barriga—. Y huele que apesta.

—Llevo días amarrado, me he cagado y meado encima.

—Habría sido mejor no saberlo. —Marcos se hizo a un lado.

—Santiago, ¿qué ha pasado?

—Ya sé quién es Jaime Moncín.

—Nosotros también: es Víctor —se adelantó Thomas.

—¡No me digas que lo habéis averiguado! —dijo decepcionado—. Se ha ocultado aquí, por eso no salía de esta huerta. Y los dibujos...

—Lo sé, Santiago, luego hablaremos de eso. ¿Y Rosalía? ¿Qué sabéis de ella?

—Que es por su culpa que he terminado aquí. Entré en su alcoba sin querer y...

—¿Sin querer? ¿En la alcoba de esa mujer? —Marcos se le quedó mirando—. ¿Os creéis que somos tontos? A este contadle lo que queráis, pero conmigo tened mucho cuidado.

—Entré por casualidad; no se lo digáis a doña Manuela, os lo ruego.

—¡Eso da igual ahora! —intervino Thomas—. ¿Qué ha pasado? Sed claro, por lo que más queráis.

—Jurádmelo todos, no puede saberlo. —De repente, Santiago ya no parecía tan fiero.

—Está bien. —Thomas miró al Guardián y a Marcos.

—Tranquilo, no diré nada —añadió el primero.

—Ni yo.

—Pues como iba diciendo, entré en la alcoba de Rosalía y descubrí dibujos del Nuevo Mundo firmados por «J. M.», y justo entonces llegó ella por mi espalda y me puso el filo de un cuchillo en los riñones.

—Esa mujer siempre me ha caído bien —sonrió Marcos.

—Ssshhh. Continúa, Santiago.

—Me hizo entrar en las huertas y me trajo hasta aquí, me ató sin mediar palabra y me ocultó, hasta ahora que me habéis encontrado.

—Os ha atado una mujer... ¡Una esclava! —Marcos se contuvo de decir más.

—¡Marcos! Por favor. —Thomas estuvo a punto de perder los nervios—. Santiago, pensadlo bien: ¿no os dijo alguna cosa?

—Absolutamente nada.

—¿Y dónde está ahora?

—No tengo ni idea.

70

La carta

Doña Manuela lavó al bueno de Santiago con los mejores jabones, lo metió en la cama de una de las habitaciones del palacio y lo cuidó como si fuera un niño pequeño. No dejó que nadie más entrara hasta que no hubiera descansado y le cocinó un auténtico manjar para que se recuperara con más brío.

Don Hernando Colón se indignó tanto cuando descubrió lo sucedido que ordenó revisar todos los libros de la biblioteca por si faltaba algún otro. El Guardián registró todo el palacio en busca de más posibles escondites ocultos y Marcos trajo a un par de hombres de armas para que lo ayudaran con la vigilancia. Lo primero que hicieron fue rastrear toda la huerta, preocupados por que Víctor hubiera ocultado algo más en aquella zona.

Thomas estaba desconcertado; se echó a dormir con un sabor agridulce. Intentando comprender qué había hecho Víctor, es decir, Jaime Moncín, durante todos esos años. Imaginando cómo se había ocultado en el palacio de Colón y llevado una vida en la sombra.

A la mañana siguiente no madrugó; fue a ver a Santiago, que estaba comiendo unos dulces.

—Veo que tu recuperación va a buen ritmo.

—Señor Thomas, tiene que probar estas delicias divinas. Y digo divinas por que las hacen unas monjas en secreto.

—¿Unas monjas? No estará exagerando, Santiago. A ver si el hambre le ha afectado la cabeza.

—No, qué va. Me ha dicho doña Manuela que hay monjas de San Leandro que se quejan de que algunas de sus compañeras más pobres se ganan la vida haciendo y vendiendo dulces, lo cual desacredita al convento y es una ordinariez. ¡Pero son una delicia!

—¿Y son estos los dulces de las monjas? —Se acercó a la cama donde estaba prostrado y tomó uno—. Ricos están desde luego.

—Es un asunto muy serio, señor Thomas. Dentro de los conventos hay muchas envidias. Tenga en cuenta que se da una auténtica lucha de clases entre las monjas más pudientes y las menos. Las ricas llegan a tener incluso alguna esclava y ocupan los mejores aposentos...

—Así que las más pobres hacen dulces para poder pagarse lujos.

—Siempre rápido, señor Thomas.

—¿Qué haces tú aquí? —Doña Manuela entró de forma airada—. Tiene que descansar, déjale tranquilo —dijo amenazante.

—Solo quería pedirle que...

—¡De eso nada! Reposo, eso es lo único que necesita. ¡Fuera! ¡Alemán!

—¿Cómo decís?

—Ya me has oído, ¡fuera de aquí! No lo repetiré. —Y alzó su mano con una amenazante cuchara.

—Pero... ¡Santiago!

El viejo soldado negó con la cabeza y se encogió de hombros, mientras se llenaba la boca con otro dulce de las monjas y una enorme sonrisa. Thomas dejó la habitación contrariado. En el palacio todos estaban ocupados, así que salió al jardín y se quedó contemplando las plantas que tanto cuidaba Jaime Moncín. El hombre que había cambiado de nombre, pero ¿por qué había permanecido en Sevilla?

Ninguno de sus amigos había sabido de su presencia aquí, eso era algo que le costaba entender a Thomas. ¿Por qué ocultárselo a ellos?

Don Hernando denunció al Consejo de los Veinticuatro tanto a Rosalía como a Jaime Moncín. Los alguaciles estaban preguntando por las calles, los guardias de las puertas habían sido alertados, e incluso se ofreció una recompensa a quien los entregara.

Pasaron varios días sin avances y Thomas pensaba cada vez más en el viaje al Nuevo Mundo. La fecha de partida se aproximaba. Habló con Santiago para que se encargara de cargar la prensa en el barco de la forma más discreta posible. El soldado no compartía el plan, pero como buen militar y amigo, aceptó los deseos de Thomas.

Él, por su parte, repasó libros y mapas del Nuevo Mundo; quería conocer dónde iba. Y entonces se acordó del libro de Moncín.

Ahora lo tenían, podía leerlo.

Corrió hasta la biblioteca y se lo pidió al Guardián, que lo custodiaba personalmente. Este se lo prestó, a cuenta de no sacarlo de la biblioteca. Thomas buscó una mesa en un lugar discreto y se sentó. Abrió las guardas y empezó a leer la primera página.

Solo se despegó de él para comer y hacer sus necesidades. Dada su rapidez para la lectura, a la noche ya había leído casi la mitad. Durmió un poco y al alba ya estaba de nuevo con la lectura de *Amores imposibles*.

Se trataba de una historia ambientada en Sevilla, un amor trágico e imposible entre la hija de un rico comerciante de especias y un ladronzuelo huérfano que terminaba convirtiéndose en un reconocido pintor. Aunque para entonces su amada ya se había casado con un marqués y sus cuadros, inicialmente llenos de luz y color, se tornaban sombríos y tristes, como su propia alma.

Era un texto adictivo, explicado desde el punto de vista de la mujer, con comentarios sensuales, y contaba con excepcionales grabados en los que aparecían siempre la pareja de enamorados en situaciones muy sugerentes o la propia mujer, dibujada con una fascinante delicadeza y erotismo, que hacía difícil no fijarse en su hermosura.

Estuvo leyendo toda la jornada y solo al caer la noche se detuvo, a falta de luz natural y ya cansado. Fue al día siguiente, a la hora de la comida, cuando por fin concluyó la historia escrita por Jaime Moncín. El final era sorprendente: el pintor y a la mujer se siguen viendo a escondidas durante años, tal es así, que los hijos que tiene ella son del pintor y no de su marido, pero el marqués nunca llega a descubrirlo.

Thomas se quedó pensativo. ¿Cómo sobrevivió Jaime Moncín hasta que entró a servir a don Hernando Colón?

Alguien lo había tenido que ayudar, pero ¿quién? La mujer. La que pagó para que mataran a Alonso. ¿Y si era la misma a la que dedicó el libro? ¿Y si lo mató para proteger su identidad?

¿Era eso posible?, se preguntó Thomas, confuso.

Buscó a don Hernando Colón, que estaba en su despacho privado repasando un nuevo mapa del Nuevo Mundo que le habían enviado desde la Casa de la Contratación. Se hallaba inclinado sobre aquella geografía dibujada.

—Siento importunar.

—Al contrario, me salváis de volverme loco. Este mapa va a acabar conmigo.

—¿Problemas?

—Los habituales. Los mapas son más significativos ahora que en ninguna otra época. Por eso deben ser precisos, un fallo, una pequeña desviación y... las consecuencias pueden ser terribles. ¿En qué puedo ayudaros, Thomas?

—Es sobre Víctor, quiero decir, sobre Jaime Moncín.

—¡Maldito canalla! Cómo se pudo atrever a robarme... Y yo que lo cobijé en mi propia casa.

—De eso quería preguntaros exactamente. ¿Cómo llegó él hasta vos?

—Por pura casualidad —respondió de forma airada—. Fue hace años. Cuando buscaba emplazamiento para el palacio, él fue quien me recomendó este lugar y hasta me ayudó con los planos iniciales.

—¿Y cómo apareció? ¿Lo recordáis?

—Creo que trajo una carta de recomendación.

—¡Santo Dios! ¿Y la conserváis?

—Por supuesto; ¿por quién me tomáis, Thomas?

—Necesito verla.

—Antes tendré que encontrarla. —Fue hacia una estantería—. Eso tuvo que ser en el año veinte o veintidós. A ver, la correspondencia la guardo aquí, pero ese tipo de documentos está más bien relacionado con el palacio, así que debería hallarse en otro lugar...

Don Hernando Colón fue al otro extremo y abrió un armario de estimable altura, rebuscó en su interior y sacó un fajo de documentos atados con una fina cuerda. Lo dejó sobre la mesa y comenzó a revisarlos.

—He de reconocer que mi biblioteca está mejor ordenada que mi documentación personal —murmuró.

—¿Seguro que habéis conservado esa carta?

—Estoy completamente seguro, pero otro menester va a ser dar con ella, creedme.

—¿Y Víctor nunca os contó nada de su vida?

—Por Dios, se ocupaba del jardín. Solo hablábamos de las plantas que llegaban del Nuevo Mundo y cómo se adaptaban al clima de Sevilla.

—¿No os pareció alguien culto para ser un jardinero? —inquirió Thomas.

—Sí, por supuesto. Esa es una de las razones de que trabajara para mí. Era educado y conocía bien todas las especies, en ese sentido no tengo ninguna queja. Sin él, este jardín no habría sido posible.

—¿Y nunca os preguntasteis cómo conocía tan bien las plantas?

—La verdad es que no, pero ahora que lo mencionáis, es extraño. —Don Hernando quedó pensativo—. Porque es verdad que lo sabía todo de ellas, como si lo hubiera leído o se lo hubieran contado.

—Don Hernando, conseguís las plantas a través de los Enériz, y Miguel Enériz era amigo de Jaime Moncín.

Don Hernando perdió su semblante apacible y tranquilo.

—Aquí está la carta. —Sacó un documento y lo dejó sobre la mesa.

Era una recomendación firmada por Miguel Enériz.

Thomas salió de inmediato hacia el palacio de los Enériz. Le pusieron algún reparo a la llegada. Tanto insistió que le permitieron pasar al patio interior; allí, rodeado de bustos de esculturas romanas, esperó paciente a Miguel Enériz, que llegó solo, con cara de pocos amigos.

—¿Puede saberse qué os ocurre? No suelo recibir a nadie de improviso, y menos a estas horas; espero que tengáis una buena razón.

—Jaime Moncín.

—¿Es que todavía seguís con eso? —dijo Miguel Enériz con desesperación.

—Está en Sevilla, ha estado todos estos años y vos lo sabíais.

—¿De qué demonios está hablando? ¿Os habéis vuelto loco?

—No me mintáis.

—¿Cómo os atrevéis? ¿Os dais cuenta de con quién estáis hablando? Podría hacer que os mataran ahora mismo.

—Don Hernando Colón está al tanto de todo, así que aténgase a las consecuencias de lo que ha hecho.

—Pero... ¿de qué habláis? Yo no he visto a Jaime desde hace veinte años —afirmó con tanta rotundidad que Thomas se detuvo.

—Una cuestión; suministráis de plantas y semillas el jardín de don Hernando.

—Sí. ¿A qué viene eso ahora?

—El hombre que cuidaba ese jardín, y que se hacía llamar Víctor, es en realidad Jaime Moncín.

—¡Qué! Eso es imposible... ¿Jaime está vivo y en Sevilla? No puedo creerlo.

—No disimuléis; vos mismo lo enviasteis con don Hernando, incluso con una carta de recomendación. E imagino que también le habéis estado suministrando información sobre los cultivos del Nuevo Mundo, mientras él los cuidaba y creaba dibujos y grabados para numerosos libros que se han publicado.

—¡Alto! —Miguel Enériz alzó sus manos—. Un momento —dijo más pausado—, repita lo que ha dicho.

Thomas se extrañó, pero accedió y repitió sus afirmaciones de forma más tranquila y detallada.

—Mire, yo le puedo jurar ante la Virgen que no he visto a Jaime Moncín desde hace veinte años. Pero sí me habían llegado rumores de que podía seguir con vida y estar en Sevilla, aunque no lo creí o no quise creerlo...

—¿Por qué no me avisó?

—Ya le he dicho que yo no le había visto y, por supuesto, ignoraba que trabajaba en el palacio de Colón con otro nombre. Es verdad que facilitamos las especies vegetales para ese jardín, pero no recomendamos personal.

—¡Miente! —Thomas sacó la carta que le había entregado don Hernando Colón—. Aquí está vuestra firma, ¡negadlo ahora si os atrevéis!

Miguel Enériz la tomó entre sus manos y la leyó todo lo rápido que pudo.

—Es una carta de recomendación, pero esta no es mi firma.

—Este es el sello de vuestra familia, ¿o me lo vais a negar? —recalcó Thomas.

—Sí, lo es. Aunque le puedo asegurar con toda certeza que no lo puse yo. Esta firma tiene la letra de mi hermana Julia Enériz. No sé por qué la escribió y con qué autorización usó el sello.

—¿Vuestra hermana?

—Sí, es su letra, la conozco bien.

—¿Dónde está ella? —inquirió de inmediato Thomas.

71

Julia

Miguel Enériz llamó a la puerta sin lograr respuesta. Así que decidió no esperar más y abrirla. La alcoba de su hermana tenía un amplio ventanal por donde entraba el sol de la tarde y desde donde se veían los hermosos jardines del palacio. Su hermana estaba sentada en su escritorio, ataviada con un vestido azulado y con el pelo suelto, como si se lo acabara de cepillar.

—Julia —la llamó. Ella lo miró, aunque no respondió.

Miguel Enériz dio varios pasos hasta quedar frente a ella, Thomas lo siguió.

—Julia —volvió a insistir, y sacó la carta—. Sabemos que Jaime está en Sevilla y que tú lo has ayudado.

Su hermana se volvió hacia el ventanal, por donde entraba una suave brisa.

—Firmaste una carta de recomendación para que trabajara en el palacio Colón.

—Sí, lo hice. ¿Qué más quieres saber? —pronunció con la mirada perdida en los jardines.

—Dónde está Jaime Moncín.

—Desde que escribí esa carta no lo he vuelto a ver. Así me lo agradeció, así es Jaime.

—¿Por qué lo ayudó? —insistió Thomas.

—Seguía enamorada de él, habría hecho lo que me hubiera pedido.

—Julia... —Su hermano se quedó sin palabras.

—Me dijo que quería vivir en otro mundo, y ya que no había viajado a las Indias, el proyecto del jardín del hijo de Colón era una posibilidad perfecta. Por eso lo ayudé, por eso lo puse en contacto contigo para que le suministraras lo que necesitaba para sus huertas.

—¿Por qué no me dijiste nada?

—No lo habrías entendido, jamás aceptaste que yo lo amara.

—Julia, Jaime era mi amigo, pero solo era el hijo de un artesano. Sus hijos no podían llevar nuestro apellido; ¿estás loca?

—¿Lo ves? Por eso no te dije nada.

—Julia —ahora le habló Thomas—, Jaime no es una buena persona.

—¿Qué sabréis vos?

—Más de lo que creéis. Jaime Moncín tiene una amante, es una esclava. Juntos han atacado a un buen amigo mío, han robado y han engañado a un hombre tan respetable como don Hernando Colón.

—Eso no es verdad —dijo ella apretando los puños sobre la mesa.

—Le aseguro que sí. Jaime la utilizó, la ha estado utilizando desde que la conoció. Él nunca la ha querido, solo se ha aprovechado de su posición —recalcó Thomas con firmeza—, la ha engañado, ha jugado con todos.

—¡No es cierto! —Julia echó a llorar.

—Cuando eran jóvenes, Jaime quería a otra mujer, ¿verdad? —Thomas observó que el llanto iba a más—. Pero siempre conservasteis la ilusión de que os amara. Por eso permanecisteis a su lado, por eso lo ayudasteis cuando fingió que huía de Sevilla, y cuando descubristeis que no era para estar a vuestro lado, seguisteis protegiéndolo.

—¡Basta!

—Hasta le encontrasteis un lugar donde refugiarse, el palacio de Colón.

—Jaime... Él es una buena persona —gimoteó.

—No, Julia; os ha engatusado, os ha utilizado. Jaime es un canalla y debe pagar por lo que ha hecho.

—Yo lo quiero.

—Lo sé, pero él nunca os ha amado. Ayudadme a encontrarlo, porque no se va a detener, va a seguir haciendo daño —afirmó Thomas.

—Yo no sé dónde está Jaime.

—Julia, ese hombre ha mentido y robado a don Hernando Colón; se lo debemos —añadió Miguel Enériz.

—Brígida Maldonado —pronunció Julia.

—¿Brígida? —Su hermano se quedó petrificado—. ¿Qué pasa con Brígida?

—Jaime y ella; nunca me lo dijo, pero sé que fueron amantes.

—¡Julia! Brígida es la mujer de Juan Cromberger.

—Lo sé, por eso nunca nadie ha sabido nada —contestó ella—. Jaime se iba a marchar al nuevo Mundo en una flota de los Cromberger porque Brígida se lo pidió a Juan. Sabía que matarían a Jaime si seguía en Sevilla.

—Pero Jaime nunca embarcó —masculló Thomas.

—No, porque, aunque me cueste reconocerlo, él la quería de verdad.

—¿Permaneció en Sevilla por ella?

—No —respondió Julia Enériz.

—Entonces, ¿por quién? —insistió Thomas.

—Por su hija.

Miguel Enériz y Thomas se miraron sorprendidos.

—Sofía Cromberger es en realidad hija de Jaime Moncín.

—¡Dios Santo! —Miguel Enériz se llevó las manos a la cabeza—, por eso Brígida vino aquí hace unos días.

—¿A qué?

—Ella fue quien me dijo que creía haber visto a Jaime. Yo le dije que era imposible, pero estaba ocupada.

—¿Y qué quería?

—Nada, quizá solo saber si yo sabía de él. Solo sé una cosa, Brígida es capaz de cualquier cosa para mantener a salvo a su hija.

Thomas salió corriendo camino de la catedral y la bordeó por el hastial. Había un nutrido grupo de niños pidiendo a la salida de misa. Entre ellos distinguió a Teo y lo llamó. Le dijo algo al oído y le entregó una moneda.

Continuó andando, llegó hasta la residencia Cromberger y fue a la parte trasera. En esta ocasión no había una escalera de mano aguardándolo. Miró a su alrededor; a unos pasos había un carromato cargado con barriles y tirado por dos mulas que estaban tranquilas; mientras, su dueño debía de estar cerca del almacén de enfrente.

Tomó el cabestrillo y las hizo avanzar hacia la casa de los Cromberger. Acercó el carro todo lo que pudo, lo suficiente para trepar por él y saltar a la tapia. Al pisar su coronación resbaló y cayó hacia dentro, pero pudo agarrarse con su mano derecha a costa de golpearse con la espalda. Después se soltó y terminó rodando por el suelo. No había sido el mejor salto; estaba dolorido, pero dentro.

Debía tener precaución, no se imaginaba lo que podía hallar en el interior de la residencia Cromberger.

Había poca luz; avanzó despacio. En la planta baja no parecía haber nadie, así que se dirigió hacia la escalera.

—¿Dónde te crees que vas?

Cuando Thomas se giró, surgió la figura de Brígida Maldonado.

—He venido a ver a Sofía.

—Mi hija no está.

—Sé la verdad —afirmó Thomas, mientras miraba de reojo alrededor, convencido de que había alguien más allí—: Sofía es hija de Jaime Moncín.

—¿La verdad? La realidad es lo importante, no la verdad. —Brígida Maldonado avanzó hacia él—. Y la realidad es que Sofía es una Cromberger.

—¡Su padre es Jaime Moncín! —exclamó Thomas.

—Su padre es Juan Cromberger y yo soy su madre. Jaime Moncín desapareció hace muchos años de Sevilla.

—No es cierto, ha estado oculto en el palacio Colón.

—¿Qué pruebas tienes de eso? ¡Dime!

—Se hacía llamar Víctor, el jardinero.

—¿Y dónde está ahora?

—¿Es que acaso no lo sabéis? Pero vos conocíais que se ocultaba en el Palacio de Colón

—Tardé en darme cuenta, pero cuando vi esos dibujos y las iniciales «J. M.»... ¡Por Dios! Claro que era él, no podía ser otro.

—Yo vi esos mismos dibujos hace años, en Flandes e Italia —confesó Thomas—. Me parece increíble no haberme dado cuenta antes.

—Ha dibujado decenas; ya le dije que era un genio. Pero los hombres brillantes también pueden ser estúpidos.

—Sabíais que él estaba en Sevilla, oculto en el palacio de Colón, pero no hicisteis nada por verlo.

—Lo creí inofensivo, ese ha sido siempre mi error con él.

—¿Y el libro que escribió? —preguntó Thomas.

—Jaime siempre ha sido demasiado romántico, nunca debió robarlo.

—Era un libro sobre ustedes dos, sobre vuestra historia de amor, de pasión.

—No; era la versión que se había imaginado Jaime. Él vivía pensando que las historias que leía eran reales, y no es así. Lo que plasmó en ese libro fue su idea idealizada, lo que él quería que fuera.

—¿Y a dónde han huido Jaime y Rosalía?

—Lejos.

—Le ha pagado para que se marchara, ¿verdad?

—Peor aún, se atrevió a amenazarme con contarlo todo si no le ayudaba —confesó Brígida—, así que llega tarde. Solo espero que por una vez cumpla su palabra y no regrese jamás.

—¿Dónde está su hija Sofía?

—No vas a volver a verla. —Brígida Maldonado hablaba de forma tan tajante y segura que parecía una osadía contradecirla—. La realidad es esa, ya te lo he dicho antes. No permitiré que alguien como tú destruya su vida.

—¿Destruya?

—Eres poco más que un vagabundo. Envié una carta a Amberes. —Brígida Maldonado sonrió—. Costó, pero alguien se acordaba de ti. Así que imprimías libros luteranos...

—Eso no es cierto.

—Claro que lo es; esa imprenta fue cerrada y sus dueños, encarcelados.

Oyó un ruido procedente de la escalera y al volver la cabeza hacia allí, Thomas vio bajando a Sofía. El corazón se le detuvo un instante; miró a su alrededor, estaba rodeado.

Su madre fue hasta la joven.

—Eres como Jaime, muchacho, no entiendes cuál es tu puesto —afirmó Brígida Maldonado.

—Sofía... —Thomas percibió tristeza en su mirada.

—¿Cómo pudiste siquiera pensar que mi hija podría ser tuya? ¿Quién eres? ¿Qué tienes para aspirar a ella?

—¿Y qué pasa con el amor? Sofía me quiere.

—Creo que tú también has leído demasiados libros de caballerías, como Jaime. —Hizo un gesto—. Sofía es mucho más lista que tú, ¡idiota!

—¿De qué está hablando, Sofía?

La joven lo miraba impasible desde los escalones; Thomas percibió un aire de soberbia en sus hermosos ojos castaños.

—Mira que eres simple, Sofía solo te ha utilizado. Solo se ha divertido contigo. ¿De verdad te creías que te ibas a llevar a mi única hija a las Indias? ¿Que ibas a terminar con la dinastía de los Cromberger?

—Pero...

—Pretendías meterla en una de esas inmundas naos durante meses, a riesgo de naufragar, para arrastrarla luego a una choza entre esos indios caníbales. —Brígida Maldonado ni siquiera necesitaba alzar la voz para que resultara amenazante y turbadora—. No sabes en qué mundo vives, Thomas.

—Sofía, no entiendo nada.

—Thomas, yo no quería hacerte daño —murmuró Sofía—, pero...

—Yo se lo pedí, que se acercara a ti, que te dejara entrar en su cama —intervino su madre.

—¿Que hicisteis qué?

—Don Hernando es un hombre aún más importante de lo que creéis, sabemos que guarda secretos. Mapas y libros que utilizó su padre, además de derechos sobre tierras en las Indias. Es el hijo de Cristóbal Colón, ¡por Dios Santo! Y tú... —Lo miró con desprecio—. Te habías convertido en alguien de su confianza. A Marcos y al Guardián no nos podemos acercar, pero a ti... Cuando viniste la primera vez a mi casa ya me di cuenta de cómo mirabas a mi hija.

—Has utilizado a Sofía para engatusarme a mí, ¡a vuestra propia hija!

—Sí, y ha valido la pena —dijo satisfecha—. ¿Sabes la importancia de esa nueva ley? ¿Te haces una idea de lo que implica que los extranjeros puedan afincarse en las Indias? No, claro que no eres consciente... A Jaime le pasaba exactamente lo mismo, no veía la realidad, ¡lo importante! Siempre con sus libros...

—Todo este tiempo, Jaime se ha ocultado de ti. Temía que lo matarías si descubrías que seguía en Sevilla.

—Debió subir a aquel barco y hundirse en el océano, nos habría evitado muchos problemas a todos. Pero ya ves que yo no le he hecho nada, a pesar del robo del libro. Has sido tú quién lo ha complicado todo y ha precipitado los acontecimientos.

—No sabías que don Hernando tenía un ejemplar de *Amores imposibles* —siguió Thomas—. Jaime lo debió de robar hace mucho tiempo y lo guardaba en su estudio, pero fuimos nosotros los que lo hicimos público al venir a Sevilla.

—Muy oportunamente —asintió Brígida—. En el fondo me hicisteis un favor.

—Por eso contrataste al Indio para que matara a Alonso.

—Estorbabais, no era aconsejable teneros haciendo preguntas. Pero ese estúpido maleante, ¡mira que dejaros con vida! Luego quería cobrarme el doble por acabar contigo, y entonces... Don Hernando te acogió en su círculo y eso lo complicó todo. ¡El Indio era un incompetente!

—¡Sois una asesina! —Thomas contuvo su ira—. ¡Sofía! Tú no eres como tu madre; ven conmigo, marchémonos al Nuevo Mundo.

—Lo siento, Thomas... No comparto los métodos de mi madre, pero ella tiene razón. No quiero embarcar durante meses para ir a unas tierras desconocidas, sé las historias que cuentan sobre ellas. ¿De verdad crees que ese es lugar para mí? Pensaba que me querías de verdad. ¿Qué hago yo en esas tierras perdidas de la mano de Dios?

—Sofía, tú querías ser libre.

—Pero no a cualquier precio. Para qué sirve la libertad si no puedes usarla —sentenció ella, pronunciando las palabras como si fueran losas de piedra.

—¿Y Jaime? Ha huido, ahora puede contar la verdad. Decir que él es vuestro verdadero padre.

—¡Él no es nada mío! —gritó Sofía encolerizada.

Thomas nunca la había visto así.

—Tranquila, hija —intervino Brígida Maldonado—. No irá muy lejos, ya lo encontraremos y destruiremos ese maldito libro, el último ejemplar que queda.

Entonces Thomas se percató de que no sabían que Jaime había dejado el libro en su estudio y que ahora estaba de nuevo a buen recaudo en la biblioteca de don Hernando.

—Eso significa que conocéis dónde está Moncín ahora.

—Jaime aceptó mi propuesta: yo lo ayudé a huir, con la esclava, a cambio de inculparse de todo y no regresar jamás a Sevilla —relató Brígida Maldonado.

—Y yo... Solo me queríais para obtener información. —Miró a Sofía—. Te acostaste conmigo para utilizarme.

—Es lo que soléis hacer los hombres con nosotras, utilizarnos. No sé por qué te extraña tanto que pueda ser al revés, ¿o es que vas a decir de nuevo que me quieres?

Sofía se había vuelto dura y fría como la roca. Ni rastro de la dulzura que antes la acompañaba. Lo peor era que, en esta nueva versión de ella misma, despiadada y calculadora, lucía incluso más hermosa que antes. Como si la belleza no entendiera la diferencia entre el bien y el mal.

—Déjalo, hija. Es solo un mercader de libros.

—Sois las dos iguales. Sofía ha jugado conmigo igual que tú hiciste con Jaime Moncín. —Thomas apretó los puños.

Varias figuras surgieron de la penumbra y rodearon a Thomas, que ni siquiera vio venir el primero de los golpes.

72

La Torre del Oro

Thomas cayó al suelo de rodillas y se apoyó con ambas manos. Parecía un ajusticiado ante el verdugo. El suelo crujía con las pisadas de los matones que lo golpeaban. Hasta que un estruendo diferente surgió tras él y el ventanal principal de la casa se rompió como si le hubiera disparado una lombarda. Brígida Maldonado no entendía nada y sus secuaces quedaron desorientados, justo cuando vieron entrar una figura empuñando una espada en la mano.

—¡Rápido, Thomas! ¡Sal de aquí! —gritó Santiago, espada en mano.

El joven se incorporó dolorido y corrió hacia la zona destrozada.

—Cuánto has tardado...

—Ya tendrá tiempo para darme las gracias. —El viejo soldado lo empujó fuera—. ¡Vamos!

Dos hombres se lanzaron a por Santiago, que bloqueó con suma destreza los envites, giró rápido la muñeca y devolvió sendas estocadas, ante el asombro de sus atacantes.

—Por fin algo de acción, cómo lo echaba de menos —dijo con una sonrisa en el rostro—. Soy Santiago Lafuente, soldado de los ejércitos de Su Majestad. A vuestras mercedes les doy la opción de rendirse o morir bajo el filo de mi acero.

Aparecieron dos secuaces más, uno de ellos armado con un arcabuz.

—Thomas, una retirada a tiempo es una victoria.

Huyeron antes de que el primer disparo impactara a un par de palmos de la cabeza de Santiago.

Mientras salían corriendo de la casa, Thomas observó el mismo carro que él había usado para saltar. Santiago parecía que le había buscado utilidad dirigiéndolo contra la casa de los Cromberger.

Los hombres de Brígida salieron tras ellos, y Santiago aprovechó que el del arcabuz tenía que recargar para tirar de espada y mantenerlos a raya, demostrando unos movimientos y destreza nunca vistos. Pero uno de ellos rodeó al viejo soldado y buscó con ahínco a Thomas.

—¡Thomas, vamos! —Sebas apareció a su espalda y tiró de él.

—Sebas, ¿tú?

—Aún tienes buenos amigos en Sevilla, no es la primera vez que te salvo de bribones como estos. ¡Corre! No hay tiempo que perder.

—¿Adónde vamos?

—A la Puerta del Arenal. —Y giraron hacia allí mientras Santiago cubría la retaguardia.

Teo los estaba esperando con unas capas oscuras y unos sombreros de ala ancha; los tomaron de manos del muchacho y aminoraron el paso al llegar a las inmediaciones del acceso. Se cubrieron la cabeza.

—No mires atrás —le dijo Sebas—. Háblame y ríete de vez en cuando, que no parezca que estamos huyendo.

—Menos mal que me habéis encontrado.

—Thomas, tú no eres nada discreto. —Sebas sonrió—. Te vieron salir del palacio de los Enériz y saltaste una tapia subido a un carro. —Se encogió de hombros.

—Ya veo... —Entonces miró el rostro de su amigo—. ¿Y a ti qué te ha pasado en la cara?

—Un encontronazo.

—Pues te ha dejado buen recuerdo.

—Al menos yo puedo contarlo. —Justo entonces cruzaron extramuros—. Tienes que irte de la ciudad ya; sé de tu trato con el Portugués. Has molestado a gente de arriba, te has salvado una vez, la siguiente no lo contarás. Thomas, debes irte de Sevilla.

—Está todo arreglado. —Santiago apareció entonces.

—¿Qué hacéis aquí?

—Tomad, es lo que ha quedado del pago de don Hernando por nuestros servicios. También he subido la prensa que comprasteis.

—Debéis avisar a don Hernando de la conspiración de las Cromberger —les espetó Thomas.

—Cuenta con ello. Pero la primera imprenta del Nuevo Mundo será la vuestra, Thomas. La ley ya no os impide viajar a Las Indias y podréis ser el primer impresor del Nuevo Mundo, ¿os imagináis lo que eso significa? —le inquirió Sebas.

—No sé cómo agradecértelo, amigo.

—Ya lo has hecho; voy a echarte de menos.

—No sé por qué, pero creo que oiré hablar sobre ti en el Nuevo Mundo. Me parece que, a partir de ahora, todo aquel que pase por Sevilla te va a conocer. Incluso puede que te dediquen un libro.

—Quién sabe...

—Señor Thomas, le deseo lo mejor. —Santiago le dio un efusivo abrazo.

—Gracias por todo. Cuida a doña Manuela, seguro que vais a ser muy felices.

—Buena suerte en el Nuevo Mundo, amigo. —Sebas lo agarró del brazo y le entregó una pequeña medalla.

Cuando Thomas la observó bien se quedó sin habla; era la de su madre, la que le habían robado en el mercado.

—¿Cómo es posible?

—Ssshhh. Guárdala bien esta vez.

Thomas se quedó mirando a sus dos amigos, tan distintos y al mismo tiempo tan importantes en su vida. Al fondo se veía la torre de la Giralda y las murallas de Sevilla. Había querido esta ciudad, pero llegaba la hora de partir.

PARTE VIII

EL NUEVO MUNDO

73

El viaje

La pluma es la lengua del alma.

Miguel de Cervantes Saavedra

No paró de vomitar en toda la noche; tuvo mala suerte y una tempestad los sorprendió al poco de dejar Sanlúcar. Thomas ya sabía a qué se exponía con aquel viaje. Recordaba lo duro que fue para él navegar desde Amberes a Bilbao, y eso ahora se veía como un juego de niños comparado con atravesar toda la mar océana hasta Nueva España.

El ánimo bajo tampoco ayudaba: otra vez traicionado por una mujer. La historia se había repetido con demasiada crueldad. Todas las mujeres de su vida lo habían abandonado justo antes de emprender un viaje juntos. Úrsula, Edith, Sofía... Tenía que ser una señal, no podía concebir que no lo fuera. La historia se repetía otra vez. Ahora, cada vez que tenía una arcada, no estaba seguro si era por el movimiento de la nao o por el asco que sentía por el engaño de Sofía.

—¡Santo Dios! —Un fraile le agarró la mandíbula y lo ayudó a no ahogarse con su propio vómito—. Pero cómo se ha embarcado vuestra merced en semejante viaje.

—Créame, lo que he dejado en tierra era mucho peor.

—Sea el Espíritu Santo siempre con todos nosotros pecadores, amén. —Y se santiguó—. ¿No seréis un criminal?

—Mi único delito es haber confiado en quien no debía, de nuevo.

—Ruego a nuestro Señor porque os tenga en su mano; debéis beber abundante agua, de lo contrario no sobreviviréis.

—Quizá sea lo mejor.

—¡Eso no! —alzó la voz el religioso—. Dios, Nuestro Señor, no nos creó para que nos rindiéramos ante la adversidad.

—¿Y puede saberse para qué lo hizo, hermano?

—Para honrarlo y servirlo —respondió firme—, para ser buenos cristianos y ayudar al prójimo.

—Eso no es tan fácil de hacer, yo estoy ya perdido para esos menesteres.

—De eso nada; rezaré por vuestra alma todos los días hasta llegar a tierra firme.

—Entonces me encomiendo a las oraciones de vuestra merced —balbuceó Thomas entre nuevos vómitos.

No retuvo alimento en dos días; después mejoró algo y se acurrucó en un extremo de la bodega. A la semana comenzó a comer un poco de fruta, que aún mantenían fresca, y le sentó bien. Sin embargo, estaba tan débil que parecía un fantasma deambulando por la bodega. Hasta que por fin decidió volver a salir a la superficie. Fue un día oscuro, de nubes negras y viento del este.

—¡Si es el fantasma! —afirmó un hombre de pelo rizado y tuerto.

—Déjelo, no se da cuenta que no está bien. —El fraile intervino y lo llevó a la proa del barco—. ¿Cómo se encuentra?

—Mejor, hermano.

—He rezado mucho por vos —le susurró.

—No debería haber perdido el tiempo conmigo, pues allá donde voy, no me espera nadie, ni anhelo ya sueño alguno.

—Sois un expendio de optimismo; si el santo Santiago se hubiera rendido a las primeras adversidades, nunca hubiera cristianizado España.

Al oír ese nombre, sonrió.

—Yo no soy ningún santo —aclaró Thomas.

—Ni falta que nos hace, pero un poco de agradecimiento no estaría mal —le recriminó.

—Gracias. —Sonrió.

—¡No! —Se rio—. No debéis dármelas a mí, yo solo soy un fraile.

—Entonces no os entiendo...

—Habéis estado moribundo, no comíais, ni bebíais agua. Tuvisteis fiebre y diarrea. ¿Creéis que con todos esos males se puede sobrevivir en un barco que cruza el gran océano?

—Debo darle gracias a Dios.

—Eso siempre, aunque en esta ocasión la ayuda ha sido más terrenal. Agradeced al capitán de la nao que os mantuviera con vida. —Y el hermano volvió su cabeza hacia el castillo de proa.

Thomas se quedó con la mirada fija en la proa; allí había un hombre fuerte, uniformado, que sujetaba un aparato mecánico entre las manos mientras lo dirigía hacia las nubes.

¿Por qué lo habría ayudado?

La curiosidad le despertó y le dio fuerzas; ya tenía un objetivo en este viaje. Debía hablar con el hombre que le había salvado la vida y descubrir sus razones. Sin embargo, cuando se acercó al capitán le cerraron el paso dos hombres de armas. Al hablar con ellos le explicaron que les habían dado órdenes de que nadie lo molestara, pues tenía que solucionar detalles complejos del viaje.

No podía hacer mucho más, pues insistir no parecía conveniente. Así que volvió atrás y se quedó con la duda. Habría tiempo de hablar con el capitán, el viaje era largo.

Thomas mejoró con rapidez. La base de las comidas era el bizcocho, un pan de doble cocción. Pero también disponían de aceite, legumbres, carne salada, frutos secos y en conserva. Para los que mandaban había manteca de cerdo y tocino, que aderezaban con vinagre, miel o especies. Para beber, agua y, sobre todo, vino, un vino joven y especiado que con frecuencia se avinagraba.

A él todo aquello le volvió a recordar a su padre, tal es así que pidió ayudar en la cocina. Al principio el cocinero se mostró reticente, pero dos manos más no eran mal asunto, así que accedió, y Thomas se vio de nuevo como cuando tenía doce años, con su padre, o cuando ayudaba a doña Manuela...

El mar les regalaba en ocasiones pescado fresco, pero también habían embarcado arenques salados. El barco contaba con un lugar para encender fuego en la proa, donde se cocinaba cuando era posible; allí había ollas, cazuelas y sartenes. Por la noche, los hombres se agrupaban en torno al fuego y hablaban como si estuvieran en tierra firme, exactamente igual que cuando navegó con Gorka y los vascos desde Amberes a Bilbao.

Qué vueltas da la vida, pensó.

En una de esas hogueras en alta mar sacaron algo de vino y eso animó a todos. Abandonó su negativa a los licores y dio varios tragos a una jarra; el vino estaba rancio y hacía tanto que no lo probaba que le dieron de nuevo arcadas, pero un buen golpe en la espalda de uno de los marineros lo solucionó.

—¿Cuántas mujeres creéis que acompañaron a Colón en sus viajes? —preguntó el tuerto.

—¿Es que también fueron mujeres? —inquirió un comerciante.

—Treinta mujeres acompañaron a Cristóbal Colón en su tercer viaje. Dicen que en La Española ya hay más de trescientas españolas.

—¡Son muchas! —exclamó el fraile—. ¿Por qué tantas féminas han realizado este peligroso viaje desde España?

—Por seguir a su marido... —murmuró el marino de antes.

—Nada de eso —afirmó el comerciante—, todo lo contrario.

—¿Qué quieres decir? —Uno de los marineros más jóvenes se hizo un hueco para oír mejor la conversación.

—El lugar de la mujer es el hogar, donde debe ser buena esposa y madre cristiana. Pero había muchas que no estaban dispuestas a asumir este rol y en el Nuevo Mundo han visto su gran oportunidad de escapar de él.

—Quieres decir que hay un burdel en La Española... —dijo el imberbe marinero

—¡No! Son mujeres de armas tomar, independientes, que han ido para que ninguno de nosotros les digamos qué tienen que hacer.

—¡Eso no puede ser! —El fraile bebió un poco más de vino.

—Que os digo que sí; tened cuidado con ellas, no son como las que hemos dejado en España. Pobre de quien caiga en las redes de una de estas...

—Cómo os gusta exagerar —se rio otro marinero.

—Ya me lo contaréis cuando lleguemos.

Tras varios días, Thomas ya comió bien. Había recuperado el apetito y su ración le parecía hasta escasa, pero el racionamiento era parte de la rutina a bordo. Conforme fue sintiéndose mejor dejó la cocina, ya que debía ayudar en el día a día en cubierta. Era obligatorio entre los que habían pagado pasaje como él tanto izar las velas como limpiar la cubierta y otras labores más sencillas.

Fue una tarde en la que el mar estaba en total calma y el sol dibujaba una línea anaranjada en el horizonte cuando vio al capitán paseando cerca del pescante y creyó que por fin era su oportunidad.

—Mi señor —llamó su atención—. ¡Capitán! Quería daros las gracias —afirmó a la vez que se cuadraba ante él.

—¿Y eso por qué? —Era un hombre que hablaba en tono bajo y con mucha pausa.

Tenía los hombros anchos y las manos grandes, con unos dedos gruesos. Quizá lo que más resaltaba eran sus ojos claros, casi difuminados.

—Sé que me ayudó, se lo agradezco. Ignoro por qué lo hizo, pero le debo la vida. He de reconocer que no embarqué en las mejores condiciones —confesó Thomas cabizbajo.

—No iba a permitir que muriera nadie en mi barco; es mi responsabilidad, ¿entendéis?

—Por supuesto, pero yo estaba enfermo, eso sobrepasa sus obligaciones.

—¿Tan poco aprecio tiene a su vida? Casi se diría que me está echando en cara que lo hayamos ayudado.

—Por supuesto que no —musitó—. Solo espero poder corresponderle en algún momento.

—Pues hágalo.

—¿Cómo dice? —Thomas se quedó confuso.

—He visto la carga que mandó embarcar —afirmó—. Una prensa para imprimir libros, ¿cierto?

—¿Cómo sabe eso? La caja está bien cerrada y nadie era sabedor de ello.

—Este es mi barco, yo sé todo lo que ocurre y llevo un registro exhaustivo; sé quiénes son mis pasajeros y qué carga transportamos.

—Ya veo. —Thomas empezó a sentirse alarmado—. No la robé.

—No he dicho tal cosa.

—Verá, mi proyecto era transportarla hasta Nueva España e instalar el primer taller de impresión en el Nuevo Mundo. Esa prensa es vieja, la compré a un impresor sevillano al que el negocio no le marchaba bien.

—Ha dicho «era», ¿por qué habla en pasado? Ni siquiera hemos llegado aún a La Española.

—Sí, pero...

—También estoy al corriente de a quién le compró el pasaje. El Portugués no es un hombre recomendable, ni sus tratos baratos. Ya imagino la fortuna que le sacaría por subir semejante máquina.

—Bueno, sé que no es lo más correcto. —Thomas balbuceaba parte de las palabras—. Pero es la primera vez que pueden viajar extranjeros al Nuevo Mundo, no podía desaprovechar la ocasión.

—Sí, pero cuando embarcó ni siquiera yo conocía esa nueva ley. ¿Me va a explicar cómo es posible que vos sí?

No respondió, y lo peor era que sabía que debía hacerlo.

—Soy Thomas Babel, mercader de libros —dijo entonces con firmeza—. He trabajado para Luis de Coloma, nieto del secretario de los Reyes Católicos, y para don Hernando Colón, hijo del descubridor de las Indias. He participado en la reunión de Badajoz para defender los derechos de España sobre las Islas de las Especias frente a los portugueses. He sido impresor y ahora también soy mercader de libros, como os digo. Permítame, mi capitán, que le diga que aquí donde me ve, soy una persona honorable, que nací en tierra extranjera, y mi sueño es cruzar el gran océano y llevar los libros allí donde más los necesitan.

Ahora fue el capitán el que calló, Thomas se había quedado sin aire después de aquel discurso e intentaba disimular su cansancio, manteniéndose firme, pero le fallaban las fuerzas y le faltaba el aire.

—Los libros siempre han sido objetos de gran valor, aunque es cierto que con la aparición de la imprenta su precio ha bajado, al aumentar la producción, ¿verdad? —le preguntó el capitán de forma relajada.

—Cierto, los volúmenes ya no se hacen uno a uno, con el cariño y el mimo de un copista trabajando durante meses. Pero pese a esto, su valor sigue siendo alto.

—Y más en los nuevos territorios de España donde nos dirigimos —puntualizó el capitán—. Soy plenamente consciente de que las órdenes religiosas necesitan libros, tanto para evangelizar como para educar. El fraile que me avisó de vuestro estado físico y anímico me ha llegado a decir que, para proteger los libros en el Nuevo Mundo, el papa ha amenazado con la excomunión a cualquiera que robe o estropee algún libro.

—Eso lo ignoraba, pero me parece bien —recalcó Thomas.

—Suena ambicioso montar una imprenta en esas tierras, más aún sin permiso del arzobispo, de la Casa de Contratación o...

—Sé que el Obispo de Nueva España tiene permiso para establecer una imprenta; nada más llegar allí iba a solicitar audiencia con él.

—Lo tenéis todo bien planeado, pero seguís hablando en pasado.

—Las cosas no siempre salen como uno desea.

—Sois mercader de libros, sugeridme uno. ¿Qué debería leer un capitán de un barco rumbo a La Española?

—La *Odisea*, de Homero —respondió Thomas sin vacilar.

—¿Por qué?

—Estamos viajando al Nuevo Mundo, allí hay tierras y gentes paganas. Personas que adoran a dioses terribles, que no conocen ni cómo se trabajan los metales, ni la pólvora, ni los caballos... Ni muchas otras cosas que nosotros hemos aprendido durante siglos.

—Todo eso es cierto, pero ¿qué tiene que ver con el libro?

—Vamos a invadirlos, a colonizarlos, eso es un hecho —asintió—. Vamos a la guerra como en la *Ilíada*. Y luego, cuando sean súbditos del emperador, les llevaremos lo mejor del viejo mundo: a Aristóteles, a Tomás de Aquino, a Agustín de Hipona... Buscaremos un nuevo orden tras el caos, como en la *Odisea*.

—Vaya. —El capitán asintió con la cabeza—. Sois un hombre brillante. Está bien, me siento honrado de transportar vuestra prensa en mi barco. Pero quiero que cambiéis de actitud; vuestra misión es importante para el futuro del Nuevo Mundo, y esa misión necesita un hombre con iniciativa y optimismo. Tenéis que levantar el ánimo, ¿entendido? Dejad el pasado atrás. Tenéis la oportunidad de empezar de nuevo. Aprovechadla, joven Babel.

—Sí, señor.

74

La Española

Una tormenta como jamás había visto Thomas rodeó la nao *Santa Lucía*, amenazando con tragársela hasta el fondo del océano. Thomas se ató con dos sogas al casco de la bodega, donde hombres y carga hacían lo posible por no salir despedidos. En cubierta no se oían los gritos, solo el espeluznante golpear de las olas.

Nunca había sentido tanto miedo.

Ni se había visto tan indefenso e inútil; nada podía hacer.

Todas sus ideas sobre la grandeza de los hombres se vinieron abajo; no somos nada frente a la furia del mar.

Su vida dependía de la pericia del capitán y sus marineros, de la fiabilidad de las atarazanas donde se había ensamblado el barco y de Dios; sí, de Dios.

Rezó ahora con todas sus fuerzas, porque no quería morir. En eso, se soltó uno de los bultos de la carga y un enorme tonel resbaló y aplastó al tuerto. Quedó desfigurado, moribundo. Cuando el barco basculó hacia el otro lado, el tonel amenazó con golpear a otro de los hombres, pero esta vez chocó contra una de las vigas y se rompió, desperdigando toda la carga, que era vino. Todos los que estaban cerca quedaron aún más empapados, si antes de agua de mar, ahora de la preciada bebida.

Entonces Thomas pensó que no sobrevivirían, que hasta aquí había llegado la aventura de su vida.

La tormenta no daba tregua, el barco era un juguete que subía y caía de las gigantes olas. Cada vez que volvía a respirar era una victoria, no había tiempo ni para pensar en la muerte.

Cuando sus fuerzas flaquearon, el barco comenzó a zarandearse de forma más pausada; ya no se oía el crujido del casco sacudido por el oleaje. El tiempo pareció hacerse más largo y Thomas pudo mirar a su alrededor. Hombres magullados, piernas rotas, sangre y agua casi hasta sus rodillas, un intenso olor a vino derramado, pero casi todos los marineros estaban vivos.

Cuando la tormenta pasó por completo, el capitán alzó su tenue voz para felicitar a sus hombres. La nao estaba a salvo, aunque había sufrido severos daños y, por desgracia, habían perdido a tres hombres que salieron despedidos por la borda en un golpe de mar, un hombre aplastado por un tonel, el tuerto, y otros dos pasajeros en las bodegas. Las puertas se abrieron y, como muertos en vida, fueron saliendo sus ocupantes a la proa. Magullados, con rostros pálidos como la nieve, algunos a gatas, otros ayudados por los más fuertes, como Thomas que era sujetado por el fraile.

Agradeció los rayos del sol como nunca, la leve brisa que soplaba le acarició el rostro y se sintió aliviado.

—Es como volver de entre los muertos —murmuró.

—¿No nos estaremos volviendo locos queriendo cruzar el océano? —El fraile tosió—. Quizá Dios separó estas tierras con una intención.

—¿Cuál, hermano?

—Lo ignoro, pero como todos los viajes sean como este...

La nao recuperó su rumbo con el viento a favor, se hicieron las reparaciones oportunas, el fraile celebró una misa por los desaparecidos y los muertos, entre ellos el difunto tuerto, que fue arrojado al mar bien amortajado.

Después de la ceremonia, ya con el mar en calma, el ambiente se relajó; los marineros estaban más alegres y el ambiente general era de optimismo. Incluso se repartió una buena cantidad de vino para subir el ánimo. Thomas no comprendía aquel cambio, hasta que oyó un grito desde lo alto del palo mayor.

—¡Tierra! ¡Tierra! —repitió una poderosa voz.

Todos corrieron a proa, incluido Thomas, pero no lograban ver nada.

—¡Tierra! —volvió a gritar.

Entonces, tras una débil bruma, se perfiló el contorno de una isla. Thomas jamás había sentido algo así; más de una noche pensó que no volvería a pisar tierra firme, que moriría en el mar. Y ahora estaba frente al Nuevo Mundo, era realmente increíble. Cómo la vida cambia en unas pocas horas, cómo de la gloria a la muerte apenas hay un suspiro. Thomas se sintió muy feliz, por sí mismo, pero sobre todo por su padre. Su padre estaría muy orgulloso de él, estaba seguro.

—Es La Española —dijo uno de los marineros.

—Nuestro Señor nos guía bien. —El fraile estaba más que sonriente—. Ahí lo tienes: ¡el Nuevo Mundo!

—Sí, espero que sea distinto al viejo —dijo Thomas.

—Es obra del creador, sea Nuestro Señor alabado por siempre, así que tenemos que tener mucho en común, aunque quizá aún no lo sepamos.

—Eso es lo que más temo, que cometamos los mismos pecados del pasado. A partir de ahora, nuestro futuro depende solo de nosotros...

Fraile y mercader de libros se miraron un instante, asintiendo. Y volvieron a dirigir su vista a tierra.

El puerto de La Española era de pequeñas dimensiones, nada que ver con el de Sevilla o Amberes. Las construcciones eran modestas, todas de madera; no se había usado piedra en ninguna de ellas. Lo que sí había era abundante gentío, aunque Thomas supuso que era por la novedad de la llegada de una nao desde España. Al fin y al cabo, ese era su único contacto con el viejo mundo.

Hacía un calor intenso y una humedad como nunca había sufrido. Los mosquitos tenían casi el tamaño de pájaros y se veían esbeltos árboles con hojas solo en la cumbre. Olía diferente, más limpio y afrutado que en el Guadalquivir.

Este era el Nuevo Mundo, del que tanto había oído hablar. Si su padre lo viera ahora... Desde su Augsburgo natal había llegado hasta estas lejanas tierras. Quizá era el primer alemán que las pisaba...

Ni un segundo para pensar en Sofía; no se lo merecía.

Cuando comenzaron a desembarcar la carga que habían transportado, el barullo que se formó fue insólito. Varios hombres armados tuvieron que amenazar a la muchedumbre, y llegó alguien con cierta autoridad que alzó la voz para ordenar cómo debían hacerse las cosas. El propio capitán bajó a tierra, alarmado, con varios de sus marinos armados. Eso no era lo que Thomas aguardaba encontrar en el Nuevo Mundo, parecía tan problemático como el viejo.

Fue al muelle, donde buscó hasta encontrar unos almacenes abiertos; se asomó dentro pero no vio a nadie en su interior.

—¿Qué es lo que hacéis? —oyó una voz bronca.

—Buscaba al dueño —respondió Thomas.

—Soy yo —respondió un hombre entrado en la cincuentena, con el cabello rubio y vestido de forma ligera, con una camisa abierta y sudando de manera exagerada—. ¿Habéis llegado con esos?

—Sí. ¿Siempre hay tanta humedad aquí?

—Esto no es nada, dentro de un mes sudaréis tanto que creeréis que os habéis meado encima —dijo riéndose.

—Pues qué bien —masculló Thomas mientras se limpiaba el sudor de la frente—. Este almacén, ¿puede alquilarse?

—De eso vivo.

—¿Es seguro?

—Eso depende —respondió encogiéndose de hombros.

—¿Cómo que depende? ¿De qué?

—De lo que paguéis. Esto no es España, aquí todo es relativo, desde cuándo llegará el próximo barco, hasta cuándo nos azotarán las tormentas más terribles que jamás habréis sufrido en vuestra vida. O cuándo aparecerá algún barco perdido. O cosas más corrientes como cuándo sufriremos la próxima epidemia de una nueva enfermedad.

—¿En esa incertidumbre vivís?

—No, aquí solo se sobrevive. Vivir es un lujo que no está a nuestro alcance. Pero no nos quejamos, esta tierra también tiene sus ventajas.

—Eso espero —murmuró Thomas—. Y entonces, ¿este almacén me lo alquilaríais a buen precio?

—Yo soy un hombre flexible; un real a la semana, almacén sin vigilancia. Tres reales, vigilancia de noche, cinco reales, vigilancia de noche y de día. Y si me decís que estáis dispuesto a pagar diez reales, yo mismo me quedo a dormir ahí dentro.

—No, con dos semanas será suficiente —contestó Thomas—. Además necesito una carretilla y un par de brazos fuertes para traer lo que transporto.

—Un real más, entonces.

—¿No es un precio excesivo?

—Si encontráis a otro que lo haga más barato... Ya os he dicho que soy un hombre flexible.

—Está bien, vamos, ayudadme —manifestó Thomas, reticente—. ¿Cómo os llamáis?

—Lázaro de Castiliscar, empresario de La Española. Conozco esta isla como si hubiera nacido en ella. ¿Sabéis que aquí había cinocéfalos cuando llegó Colón?

—No suelo creer en esas historias...

—Pues deberíais; son seres monstruosos, con cabeza de perro y un solo ojo. Comen carne humana y beben sangre.

—¿Queréis decir que son caníbales?

—Sí, claro. —Asintió como si fuera de lo más normal—. Y más allá, cuando la costa se hace interminable, cerca de la ciudad de oro, en el reino de Gog y Magog, hay seres sin cabeza, con el pelo rojo, la barba negra y la lengua fuera.

—¿No son demasiados seres monstruosos? De donde venimos no hay ninguno.

—Os contaré un secreto: hace unos dos años llegó hasta aquí una embarcación enviada por Hernán Cortés con una mercancía.

—Tenéis mi atención.

—Se guardó en el almacén, como la vuestra, hasta que un barco pudiera llevarla a España. Yo soy discreto, pero supe desde el principio que algo extraño portaba. Una noche, su guardián me lo confesó: eran huesos de gigantes. Hernán Cortés se los mandaba al emperador.

—No existen los gigantes, son historias... —Y entonces Thomas recordó a Homero—. Antiguas.

—En el Nuevo Mundo hay de todo. Dicen que tienen su propio reino, cerca de donde Magallanes logró cruzar al océano Pacífico.

—¿Habéis estado allí?

—¡Ojalá! Viajé dos años por Nueva España, pero la cosa se complicó y aquí estoy, ya os he dicho que soy flexible y me adapto a las circunstancias.

Fueron hasta el barco y colocaron la prensa, todavía oculta dentro de un armatoste de madera, en la carretilla, y la empujaron, con mucho esfuerzo, hasta el almacén.

—Quiero establecerme en Nueva España. ¿Sabéis cómo podría llegar hasta su puerto?

—Sí, claro. Aquel bergantín del fondo, lo maneja un catalán que se dedica a transportar mercancías. Id a hablar con él de mi parte.

Thomas así lo hizo y quedó con el catalán para embarcar dentro de cuatro días. Estaba decidido a llevar a cabo su plan inicial: fundar el primer taller de imprenta en el Nuevo Mundo. Tenía la prensa; al llegar debería buscar cómo conseguir papel y tintas, y fabricar los tipos, las planchas y las demás herramientas.

Lo que pudo comprobar con sus propios ojos fue que La Española se había convertido en una auténtica urbe en el otro lado del océano. Lo primero que le llamó la atención fue que casi toda la población era española o esclavos de África; no apreciaba nativos de aquellas tierras.

Se presentó en el edificio de la Corona, debía registrar su presencia allí. Se trataba de una construcción fuertemente custodiada por hombres de armas. Tras esperar casi una hora, fue recibido por un intendente. Un hombre enjuto, con la mirada cansada y que bostezó nada más verlo.

—¿Y de dónde sois?

—Vengo de Sevilla.

—Como todos...

—Aunque soy alemán; supongo que os extrañará, pero como el emperador ha revocado la prohibición...

—Hace tres meses que lo sabemos —le espetó asumiendo con mucha naturalidad que no fuera español—, tenemos órdenes muy claras al respecto. Pero pensaba que todos los alemanes vendrían juntos.

—¿A qué se refiere con todos los alemanes?

—Vamos a ver, ¿no venís con los otros?

—Bueno, yo he venido en la nao *Santa Lucía*, y era el único alemán del barco —afirmó Thomas algo confuso.

—Entonces olvidad lo que he dicho, ha sido una equivocación.

—¿Hay más alemanes en La Española? ¿Dónde?

—Escuchadme bien: más le vale que lo olvide.

—Pero si acabáis de decir que...

—¡Nada! Mirad, aquí en el puerto los que mandan no se andan con tonterías, pero ni os imagináis lo que podéis encontrar tierra adentro. Así que ojo con quien habláis y lo que hacéis.

Thomas se sintió de verdad amenazado, aunque sin saber el porqué, pues no entendió el final de la conversación. Salió preocupado, volvió al almacén y preguntó a Lázaro si había más alemanes en la isla, pero él no le fue de ayuda. Hizo más preguntas por el puerto, hasta que comprobó que estaba llamando la atención y que era mejor dejarlo estar y pasar desapercibido, algo que había visto hacer a Sebas tantas veces.

Pensó que esta nueva ciudad no era tan distinta de Sevilla, igual que los personajes de Homero no eran tan diferentes de los hombres de ahora. Las ciudades y sus habitantes, aun estando separadas por cientos de leguas y todo un océano, o por mil años, son en el fondo similares.

De todas maneras debía esperar cuatro días para salir hacia Nueva España, así que buscó una posada. Solo encontró un antro deprimente; en vez de camas, la gente dormía como en la bodega del barco, en telas colgando de las paredes. Olía que apestaba y la comida era tan extraña que pensó en no probarla por miedo a enfermar. Hasta que se quedó mirando un guiso: llevaba una salsa roja que le llamó la atención. Su alma de cocinero salió a relucir y preguntó al dueño de la posada. La cocinera era una mujer algo mayor, pero de belleza perenne. Vestía con muchos colores, algo impensable en Sevilla, y llevaba el pelo suelto hasta la cintura.

—Disculpad, ¿qué es esta salsa que estáis preparando?

—Tomate, un fruto rojo que no coméis por España.

—Ah, el tomate, lo he visto en algún jardín... ¿Y cómo lo preparáis?

—Se fríe en la sartén hasta que se deshace, luego se le añade pimienta y algo de sal. —La mujer se sorprendió por la pregunta.

—Probaré un poco.

—Por supuesto. ¿Acabáis de llegar?

—Hoy mismo —contestó mientras le servía el plato con una bebida fermentada.

—Pues bienvenido; a la primera ronda invita la casa, solo a la primera —le advirtió con amabilidad—. ¿Os quedaréis mucho aquí?

—Cuatro días; partiré entonces a Nueva España.

—Tierra firme. ¿Viene en busca de oro o de plata?

—No, soy... Vengo a... —Dudó mucho si decirlo—. Tengo otro tipo de negocio —reculó en el último momento.

—Seréis el primero que no esté embriagado con el oro o la plata, cuánto me alegro.

—Gracias. —Probó el plato—. Delicioso; es fantástico. Había visto estos frutos en Sevilla, pero nadie los cocina.

—Bueno, todo llegará algún día, creedme.

Con el estómago lleno, con su carga resguardada y los planes del siguiente viaje organizados, Thomas empezó a darse cuenta de que había atravesado todo el océano, de que por fin su sueño se había cumplido, estaba en el Nuevo Mundo. Sin embargo, echaba de menos no compartir este momento con alguien, con algún amigo, o con alguna de las mujeres que había amado. Se sentía solo. Pero decidió no dejarse llevar por esa tristeza. Tenía mucho que hacer en aquellas tierras.

75

Los primeros

En las tierras de las Indias Occidentales no había monasterios ni universidades; no había murallas de piedra ni castillos. No se habían producido cruentas batallas entre reinos que habían dejado cicatrices de siglos, cicatrices que ni todo el tiempo del mundo podía curar. Ni había vestigios del gran Imperio Romano, ni peregrinos camino de los lugares santos. No habían pasado ni los griegos, ni los fenicios ni mucho menos los bárbaros.

No había vestigios de los infieles ni de los judíos.

Ese territorio no tenía pasado.

Era como el fértil jardín de don Hernando Colón, donde crecían apaciblemente las más fabulosas plantas, en libertad.

Solo existía un problema: los hombres que llegaban al Nuevo Mundo tenían tremendas ambiciones. Thomas se dio cuenta enseguida; no había quien no citara una ciudad de oro, o unas minas de plata, o unas tierras tan ricas que las semillas germinaban con solo tirarlas al viento. Hablaban de todo tipo de riquezas y reinos fantásticos.

Lázaro le había dicho que el que más sabía sobre los barcos que entraban y salían del puerto era un vasco, Mendieta. Un tipo sin rastro de pelo en la cabeza que le sacaba dos palmos. Estaba acompañado de una pareja de esmirriados y mal encarados que bebían de un extraño botijo de color ocre.

—¿Eres Mendieta?

—Y tú el extranjero que llegó hace dos días —murmuró—, el que guarda una caja cerrada en el almacén de Lázaro.

—Veo que estás bien informado.

—En La Española es difícil pasar desapercibido.

—De eso quería hablarte. ¿Sabrías decirme cuáles son los últimos barcos que han llegado a La Española?

—Ya veo por qué has venido a verme. —Miró a sus acompañantes—. Mira, si algo quieres, algo tienes que dar; esto funciona así.

Thomas no se iba amedrentar; por fiero que fuera Mendieta, había estado en Triana con Sebas y sabía cómo tratar a gente así.

—Veo que no sabes nada.

—¿Nada de qué? —Captó la atención de Mendieta.

—¿Por qué crees que estoy aquí? El emperador ha levantado la prohibición de que los extranjeros viajen al Nuevo Mundo; pronto esto se llenará de genoveses, portugueses, flamencos...

—Eso no puede ser cierto, no he visto a ninguno.

—A mí me tienes delante.

—Pero tú eres una excepción —dijo Mendieta.

—No; solo soy el primero, nada más.

—Si lo que dices es cierto...

—Lo es —afirmó firme Thomas con rotundidad—. Te estoy dando información valiosa. Ahora debes responderme tú.

—Más te vale que sea verdad.

—Escúchame, tiene que haber un barco con extranjeros aquí —lo dijo sin amedrentarse—, tienes que saber cuál es.

—Lo sabría si hubiera desembarcado, pero ya te he dicho que eres el primer extranjero que pisa esta isla. Aquí no hay más extranjeros que tú.

—¿Seguro?

—¡Claro que sí! ¿Por quién me tomas?

—Está bien. —Thomas dio un paso atrás—. Si descubres algo, avísame; sabré pagarte con algo más.

Thomas se marchó bastante abatido, no había encontrado la información que buscaba. Sin embargo, estaba convencido de que algo sucedía en La Española. Si alguien como Mendieta no sabía nada al respecto, era porque se había ocultado con esmero. Estaba convencido que el funcionario que le había dado la pista le había dicho la verdad. Tenía que ser un asunto imperial, y entonces solo alguien de la Corona podría saberlo.

La nao *Santa Lucía* estaba siendo reparada, la tempestad la había dejado afectada de manera importante. Debería estar al menos un mes en el puerto. Se le hizo extraño volver a subir a ella; habían sido cuatro meses, pero habían cundido como cuatro años. El barco estaba tranquilo, no había personal en la proa. Fue hacia el camarote del capitán y golpeó dos veces.

—Entrad, quien quiera que seáis.

Lo hizo y el capitán se quedó mirándolo, sorprendido.

—Siento la intromisión.

—¿Qué hacéis aquí? —El capitán dejó los documentos que estaba revisando—. Os creía buscando navío para llegar a Nueva España.

—Salgo en unos días.

—Me alegra oír eso. Entonces, ¿a qué debo vuestra visita?

—Preciso de vuestra ayuda. —Thomas se acercó al escritorio donde trabajaba el capitán—. Sé que hay extranjeros en La Española y que se ha ocultado esa información, ¿sabéis algo al respecto?

—Deberíais ateneros a vuestros asuntos, Thomas.

—He oído que son alemanes.

—Ya sabéis demasiado. —Suspiró—. Esa información es secreto de la Corona.

—¿Por qué?

—Si os cuento esto, podrían degradarme —dijo mientras cogía una lupa entre las manos y volvía a dejarla—. ¿Por qué queréis saberlo?

—Pensaba que sería el primer alemán en pisar el Nuevo Mundo y veo que no es así —pronunció Thomas decepcionado.

—No siempre lo importante es ser el primero.

—En este caso sí, y vos sois consciente de ello —espetó Thomas.

—Lo sé; estas tierras no necesitan solo a hombres de armas, también precisan de gentes cultas, de libros, como bien sabéis. —Se incorporó y tomó uno que había sobre un baúl.

—Entonces me entenderéis cuando os digo... —Thomas se acercó más—. Que los hombres tienen la obligación de perseguir sus sueños.

—Pero el vuestro es crear un taller de imprenta, el primero del Nuevo Mundo, no conocer información confidencial.

—Ser el primer extranjero en las Indias me dará un punto a favor cuando tenga que negociar con el obispo de Nueva España el permiso para imprimir. Ya os podéis hacer una idea de que no será fácil...

—Más os vale que lo consigáis —resopló el capitán—. Como ya

sabréis, nuestro rey fue coronado emperador, lo cual no nos salió gratis. Castilla tuvo que financiar ese trono imperial, y qué recibió a cambio, nada.

—¿No apoyáis su coronación?

—Como emperador no; el futuro está aquí, hay vastas tierras para conquistar, casi infinitas. Nuestros esfuerzos, todos —recalcó—, deben centrarse en las Indias, no en Flandes ni en Borgoña.

—¿Y qué tiene que ver con silenciar la identidad de los extranjeros que hay en esta isla?

—No bastó con la riqueza de Castilla para vencer al rey de Francia en la lucha por el trono del Imperio, así que nuestro monarca tuvo que recurrir a préstamos de banqueros que pusieron a disposición de la Casa de Austria el capital suficiente.

—Eso es habitual, conozco cómo funcionan alguna de esas familias de banqueros.

—¿Y sabéis también que sus actividades no se limitan al movimiento crediticio? También se dedican a actividades comerciales en nuestros territorios, como por ejemplo a la minería, al comercio de paños, o incluso de armas.

—Veo que no les tenéis mucho aprecio.

—La elección del nuevo emperador estaba a cargo de siete electores y la candidatura de Carlos de España transfirió tal cantidad de florines en concepto de sobornos a los príncipes que se aseguró el voto de cuatro. De la suma total, los Fugger aportaron casi dos tercios.

—¿Quiénes habéis dicho?

—Los Fugger, unos de los banqueros más poderosos del Imperio Germánico.

—Sé quiénes son. —A Thomas le dio un vuelco el corazón con solo oír el apellido de nuevo.

Hacía tanto tiempo que no pensaba en ellos... Por lo visto no les había ido nada mal en todos estos años.

—De esa manera, el emperador quedó en deuda con los Fugger —continuó relatando el capitán—. Estos comenzaron a cobrar su deuda en la Dieta de Worms, donde se estableció la cesión de las minas españolas de cobre, sal y oro. De esta manera lograron un asiento sobre las rentas de los ingresos de las órdenes de caballería de Santiago, Calatrava y Alcántara.

—Se están cobrando con creces su apoyo al emperador.

—No solo ellos; en menor medida también los Welser.

Fue como otra cuchillada en el pecho para Thomas, que esta vez ni siquiera pudo articular palabra, y siguió escuchando con total atención.

—Los Welser son iguales o peores —continuó el capitán—; como parte del pago de una de tantas deudas, han conseguido del emperador la exclusividad para la conquista y colonización del territorio comprendido entre el Cabo de la Vela y Maracapana.

—Un momento, capitán; ¿estáis diciendo que los Welser van a venir aquí? ¿Al Nuevo Mundo?

—No, Thomas; digo que ya han llegado. Han enviado una importante flota, esos son los extranjeros que buscáis.

—¡Santo Dios!

—¿Por qué os afecta tanto? —El capitán no salía de su asombro.

—Porque yo los conozco, quiero decir, los conocía, a los Fugger y a los Welser.

—¿Cómo es eso posible?

—Fue cuando era niño; residíamos en la misma ciudad.

—Pues el destino os ha vuelto a unir —comentó el capitán.

—¿Cómo puedo encontrarlos?

—Thomas, ¿para qué queréis verlos?

—Ya os he dicho que les conozco, y bastante bien —respondió Thomas.

—No sé si puedo...

—Me va la vida en esa información. Decidme dónde puedo encontrarlos, os lo ruego.

—Los Welser fondean en el otro lado de la isla, tienen una fortificación. Tardaríais medio día en llegar.

—Gracias, capitán, de nuevo.

—¿Por qué no os olvidáis de los Welser y os centráis en vuestros libros? El Nuevo Mundo necesita libros, señor Thomas.

—Y los tendrá, pero si alguno de los Welser está aquí, tengo que verlo, es de vital importancia para mí.

—No sé por qué creo que esto es algo de índole personal que poco tiene que ver con los libros —razonó el capitán—. Es cosa cierta que el pasado no siempre es un buen lugar para volver; puede no ser como esperamos, Thomas.

—Lo sé. Aun así, hay viajes que uno debe hacer.

—De eso no hay duda. —El capitán sonrió—. Si vais a ir a verlos, mejor tomad esto.

El militar se levantó y fue hasta un armario, lo abrió y extrajo una daga.

—No sé usar armas.

—Me lo imaginaba, pero puede seros útil, hacedme caso —insistió—. Llevadla en el cinto, bien visible. A veces las armas son más útiles mostrándolas que desenvainándolas.

—Entendido. Muchas gracias.

—Tened cuidado. Espero ver pronto esos libros por aquí, con el nombre de vuestro taller.

76

La isla

Thomas adquirió algo de comida y preguntó por el camino que conducía a la bahía donde estaban fondeados los barcos de los Welser. Durmió aquella noche en el almacén de Lázaro y partió temprano hacia el oeste. Quería disfrutar de adentrarse en aquella isla, de pisar solo el Nuevo Mundo. Conforme avanzaba reconocía árboles y plantas que ya había visto en el jardín de Hernando Colón y que, de manera tan brillante, había ilustrado Jaime Moncín. Pero también descubría llamativos pájaros y, aunque no los alcanzaba a ver, percibía animales ocultos en la vegetación, que estaba seguro de que serían nuevos para él.

La isla era sorprendentemente montañosa, con varias cordilleras que la atravesaban. Hacía tiempo que Thomas no caminaba por un terreno tan abrupto. Se había acostumbrado a las calles de Sevilla, pero él había recorrido los caminos de Milán, Saboya, Luxemburgo y España de norte a sur, y algunas rutas alpinas, así que sabía adaptarse a las vicisitudes de la montaña. Aunque un incipiente dolor en las piernas le recordaba que hacía mucho de ello.

Al verse en plena naturaleza, sin señal alguna de la huella del hombre excepto el tenue sendero que seguía, se dio cuenta de que había tomado la decisión correcta y de que, si Sofía lo había traicionado, era porque más tarde o temprano lo iba a hacer, igual que le sucedió antes con Edith. Mejor ahora que más adelante. Además, gracias a esas traiciones se hallaba en el Nuevo Mundo.

Descendió por un barranco estrecho, formado por piedras afiladas como puntas de lanza. Tras salvarlo, no sin cierta dificultad, llegó a una hondonada rodeada de varios lagos de un azul celeste. Estaba repleta de plantas que cubrían todo el suelo y se enrollaban por sus altos troncos. Duras hojas de gran longitud le proporcionaban sombra, de tal forma que aquel espacio era húmedo y fresco.

Siguió hasta una alargada planicie, por una pradera desde donde se observaba un elevado pico al norte, y hacia el sur volvió a ver el azul claro del mar, sobre él, media docena de barcos, y en la orilla, un campamento protegido por una empalizada y una torre de troncos.

Hacía mucho que no hablaba su lengua de origen; jamás pensó usarla en el Nuevo Mundo, y menos encontrarse con enviados de los Welser, puede que hasta con alguno de ellos.

Caminó hacia la entrada de la fortificación y desde la torre le dieron el alto en lengua castellana. Sin embargo, él respondió en alemán, lo que desconcertó a los guardias. Después las puertas se abrieron y salieron dos hombres; conforme se acercaban vio que, en efecto, parecían oriundos de su tierra natal.

—¿Quién sois? —preguntó el que iba en cabeza, un hombre que le recordaba a un carnicero de Augsburgo.

—Mi nombre es Thomas, llegué hace una semana a La Española y me habían dicho que había una expedición de los Welser aquí.

—¿Quién os ha dicho eso?

—Lo escuché en una taberna. —Esperó que fuera suficiente respuesta.

—¿Y qué queréis?

—Solo saber si hay algún miembro de la familia Welser a cargo de la expedición.

—Tendréis que decirnos porqué motivo deseáis saberlo —dijo el otro individuo.

—Yo conocí a los Welser de niño, imaginaos lo que me ha sorprendido escuchar que podían estar en la isla. Han pasado muchos años, pero sería una enorme alegría volver a verles.

—¿Que conocéis a los Welser?

—Sí, nací en Augsburgo.

—Lo siento, pero no hay nadie de la familia. Es Ambrosio Ehinger quién dirige la expedición.

—Entonces me gustaría hablar con él.

—Eso no es posible, está en la nao capitana —afirmó—. Pero su esposa está en tierra descansando. Podemos preguntarle a ella, si se encuentra dispuesta a recibiros y accede os dejaremos entrar.

—Os lo agradecería enormemente.

—Esperad aquí fuera.

Thomas observó lo rudimentario del fuerte, comparado con las sofisticadas defensas de Amberes, incluso con la vieja muralla de Sevilla. En esta isla no sería fácil obtener piedra, en cambio la madera abundaba en forma de árboles de todo tipo y tamaño.

—¡El de Augsburgo! Entrad, la señora os recibirá.

Las altas puertas de madera se abrieron y Thomas accedió a un espacio abierto rodeado de distintas edificaciones, con varias granjas de animales. Se veían también almacenes de madera y algún mineral, una ferrería y varios edificios más para alguna producción local.

—Seguidme. —El guardia de antes lo interceptó y lo guio.

—Impresionante despliegue de material. Veo que los Welser no pierden el tiempo.

—Las Indias son una carrera, hay que llegar los primeros.

—¿Los primeros a qué?

Su acompañante no respondió.

Entraron en una casa con tejado a dos aguas y un porche que le daba algo de sombra. Dentro estaba abierta por amplios ventanales para que circulase corriente de aire y la mantuviera fresca. La humedad era tan fuerte en toda la isla que costaba respirar.

—Entrad. —Y le señaló un pequeño despacho.

El guarda se dio la vuelta y lo dejó solo, para su sorpresa.

Thomas dio varios pasos; al acceder al interior vio una mesa y detrás, mirando al mar, había una mujer sentada, de espaldas. Su cabello era dorado, largo y sedoso.

—Cerrad la puerta, por favor.

—Gracias por recibirme. —Thomas hizo lo que le pidió—. No esperaba encontrarme más alemanes por el Nuevo Mundo.

—Para mí vuestra visita también es inesperada, os lo aseguro —dijo sin todavía darse la vuelta.

—Solo quería presentarme; voy a partir pronto para Nueva España, pero he sentido curiosidad por venir y conoceros.

—Nacisteis en Augsburgo y decís conocer a la familia Welser, ¿es así?

—Sí, de niño jugaba y estudiaba en casa de otra gran familia de Augsburgo, de los Fugger. Albergaba la esperanza de que quizá alguno de los hermanos Welser estuviera aquí, pero, claro, eso no tenía mucho sentido. Ya me han dicho que han enviado un gobernador de su parte, como es lógico.

—¿Cómo es que estabais en la casa Fugger? —La mujer seguía con la cara girada hacia la espesura de la selva, mirando hacia las altísimas copas de los árboles.

—Mi padre era su cocinero.

—¿No sería aquel que envenenó a uno de los Welser durante una celebración? —preguntó la esposa del gobernador.

Thomas tragó saliva, se tensó todo su cuerpo y fue consciente de que había cometido un terrible error. Había hablado demasiado.

¿Qué podía hacer ahora?

No era posible escapar, estaba dentro de la fortificación de los Welser.

¿Mentir? Él mismo se había delatado, había dicho lo suficiente para que lo identificaran.

—Aquello fue una trampa; mi padre era inocente. Por eso he venido aquí, tenía la esperanza de poder hablarlo cara a cara con alguno de los Welser.

—Sois muy osado. —La mujer seguía de espaldas. Le temblaba la voz, Thomas supuso que de indignación...

—Era un buen hombre, no se merecía acabar así. Quería aclararlo con los Welser; no me importan las consecuencias.

—Lo sé, Thomas, lo sé. —La voz de la mujer se llenó de emoción—. Tu padre era inocente. Y tú también.

Entonces la mujer se alzó frente a la ventana y se volvió hacia él.

—¡Úrsula!

77

Úrsula

La última vez que Thomas la había visto era una muchacha de catorce años, dos menos que él. Una niña dulce, pero valiente y decidida. A decir verdad, ahora que la tenía delante de nuevo se dio cuenta de que había olvidado sus facciones. Sí, eran tantos años sin verla que en sus recuerdos su rostro se había difuminado; era más la memoria de una sensación que una imagen concreta.

Sin embargo la reconoció al instante.

Era Úrsula.

Tenía la piel menos pálida de lo que recordaba, quizá por el fuerte sol del Nuevo Mundo. El cabello le brillaba formando reflejos infinitos, en suaves ondulaciones, como las olas del mar. El rostro brillaba de salud, sin ningún pequeño matiz que lo enturbiara. En el centro, sus ojos de color turquesa se habían vuelto más profundos, como el limpio cielo que les rodeaba. Había crecido, estaba más alta y delgada, y lucía un vestido blanco y dorado, con un escote cerrado por unos botones azulados.

Thomas alargó sus manos y le tomó las suyas. Permanecieron así unos segundos, mirándose a los ojos.

—Pensé que nunca volvería a verte, que estabas muerto o... No sé, lejos.

—Lejos estamos —dijo Thomas—. Lejos de todo y de todos.

—Es verdad, el Nuevo Mundo —observó ella en un tono más formal—. Han pasado muchas cosas desde aquella noche.

—Ni te las imaginas.

—Sí, claro que sí. —Bajó la mirada—. ¿Qué haces aquí, Thomas?

—Llegué hace unos días y parto dentro de dos hacia Nueva España, quiero montar un negocio.

—¿Ahora eres mercader?

—La verdad es que sí, soy mercader de libros.

—¿Libros? Tiene sentido, siempre te gustaron; recuerdo que los leías tan rápido que los Fugger no te creían.

—Voy a montar una imprenta de libros, la primera del Nuevo Mundo —se atrevió a confesar.

—Eso es fantástico, enhorabuena. —Úrsula esbozó una sonrisa y le soltó las manos.

Luego se puso de pie y fue hacia la ventana, poniendo en orden sus pensamientos. Él también se levantó, pero sin atreverse a acercarse más a ella.

—¿Y cómo has logrado llegar a La Española? Recuerdo que te mareabas en una barca de río —dijo Úrsula, sonriendo.

—Aún me mareo, pero finalmente me he acostumbrado; es una larga historia. —Thomas se mordió el labio inferior.

—Cuéntamela.

—¿Ahora? Con sumo placer, pero es una historia, como te digo, bien larga...

—Tienes razón, perdona. —Se acarició el pelo junto a su oreja—. Siéntate, por favor. ¿Quieres beber algo?

—No, yo solo he venido porque pensé... No sé... Oí decir que los Welser estaban aquí y sentí la imperiosa necesidad de venir.

—Lo entiendo; yo no sé si hubiera hecho lo mismo.

—¿Por qué dices eso?

—También es una larga historia. —Y volvió a sonreír—. Thomas, ¿recuerdas aquel partido de pelota?

—Cuando los Fugger ganamos a los Welser, claro que sí. Jamás lo olvidaré.

—Nadie pensó que pudierais ganar, ni yo misma —recordó emocionada—. Te dieron una corona de laurel y tú me la entregaste. Me contaste luego la leyenda de cómo Dafne se convirtió en laurel y Apolo hizo de ese árbol su favorito.

En eso llamaron a la puerta y entró un hombre de unos sesenta años. Lucía un bigote alargado que le cubría gran parte del rostro; tenía los mofletes hinchados, una papada abultada y un prominente vientre. Se quitó el sombrero y solo una fina línea de pelo corto le nacía desde encima de las orejas hasta la nuca.

—¿Quién sois vos? —preguntó con un tono de enfado.

—Es un joven de Augsburgo, querido esposo —intervino de

inmediato Úrsula, que, algo nerviosa, fue a besarlo—. Se llama Thomas Babel y ha llegado hace un par de días a La Española.

—¿De Augsburgo? —Él rehusó el beso y tosió de manera ostensible—. Como vos, mi hermosa esposa. Yo soy Ambrosio Ehinger, de Núremberg. ¿Os conocíais?

—No —respondió rápido Úrsula—. Me estaba contando que se marchó muy joven.

—Qué calor hace en esta maldita isla... —Se secó el sudor de la frente con un pañuelo, que luego pasó por la nuca y la papada—. ¿Y eso? ¿Por qué dejasteis Augsburgo?

—Negocios. —Thomas miró de reojo a Úrsula—. Mi padre era mercader de libros y viajaba mucho.

—No me gustan los libros, confunden a la gente. Mirad lo que ha provocado Lutero; si no hubieran impreso sus dichosas tesis... Por mí estaría ya colgado de una pica. Vaya mamarracho, ojalá se pudra en el infierno. Y el otro... ¿Cómo se llama ese hereje? Ah, sí, Erasmo. —Thomas dio un respingo—. Si lo tuviera delante lo habría quemado vivo. ¡A ellos y a sus libros!

—Mi señor, creo que... —Antes de seguir con sus palabras, Thomas miró el rostro compungido de Úrsula—. Tenéis toda la razón.

—¡Dios! Espero que en Welserland el tiempo sea más suave, sino...

—¿Welserland? —Thomas quedó perplejo—. ¿Qué tierras de los Welser son esas?

—Las que hemos venido a conquistar; ¿qué otro nombre les íbamos a poner? Son las tierras de los Welser —musitó Ambrosio Ehinger—. Y decís que habéis venido a comerciar con libros aquí, ¿de verdad?

—Sí, estoy de camino a Nueva España.

—Eso no es buena idea. La plata, eso es lo que hay en abundancia. La gente habla del oro, pero estas tierras son ricas en plata. Por eso hemos venido, encontraremos toda la que haya y nos la llevaremos.

—Os deseo mucha suerte, no ha tenido que ser sencillo lograr los permisos para estableceros en el Nuevo Mundo; me parece increíble que los Welser vayan a fundar una colonia aquí. Nunca pensé que el emperador fuera a permitir una cosa así.

—Los Welser han logrado una gran victoria, no cabe duda. No todos los días se derrota a un emperador, ¿verdad?

—Estáis en lo cierto —dijo Thomas sin mucha convicción.

—Carlos V les ha otorgado la exclusividad para la conquista y colonización del territorio comprendido entre el Cabo de la Vela y Maracapana. Seremos los primeros, aparte de los portugueses y los españoles, que conquistemos tierras en esta parte del mundo. Y he tenido el infinito honor de que me elijan a mí para tal fin.

—Os felicito. —Thomas no podía evitar notar la gran preocupación de Úrsula por esta situación tan incómoda—. Ahora yo debo regresar al puerto.

—Esperad, Thomas, no le habéis dicho a mi esposo la razón de vuestra visita —afirmó Úrsula.

—Eso es cierto —asintió Ambrosio Ehinger.

—Esposo, quiere pediros un carromato con víveres. Los españoles no le facilitan ayuda por ser alemán.

—¡Malditos sean! No os fiéis de los españoles, son todos unos presuntuosos; en qué mala hora se sentó en el trono imperial su maldito rey.

—Pero el emperador no es español, nació en Gante.

—¡Me da igual! Su madre era esa loca de Juana, ¡y sus abuelos eran primos! Sangre española. —Escupió al suelo.

Thomas decidió no replicar.

—Tenemos que ayudarlo —insistió Úrsula.

—Sí; lo haremos y luego iréis y se lo diréis a los españoles. —Soltó una risa falsa—. Que se enteren y que sepan que estamos ya en el Nuevo Mundo, se creían que esto era solo para ellos.

—Os lo agradezco, señor.

—Vamos fuera, pedid lo que necesitéis a mis hombres. —Y se secó de nuevo el sudor.

Salieron al exterior. Ambrosio dio un par de gritos e instrucciones claras a sus hombres. Úrsula hizo algunas sugerencias que lo sorprendieron, pues aumentaron las provisiones de manera cuantiosa e innecesaria, a su modo de parecer. Luego le comentó algo que Thomas no logró escuchar, pero que hizo cambiar el gesto al bravucón de Ambrosio, que fue directo hacia uno de sus subordinados.

—Thomas —le dijo Úrsula en voz baja—, ¿no te parece increíble que nos hayamos reencontrado al otro lado del mundo?

—Aún me parece estar soñando...

—Es el destino, Thomas. Que nos guía a través de la vida. No es casual que haya sucedido, tiene que haber una razón —dijo Úrsula con la voz entrecortada—. Aquella noche en Augsburgo, cuando te marchaste, supe que algún día volvería a verte.

—Úrsula, tenías que haber venido conmigo...

—Era demasiado arriesgado, no habríamos llegado lejos.

—Lo sé, pero siempre me he reprochado no haber vuelto a buscarte —insistió Thomas.

—No había nada que deseara más que irme contigo aquella noche. Pero era imposible. Ojalá pudiera volver atrás en el tiempo, créeme.

—Al contrario, no tienes nada que reprocharte. ¡Me salvaste la vida!

—Dime una cosa, Thomas; si hubiera ido contigo... ¿qué crees que habría sido de nosotros?

—Te habría pedido que te casaras conmigo —dijo Thomas sin pensar.

—Y yo te habría dicho que sí. Sin dudarlo.

—¡Úrsula! —le gritó su marido—, ¿qué me has dicho que había sucedido? El centinela no sabe nada de eso...

—Voy. —Úrsula se separó de Thomas.

—Nos despedimos de nuevo.

—O no. —Y Úrsula le mostró algo que colgaba de su cuello en una cadena de oro.

Era la hojita dorada de laurel.

Thomas se quedó mirándola; él no creía en el destino, pero quizá por eso este le había preparado la trampa definitiva, la menos esperada pero la más asombrosa, de la que quizá no podía escapar.

Úrsula se acercó un poco más a él y le susurró:

—Thomas, esta vez debes llevarme contigo; sácame de aquí.

78

El barco

Mientras esperaba cerca del granero a que le proporcionaran los víveres, Ambrosio Ehinger salía del fuerte, acompañado de media docena de hombres. Thomas preguntó a uno de los guardias, que le dijo que Ehinger volvía a los barcos. Estaban teniendo problemas con varios de ellos y los arreglos se habían prolongado en exceso.

Pronto caería la noche. Thomas miró a las montañas de la isla, centinelas de piedra y espesura que vigilaban aquellas recónditas tierras del Nuevo Mundo. Thomas pidió a los guardias ir a despedirse de la señora para agradecerle cuanto había hecho por él. Sin embargo, estos se negaron en redondo a dejarlo acceder de nuevo. Él insistió y demandó que le preguntaran a ella.

Así lo hicieron; aguardó impaciente, hasta que uno de esos guardias retornó y le comunicó que le concedían permiso para verla. Lo escoltaron hasta el mismo lugar y, para su sorpresa, lo dejaron solo en el porche de la edificación. Accedió al interior de la casa y no le contestó nadie. Empujó la puerta; estaba abierta. Llamó a Úrsula por su nombre, pero no la encontró. Siguió por un pasillo y alcanzó una pequeña sala.

—Has vuelto.

—Úrsula, ¿cómo puedo ayudarte? ¿Cómo te voy a sacar de aquí?

—Thomas, no puede ser una casualidad que nos hayamos reencontrado después de tanto tiempo en la otra punta del mundo, ¿es que no lo entiendes?

—Úrsula, han pasado muchos años. Nosotros hemos cambiado, cada uno tiene su vida, ¡estás casada! Yo no puedo separarte de tu esposo, de tu existencia cómoda y estable. No puedo pedirte eso, querida.

—El amor debería ser lo único que guiara nuestras vidas. No la riqueza, ni el deber, ni mucho menos lo que piensan otros.

—Eso es fácil de decir, pero muy complicado de llevar a cabo... He aprendido que es difícil que estas cosas salgan adelante. Yo no puedo darte esta vida de lujos, Úrsula.

Entonces, Úrsula se dio la vuelta y se llevó las manos a la espalda para soltarse el vestido.

—No hagas eso. Si nos descubren... no... —Pero cuando su espalda quedó desnuda, Thomas quedó en silencio.

Unos moratones cubrían gran parte de la piel de Úrsula. Solo un instante permaneció su espalda al descubierto, más que suficiente para convencer a Thomas. Ella enseguida volvió a vestirse.

—Es cierto que debía haber escapado contigo; aunque no hubiéramos llegado a ninguna parte, debí hacerlo —afirmó con sinceridad—. Y esta noche es lo mismo. Soy consciente de lo que te pido, precisamente por eso lo hago. Aunque no me creas, nunca he dejado de pensar en ti, de preguntarme dónde estarías, de imaginar que nos volveríamos a ver y que por fin estaríamos juntos. Y mira ahora... justo cuando había perdido toda esperanza has vuelto a mí.

—Úrsula, yo... no sé qué decir.

—Dime que tú también has pensado en mí, que todavía me quieres.

—Sí, claro que te quiero. Siempre te he querido, desde la primera vez que te vi. Nunca te he olvidado, querida mía.

Úrsula lo besó con todas sus fuerzas, como si quisiera darle todos los besos que se había guardado durante todo este tiempo.

—Si huimos, nos perseguirán, y yo no tengo nada que ofrecerle —le advirtió Thomas—. Tú vas a vivir como una princesa en las tierras de los Welser, ¿cómo vas a renunciar a todo eso?

—Tu amor vale más que esta vida de lujos, que esta vida de infierno.

—¿Estás segura?

—Por supuesto —respondió ella firme y rotunda.

—Muy bien. Así lo haremos. Úrsula, ¿te ves capaz de salir de la finca sin que te vean los guardias? —preguntó Thomas decidido.

—Sí, hay una poterna al sur —respondió—, nadie la vigila.

—Escapa por ahí y nos vemos en el camino, ¿sabes llegar hasta donde empieza el barranco?

—Claro que sí. —Úrsula lo miró fijamente—. Thomas, esta vez no te vayas sin mí.

Él asintió. Le tomó de la mano.

—A partir de hoy, siempre juntos, Úrsula.

Y volvieron a besarse.

Lo dejaron salir bajo la torre de vigilancia del campamento. Se despidió con la mano y prosiguió paralelo al mar hasta llegar al barranco. Allí ya estaba fuera de la visibilidad de los vigías. Miró a un lado y a otro; debía esperar, Úrsula llegaría.

Así aguardó en silencio. Fue pasando el tiempo y pensó que quizá Úrsula no había podido escapar. Él seguiría esperando, no se iría sin ella. Úrsula era parte importantísima de esta nueva oportunidad que le daba la vida. Si hacía falta volvería a entrar a la fortificación a buscarla. No dejaría escapar la felicidad. Esta vez, no.

De repente, la mujer apareció entre la penumbra de la isla.

—Siento el retraso.

Thomas la miró. Úrsula vestía con ropa masculina: botas altas, calzas cortas, una camisa, una capa negra por encima y un sombrero de ala ancha.

—Si nos descubren te ahorcarán; lo sabes, ¿verdad, Thomas?

—No te preocupes por mí. Mi única prioridad eres tú, tu salud y tu felicidad. En la vida no solo hay que luchar sin miedo, sino, sobre todo, aprender a hacerlo con esperanza. ¿Tú tienes esperanza?

—Ahora sí la tengo, ahora te tengo a ti —contestó Úrsula.

Thomas sabía que estaba cometiendo una locura, pero si embarcaban nada más llegar al puerto podrían lograrlo; los alemanes no viajarían a Nueva España a perseguirlos.

Avanzaron todo lo rápido que pudieron por la selva y, aunque el terreno era abrupto, Úrsula se mostró ágil y decidida. No se detuvieron ni un solo instante, pues apremiaba llegar lo antes posible; cuando amaneciera y los hombres de los Welser no la encontraran, no tardarían en imaginar lo ocurrido y saldrían tras ellos.

Llegaron al puerto, que estaba ya en pleno funcionamiento, con un importante trasiego de hombres y mercancías. En el almacén se encontraba Lázaro, que se sorprendió al verlo llegar acompañado.

—Os habéis echado un ayudante.

—Sí, cuatro días dan para mucho en La Española —respondió Thomas.

—Me alegro de que digáis eso.

—¿Por qué? —inquirió Thomas, mientras Úrsula seguía oculta entre sus ropas de hombre y a unos pasos de distancia.

—Nada importante, pero el barco se retrasa —mencionó Lázaro.

—¿Qué barco?

—Cuál va a ser, ¡el que vas a coger! ¡El del catalán!

—¡No puede ser!

—No os alteréis, que soy buena persona y me habéis caído bien.

—¿Qué significa eso? —Thomas era un manojo de nervios.

—No os voy a cobrar toda la semana, los dos primeros días os los descuento.

—¡Lázaro! ¿De qué demonios estáis hablando? —Fue hacia él fuera de sí.

—¡Eh, despacio, chico! —Lázaro sacó una daga que llevaba oculta bajo la ropa—. Ssshhh, tranquilízate —le dijo mientras le pedía calma con la otra mano—. Escucha. El barco que va a Nueva España no saldrá hoy, tardará al menos una semana; es lo que hay, y yo no puedo hacer nada al respecto.

—Eso no es posible...

—Estas cosas pasan. —Recogió de nuevo la daga.

—No, tú lo sabías desde el principio, ¿verdad?

—¿De qué estáis hablando? —se indignó Lázaro.

—Sí, claro que lo sabías. —Thomas no se amedrantó por la daga y caminó hacia él—. Me viste con un bulto pesado y supiste que era una presa fácil. Una vez dentro de tu almacén, podías demorar mi marcha hasta dejarme sin dinero.

—Estáis muy equivocado. —Lázaro retrocedió varios pasos—. Te aseguro que no sé de qué me estás hablando.

Con un rápido e inesperado movimiento de sus manos, Thomas le arrebató la daga. Lázaro quedó desarmado y vio brillar un filo metálico tan cerca de su pescuezo que intentó por todos los medios huir de él. Recibió un golpe en la sien, y cuando cayó al suelo, Thomas puso la rodilla sobre su pecho y la daga en su cuello.

—Debería matarte.

—No, por favor —lloriqueó Lázaro.

—Dime la verdad o lo haré. El barco para Nueva España, ¿cuándo sale realmente?

—En un mes.

—Serás malnacido. ¡Un mes!

—Por lo menos —dijo entre sollozos.

—Thomas, ¿qué vamos a hacer?

Fue entonces cuando Lázaro se dio cuenta de que su acompañante era una mujer.

—¿Qué está sucediendo aquí?

—Tú a callar —dijo Thomas, y le acercó más el filo a la piel—. ¿Cuál es el próximo barco que sale? Hacia donde sea.

—Pues...

—Ni se te ocurra atreverte a mentirme o decirme una media verdad, lo sabré y te mataré, ¡lo juró!

—Es que... Es difícil pensar así.

—Inténtalo.

—¡Un barco que salga hoy! ¡Dinos! —insistió Úrsula.

—¡Estáis los dos locos! ¿Os creéis que esto es el puerto de Sevilla?

—Lázaro... —Thomas lo miró amenazante.

—Quizá hay uno, pero es una mala idea.

—¿Por qué? —inquirió Úrsula.

—Es una flota de cuatro barcos, solo han repostado. Llevan abundante carga, así que es importante, también van provistos de armas, cañones... Debe de ser una expedición militar; quizá refuerzos para Hernán Cortés, no estoy seguro.

—¿Destino?

—Lo ignoro, de verdad. Lo manda directamente la Corona, nadie aquí tiene idea de adónde se dirige.

—Tenemos que subir a bordo —espetó Thomas.

—¿Qué? ¡Estáis mal de la cabeza! ¿Es que no me habéis oído? —insistió Lázaro.

—Tenemos que subir. —Thomas pronunció aquellas palabras lentamente.

—Es imposible.

—Pues encuentra otra solución, por tu propio bien.

79

El secreto

Lázaro era de Cartagena; su padre era un mercader que navegaba por el Mediterráneo, llegando hasta Génova y Venecia. Él lo recordaba siempre subido en un barco, sonriente, feliz de surcar el mar. Lázaro pensó en seguir sus pasos, en navegar juntos. Sin embargo, el Mediterráneo fue convirtiéndose cada vez más en un mar peligroso, azotado por piratas berberiscos que llegaban desde las costas de Argel y por escaramuzas de los turcos. Los primeros solían respetar tu cuello y hacían prisioneros, pero de un encuentro con los segundos tenías pocas opciones de salir con vida; aun así habría preferido morir antes que terminar sus días como galeote en una galera.

Su padre se lo repitió mil veces: si te van a coger los piratas es mejor cortarte las venas. La vida de galeote es lo más parecido al infierno en la tierra, nadie sobrevive y el sufrimiento es tan inhumano que lo único a lo que aspiran los galeotes es a que se hunda el barco con ellos dentro, encadenados a sus bancos.

Pero a su padre no lo mataron ni unos ni otros, sino una tormenta que lo sorprendió cerca de Mallorca, o al menos eso le dijeron. Luego murió también su madre, de pena, sus dos hermanas se casaron y él pensó que debía irse lejos. Necesitaban marinos para una expedición, muchos. Se embarcó con Hernán Cortés; con él estuvo en Cuba y también decidió seguirlo a la conquista de nuevas tierras.

Sin embargo, él no era militar ni tenía madera de ello, así que volvió a La Española y buscó un oficio. Pronto se percató que lo que rentaba allí era el contrabando, siempre a pequeña escala para no llamar la atención. La Corona lo permitía hasta cierto punto, el suficiente para que todo funcionara, pero si lo sobrepasabas no se andaban con medias tintas.

Cuando Thomas lo amenazó de muerte, Lázaro se acordó de su padre. De la sonrisa con la que embarcaba para marcharse a navegar por el Mediterráneo. Él también quería tener esa sonrisa, por eso debía seguir con vida.

No era posible que la pareja embarcara en la flota de la Corona, así que la única solución era buscar otro navío en el que pudieran escapar. Lázaro tuvo una idea.

—Hay unas islas que forman un arco al sudeste; aunque Colón las descubrió en el primer viaje, no han sido todavía ocupadas.

—¿Por qué me cuentas esto? —dijo Thomas.

—Son unas islas muy pequeñas; las llaman las Barbudas porque en ellas crecen unos árboles de los que cuelgan unas raíces largas a modo de barbas —explicó Lázaro—. No despiertan demasiado interés porque en ellas no hay riqueza, y ni siquiera se sabe si están habitadas por nativos.

—Parece un sitio algo inhóspito —comentó Thomas.

—Lo que yo sé es que los portugueses las utilizan en secreto para avituallarse de camino a sus posesiones en el sur.

—¿Y de qué nos sirve a nosotros? —ahora habló Úrsula.

—Conozco a la persona que mantiene allí los víveres.

—O sea, a un traidor a la corona española que trafica con los portugueses —murmuró ella.

—Podéis verlo así, o podéis aprovecharos de que la única embarcación que sale hoy de este puerto es la que parte rumbo a esas islas.

—¿Y qué vamos a hacer en unas islas perdidas? —musitó Thomas.

—Si ese barco va a las Barbudas es porque se acerca una flota portuguesa, pues allí almacenan víveres —murmuró Úrsula—. Podríamos intentar hacer un trato con ellos.

—Exacto, muy lista. Eso sí, tendréis que ofrecerles algo que les interese a los portugueses.

—Yo tengo aquí mi mercancía —dijo Thomas refiriéndose a la prensa—, debo llegar a Nueva España con ella.

—Me has pedido ayuda, así que sé razonable. No puedes escapar con semejante carga; además, debes pagar para que te lleven a las Barbudas. ¿Qué hay dentro de la caja?

—¿Vas a decirme que no lo has comprobado ya?

—No te lo tomes a mal, es mi trabajo. Si me la dejas yo me hago cargo de que os lleven a las Barbudas.

Thomas miró a Úrsula, que ni vestida con ropas de hombre y oculta bajo la capucha podía esconder su belleza.

—Está bien, hagámoslo. Con mi mercancía pagaremos los pasajes.

No fue sencillo, el marinero que iba hasta las islas no solo exigió la prensa, sino también todas las monedas que Thomas llevaba consigo y los víveres obtenidos de los alemanes. La embarcación era sencilla, no en vano debía pasar desapercibida a la vigilancia del puerto. Salieron a última hora de la tarde, para navegar de noche. Además de ellos, embarcaron dos nativos que no hablaban castellano, un esclavo africano de enorme corpulencia y un español, que tenía el pelo largo y lacio y una marca rojiza que le subía por el cuello hasta la mitad de la cara. Nadie dijo su nombre, todos se jugaban la vida en aquella aventura. El barco navegaba con toda la cubierta repleta de bultos, y lo más extraño era que en la bodega se oían continuos ruidos y movimientos.

—¿Qué crees que hay ahí dentro? —le pregunto Úrsula.

—Caballos, supongo, quizá para facilitárselos a los portugueses.

—Imposible, se habrían dado cuenta en el puerto, tiene que tratarse de otra cosa. ¿Perros?

—No creo, ¿para qué los van a querer?

Thomas no separaba su mano de la empuñadura de la daga, pues aquellos hombres los miraban fijamente, callados, en uno de esos silencios que no son presagio de nada bueno.

Al pasar cerca de un arrecife, el mar comenzó a golpear el casco del barco con virulencia y un viento fuerte sopló del sur.

Durante toda la noche permanecieron refugiados en una esquina del casco, hasta que un brillante amanecer disipó las nubes y despejó cualquier posibilidad de tormenta.

Quien comandaba el barco era un viejo esmirriado y con una barba blanca, espesa y salvaje que le cubría todo el cuello. Se movía con dificultad y costaba entender de dónde sacaba la energía para dirigir el timón y moverse por el barco. Parecía débil, como a punto de romperse, y sin embargo realizaba cualquier labor que fuera necesaria sin ayuda. Tenía que tener más de sesenta años y poseía un acento complejo de entender para Úrsula, así que no hacía más que preguntarle a Thomas qué decía el viejo.

Navegaron durante dos días más, hasta que divisaron tierra al este; una sucesión de islas, tal y como Lázaro le había explicado. Maniobraron entre dos de ellas, salvando varios arrecifes, y siguieron más hacia el sur. A la mañana siguiente llegaron a una isla de mayor tamaño; el viejo conocía bien el camino porque entraron hasta una playa de suficiente calado para la embarcación. Los nativos fueron los primeros en saltar a tierra y ayudar a amarrar el barco. Después lo hizo el español de la marca roja en la cara. Los nativos corrieron hacia la selva y comenzaron a despejar una zona, donde surgió un vallado y una construcción no muy grande con un precario tejado y un corral a un lado. Descargaron los bultos de la cubierta y los transportaron hasta su interior.

Thomas tenía curiosidad por saber qué animales había en la bodega, y cuando el viejo la abrió, se quedó sin palabras al ver que eran cerdos, a los que fueron guiando hacia el vallado.

—Son para los portugueses, mira. —Úrsula le señaló la estructura que había en la isla—. Los dejan allí para que puedan avituallarse, igual que lo demás.

—Esto no me gusta, siento que estamos traicionando al emperador.

—¿Estas tierras son suyas?

—Sí, según el tratado de Tordesillas —respondió Thomas.

—Pero los españoles no han tomado posesión de ellas todavía; el Nuevo Mundo es muy grande, debería haber sitio para todos los que quisieran venir. Además...

—Además, ¿qué?

—Los habitantes del Nuevo Mundo, ¿qué sucede con ellos? —inquirió Úrsula—. Estas son sus tierras, llevan cientos de años viviendo en ellas; ellos son los verdaderos dueños de todo esto —afirmó Úrsula.

—Son paganos, ni siquiera conocen a Cristo...

—Ya hemos terminado. —El viejo llegó hasta ellos—. Nosotros nos vamos.

—¿Cuándo llegarán los portugueses? —preguntó Thomas.

—Pronto.

—¿Puede ser más exacto?

—Pronto es pronto.

—Ya, pero... necesitamos tener más información, vamos a quedarnos aquí solos en una isla en medio de la nada —insistió Thomas, que no quitaba ojo al resto de integrantes del barco.

—¿Preferiríais que la isla estuviera habitada? —El viejo se rio abriendo tanto la boca que dejó ver que ya no le quedaba ni un solo diente en su sitio—. ¿No sabéis que aquí en el Nuevo Mundo hay hombres perro, que comen carne humana y beben sangre?

—¡No digáis tonterías!

—Suerte tenéis si nadie se acerca a esta isla, os lo aseguro. —Se dio la vuelta hacia el barco—. Y vigilad a los cerdos. Los portugueses saben exactamente cuántos hay, si os coméis uno os lo harán pagar.

—¿Y si caen enfermos?

—No os creerán, así que alimentadlos bien y cuidad de ellos más que de vuestra propia vida. —Y volvió a abrir la boca para soltar una risotada burlona.

Thomas y Úrsula se quedaron solos en la isla de las Barbudas, con una veintena de cerdos a su cargo.

80

Ítaca

La isla tenía poco relieve y suaves laderas hacia la región central, algo más elevada. Si los portugueses la usaban en secreto en sus escalas, por fuerza no debía estar habitada. No obstante, Thomas no se fiaba; además, en cualquier momento podía venir un barco español para un reconocimiento, pues no estaban lejos de La Española.

La cabaña estaba deteriorada. El tejado, formado por alargadas ramas, con hojas planas y amplias, se había hundido. Así que fue lo primero que intentaron solucionar a fin de tener un refugio en caso de lluvia, pues no sabían a ciencia cierta cuántos días tardarían los portugueses en llegar.

En el interior no había mucho espacio, pues la mayor parte lo ocupaban los bultos desembarcados; solo quedaba una zona algo libre a la entrada.

—¿Y si no viene nadie? —preguntó Úrsula mientras estaban sentados en la arena de la playa, mirando a la infinidad del océano.

—En su viaje a Ítaca, Ulises sufrió una terrible tempestad: truenos, relámpagos, olas gigantescas... Su nave se resquebrajó como un débil palillo y todos sus tripulantes perecieron ahogados. Todos menos Ulises, quien pudo agarrarse a un madero.

—¿Y qué paso con él?

—Las corrientes lo llevaron de aquí para allá durante nueve días. Hasta que, al final, las olas lo empujaron a una playa. Ulises acababa de llegar a la isla de Calipso, una diosa de una belleza perfecta e inmortal, que no conoce la vejez ni la muerte y, además, se siente irresistiblemente atraída por el sexo.

—Qué casualidad que los hombres imaginéis diosas así... No

me veo a una mujer escribiendo sobre un Dios con tales atributos, ¿por qué será?

—Tienes toda la razón. En las historias de Homero está toda la sabiduría humana...

—Por favor, sigue. —Úrsula sonrió—. Estoy impaciente por saber cómo termina la historia.

—Como ya te he contado, Calipso es hermosa, y en su isla un hombre puede encontrar todo con lo que se puede soñar: deliciosos manjares, clima suave, hermosos paisajes y un ejército de ninfas encantadoras dedicadas a hacer más bella la vida de los amantes.

—Lo que yo decía... El paraíso —interrumpió Úrsula con una risita.

—Exactamente; un lugar fuera del mundo, donde el tiempo se detiene, donde todo es perfecto.

—¿Crees acaso que esta es la isla de Calipso?

—Más bien pienso que tú bien podrías ser mi diosa. Y aquí tú y yo tenemos todo con lo que hemos soñado.

—Thomas...

—Dime, Úrsula, ¿serías capaz de quedarte a vivir aquí conmigo para siempre?

—¿En esta isla casi desierta, en medio de la nada? —preguntó con una media sonrisa.

—Cuando vivíamos en Augsburgo, de niños, era todo tan diferente. Jamás habría imaginado todo lo que me ha sucedido, ni en quién me he llegado a convertir.

—¿Te arrepientes de las cosas que has hecho en la vida?

—Sí, he cometido muchos errores, eso es cierto; he sido impulsivo y muy ingenuo. Pero nunca me he rendido. Creo que eso es lo verdaderamente importante.

—Todos sufrimos en la vida, Thomas. A veces pienso que los momentos felices pueden contarse con los dedos de la mano, pero en cambio para contar los malos nos faltarían estrellas en la noche...

—Así es, amada mía. Pero ahora estamos aquí juntos, solos en una isla del Nuevo Mundo donde nadie puede decirnos qué hacer ni arrebatarnos nada.

—¿Solos? Recuerda que nos acompañan doce cerdos, muy lozanos —puntualizó Úrsula.

—Cierto, ¿cómo he podido olvidarlos? —Se echaron a reír los dos—. En mi vida solo he intentado hacer lo que creía correcto.

—¿Y qué es lo correcto?

—Lo que te dicta tu corazón, no la cabeza, ni quien te rodea, ni siquiera las leyes, ni los que nos gobiernan. —Thomas suspiró—. Lo correcto es aquello que sientes como tal en tu corazón.

—¿Qué te cuenta ahora ese corazón tuyo, del que tanto hablas?

—Ahora lo que me dice mi corazón es que te bese.

—¿Y por qué no lo haces?

Fue mucho más que un beso, fueron tantas cosas a la vez que Thomas no pudo recordarlas todas. Pero las sintió: fue el amor de su vida, fue también su infancia interrumpida, fue toda la vida de dar tumbos, aprender de los errores cometidos. Hasta llegar a ese beso. Fue un círculo que se había cerrado; una aventura circular, para volver al mismo punto. Empezar para terminar. Fue Úrsula, porque siempre había sido ella, aunque él a veces lo hubiera olvidado. Por eso no podía ser nadie más; todo exige un viaje, un sufrimiento, aunque sea para recuperar lo perdido, como decía Homero

No solo fue un beso, fueron muchos besos. Y caricias y bucear uno dentro del otro, y quererse, y olerse, y abrazarse. Fue el amor y la pasión, fue lo que siempre tenía que haber sido.

Fueron ellos.

Fueron uno.

Los despertaron unos ruidos y voces. Thomas saltó como un resorte de la cama de hojas donde habían dormido. A lo lejos vio que una barca desembarcaba en la isla y más hacia el horizonte había tres barcos; al menos uno de ellos era una nao.

—¿Son los portugueses? —Úrsula se despertó a su lado.

—Creo que sí; vistámonos deprisa.

—¿Y luego?

—No lo sé. ¿Crees en la fortuna, Úrsula, mi amor? ¿En las señales?

—Te he encontrado en lo más remoto de una isla al otro lado del mundo después de tantos años, llámalo como quieras, destino, fortuna, azar. Pero no hemos sufrido tanto para nada. Creo en nosotros.

—Tienes razón, Úrsula. ¡Por nosotros!

Y se besaron.

Salieron a la entrada del cobertizo, a la vista de los hombres que llegaban. Estos se alertaron y tomaron posiciones, se desplegaron por la playa y colocaron varios arcabuceros en los flancos. Dos fueron los que se aproximaron a Thomas y Úrsula, uno pertrechado con una coraza y con una espada en la mano, otro menos joven, que no desenvainó el arma.

—¿Quiénes sois? —preguntó en portugués.

—Hemos protegido los víveres, no falta nada —respondió Thomas en castellano—. Nos llamamos Thomas y Úrsula Babel.

—¡No son españoles! —El hombre de la coraza se alteró y alzó su mano.

—Esperad, dejadles hablar —le ordenó el otro, que parecía al mando—. ¿Hay alguien más? —preguntó esta vez en castellano.

—Solo nosotros y doce cerdos.

—Soy Jorge de Meneses, navegante de su majestad el rey Juan III de Portugal, y esta es mi flota. Nadie debe saber que repostamos aquí y menos los españoles.

—No somos españoles, sino alemanes. Debéis saber que el emperador ha cedido parte de las tierras del Nuevo Mundo a los Welser —respondió Úrsula con firmeza.

—Eso no es posible...

—Ya lo creo que sí —insistió ella—. Hemos huido de La Española, y pedimos la misericordia del rey Juan III para que nos permitáis llegar a tierra firme.

—Somos cristianos, rogamos por Cristo que nos ayudéis —habló ahora Thomas.

—Alemanes... De verdad que de todo lo que hubiera imaginado encontrarme en este viaje, vosotros dos habríais sido lo último.

—Os pedimos auxilio. Si nos lleváis con vosotros a la costa lo pagaremos con creces, podemos trabajar en vuestros barcos —insistió Thomas.

—No vamos a la costa.

—¿Adónde os dirigís? ¿Más al sur? ¿Al Río de la Plata...?

—Veo que conocéis la cartografía de las Indias. —Jorge de Meneses torció el gesto—. ¿Qué opináis vos? —preguntó al otro portugués.

—No podemos dejarlos aquí, ya saben de este punto de suministros. Tampoco matarlos; no nos han hecho nada, parecen huir de los españoles y como dicen son cristianos. Pero... ¿llevarlos con nosotros? ¡De ninguna manera!

—Aguantaremos hasta que lleguéis a la costa —sugirió Úrsula disimulando como podía su desesperación.

Jorge de Meneses miró dubitativo a Úrsula.

—No estamos lejos del Cabo de las Once Mil Vírgenes. Un capitán portugués al mando de una flota española, Magallanes, lo cruzó por primera vez un 21 de octubre, ¿sabéis que festividad es?

—Desde luego; la mía, ¡santa Úrsula!

—Un momento —intervino Thomas—. ¿Vais a cruzar el cabo? Está muy al sur; ¿adónde os dirigís?

Los dos portugueses se miraron mutuamente, sin responder. Y Thomas visualizó un mapa en su cabeza, el globo terráqueo del despacho de don Hernando, y le embargó la emoción de toda una vida.

—¿Qué sucede, Thomas? —preguntó Úrsula al ver como el rostro del mercader de libros se iluminaba.

—Santo Dios... No puede ser verdad. Es el destino... —Thomas dio un paso atrás, y cogió a Úrsula de la mano—. ¿Adónde os dirigís, señores? Hablad, os lo ruego.

—¿Por qué pones esa cara? ¿Qué ocurre? —le dijo Úrsula susurrando.

—No hemos venido a las Indias. —Jorge de Meneses tomó de nuevo la palabra—. Aquí solo repostamos; nuestra flota viaja más lejos. Está bien, suban a bordo y los dejaremos en tierra firme, pero deben saber que nuestro destino final son las Islas de las Especias. Allí los llevaremos.

Epílogo

*Martina, Martina,
he cruzado todos los océanos de este mundo
para saber que no puedo vivir sin ti.*

MANUEL VICENT *(Son de mar)*

Año 1555, Amberes

Llevaba lloviendo de manera copiosa en Amberes durante todo el mes de octubre. Cristóbal Plantino era un impresor ya experimentado que acababa de abrir su propio taller de imprenta. Con una ilusión desbordante se afanaba en preparar los tipos para imprimir una relación de sucesos con una importante noticia: el emperador Carlos V acababa de renunciar en favor de su hijo Felipe a la jefatura de la Orden del Toisón de Oro, el ducado de Borgoña y, por tanto, a la corona de los territorios de los Países Bajos.

Cristóbal Plantino sabía que aquellas hojas se venderían bien y le financiarían otras impresiones de mayor rango. Había que hacer dinero, y publicar noticias actuales de ese calado le repercutía buenas ganancias.

Desde que había iniciado el negocio, uno de sus mejores clientes era un viejo napolitano que no paraba de hablar y contar historias. Había hecho fortuna comerciando con tabaco de las Indias y ahora andaba cultivando un fruto que se plantaba bajo tierra y que era cada vez más popular, la patata.

Era uno de sus mejores clientes, pues le apasionaban los libros sobre el Nuevo Mundo, que cada vez proliferaban más.

Llevaba tiempo sin verlo venir a por libros y eso preocupó a Cristóbal Plantino, que temió lo peor, dada la avanzada edad del napolitano.

Sin embargo, no muy lejos de allí, junto al muelle, estaba Massimiliano Lamberti. Anciano y renqueante, fumaba tabaco recién llegado a puerto en un barco vasco. En la mano llevaba una carta. Massimiliano no recibía muchas, pues no tenía familiares ni conocidos lejos de Amberes. Por eso cuando fueron a entregársela se sorprendió. Más aún cuando le dijeron que había llegado desde Lisboa, pero que ese no era el origen de la misiva, sino que venía de otro sitio mucho más lejano.

La abrió con delicadeza y sacó una hoja manuscrita con un pequeño dibujo en la parte inferior. La carta decía:

Querido Massimiliano, han pasado muchos años.
Espero que conserves la salud y el ánimo.
Lo conseguí, te escribo desde las Islas de las Especias.
Aunque parezca increíble, me casé con Úrsula; con mi Úrsula, mi primer amor.
Tenemos una hija, se llama Martina.
Este lugar es maravilloso, el único problema es que los españoles y los portugueses no paran de guerrear por controlarlo.
Ojalá estuvieras aquí con nosotros, amigo mío, para vivir más aventuras y poder contarlas por los caminos del mundo...
¡Te echo de menos!

Firmado: Thomas Babel

Notas del autor

Esta novela es un homenaje a los libros. En la época actual salen cientos de noticias vaticinando un futuro apocalíptico para la literatura. No estoy de acuerdo. Los libros han sufrido épocas mucho más duras y han salido siempre victoriosos. Pienso que ha llegado el momento de dar un paso al frente, de que escritores y lectores alcemos nuestros libros y reivindiquemos la lectura. No debemos seguir lamentándonos, debemos hacernos más visibles. La sociedad actual se mueve por gestos, por acciones virales. Hoy es obligatorio hacerse ver, que los libros vuelvan a tomar los medios de comunicación, que se hable de ellos en las tertulias de amigos, que nos hagamos fotos leyendo en las librerías, en las bibliotecas, y las subamos a Instagram.

Vivimos una época donde prima la imagen y la inmediatez, pero que a su vez sufre una terrible crisis de imaginación y creatividad. Donde además estamos perdiendo la capacidad de concentrarnos durante largos periodos, o de ser críticos, o de ser capaces de ponernos en la situación de otros. Los libros son los que mantienen viva la luz del ingenio, la lectura es el último reducto de la empatía y, posiblemente, de la libertad.

Un mundo tan confuso como el actual necesita referentes. Y como se dice en esta novela, los libros son una buena brújula para cuando no sabes qué camino tomar.

Mientras terminaba de escribir las últimas páginas de esta novela, investigadores de las universidades de Granada y Cambridge anunciaron que un volumen de 2.000 páginas, depositado desde finales del siglo XVII en una colección en la Universidad de Copenhague, es uno de los catálogos más importantes que el hijo de Cristóbal Colón confeccionó para clasificar su enorme biblioteca. El manuscrito en cuestión es el llamado *Libro de los Epítomes*, una serie de resúmenes de más de tres mil títulos. Se trata de uno de los más importantes entre todos los catálogos que Hernando Colón confeccionó para clasificar su enorme biblioteca.

Entre 1509 y su muerte en 1539, Colón viajó por toda Europa, comprando libros donde quiera que fuese y eventualmente acumulando la mejor biblioteca privada de Europa. El objetivo de Colón era crear una biblioteca universal que contuviera todos los libros, en todos los idiomas y en todos los temas, que se podían encontrar tanto dentro de la Cristiandad como fuera de ella.

Para alimentar la biblioteca ideó el siguiente sistema: un mercader de Sevilla se encargaba de depositar en algún banco o gran mercader de Lyon cien ducados de oro cada mes de abril. Entonces, este se ponía en contacto con otros cinco mercaderes residentes en cinco ciudades europeas (Venecia, Núremberg, Roma, Amberes y París), los cuales encargaban a un librero de cada ciudad la adquisición de las últimas novedades por valor de doce ducados, que se remitirían a Lyon. Aquellos libros que, por falta de presupuesto, no pudieron ser adquiridos, se debían registrar con sus descripciones bibliográficas y precio, con idea de comprarlas en otra ocasión. Una vez recibidos por el mercader de Lyon, este los pagaba y remitía a Medina del Campo, donde los recogería el mercader sevillano.

La novela está profundamente influenciada por las ideas del Humanismo. Un movimiento intelectual, filosófico y cultural que supuso la recuperación del saber clásico. Y que sentó las bases de importantes cambios, como la reforma protestante y, tiempo después, de la Ilustración y las Ideas de la Revolución francesa.

En mis novelas, los escenarios siempre son esenciales y tienen rango de auténticos personajes. En esta ocasión aparecen ciudades importantes como Augsburgo o Amberes, pero en especial Sevilla. Lo que me he imaginado yo que podía ser la ciudad de Sevilla en ese floreciente siglo XVI. Centro del mundo, puerto a las Indias, refugio de aventureros, emprendedores y todo tipo de personajes. Una Sevilla imponente, con la segunda catedral más grande de Europa después de la del Vaticano. Quise que la boda del emperador Carlos V apareciera en la trama, por eso me permití la licencia de adelantar un año el acontecimiento. De manera que los lectores podrán ver ese salto en la parte final.

Otro tema clave de la novela son las Islas de las Especias. Este nombre nos suena a casi todos, pero si buscamos en el mapa no encontraremos ningún sitio que responda a ese nombre. Hoy se llaman islas Molucas y son un archipiélago de Indonesia donde viven alrededor de dos millones de personas. En el siglo XVI se las denominó Islas de las Especias debido al gran número de plantas aromáticas que crecían en esa zona. A partir de entonces, las islas se convirtieron en un punto estratégico del comercio de especias, que se centraba en la nuez moscada y en el clavo de olor. Estas especias tan conocidas hoy día en todo el mundo crecían originariamente solo en estas islas, lo que las convertía en auténticas minas de oro.

Estas islas fueron el motivo de la primera circunnavegación del mundo. El portugués Fernando de Magallanes quería encontrar la primera ruta de navegación por el oeste hacia las Islas de las Especias.

En mi novela aparecen varios temas esenciales en la trama, como los talleres de imprenta. La primera imprenta en América se fundó en 1539 en México y era una sucursal de la imprenta sevillana de Juan Cromberger, familia de impresores que aparece ficcionada en esta novela.

Otro tema para mí esencial era reflejar el esclavismo: el tráfico de personas desde África a América, siempre por medio de un país Europeo, que se intensificará los siglos posteriores, pero que en el siglo XVI ya era un desgraciado negocio incipiente.

También quise hacer un guiño a Miguel de Cervantes y su conocida *Novela de Rinconete y Cortadillo*: el personaje de Sebas está inspirado en esa obra.

Me resultó curioso investigar sobre la llegada de los primeros productos de América. Me llamó la atención que el que más rápido impacto tuvo en Europa fue el tabaco y que se vendiera como un medicamento. Por eso decidí incluirlo en la trama, igual que se nombra el tomate, los girasoles, las patatas o el maíz, entre otros.

En la novela también hay gran cantidad de guiños hacia libros, personajes históricos y actuales, que dejo a la pericia y curiosidad del lector identificar.

Índice

PARTE VIII

EL NUEVO MUNDO

Con este código QR puedes leer el primer capítulo de mi nueva novela, *El cirujano de almas*, que ya se encuentra en librerías de la mano de Ediciones B. En ella nos adentraremos en uno de los momentos más vibrantes para la ciencia en Europa: el nacimiento de la medicina moderna. En el siglo XVIII, cuando aún la medicina y la cirugía se separaban como disciplinas, el protagonista de esta novela, Bruno Urdaeta, se propone conocer los grandes misterios del funcionamiento del cuerpo humano y fusionar en sus estudios estas dos disciplinas que unidas lo convertirán en el primer médico moderno llevado, como muchos a día de hoy, por la vocación de salvar vidas.

¡Espero que os guste!

Luis Zueco